현대일본의
보수주의

비판적 보수주의의 심리와 논리

현대일본의
보수주의

장인성 지음

연암서가

장인성

서울대학교 정치외교학부 교수. 서울대학교 외교학과와 동 대학원 석사과정
을 마쳤고, 도쿄대학 총합문화연구과 국제관계론 전공에서 학술박사학위를
받았다. 연구 분야는 동아시아 국제정치사상, 한일 정치사상사, 동아시아 개
념사. 주요 저서로『동아시아 국제사회와 동아시아 상상: 한국국제정치사상
연구』(서울대학교출판문화원, 2017),『서유견문: 한국 보수주의의 기원에 관한
성찰』(아카넷, 2017),『메이지유신』(살림, 2007),『근대한국의 국제관념에 나타
난 도덕과 권력』(서울대학교출판부, 2006),『장소의 국제정치사상』(서울대학교출
판부, 2002) 등이 있다.

현대일본의 보수주의

2021년 10월 15일 제1판 1쇄 인쇄
2021년 10월 20일 제1판 1쇄 발행

지은이 | 장인성
펴낸이 | 권오상
펴낸곳 | 연암서가

등록 | 2007년 10월 8일(제396-2007-00107호)
주소 | 경기도 고양시 일산서구 호수로 896, 402-1101
전화 | 031-907-3010
팩스 | 031-912-3012
이메일 | yeonamseoga@naver.com

ISBN 979-11-6087-062-6 93340
값 30,000원

* 이 저서는 2015년 대한민국 교육부와 한국연구재단의 지원을 받아 수행된 연구임
  (NRF-2015S1A5A2A01011201)

서문

　'보수주의'는 익숙한 듯하지만 그 의미를 피악하기 쉽지 않은 말이다. 서구사회와 달리 급격한 사회변동을 겪은, 보수주의의 경험이 취약한 동아시아 사회에서는 더욱 그렇다. 진보주의와 대비되는 보수주의가 진정 무엇인지를 진지하게 성찰하는 경우는 드물다. 우리에게는 '보수', '수구', '우익'이 훨씬 익숙한 말이다. 이 말들은 진보와 치열하게 대결하는 정치적, 사회적 맥락 속에서 통용되고 있다. 일본인은 보수적이고, 일본사회는 보수문화가 강하다. 일본정치는 오랫동안 보수세력이 집권하였다. 보수적인 나라인지라 일본에서는 '보수', '보수파', '보수우익'이란 말이 자연스럽게 유통되고 있다. 그렇지만 '보수주의'라는 말은 일상적이지 않다. 이것을 논하는 연구도 드물다.

　우리는 일본의 보수를 생각하면 흔히 '우익'이나 '보수우익'을 떠올린다. 일본의 우익이 일본제국주의의 팽창과정에서 일정한 역할을 했고 현대일본의 보수정치를 지탱하고 있는 실상을 생각한다면, 이렇게 연상하는 것도 이상한 일은 아니다. 일본우익의 자민족중심주의와 배타적 내셔널리즘이 유별나다는 걸 생각하면, 언론이나 학계에서 일본의 보수우익에 주목하는 것도 자연스러운 일이다. 다만 일본의 보수우익만을 응시하는 습성이 우리 스스로 일본을 보는 시선의 폭과 깊이를 한정시키지 않을까라는 생각이 들기도 한다. 편협한 원리주의에 집착하는 보수우익의 정신과 사상에 주목할수록 우리 스스로를 시선의 단순함과 사상의 빈곤함 속에 가두게 되지나 않을까 저어되기도 한다.

이 책은 현대일본의 보수주의를 다루고 있다. 특히 '비판적 보수주의'를 논하고 있다. 현대일본의 사상계는 오른편에 극우, 보수우익, 보수가 포진하고, 왼편에 좌파(마르크스주의자), 진보좌파, 리버럴 진보 등이 자리하고 있다. 이들은 서로 이념도 다를뿐더러 현실을 보는 관점도, 역사를 생각하고 미래를 구상하는 방식도 다르다. 우리는 자민족중심주의와 편협한 국수주의로 일관하는 일본의 보수우익에 치중하거나, 평화주의와 민주주의를 절대시하는 일본의 진보좌파에만 주목하는 경향이 있다. 대척적인 두 이념(세력)에 집중하는 응시는 어쩌면 한국의 대결적 사상 상황에서 배양된 우리의 습성과도 무관하지 않은 것이 아닐까. 보수우익과 진보좌파가 일본의 현실세계와 유리된 허상을 좇는 자라 한다면, 이들을 응시하는 우리의 눈길도 허상을 좇는 것이 아닐까. 혹 사상적으로 다루기에 용이하다는 편의성에서 양 극단의 사상과 행동에 주목하는 것은 아닐까. 이런 생각이 들기도 한다.

이 연구서는 문예비평가인 후쿠다 쓰네아리福田恆存와 에토 준江藤淳, 그리고 경제사상가이자 사회비평가인 니시베 스스무西部邁의 보수주의를 논하고 있다. 이들을 통해 현대일본의 보수주의를 해명하고 있다. 이들은 각자가 마주했던 비평공간에서 현대일본의 보수논단을 이끌었던 비평가이자 논쟁가이자 사상가였다. 에토 준은 한국의 문학전공자들에게도 잘 알려진 문예비평가이고, 니시베 스스무는 일본 보수논단의 거물논객 정도로만 알려져 있다. 후쿠다 쓰네아리는 우리에게는 낯설지만 현대일본에서 '보수주의의 원점'으로 평가받는 탁월한 문예비평가이자 연출가,

세익스피어 연구자였다. 이들은 일본에서 간혹 '보수반동', '보수우익'으로 불리기도 했지만, 보수우익과는 구별되는 보수지식인이었다. 이들의 비판적 보수사상을 통해 현대일본의 보수주의의 심리와 논리를 살펴보았다.

세 비평가는 보수적 관점에서 각자가 마주한 전후체제의 위기적 상황에서 조성된 사상과제와 대결하였다. 진보지식인과 보수정치가들 사이에서 역사와 전통과 상식을 토대로 진보적 사고와 행동에 대항하는 한편, 보수정치가들의 전통파괴적 개혁을 비판하였다. 저자는 이들을 '비판적 보수주의자', 이들의 보수사상을 '비판적 보수주의'로 규정하였다. '보수주의자'는 진보좌파는 물론 보수우익과도 차별화되는 보수사상의 담지자를 상정한다. '보수주의자'는 보수우익과 진보좌파의 양단 사이에서 고뇌하는 자들이다. 이들에게 '비판적'이라는 관형사를 붙인 것은 보수주의가 현실 비판의 유력한 근거였기 때문이다. 양단의 사고법에 비판적일뿐더러 일본의 현실(리얼리티)과 이 현실을 해석하고 규정하는 이념주의적 관점에 비판적이었기 때문이다. 이들은 진보주의와 미국에 의해 규율되는 전후체제에 비판적이었고, 보수정권의 보수개혁에도 비판적이었다.

'비판적 보수주의'는 현대일본의 진보주의적 현실 구성을 비판적으로 파악하면서 일본국가와 사회의 리얼리티를 보수적 관점에서 구축하고자 하는 사상 혹은 이념이라 할 수 있다. 세 비평가는 근대 보수주의에 의탁하여 현대일본의 위기적 상황과 시대적 과제를 파악하는 보편적 시선을 잃지 않으면서도, 현대일본의 모순을 예리하게 추궁하는 비평정신을 보여주었다. 현대일본이 모순적 현실을 포착하는 예리한 비평정신=비판정신을 통해 일본 보수주의의 보편성과 개별성을 드러냈다. 이들의 '비판적 보수주의'를 통해 현대일본의 문제상황과 모순이 무엇이며, 그것을 파악하는 보수적 리얼리즘이 어떤 것인지를 엿볼 수 있을 것이다.

저자는 세 보수주의자들의 개별사상을 해명할 뿐 아니라 이들을 통해 현대일본의 문제적 상황에 대응하는 보수적 사고의 내용과 특질을 파악하고자 했다. 구체적 현실과 삶으로써 이념의 의장意匠을 벗겨내고 모순적 삶의 역동성을 드러낸 보수적 인간의 사고법을 들여다보고자 했다. 현대 일본인의 삶과 현대일본의 모습에 대해 치열하게 고민했던, 진보적 언설세계에서 보수적 체험을 되살리고자 했던 보수주의자의 면모를 그려내고자 했다. 전후체제를 살아가면서 전후체제의 모순에 예민하게 반응하고 비평했던 보수적 인간의 심리와 논리를 드러내고자 했다. 이를 통해 일본보수주의의 보편성과 개별성을 읽어내고자 했다. 이들이 마주한 문제적 상황과 사상과제에 비추어 각자의 보수적 사고와 견해를 파악하는 시선을 잃지 않고자 했다.

이 저술은 정치사상 연구로, 주로 정치, 사회, 문화(문예) 관련 텍스트를 분석하였다. 문학과 문예비평에 문외한인지라 후쿠다 쓰네아리와 에토 준의 문학비평 텍스트는 제한적으로 다룰 수밖에 없었다. 텍스트 해석이 미진한 곳도 없지 않을 것이다. 그럼에도, 현대일본의 보수사상을 제대로 알려면 이념과 현실 사이의 간극에 예민한 보수비평가의 리얼리즘을 봐야 한다는 믿음에서, 또 비평텍스트 분석이 정치사상사 분석과 크게 다르지 않을 것이라는 생각에서 저술에 임했다. 저자에게는 텍스트 해석은 '보수적 읽기'가 필요하다는 믿음이 있다. '보수적 읽기'란 속된 말로 표현하자면 구질구질한 현실(텍스트)을 구질구질하게 읽어내는 것을 말한다. 좀 고상하게 얘기하면 콘텍스트와 텍스트의 상호교차적 양상을 면밀하게 읽어내는 것을 말한다. 일본의 보수비평가들은 현실을 꼼꼼하게 써내려가는 습성이 있다. 이들의 글을 읽어내는 일이 쉽지 않은 작업임은 금세 깨달았지만 들여놓은 발길을 되돌릴 수는 없었다. 미진한 작업이 되었지만, 취약한 일본 보수주의 연구에 작으나마 도움이 된다면 그나마 다행이지 싶다. 내심 한국의 보수와 보수주의를 생각하는 데 조금이나마 함의를 주었으면 하는 바람을 가져본다.

이 책을 상재하는 데까지 꽤나 시간이 걸렸다. 그 사이에 코로나 바이러스가 엄습하여 하 수상한 시절이 되었지만, 세상사에 초연하여 저술에 집중할 수 있었음은 그나마 다행이었다. 이 연구는 한국연구재단의 지원으로 이루어졌다. 재단에 사의를 표한다. 일본 현지에서의 자료 수집과 연구 활동에 편의를 제공한 이노우에 아쓰시井上厚史, 다키이 가즈히로瀧井一博, 리 샤오동李曉東 선생께도 심심한 감사를 드린다. 오랜 인연으로 흔쾌히 출판을 맡아준, 거듭되는 번잡한 수정과 교정을 묵묵히 감내해준 연암서가 권오상 사장께도 고마움을 전한다. 연구서 한 권을 디히면서 가족에게는 미안한 마음이 또하나 쌓였다.

2021년 9월
포월재抱月齋에서 저자 씀

차례

제2장 '평화'와 '민주'

—민주=안보공간의 일본과 후쿠다 쓰네아리의 보수주의

제3장 '성장'와 '상실'

—경제=성장공간의 일본과 에토 준의 보수주의

제1장

현대일본의
사상공간과 보수주의

전후체제, 비평, 보수주의

1. 왜 일본의 보수주의인가

일본의 보수를 보는 시선

'우익'과 '보수'

우리는 일본을 생각할 때 흔히 '보수'를 떠올린다. '보수우익', '보수정치', '보수정권'과 같은 말을 통해 일본의 '보수'를 느낀다. '천황', '자민당', '일본시스템', '야스쿠니', '아름다운 일본', '보통국가'와 같은 말을 들으면 일본사회의 보수성을 생각하게 된다. '보수'는 현대일본의 국가와 사회를 나타내는 유력한 표상이다. 요시다 시게루吉田茂 수상이 전후 보수정치의 틀을 구축한 이래, 특히 1955년 보수합동 이래 자민당의 장기집권이 지속되는 동안, '보수'는 일본의 국가와 사회의 속성을 표상하는 가장 보편적인 말이었다. 때로 정치변동과 사회불안도 있었지만 일본사회는 미일동맹과 내각책임제의 틀에서 정치적 안정을 유지하고 경제적 풍요를 누리면서 보수성을 더해왔다. 냉전체제하에서 보수 우위의 안정적인 보혁구도가 오랫동안 수동적으로 일본정치의 보수성을 견인했고, 탈냉전=지구화 맥락에서는 국내외 혁신세력이 몰락한 채 보수정권이 질서변동에 대응하면서 능동적으로 보수성을 드러냈다.

일본사회는 1980년대 경제성장과 경제대국화를 거치면서 '보수화'되었다고 한다. 나카소네 야스히로中曾根康弘 수상은 경제대국에 걸맞은 국제책임을 감당할 '국제국가' 일본을 목표삼아 '국제화'를 추진하는 한편, 히노마루와 기미가요를 법제화하고 교육기본법을 제정하고 〈국민회의〉를 결성하는 등 일본사회를 재편하기 위한 '국민화'에 나섰다. 후자의 움직임을 흔히 일본사회의 '보수화'라 부른다. 탈냉전=지구화 맥락에 들어 국가개혁과 행정개혁을 통해 변동하는 글로벌경제와 국제안보에 대응해야 한다는 보수의 목소리는 분명 커졌다. 특히 아베 신조安倍晋三 정권에 들어 일본사회의 보수화 경향은 더 심해졌다. '우경화'되었다고 말한다. 아베 수상은 일본의 국제역할을 확대하려는 의도에서 '적극적 평화주의'를 표방하면서 일본을 전쟁 가능한 국가로 만들고자 헌법개정을 꾀했다.

일본정치의 보수성이나 일본정치가들의 보수적 행태는 경제대국화 이후 현저해졌다. 흔히 생각하듯이 우익세력과 깊이 연루되었기 때문일 수도 있다. '국민화' 과정에서 우익과 극우는 다양한 형태의 조직과 활동을 통해 보수정권을 후원하는 동시에 견제하는 역할을 해왔다. 전쟁유족회를 포함한 우익단체들은 자민당 보수정권을 후견하는 역할을 해왔다. 우익세력은 일본의 보수정치와 깊이 연루되어 있다. 특히 아베 정권에서 우익세력과 보수정권의 연계가 한층 깊어졌다. 〈일본회의〉는 아베 정권을 후견하는 우익집단으로 알려져 있다.[1] 일본의 보수는 보수우익, 극우, 우

---

1 菅野完, 『日本会議の研究』(東京: 扶桑社, 2016); 青木理, 『日本会議の正体』(平凡社, 2016). 특히 〈일본회의〉와 아베 신조의 연관성에 관해서는 山崎雅弘, 『日本会議 ― 戦前回帰への情念』(東京: 集英社, 2016).

익으로 불리는 세력과 이들의 배타적인 내셔널리즘과 결부되어 이미지되곤 한다.

우리는 일본의 보수와 우익을, 보수주의와 국가주의를 동일시하곤 한다. 일본의 우익/우익사상에 더 눈길을 준다. 한국의 일본보수 연구가 거의 '우익'만을 다루어왔다는 것도 이러한 시선과 무관하지 않다.[2] 일본의 우익세력과 보수정치가 일정 부분 상관되어 있는지라 수긍되는 점이 없지 않다. 그런데 이러한 혼동은 우리의 시선이 근대일본의 동아시아 침략과 지배, 제국주의 침략의 역사를 부정하는 일본 우익(정치가)의 자민족 중심주의 역사관과 배외적 내셔널리즘에 결박된 데서 생겨난 건 아닐까. 일본 보수와 우익을 보는 시선의 폭과 깊이를 한정시켜 버리는 건 아닐까.

보수는 우익과 구별된다. 한일관계사나 일본정치사를 이면에서 움직여온 우익의 실체를 밝히는 작업은 필요하다. 일본의 우익은 일본제국의 팽창과정에서 아시아침략의 첨병 역할을 했고 쇼와 파시즘운동을 견인하기도 했다. 하지만 우익세력이 일본 보수정치를 움직이는 유일한 요소는 아니다. 현대일본에서 우익의 사상과 운동은 상대화해서 볼 필요가 있다. 우익은 천황제 이념에 기반한 민족문화를 옹호하면서 세계와의 연루를 배제한, 배타적이고 원리주의적인 자민족 중심의 내셔널리즘이 강한 행동가를 말한다.[3] 보수는—진정한 보수라면—국가의식을 중시하되 세계나 국제사회와의 연관 속에서 일본의 국가와 사회의 존재양태를 생각한다. 천황제를 옹호하지만 천황제 가치를 공동체의 절대원리로 여기지 않

---

2 예를 들면, 한상일, 『아시아 연대와 일본제국주의―대륙낭인과 대륙팽창』(서울: 오름, 2002); 김채수, 『일본우익의 활동과 사상 연구』(서울: 고려대학교출판부, 2008); 김호섭 외, 『일본우익 연구』(서울: 중심, 2000); 박훈 외, 『일본 우익의 어제와 오늘』(서울: 동북아역사재단, 2008) 등.

3 조관자, 『일본 내셔널리즘의 사상사』(서울: 서울대학교출판문화원, 2018); 마쓰모토 겐이치, 요시카와 나기 역, 『일본 우익사상의 기원과 종언』(서울: 문학과지성사, 2009).

고 열린 내셔널리즘을 보인다.

현대 일본사회와 일본정치는 보수적이다. 현대 일본사회와 일본정치를 지탱하는 건 보수적 심정과 태도다. 일본인들은 진보(혁신)와 길항하고 공존하면서 일상생활에서 정치생활에 이르는 제반 영역에서 보수적 심성과 보수적 행동을 드러내 왔다. 보수의 가치와 정신은 일상적으로 일본의 국가와 사회, 일본인의 삶을 지탱해 왔다. 보수의 가치와 정신이 상수적이라면, 보수적 성향이 강해졌다는 '보수화'라는 말은 의미가 있지만, 우익적 경향이 세졌다는 뜻의 '우경화'라는 말은 꼭 적절해 보이지는 않는다. '우경화'는 일본 보수정권의 정책을 비판하는 정치언어로서는 유용할 수도 있지만, 현대일본의 사회와 정치에 대한 이해를 오히려 방해할 수도 있다.

일상적 보수와 정치적 보수

일본사회의 보수성은 일본인들의 보수적인 일상생활에 기인한다. 비정치적인 일상생활의 사적 영역에서는 언제, 어디서나 보수적인 면이 있다. 진보적 인간도 가족생활과 같은 사적 영역에서는 보수적일 수도 있다. 하지만 공적인 정치생활에서 진보와 보수는 정치적 태도를 달리한다. 일반적으로 보수는 사적 영역과 공적 영역에서 일관된 보수적 심성을 보인다. 진보는 일상생활의 보수적 심성과 정치생활의 진보적 태도 사이에 괴리가 있어 위선을 보일 개연성이 없지 않다. 사적 영역 혹은 일상생활의 개인적 경험에서 배양된 일본인의 보수적 심성이 공적 영역이나 정치생활의 공적 경험으로 어떻게 연결되는지를 주목할 필요가 있다.

사적 영역의 일상적 보수가 공적 영역의 정치적 보수로 연결되는 지점에 문화가 작용한다. 문화가 보수적 심성에 작용하는 방식은 두 가지다. 하나는 사적 영역의 보수심성을 지탱하는 보수문화가 공적 영역의 보수심성으로 넓혀주는 토대로서 작용하는 경우다. 일본인의 보수적 심성은

'아름다운 일본', '아름다운 일본어'와 같은 미학적 감성에서도, '야스쿠니신사', '천황'과 같은 종교적 혹은 문화적 상징에서도 읽어낼 수 있다. 도쿠가와 사상가 모토오리 노리나가本居宣長나 쇼와 초기 일본낭만파가 고대 일본인의 자연적 감정이나 자연미를 예찬했던 심성, 일본문화에 축적된 삶의 양태型에서 일본미를 찾는 심성, 일상생활의 익숙한 문화에서 편안함을 느끼는 심성 등에서 문화감각으로서의 보수성을 볼 수 있다. 일본인과 일본사회의 보수성은 일본문화에 기인한다고 말할 수 있다.

　다른 하나는 제도적 규율이 공적 영역의 보수심성을 지탱하는 문화를 만들어내는 경우이다. 문화는 전통에서 전승되는 고정된 것이 아니다. 일본인의 보수심성은 역사적으로 형성되었을 뿐 아니라 현대일본의 구조構造에서 생겨난 것이기도 하다. 역사적으로 전승된 일본문화는 일본인의 보수심성을 지탱하지만, 미일동맹, 평화헌법, 민주주의와 이것들로 성립한 55년체제와 같은 현대 일본의 제도도 일본인의 보수심성을 조성하고 규율하는 강력한 규범이다.

　일상적 보수는 문화의 두 작용으로 정치적 보수와 접점을 갖게 된다. 정치적 보수와 연결될 때 일상적 보수는 보수주의로 출현한다. 보수주의는 일상적 보수에 기반을 두면서 정치적 보수로 연결될 소지가 있을 때 모습을 드러낸다. 여기서 정치적 보수는 보수정치가들의 보수주의 혹은 보수심성을 말하는 것이 아니다. 보수심성이나 보수감각이 일상생활을 넘어 정치영역으로 확장되는 것을 뜻한다. 생활의 영역이 정치에까지 확장될 때 성립하는 보수심성을 말한다. 일상생활에 머무르지 않고 정치를 생각하고 말할 때, 일상생활의 감각 혹은 상식에 비추어 정치를 볼 때 비로소 보수주의를 떠올릴 수 있다. 보수주의는 개인적 가치를 중시하는 보편적 이념에 의탁하여 현실을 변혁하고자 하는 진보적 사유와 행동에 대항하여 공동체의 유형, 무형의 전통적인 가치와 문화를 중시하고 이를 보전하려는 성향 혹은 태도를 가리킨다.[4] 보수주의는 사적 영역에서 배양된 보수적 심성을 공적 영역에 투사시켜 공적 생활의 질서와 번영을 모색하는 이념 혹은 태도이다. 이러한 보수주의는 보편적인 현상이지만 일상적 보수의 정치화의 양상은 개별적인 현상이다. 보수주의가 이념과 태도 어느 쪽의 의미를 가질지도 장소에 의존한다.

보수주의는 일상의 보수감각에서 절로 생겨나는 건 아니다. 정치적 보수감각을 지니려면 '정치'에 관심을 갖고 말할 수 있는, 비평할 수 있는, 의도적인 혹은 의식적인 노력이 요구된다. 공적 영역에서 일본의 보수정치를 움직이는 주체는 보수정치가와 같은 보수세력이지만, 사적 영역과 공적 영역을 매개하는 언설을 생산하고 유통시키는 주체는 보수지식인이다. 보수정치가는 정치적 보수감각은 강하지만 일상적 보수와의 접점이 약하다. 일상인(대중)은 일상적 보수감각에 머무르기 십상이고 의식적인 노력이 약하다. 보수주의의 정신을 가지고 비평하고 행동하는 보수지식인을 '보수주의자'라 부를 수 있다. 보수지식인은 보수적 감각을 공적 영역에서 보수주의로 드러내는 존재이다.

보수주의와 보수주의자

정치적 행위로서의 보수언설

보수적 주체가 일상영역을 넘어 국가와 사회의 양태에 관해 일정한 사유체계를 갖춘 보수적 견해를 표명할 때, 자신의 견해가 공적 영역에서

---

4 에드먼드 버크의 보수주의에 입각한 일반적인 보수 개념이라 할 수 있다. 서구의 일반적인 보수/보수주의 개념의 성격은 로버트 니스벳, 강정인 역, 『보수주의』(서울: 이후, 2007)에 잘 정리되어 있다.

일정한 의미를 가질 것을 기대할 때, 그 견해는 보수주의로시 모습을 드러낸다. 현대일본의 보수지식인/보수논객은 보수주의를 말한다. 특히 탈냉전=지구화 문맥에서 보수주의 논의가 활발하다. 진보 정치세력의 퇴조와 더불어 냉전기 지식사회를 이끌었던 진보주의가 약해지면서 보수주의 담론이 힘을 얻고 있다. '보수주의의 시대'라 부를만 하다. 역사상 서구의 보수주의가 진보주의(급진적 자유주의, 사회주의)에 대항하여 성립한 것과 달리, 탈냉전기 일본에서는 '진보주의 이후' 눈앞의 적을 상실한 채 보수주의가 홀로 비등하는 형국이다. 일본적 특수성을 암시하는 현상이지 않을까.

틸냉진=지구화 문맥의 보수성지가늘도 보수수의를 표방하고 보수주의자를 자처하곤 한다. 보수개혁(정치개혁, 행정개혁)을 외칠 때, 헌법개정을 해야 한다고 말할 때, 자신이 보수주의자임을 천명한다. 이는 자기정당화의 정치적 행위이다. 보수정치가들은 일상의 보수적 감각을 보수주의로 연결시키는 내적 논리를 따로 갖추고 있지 않다. 그런데도 보수주의자를 자처하는 까닭은 보수파나 보수우익 혹은 우익으로 취급되는 걸 피하고 긍정적인 이미지를 기대해서일 것이다. 혹자는 일본적 전통이나 자연미를 끌어들여 보수주의자로서 자기존재를 증명하기도 한다. 미적 감각이 뛰어나거나 미학적 관심이 깊어서가 아니다. 보수주의를 자처할 사상적, 지적 근거가 빈곤해서다.

보수주의자를 자처하는 보수정치가는 진정한 보수주의가 아닐 가능성이 높다. 정치현실이나 정책현실이 깊이 연루된 보수**정치가**들은 보수주의를 크게 외칠수록 자신의 보수감각과 보수주의 원리 사이의 간극이 커져 위선적일 수밖에 없다. 반면, 정치현실이나 정책현실과 거리를 두는 보수**지식인**들은 보수주의 원리를 의식하면서 현실을 바라보기에 진정한 보수주의자일 가능성이 높다. 현실과의 거리를 진단하는 보수주의를 이즘ism

으로 파악할지 감각sense으로 봐야할지의 문제는 있다. 진정한 보수주의자라면 보수주의를 감각으로 이해한다. 이즘으로 규정하는 순간 실제와 멀어진다는 걸 알아서다. 진정한 보수주의자는 현실(리얼리티)의 변화에 민감하게 반응하되 거리를 두고 현실을 바라본다.

보수주의자는 끊임없이 진정성을 시험받는다. 현실에 매몰되지 않으려면, 또 원리주의나 문화주의에 빠지지 않으려면, 보수주의자는 부단히 리얼리티를 응시해야 한다. 일본의 보수주의는 외부로부터 부과된 혹은 강제된 현실의 변화에 대응하여 새로운 것을 받아들이되 기존의 것을 보수하면서 개혁해야 하는, 이로 인해 보수와 개혁 사이의 격차가 만들어내는 역설적 현상과 마주해야 하는 숙명을 안고 있다. 이러한 숙명에서 일본 보수주의의 특수성이 생겨난다. 이 역설은 현대일본의 보수주의가 보수적 주체들이 처한 객관적 상황과 이들이 생각하는 주관적 판단 사이에 괴리가 있음을 뜻한다. 또 보수적 주체들이 의탁하는 서구 보수주의와 일본에서 영위하는 보수주의 사이에 간극이 있음을 암시한다. 말(표현)과 행위(정치) 사이에 차질이 있음을 시사한다.

일본의 보수주의자들은 에드먼드 버크Edmund Burke의 권위를 빌어 보수주의를 말하곤 한다. 하지만 버크를 끌어들이는 순간, 버크와의 틈새를 보이지 않을 수 없다. 일본 보수주의의 개별성이 작용하기 때문이다. 진정한 보수주의자는 일본의 역설적 상황이 배태한 괴리, 격차, 차질, 틈새를 부단히 자각하는 존재이다. 보수주의의 진정성은 이러한 역설을 파악하고 이것을 해소하고자 애쓰는 과정에서 확인된다. 보수주의자는 리얼리티의 실제와 의미를 끊임없이 확인하는 의식적인 노력, 즉 부단한 자각을 통해 자기존재를 증명한다. 부단한 자각은 비판적 행위를 통해 드러난다.

일본 보수주의를 논한다는 것

보수는 진보를 의식하고 진보에 대항하면서 모습을 드러내며, 진보와의 언설투쟁을 통해 일본사회의 문제군이나 쟁점을 구성한다. 이때 보수는 진보와 싸우기 위해 보수주의를 이념화할 수도 있다. 진정한 보수는 보수주의를 쉽게 이념화하지 않지만, 진보와 대항하는 문맥에서는 보수주의를 이념화하는 일도 생겨난다. 이 경우 진보이념에 대항하기 위해 보수주의를 내세우는 것은 일종의 정치적 행위가 된다. 진정한 보수주의자는 보수주의의 이념화에 신중하다. 이념화하는 순간 보수주의의 본래 모습을 잃을 수도 있기 때문이다.

유럽에서 보수주의는 진보주의에 대응하는 이념이었다. 19세기에는 자유주의가, 20세기에는 사회주의가 진보를 규정하였고, 보수주의는 순차적으로 각각에 대응하였다. 21세기 보수주의는 큰 정부를 지향하는 복지국가론에 대항하는 이념이었다. 일본의 보수주의는 달랐다. 메이지 이래 자유주의, 사회주의, 복지주의가 중첩되어 전개되었고 보수주의는 중첩된 진보이념에 동시적으로 대응해야만 했다. 일본의 보수주의는 일본의 국가와 사회에 부과되는 외부의 압력에 대항하는 이념이었다. 근대일본, 제국일본, 전후일본, 탈냉전/지구화의 각 맥락에서 부여된, 상이한 국제적 위협에 대응하여 공동체(국가)의 생존과 발전을 모색하는 과제와 마주하면서 공동체 방위를 위한 문화적, 윤리적 가치를 모색하는 이념이었다. 일본의 보수주의는 자유주의, 사회주의, 복지주의에 대응하면서도 각 이념과 결합하는 양상을 보였다.

일본의 보수주의는 일본이라는 장소(공간)에서 역사(시간)적으로 영위된, 공동체적 삶을 전제로 일본인들의 삶과 그것을 규정하는 국가와 사회에 관해 생각하는 사념의 유력한 방식이다. 메이지유신 이래 일본은 서양국가나 근대문명이 초래한 양적, 질적 변동을 부단히 겪어왔다. 보수주의는 성장과 상실을 수반하는 변동이나 변화를 상정했을 때 모습을 드러낸다. 변동이나 변화가 없다면 보수주의는 성립하기 어렵다. 성장과 상실의 과정에서 새로운 것에 대한 회의와 잃어버린 것에 대한 애착을 주체적으로 자각할 때 보수주의는 성립한다. 보수주의는 고정적인 것에 대한 고집에 그치지 않고 변화하는—성장하는 혹은 상실되는—것에 대한 자각을 통해 모습을 드러낸다. 자각의 주체는 성장과 상실의 변화과정을 유발하는 체제와 환경에도 눈길을 보낸다.

보수주의는 일정한 혹은 중대한 의미를 갖는 타자와의 관계를 어떻게 파악하고 자기를 어떻게 보전할 것인가를 생각하는 삶의 태도와 관련된다. 특정 상황을 살아가는 주체의 삶에 관한 방식의 표현이다. 일본의 보수주의를 안다는 것은 성장과 상실의 과정을 살아온 일본인의 역사적, 현재적 삶의 양태를 이해하는 것이 된다. 일본인의 삶의 보수적 속성을 집단적 행동 내지 국가적 속성으로 간주했을 때, 보수정치가나 우익 행동가의 보수의 정치와 우익의 행동을 미루어 일본인의 삶이나 일본국가의 속성을 규정했을 때, 일본의 보수주의를 구체적 삶으로 파악할 여지는 작아질 수밖에 없다. 일본의 보수적 삶, 태도, 이념을 보수주의의 관점에서 파악했을 때, 일본을 전체적으로 파악하는 사고법에서 벗어나 보수적 삶과 사고의 구체적인 모습을 이해할 여지가 커질 것이다.

2. 비판적 보수주의와 보수비평가

비판행위로서의 보수주의

비판적 보수지식인

보수정치가와 보수지식인의 사상은 혼동되는 일이 많다. 정치적 보수만을 생각해서 현대일본의 보수주의를 생각하기도 한다. 하지만 지식인의 보수주의는 정치가나 행동가의 보수사상과 구별된다. 보수지식인은 보수정치가의 정치적 행위나 정책과 거리를 둔다. 이들은 일상감각과 정치감각의 사이에서 보수적 가치를 모색하면서 인간과 사회와 국가의 바람직한 양태에 관해 고민한다. 일상적 보수와 정치적 보수의 사이에서 일상과 정치를 연결하는 보수감각을 영위한다. 이들 '사이'를 사유할 때 평형감각(균형감각)을 중시한다. 평형감각은 일본과 세계 사이에서도 상정된다. 진정한 보수주의자라면 일본의 국가와 사회를 세계의 보편적 맥락에서 파악하고 일본문화를 보편적 세계문화와 관련하여 이해하는 감각을 지닌다.

보수지식인은 전통과 역사에서 보수적 가치를 찾고 국익을 우선한다는 점에서는 보수정치가와 닮았지만, 현실을 보는 시선은 많이 다르다. 보수지식인들은 현실의 조건과 쉽게 타협하는 보수정치가들의 현실순응적 태도에 불만을 보인다. 일본의 국가와 사회를 규율하는 전후체제와 일본국가의 존재방식에 의문을 제기한다. 보수정치가들은 현실정책에서 배양된 보수의 정치감각을 일상에 투사하지만, 보수지식인들은 보수의 일상감각을 토대로 보수의 정치감각을 구성한다. 보수지식인도 보수정치가처럼 공동체 질서를 중시하지만, 평화헌법, 민주주의, 미일동맹으로 성립한 전후체제와 자민당 보수정권에 비판적이다. 미일동맹을 토대로 자주적 정상국가를 지향하는 친미적인 보수정치가와 다르다. 천황제를 가치가 아니라 제도로 본다는 점에서 천황제를 절대가치로 생각하고 배타적 내셔널리즘을 표방하는 우익과도 구별된다.

물론 이러한 구별만으로 보수지식인의 진정성이 확보되는 건 아니다. 지식인은 성찰과 비판을 지적 사고의 업으로 삼고 정치적 행동의 근거로 삼는 자이다. 진정한 보수지식인은 현실과 의식이 결부되는 양상을 따지는 비판정신의 소유자여야 한다. 비판적 지식인이어야 한다.[5] 비판적 보수지식인은 일본의 국가와 사회에 내포된 모순을 인지하고 추궁한다. 진정한 보수주의자로서 숙명처럼 일본사회에 내장된 괴리, 간극, 차질, 틈새가 만들어내는 역설을 자각한다. 주체는 비판적일 때 자각적이 된다. 진정한 보수주의는 비판의식으로서 성립한다. 비판의식으로서의 보수주의는 대항이념인 진보주의에 대한 반발심만이 아니라 자신이 처한 장소를 규율하는 것을 예민하게 감지하고 날카롭게 추궁하는 감각에서 성립한다. 비판의식은 비판행위를 통해 모습을 드러낸다. 비판행위는 말(표현)과 행위(정치) 사이의 차질을 추궁함으로써 말에 간직된 본연의 모습을 환기시키는 한편, 행위에 내포된 가식을 폭로한다. 이러한 비판의식과 비판행위에서 보수의 정치적 감각은 배태된다. 보수적 주체의 자각은 역사의 경험에 대해서는 **성찰**을, 현실의 모순에 대해서는 **비판**을 수반한다.

비판적 보수지식인에게는 '모순'의 추궁과 '평형'의 추구가 공존한다. 보수의 비판정신은 인간본성의 발로일 수도 있지만, 사회현실의 부조리

---

5 비판적 보수지식인의 범주도 물론 단일하지는 않다. 리버럴리즘과 문화적 교양을 중시하고 향유하는 리버럴 보수(문화적 보수주의자)도 있고, 국가주의적 성향이 강한 보수논객도 있다. 그 양태는 정치경제적 문맥에 따라 조금씩 다르다.

나 모순에서 촉발된 경우도 많다. 뒤집어 말하면 사회의 부조리와 모순을 응시하는 눈이 없으면 보수의 비판정신은 성립하기 어렵다. 일상생활의 보수감각에 머무르거나 강고한 원리주의를 고집할 따름이다. 평형도 사회의 부조리와 모순을 해소하려는 운동성과 관련된다. 평형은 자연의 본성일 수 있지만, 사회적 평형은 모순을 해소하려는 운동성을 지닌다. 기존의 것을 지키려는 보수의 심성과 새로운 것을 받아들이려는 개혁(진보)의 의지 사이에 생기는 간극을 전제로 했을 때, 보수와 개혁 사이의 평형은 정적인 균형에 머무를 수 없다. 개혁하지 않으면 변화하는 현실을 쫓아가지 못하는 상황에서 평형은 운동성을 갖지 않을 수 없다. 진정한 보수주의자의 비판은 운동성을 가진, 역동성과 긴장감을 내장한 평형을 지향한다. 우익보수의 정치가나 우익의 문화절대주의에 보이는 긴장감 없는 정태성과 대비된다.

보수비평가라는 존재

비판의 가장 유력한 형태는 '비평'이다. 비평은 긴장감을 갖고 이념(이상)과 실제(현실) 사이의 모순을 추궁하는 행위이며, 현실의 임계점까지 파헤치는 비판정신의 표현이다. 비평가는 비평행위를 통해 자신의 존재와 사상을 드러낸다. 비평가는 현실(상황)과 주체의 사이를, 그리고 현실과 주체를 규율하는 포괄적 문맥(콘텍스트)을 예민하게 포착하는 자이다. 비평가는 현실에 발을 디디면서 당위와 존재 사이를, 명분과 실제 사이를 고뇌한다. 현실을 포착하는 민감한 감각을 가졌고 이념(개념)이나 논리적 세계가 빚어내는 현실의 모순을 추궁하는 예리한 시선을 지녔다. 비평가는 지식인이지만, 지식인이 꼭 비평가는 아니다.

보수비평가는 보수정치가와 구별된다. 보수정치가가 대중의 보수적 태도를 조장한다면, 보수비평가는 대중의 보수적 태도와 정치가의 보수적 정책에 대해 비평=비판한다. 보수적 삶과 태도를 철학적 혹은 정치적 언설로 드러낸다. 일본의 비판적 보수비평가들은 정치세계를 규율해온 보수체제(제도)에 대항하면서 보수정치가들의 정책과 사상을 비판하는 한편, 지식세계를 주도해온 진보주의(이념)에 대항하는 보수언설을 생산해왔다.

보수비평가는 진보비평가와도 대조된다. 진보비평가가 당위와 정의에 의탁하여 손쉽게 현실의 모순을 **초월하는** 태도를 보이는 것과 달리, 보수비평가는 당위와 정의를 좌절하게 만드는 모순된 현실의 진흙탕에서 **포복하는** 자세를 취한다. 보수비평가는 자신의 이념을 비평대상에 무한정 투사하는 이데올로그가 아니다. 끊임없이 현상과 타자를 면밀히 들여다보면서 조심스레 사려를 담아 비평하는 존재이다. 보수적 비평은 현실을 발판으로 삼아 현실의 부조리, 모순을 추궁하고 그 현실을 벗어나려는 지적 고투이다. 현실에 구속받으면서 현실로부터의 자유를 꿈꾸는 모순된 존재이다. 보수비평가=보수주의자는 자기모순과 현실모순을 동시에 추궁할 때 비로소 진정성을 담보한다. 이때 비평은 가장 정치적인 행위가 된다.

보수비평가의 비평은 구체적 상황과 현실에 대한 보수적 발언이다. 보수주의자는 개별적 체험을 중시한다. 보수비평가의 비평행위도 개별적이고 구체적이다. 보수비평가는 전체자적 존재가 아니라 개별자적 존재이다. 전체적, 보편적 관점이 없다는 말은 아니다. 진정한 보수주의자의 비평은 전체와 보편을 보는 시선을 망각하지 않는다. 보수비평가는 전체적holistic 관점을 포기하지 않고 보수주의의 보편 원리를 망각하지 않으면서 구체적이고 개별적인 현상을 들여다본다. 진정한 보수주의자로서의 보수비평가는 구체적인 개별적 비평을 통해 전체적이고 보편적인 원리와 의미를 탐색한다.

후쿠다 쓰네아리, 에토 준, 니시베 스스무

논쟁적 보수주의자들

현대일본에는 보수비평가들이 즐비하지만, 특히 세 사람의 보수비평가가 눈에 띈다. 후쿠다 쓰네아리, 에토 준, 니시베 스스무이다. 후쿠다와 에토는 문예비평가(문학비평가)로서 현대일본의 문단, 평단, 논단에서 가장 주목받은 문제적 보수주의자였다. 니시베는 경제사상가, 사회비평가로서 탈냉전기에 활발하게 비평활동을 한 보수논객이었다. 다들 일상생활의 보수감각을 토대로 정치적 보수감각을 포착하는 시선을 가졌던 자들이다. 현실의 모순과 쟁점을 민감하게 읽어내고 자신의 사상과 언어로 비판적으로 파악하는 능력을 가진 보수주의자들이었다.

후쿠다 쓰네아리福田恆存(1912-1994)는 패전공간과 냉전기의 보수주의를 대표하는 문예비평가였다. 일본의 보수논객들로부터 현대일본의 '보수주의의 원점'으로 평가받는 인물이다. 후쿠다는 패전을 전후한 시기에 본격적으로 문예비평을 시작하였고 소설가, 세익스피어 번역자로도 활동하였다. 현대연극협회를 창설하였고 극단을 결성하여 연출가, 극작가로도 활동하였다. 후쿠다는 전후일본의 정치와 문학 논쟁, 채털리재판 논쟁, 평화논쟁, 국어국자 논쟁, 베트남전쟁 반대운동을 둘러싼 논쟁, 방위논쟁 등 다수의 논쟁에 참여한 "전후최대의 보수파 논객"이었다.[6] 문예비평과 연극활동이 주업이었지만, 일본 정치사회의 현실에도 민감한 비평가였다. 현실을 규정하는 말과 사상의 의미를 캐묻는, 인문학적 수사와 사회과학적 성찰이 뛰어난 비평가였다. 사회과학과 문화주의의 사이에서 리얼리즘에 기초하여 양자의 허위를 추궁한 비판적 보수주의자였다.

6　浜崎洋介,『福田恆存 思想の〈かたち〉』(東京: 新曜社, 2011), 9쪽.

후쿠다는 리얼리즘과 보수주의에 입각한 비평정신을 통해 진보지식인의 언어와 언설을 비판하였다. 후쿠다의 보수주의는 진보지식인들이 주도한 전후일본의 사회과학의 과학성을 비판하면서 문화적 보수주의를 주장한 데서 나타나지만, 문화적 보수주의를 문화환원론이 아니라 정치적 현실주의에 기초해 이해한 데서 파악할 수 있다.

에토 준江藤淳(1932-1999)도 활발한 보수적 비평으로 냉전기의 한 시대를 풍미한 문예비평가였다. 1955년 스무네 살에 나쓰메 소세키夏目漱石 비평으로 화려하게 등단하였다. 에토는 문학비평에서 출발했지만 일본의 정치사회 현실에 대해서도 폭넓게 비평하였다. 미일안보조약 개정을 둘러싼 안보투쟁의 상황에서 사회과학적 비평의 감각을 보여주었다. 1970년대에는 점령기 미군의 헌법제정과 검열의 문제를 추궁하면서 일본국헌법의 비주체성과 구속성을 폭로하는 등 일본의 정치와 외교, 국제관계에까지 비평의 폭을 넓혔다. 에토는 냉전과 경제성장의 문맥에서 사적 영역에서의 패전체험과 일상경험이 공적 영역의 보수적 재구성으로, 보수적 내셔널리즘으로 연결되는 보수적 사유의 사례를 보여주었다. 경제성장=근대화='작위'를 추동한 미국에 대해 '자연'으로서의 일본의 역사와 국가를 보수적으로 재구성하고자 했다. 미국에 의해 구축된 전후체제를 해체하기 위해 미 점령군이 만들어낸 '검열의 언어공간'을 폭로하는 한편, 야스쿠니를 정당화한 국가관과 역사관을 보였다.

니시베 스스무西部邁(1939-2018)는 경제사상가, 사회비평가로서 투쟁적 보수를 선도한, 탈냉전기 일본을 대표하는 보수논객이었다. 대학시절 1960년 안보투쟁을 주도한 신좌파 운동가였지만, 일찍부터 보수적 취향이 있었다. 1970년대 후반부터 경제학, 경제사상사를 토대로 한 보수주의의 이론화 작업을 활발하게 전개하였다. 후쿠다 쓰네아리가 '보수주의의 원점'이라면, 니시베는 '보수주의의 최고 이론가'라 부를 만하다. 니시베는 투쟁적 논객='싸우는 보수'로서 보수적 언론활동에 열심이었다. 보수주의의 관점에서 고도 대중사회 일본과 진보주의를 이론적으로 비판하는 작업에 열중하는 한편, 역사의 재구성과 공동체 의식을 드높이는 언설활동에 적극 나섰다. 일본의 국가와 사회를 규율해 왔던, 아메리카니즘에 의해 구축된 전후체제를 지탱하는 평화주의와 민주주의를 전면 부정하는 탈전후의식을 보였다. 평화헌법의 재구성, 미국적 민주주의의 폐기를 주장하였다.

이들 세 사람은 각자가 활동했던 시대의 쟁점을 구성하고 이와 대결하는 보수정신을 드러낸 비평활동을 했다. 일본의 현실과 미래에 관해 치열하게 고민하는 글쓰기를 했다. 전통과 역사와 상식은 보수적 정신의 근거였다 후쿠다와 에토는 문예비평에 머무르지 않고 사회비평, 정치비평, 문명비평에도 탁월함을 보였다. 인문학적 소양과 비평가적 소질이 사회과학 현상을 꼼꼼하게 파악하는 데 유효했다. 두 사람이 뛰어난 문예비평가였던 까닭은 사회와 정치의 현실을 예민하게 포착하는 현실감각을 가졌기 때문이다. 예리한 정치비평가였던 까닭은 문예비평가의 감각이 정치비평에 유효했던 콘텍스트를 살았기 때문이다.

니시베는 후쿠다나 에토와 달리 사회비평과 문명비평이 뛰어난 경제사상가였다. 사회과학(경제학)이 전문이었지만, 한때 문학에 뜻을 두기도 했던, 인문학적 감각이 뛰어난 보수주의자였다.[7] 그가 쓴 인물평전이나 보수주의론을 읽어보면 문학적 수사에 능란한 비평감각의 소유자였음을 알수 있다. 문명비평과 사회비평이 탁월했던 까닭은 문예비평가가 양질의 정치비평을 하기 힘들어진 포스트전후의 콘텍스트를 살아서일 것이다. 니시베는 일본의 문예비평이 포스트모더니즘으로 치닫던 때(1980년대)에

---

7 학창시절 발군의 수재였던 니시베 스스무는 중고교 시절에 세계문학전집을 독파한 조숙한 문학청년이었다(高澤秀次, 『評伝 西部邁』, 東京: 每日新聞出版, 2020, 16쪽).

이에 대항하여 보수주의의 이론화에 나섰고, 탈냉전=지구화 문맥에 들어 문학비평의 영향력이 떨어졌을 때 치열하게 보수적 비평을 수행하였다.

사상연쇄

보수주의자의 인문학적 상상력과 문예적 비평감각은 진보주의자의 사회과학적 분석에 대항하는 데 유효하게 작용하였다. 이들 보수비평가는 논리적 합리성을 내세우는 진보주의 견해와 대결하였고, 진보지식인의 '위선'과 '이상주의'를 추궁하였다. 현대일본의 지식사회를 주도한―마루야마 마사오丸山眞男로 대표되는―진보지식인들은 자유권을 향유하는 개체로서의 근대적 주체의 합리적 행동을 가정하는 사회과학 방법론을 동원하는 한편, 평화, 민주주의, 인권의 절대이념에 의탁하여 정치현실을 판단하였고 이상주의와 논리적 당위성에 의거하여 현실 변혁을 모색하였다.[8] 보수주의자들은 진보주의자들의 이상주의와 논리적 합리성이 배태한 괴리나 모순을 예리하게 읽어냈다. 현실과 경험적 합리성을 중시하는 인문학적 상상력과 보수적 비평감각이 작용했기에 가능하였다. 보수비평가들은 반진보주의의 심정에서 자연스럽게 모종의 연대감을 공유하였다.

후쿠다, 에토, 니시베는 사상연쇄를 보였다. 평론가 나카지마 다케시中島岳志는 10대 때 사상서를 읽기 시작한 이래 니시베 스스무를 읽고 처음으로 감화를 받았고, 니시베를 통해 후쿠다 쓰네아리를 알게 되어 즐겨 읽었다고 한다. 에토 준에 대해서도 언급했다. 사별한 모친에 대한 연모와 자의식의 사적 문제를 미루어 일본이라는 공적 문제로 연결시키는 논의의 방식에 저항감을 느꼈지만, 훗날 절대평화주의, 전공투 투쟁의 비현실성을 비판한 에토의 대표작 「'놀이'의 세계가 끝났을 때」(1970)를 읽고서

---

8 森政稔, 『戦後「社会科学」の思想―丸山眞男から新保守主義まで』(東京 : NHK出版, 2020).

에토의 비평의식이 유효함을 깨달았다고 한다.[9] 나카지마 다케시라는 독자의 눈을 통해 후쿠다, 니시베, 에토의 사상이 분절되면서도 연쇄 관계에 있었음을 짐작할 수 있다. 한편 에토 준은 문학책을 섭렵하던 학창시절 주로 후쿠다 쓰네아리를 읽었다고 술회한 바 있다. 하지만 1950년대 후반 비평활동을 갓 시작한 '신세대' 에토에게 후쿠다는 기성세대였다. '신세대' 에토와 '전중세대' 후쿠다는 심리적으로 거리가 있었다.[10]

니시베는 에토보다는 후쿠다를 더 의식하였고 또 후쿠다의 영향을 많이 받았다. 니시베는 에드먼드 버크와 더불어 상식과 전통을 중시하는 후쿠다 보수주의를 현대일본의 보수주의의 원점으로 평가하였다. 후쿠다를 "보수적 정신세계의 단독자"로 불렀다. 니시베는 보수주의자임을 선언했을 때 통과의례처럼 「후쿠다 쓰네아리론」(1985)을 써내려갔는데, 니시베는 20여년간 사회과학을 하는 동안 "모럴리스트의 정신"(인문학 정신)을 "무거운 짐"으로 느꼈는데, "사회과학의 마이너스 차원"을 응시한 "희대의 모럴리스트" 후쿠다 쓰네아리가 쏟아내는 "말의 방사능"에 타버릴까봐 두려워했다고 술회하였다. 보수주의의 관점에서 대중사회를 비판하면서 이 두려움을 없앨 수 있었다고 한다. 후쿠다가 평론가 고바야시 히데오小林秀雄의 「모토오리 노부나가本居宣長」(1965-1976)를 읽고 희열에 빠졌듯이, 니시베는 후쿠다를 읽고 "진정한 보수적 정신"에 기쁨을 느꼈다고 고백하기도 했다.[11]

---

9 「入門対談 中島岳志×平山周吉」, 『江藤淳－終わる平成から昭和の保守を問う』(東京: 河出書房新社, 2019), 4쪽. 히라야마 슈키치(平山周吉)의 평에 따르면, 니시베와 에토는 가시돋친 사람들이라 서로 맞지 않았지만, 둘 다 논쟁을 잘하고 변론이 능숙하고, 전후일본을 격하게 부정하고 절망하는 스타일이었다. 에토는 "아주 감각적인 사람"으로 고자세를 취하는 스타일이었지만, 니시베는 "논리적인 사람"이면서도 익살스런 표현이 되는 인간이었다(「入門対談 中島岳志×平山周吉」, 6쪽).

10 坪内祐三, 「二人の保守派－江藤淳と福田恆存」, 『諸君』 1999년 10월호.

이들 세 보수비평가는 심정적으로, 사상적으로 연결되어 있었다. 공유된 보수심성이 서로를 이끌리게 했을 수도 있다. 니시베는 1980년대에 본격적으로 보수주의의 이론적 탐구와 보수적 비평에 나섰을 때, 자신의 보수적 발언이 "후쿠다가 **이미 말했던 것**"이라는 평을 주위에서 들었다고 한다.[12] 니시베는 후쿠다가 보수적 정신을 주장했던 시절보다 "몇 단계나 악화된" 상황을 의식하면서 보수주의를 얘기했다고 한다.[13] 심정적으로, 혹은 내용적으로 '이미 말해진 것'이 어떤 '상황'에서 되풀이되고 새삼 확인되는 과정에서 보수정신의 사상연쇄가 이루어졌음을 알 수 있다. 이러한 사상연쇄는 편차는 있어도 거의 동시대를 살았기에 가능했던 걸까, 아니면 보수적 심정을 공유해서였을까. 진보주의에 대항하는 한 보수주의는 얼마간 이념으로 작용할 수밖에 없지만, 보수주의가 상황을 파악하는 보수적 태도라 한다면 그 태도를 틀지우는 상황에 주목해야 할 것이다. 보수적 비평이란 '이미 말해진' 보수적 정신이 어떤 상황(콘텍스트)에서 어떻게 말해지는지를 확인하는 작업일지도 모른다. 그렇다면 콘텍스트와 그것이 만들어내는 쟁점이나 의제에 주목해야 하지 않을까.

비평의 콘텍스트

민주=안보공간, 경제=성장공간, 탈전후=역사공간

후쿠다, 에토, 니시베의 사상연쇄는 보수정신을 매개로 상관되었지만

---

11 西部邁, 「保守思想の神髄」, 『思想史の相貌』(東京: 德間書店, 1991), 247-248쪽. 이 글의 초출은 「福田恆存論―保守の神髄をもとめて」(1985), 『幻像の保守へ』(東京: 文藝春秋, 1985).

12 西部邁, 「保守思想の神髄」, 247쪽.

13 西部邁, 「精神の政治学」(1985), 『幻像の保守へ』, 220-221쪽.

분절된 모습을 보였다. 각자가 비평활동을 한 콘텍스트가 겹치면서도 달랐기 때문이다.[14] 후쿠다는 에토보다 스무 살 연상이었지만 활동 시기가 1950년대 후반부터 1980년대까지 겹쳤다. 에토는 니시베보다 일곱 살 많았지만 1970년대 중반부터 1990년대 중반까지 비평활동이 겹쳤다. 세 사람은 1970년대, 1980년대의 비평공간을 함께 했다. 연배는 약간씩 차이가 났지만 거의 동시대를 살았다 해도 과언이 아니다. 하지만 각자가 마주한 시대적 과제, 사상과제는 같지 않았다. 비평의 대상이나 의제도 조금씩 달랐다.

사상과제, 즉 의제의 차이는 각자가 치열한 문제의식(비평의식)을 가지고 마주했던 콘텍스트가 달랐던 데서 비롯된다. 후쿠다 쓰네아리는 전시에 20대를 보낸 전중세대로서 패전공간과 민주화 개혁, 안보투쟁을 거치는 동안 당대의 쟁점에 부응하는 사상과제와 마주하였다. 에토 준은 전시에 소학교를 다녔고 전후에 민주주의 중등교육을 받은 신세대였다. 에토는 1950년대 후반 경제회복과 안보투쟁의 문맥에서 비평을 시작한 이래 1960년대~1980년대 경제성장의 콘텍스트에 부응하는 사상적 고투를 보였다. 니시베 스스무는 에토와는 일곱 살밖에 차이가 나지 않지만, 전후에 소학교 교육을 받은 전후세대로서 비평과제와 비평의식의 맥락이 상당히 달랐다. 의제도 달랐다. 1980년을 전후하여 뒤늦게 사회비평을 시

---

14 세 사상공간(콘텍스트)를 설정하는 본서의 분석틀은 콘텍스트와 텍스트의 상호교차적 해석을 중시하는 스키너(Quentin Skinner)의 사상사 방법론에 기초한다(James Tully, ed., *Meaning and Context: Quentin Skinner and His Critics*, Cambridge : Polity, 1988. 제임스 탈리, 유종선 역, 『의미와 콘텍스트— 퀜틴 스키너의 정치사상사 방법론과 비판』, 서울: 아르케, 1999). 아울러 보수주의자의 말과 개념에 관한 이해는 포콕(J.G.A. Pocock)의 정치언어 분석과 코젤렉(Reinhart Koselleck)의 개념사 방법을 염두에 두었다(J.G.A. Pocock, *Politics, Language and Time: Essays on Political Thought and History*, New York : Atheneum, 1971; Reinhart Koselleck, *Futures Past: On the Semantics of Historical Time*, Cambridge : The MIT Press, 1985. 라인하르트 코젤렉, 한철 역, 『지나간 미래』, 서울: 문학동네, 1998).

작하기도 했고 경제사상이 본업이어서일 것이다.

　세 사람은 사거할 때까지 보수적 비평활동을 멈추지 않았지만, 주로 각자의 의제를 가지고 마주했던 콘텍스트에서 보수주의자로서의 사상의 진면목을 보여주었다. 후쿠다 쓰네아리, 에토 준, 니시베 스스무는 보수적 비평을 통해 각 문맥의 쟁점과 모순을 드러냈고 보수적 대응방식을 보여주었다. 이들은 진보주의에 대항하여 보수주의자로서 유사한 심정과 화법을 공유하였지만, 콘텍스트의 차이와 각자의 개별성으로 인해 보수적 심성이나 보수주의의 내용이 똑같지는 않았다. 그렇다면 보수주의의 보편성과 더불어 특정 콘텍스트에서 요구되는 사상과제에 대응하는 보수적 비평의 개별성에 주목할 필요가 있다.

　여기서 세 보수주의자의 비평주제와 비평의식을 규율하고 보수주의의 보편성을 제한하는 콘텍스트로서 〈민주=안보공간〉, 〈경제=성장공간〉, 〈탈전후=역사공간〉을 상정할 수 있다. 진보역사학자 나카무라 마사노리中村政則는 일본 전후사를 네 시기로 나눈 바 있다. 패전과 점령, 한국전쟁 발발, 샌프란시스코 강화조약과 미일안보조약 체결이 이어졌던 제1기(1945-1960), 고도경제성장, 베트남전쟁이 있었던 제2기(1960-1973), 제1차 석유파동부터 냉전종결, 버블 붕괴까지의 제3기(1973-1990), 그리고 걸프전쟁부터 9·11테러, 이라크전쟁에 이르는 제4기(1990~현재)이다.[15] 이들 네 국면은 세 개의 사상공간과 대응한다. 민주화와 미일안보가 쟁점이 되는 〈민주=안보공간〉은 제1기에 해당한다, 경제성장과 대중사회화의 쟁점이 성립한 〈경제=성장공간〉은 제2기와 제3기에 해당한다. 탈냉전과 지구화로 '역사'와 '국가'가 쟁점화한 〈탈전후=역사공간〉은 제4기에 해당한다.

15　나카무라 마사노리, 유재연·이종욱 역, 『일본전후사 1945~2005』(서울: 논형, 2006), 20-21쪽.

〈민주=안보공간〉은 패전 이후 1960년 안보투쟁 때까지 '평화'와 '민주주의'가 쟁점이 되고 안보문제가 개인, 사회, 국가를 흔들었던 패전과 안보 형성기의 사상공간을 말한다. 패전 이후 민주화 개혁과 냉전체제 형성, 미일동맹 성립과 안보투쟁 등을 거치면서 정치안보 쟁점이 우세했던 문맥이다. 미소 대결의 냉전체제에서 평화헌법, 미일안보동맹, 민주주의로 구성된 전후체제와 보혁정치체제가 성립하는 이 문맥에서는 안보와 민주가 핵심가치로 부상하였다. 냉전과 안보를 둘러싸고 '평화'와 '민주주의'가 진보와 보수의 쟁점이 되었다. 진보적 지식사회가 주류를 이룬 가운데, 보수는 수세에 몰린 채 방어적인 문화적 보수주의를 영위하였다. 보수지식인들은 요시다 시게루吉田茂, 기시 노부스케岸信介 등 보수권력에 대응하는 한편, 담론권력을 행사하는 진보지식인들의 민주주의론, 평화론에 대항하였다.

〈경제=성장공간〉은 안보투쟁 이후 냉전종결 때까지 '경제'가 일본사회의 주요 쟁점이 되고 '발전'과 '성장'이 개인, 사회, 국가의 양태를 규율했던 사상공간을 말한다. 이케다 하야토池田勇人정권 이래 동아시아 냉전체제과 미일안보 관계가 안정적으로 운용되고, 자민당 보수세력과 사회당 혁신세력이 비대칭적으로 공존한 가운데, 도쿄올림픽, 소득배증운동, 고도 경제성장, 경제대국화 등을 거치면서 경제적 현실주의에 기초한 보수 정치체제가 확립된 시기였다. 경제=성장공간의 일본 지식사회에서도 '평화'와 '민주주의'를 옹호하는 진보담론이 여전히 주류였지만, 경제성장과 더불어 신중간층이 성장하면서 일상의 보수감각이 늘어났다. 평화헌법과 전후 민주주의를 비판하고 일본의 역사와 문화를 긍정하는 보수적 견해가 성장하였다. 이와 더불어 보수정치체제와 진보이념 사이의 괴리가 노출되기 시작했다. 보수지식인들은 명분과 실제, 규범과 현실의 괴리에 대한 인식, 즉 괴리감각을 드러내게 된다.

〈탈전후=역사공간〉은 냉전종결과 걸프전쟁 발발을 계기로 55년체제가 무너지고 경제침체로 일본사회에 상실감과 불안감이 커진 가운데, '평화'와 '민주주의'에 관한 논의가 재점화되고 냉전체제에 구속된, 아메리카니즘에 침투된 전후체제를 부정하는 탈전후(포스트전후)의식이 급부상한 사상공간을 지칭한다. 이 콘텍스트에서는 냉전체제에서 억눌려 있던 동아시아의 '역사'가 소환되면서 동아시아 국가들과의 갈등대립이 불거졌고 '국가'의 재발견을 위해 '역사'가 소환되었다. 정치세계에서는 혁신진보가 몰락하면서 정치적 보수화가 현저해졌고 보수정치가들은 정치개혁, 행정개혁에 나섰다. 보수지식인들은 아메리카니즘과 진보주의뿐 아니라 보수정치가의 보수개혁을 비판하였다. 전후체제를 부정하고 자민족 중심주의적인 역사 해석을 요구하는 언론투쟁을 벌였다.

후쿠다 쓰네아리, 에토 준, 니시베 스스무는 세 사상공간에 부응하는 비평활동을 수행하였다. 민주=안보공간의 후쿠다 쓰네아리는 사회질서를 중시하면서도 근대적 개인과 개인주의의 출현을 소망한 반면, 리얼리즘의 관점에서 진보론자의 민주주의 이념과 절대평화론을 비판하였다. 에토 준은 민주=안보공간의 끝무렵에 비평정신의 추락 내지 리얼리즘의 상실을 감지하였다. 경제=성장공간을 '성장'과 '상실'의 관점에서 이해하였고 '역사'와 '국가'를 회복함으로써 전후일본의 상실을 극복하고자 했다. 경제=성장공간의 대중사회화에 대한 비판에서 보수주의의 이론화를 모색한 니시베 스스무는 탈전후=역사공간에 들어 일본의 전후체제를 총체적으로 부정하는 한편, '전통'과 '역사'에 토대를 둔 공동체의 재구축을 통해 탈냉전/지구화 상황에 대응하고자 했다.

위기와 보수적 비평

민주=안보공간, 경제=성장공간, 탈전후=역사공간의 세 콘텍스트(사상공간)는 제도와 이념과 권력이 만들어내는 객관적 상황이다. 냉전체제/탈냉전체제에서 영위되는 전후체제라는 **제도**(평화헌법, 민주주의, 미일동맹), 전후체제를 움직이는 **권력**(미국, 보수정권, 보수세력), 진보주의와 보수주의의 **이념**의 세 요소는 상호작용하면서 각 사상공간을 특징지우면서 형상화한다. 그런데 이들 공간은 비평의 논제에서 드러나는 비평가들의 의식과 자각이 만들어내는 주관적 산물이기도 하다. 객관적 사실과 주관적 이념이 교직交織해내는 사상공간이다.

사상공간이 논제를 생산하는 콘텍스트로서 의미를 갖는 것은 사상공간에 상상된 '위기'가 내장되어 있기 때문이다. 비평의식은 위기의식에서 생겨난다. 사상공간이 평온하고 안정적일 때, 즉 위기가 감지되지 못할 때, 비평은 성립하기 어렵다. 세 개의 사상공간이 보수적 비평의 준거틀로서 상정되는 것은 거기에 위기가 내포되어 있기 때문이다. 비평가critics의 비평=비판critique은 위기crisis의 상황에서 표출된다. 보수적 비평은 패전/냉전 초기의, 안보에서 경제로 전환하는 안보투쟁을 전후한 시기의, 그리고 탈냉전/탈전후의 위기적 상황에서 모습을 드러냈다. 위기는 비정상적인 사건에서 초래되지만(객관성), 버크가 프랑스혁명의 극적 상황에 대항하여 보수적 사고를 드러냈듯이, 위기를 인지하는 예민한 감각을 가졌을 때 형상화한다(주관성). 비평가는 민감하게 위기를 인지하고 위기를 벗어날 길을 찾는 자이다.

위기는 모순에서 발생한다. 실제와 의식이 심한 불균형이나 괴리를 보일 때 실제와 의식으로 구성되는 사상공간은 모순을 배태한다. 각 사상공간의 모순은 공식적/비공식적 제도와 권력의 작용으로 만들어내는 공식적 세계(명분)와, 관습(문화) 속에서 일상을 살아가는 구성원들의 비공식적 세계(현실) 사이의 괴리에서 생겨난다. 제도와 권력과 이념이 심각한 불균형을 노정했을 때 모순은 겉으로 드러난다. 생활인은 이 모순을 자각하지 못하거나 감내하지만, 비평가는 모순이 드러날 조짐을 선구적으로 감지해내 공론화한다. 비평가들이 실제와 의식 사이에서 괴리를 감지해내고 이를 쟁점화할 때, 콘텍스트는 모순의 공간으로 다가온다. 모순에 찬 콘텍스트는 위기의 공간이다. 비평가가 모순을 자각하고 쟁점화했을 때 콘텍스트의 위기는 드러난다. 콘텍스트의 위기를 감지하는 것은 비평가의 시선이 위기적=비판적critical임을 보여준다. 여기서 실제와 의식 사이의 괴리는 주관적인 위기의식의 문제가 된다.

　냉전체제에서 비평=비판은 이원론적 상황을 상정한 것이었다. 마루야마 마사오가 보여주었듯이, 진보지식인들은 '두 개의 세계'(자유세계와 공산세계)가 냉전을 규정하는 이원론적 상황에서 계몽적 비판을 수행하였다. 냉전세계와 그것에 얽매인 전후일본의 양태에 대한 비판을 극적으로 드러냈다. 계몽주의자들의 비판은 위기를 낳았다. 코젤렉Reinhart Koselleck은 초강대국 미국과 소련의 긴장은 유럽사가 세계사로 확장된 결과로서 전 세계를 "영구적 위기의 상태"에 빠뜨릴 것이라 했다. 역사철학자들의 위기인식은 "유토피아적인 자아개념"에 기인한다고 보았다.[16] 코젤렉은 근대사회를 지향한 18세기 계몽사상가들의 비판critique이 절대주의를 무너뜨리는 과정에서 위기를 배태했고, 계몽사상이 위기에 대응하는 역사철학으로서 작용했음을 논변하였다. 위기와 역사철학이 서로 결부된다는 걸 알아냈다.[17] 근대사회 성장과정에서 절대국가와 사회간의 세력다툼이 정치적 장으로 옮겨지면서 "위기의 실제"the reality of crisis가 발생하였고, 이 다툼을 파악하는 정치의식이 "도덕적 판단"moral jurisdiction으로 결정되면서 위기는 깊어졌다고 보았다. 부르주아 역사철학은 이러한 위

---

16 Reinhart Koselleck, *Critique and crisis: enlightenment and the pathogenesis of modern society* (Oxford: Berg, 1988), p. 5. 독일어판 원저는 1959년 발행.

17 Koselleck, *Critique and crisis*, p. 12.

기를 은폐한다고 생각하였다.[18] 유럽의 계몽주의자와 마찬가지로 전후 일본에서도 계몽지식인의 비판은 국가에 대한 시민사회의 도덕적 판단, 혹은 이념적 규정이었다.

보수지식인은 진보지식인과 달랐다. 일본 보수주의자의 보수적 비평은 이중 과제를 안고 있었다. 보수적 비평은 절대화된 전후체제와 진보적 해석에 대한 비판이었다. 전후일본의 보수적 비평은 전후체제를 상대화하는 시선이 필요했고 이 시선을 갖는 데는 시간이 걸렸다. 반면 진보적 해석에 대한 비판은 즉각적이고 즉응적이었다. 보수지식인은 리얼리즘 감각으로 파악한 '위기의 실제'에 비추어 유토피아적 진보지식인의 위기의식(진보적 비판의식)을 감별하였다. 보수지식인의 비평은 위기의 '실제'(권력)와 위기의 '인식'(이념) 사이의 갭을 추궁하는 행위였다. 진보지식인의 이념세계를 표현하는 언어의 비실제성, 비현실성을 폭로하는 행위였다. 평론가 미우라 마사시三浦雅士에 따르면, 작가는 위기에 처한 인간을 묘사하지만, 비평은 위기 자체가 아니라 위기와 언어표현의 관련을 다룬다. 언어와 위기의 관련성이 중요하다. 위기가 언어를 끌어들이는 것이 아니라 언어가 위기를 끌어들인다.[19] 보수비평가는 말에 내포된 위기를 드러내는 데 민감하다. 이들은 실제와 유리되거나 실제를 왜곡하는 진보지식인의 말에서 위기를 읽어낸다. 진보주의 이념으로 분칠된 말과 실제 사이의 괴리에서 위기를 감지한다.

보수적 비평은 리얼리즘에 기초한다. 보수적 리얼리즘은 사실을 가능한 한 있는 그대로 묘사하는 문학적 리얼리즘(사실주의)도 아니고, 권력과 이익을 최우선의 가치로 삼는 정치적 리얼리즘(현실주의)도 아니다. 보수

18 Koselleck, *Critique and crisis*, pp. 158-159.
19 미우라 마사시, 「전후비평 노트」, 가라타니 고진 외, 송태욱 역, 『현대일본의 비평』(서울: 소명출판, 2002), 298-299쪽.

적 리얼리즘은 공간의 리얼리티와 모순을 읽어내는 비평적 리얼리즘이다. 리얼리즘은 리얼리티에 대한 예민한 감각을 요구한다. 보수비평가에게 이러한 리얼리즘이 가능한 것은 얼마간 리버럴리즘에 기대기 때문이다. 위기 상황에서 전체주의는 전체적 통합과 개인의 묵종을 요구하지만, 비평적 리얼리즘은 비판을 행하는 정신적 자유에서 성립한다. 그리하여 진정한 비평가는 논쟁적이고 투쟁적이다. 타자와의 대결을 불사하는 비평=비판을 행하는 까닭에 소외되고 배제되는 일이 적지 않다. **진정한 비평가는 고독하다.**

진정한 보수비평가는 보수주의의 일본적 양태를 찾는 고투의 과정에서 끊임없이 보수주의의 보편원리를 의식한다. 보편원리와 리얼리즘을 상실했을 때 보수비평가는 '보수반동'이 되기 쉽다. 리버럴리즘은 보수반동화를 제어하는 이념이다. 보수비평가의 리버럴리즘은 당위적 논리와 이상주의적 명제를 실천하려는 진보비평가의 자유의지와 구별된다. 상식과 체험에 기초하기 때문이다. 리얼리즘과 리버럴리즘을 겸비해야만 진정한 보수비평가=보수주의자가 될 수 있다. 양자의 겸비를 가능하게 하는 심리적 조건은 '평형감각'이다. 현대일본의 보수주의자들은 현실의 구속과 정신의 자유 사이의 평형을 얘기한다. 평형감각으로서의 비평의식은 실제와 의식의 균형 위에 존재한다. 한쪽으로 치우치면 진정한 비평의식은 성립하기 어렵다. 평형감각이 단순한 정적인 균형이 아니라 평형을 **지향하는** 감각으로서 운동성을 지니는 까닭은 사상공간=비평공간이 위기적 상황에 촉발되는 실제와 이념 사이의 괴리, 현실의 구속과 정신의 자유 사이의 긴장을 내포하기 때문이다. 비판critique은 위기crisis의 표현이다.

3. 보수주의란 무엇인가

보수주의의 보편성

버크의 보수주의

일본의 보수지식인들은 에드먼드 버크Edmund Burke의 보수주의에 의탁하여 자신의 보수적 견해를 정당화하는 경향이 있다. 버크는 근대보수주의의 **보편적 보수이념**을 제공하였다. 그런데 버크의 보수철학은 프랑스혁명의 급진적 자유주의와 이념적으로 대결하는 **특수한 상황**에서 제시된 것이었다. 합리주의와 계몽주의를 지적 토대로 생겨난 프랑스혁명의 급진적 자유주의에 대항한 것이었다. 프랑스혁명은 추상적인 자유주의 이념에 의탁한 사회변혁, 즉 "루터의 종교개혁과 같은, 독트린(주의)과 이론적 도그마(교리)의 혁명"[20]이었다. 자유를 위한 투쟁이 아니라 절대권력을 위한 투쟁이었다. 자코뱅의 행위는 평등이라는 이름의 평준화, 자유라는 명분의 허무주의, 인민의 이름으로 행사된 전체적인 절대권력이었다.[21]

버크는 급진적 자유주의를 배척했지만 자유주의를 부정하지는 않았다. 버크 보수주의는 자유주의와 결합된 것이었다. 19세기 유럽에서 버크의 보수철학이 공유된 까닭은 자유주의적 측면이 있어서였다. 프랑스의 메스트르Joseph de Maistre의 극우적 보수주의가 보편성을 얻지 못한 것과 달랐다. 버크는 개인의 권리를 옹호했다는 의미에서 자유주의자였고, 국체로서의 질서를 지킨다는 의미에서 보수주의자였다. 장년기의 '자유주

---

20 中川八洋, 『正統の憲法 バークの哲学』(東京: 中央公論新社, 2002), 240쪽.
21 니스벳, 『보수주의』, 22쪽.

의자' 버크는 조지 3세의 압제가 영국의 국격에 반한다고 생각했지만, 노년기의 '보수주의자' 버크는 프랑스혁명에 동조하는 영국혁명협회의 프라이스 목사가 국격nationhood 개념을 부정하면서 과도한 자유를 주장한 것에 대항하였다. 버크는 휘그 당원이었지만 '신토리' 혹은 '토리화된 휘그'Toryfied Whig를 자처하면서 당파적 입장에 동조하지 않았다. 버크는 일반의지와 개인의 자율성을 내세워 길드, 수도원, 단체와 같은 전통적 집단을 없애거나 전체 인민에 종속시켜야 하고 귀족제도를 없애야 한다는 루소의 급진적 자유주의를 비판하였다. 루소를 프랑스혁명의 장본인으로 지목하였다. 토크빌도 프랑스혁명 발발 이전부터 자유, 평등, 정의의 환상을 심어준 문필가들, 특히 루소의 책임을 인지하였다.[22] 버크의 루소 비판은 후술하듯이 메이지 일본에서 버크 보수주의를 수용하는 근거가 되었다.

버크가 혁명을 다 부정한 건 아니다. 명예혁명과 식민지 독립혁명은 옹호하였다. 미국인과 주민의 관습과 습관을 지키기 위해 자유를 추구했다면서 미국혁명을 지지하였다. 이 때문에 개혁파나 혁명파로 지목되기도 했다. 버크가 옹호한 혁명, 즉 '레볼루션'revolution은 아렌트Hannah Arendt가 『혁명론』에서 말했듯이 오랜 좋은 가치를 "다시 돌아오게 하는 것"이란 의미를 가졌다. 버크는 명예혁명과 독립혁명, 아일랜드와 인도의 저항에서 인간사회가 지켜야 할 보편적 가치로 회귀하는 운동을 보았다. 보수주의를 '레볼루션'과 연관시키는 관점은 현대일본의 투쟁적 보수주의자들도 공유한다. 버크의 보수주의가 얼마나 공감을 얻었는지는 접어두더라도 적어도 의탁할 명분과 논리를 제공했다는 점에서 현대일본의 보수주의자들에게 중요한 의미가 있다. 일본의 보수주의자들은 버크의 '편견',

22 니스벳, 『보수주의』, 27-28쪽.

'시효', '상속' 개념을 받아들였다.

　버크는 인간의 이성을 부정하지 않았지만 도덕과 미덕을 지탱하는 감정인 '편견'prejudices을 소중히 여겼다. 인간은 이성만으로 살 수 없고 "알몸의 이성"이 아니라 "이성을 가진 편견"에 충만한 잠재적 지혜를 발견하는 현명함을 가져야 한다고 했다. 이성을 가진 편견은 행동에 이성을, 행동에 영속성을 부여하며, 인간은 정당한 편견이 있어야 지혜와 덕성이 따르고, 미덕이 습관이 되며, 의무는 본성의 일부가 된다고 했다. 편견이 없으면 인간은 도덕을 상실하고 패덕에 빠지기 쉽다는 것이다. 편견을 도덕 감정의 온실로 간주하였다.23 편견은 "예전의pre 판단judice"(선입견)을 뜻한다. 편견을 지키는 것은 경험의 지혜를 보전하고 도덕과 자유를 옹호하는 것과 다를 바 없었다. 전통은 편견의 체계로서 선행의 판단을 제공한다. 전통은 질서 있는 자유를 규정하며, 자유를 위한 질서는 명문화된 법률에서 나오는 것이 아니라 관습율에 기초한다고 했다.

　'시효'prescription는 "미리pre 규정scription하는 효과"이다. 시간이 지속될 때 의미를 갖는 "시간의 효과"를 말한다. 버크는 난폭한 정부가 오랜 관행을 거쳐 합법적 정부로 숙성하는 데서 시효의 의미를 찾았다.24 합리적인 역사의 원리를 기원에서 찾지 않고 시간의 흐름에 따른 점진적 변화에서 찾았다. 버크는 시효의 원리가 작동하기 이전의 "폭력적인 과거의 편린"에 대한 이성적 접근을 막아야 한다고 했다. 국가의 전복이나 개혁을 꿈

---

23 에드먼드 버크, 『프랑스혁명에 관한 성찰』(파주: 한길사, 2017), 158-159쪽. 미덕과 감정의 관계에 관해 버크는 애덤 스미스의 『도덕감정론』(1759)에도 영향을 준 『숭고와 미의 관념의 기원』(1757)에서 이미 논한 바 있다. 버크는 사람들이 국왕을 외경하고 귀족을 존경하는 까닭은 귀인이어서가 아니라 장엄하고 화려한 미에 대해 감정이 작동하기 때문이라 했다. 미의 감정은 인간의 혼을 정화하고 인간성의 풍부한 품위와 고아함을 배양한다. 악덕의 행위를 미덕의 행위로 바꾸지는 못해도 덕행을 습관화한다고 주장하였다(中川八洋, 『正統の憲法 バークの哲学』, 260쪽).

24 버크, 『프랑스혁명에 관한 성찰』, 266쪽.

꾸지 못하도록 "경건한 경외심과 떨리는 염려"의 마음으로 국가를 대해야 하며, 국가의 결함이나 부패상이 드러나지 않도록 국가를 신성화해야 한다고 생각했다. 시효는 국가의 신성화에 필요한 원리였다.[25]

'상속'은 사회질서와 정치체제의 보전을 설명하는 개념이다. 버크는 일시적 부분과 영원한 전체가 조화를 이루는, 혈연 이미지를 부여받은 정치체제와 가족적 유대로 결합된 헌법을 옹호하였다. 상속은 개선의 원리를 배제하지 않은, "확실한 보수"와 "확실한 전달"의 원리였다. 버크는 "자연적 양식"에 따르는 헌정 방침에 따라 정부와 개인은 특권을 계승하고 보유하고 전달하며, 그렇게 해야만 정부는 개선하더라도 완전히 새로워지지 않고 보전하더라도 완전히 낡지 않는다고 믿었다. 상속은 "골동품 애호가의 미신"이 아니라 "철학적 유추philosophic analogy의 정신"으로 인도되는 것이었다. 자유도 사회질서 보전의 관점에서 상속되는 것이었다. 조상 앞에서 "외경심이 깃든 엄숙함"을 가졌을 때, 무질서와 과도함에 빠지기 쉬운 자유를 조절하며, "관습적이며 태생적인 존엄성의 감각"이 생겨나며, "위엄 있는" "고상한 자유"가 성립한다고 했다.[26] 상속은 영국 헌정체제의 계승, 보전, 양도를 의도한 개념이었다.

버크 보수철학의 핵심은 영국의 헌정 질서를 보전하는 데 있었다. 버크는 도덕감정이 내재된 편견, 관행과 역사에 필요한 시효, 정치체제의 보전을 뜻하는 상속을 내세워 헌정체제Constitution를 보전하는 것이 전통의 보수라 생각하였다. 신의 섭리인 자연법을 부정하지는 않았지만, 사회질서의 핵심을 전통에서 찾았다. 전통은 인간의 경험이 역사 속에 퇴적된 것, 역사에 의해 운반된 것이며, 인간의 합리적 이성은 전통에 의해 한

---

25 버크, 『프랑스혁명에 관한 성찰』, 171쪽.
26 버크, 『프랑스혁명에 관한 성찰』, 82-84쪽.

정된다고 보았다. 버크도 헌정체제의 상속을 위해서는 개혁이 필요하다고 생각하였다. "혁신하는 정신은 이기적 성향과 편협한 시각의 결과"이지만, 헌정체제의 상속에는 "활발한 정신, 꾸준하고 끈기 있는 주의력, 비교하고 결합하는 여러 능력 그리고 방편이 풍부한 이해력이 제공하는 자원"이 필요하다고 보았다.

> 보존과 개혁을 동시에 하려는 것은…오랜 제도의 유용한 부분들이 유지되며, 그 위에 덧붙여진 것이 보존된 것에 적합하게 되기 위해서는 활발한 정신, 꾸준하고 끈기 있는 주의력, 비교하고 결합하는 여러 능력 그리고 방편이 풍부한 이해력이 제공하는 자원들이 동원되어야 한다. 그러한 가질은 반대편 해악의 결합 세력과 계속 싸우면서 발휘되어야 한다. 또 모든 개선을 거부하는 완고함과 소유하는 것 모두에 대해 염증을 내고 혐오하는 경솔함과도 싸우면서 발휘되어야 한다.[27]

버크는 추상적이고 자의적인 이미지를 내세워 역사의 연속성을 무시하고 자유를 위해 기존의 제도를 파괴하는 것을 부정하였다. 절대적 파괴의 경박함도, 일체의 개선을 부정하는 완고함도 배제하였다. '보수할'conserve 것과 '개선할'improve 것을 구별하면서 질서 있는 점진적 개혁을 주장하였다. 옛 제도의 유익한 것은 유지하고, 새로 더할 것은 옛 제도에 적합하게 점진적으로 개혁하는 것이 정치라 생각하였다.[28]

---

27 버크, 『프랑스혁명에 관한 성찰』, 271쪽.
28 이태숙, 「에드먼드 버크의 《프랑스혁명에 관한 성찰》과 보수주의」, 버크, 『프랑스혁명에 관한 성찰』, 19쪽.

보수주의의 원리

보수주의는 지난 2세기 남짓 급진적 자유주의와 사회주의와 같은 진보사상과 대결하는 대항적 사고 내지 이념이었다. 혁명 대 보수(반혁명) 구도에서는 급진적 자유주의에 대응하였고, 진보 대 보수 구도에서는 급진 좌파이념에 대항하였다. 보수주의는 자유주의, 사회주의와 더불어 근대사상의 세 근간을 이루었지만, 자유주의나 사회주의(마르크시즘)와 달리 '이즘'으로서 이론적 구성도, 확실한 영향력도 얻지는 못했다. 자유주의가 근대 국민국가가 생겨나고 자유권 사상이 확대되면서 이념적 보편성을 획득하고, 사회주의가 19세기 후반에 러시아혁명을 거쳐 소비에트국가의 탄생과 공산혁명의 확산과 더불어 이념적 보편성을 확보한 것과 달랐다.

보수주의는 대항이념인 진보주의의 양태에 따라 양상이 달랐다. 진보주의는 프랑스혁명 이래 19세기에는 급진적 자유주의의 모습을 띠었고, 20세기 전후부터는 급진 좌파이념(마르크시즘, 사회주의)의 형태를 띠었다. 자유주의는 실증적 과학성을 받아들이면서 점차 추상성, 관념성이 약해졌고 구체적인 삶에 기초한 자유를 중시하게 된다. 보수주의는 급진적 자유주의에 대항하기 위해 자유주의를 받아들이게 된다. 19세기 초반 이래 보수주의자들은 자유주의 하에서 발전한 체제를 옹호하였고, 19세기 후반에 들면 급진적 사회주의에 대항하기 위해 온건한 사회주의를 수용해야 했다.[29] 현대 자유주의는 사회주의 정당이 성장하면서 혁명보다는 개혁을 중시하는 보수주의 성격을 띠었고, 보수 정치세력에 거의 흡수되면

---

29 보수주의와 자유주의의 상관적 모습은 장소에 따라 다르다. 한국과 일본의 경우를 보더라도 양자의 결합 양상은 다르다. 현대 한국에서 보수주의는 자유주의를 기반으로 하지만, 일본에서는 보수주의가 자유주의와 대결하기도 하고 결합되기도 하는 양가적인 모습을 보이고 있다. 자유주의의 존재 의미가 다르기 때문일 것이다.

서 자유주의 정당=보수 정당의 등식이 성립하였다. 보수주의자들도 사회주의에 대항하여 개인의 자유를 중시하고 민주주의를 옹호하게 되었고, 자유주의자를 자처하면서 자유주의 체제의 보수를 목표로 삼게 되었다. 하이에크Friedrich Hayek는 자유주의자이면서 보수주의자였다. 보수정당은 '자유', '민주'라는 명칭을 사용하게 되고 사회주의 정당에 대항하는 부르주아 정당을 대변하게 된다. 사회주의 정당과 대항하고자 복지국가 정책을 받아들여 신보수주의를 표방하기도 했다.[30]

냉전 이후 진보주의와 보수주의의 기반은 크게 흔들리고 있다. 전통적으로 보수주의자는 귀족제 등 신분제 조직, 지방의 명망가 지배, 교회 세력 등이 기반이었다. 진보주의는 정치적, 경제적, 사회적 지위가 낮은 자, 산업화와 더불어 출현한 중산계급이 지지하였다. 그런데 오늘날 귀족, 명망가 같은 보수주의의 전통적 기반은 크게 후퇴했고, 진보주의를 지지했던 중산계급이 현상유지적인 보수주의를 선호하는 경향이 늘었다. 특정인의 정치적 신조나 이데올로기, 사회적 조건들 사이에서 명확한 대응관계를 찾아보기도 어렵다. 전통적 보수주의는 사회의 무한한 진보를 믿었던 시기의 사상이었지만, 현대 보수주의는 이러한 근대가 종언한 시대의 보수주의이다.[31] 현대 보수주의는 버크 때와는 사회적 기반이 크게 바뀌었다. 탈산업화 시대의 보수주의는 진보주의의 대항이념이라는 성격은 온존하지만 산업화 시대의 그것과 똑같을 수는 없다.

보수주의는 현재적 상황의 정치양식을 규정하는 이데올로기이다. 따라서 미래의 정치목표를 설정하는 사회주의나 자유주의와 같은 이데올로기와는 구별된다. 보수주의는 개인의 고독한 사유가 아니라 타자와의 사

---

30 林健太郎, 「現代における保守と自由と進歩」, 林健太郎 編, 『新保守主義』(東京: 筑摩書房, 1963).

31 宇野重規, 『保守主義とは何か』(東京: 中央公論新社, 2016), 14-16쪽.

회적 관계를 전제로 하며, 진보적 가치지향이나 진보주의 이념에 대응하는 대항개념으로서 성립한다. 따라서 이념적, 정치적 성격을 띠기 십상이다. 흔히 근대적 보수주의라 말할 때 정치적 행위를 추동하는 이념적 보수주의, 즉 이데올로기로서의 보수주의를 말한다. 보수주의자들은 인간의 본성은 무엇인가, 인간의 자유와 권리는 무엇인가, 개인은 어떠한 윤리를 갖는가, 어떻게 사회의 질서를 보전하며 개혁할 것인가, 국가는 개인과 사회에 대해 어떠한 존재여야 하는가와 같은 문제에서 진보주의와 견해를 달리 한다. 보수주의 이념의 구체적인 내용은 논자에 따라 강조하는 바가 조금씩 다르다. 니스벳은 역사와 전통, 편견과 이성, 권위와 권력, 자유와 평등, 재산과 생명, 종교와 도덕의 범주로 설정하여 보수주의 원리를 파악하였다.[32] 기왕에 논의된 보수주의의 이념적 원리는 대체로 다음과 같이 정리할 수 있다.[33]

진보주의는 인간의 이성과 지력을 과신하고 인간의 완전성을 믿으면서 제도 변혁을 통해 미래의 무한한 발전을 전망한다. 보수주의자는 이러한 진보적 인간관을 믿지 않는다. 인간의 이성을 부정하지는 않지만 감정, 본능, 의지도 중시한다. 인간의 진보를 부정하지는 않지만 인간의 본성과 능력에 한계가 있다고 생각한다. 사회와 인간의 양심을 규율하는 초월적

---

32 니스벳, 『보수주의』. 또한 러셀 커크 재단은 보수주의의 10대 원칙으로서 ① 불변의 도덕적 질서에 대한 믿음, ② 관습, 널리 오래 합의된 지혜(convention), 지속성 중시, ③ 규범에 대한 믿음, ④ 신중한 행동, ⑤ 다양성의 원칙, ⑥ 인간의 불완전함, ⑦ 자유와 재산권의 밀접한 연관성, ⑧ 자발적 공동체 옹호와 강제적 집산주의 반대. ⑨ 격정과 권력의 신중한 자제, ⑩ 사회의 활력을 위한 영속성과 변화의 조화 등을 들고 있다(커크, 『보수의 정신』, 794-805쪽).
33 이하 보수주의의 일반 원칙에 관해서는 니스벳, 『보수주의』; 러셀 커크, 이재학 역, 『보수의 정신』(서울: 지식노마드, 2018); 권용립, 『보수』(서울: 소화, 2015); 루돌프 피어하우스, 『보수, 보수주의』(서울: 푸른역사, 2019); 林健太郎, 「現代における保守と自由と進歩」; Karl Mannheim, *Conservatism: a contribution to the sociology of knowledge* (London: Routledge & Kegan Paul, 1986) 등을 참조하였다.

질서나 자연법을 상정하면서, 혹은 역사를 살아온 인간의 경험에 비추어, 인간의 본성과 능력의 가능성과 한계를 응시한다. 보수주의자는 합리주의를 싫어하지만 반합리주의자는 아니다. 이성적 합리성보다 역사적 합리성을 중시한다. 현명한 판단과 사려있는 행동, 인간능력의 조화나 균형을 중시한다. 진보주의자는 사회의 무한한 진보를 신봉하며, 진보의 근거를 조상이나 전통의 지혜보다는 이성이나 물질에서 찾는다. 추상적이고 엄격한 정치적 독단이나 지상낙원을 약속하는 급진적 이데올로기에 의탁하여 사회를 설계한다. 보수주의자는 인간과 사회를 완벽하게 만들려는, 광신적 이념의 독단에서 나온 선험적 설계를 혐오한다. 사회는 추상적 설계가 아니라 전승된 관습, 합의된 지혜, 일반적 합의, 오래된 규범에서 성립한다고 생각한다.

　사회질서의 보전은 보수주의의 핵심가치이다. 유럽에서 근대 보수주의는 자연권 이론과 공리주의에 입각하여 개인의 권리를 우선하는 자유주의와 대항하였다. 중간집단의 전통적인 권리를 무시하는 사회주의와도 대결하였다. 유럽의 보수주의는 개인주의와 민족주의에 맞서 싸우는, 국가 내부의 중간구조의 생존권에 관한 것이었다. 사회를 국가와 개인 사이의 중간영역에서 점진적으로 성장하는 유기체로 파악하였고, 공동체로서의 사회가 개인보다 우선한다고 생각하였다. 교회, 사회계급, 가족, 가산의 권리를 중시하였다.[34] 보수주의자도 진보주의자처럼 개인의 자유를 옹호한다. 사적 소유권(자연권)에 기반을 둔 자유를 용인하며, 국가의 과도한 간섭에 반대한다. 다만 진보주의자가 추상적이고 무제한적인 개인의 자유를 상정하는 것과 달리, 보수주의자는 개인의 자유를 사회질서 속에서 파악한다. 진보주의자는 신이 국가의 운명을 정하고 사회가 죽은 자와

---

34 니스벳, 『보수주의』, 43-45쪽.

산 자와 미래세대의 도덕적 연대에 의해 영속된다는 공동체 관념을 혐오하고 국가를 개인의 삶을 위해 설계된 제도로 보지만, 보수주의자는 국가를 계약의 산물이나 억압의 수단으로 보지 않고 역사에서 운반된 관습과 전통에서 형상화된 공동체로 본다.

변화와 개혁에 관한 보수주의자의 성찰은 역사와 현실에 기초하기 때문에 실제적이다. 진보주의자는 부적합한 것을 제거하고 세계 전체의 개조에 열심이지만(체계화 경향), 보수주의자는 개별 사실을 다른 개별 사실로 대체하는 방식을 통해 개량하고자 한다(개별화 경향). 진보주의자의 개혁이 창조적 행위라면, 보수주의자의 개량은 대응적 행위의 성격이 짙다. 진보주의자는 인간의 이성과 이념에 의탁하여 무한정의 자유와 진보를 모색하는 반면, 보수주의자는 과거와의 연속과 현상現狀의 토대 위에서 점진적 변화를 꾀한다. 새로운 것을 기획하기보다 오래된 것을 이어받아 점진적 변화를 모색한다. 역사상 존재한 제도는 인간의 삶에 유효함이 있는 까닭에 바꾸는 데 신중해야 한다고 생각한다. 변화의 목적은 사회의 혁신이 아니라 보전에 있기 때문이다.

보수주의의 일반적 원리를 포괄하면서 보수주의 이념을 간명하게 규정한 역사철학자 앤서니 퀸턴Anthony Quinton의 보수주의 개념은 유용하다. 퀸턴은 보수주의 이념의 성격을 '전통주의', '유기체주의', '정치적 회의주의'로 정리하였다. 전통주의는 기존의 관습과 제도에 대한 애착과 존경을 의미한다. 유기체주의는 사회를 추상적인 개인의 기계적 집합체가 아니라 역사적으로 전승받은 관습과 제도에 기초한 사회성을 지닌 인간이 만들어낸 공동체로 보고 공동체의 유기적 질서를 중시하는 사고방식이다. 사회를 개인의 집합이 아니라 전체성을 갖고 살아가는 유기체로 보는 사고법이다. 정치적 회의주의는 사회적 경험에서 얻은 지혜, 관습과 제도의 퇴적, 그리고 정치적 경험의 축적에서 생겨난 지식에 근거한, 기존의 지식과 행위에 대한 비판적 성찰을 말한다. 정치는 개인이 안출해내는 추상적, 사변적 이론에 의해 방향지워지는 것이 아니라 역사적으로 축적된 사회적 경험에 의거해 행해져야 한다는 생각이다.[35] 퀸턴은 공동체 보전의 관점에서 사회적 유기체로서의 공동체, 그리고 유기체적 질서를 상정하는 사회적 관계의 역사적 양태를 모색하였고, 여기에 요구되는 회의적 =비판적 이념으로서 보수주의를 상정하였다. 정치적 회의주의는 개인과 집단의 이성은 불완전하고 오류를 내포한다는 전제에서 점진적인 사회개혁을 모색하는 '불완전성의 정치'the politics of imperfection를 추구하는 것을 말한다.

보수주의의 개별성과 보수의 감각

보수주의의 장소성과 개별성

보수주의는 근대유럽의 역사 속에서 의미를 획득한 이념 내지 개념이다. '보수주의자', '보수주의'라는 말은 1830년대에 출현한 것으로 알려져 있다. 영어 'conservative'는 프랑스어 'conservateur'에서 나왔는데, 라틴어 'conservare', 'conservator'가 어원이다. 'conservare'는 '간직하다, 보호하다, 보전하다, 구조하다'는 뜻이었다. 프랑스어 'conservateur'는 원래 '권리와 공적 재산을 보전하는 직무를 맡은 관리'라는 뜻의 법률 행정 용어였는데, 프랑스혁명을 계기로 정치적 개념으로 바뀌었다. 처음에는 혁명의 성과를 보호하기 위해 반혁명을 막아내고 향후 일어날

---

35 Anthony Quinton, *The politics of imperfection: the religious and secular traditions of conservative thought in England from Hooker to Oakeshott* (London & Boston: Faber and Faber, 1978), pp. 16-22.

급진 혁명을 지켜낸다는 뜻이었지만 이내 혁명을 끝낸 왕정체제의 정체성을 나타내는 말이 되었다. 'conservateur'는 질서유지에 기여하는 당파적 의미를 갖게 되는데, 부르봉 왕정이 복고되고 극우왕당파 잡지 『르 콩세르바퇴르』Le Conservateur(1818)가 발간되면서였다. 이때부터 영어 'conservatism', 프랑스어 'conservatisme', 독일어 'konservatismus'는 정치적 보수를 뜻하게 되었다. 영국에서는 급진파에 반대하여 왕과 귀족의 특권을 유지하려는 세력들이 'conservative'를 당파적 의미로 쓰기 시작했고, 1835년 무렵 로버트 필 경의 토리당이 'Conservative Party'로 불리면서 'Conservatism'은 보수당의 정치이론이 되었다. 독일에서도 1830년대 후반부터 'konservativ'가 쓰이게 되었다.[36]

버크는 『프랑스혁명에 관한 성찰』(1790)에서 프랑스혁명의 급진적 계몽주의와 이상주의를 비판하면서 'conservatism'을 쓰지 않고 프랑스적 용법의 동사 'conserve'를 차용하였다. 그리고 보수주의를 개별적인 당파적 의미를 넘어 급진적 자유주의에 대항하는 보편적인 정치이념으로 전환시켰다. 버크의 보수주의는 프랑스혁명 이후 유럽사에서 진보주의(급진적 자유주의, 사회주의)가 거대한 정치이념으로서 작동하면서, 또한 급진적 혁명과 보수적 개혁이 대립하는 상황이 전개되면서 보편적 이념으로서 유럽사회에 통용되었다.

그런데 유럽 보수주의 개념사에서 '보수'는 프랑스혁명을 계기로 법률적 개념에서 정치적 개념으로 바뀌었고, '보수주의'는 확립된 이념이 아니라 프랑스혁명에 대응하는 정치적 과정에서 당파적 의미를 갖게 되었음에 주목해야 한다. 진보주의와의 대결로만 파악할 경우 보수주의는 보

---

36 서구의 보수, 보수주의의 개념사에 관해서는 권용립, 『보수』; 피어하우스, 『보수, 보수주의』를 참조하였다.

제1장 현대일본의 사상공간과 보수주의

편적 이념으로 간주되기 쉽다. 보수주의가 특정 장소에서 작동되는 양상을 놓치기 쉽다. 보수주의의 구체적인 발현 양태는 시공간에 따라 다르다. 개념사적 이해는 보수/보수주의 개념에서 시대성, 장소성을 회복할 필요성을 제기한다.

보수주의는 주어진 것을 체계적인 가능성으로서 재인식함으로써 초월하려는 진보주의와 달리 각자의 경우와 특수한 환경을 넘어 지평을 넓히는 일이 없다. 직접적인 행동을 통해 구체적인 개별사항을 바꾸려 하기 때문에 생활이 영위되는 세계의 구조를 문제삼지 않는다.[37] 보수주의는 보편적일지언정 결코 도그마가 아니다. 특정의 역사적 상황과 정치적, 사회적 문맥에 부응하는 개별적인 현상이다. 보수주의의 발현 양태는 지역마다, 시대마다 환경이 다르기에 보수주의 원칙은 신중하고 가변적으로 적용되어야 한다.[38] 영국 보수주의는 영국적 경험의 산물이었다. 영국 경험주의의 지적 전통과 더불어 영국 정치사회의 특수한 상황에서 배태된 것이었다. 버크 보수주의조차 프랑스혁명의 급진적 자유주의에 대항하여 영국의 헌정체제를 옹호하는 의지와 결부된 이념이었다. 버크는 빅토리아 시대 이래 번영을 누린 영국체제를 옹호하기 위해 인간, 신, 역사에 관한 보수주의 철학을 동원하였다. 편견, 시효, 상속은 군주제와 귀족제에 토대를 둔 영국 민주주의의 특수성에서 나온 개념이었다. 독일 보수주의는 절대군주를 지지하면서 독일의 대외 방어와 생존을 모색한 이데올로기였다. 반면 프랑스에서는 반동과 자유주의 세력의 존재에도 불구하고 현행의 정치제도를 자각적으로 보수하려는 세력이 없었고 진정한 보수주의는 출현하지 못했다.[39] 한편 전통이 없었던 미국에서는 보수의

---

37 橋川文三, 「日本保守主義の体験と思想」(1968), 『橋川文三著作集』 6 (東京 : 筑摩書房, 1986), 11-14쪽.

38 커크, 『보수의 정신』, 26쪽.

사상과 행동이 유럽과 달랐다. 개인과 집단의 이성은 불완전하다는 전제 하에 유기체로서의 공동체를 보전하고자 사회제도의 점진적 개혁을 주장했던 유럽의 보수와 달리, 미국의 보수는 인간의 합리성에 대한 신뢰가 강했고, 계약체로서의 사회를 설계하였으며, 실험적인 건국정신을 중시하였다. 미국의 보수는 유럽의 보수가 무엇보다 경계했던, 인간이성의 완성가능성perfectibility을 믿는 혁신주의progressivism를 표방하였다. 급진주의적인 제도개혁을 추구하였다.[40]

이처럼 영국, 독일, 미국, 프랑스에서 보수주의의 양태는 각기 달랐다. 각국의 역사나 전통이 같지 않고 사회를 규율하는 권위와 권력도 달랐다. 자유와 질서, 권리와 평등에 관한 견해도 같지 않았다. 개인, 사회, 국가를 규율하는 종교와 도덕의 의미도 상대적이었다. 개인과 사회에 관여하는 국가의 무게감과 존재 의미도 달랐다. 비서구 사회에서 진정한 의미의 보수주의는 성립하기 어려웠다. 오래된 옛 정치체제를 타도하는 것이 정치적 근대화의 과제였던 비서구 사회에서는 전통을 부정하는 정치적 급진주의와 이에 반발하는 수구 세력이 충돌하는 양상이 일반적이었다. 점진적 개혁을 주장하는 보수주의는 입지가 약했다. 특정 정치사회의 보수주의는 보수주의의 보편적 원리를 들이댄다고 파악되는 건 아니다. 각 정치사회에서 영위되는 보수주의의 본연의 모습을 제대로 이해하려면 개별성에 주목해야 한다. 특정 정치사회가 처한 특정 상황의 문제를 구조적으로 파악하고 특정 상황에서 작동하는 보수적 감각을 읽어내야 한다.

---

39 宇野重規, 『保守主義とは何か』, 155-157쪽.
40 西部邁, 『文明の敵·民主主義』(東京: 時事通信社, 2011), 227-228쪽.

이데올로기와 '구조연관'

보수주의의 개별성은 보수주의의 이데올로기성과 관련된다. 보수주의는 사회적, 정치적 현상과 연루된 이념으로서 역사의 특정한 국면에서, 특정한 위기 상황에서 호소력을 갖는다. 니스벳Robert Nisbet은 보수주의를 "논리적으로 일관성 있는 일련의 도덕적, 경제적, 사회적, 문화적 이념체계"인 이데올로기로 규정하였다. 보수주의는 일시적 형태의 집합의견과 달리 오랜 생명력을 가지고 상당 수준의 제도화를 보이면서 저작이나 논문, 강연뿐 아니라 정치 및 정치권력과 견고한 연관을 맺으면서 이데올로기로서 기능한다는 것이다.[41] 헌팅턴Samuel Huntington은 보수주의를 상황적 이데올로기로 파악하였다. 특정 계급이나 상황과 무관한 자연적(보편적) 이념으로서의 보수주의autonomous definition와 구별하면서 특정의 위기상황에서 호소력을 갖는 상황적 이데올로기로서의 보수주의 situational definition를 중시하였다. 귀족계급을 보전하는 이론으로서의 보수주의aristocratic theory는 현대에는 거의 의미를 상실하였다고 보았다.[42] 세실Hugh Cecil의 용어를 빌자면, '자연적인 보수주의'보다 '인위적인 보수주의'를 중시한 것이다.[43] 보수주의는 특수한 역사적, 사회적 상황을 전제로 성립하며, 시공간의 제약을 받을 수밖에 없다. 보수주의의 이데올로기성은 보수/보수주의 이념의 보편성에서 나오는 것이 아니라 시공간적 한정성에서 비롯된다. 유럽의 보수주의가 각국의 역사적, 사회적 상황에 대응하여 모습을 드러냈다는 것은 이데올로기로서 기능했음을 시사한다.

---

41 니스벳, 『보수주의』, 11-12쪽.

42 Samuel P. Huntington, "Conservatism as an Ideology," *American Political Science Review* 51(1957).

43 Hugh Cecil, *Conservatism* (London : Williams & Norgate, 1919).

피어하우스Rudolf Vierhaus는 개념사 연구를 통해 독일의 보수주의자들이 오래전부터 전통주의를 이데올로기로서 동원하였음을 규명하였다. 그에 따르면, 독일에서는 프랑스혁명 이전부터 계몽주의, 자연권사상, 인권론, 점진적인 공공성 확대, 계몽정부의 실용적 개혁에 반대하는 정치성을 보이는 등 이데올로기로서의 보수주의가 있었는데, 일상적 보수주의에 가려져 있었다. 독일 보수주의자들은 전통주의의 행동양식과 사고구조를 '보수적'이라 표현하면서 유기적 성장, 법의 엄수, 질서의 보전, 문화의 지속, 역사의 연속성 같은 전통주의의 요소를 동원하여 기존 질서를 옹호하고 경제적, 사회적, 정치적 변화의 위협으로부터 자신의 소유물과 삶을 방어하는 반응적 태도를 보였다. 격렬한 사회변동에 직면했을 때 질서유지, 현상유지적 대응에 머무르지 않고 반동적이거나 급진적이 되기도 했다. 정치 이데올로기로서의 보수주의는 혁명의 잠재력을 내포하고 있었다.[44]

만하임Karl Mannheim은 보수주의를 구조적 행위의 측면에서 이해하였다. 만하임은 인간의 보편적인 보수적 본성, 보수적 태도를 막스 베버의 말을 차용하여 '전통주의'라 불렀는데, 이는 일체의 개혁을 반대하는 태도로서 원시민족이 주술적 불이익에 불안을 느껴 생활방식을 묵수하는 주술적 의식과 관련된 것이었다. 만하임은 보수주의를 전통주의와 구별하였다. 보수의 특수한 역사적, 근대적 현상인 보수주의를 구조와 관련된 이념으로 파악하였다. "특정 시대의 하나의 사회적, 역사적 현실에 대응하는 전체적인 정신적, 심적 구조관련", "객관적인, 역사적으로 구축된, 동적으로 변화하는 구조관련"으로 보았다. 형식적, 반응적인 전통주의적 행위와 달

---

44 피어하우스, 『보수, 보수주의』, 16-20쪽. 독일 보수주의에 관해서는 Mannheim, *Conservatism*, Part III Early conservatism in Germany에도 상세하다.

리, 보수주의적 행위는 역사적으로 성립한 사고와 행위방법에 대한 자기 정위定位, 즉 객관적 존재인 구조에서의 행위라 했다. 특수한 개인을 넘어 객관적이고, 시간적, 역사적으로 변화하며, 특수한 사회의 운명을 반영하는 특수한 공속성을 가진 정신적 구조와 관련된 행위라 했다. 만하임에 따르면, 보수주의의 구조관련은 특정 사고방법을 규율하는 세계관적, 감정적인 것의 공속성을 뜻하며, 전통주의적 요소는 그 구조관련 속에 수용된다. 보수주의자의 태도는 정치적인 내용과 태도만이 아니라 시대와 장소의 보수주의적 운동의 특질과 구조를 인식해야 제대로 알 수 있다.[45] 보수주의는 세계의 구조에 관해 생각하지 않는다. 구조와 연관된 현상을 경험적 합리성, 인식론적 회의주의, 역사적 공리주의에 기초해서 파악한다. 낭만주의화되지 않은 보수주의는 개별 사례의 직접적인 행위를 보면서 구체적인 세목의 변경을 문제삼는다. 가능한 것, 사변적인 것이 아니라 현존하는 실천적인, 구체적인 것을 중시한다.[46]

피어하우스는 역사적 이해를 통해 보수주의가 이데올로기가 작용했다는 사실을 보여주었다. 이데올로기로서의 보수주의는 일시적인 것이 아니라 오랫동안 지속되고 제도화된, 지식사회뿐 아니라 정치세계를 규율하는 이념체계로서 상정된다. 지속성과 규범성은 보수주의가 이데올로기로 작용할 때 담보된다. 만하임은 보수주의의 이데올로기적 성격보다는 지식사회학적 관점에서 보수주의가 인간의 심성이나 태도의 문제가 아니라 역사적, 사회적 구조와 관련된 것임을 확인하였다. 만하임은 보수주의의 구조연관에서 역사적으로 형성된 동적 변화를 중시하였다. 여기에서는 구조 자체를 바꾸는 것이 아니라 구조의 변화를 읽어내는 현실감

---

45 カール·マンハイム, 森博 訳, 『保守主義』(東京 : 誠信書房, 1958), 8-17쪽.
46 カール·マンハイム, 『保守主義』, 30-31쪽.

각이 요구된다.

만하임과 피어하우스가 보수주의의 구조연관성이나 이데올로기성을 강조하고 전통주의를 개념화한 것은 전통이 구조화된 독일의 경험이 반영된 것이다. 독일적 경험이 옅어졌을 때 헌팅턴이 말한 '상황적 이데올로기'가 얘기될 수도 있다. 상황적 이데올로기도 특정 상황을 전제로 한다고 했을 때 그 상황은 구조화된 것이며, 보수주의의 상황성은 피어하우스가 상정한 보수주의의 반응성과 연결될 수 있다. 그런데 상황적 이데올로기와 반응적 이데올로기가 같은 차원은 아니다. 의미있는 전통이 부재하거나 확립된 전통이 근대와 너무 이질적이어서 혁명적 변화가 요구되는 곳에서는 구조연관으로서의 보수주의와 상황적 이데올로기로서의 보수주의가 꼭 일치하지는 않는다. 전통주의는 확립된 전통이 있을 때 성립한다. 이러한 의미에서 전통주의도 이념일 수 있다. 영국이나 독일의 경우 '전통'과 '역사'는 보수주의의 핵심요소였다. 그런데 비서구사회에서 근대적 현상이나 근대성에 대응하여 보수주의가 작동할 때, 근대 이전의 전통을 어떻게 정초할 것인지가 문제가 된다. 일본이나 한국처럼 전통이 미확립되거나 단절된 경우, 전통주의는 편의적으로 작위되는 경향이 있다. 근대와 무관한 전통은 근대적 보수주의에 의미를 갖지 못하며, 전통을 고집할 때 국수주의나 낭만주의로 흐르기 십상이다. 전통주의는 국수주의나 우익적 사고의 작위적인 표현이 된다.

보수의 감각, 보수적 심성

보수주의를 이데올로기보다는 구조연관과 구조의 변화를 읽어내는 현실감각으로 파악했을 때 보수주의를 유연하게 이해할 여지가 생겨난다. 보수주의는 우파나 극우적 경향으로 흐를 경우 체제 이데올로기로서 작용할 공산이 크지만, 구조연관에 얽매이지 않고 구조연관을 회의할 경우 반체제 이데올로기로서 기능할 수도 있다. 보수주의는 이데올로기로서 작용할 가능성을 배제할 수 없다. 특히 위기의 상황에서는 더욱 그렇다. 하지만 진정한 보수주의는 이데올로기라기보다는 구조연관의 현실을 읽어내는 보수적 감각이다. 구조의 변화를 감지해내는 것은 이데올로기도, 이념도 아니다. 현실감각sense of reality이다. 퀸턴이 말한 '정치적 회의주의'는 이데올로기에 의탁한 맹목적인 비판이 아니라 현실감각을 가지고 실제와 명목 사이의 괴리를 비판적으로 성찰하는 정신일 터다. 현실감각을 갖추었을 때 보수적 감각 내지 보수적 사유는 구조와 구조연관의 변화를 읽어내고 탈이데올로기의 전망을 제시할 가능성을 제공한다. 여기서 보수주의는 삶의 보수적 태도를 말하는 데 그치지 않고 사회정치의 현실에 능동적으로 대응하는 정신일 수 있다. 보수주의는 보편적 원리에 의탁한다 한들 궁극적으로 개별적일 수밖에 없다. 보수주의가 비판정신을 갖추려면 특정 장소의 개별적이고 구체적인 현상을 봐야 하고, 그 현상이 의탁하는 전통과 역사와 문화에 주목할 수밖에 없다.

현대 보수주의는 정책, 교의doctrine, 철학의 세 측면이 있다.[47] 현대일본에서 자민당 보수정치가들이 주도하는 보수정책은 깊이 있는 교의나 철학에 기초한 것이 아니다. 일본의 보수주의는 사상적 경향으로서 철학적 범주에 포괄하기는 쉽지 않다. 진보주의에 대항하는 이념이지만 진보주의를 압도하는 이데올로기로서 기능하지는 못했다. 교의의 성격이 강하다. 이러한 사정을 감안했을 때 현대일본의 보수주의는 행위로서의 보수(보수적 태도), 원리로서의 보수(보수이념), 감각으로서의 보수(보수감각)의 세 측면에서 파악할 수 있다. '진정한 보수주의'=비판적 보수주의를 생각할 때 특히 '보수적 감각'이 중요하다. 보수적 감각은 원리와 행위를 배태하는

---

47 添谷育志, 『現代保守思想の振幅』(東京 : 新評論, 1995), 21-51쪽.

심정으로서 중요하다. 보수적 감각은 이질적인 새 것에 민감하게 반응하는 한편, 진보적 이념과 행위에 대해 보수적 반응을 보수적 행동으로 정치화할 때 발동한다. 보수적 태도에 국한된 일상생활에서는 보수적 주체의 현실감각은 상대적으로 둔하다. 보수적 감각은 보수를 억누르는 진보적 개혁을 감내하지 못했을 때 촉발된다. 하시카와 분조橋川文三도 말했듯이, 기존의 제도와 가치가 "심각한 위협에 처했을 때" 보수적 태도는 대항적 논설로서 모습을 드러내면서 보수적 이념으로 전화될 개연성을 갖는다.[48] 보수적 심성은 진보주의의 체제 이데올로기에 투쟁적일수록 이념화할 공산이 크다.

근대 이래 끊임없이 정치사회의 변동을 경험한 일본에서 보수주의는 진보적 개혁에 대응하면서 확립된 이념이라기보다는 감각으로 기능하였다. 체제 이데올로기가 강력하게 작동한 냉전체제의 맥락에서 이념적 대결로 인해 보수주의가 감각을 넘어 체제에 대항하는 이념의 색채를 띠었을 때, 보수지식인들은 '보수반동'의 비난을 받아야만 했다. 보수주의는 이념이 아니라 감각임을 스스로 변명해야만 했다. 현대일본의 보수주의자들은 흔히 '보수주의의 부재'를 말한다. 교토학파의 일원이었던 스즈키 나리타카鈴木成高는 1949년 글에서 "일본에 진정한 보수주의는 존재하지 않는다…영국적인 의미의 건전한 보수주의는 일본에 존재하지 않는다"고 했다. 영국의 시인이자 보수주의자였던 엘리엇Thomas S. Eliot처럼 "나는 보수주의자다"라고 자처하는 이가 전혀 없었다는 것이다.[49] 보수가 '반동'으로 여겨지는 맥락을 의식해서였다. 스즈키는 "스스로 진보라 칭하는 자"와 "다른 자로부터 반동으로 불리는 자"의 두 부류만이 존재하는

---

48 橋川文三, 「日本保守主義の体験と思想」, 5쪽.
49 鈴木成高, 「保守ということ」(1949), 橋川文三 編, 『保守の思想』(東京: 筑摩書房, 1968), 280쪽.

패전=점령공간에서 일본의 인텔리들이 '보수반동'으로 불리는 치욕을 감수하지 않으려고 "수상한 진보주의"를 내세운다고 했다.[50] '진보'라는 자칭과 '반동'이라는 타칭의 이분법적 구도에서 보수는 '보수반동'일 수밖에 없었다. '진정한 보수주의'의 길은 험난할 수밖에 없었다.

후쿠다 쓰네아리는 안보투쟁 무렵에 "보수적인 태도는 있어도 보수주의는 있을 수 없다. 보수파는 태도로써 남을 납득시켜야 하는 것이지 이데올로기로 승복시켜선 안 된다. 또 그렇게 할 수도 없다"고 말했다. 개혁주의(진보주의)처럼 "대의명분화"하면 보수주의가 "반동"이 되어버린다는 것이다. 후쿠다는 '보수반동'의 가능성을 자칭 대 타칭의 대립 구도에서가 아니라 보수 자체의 "대의명분화", 즉 이념화에서 찾았다.[51] 에토 준도 정치개혁, 행정개혁이 한창 구가되던 탈냉전/지구화 문맥에서 "보수주의에 이데올로기는 없다"는 것이 "보수주의의 요체"라 했다. 영국의 보수주의에 비추어 보수주의는 '이즘'이 아니라 '감각'이라 주장했다. 에토는 "이즘이 붙은 콘서브, 즉 보수가 과연 있을까. 보수주의란 한마디로 말하면 감각이다. 이스태블리시먼트establishment의 감각이다"라고 강조하였다.[52]

냉전 종결과 더불어 냉전적 이념대결이 완화되었을 때, 더 이상 '보수=반동'(보수반동)의 도식이 쓸모없어졌을 때, 보수주의는 오히려 '이즘'으로서의 가능성을 얻게 된다. 보수주의자는 있어도 보수적 인간(인격)은 점차 줄어들었다. 에토는 "보수적이라기보다도 더욱 전향적인, 역설적으로 말하자면 잃어버린 것을 되찾으려는―즉 그리워한다기보다는 되찾으려

---

50 鈴木成高, 「保守ということ」, 280–282쪽.
51 福田恆存, 「私の保守主義觀」(1960), 『福田恆存全集』 5(東京: 文藝春秋, 1987), 437쪽. 하지만 경제성장을 거치면서 일본사회의 보수성이 안착되는 가운데 후쿠다 쓰네아리 자신은 '보수반동'이라는 타칭을 얻게 된다.
52 江藤淳, 『保守とはなにか』(東京: 文藝春秋, 1996), 19쪽.

는─강한 에네르기"를 드러냈다.[53] 보수적 인간에서 벗어나 정치적 보수주의의 성향을 강하게 드러냈다. 니시베 스스무도 버크 보수주의에서 출발하여 보수가 '감각' 내지 '태도'여야 한다고 생각했지만, 아메리카니즘=진보주의에 규율된 전후체제를 해체하는 작업에 나섰을 때 보수주의는 '이즘'으로서의 성격이 짙어졌다. 니시베는 보수주의를 이념으로 무장하고 진보주의와 싸우는 투쟁적 보수를 표방하게 된다. 이렇게 본다면 보수적 감각도 보수적 태도가 아니라 정치적 의지의 표현일지 모른다. 인간본성의 표현이라기보다 지배적 이데올로기에 대항하는 정치적 의지의 발현일지도 모른다. '감각'조차 역사적 산물일 수 있다.

4. 근대일본의 보수주의

버크 보수주의와 근대일본

'보수개혁'이라는 숙명

메이지 이래 일본의 지식인들은 영국 보수주의에 주목하였다. 일본의 보수적 주체들은 영국 보수주의에 주목하였고 보수주의의 이상적 형태를 전통과 상식을 중시하는 버크에게서 찾았다. 보수주의를 원리doctrine 혹은 주의ism보다는 감각sense으로 받아들였는데, 이러한 보수주의관은 상황이나 리얼리티에 민감한 일본인들에게는 자연스러운 일이었다. 그럼에도

---

53 坪内祐三, 「二人の保守派─江藤淳と福田恆存」, 184-185쪽.

비크를 소환하고 버크에 의탁했을 때 버크 보수주의와 차이를 보이지 않을 수 없었다. 버크와의 시간적인 거리, 영국과의 공간적 거리에서 비롯된 차이다. 이 차이에서 일본 보수주의의 장소적 특질을 엿볼 수 있다.

일본 보수주의의 전개 양상은 서구와는 달랐다. 영국 보수주의는 외부의 이념적, 혁명적 위협에 맞서 영국 헌정체제의 질서와 가치를 보수하는 것을 지향하였다. 기존의 전통과 가치를 보수한다는 전제에서 작동하였다. 반면, 근대/현대 일본은 서세동점의 대외 위기나 패전의 주권상실의 상황에서 주권의 보전과 회복을 위해 근대문명과 근대사상을 수용해야만 했다. 서구문명을 받아들여 근대화를 수행하면서 새로운 제도와 가치를 형성하는 한편, 기존 것들을 보수해야 하는 과제를 안고 있었다. 보수주의는 자유주의와 대결하는 한편 문명개화/근대화를 위해 자유주의를 받아들여야 하는 모순된 상황을 겪어야 했다. 에토 준은 이렇게 말한 바 있다.

> 때로는 보수하기 위해 커다란 개혁을 행하지 않으면 안 되는 일도 있다. 여기에는 논리의 모순이 있다. 보수주의의 약점일지도 모른다. 그러나 보수는 이데올로기가 아니라 하나의 감각이기 때문에 그것은 어쩔 수 없다. 세상은 모두 멈춰 둘 수는 없다. 바꿔야만 할 점은 고치는 것을 꺼리지 않는다. 이것도 또한 보수적 감각의 발현일 것이다.[54]

보수하기 위해 개혁해야 한다는 '보수적 감각'은 근대수용(개혁)과 국가생존(보수)를 함께 추구해야 했던 일본의 숙명에서 배태된 것이다.

'보수혁신'이나 '보수개혁'이라는 양태는 '보수'와 '혁신'이 공존하기에

---

[54] 江藤淳, 『保守とはなにか』, 28쪽.

'보수'의 진정한 모습이 무엇인지를 판별하기 어렵게 만든다. 일본보수의 혁신성은 전통을 보수하면서 점진적인 변화를 모색했던 버크나 '보수의 심정'을 강조한 오크숏Michael Oakshott와 같은 영국 보수주의와 똑같을 수는 없음을 시사한다.[55] 근현대 일본은 서세동점, 제국주의, 지구화의 콘텍스트에서 부과된 '밖으로부터의 위협'과 대면하면서 발전(부국강병, 경제성장)과 안전보장을 추구해야만 했다. 이러한 상황에 대응한 보수/보수주의는 외부적 위협보다는 '안(진보)으로부터의 위협'에 대처해야 했던 서구의 그것과 다를 수밖에 없었다. 일본의 보수/보수주의는 서구 보수주의와 구별해서 봐야 한다.[56]

여기서 '무엇을 보수할 것인가', '보수할 가치는 무엇인가'라는 문제를 제기할 수 있다. 보수할 대상과 가치는 전승된 것인가 창출된 것인가. 대상과 가치를 둘러싼 '전통'과 '보수'의 함의가 특수한 경험에 의존할 것임은 짐작하기 어렵지 않다. 보수의 가치는 명시되어 있지 않는 한 이것을 담지한 대상을 구체적인 콘텍스트에 비추어 해석해야 제대로 파악할 수 있다. 발전과 생존을 위해 보수가 변혁(혁신)을 담보해야 하는 문맥에서 보수할 가치와 대상은 얼마간 작위적인 모습을 띨 수밖에 없다.

보수는 일상의 반복에만 머물지 않고 일상성을 벗어나려는 동력도 지닌다. 일상성은 변화를 내포한 반복성이며, 반복성은 일상성으로부터의 탈출을 꿈꾼다. 반복성은 모종의 등고(변화/진화)를 상정하기도 한다. 이러

---

55 마이클 오크숏의 회의적 보수주의와 일본적 함의에 관해서는 제5장을 볼것.

56 일본에서 보수/보수주의에 대한 분석들은 버크 보수주의를 출발점으로 원용하면서도 원론적 소개나 논지를 정당화하기 위한 장식물에 머무르는 경향이다. 버크류 보수주의 개념으로 설명하기 어려운 현실이 전개되었기 때문이다. 이러한 사정은 진보/진보주의(자유주의)도 마찬가지다. 개인의 자유를 지향하면서도 국가의 보호(복지)를 당연시했던, 그리하여 국가의 심각한 간섭을 허용했던 일본의 자유주의도 서구의 자유주의와 같은 층위에서 논의할 수는 없다.

한 등고의 욕망과 의지는 발전과 안전보장을 추구해야 하는 일본의 숙명에서 비롯된 필연적 소산일 수 있다. 미래의 발전과 안전보장을 확보하려는 욕망은 주어진 환경의 변화에 대응하면서 더 나은 미래를 향해 현재를 변혁하려는 의지를 낳는다. 일본은 메이지 이래 국제적, 세계적 맥락 속에서 발전과 안보를 위해 스스로를 보수해야 하는 동시에, 자신을 보수하기 위해 스스로를 개혁해야 하는 모순된 과제를 수행해 왔다. 일본의 보수는 발전과 성장(팽창)을 위해 변혁의 논리를 내장해 왔다. 일본의 보수주의는 서구 보수주의를 받아들이면서도 일본적 특수성을 내장하지 않을 수 없었다.

메이지 헌정체제와 버크 수용

메이지 보수주의는 두 가지 계기에서 출현하였다. 하나는 헌법체제=천황제국가의 형성이고, 다른 하나는 '유신'이라는 물적, 정신적 개혁(대외개방과 국내개혁)이다. 메이지정부가 국민국가를 형성하고 사회질서를 보전하기 위한 보수적 기획을 추진하면서, 메이지 지식인이 자유주의와 대결하는 과정에서 모습을 드러냈다.[57] 메이지 보수주의는 국가표상과 밀접히 연관된 것이었다. '국가'는 천황제국가를 형성하는 과정에서 공동체적 가치를 우선하는 변혁과 발전을 추동하였고, 보수주의 이념은 '국가'에 수렴되었다.

버크의 보수주의는 1870년대, 1880년대 신분질서 폐지와 사민평등을 표방한 자유민권론자들 사이에 루소 붐이 일었을 때 소개되었다. 나카에

---

[57] 메이지 보수주의에 관해서는 Kenneth B. Pyle, "Meiji Conservatism, "John W. Hall ed., *The Cambridge History of Japan* (Cambridge : Cambridge University Press, 1989), pp. 674-720 ; Kenneth B Pyle, *The New Generation in Meiji Japan : Problems of Cultural Identity, 1885-1895* (Stanford : Stanford University Press, 1969).

조민中江兆民이 루소의 『민약론』(1874)을 번역하고, 우에키 에모리植木枝盛가 루소의 영향을 받아 『민권자유론』(1879)을 저술하여 인민주권을 주장하는 등 급진적 자유주의가 유포되던 때였다. 버크의 보수적 정치론도 이때 들어왔다. 1875년에 『도쿄일일신문』은 버크의 외교정책론을 인용하면서 일본의 조선정책을 비평한 기사를 냈고, 1880년에 다카하시 다쓰로高橋達郎는 서구 정치이론을 다룬 역술서에서 버크의 영국헌법 이론을 소개하기도 했다.[58]

버크의 정치이론을 본격적으로 수용한 주체는 메이지정부였다. 자유민권론자의 급진적 자유주의에 비판적이었던 메이지 관료들은 천황제국가 구상과 이를 뒷받침할 정치이론이 미비한 상황에서 반자유주의 정책의 일환으로 버크의 보수주의를 받아들였다. 자유민권운동을 견제하려는 원로원의 요청으로 가네코 겐타로金子堅太郎는 버크의 『프랑스혁명에 관한 성찰』과 「구 휘그는 신 휘그를 판결한다」를 간추린 『정치론략』政治論略(1881)을 출간하였다. 가네코는 하버드대학에서 영국헌법을 공부한 뒤 이토 히로부미伊藤博文의 비서로 제국헌법 제정에 관여했던 인물이다. 원로원은 버크의 저작을 『사회계약론』 비판서로 이해(오해)하였다.[59] 『정치론략』은 메이지 관료들에게 보수주의 옹호의 논거를 제공하였지만 자유민권론을 부채질하기도 했다. 나카에 조민은 『정치론략』의 보수적 견해에 자극받아 출간했던 루소의 『민약론』을 한문 평역서로 고쳐써 『민약역해』

---

58 『東京日日新聞』 1875년 12월 8일자에 〈英ボルグノ対外策ヲ引用シテ我ガ朝鮮間策ヲ論ズ〉라는 기사가 보이고, 高橋達郎 訳述, 『泰西諸大家論説』第1集(弘令社, 1880년 4월)에 〈英エドモンド·バルク英国憲法の理論〉이 소개되어 있다(高瀬暢彦 編, 『金子堅太郎《政治論略》研究』, 東京: 日本大学精神文化研究所, 2000).

59 실제 루소의 이름은 『프랑스혁명에 관한 성찰』에는 두 군데 언급되어 있을 뿐이고, 「구 휘그는 신 휘그를 판결한다」에는 전혀 보이지 않는다(中野好之, 『バークの思想と現代日本人の歴史観─保守改革の政治哲学と皇統継承の理念』, 東京: 御茶の水書房, 2002, 134쪽).

제1장 현대일본의 사상공간과 보수주의

民約譯解(1882)를 발간하였다. 자유주의 사상을 고취하기 위해서였다.[60] 우에키 에모리는 「버크를 죽이노라」(1882)를 발표하여 『정치론략』을 비판하였다.[61]

제국헌법의 기초자들은 반루소, 반프랑스 혁명의 반자유주의 신조를 공유하였다. 뢰슬러Karl Roesler는 『프랑스혁명론』(1885)에서 주권재민 사상의 위험성을 경고하였다. 프랑스혁명은 국왕의 부덕이나 귀족의 부패에서 비롯된 것이 아니라 볼테르, 루소 등 계몽철학자의 '해로운' 사상에 오염된 프랑스 인민의 도덕적 타락에 기인한 것이라 했다. 헌법을 기초한 이노우에 고외시#J殺의 루소 비판은 더 신랄했다. 루소가 주권을 가진 민이 군을 폐할 수도 있고 민에 의한 전복, 즉 혁명은 천권天權이라 주장했다면서 급진적 자유주의 정치관을 비판하였다.[62] 자유주의자들의 전제정부 비판과 민권확대 요구는 메이지정부의 보수개혁에 걸림돌이었다. 메이지 관료의 버크 수용은 메이지의 급진적 자유주의에 대항한 조처였다.

제국헌법 제정과 제국의회 개설을 즈음한 때부터 자유주의는 보수주의에 포섭되어 갔다. 버크 보수주의가 민간에 확산된 건 아니다. 자유민권파의 급진사상과 열정에 비해 정부측의 반루소 사상전은 열세였고 열의도 약했다. 버크는 메이지 천황제를 지탱하는 사상적 자원이 되지는 못했다. 버크의 보수주의에 절대왕권제를 비판하는 자유주의 성향이 내장되어 있었기 때문이다. 메이지헌법이 프로이센헌법을 모델로 천황제국가를 구축하고 법학교육에서 영국 헌법학을 배제하면서 버크의 보수주의

---

60 高瀨暢彦 編, 『金子堅太郎 《政治論略》 硏究』, 제3장, 제4장 참조.

61 우에키 에모리의 「버크를 죽이노라」는 전후에 평화헌법이 성립한 이듬해(1948) 공산주의자 스즈키 야스조(鈴木安藏)에 의해 복간되었다. 『정치론략』은 복간된 적이 없다(中川八洋, 『正統の憲法 バークの哲学』, 176-179쪽).

62 中川八洋, 『正統の憲法 バークの哲学』, 172-177쪽.

는 입지가 좁아졌다.[63] 메이지 지식사회에서도 버크는 별반 주목받지 못했다. 간헐적으로 소개되거나 각주에 언급되는 정도였다. 자유주의자들은 프랑스혁명의 '자유, 평등, 우애'를 옹호하였지만 버크의 자유주의는 무시하였다. 이러한 버크 경시는 서구사회에서는 보기 어려운 일본적 현상이었다.[64] 1889년 2월 메이지헌법 발포 이래 천황주권과 군주내각제를 골자로 한 천황제국가=대일본제국의 헌정체제는 메이지관료의 보수주의를 지탱하는 제도로서 기능하였다. 천황제국가의 성립으로 프랑스혁명과 루소에 대한 열광은 진정되면서 버크는 관심 밖에 놓이게 된다.

황통과 메이지헌법

메이지 관료가 천황제와 메이지헌법 성립과 관련하여 버크 보수주의를 수용했을 때 핵심은 황통과 계승(상속)의 원리였다. 가네코 겐타로는 헌법을 선조로부터 상속받은 유산으로 간주한 버크의 헌법정신을 적시하면서 "옛부터 인심이 가장 애모하는 것은 선조로부터 계승한 유법이며, 그 정신에 맞지 않는 타국의 법률로써 증가수절增加修節하는 것은… 결코 인심이 안정되는 바 아니다"라고 했다. 버크 보수철학의 핵심인 상속의 원리를 헌법의 원리로 삼은 것이다.[65] 가네코는 버크를 소개하기 앞서 「영국 율례를 논함」(1879. 5-1880. 2)이란 글에서 영국헌법을 언급한 적이 있다. 가네코는 프로이센헌법(1850)을 받아들여 일본헌법을 구상했는데, 프로이센헌법은 계보상 독일제국헌법(1871)보다는 영국헌법에 가까왔다. 이노우

---

63 水田洋, 「イギリス保守主義の意義」, 水田洋 編, 『バーク·マルサス』(東京: 中央公論社, 1969), 37쪽.

64 西部邁, 「保守的自由主義の源流」, 『思想の英雄たち—保守思想の源流をたずねて』(東京: 文藝春秋, 1996), 25-26쪽.

65 中川八洋, 『正統の憲法 バークの哲学』, 161쪽.

에 고와시는 군주(천황)대권과의 모순을 우려하여 국민주권을 배제하였고 군주권의 상속(세습)과 천황주권을 인정한 메이지헌법을 구상하였다. 메이지헌법은 영국헌법의 의원내각제가 아니라 프로이센헌법의 군주내각제를 채용하였다. 천황은 '궁중의 천황'(영국형)이 아니라 '내각의 천황'(프로이센형)이었다.[66] 메이지헌법은 프로이센헌법과 영국헌법을 혼합한 형태였다. 메이지 관료 보수주의에서 버크는 군주제와 상속의 원리에 한정하여 이해되었다.

버크 보수주의는 1920년대, 1930년대 초반에 국체론자들이 다시 불러냈다. 다이쇼 시대의 자유주의자와 사회주의자(혹은 마르크스주의자)들이 사회의 진보와 혁명을 구가하고, 초국가주의자나 국가사회주의자들이 국가의 '개조'나 '혁신'을 외쳐대는 분위기에서 국체론자들은 '국체'와 '전통'을 내세우면서 버크를 끌어들였다. 황국론자 히라이즈미 기요시平泉澄는 혁신세력에 대항하여 반혁명을 정당화하였다. 반혁명을 정당화하는 이념적 근거로서 버크를 동원하였고 전통을 강조하였다.[67] 우에다 마타지上田又次는 일본 최초로 버크 연구서를 펴냈는데, 이 책에서 "현대세계가 프랑스혁명 사상으로 덧칠되어 무너지고 역사와 전통이 부정되는 것처럼, 우리 일본도 메이지유신 이래 수입된 프랑스혁명의 사상 하에서 모든 전통이 부정되어 도도하게 갈 곳을 모르고, 모든 것이 반역사적으로, 전통파괴적으로 전개되는" 상황을 개탄하였다. "전통에 대한 반역인 반역사성으로 일관되는" 금일적 상황에서 "올바른 전통과 올바른 역사주의"를 모색해야 한다면서 버크를 끌어들였다. 우에다는 버크의 프랑스혁명 비판이 불철저했음을 지적하면서 철저한 프랑스혁명 비판은 "불멸의 국

---

66 中川八洋, 『正統の憲法 バークの哲学』, 165-168쪽.

67 平泉澄, 「革命とバーク」, 『武士道の復活』(東京: 至文堂, 1933); 平泉澄, 『伝統』(東京: 至文堂, 1943).

체"를 호지하는 일본인에 의해서만 가능하다고 주장하였다.[68] 버크의 불철저한 혁명비판이 버크의 자유주의에 기인했음을 알았던 것이다. 우에다는 "반역사적", "전통파괴적"인 혁명적 자유주의 혹은 우익 파시즘사상이 메이지 국체를 파괴한다고 보았다.[69]

히라이즈미와 우에다는 개조와 혁명의 시대에 처하여 역사와 전통을 말했다. 프랑스 혁명사상의 영향을 받은 메이지 자유주의의 폐단을 반역사적인 전통파괴로 보았다. 국체론 혹은 국체 보수주의가 출현하면서 버크 보수주의를 반자유주의가 아니라 역사와 전통으로 읽는 관점이 생겨난 것이다. 메이지 시대의 버크 수용은 전통을 창출하는―즉 기존의 전통이 없는―상황에서 이루어졌기에 전통과 역사를 말할 여지가 없었다. 근대적 보수개혁을 지향하는 문맥에서 부정해야 할 전근대의 전통과 역사를 동원할 이유는 없었다. 메이지유신Meiji Restoration은 고대 천황제의 '복고'Restoration라는 형식으로 이루어졌지만, 고대일본의 제도를 전통으로 보는 전제에 선 것은 아니었다. "전승되어온 유법"(가네코 겐타로)은 황통이 유일했고, 이 황통을 근거삼아 메이지헌법과 근대천황체를 구축해야 했다. 그런데 메이지와 다른 콘텍스트(시대정신)에 들어섰을 때, 메이지 시대에 '창출된 전통'을 '확립된 전통'이라 믿는 국체신앙이 성립한 것이다.

천황제와 제국헌법을 보수주의의 요체로 삼는 관점은 현대일본에서도 볼 수 있다. 나카가와 야쓰히로中川八洋는 메이지헌법이 일본의 "지적 재산의 하나", "메이지일본의 예지가 자손에 남겨준 위대한 고전", "영국의 권리장전이나 미국헌법에 필적하는 세계적인 성문헌법", "일본정신의 고귀

---

68 上田又次,『エドモンド・バーク研究』(東京: 至文堂, 1937), 6-7쪽.
69 국체론에 관해서는 米原謙,『国体論はなぜ生まれたか―明治国家の知の地形図』(京都: ミネルヴァ書房, 2015); 小林敏男,『国体はどのように語られてきたか―歴史学としての「国体」論』(東京: 勉誠出版, 2019).

한 자유가 풍기는, 정통적인 헌법원리에 선 헌법 중의 헌법"[70]이라 상찬한다. 에토 준도 보수주의에서 "이스태블리시먼트의 감각"은 작위나 지주와 같은 기득권을 가진 자들이 기득권의 존재기반을 생각하는 것이었고, 기득권의 원천은 군주였다고 말한다. "보수의 예지"의 원천을 황실에서 찾았고, 메이지국가의 콘스티튜션에서 보수의 일본적 양태를 보았다. 헌법은 바뀌었지만 쇼와천황이 계속 군림한 것, 헤이세이^{平成}천황으로 황통이 계승된 것에서 "보수의 예지"를 보았다.[71] 황통과 헌법에서 보수의 근거를 찾았던 데서 버크가 일본에서 한정적인 의미를 가질 수밖에 없었음을 알 수 있다.

보수주의와 내셔널리즘

자유주의 정신과 메이지 보수주의

메이지 관료 보수주의는 급진적 자유주의에 대항하는 한편, 천황제와 헌법의 제도적 틀로써 국권 확대와 사회질서 보전을 꾀했던 '관제 보수주의'였다. 메이지체제를 구성하는 천황제와 관료제, 그리고 사회질서의 유지를 위해 동원한 국체이념과 가족국가관^(穗積八束)은 관료 보수주의 형성에 기여하였다. 메이지 지식인들은 관료와 정치가들이 구축한 제도 안에서 전개된 문명개화를 사상적으로 지탱하거나 비판하는 과정에서 보수주의 정신을 드러냈다. 메이지 보수주의는 공간적 소여의 국제적 조건 속에서 일본의 국가와 사회의 대응 방식에 관한 사유였다. 메이지국가의 국

---

70 中川八洋, 『正統の憲法 バークの哲学』, 159쪽.
71 江藤淳, 『保守とはなにか』, 22-25쪽.

제적 삶과 일본사회의 문명개화에 대응하는 과정에서 여러 형태의 보수주의가 모습을 보였다. 계몽사상가의 자유주의적 보수주의, 한학자들의 유교 보수주의, 일본주의자(국민주의자)의 보수주의가 출현하였다. 이들 보수주의는 메이지국가의 사회질서를 지탱하고 내셔널리즘을 추동하는 보수적 심정으로 작용하였다.

자유주의 계몽사상가들은 메이지 정부의 문명개화에 대응하는 보수이념을 드러냈다. 사상적 지반은 조금씩 달랐지만 대체로 개인의 자유와 권리를 주장하는 자유주의 정신을 국가의 자주독립과 발전을 모색하는 내셔널리즘과 결부시켰다. 메이지 계몽사상의 자유주의적 보수주의는 영국의 자유주의에서 영향받은 것이었다. 후쿠자와 유키치福沢諭吉는 베스트셀러였던 『서양사정 외편』(1868)에서 영국의 자유주의와 더불어 군주제와 헌정체제를 우호적으로 소개하였고 나카무라 마사나오中村正直는 밀의 자유론을 번역한 『자유지리』自由之理(1872)를 출판하기도 했다. 메이지유신을 전후한 시기에 영국의 자유주의와 보수정신은 일본사회에 알려졌다. 후쿠자와의 "일신 독립하여 일국 독립한다"라는 명제에서 보듯이, 개인의 독립과 국가의 독립을 연결시키는 내셔널리즘은 자유주의 정신에 의해 지탱되었다. 후쿠자와를 비롯한 명륙사明六社 계몽지식인들은 인민주권을 요구하는 자유민권론자의 급진적 자유주의에 비판적이었다. 내셔널리즘은 국권의 보전, 확장과 이를 위한 사회질서의 구성을 요청하는 자유주의적 보수주의에 기초하였다.

내셔널리즘과 결부된 자유주의적 보수주의는 애국심으로 표현되었다. 니시 아마네西周는 "애국의 성誠"이란 "자신의 부모형제를 생각하는 것이 아니라 단지 자연스럽게 자신이 태어난 나라를 사랑하는 것"이라 풀이하였다. 후쿠자와는 지배자의 권위나 권력에 대한 존숭을 뜻하는 충성심과 구별되는, 근대국가와 국민의 형성을 지향하는 데 요구되는 정신을 "보국심"이란 말로 표현하였다.[72] 애국심은 근대국가 형성에 맞는 국가관과 인간상을 구축하는 데 필요한 정신이었다. 이러한 애국심이 전통적인 충성 관념과 무관할 수는 없었다. 천황제국가의 권위나 권력에 대해 '신민'臣民의 윤리가 요구되었을 때 애국심은 전통적 충성의식과 결합하게 된다. 자유주의적 보수주의는 애국심을 매개로 관료 보수주의와 결합할 여지를 보이게 된다.

자유주의에 대항하여 유교를 천황제국가의 도덕규범으로 변용시킨 유교 보수주의도 메이지 보수주의의 한 형태였다. 메이지 유학자 혹은 한학자들은 천황제 국가와 사회의 보수적 구성을 위해 유학의 도덕윤리를 동원함으로써 관료 보수주의에 호응하였다. 유교를 국가의 도덕규범으로 설정하는 유교 보수주의를 내세웠다. 모토다 에이후元田永孚는 개인의 자유와 권리를 주장하는 자유주의를 부정하였고, 유교도덕의 질서원리로 구성된 천황제국가의 이상을 자신이 기초한 교육칙어(1890)에 담았다. 니시무라 시게키西村茂樹는 고루하고 편협한 배타적 애국심을 경계하면서 "애국의 정신"을 천황제국가 일본의 생존과 안보에 필요한 조건으로 삼았고, 황실을 국가와 안위존망을 공유하는 존재로 설정하였다. "존황애국" 개념을 제시하여 천황과 국가를 동일시할 여지를 제공하였다.[73] 유교 보수주의는 천황에 대한 충성과 국가에 대한 사랑을 결부시키는 방향으로 작용하였다.

메이지국가의 성립은 개혁과 보수를 동시에 모색한 '보수개혁'의 과정이었다. 메이지 국가는 문명개화(서구화)의 개혁을 추진하였고, 메이지 지식인들은 서구화 개혁과 서구문명 수용에 반발하면서 일본적인 것을 보

---

72 西周의 「百学連環」와 福沢諭吉의 『文明論之概略』에 보인다.
73 西村茂樹, 「尊皇愛国論」(1891), 『西村茂樹全集』第2巻(東京: 日本弘道会, 1976), 652-655쪽.

수하려는 의식을 감추지 않았다. 보수개혁과 더불어 메이지 보수주의가 탄생하였다. 주권보전과 발전을 위해 '개진'改進은 하되 '국체', '국수'國粹, nationality는 보수해야 한다는 의식이 강해졌다. 1890년 메이지 헌정체제(천황제국가)가 확립된 이후 문명개화에 반발하는 보수정신은 의탁할 제도적 틀을 부여받았고 공적 영역에서 메이지 20년대의 시대정신이 될 수 있었다. '국민주의'(陸羯南) 혹은 '일본주의'(三宅雪嶺)는 세계에 열린 의식을 갖고 서구화의 문명개화를 용인하면서도 일본의 '국체' 내지 '국수'는 보전해야 한다는 보수적 정신을 드러냈다. 나쓰메 소세키夏目漱石가 '외발적 개화'에 대항하여 '내발적 개화'를 제기한 것도 문명개화가 배태한 보수적 사유의 표현이었다. 메이지 보수주의는 열린 내셔널리즘과 결합하면서 당대의 맥락에서 최대한의 수준을 보여주었다.

'일본주의'는 보수적 사유의 표현이지만, 만하임의 용법을 따른다면, 정치적 보수주의가 아니라 전통주의에 가까왔다. 전통주의는 니시무라의 균형적 존황애국론에서 보듯이 일본이 방어적 국가였을 때 상정될 수 있었다. 일본제국이 대외전쟁을 수행하고 국권을 팽창하는 문맥에 들어서면 니시무라의 존황애국론은 균형감을 상실하고 배타적 애국심이 불거지게 된다. 제국주의자 도쿠토미 소호德富蘇峰가 청일전쟁과 러일전쟁을 전후하여 "국민적 의식"과 "제국적 자각"을 통한 제국주의적 국권팽창을 주창한 것은 건전한 내셔널리즘과 결합한 메이지 보수주의의 파탄을 뜻한다.

제국과 문화적 보수주의

메이지 국민주의자, 일본주의자들이 경계했던 문명개화의 서구화는 메이지천황 사거 이후 사상의 영역에서 심화되었다. 1910년대, 20년대 초반 다이쇼 시대의 일본 지식사회는 자유주의와 사회주의가 강했다. 진보주의가 우세하였다. 다이쇼 데모크라시의 자유주의적 경향 속에서 보수주의는 옅어졌다. 다이쇼 데모크라시 시대는 자유주의와 혁명주의의 진보주의가 왕성하던 때였다. 자유주의자들은 국민제국의 틀 속에 개인의 자유와 권리를 모색하는 민본주의 정치관을 표방하였다. 다이쇼 자유주의자들은 서양문화를 교양으로 받아들였고 교양의 사상적 근거를 자유주의에서 찾았다. 교양은 인격을 형성할 수 있는 식견, 지식을 가리키며, 서양 근대문화의 습득을 의미하였다. '문화'는 다이쇼 자유주의자들의 교양을 규정하는 개념이었다. 한편 사회주의자들은 '사회개조'를 주창하였고, 마르크스주의자들은 인민의 평등을 요구하는 계급투쟁의 이념과 행동에 연루되었다.

쇼와 시대에 들어 다이쇼 자유주의자들의 문화 개념은 추락하였다. 교양으로서의 '문화'는 민족학적인 보수적 문화 개념에 압도되었다. '문화'는 보수주의의 키워드로 작동하였다. '문화의 형型'을 논하는 보수적 사고는 일본의 제국주의 팽창과 조응하면서 내부에서 이를 지탱하는 보수주의로서 기능하였다. 야스다 요주로保田與重郎로 대표되는 1930년대, 40년대 일본낭만파는 파시즘체제에 부응하는 문화적 보수주의를 드러냈다. 일본낭만파는 다이쇼 자유주의자들의 '교양'을 받아들이는 한편, 일본의 전통문화와 자연미에서 일상적 삶의 가치를 찾았다. 파시즘체제와 공존했던 낭만파의 미적, 예술적 체험은 파시즘체제의 정치적 현실에서 초연했기에 가능했다. 이들은 보수의 체험양식에 주목하면서 보수적 사상과 감수성에 공통하는 심성을 보였다. 독일낭만파의 보수주의가 중세주의로 후퇴했듯이, 파시즘기 일본낭만파도 구체적, 직접적인 것을 로망적으로 신비화하면서 시간=역사 속으로, 즉 전통주의로 회귀하였다.[74] 일본낭만파의 경우 국체론자와 결이 달랐지만 과거에 대한 회상의 심리와 복고

---

74 橋川文三, 「日本保守主義の体験と思想」, 10쪽.

주의(전통주의)의 정서가 강했다. 파시즘체제 일본에서 현실주의의 상대개념은 이상주의가 아니라 낭만주의였다. 절대자를 상정하는 이념이나 사상을 결여한 일본에서는 절대적 이상에 의탁하는 초월보다는 현실의 모순, 괴리, 곤경을 벗어나려는 낭만적 기분이 현실주의에 대응하는 사유로서 작용하였다. '정치'와 분리된, 혹은 암암리에 '정치'를 지탱하는 '문화'는 1930년대, 40년대 파시즘체제 일본의 보수주의를 지탱한 요소였다.

이러한 경향은 민족학 혹은 문화인류학적 관점에서 '문화'를 파악한 보수지식인에게도 보였다. 민족학자 야나기다 구니오柳田国男는 '과학'이 아니라 '정실'을 존중했고, 선조들의 생활태도를 중시하는 보수의 심정을 드러내면서 유럽 보수주의와의 친화성을 보였다. 문화는 전통 속에 존재하는 것이 아니라 현재에 살아있는 것이었다. 다만 야나기다는 버크가 말한 선입견을 옹호하지 않았고, 오히려 역사의 지혜, 성찰을 능가하는 '자연'을 신뢰하였다.[75] 야나기다는 현재의 세계에서 이념과 유토피아와 현실이 일체화하고, 현재 속에서 과거를 추구하고 이것을 미래로 매개하는 역사관을 보였다. 야나기다의 보수적 사고에서 과거는 지속과 생성을 속성으로 하는 현재로서 존재하였다. 그가 제시한 '상민'常民 개념은 역사적 현실 속에 주어진 존재가 아니라 민족적 존재의 지속의 모멘트를 집성한 방법론적 이념의 표현이었다.[76]

'문화'는 야스다 요주로와 야나기다 구니오가 파시즘체제를 살면서 작위적인 파시즘체제를 초월하는 근거였다. 문화는 현실(파시즘체제)을 초월하는 방식이었고, 초월은 자연(일본적 자연)을 향했다. 야스다와 야나기다는 서로 다른 초월의 방식으로, 즉 공간(현실)초월적인 방식과 시간(역사)초월

---

75 橋川文三, 「保守主義と転向」, 『橋川文三著作集』 6(東京: 筑摩書房, 1986), 58-60쪽.
76 橋川文三, 「保守主義と転向」, 79-82쪽.

적인 방식으로 '자연'에 도달하였다. 현실의 문화적 초월은 파시즘체제에 대한 정치적 구속을 벗어나지 못했음을 역설적으로 보여준다. 일본낭만주의와 민족학은 파시즘체제를 전제로, 그 속에서 일상과 자연을 중시하는 보수주의가 살아있었음을 보여준다.

'문화'와 '현재'를 중시한 교토학파도 보수주의의 흔적을 남겼다. 하지만 교토학파 철학은 '자연'이 아니라 '작위'를 선택함으로써 혁신이념으로 흘렀다. 이를테면 고야마 이와오高山岩男는 문화상대주의를 내세워 문화유형론에서 과거를 현재에 끌어들이고 미래를 현재로써 규정하는 시간관념을 보였다. 일본문화를 포괄하는, 유럽사 중심의 세계가 아니라 일본사를 포함하는 '세계사적 세계'를 꿈꾸었다.[77] 교토학파 철학은 일상과 자연을 넘어 세계의 새로운 작위를 모색하였기에 보수이념에만 머무를 수 없었다. 파시즘체제를 옹호하는 혁신이념의 성격도 지녔다.

국체론은 1930년대, 1940년대 진보주의(자유주의, 사회주의, 마르크스주의)에 가장 세게 저항한 이념이었다. 국체론자들은 다이쇼 자유주의와 쇼와 초기의 사회주의, 마르크스주의의 진보적 사상과 행동에 거세게 대들었다. 일본 자본주의와 번벌정치가들의 결탁을 해체하려 했던 혁신군부의 국가개조 혹은 국가사회주의에 반발하였다. 전통주의를 표방하면서 황통과 천황제 가치를 절대화하였다. 국체론은 보수의 정치적 리얼리즘과 보수적 균형감각을 무력화시킨 우익 이데올로기였다. 균형감각이나 상식을 결여한 국체론의 전통주의는 역사를 황통의 전통으로 추상화, 이론화했을 때 역사와 전통을 구체적 경험의 세계로 보는 보수적 관점을 상실하는 역설을 보였다.

---

77 이에 관해서는 장인성, 「세계사와 포월적 주체―고야마 이와오의 역사철학과 근대비판」, 『일본비평』 10권 2호(서울대학교 일본연구소, 2018)를 참조할 것.

5. 전후체제와 보수주의

전후체제와 전후의식

전후체제와 55년체제

일본제국은 파시즘체제의 파탄과 더불어 와해되었다. 파시즘체제의 종언은 전중기에 억눌러 있던 다이쇼 자유주의자들의 정신을 일깨웠다. 다이쇼 자유주의자들은 전후에 보수주의자(리버럴 보수)로서 부활하였다. 원래 진보주의에 가까웠는데 패전 후에 리버럴 보수로서, 보수주의자로서 되살아난 것이다. 리버럴 진보, 좌파 진보세력의 진보주의가 패전공간을 주도하는 가운데 부활한 다이쇼 자유주의는 보수성이 두드러졌다. 패전 공간에서 다이쇼 교양주의자들의 자유주의는 보수주의와 결합하였다.

전후일본의 보수주의는 민주화개혁과 전후체제에서 생성된 새로운 공간에 대응해야 했다. 전후에 들어 버크 보수주의는 부활하였다. 전후일본의 보수주의자들은 버크 보수주의의 보편성을 공유하는 한편, 전후일본의 새로운 구조와 환경에 부응하는 개별성을 자각하였다. 진보와 보수의 사상양태를 규정하는 요소는 전후체제와 아메리카니즘이었다. 일본 보수주의의 버크 보수주의와의 거리, 즉 개별성은 전후체제와 아메리카니즘의 일본적 양태에 기인한다. 진보와 보수는 전후체제와 아메리카니즘을 둘러싸고 길항하면서 현대일본의 사상공간을 채웠다.

'전후체제'Postwar regime는 전후일본의 보수적 사유/보수주의를 규율하는 제도였다. 전후체제는 글로벌 차원에서는 제2차 세계대전 이후 얄타선언, 브레튼우즈 협정과 같은 합의를 토대로 성립한 전후질서를 가리킨다. 패전 이후 일본의 정치사회를 규율해온, GHQ 점령하에서 제정된 일본국헌법(평화헌법), 미군의 점령개혁으로 성립한 민주주의, 샌프란시스코 강화조약과 더불어 체결된 미일안보동맹의 제도들이 만들어낸 체제를 말한다. 미일동맹의 성립은 글로벌 냉전체제와 연동된 것이었고, 평화헌법과 민주주의의 성립은 파시즘체제의 붕괴와 관련된 것이었다. 평화헌법은 이상주의적인 '평화애호'의 국가상을 만들어냈고, 민주주의는 '자유'를 가치로 삼는 정치체제를 구성하였다. 미일동맹은 미국에 순응하는 반응국가 reactive state 일본을 만들어냈다. 평화헌법, 민주주의, 미일동맹은 미국의 물질적, 정신적 관여를 허용하면서 독자적인 전후체제를 구성하였다.

일본의 전후체제는 글로벌 냉전체제와 연동되는 한편, 샌프란시스코 강화조약(1951)으로 주권을 회복하고 전전 수준의 경제회복을 달성하면서 성립한 일본의 정치체제인 '55년체제'에 의해 지탱되었다. 55년체제는 1955년 가을에 사회당 우파와 좌파가 통일하고, 이에 대응하여 자유당과 민주당 보수파가 합동하여 성립한 정치체제를 가리킨다. 이 무렵 공산당도 무장투쟁 찬성파와 반대파가 당내 분열을 봉합하였다. 일본정부가 '더 이상 전후가 아니다'라고 선언한 즈음이었다. 55년체제의 성립은 전후일본이 패전공간의 혼란을 거쳐 정치적, 경제적 안정에 들어섰음을 뜻한다. 55년체제의 안정적 운용은 탈냉전기에 들어 일부 구조변동은 있었지만 보수적 전후체제의 장기화에 이바지하였다.

'체제'regime는 구성원이 행동의 준거로 삼는 특정의 규칙이나 관행의 집합을 말한다. 55년체제는 정치세계에서 보수정치 세력(자민당)이 주도하고 진보정치 세력(사회당)이 이와 길항하면서 동거하는 비대칭적 공존구도를 말한다. 55년체제를 지탱한 공식 이데올로기는 자유민주주의와 경제주의였다. 이러한 55년체제의 정치세계와 달리, 지식세계(언설공간)는 진보주의가 주도하였고 이에 저항하는 보수주의가 비대칭적으로 공존하는 형세였다. 일본의 전후체제는 권력과 이념의 양 차원에서 이중의 비대칭

관계가 공존한 체제였다. 정치세력 관계(55년체제)에서는 보수세력과 진보세력이, 지식권력 관계(전후논단)에서는 진보주의와 보수주의가 각각 비대칭적으로 공존하였다. 에토 준은 이러한 비대칭적 공존을 '공모'라 불렀다. 보수/진보 세력과 진보/보수 지식인들이 "'전후'를 먹이로 삼아" 공생한다고 보았다.

> 만일 일본사회당, 일본공산당과 대다수의 전후 문학현상 사이에 공통점이 있다면, 그것은 다름이 아니라 '전후'를 먹이로 삼아 장사를 하고 그것으로 살아남았다는 점이다. 아니, 일본의 저널리즘 자체가 전후를 먹잇감으로 해서 오늘에 이르거나 전후가 갑자기 소멸하는 걸 주저한다.[78]

보수와 진보의 정치세력들간의 비대칭적 공존은 보수정치체제의 장기존속, 즉 보수세력의 장기집권으로, 진보와 보수의 지식인들간의 비대칭적 공존은 진보주의의 장기적 우세 즉, 진보언설의 장기집권으로 나타났다. 전후체제는 보수정치체제(제도)와 진보주의(이념)의 공존 혹은 공모로서 성립하였다.

이러한 공존이나 공모는 필경 모순 내지 비틀림을 배태할 수밖에 없다. 이 모순은 냉전체제 혹은 미국의 동북아 안보정책이 안정적이던 동안에는 잠복해 있었다. 전후체제는 보수정치가와 진보좌파/진보지식인의 공모에 의해 존속하였고, 구조(제도)와 의식(가치)의 양 차원에서 '전후'는 지속되었다. 평화헌법, 민주주의, 미일동맹이라는 제도가 온존하는 한, 전후체제는 지속할 수밖에 없었다. 보수 '정치세력'과 진보 '지식인'은 전후체

---

78 江藤淳, 「戦後文学の破産」(1978), 『忘れたことと忘れさせられたこと』(東京: 文藝春秋, 1979), 213쪽.

제를 지탱하는 미일동맹과 평화헌법과 민주주의를 공유하지만, 이들 요소의 작용과 관련된 '평화'와 '민주주의'에 관한 생각이나 이들 요소를 규율한 '아메리카'의 의미는 달랐다.

전후의식

일본인들은 지금도 '전후'를 살고 있다. 물론 '전후'는 이미 끝났다고 생각할 수도 있다. 일본의 '전후'는 주권의 측면에서는 샌프란시스코 평화조약이 발효되고 연합군 점령이 종료된 시점(1952)에 끝났다. 경제의 측면에서는 『경제백서』가 '더 이상 전후가 아니다'라고 선언했을 때(1956) 종결되었다. 영토의 측면에서는 오키나와를 반환받은 시점(1972)에서 끝났다. 패전으로 상실된 것을 되찾았다고 생각했을 때 '전후의 종언'이 얘기된 셈이다. 1982년에 집권한 나카소네 야스히로 수상은 경제대국을 달성하면서 '전후정치의 총결산'을 외쳤다. '전후'에 얽매인, 내셔널리즘 부재의 일본정치에 종언을 선언한 것이다. 하지만 이러한 외침에도 '전후'정치는 끝나지 않았다. 전후정치를 끝낼 결정적 계기가 부재해서일 것이다. 오랜 시간이 흘렀건만 일본인들은 여전히 '전후'를 말한다. '전후 30년', '전후 50년', '전후 70년'이 될 때마다 심포지엄이나 좌담회를 열거나 단행본을 내면서 '전후'를 기억하고 되새김질한다. '전후'는 아직 끝나지 않았다.

'전후'에 대한 의식이나 감각은 주체에 따라 다르다. 패전 이후 언제까지를 '전후'로 보는지는 주체의 관점과 일본의 상황에 따라 다르다. 진보 지식인 쓰루미 슌스케鶴見俊輔는 『전후사 대사전』(1991)을 펴내면서 서문에 전후의 종언은 개인의 경험과 관점에 따라 달라진다고 썼다. 고도성장을 거치는 동안에 "전후라는 시대"가 변모할 것이라 예상하였다.[79] 2005년

---

79 鶴見俊輔, 「この本について」(1991), 『戰後史大事典 1945~2005』(東京 : 三省堂, 2005), 2쪽.

증보판 서문에서는 패전과 점령 이래 일본문화가 미국의 영향을 깊이 받았음을 토로하고 있다.[80] 미국문화에 덧씌어진 일본의 '전후'를 자각한 것이다. 좌파역사학자 브루스 커밍스Bruce Cumings도 대미종속이 바뀌지 않는 한 일본의 '전후'는 끝나지 않을 것이라 했다.[81] 진보역사학자 나카무라 마사노리는 종군위안부 문제가 터졌을 때 '전후'가 끝나지 않았음을 깨달았다. 오키나와 미군기지가 없어지지 않는 한, 아시아에 대한 과거사 청산이 이루어지지 않는 한, '전후'는 끝나지 않는다고 했다.[82] 진보지식인들마저 '전후'의 자장을 강하게 의식하고 있는 것이다.『전후사 대사전』 발간은 냉전체제가 끝났음에도 전후사가 지속되고 있음을 보여준다. 전후사는 전후일본을 살아가는 주체의 전후의식에 관한 내러티브이며, 전후사가 현재형으로 쓰여지는 한 전후의식은 상존할 수밖에 없다.

전후일본의 지식인들은 전후체제를 살면서 패전 '이후'를 규정한 전쟁의 의미를 되새김질하고 '이후'를 규율하는 공간(체제, 제도)을 문제삼는 사상적 고투를 지속하였다. '전후'는 전쟁의 상흔과 전쟁체험의 기억이 남아있는 동안을 가리킨다. 상존하는 일상적인 '전후'는 시간이 아니라 공간으로서 주체의 의식을 규율한다. '전후'는 현대일본의 정치체제를 규정하고 주체의 의식을 규율한 패전체험과 점령체험만이 아니라 전후일본을 새롭게 규율하는 제도들이 만들어낸 경험으로 구성된다. '전후의식'은 패전체험과 점령체험에서 배태된 의식일뿐 아니라 평화헌법, 민주주의, 미일동맹으로 구성된 전후체제가 만들어낸 의식이다. 전쟁체험의 기억(시간)과 전후체제의 제도(공간)가 교착하는 지점에서 성립한다. 전후의식

---

80 鶴見俊輔, 「增補新版について」(2005), 『戰後史大事典 1945-2005』, 3쪽.
81 ブルース·カミングス, 「世界システムにおける日本の位置」, アンドルー·ゴードン 編, 『歷史としての戰後日本』(上)(東京: みすず書房, 2002).
82 나카무라 마사나오, 『일본전후사 1945~2005』, 265-270쪽.

은 전쟁 이후의 물리적 시간에서뿐 아니라 '이후'를 규율하는 규범(제도)이 작용하는 공간과 그 공간에서 배태된 정신을 표상한다. 일본인의 기억과 삶을 규율하는 전쟁(태평양전쟁)이라는 역사적(시간적) 사건을 성찰하고 미래의 이상적 상태에 기대와 희망을 의탁하면서 '이후'(전후체제)라는 현재적(공간적) 실존을 성찰하는 의식 혹은 사상이다. '전후'가 어떠한 것인지를 자각하고 그 청산을 지향하는 의지를 내포한다. 전후체제를 살아가는 일본인의 주체성을 간직한다.

냉전종결과 걸프전 발발은 일본인의 전후의식에 '냉전 이후'라는 '또 하나의 전후'를 덧붙였다. 탈냉전기 일본의 지식인들은 '패전 이후'를 극복하지 못한 채 '냉전 이후'를 생각해야 하는 사상과제와 격투해야 하는 '탈전후의식'을 갖게 되었다. 탈전후의식은 전후의식을 온존시키면서 전후체제로부터의 탈각을 지향한다.[83] 탈전후의식은 평화헌법, 민주주의, 미일동맹의 제도와 가치를 변경함으로써 전후체제를 벗어나려는 의지이다. 그런데 냉전의 종언은 전후체제를 끝내기는커녕 전후체제 속에 잠복해 있던 모순과 문제를 표면에 드러냈을 뿐이다. 전후체제가 온존하는 한, 탈전후의식은 전후의식의 탈냉전적 변형에 지나지 않는다. 시점을 달리해서 본다면, '탈전후'는 냉전에 의해 규율된 '전후'로부터의 해방을 뜻하며, '진정한 전후'의 시작일 수 있다. 냉전의 종언은 '전후의 종식'이 아니라 '진정한 전후의 시작'을 알리는 신호였다.

---

83 조관자, 「'전후'의 시간의식과 '탈전후'의 지향성」, 조관자 엮음, 『탈전후 일본의 사상과 감성』(서울: 박문사, 2017), 17쪽.

전후체제의 비틀림과 보수적 주체

전후체제와 아메리카니즘

일본의 전후체제는 '아메리카'(미국)와 깊숙이 연루되어 왔다. '아메리카'는 현대일본의 주체들의 의식과 행동을 규율하는 유력한 표상이었다. 일본의 헌법과 민주주의, 동맹에 관여하는 강력한 표상권력이었다. 평화헌법, 민주주의, 미일동맹은 미국의 간여로 성립했고 미국의 지속적인 연루를 허용해왔다. 평화헌법은 미국의 강요를 일본이 동의하는 형태로 성립하였고, 민주주의는 미군정의 민주화개혁으로 도입되었으며, 미일동맹은 미국의 동아시아 냉전전략과 일본의 경제우선 정책이 맞물려 성립하였다. 평화주의, 민주주의, 동맹주의는 미국이 관여한 3종 세트의 제도를 매개로 확산된 이념이다. 진보주의와 자유주의도 미국적 가치가 반영된 것이었다. '아메리카니즘'Americanism은 전후체제(제도)를 매개로 투사된 미국의 영향력(권력)과 미국적 가치(이념)의 총체를 가리킨다. '아메리카화'Americanization는 이러한 아메리카니즘을 수용하고 이에 침윤되는 과정을 말한다.

미국은 메이지 이래 일본의 근대화 모델이자 문명 표상이었다. 막말유신기 일본에서 미국은 '자유의 나라', 자유이념이 구현된 '성지'로 인식되었다. '개화=아메리카화'였다.[84] 메이지 10년대 이후 '개화=유럽화'로 바뀌면서 미국 이미지에는 이상주의와 현실주의가 공존하였다. 미국은 문명개화의 주요 모델이자 수입처인 한편, 경쟁의 원리가 강한 사회, 부패빈곤과 인종편견이 심한 병든 국가라는 부정적 이미지도 생겨났다.[85]

---

84 亀井俊介, 『自由の聖地―日本人のアメリカ』(東京: 研究社出版, 1978); 亀井俊介, 『メリケンからアメリカへ―日米文化交渉史覚書』(東京: 東京大学出版会, 1979).

다만 이같은 야누스적 미국표상은 미국이 고립주의 정책으로 일본에 제한적으로 관여하는 동안에는 개인적 차원에 머물렀다.

제1차 세계대전 이후 강대국 미국의 문명과 달러가 세계를 압도하면서 아메리카니즘은 일본사회에 스며들었다. 미국적인 자유와 민주주의의 일본 지식사회에 유포되었고 미국 대중문화가 일상생활에 침투하였다. 다이쇼 시대의 평론가 무로후세 고신室伏高信은 "미국적이지 않은 일본이 어디에 있는가. 미국을 떠나 일본이 존재할까"라고 반문하였다. 미술사가 안도 고세이安藤更生는 "오늘날 긴자銀座에 군림한 것은 아메리카니즘"이리 단언하기도 했다.[86] 미국은 일상생활에서 일본의 일부로서 내면화되었다. 하지만 미일전쟁을 치르면서 미국 이미지는 분열한다. 미국은 대중문화를 소비하는 사적 영역에서는 문명국으로 여겨졌지만, 파시즘/총력전체제의 규율된 공적 영역에서는 야만국('영미귀축') 이미지가 강제되었다. 공적 영역의 '반미'가 사적 영역의 '친미'를 압도하였다.

패전과 더불어 사적 '친미'와 공적 '반미'의 은밀한 공존은 깨졌다. 미국은 일본의 전후체제를 규정할 문명국으로 재등장하였다. '패전국' 일본을 규율하는 평화헌법과 민주주의는 미국적 가치의 수용을 매개하였고, '자유국가' 일본의 안보를 책임지는 미일동맹은 미국적 가치의 수용과 작용을 추동하였다. 아메리카니즘은 평화헌법, 민주주의, 미일동맹을 통해 전후일본에 자리를 잡았다. 이들 제도 하에서 전후일본은 냉전체제가 구축한 '반공의 성채'로서, 아메리카니즘이 조성한 '미국의 모형정원'으로서 경제발전을 구가할 수 있었다. 이러한 위상에서 '구조적인 보수

---

85 요시미 슌야, 오석철 역, 『왜 다시 친미냐 반미냐─전후일본의 정치적 무의식』(서울: 산처럼, 2008), 52-58쪽. 원서명은 吉見俊哉, 『親米と反米─戦後日本の政治的無意識』(東京: 岩波書店, 2007).

86 요시미 슌야, 『왜 다시 친미냐 반미냐』, 69-73쪽.

주의'가 배양되었다.[87] 보수정권(보수정치가)은 냉전체제 하에서 아메리카니즘의 비호를 받으면서 반공자유주의와 경제적 발전주의를 추구할 수 있었다. 아메리카니즘은 '친미' 정책의 공식적 정치생활을 지탱하는 이념적 근거가 되었다.

아메리카니즘이 전후체제를 규율하는 규범과 가치로 기능하면서 공적 영역의 '친미'가 공식 언설세계를 사로잡았다. 안으로부터 이에 저항하는 형태로 사적 영역의 '반미'가 비공식 언설세계에 배태되었다. 아메리카 상상은 미국의 소비문화에 대한 '동경'과 자국을 구속하는 대국에 대한 '혐오' 사이를 진동하였다. 승전국 미국에 대한 패전국의 '회한'과 자국 안보를 책임지는 후견국 미국에 대한 피후견국의 '안도감' 사이를 배회하였다. 안보투쟁과 같은 일탈적인 '반미' 행동이 표출되기도 했지만, 냉전체제가 안정적으로 작동하고 전후체제=친미체제가 일본의 안보와 경제를 보장하면서 아메리카니즘은 일본사회에 침윤할 수 있었다.

일상생활에 젖어든 아메리카니즘을 내부로부터 자각하는 시선도 성장하였다. 전후체제의 모순을 깨달은 비판적 지식인은 '아메리카의 그늘'과 이 그늘에서 생겨난 깊은 심연에 눈을 떴다. 리얼리티에 민감한 현실주의 지식인들은 안보투쟁을 전후한 때부터 전후체제를 규율하는 미국의 존재를, 일본인의 일상생활과 마음 속에 은밀하게 드리워진 '아메리카의 그늘',[88] 즉 아메리카니즘을 감지하였다. 특히 보수지식인이 민감했다. 보수적 주체들은 '아메리카의 그늘'을 보았을뿐더러 아메리카니즘이 만들어낸, 아메리카니즘을 허용한, 일본의 자기 모습을 추궁하였다. 비판적 보

---

[87] 모가미 도시키(最上敏樹)의 발언, 《世界》編集部 編, 『戰後60年を問い直す』(東京: 岩波書店, 2005), 46~48쪽.

[88] '아메리카의 그늘'은 보수비평가 가토 히로노리에게서 차용한 말이다(加藤典洋, 『アメリカの影』, 東京: 河出書房新社, 1985).

수주의자들은 전후체제의 모순과 아메리카니즘의 그늘을 들여다봤고 이 그늘을 걷어내고자 했다.

전후체제 비판과 보수적 주체화

일본의 전후체제에서 정치세계는 보수세력과 진보(혁신)세력이 공존했지만, 보수체제(제도)와 진보주의(이념)가 공존한 체제이기도 했다. 전후체제는 평화헌법과 미일동맹으로 성립한 제도적 구성물(실제)이지만, 이 제도의 작용을 진보적 관점에서 해석하는 견해나 의식(말)이 널리 유통하였다. 정치세계는 보수정치가 주도하고, 언설세계는 진보이념이 우세하였다. 보수체제는 미일동맹을 우선시하고, 진보언설은 평화헌법과 민주주의를 절대시하였다. 자유민주주의를 표방한 자민당은 평화헌법과 민주주의를 명분으로 내세우고 미일동맹을 기축으로 삼아 장기간 보수정권을 유지할 수 있었다. 진보지식인은 평화헌법과 민주주의를 진보주의 이념으로 절대화하면서 언설세계를 주도할 수 있었다.

정치세계와 언설세계의 이러한 병존은 일본 전후체제의 모순을 암시한다. 전후일본의 체제(제도)와 언설(이념) 사이에는 좁히기 어려운 괴리나 간극이 숨어 있었다. 전후체제의 제도가 구성하는 실제와 전후체제를 해석하는 말 사이에 괴리나 간극이 있었다. 강력한 체제이데올로기가 작동하거나 아메리카니즘의 자장이 세게 작용했을 때, 혹은 보수체제(제도)와 진보주의(이념)가 균형을 이루었을 때, 이러한 괴리나 간극은 표출되지 않았다. 보수정권(권력)과 진보지식인(이념)은 안보투쟁 때처럼 예외는 있었지만 동거할 수 있었다. 진보지식인들은 보수권력에 대항하는 자유를 보장받으면서 언설세계를 주도할 수 있었다. 보수지식인들은 진보적 언설세계에서 방어적으로 행동할 수밖에 없었다. 하지만 활동적이고 주체적인 비판적 보수주의자들은 전후체제를 움직이는 명분과 실제의 간극, 제도와 가치의 거리를 예민하게 감지하였다. 전후체제의 모순을, 말과 체험의 괴리를 참지 못했다. 말과 체험이 분열된, 명분과 실제가 어긋난 전후체제라는 '허구적 세계'를 깨고자 했다. 평화주의 비판, 아메리카니즘 폭로, 전후체제 비판이라는 방식을 통해 간극을 해소하고자 했다.

비판적 보수주의자의 전후비판은 진보주의자들이 평화주의와 민주주의의 절대이념으로 현실을 규정하면서 생겨난, 현실과의 괴리가 초래한 허망함을 추궁하는 데서 시작한다. 이들은 리얼리즘의 관점에서 냉전 및 일본국가의 현실과 진보주의 이념(평화주의, 민주주의) 사이의 간극을 추궁하였다. 후쿠다 쓰네아리는 일상생활과 분리된, 전쟁공포증에 사로잡힌 진보평화론자들이 고정관념을 갖고 감정적으로 평화와 안보문제를 다루는 것에 위화감을 느꼈다.[89] 진보주의적 기분이 말과 체험의 간극을 무시하는 한편, 진보의 절대평화주의가 냉전과 일본의 현실을 호도한다고 비판하였다.[90] 후쿠다는 평화와 민주주의를 구체적 현실에서 작동하는 제도로 간주하는 한편, 구체적이고 개별적인 체험을 토대로 진보주의적 기분을 깨고자 했다.

비판적 보수주의는 아메리카니즘의 폭로로도 나타났다. 안보투쟁 이후 '전후민주주의 허망'을 자각하고 전후체제가 미국이 구축한 '가구'假構임을 깨닫기 시작한 이래, 비판적 보수주의자들은 보수체제(제도)와 진보주의(이념)의 '공모'에 감춰진, 혹은 진보적 언설에 가려진, 실제와 이념 사이의 모순에 주목하였다. 아메리카니즘으로 무장된 명분세계와 일본문화가 작동하는 현실세계의 간극, 교전권 포기와 군대 불보지를 규정한 평화헌법 조항의 명분과 자위대 보유의 실제 사이의 괴리, 이상적 평화주의와

---

89 福田恆存, 「常識に還れ」(1960), 『福田恆存全集』 5(東京 : 文藝春秋, 1987), 234쪽.

90 福田恆存, 「平和論に對する疑問」(1954), 「戰爭と平和と」(1955), 『福田恆存全集』 3(東京 : 文藝春秋, 1987).

동맹의존의 현실적 평화 사이의 간극을 보면서 전후체제의 모순을 깨달았다. 에토 준은 안보투쟁 이후 일본인의 일상적 심정에 내면화된 '아메리카의 그늘'을 읽어냈고, 1970년대 말 이래 점령군의 검열이 조장한 전후일본의 언어공간과 연합군최고사령부GHQ가 강제한 평화헌법 제정의 실태를 해명함으로써 '아메리카'의 권력작용을 까발렸다. 아메리카니즘으로 왜곡된 전후체제의 구조적 모순=비틀림을 폭로하였고 전후체제를 규율하는 미국의 권력을 드러냈다.

탈냉전기 일본의 유력한 보수적 주체들은 아메리카니즘과 이를 조장한 전후체제를 전면 부정하였다. 전후체제를 경제주의, 민주주의, 평화주의와 같은 이념이 만들어낸, 현실과 유리된 허구적 세계로 파악하였다. 사회계약론적 발상에 빠져 국가로부터의 자유만을 추구하는 '국가' 없는 자폐적 사고공간이라 규정하기도 했다. 직관과 말이 괴리되고 체험과 표현이 분리된 상태에서 언어의 환상적 비대화만을 일삼는 체제라 비판하기도 했다. 비판적 보수주의자들은 평화헌법과 아메리카니즘이 현실과 유리된 허구와 언어의 환상을 조장했다면서 평화헌법의 개정을 주장하고 아메리카니즘의 전면 부정에 나서게 된다.

현대일본에서 보수주의자의 비판정신은 전후체제의 모순, 비틀림에 대한 인식과 이를 해소하려는 의지에서 작동하였다. 보수주의자는 전후체제의 허구와 모순을 추궁하고 명분과 실제의 간극, 말과 체험의 괴리를 없애려는 고투의 과정에서 주체화하였다. 보수적 주체화는 모순적 전후체제의 비주체적 상황을 극복하려는 심리와 의지에서 나왔다. 하지만 아메리카니즘 부정과 전후체제 부정은 흡사 진보주의자들이 평화주의와 민주주의의 진보이념을 내걸면서 전후체제를 손쉽게 규정한 것과 다를 바 없다. 보수적 주체화의 고투는 타자 부정에 그치지 않고 전후체제의 허구와 모순을 허용한 일본의 존재양태를 추궁하고 자기존재의 주체적 구축을 모색해야 하는 과제를 안고 있다.

　보수주의자들이 전후체제의 모순이나 비틀림에 대응하는, 즉 전후체제와 아메리카니즘을 비판하는 수준과 내용은 전후체제를 구성하는 구체적인 콘텍스트에 따라 달랐다. 전후체제의 모순을 자각하는 모습, 전후체제를 구성하는 명분과 실제 사이의 괴리를 추궁하는 양상, 아메리카니즘을 벗어나 주체화하는 의지 등은 연속과 변화를 보이면서, 때로 중첩되는 모습을 보이면서 비판적 보수주의를 추동하였다. 민주=안보공간에서 '평화'와 '민주주의'의 문제와 대결한 후쿠다 쓰네아리, 경제=성장공간에서 '근대화'와 '상실'의 문제와 마주한 에토 준, 탈전후=역사공간에서 '탈전후'와 '반근대'의 보수이념을 구축하는 데 몰두한 니시베 스스무는 전후체제의 각 공간에서 배태된 모순, 괴리와 대결한 비판적 보수주의의 구체적인 모습을 보여준다. 이들 세 보수비평가를 통해 보수적 주체화의 심리와 논리를 파악할 수 있을 것이다.

제2장

'평화'와 '민주'

민주=안보공산의 일본파
후쿠다 쓰네아리의 보수주의

1. 민주=안보공간의 일본과 보수주의

민주=안보공간과 일본의 지식사회

평화와 민주주의

패전 후 일본의 지식인들은 새로운 국가를 건설하는 과제를 부여받았다. 새로운 역사(시간)적 맥락과 국제(공간)적 맥락에 부응하여 자국 일본을 자리매김할 것을 요구받았다. '평화'와 '민주주의'는 새로운 일본의 방향을 지시하는 핵심가치였다. 전후일본인들은 전쟁체험을 통해 평화를, 파시즘체험을 통해 민주주의를 열망하였다. 특히 진보지식인들은 평화와 민주주의의 실현을 전쟁과 파시즘을 부정하는 절대가치로 여겼다. 평화와 민주주의는 새롭게 개정된 일본국헌법에 구현되었고, 일본국헌법은 전후일본의 평화와 민주주의를 규율하는 규범으로 작용하였다.

---

* 이 장에서 『福田恆存全集』全8卷 (東京: 文藝春秋, 1987~1988)은 『全集』으로 약기한다. 후쿠다 쓰네아리의 저작을 인용할 때 저자명은 생략한다. 한자는 원자체를 사용한다. 후쿠다는 일본식 한자 약어를 쓰지 않고 원자체를 고집하였다.

그런데 일본이 미소 대결의 냉전에 연루되면서 평화와 민주주의는 안보와 결부된 의미를 갖게 된다. 일본은 냉전이 시작되자 공산주의자를 배척하는 역코스 정책을 시행하였다. 샌프란시스코 강화조약 체결로 주권을 회복하자마자 미국과 동맹을 결성하였다. 1950년대 일본은 자유진영의 기지국가로서 냉전과 미국의 동북아 전략이 만들어내는 안보 상황에 깊숙이 연루될 수밖에 없었다. 평화와 민주주의의 양태는 안보로 규정되지 않을 수 없었다. '동맹'과 '중립'은 일본의 안보정책을 둘러싸고 핵심 쟁점이 되었다.

동맹과 중립의 안보 문제는 평화 문제로 이해되었고, 평화 문제는 민주주의 문제와 결부되었다. 전후일본의 지식인들은 군사적 대결이 거세지는 냉전 상황을 지켜보면서 인류의 위기와 세계전쟁의 재발을 우려하였고 세계평화에의 염원을 강하게 드러냈다. 1950년대 평화와 민주주의는 전쟁체험의 생생한 기억 위에 냉전의 위기적 상황이 겹치면서 지식인들의 사상과 행동을 사로잡는 핵심 쟁점이 되었다. 평화의 이상과 안보의 현실이 서로 얽히면서 평화와 민주주의의 쟁점과 사상을 조건지우는 민주=안보공간이 펼쳐졌다.

물론 민주=안보공간의 지식인들이 평화와 민주주의만 구가한 건 아니다. 애국심과 내셔널리즘도 다시 끄집어냈다. 패전 직후에는 국체론과 결부된 국수주의적인 (초)국가주의가 전쟁을 허용했다고 해서 내셔널리즘과 애국심을 부정하는 분위기가 강했다. 하지만 샌프란시스코 강화조약 체결로 주권을 회복하고 국제사회에 복귀하면서 새로운 국민국가에 부합한 윤리와 정신을 생각하게 된 것이다. 아무리 평화국가와 민주국가를 지향한들, 국민국가에 기초하는 한, 애국심과 내셔널리즘을 긍정하지 않을 수 없었다. 전후일본의 지식인들은 '자기애', '조국애', '인류애'와 같은 개념을 끌어들여 조심스럽게 애국심을 재정의함으로써 국수주의 이미지를 벗겨내고 긍정적 의미를 되살리고자 했다.[1] 내셔널리즘의 부정적 측면을 해소하고 평화국가, 문화국가에 부합하는 내셔널리즘을 새롭게 진작시키고자 했다.

전후지식인의 사상과 행동은 전후체제를 구성한 제도에 영향을 받았다. 마군정의 민주화 개혁으로 성립한 평화헌법과 민주주의, 냉전적 군사대결에 대응하여 성립한 미일안보동맹은 전후체제를 규정한 제도였다. 평화와 민주주의를 규정한 안보 쟁점은 이들 제도의 정당성과 유효성을 둘러싼 논의를 불러일으켰다. 이들 제도와 쟁점에 관한 견해를 통해 전후지식인의 사상과 이념은 드러났다. 근대적 가치와 근대적 계몽, 혹은 계급투쟁에 대한 믿음이 전후공간에 무유하였나. 파시즘체세와 총력견체제에서 천황 중심의 제도와 가치를 절대시했던 국수주의자들의 국체론, 그리고 서구문명을 상대화하면서 일본문명의 세계사적 의의를 찾았던 교토학파의 근대초극론이 패전으로 몰락한 이후, 서구 근대는 일본적 전통이나 왜곡된 근대를 극복하는 방법론적 가치로서 재부상하였다.

민주=안보공간의 지식사회는 마르크스주의자, 시민사회론자(사회과학자), 리버럴 보수가 이끌었다. 민주=안보공간의 언설세계를 주도한 것은 진보주의자들의 근대주의적 견해였다. 진보지식인들은 평화와 민주주의를 절대가치로 삼으면서 민주주의와 평화헌법을 적극 옹호하였다. 근대적 인간, 근대적 개인이 주체가 되는 시민사회를 구축하고자 했다. 오쓰카 히사오大塚久雄는 막스 베버에 의탁하여 전통과 관습에 구속된 "마술로부터의 해방"을 외치면서 "근대적 인간유형"을 제시하였다. 오쓰카는 근대적 인간유형의 창출 여부가 평화적 재건의 성공과 국제적 명예의 회복

---

1 전후일본의 애국심에 관해서는 장인성, 「현대일본의 애국주의 ─ 전후공간과 탈냉전공간의 애국심론」, 『일어일문학연구』 제84집 (한국일어일문학회, 2013).

을 좌우한다고 보았다. 근대적 인간유형의 창출은 마술로부터의 해방인 세계사 과정의 마지막 일보이자 그 철저화를 의미한다고 단언하였다.[2] 마루야마 마사오丸山眞男는 시민사회론의 관점에서 근대적 개인의 석출析出을 시도하였다. 일본에서 "근대적 사유는 '초극'은커녕 진정 획득된 적도 없다"[3]고 생각한 마루야마에게 패전은 초국가주의의 기반인 국체의 절대성이 상실되고 일본국민이 자유로운 주체로서 해방된 것을 의미하였다.[4] 오쓰카와 마루야마가 생각한 민주주의, 시민사회, 근대적 인간은 서양 근대의 이념형에서 도출된 것이었다.[5]

전후일본에서는 근대적 제도와 가치를 옹호하는 근대적 사유가 되살아나면서 서구적 근대를 부정했던 국체론과 근대초극론에서 형해화했던 전통과 근대의 이항 틀이 부활하였다. 진보지식인은 낡은 전통을 부정하고 근대적 가치를 적극 옹호했는데, 이들이 표방한 근대적 가치는 메이지 이래 축적된 근대적 경험과 맞닿아 있지는 않았다. 패전 이후 1950년대를 다할 때까지 다이쇼 데모크라시를 전후 민주주의 선례로 평가하는 논조가 거의 보이지 않았다는 사실에서 알 수 있다.[6] 전후일본의 진보지

2 大塚久雄,「魔術からの解放 ─ 近代的人間類型の創造」(『世界』 1946年 12月号),『《世界》 主要論文選』(東京: 岩波書店, 1995).

3 丸山眞男,「近代的思惟」(1946),『丸山眞男集』 3 (東京: 岩波書店, 2003), 4쪽.

4 마루야마 마사오,「초국가주의의 논리와 심리」(1946),『현대정치의 사상과 행동』(파주: 한길사, 1997).

5 오쓰카 히사오와 마루야마 마사오의 근대주의와 근대적 인간의 창출은 전전/전중과 전후의 단절을 의도한 것이다. 나카노 도시오(中野敏男)는 이러한 견해를 비판하면서 전후의 '민주주의', '국민적 주체'를 총력전체제와의 연속선상에서 파악해야 한다고 주장한 바 있다(나카노 도시오, 서민교·정애영 역,『오쓰카 히사오와 마루야마 마사오 ─ 일본의 총력전체제와 전후 민주주의 사상』, 서울: 삼인, 2005).

6 '전후민주주의'라는 명칭이 사용되고 '전후민주주의'를 다이쇼 데모크라시에 견주어 해석하는 풍조가 나타난 것은 1960년대 안보투쟁 이후였다. 형해화한 온건한 민주주의를 비판하는 논조에서 나왔다(小熊英二,『〈民主〉と〈愛国〉─戦後日本のナショナリズムと公共性』, 東京: 新曜社, 2002, 206-207쪽).

식인들은 메이지 시대나 다이쇼 데모크라시 시대에 구축된 '근대'를 진정한 근대로 여기지 않았다.

청년세대와 새로운 사회과학

전후일본의 사상공간은 전중기 파시즘을 극복하는 과제를 안고 출발하였다. 총력전체제하에서는 국가권력에 의한 엄격한 사상통제가 이루어졌다. 사회주의자, 마르크스주의자에 대한 사상통제, 대학아카데미즘에 대한 언론통제가 이루어졌다. 교토대학의 다키카와瀧川사건(1933)을 필두로, 도쿄대학에서도 천황기관설 사건(1935), 강좌파 마르크스주의학자 탄압사건, 야나이하라 다다오矢內原忠雄 사건(1937), 노농파 교수집단 사건(1938) 등 교수들의 수난이 잇달았다. 전중기 지식인들은 사상통제하에서 전향을 하거나 보국報國 활동을 하거나 침묵으로 견뎌내야 했다. 사상통제에서 벗어난 전후지식인들은 마르크시즘과 전후계몽사상(민주주의 사상)에 의탁하여 천황제 이념을 내세워 전체적 사회를 구축했던 전중기의 국체론적 사회과학을 해체하였다.

전후일본의 언설세계는 전쟁에 편승하지 않거나 미온적이던 지식인들이 주도하였다. 마르크스주의 사회과학자들은 인텔리겐차의 내부세계로부터 정신질서를 재건하는 역할을 했다. 1946년 1월에 창립한 민주주의과학자협회(민과)는 마르크스주의자들의 최대 전국조직이었다.[7] 1946년 5월에는 다키카와사건 기념일에 맞추어 학생사회과학연구회연합회 주최의 학생축제가 열렸는데, 이를 시작으로 '사회과학' 용어는 터부에서 해금되었다. 사

---

7 전전에 활동했던 프롤레타리아과학, 유물론연구회, 역사과학 등 좌익 운동단체의 멤버가 지도부를 구성하고, 요코타 기사부로(橫田喜三郎), 기도 만타로(城戶幡太郎) 등 자유주의자들이 주변에 포진하였다. 핵심멤버는 이시다모 쇼(石母田正), 이지리 쇼지(井尻正二), 도마 세이타(藤間生大) 등이었다.

회과학은 전후일본의 지식인과 학생들을 사로잡은 유력한 지식체계였다. 좌파단체들은 '사회과학'을 제명에 사용한 기관지를 연달아 창간하였다.[8]

전후일본의 사회과학은 마루야마 마사오의 정치사상사와 오쓰카 히사오의 경제사학을 포함한 근대주의 사회과학과 더불어 강좌파 계보를 이은 마르크스주의 사회과학이 주를 이루었다. 마르크스주의 사회과학은 경험적 세계를 초월한 보편자에 기초한 세계를 구축하고자 했다. 좌파 사회과학자들이 상정한 경험초월적 법칙은 개별경험의 총합이면서 그것을 초월하는 경험법칙도 있었고, 합리적인 이데아를 상정한 추상적인 보편법칙도 있었다. 마르크스주의 사회과학, 특히 하니 고로羽仁五郎의 역사학은 후자의 보편법칙에 조응하여 초역사적인 '인민' 관념을 만들어냈다.[9] 인민 개념은 마르크스주의 사회과학에 널리 사용되면서 보편화되었다. 하니 고로는 『일본인민의 역사』(1950)에서 인민을 역사의 원동력으로 규정하면서 초역사적 보편성을 가진 개념으로 사용하였다.[10] 전후역사학은 15년 전쟁의 경험을 바탕으로 황국사관을 비판하고 거시적 미래상을 추구한 진보적인 역사학을 총칭한다. 서구근대를 이념형으로 삼아 일본의 전근대성을 비판한 마루야마와 오쓰카의 근대주의 사상사도 마르크스주의 역사학의 이론과 방법론에서 영향을 받은 것이었다.[11]

그런데 마르크스주의의 부활과 더불어 전전부터 논란거리였던 마르

---

8 민주주의과학자협회는 기관지 《민주주의과학》을 《사회과학》(1946년 12월)으로 개칭하면서 '사회과학'은 일본의 민주주의과 진보주의를 대변하는 말이 되었다. 《세계의 사회과학》 (1948), 《계간 사회과학》(1949)이 잇달아 창간되었다(石田雄, 『日本の社会科学』, 東京: 東京大学出版会, 1984, 167쪽).

9 藤田省三, 「社会科学者の思想 —大塚久雄·清水幾太郎·丸山眞男」, 久野収·鶴見俊輔·藤田省三, 『戦後日本の思想』(東京: 中央公論社, 1959), 36-39쪽.

10 石田雄, 『日本の社会科学』, 164-165쪽. 《인민평론》, 《인민》, 《인민회의》, 《인민전선》 등이 창간되었다. 1946년~47년 사회당, 공산당의 대립이 격해지기 시작하면서 '인민'이란 말은 '인민전선'을 떠나 막연하게 피치자나 피억압자 일반을 가리키게 된다.

크스주의자들의 교조주의, 수입성, 내부 대립과 같은 문제가 다시 불거졌다. 외적 요소들도 마르크스주의자의 활동을 억눌렀다. 미점령군은 2·1스트라이크 금지 이후 노동운동을 탄압하였고, 한국전쟁이 발발하자 일본공산당의 합법적인 활동까지도 통제하였다. 코민포름은 공산주의자 노자카 산조野坂参三의 혁명노선을 비판하였다. 공산당의 활동은 위축될 수밖에 없었다. 레드퍼지로 공산당의 지도력은 약해졌고 마르크스주의의 매력도 떨어졌다.[12] 마르크스주의 역사학은 여전히 사회과학의 유력한 학술지學術知를 제공했지만, 점차 적실성을 잃으면서 '낡은 사회과학'이 되어갔다. 마르크스주의자들도 '민족'과 '국민'을 중시하고 민족문화의 전통을 주목하게 된다.

'낡은 사회과학'은 '새로운 사회과학'의 출현으로 바래갔다. 사회과학의 주도권은 인민을 구가한 마르크스주의 사회과학에서 대중사회의 과학적 해명을 모색하는 시민사회론적 사회과학으로 옮겨갔다. 인민의 시대에서 대중사회로 바뀌고 있었다. 청년 사회과학자들은 전중기에는 국가권력에 압도된 채 학술연구를 통해 국가와 사회의 현실문제와 마주했었다. 전후에는 민주화개혁의 신선한 공기를 마시면서 학문의 자유를 누렸다. 청년 사회과학자들은 '시민사회'의 관점에서 대중사회를 다루면서 '시민사회청년형 아카데미즘'을 추구하였다. 정치세계와 예민한 긴장을 유지하는 동시에 금욕적인 학술활동을 통해 일본의 정치사회를 객관적으로 파악하고자 했다.[13]

오코우치 가즈오大河内一男, 오쓰카 히사오, 시미즈 이쿠타로淸水幾太郎, 마루야마 마사오 등 30대 청년세대 사회과학자들은 전전, 전중기의 문제의

---

11 박진우, 「일본 '전후역사학'의 전개와 변용」, 『일본사상』 21호(한국일본사상사학회, 2011), 8쪽.
12 石田雄, 『日本の社會科學』, 168-171쪽.
13 都築勉, 『戰後日本の知識人 ─丸山眞男とその時代』(東京: 世織書房, 1995), 20-22쪽.

식을 계승하면서도 막스 베버의 사회과학이나 미국적 사회과학 방법론을 동원하여 근대일본과 전후일본의 정치사회 현상과 정신을 해명하고자 했다. 청년세대 사회과학자들은 마르크시즘의 영향을 받았지만 마르크스주의자의 교조주의와 이념지향에는 동조하지 않았다. 올드 리버럴리스트의 교양주의 문화도 혐오하였다. 마르크스주의 사회과학과 구별되는 새로운 사회과학 방법론을 동원하여 일본사회의 현실을 진단하였다. '세대'는 '주체성'과 더불어 전후사상의 특징을 나타내는 키워드였다.[14]

청년 사회과학자들은 집단연구와 사회활동에 힘썼다. 시미즈 이쿠타로는 〈20세기연구소〉(1946)를 만들었고 여기에 마루야마 마사오, 후쿠다 쓰네아리 등이 가담하였다. 마루야마는 경제평론가 우치다 요시히코內田義彦, 법학자 가와시마 다케요시川島武宜 등 당시 무명에 가까운 청년 지식인들과 〈청년문화회의〉(1946.2)를 결성하기도 했다. "30세 될까말까한, 많든 적든 피해자의식과 세대론적 발상을 공유한 지식인들의 결집"(마루야마 마사오)이었다. 이 모임의 발기문인 〈선언〉(가와시마 다케요시 대표집필)에는 청년 사회과학자들의 문제의식과 사명감이 또렷이 드러나 있다.

청년문화회의는 신시대에 공감하는 20대, 30대 청년의 단체이며, 공동연구 토의기관이며, 사회적 계몽의 행동체이다. 사회적, 경제적 민주주의의 실현은 우리의 공동목표이며, 사회에 잔존하는 봉건성과 비합리성은 공동의 투쟁목표이다. 그러므로 우리는 새로운 문예부흥의 담당자로서 더욱 새로운 사회질서 건설의 전위가 될 것을 기약한다. 종래 자유주의자의 근본적 결함이었던 절조와 책임감의 결여를 통감하고, 일상생활에서 사회적 도덕성을 구현함으로써 신생활운동의 추진체가 되기를 바란다. 우리나라의

14 小熊英二, 『〈民主〉と〈愛国〉』, 203쪽, 207쪽.

자유주의자들은 메이지유신 이래의 자유민권운동을 계승 육성하지 않아 봉건적인 것을 극복하지 못했고, 심지어 군국주의에 굴복하기조차 했다. 이에 비추어 보아 우리 스스로 반성함과 동시에 그에 걸맞은 일체의 **낡은 자유주의자와의 전별을 선언하고, 새로운 민주주의 건설의 궤도를 개척**하고자 한다. 이를 위해 우리는 서로 모여 사회문화 일반의 현실문제를 토의하여 스스로를 풍요롭게 하고, 또한 그 성과로써 젊은 민중에게 호소하고 계몽활동에 매진할 것을 서약한다.[15]

청년 사회과학자들은 "공동연구 토의기관"(학술)이자 "사회적 계몽의 행동체"(참여)로서의 정체성을 표명함과 동시에, "새로운 민주주의의 실현"과 "봉건성과 비합리성"에 대한 투쟁을 행동목표로 설정하고 있다. 이들은 올드 리버럴리스트(다이쇼 자유주의자)의 재등장에 반감을 드러냈다. 메이지 자유민권운동을 계승하지 못한, "봉건적인", "군국주의에 굴복"한, "낡은 자유주의자"(리버럴 보수)와의 결별을 선언하였다.

패전공간의 일본은 논단의 시대였다. '문화인'(지식인)의 시대였다. 전쟁 말기에 휴간에 들어갔던 《사상》, 《개조》, 《중앙공론》 등의 잡지가 전쟁이 끝나자마자 복간되었다. 종합잡지 《세계》, 《전망》이 창간되었다. 평론지, 문예지도 다수 창간되었다. 특히 《세계》(1946~현재)와 《사상의 과학》(1946~1996)은 진보적 사회과학자, 즉 시민사회 청년들에게 언설공간=논단을 제공하였다. 《세계》의 창간은 이와나미서점의 사주 이와나미 시게오岩波茂雄의 의뢰를 받아 리버럴 보수 아베 요시시게가 주도했는데, 아베의 주선으로 올드 리버럴리스트들이 창간호 필진으로 대거 참여하였

---

15 『大学新聞』1946. 2. 11. 선언문은 竹本洋, 「〈青年文化会議〉の設立と内田義彦」, 『経済学論究』63巻3号(関西学院大学, 2009), 717쪽에 수록되어 있다.

다.[16] 하지만 바로 진보적 청년지식인들이 주도권을 쥐고 리버럴 보수가 물러나면서 《세계》는 진보적 견해를 대표하는 대중 종합지로 급성장하였다. 《세계》는 패전공간부터 줄곧 진보적 입장에서 평화주의와 민주주의를 표방한 진보문화인들의 거처였는데, 보수지식인의 눈에는 허위의식이 가득한 진보지식인들의 본거지로 비쳤다.[17] 《세계》가 진보지식인이 대중에게 발신하는 종합지였다면, 《사상의 과학》은 시민사회의 구축을 지향하는 젊은 사회과학자들이 활동하는 학술의 장이었다. 쓰루미 슌스케鶴見俊輔, 마루야마 마사오, 쓰루 시게토都留重人 등 동인들은 관념론적 사회과학에서 벗어나 실용주의적 사회과학을 추구하였다.

민주=안보공간의 리버럴 보수

리버럴 보수의 귀환

인문교양을 지닌 리버럴 보수도 부활하였다. 리버럴 보수는 다이쇼 자유주의의 기억을 가진, 전중기에 군국주의 정부에 소극적인 자세로 침묵했던 지식인들이었다. '올드 리버럴리스트'로 불리기도 했다. 이들은 패전 직후인 1945년 9월 〈동심회〉同心會를 결성하였다. 시가 나오야志賀直哉, 무샤코지 사네아쓰武者小路實篤, 소설가 나가요 요시로長與善郎, 민속학자 야

---

16 이와나미 시게오는 전전부터 종합잡지를 낼 의향이 있었고 한때 스스로 편집을 맡고자 할 정도로 의욕이 강했다. 전전에 이와나미는 《思潮》(1916년 창간, 1919년 폐간. 주간 阿部次郎), 《思想》(1921년 창간, 1928년 휴간. 주간 和辻哲郎; 1929년 재간, 주간 和辻哲郎, 편집자 谷川徹三・林達夫, 1946년 4월 휴간. 이와나미 사후에 성격을 바꿔 속간됨)을 발행했는데, "비교적 고답적인 잡지"였다. 이와나미는 현대세계와 일본의 절실한 문제를 다루지 않는 데 부족함을 느끼고 있었다(安倍能成, 「《世界》と《心》と私」, 『世界』第100號, 1954년 4月號, 38쪽).

17 《세계》 지식인의 허위의식에 관해서는 한상일, 『지식인의 오만과 편견—《세카이》와 한반도』(서울: 기파랑, 2008).

나기 무네요시柳宗悦, 철학자 와쓰지 데쓰로和辻哲郎, 사토미 돈里見弴, 법학자 다나카 고타로田中耕太郎, 다니카와 데쓰조谷川徹三, 아베 요시시게, 오우치 베에大内兵衛, 야마모토 유조山本有三 등 문화 보수주의를 표방한 당대 일급의 리버럴 보수가 참여하였다.

〈동심회〉의 문화활동은 활발한 편이 아니었다. 회원들은 한때 아베 요시시게의 주선으로 《세계》에 필진으로 참여했지만, 앞서 언급했듯이 리버럴 보수에 반발한 마루야마 마사오 등 진보적 청년지식인들에게 주도권을 뺏기면서 입지를 잃었다. 그러자 무샤코지 사네아쓰와 시가 나오야, 아베 요시시게가 〈생성회〉生成會 결성에 나섰고, 나가요 요시로, 와쓰지 데쓰로, 무타이 리사쿠務台理作, 다나카 고타로, 쓰다 소키지, 나니카와 데쓰조 등이 함께했다. 《시라카바》白樺 동인과 교토학파 일부가 주축이었다. 〈생성회〉 회원들은 진보적 청년지식인들이 품었던 '회한공동체'와는 다른 의미의 '회한'을 느꼈다. 〈생성회〉는 문예월간지 《고코로》心(1948~1981)를 창간했는데,[18] 이 동인지는 지난날 무샤코지, 시가 등이 주도했던 시라카바 운동의 연장선상에 있었다. 시라카바와의 연관성은 《고코로》교양주의자들이 심미적 성향과 예술적 감성을 지녔고 자유주의 분위기가 강했다는 사실에서 엿볼 수 있다. 그렇다고 시라카바의 단순한 재현은 아니었다. 《고코로》 보수주의자들은 전후공간의 '평화'와 '민주주의'에 부응해야 했고 '진보'와 '과학'에 대응해야 했다. 이들은 민주=안보공간과 경제=성장공간을 살면서 《고코로》를 통해 진보주의와 사회과학에 대항하는 보수적 견해를 드러냈다. 리버럴 보수주의는 민주

---

[18] 《고코로》에 관해서는 久野収, 「日本の保守主義 ―《心》グループの思想をめぐって」, 久野収·鶴見俊輔·藤田省三, 『戦後日本の思想』(東京: 中央公論社, 1959); 山田宗睦, 「リベラルな保守派《心》グループ」, 『日本』 1965年 2月號; 장인성, 「전후일본의 보수주의와 《고코로》」, 『일본비평』 제6호 (서울대학교 일본연구소, 2012).

=안보공간을 풍미한 진보주의와 경제=성장공간에 만연한 경제주의에 수세적, 방어적으로 대응한 문화적 보수주의였다.

리버럴 보수는 동심회와 뒤이은 〈생성회〉를 중심으로 민주=안보공간의 리버럴 진보와 좌파의 사상에 대응하였다. '올드 리버럴리스트'라는 호칭은 진보적 개혁에 뒤떨어진, 보수주의 색조를 띤 '낡은' 다이쇼 자유주의자, 교양주의자라는 어감을 가진, 다소 냉소적인 말이었다.[19] 올드 리버럴리스트는 메이지기에 태어난 자들로 패전 당시 50대 이상이 많았다. 대부분 도쿄제국대학을 졸업한 엘리트로서 청년기에 유럽의 정신문화를 보편적 교양으로 받아들인, 다이쇼 교양주의와 자유주의를 몸에 익힌 문화인이었다.

올드 리버럴리스트는 '생활'과 '자유'를 방위한다는 의미에서 자유주의자였다. 리버럴 보수의 자유주의는 체계적인 사상이라기보다 사회적 지위와 관련된 생활감각이었다. 이들은 전중기에 우익과 군인에 비판적이었는데, 자신들의 지위가 약해질까 우려해서였다. 이들은 공산주의를 혐오하고 천황을 경애하였다.[20] 리버럴 보수주의자들은 개성을 중시하면서 전체성을 생각하였다. 과거의 것(전통)을 살리되 현재의 변화를 부정하지 않았다. 리버럴 보수의 교양주의와 자유주의는 문화주의로 표현되었다. '문화'는 교양을 지칭하는 말이었다. 문화는 과학적 합리성을 추구하는 사회과학자들에게는 과학을 모호하게 만드는 추상적 관념이었지만,《고

---

19 《사상의 과학》 지식인들은《고코로》그룹이 "전전에 보였던 보수적 경향을 전후에 분명하게 사상적 보수주의로 정착시킨 그룹"이었다고 평가했다(久野收·鶴見俊輔·藤田省三,『戰後日本の思想』, 76쪽).

20 小熊英二,『〈民主〉と〈愛国〉』, 190-195쪽. 이들 지식인들은 하층민 출신이 많은 육군을 경멸하는 한편, 영국풍 규율을 도입한 해군사관에는 호감을 보였다. 교토학파는 해군과 깊숙이 연관되어 있었고, 와쓰지 데쓰로나 아베 요시시게 등 자유주의자들도 해군 주최의 사상간담회에 참가하였다.

코로》지식인들에게는 생활에 기초한 실재 개념이었다. 교양주의는 일본적 특수성과 세계적 보편성을 매개하였다. 리버럴 보수주의자들은 정치적 자유주의보다는 개인적 자유주의를 지향함으로써 세계와 통하는 보수주의의 건강성[21]을 확보할 수 있었다.

리버럴 보수는 평화주의를 비판하고 재군비에 찬성하며 국방의 의무를 강조하였다. 평화는 전통적인 자연적 질서의 차원에서 민족간 평화였고 계급간 평화였다. 천황은 계급간 평화의 상징이었다. 이들은 자유주의자로서 개인의 자유를 소중히 여겼지만, 동시에 보수주의자로서 사회의 질서를 중시하였다. 개인의 자유는 공산주의와 군부로부터 자유를 지키는 것을 뜻했다. 정치의 과도한 개입을 전체주의적 행태로 여겼다. 이들은 개인의 자유와 공공심의 공존을 생각하였다. 천황에 대한 경애에 기초한 애국심과 공공심을 주장하였다. 국가와 개인의 균형을 추구하였다. 파시즘 천황제로 무너진 국가와 인권(개인) 사이의 균형을 회복하고자 했을 뿐, 그 이상의 변혁을 원치 않았다.[22]

도의와 문화

리버럴 보수는 다이쇼 시대에 '근대'와 '민주주의'를 몸에 익혔고 전후 민주주의를 그 연장선상에서 파악하였다. 리버럴 보수도 진보지식인들처럼 새로운 일본국가의 방향을 '평화'와 '민주'에서 찾았지만 '도의'와 '문화'를 더 중시하였다. 새로운 일본은 '도의국가', '문화국가'여야 한다고 믿었다. '문화국가'는 진보지식인도 표방했지만, 문화의 의미는 달랐다. 진보지식인들은 서구 근대문화를 보편적인 것으로 받아들였고 일본

---

21 '문화'와 '교양'을 비판했던 사회과학자들도 고코로 보수주의의 건강성은 인정했다(久野収·鶴見俊輔·藤田省三, 『戦後日本の思想』, 77쪽).

22 山田宗睦, 『危険な思想家』(東京: 光文社, 1965), 186쪽.

문화를 극복해야 할 봉건적인 것으로 간주하였다. 이와 달리, 리버럴 보수는 서양문화를 교양으로서 향유하는 한편, 일본문화의 전통을 존중하였다. 보수적 정신은 전통문화를 존중하는 태도와 결부되어 있었다.

리버럴 보수의 경우 '도의'와 '문화'는 패전 공간의 혼란을 극복하는 데 요구되는 핵심 가치였다. 이들은 전전, 전중기 정치가들의 이기심이나 '멸사봉공'이라는 주문呪文에 가려진 군부, 지식인, 학자의 허위와 위선을 지적하면서 패전의 원인을 '도의의 퇴폐'에서 찾았다. 아베 요시시게는 《세계》 창간호에 기고한 글에서 일본이 살길은 문화국가, 도의국가 건설 이외에는 없다면서 도덕의 필요성을 역설하였다. 도덕을 "현실에 서서 이상을 바라보고, 또한 이 이상을 현실화하려는 인간의 행동"으로 보았다. "현실에 서서 이상을 구하고 그것을 현실화하는 도덕적 생활을 벗어나 인간존재의 의미는 없다"고 생각하였다.[23] 다나카 고타로田中耕太郎는 《세계》 창간호의 발간사에서 도의와 문화를 "인간 본성"과 "천지의 공도"와 결부시켜 파악하였다.

> 이제 강력한 문화국가 건설의 제일보를 내딛어야 한다. 문화는 단순한 향유가 아니다. 그 본질은 도의에 있고, 그 생명은 창조에 있다. 이 문화의 권위와 자주를 강력히 회복해야 한다… 연합국이 지령하는 민주주의, 개성의 존중, 언론 신앙의 자유, 세계의 평화 등은 모두 훌륭하다. 하지만 그것은 단순히 전승국의 전패국에 대한 지령이어서가 아니라 **인간 본성의 요구**와 **천지의 공도**에 뿌리내렸기 때문이며, 이러한 취지는 이미 명백하게 메이지유신 때 5개조 서문의 굉모宏謨에 나타나 있다.[24]

---

23 安倍能成, 「剛毅と真実と智慧とを」,《世界》1946年1月号),『《世界》主要論文選』, 15-23쪽.
24 田中耕太郎, 「発刊の辞」,『世界』1946年 1月号.

다나카는 문화의 본질을 '도의'에서 찾았고, 문화의 생명은 '창조'에 있다고 말한다. 문화국가 건설은 도의에 기초한 창조의 행위였다. 다나카는 전후일본의 민주주의와 평화를 지탱하는 도의가 '인간 본성의 요구'와 '천지의 공도'에 근거한다고 믿었다. 전후 민주주의를 메이지천황의 5개조 서문과 결부시켜 파악하였다.

도의에 기초한 문화국가 관념은 교토학파 지식인의 국가상을 떠올리게 한다. 파시즘 세력의 제국주의 전쟁을 옹호했던 교토학파는 패전으로 활동기반과 영향력을 상실했지만, 전후에도 '근대의 초극'을 지향하는 역사관, 문명관을 견지하면서 세계평화와 문화국가를 표방하였다. 근대주권 개념에 기초한 권력국가를 부정하였다. 니시타니 게이시西谷啓治는 일본은 주아主我적 입장의 자기부정을 통해 무사無私와 무아無我의 주체로서 도의적인 세계질서를 담당할 평화적인 문화국가가 되어야 한다고 주장하였다.[25] 고야마 이와오도 근대세계는 자유와 평등의 이념 때문에 계급대립을 자초하고 자유주의와 자본주의도 자기모순에 빠졌다면서 도의적 질서로써 근대세계를 극복해야 한다고 했다. 근대국가를 초월하려면 국가주권을 제한하거나 폐기할 세계평화기구가 필요하다고 역설하였다.[26] '문화국가'는 도의적 질서에 기초한 근대초월적 세계평화 구상이 담긴 말이었다.

전후 리버럴 보수의 사유는 전전, 전중과 이어진 것이었다. 도의, 문화와 결부된 평화론은 **시간적으로는** 다이쇼기 자유주의와 전중기 근대초극론과 연결된 것이었다. 리버럴 보수는 전중기의 국민공동체론을 계승하

---

25 米谷匡史, 「「世界史の哲学」の帰結―戦中から戦後へ」, 『現代思想』 23:1(1995); 酒井哲哉, 「戦後思想と国際政治論の交錯」, 『国際政治』 117 (1998. 3), 122-124쪽.

26 米谷匡史, 「「世界史の哲学」の帰結」; 장인성, 「세계사와 포월적 주체―고야마 이와오의 역사철학과 근대비판」, 『일본비평』 10:2(서울대학교 일본연구소, 2018).

여 국가를 군민일체의 도덕공동체로서 상정함으로써 권력에 대한 도의와 문화의 우위를 확인하는 한편, 상징천황제와 평화주의의 양립을 꾀하였다. 도의적 질서관에 기반을 둔 니시타니와 고야마의 문화국가론은 전중기 근대초극론과 광역질서론의 전후적 변용이었다. 아베 요시시게도 전중기에 비슷한 도덕관을 보이면서 "국가 혹은 국민의 독립 자체가 이미 도덕적 의미를 가질 뿐 아니라 국가 혹은 국민으로서의 독립을 상실할 때 국민의 도덕적인 자주, 자유가 달성될 수 없다"고 했다.[27] 도덕은 정치, 경제와 병립하는 것이 아니라 이것들 내부에서 의미와 가치를 부여하는 것이었다.

한편 도의, 문화, 평화 언설은 **공간적으로** 패전과 민주화 개혁의 상황에 부응하여 국제사회의 온전한 주권체를 지향하는 방향에서 변용하지 않을 수 없었다. 《세계》 창간호에서 국제법학자 요코타 기사부로橫田喜三郎가 '도의국가', '문화국가'를 말하면서 "국제 민주생활의 원리"를 표방하고 세계정부론을 주장한 것이 좋은 예다. 세계 속에서 일본의 위상을 모색하는 문제의식에서 나온 주장이다. 리버럴 보수는 민족적인 것, 애국심, 내셔널리즘, 주체성을 세계적인 것, 보편적인 것에 비추어 재정의하였다.

리버럴 보수의 도의국가론, 문화국가론은 전후논단에서 주도적 언설이 되진 못했다. 교토학파 지식인은 전후에 영향력을 상실했다. 진보지식인의 왕성한 언설 활동에 위축되었다. 《고코로》를 무대로, 혹은 개인적 저술과 발언을 통해 보수적 견해를 간신히 드러냈을 뿐이다. 민주=안보공간의 언설세계는 근대주의 이념으로 무장한 진보지식인이 주도하였다. 《세계》는 전후세대에게 평화와 민주주의에 관한 진보적 견해를 확산시키는 매체였다. 《사상의 과학》은 평화와 민주주의의 사회과학을 유포하는 장이

---

27 安部能成, 「政治と道德」(1939), 『安部能成集』(東京 : 日本書房, 1959), 45 - 46쪽.

었다. 〈평화문제담화회〉의 지식인 선언은 진보적 평화주의와 평화운동을 촉발하는 기폭제 역할을 했다. 진보지식인의 활발한 언설 활동을 통해 진보주의 이념이 투영된 민주와 평화 개념이 논단과 독서계에 넘쳐 흘렀다.

2. 후쿠다 쓰네아리의 삶과 고독

극적인 인간

사상과제

후쿠다 쓰네아리는 민주=안보공간의 문제상황, 사상과제와 마주하면서 비판적 보수주의를 영위하였다.[28] 후쿠다는 진보지식인의 전후 사회과학에 동의하지 않았고, 리버럴 보수의 보수적 자유주의, 문화적 보수주의에도 비판적이었다. 후쿠다는 낡은 것이든 새로운 것이든 '사회과학'에 연루되지 않았고 사회과학 방법론을 받아들이지 않았다. 문화적 보수주의를 표방하는 리버럴 보수의 문화론적 방법도 긍정하지 않았다. 후쿠다의 사상과제는 진보지식인의 민주주의론과 평화론(안보론)을 지탱하는 진

---

[28] 후쿠다 쓰네아리 연구는 거의 일본문학이나 문학비평 분야에서 이루어졌다. 보수비평가로서의 후쿠다를 다룬 논저는 대단히 많다. 주요 단행본을 들면, 浜崎洋介, 『福田恆存 思想の〈かたち〉ーイロニー・演戱・言葉』(東京: 新曜社, 2011); 井尻千男, 『劇的なる精神 福田恆存』(東京: 日本教文社, 1994)가 대표적이고, 이밖에 岡本英敏, 『福田恆存』(東京: 慶應義塾大学出版会, 2014); 川久保剛, 『福田恆存』(京都: ミネルヴァ書房, 2012); 中村保男, 『絶對の探求ー福田恆存の軌跡』(柏: 麗沢大学出版会, 2003); 前田嘉則, 『文學の救ひー福田恆存の言說と行爲と』(東京: 郁朋社, 1999) 등이 있다.

보주의, 이상주의와 대결하는 한편, 올드 리버럴리스트의 보수적 자유주의를 극복하는 데 있었다. 후쿠다는 양쪽 모두와 거리를 두는 비판적 자세를 견지하였다. 이런 태도가 그를 고독자로 만들었다.

후쿠다의 비평활동은 전시부터 1980년대 초까지 걸쳤지만,[29] 후쿠다는 특히 진보적 언설이 충만했던 민주=안보공간에서 극적인 긴장감과 예리한 비평정신을 보였다. 후쿠다는 민주=안보공간의 역설과 모순의 시대를 추궁한 '극적인 인간'이었다. 『인간, 이 극적인 것』(1956)에서 전후일본을 살아가는 극적 인간의 역설과 모순을 보여주었다. 문학, 예술, 정치, 사회 등 여러 영역에 투사된 후쿠다의 비평정신은 현실주의적 보수주의의 소산이었다. 후쿠다는 사회과학의 이론/논리와 문화적 교양주의에 대항하는 거점을 현실(리얼리티)과 체험에서 찾았다. 보수주의와 리얼리즘의 관점에서 진보적 언설의 허구를 신랄하게 추궁하였다. 평화와 민주주의가 작동하는 '근대'를 일본의 역사적, 체험적 현실 속에서 파악하였다.

후쿠다도 진보적 사회과학자들의 과학성을 비판한 리버럴 보수처럼 문화적 보수주의를 표방했지만, 문화환원주의로 흐르지는 않았다. 리얼리즘의 감각을 지녔기 때문이다. 후쿠다는 '근대의 숙명'을 피해서는 안 되며, 근대를 이념화하지 말고 마주해야 한다고 믿었다. 전통은 구체적 체험을 통해 근대에 구현된다고 생각하였다. 민주=안보공간에서 사회의 질서를 생각하면서도 개인주의를 중시했고 근대적 개인의 출현을 소망하였다. 근대적 개인은 근대적 주체로 이념화된 것이 아니라 개인의 구체적 체험을 통해 자각된 것이었다. 후쿠다는 생명 존중의 진보적 평화론을 비판하면서 평화를 "전쟁과의 평화공존"으로 이해하였다.

---

29 후쿠다는 1981년 뇌졸중으로 입원한 이후 거의 글을 쓰지 못했다. 1987년~1988년 『福田恆存全集』 전8권의 간행은 후쿠다 비평활동의 종언을 상징한다. 후쿠다가 1994년 11월 폐렴으로 타계한 시점은 일본의 거품경제가 붕괴되고 '잃어버린 20년'이 시작된 때였다.

후쿠다 쓰네아리는 진보지식인들처럼 담론권력을 행사하지는 못했다. 리버럴 보수처럼 지지기반을 둔 것도 아니다. 하지만 후쿠다 보수주의는 보수지식인들의 사고와 행동에 적지 않은 영향을 끼쳤고 소수나마 열렬한 추종자도 얻었다. 특히 탈냉전기의 보수적 주체들이 후쿠다 보수주의에서 사상적 근거를 찾고 후쿠다에 기대어 자신의 보수사상을 정당화하는 사례도 드물지 않다. 후쿠다는 타계한(1994) 이후 보수담론이 우세해지면서 비로소 '고독자'에서 벗어날 수 있었다. 탈전후=역사공간에서 보수적 주체화가 확산되면서 후쿠다의 현실주의적 보수주의는 더 많은 동조자를 얻게 된 것이다.

비평활동

후쿠다 쓰네아리福田恆存(1912-1994)는 1912년 8월 도쿄 혼고本鄉에서 후쿠다 고시로福田幸四郎의 장남으로 태어났다. 부친은 도쿄전등주식회사 사원이었다. 후쿠다는 우라와浦和고교를 거쳐 1936년 3월에 도쿄제국대학 문학부 영문과를 마쳤다. 졸업논문 주제는 「D. H. 로렌스의 윤리의 문제」였다. 대학시절부터 문예비평을 시작하였다. 졸업한 해인 1936년 다카하시 요시타카高橋義孝와 함께 《작가정신》에 참여했고, 후속지 《행동문학》의 동인으로 활동하였다. 이 시기에 「요코미쓰 리이치横光利一론」(1936), 「가무라 이소다嘉村磯多론」(1939) 등의 작가론을 발표하였다. 잠간 대학원을 다녔고 중학교 교사도 했다. 출판사 편집 일도 했다. 전중기에는 1941년(30세)부터 문부성 산하의 일본어교육진흥회에서 편집 일을 했는데, 이때 3개월간 만주, 몽골, 중국을 시찰하기도 했다. 1944년에 태평양협회 아메리카연구실의 연구원이 되었다.

전전, 전중기를 살았던 젊은 날의 후쿠다 쓰네아리는 상황적 접점에서나 사상적 맥락에서나 동시대인이었던 야스다 요주로의 일본낭만파로부터 영향을 받았다. 후쿠다는 대학 졸업 직후에 발표한 「3월의 작품」(『演劇批評』 1936년4월)이란 비평문에서 일본의 예술 일반에 보이는 "로맨티시즘 정신의 결여"를 개탄하였다. 젊은 작가들을 향해 "감상 없이 무슨 예술인가", "비평은 냉정한 객관과 투철한 논리로써 해야 한다고 말하지 말고 솔직하게 작자의 살아있는 혼을 받아들여야 하지 않을까"라고 호소하였다. "절망은 로맨티시즘의 한 표현이다. 허무는 힘의 한 형식이다… 절망, 허무를 느끼려면 얼마나 청신淸新하고 강력한 혼을 필요로 하는 것인가"라고 말하기도 했다.[30] 파시즘체제 하에서 일본낭만주의의 '심정'을 공유하고 있었음을 알 수 있다. 하지만 민주=안보공간에 들어 후쿠다의 심정은 달라졌다. 낭만주의적 심정을 비판하게 된다.

후쿠다는 전후 들어 본격적인 비평활동에 나섰다. 후쿠다의 전후비평은 대략 네 시기로 나뉜다. 제1기는 패전 때부터 1948년까지로, 패전공간의 후쿠다는 자아의 주장과 해체를 둘러싸고 문예논쟁을 벌였다. 전후 좌파문학과 그 비판적 동조자로 구성된 근대문학파와 대립하였다. 정치주의의 선과 악의 문제와 마주하였다. 후쿠다는 정치와 문학 논쟁에 큰 파문을 던진 대표작 「한 마리와 아흔아홉 마리」(1947)에서 정치와 문학의 준별을 주장하였다. 정치가 아흔아홉 마리를 구원한다면, 문학의 본령은 잃어버린 한 마리를 구하는 데 있다고 역설하였다. 평론집 『작가의 태도』, 『근대의 숙명』, 『평형감각』(1947)에서는 일본의 '의사疑似적 근대'를 비판하였다. 후쿠다는 평론집 『다자이大宰와 아쿠타가와芥川』, 『하얗게 칠한 무덤』, 『현대작가』, 『서구작가론』, 『소설의 운명』 등을 잇달아 펴냈다.

1949년 무렵부터 1953년까지의 제2기는 비평영역으로부터 탈출을 시도한 때였다. 이 시기에 후쿠다는 비평의 영역을 예술론, 연극론, 인간론

---

30 浜崎洋介, 『福田恆存 思想の〈かたち〉』(東京: 新曜社, 2011), 74-76쪽.

으로 넓혔다. 연극활동도 열심이었다. 소설과 희곡을 쓰기도 했다. 로렌스의 『채털리 부인의 사랑』을 번역한 이토 세이(伊藤整)가 외설시비로 고소를 당한 채털리재판(1951.5~1952.12)에서 이토의 특별 변호를 맡기도 했다. 후쿠다는 『예술이란 무엇인가』(1950)에서는 근대적 지성과 자의식을 벗어난 그리스 고전극을 높이 평가하였다. 일본의 '의사적 근대'에 대한 비판에서 한걸음 더 나아갔다. 늦은 나이(42세)에 록펠러재단의 지원을 받아 1953년 가을부터 1년 동안 뉴욕과 런던에 체류하기도 했다.

1954년 가을 귀국한 때부터 1960년대 중반까지의 제3기는 비평의 영역을 정치, 사회, 문화로 넓힌 시기였다. 후쿠다는 보수적 관점에서 진보주의자의 평화론과 민주주의론을 날카롭게 비판하였다. 「평화론의 수신방식에 대한 의문」(1954) 등 일련의 평론을 통해 리얼리티를 결여한 평화주의와 문화의 지속을 망각한 혁신주의를 매섭게 비판하였다. 정부의 국어개량을 부정하였고, 이 문제로 긴다이치 교스케(金田一京助)와 논쟁도 벌이기도 했다.[31]

한편 『문화란 무엇인가』(1955), 『인간·이 극적인 것』(1956) 등을 저술하여 인간과 예술을 논하였고, 세익스피어 번역에 힘써 『세익스피어 전집』 간행을 시작하였다. 1960년 안보투쟁 때에는 우발적 혁명을 우려하면서 진보적 문화인의 선동과 경거망동을 비판다. 『상식으로 돌아가라』(1960)를 저술하여 '상식'의 회복을 주장하였다. 후쿠다의 보수정신은 안

---

[31] 문화의 지속을 중시하는 사유는 국어개혁론에서도 일관되었다. 후쿠다는 민주화개혁과 더불어 추진된 국어개혁에 반대하여 내각훈령으로 시행된 현대 가나사용법과 한자제한 정책을 강하게 비판하였고, 역사적 가나(仮名)표기법을 옹호하였다. 1955년에 「국어개량론에 재고를 촉구한다」라는 글을 발표했고, 긴다이치 교스케(金田一京助)와 벌인 논쟁을 통해 현대가나 표기법, 당용(當用)한자 사용의 불합리성을 지적하였다. 1959년 11월 오바마 도시에(小汀利得)와 함께 국어문제협의회를 설립하였고, 역사적 가나표기법을 권장하는 『나의 국어교실』(1960)을 출판하였다. 평생 역사적 가나표기법을 포기하지 않았다.

보투쟁 이후에도 『현대의 악마』(1962), 『평화의 이념』(1965)의 저술에서 일관하였다. 1966년 『후쿠다 쓰네아리 평론집』 전7권의 간행은 민주=안보 공간을 치장했던 보수적 비평이 소명을 다했음을 뜻한다.

이후 타계할 때까지 제4기의 후쿠다는 문예비평보다는 국가와 정치에 관해 발언하는 일이 잦았다. 세계 각지에서 발생한 학생운동과 일본 좌파학생의 전공투 사태에 자극받아 보수지식인의 모임인 〈일본문화회의〉(1968~1994)를 결성하여 문화학술 활동을 벌였다. 1969년에는 58세의 늦은 나이에 교토산업대학 교수가 되었다. 1973년 요시다국제교육기금과 아시아재단의 지원으로 미국을 방문하여 정재계, 학계인사와 교류하였다. 이 시기의 후쿠다는 약자의 입장을 '정의'로 삼는 민주주의를 비판하는 한편, 자주적 책임에 필요한 윤리성을 보장하는 문화의 회복을 주장하였다. 국가방위 문제를 문화와 국민의식의 관점에서 파악하면서 헌법전문의 개정을 주장하였다. 모리시마 미치오森嶋通夫와 방위 논쟁을 벌이기도 했다.

고독과 고립의 사이

고독한 인간

후쿠다 쓰네아리는 친가, 외가 모두 직인職人의 가계였다. 후쿠다는 부친의 회사일로 수십 번이나 이사를 다닌 탓에 친구가 없었다. 고교시절에도 도쿄의 간다神田역에서 우라와浦和역까지 철도를 이용하고 나머지 절반은 도보로 먼 거리를 통학한 탓에 동네 친구를 사귈 기회가 없었다. "집에 돌아오면 완전히 고독이었다". 대학 때도 대학 하숙촌과 거리를 두면서 "고독의 영예"를 즐겼다. "쓸데없는 수다가 서툴러 오히려 고독을 좋아했다"고 한다. 후쿠다는 직인 가계의 자신을 둘러싼 이질적인 지식계급의 포위망 속에서 고독하였다. 이 고독은 책을 읽을 기회를 주었다. 당시 유행한 유물론에는 끌리지 않았다. 후쿠다는 '고독'이 자기 이름의 유래와 무관치 않다고 생각하였다. '쓰네아리'의 한자어 '항존'恒存은 소설가 이시바시 시안石橋思案이 『맹자』에서 따서 붙여준 이름이었다. 맹자는 "사람이 덕행과 지혜와 학술과 재치가 있으면 열병이 항존恒存한다. 버려진 신하와 서얼만은 마음가짐이 위태롭고 환난에 대한 우려가 깊다. 때문에 통달한다"고 했다. 버려진 신하와 서얼은 불우해서 마음을 다잡고 근신하고 사물을 깊이 우려하게 되어 사려가 깊어져 통달한다는 말이다.[32]

비평가로서의 삶도 고독했다. 후쿠다는 신랄한 비평정신을 가진, 개성이 강한 비평가였다. "새와 같은" 존재였다. 비평가 고바야시 히데오小林秀雄는 "후쿠다라는 이는 메마른, 새 같은 사람이야. 좋은 인상을 하고 있지. 양심을 가진 새와 같은 느낌이야"라고 평한 바 있다.[33] 새는 후쿠다의 좋은 인상이나 양심만이 아니라 고고함, 고독함을 표상한다. 후쿠다는 현실과 괴리를 보이는 진보적 사고의 허구를 추궁하는 비평을 통해 명성을 얻었지만, 일본의 평단, 논단에서는 늘 고독한 인간이었다. 후쿠다는 "내 생활방식 내지 사고방식의 근본은 보수적이지만, 자신을 보수주의자라 생각하지는 않는다. 혁신파가 개혁주의를 내걸듯이 보수파가 보수주의를 받들어서는 안 된다"[34]고 했다. 보수를 이념이 아니라 체험의 차원에서 생각했을 때, 이념으로 구획되는 당파에 가담하거나 동조하지 못하는 건

---

32 「覺書一」, 『全集』 1, 656–658쪽. 『맹자』의 출전은 다음과 같다. "人之有德慧術知者 恒存乎疢疾 獨孤臣孽子 其操心也危 其慮患也深 故達"(『孟子』盡心·上). 후쿠다 쓰네아리는 자기 이름의 한자표기로 '恆存'을 고집했다. '恆'은 '恒'의 고체에 해당한다.

33 西部邁, 『思想史の相貌』(東京: 德間書店, 1997), 253쪽.

34 「私の保守主義觀」(1959), 『全集』 5, 437쪽.

자연스러운 일이다. 어느 진영에도 속하지 않는다는 것은 고독한 일이다. 후쿠다는 단독자였다.

후쿠다의 고독은 전후일본의 보수주의가 보수정치와 달리 소외받는 비주류였고, 후쿠다가 리얼리즘을 가진 반골 성향의 보수주의자였다는 사실과도 무관하지 않다. 후쿠다는 진보론자와 올드 리버럴리스트 어느 쪽에도 동조하지 않았을뿐더러 정치에도 가담하지 않았다. 정치에 민감했고 정치비판을 서슴지 않았지만 정치에 초연하였다. 1970년대 들어 일본의 정치외교에 관한 보수적 견해를 자주 피력했을 때조차도 비판적 현실주의자로서 보수정치와 거리를 두었다. 실무가로서 보수정권에 우호적인 치자治者감각을 지녔던 에토 준과 대비된다.

후쿠다는 고독했지만 수세적이지 않았다. 고독했기에 오히려 투쟁적이고 논쟁적이었다. 정치사회에 초연했던 올드 리버럴리스트와 달리 소극적인 문화주의, 교양주의에 머무르지 않았다. 진보주의자들과 끊임없이 대결하였다. 후쿠다는 전후민주주의의 기만을 추궁하는 동시에 국가나 천황에 매몰된 '속류 보수'를 베어내곤 했는데, 이는 초연적인 고독함과 전투성에서 가능했을 터다. 후쿠다에게 전투는 말의 싸움, 즉 논쟁이었다.[35] 평론가 이지리 가즈오井尻千男는 "이 논쟁가[후쿠다]는 고립무원의 상태에서 논쟁에 도전하고 각론에서는 반드시 승리를 거두지만 대세에서는 반드시 패배한다. 논리에서 이기고 상황에서 진다. 평화론 논쟁, 헌법론 논쟁, 방위론 논쟁 등 모두 그런 식이었다. 각 장면에선 이기지만 다수결에서 패배하는 극劇. 여기에 후쿠다를 초월한 진정한 지식인의 **숙명**의 구조가 있다"[36]고 평한 바 있다. 후쿠다는 "'근대의 숙명'과 '현대의 니힐

---

35 후쿠다 쓰네아리는 논쟁을 권장하는 에세이를 쓰기도 했다(「論争のすすめ」(1962), 『全集』 5, 244-261쪽). 후쿠다의 '논쟁'은 일본 사회과학의 방법론에 대한 비판으로 일관하고 있다.

36 井尻千男, 『劇的なる精神 福田恆存』(東京: 日本教文社, 1994), 31쪽.

리즘'과 진정으로 싸움을 계속한 전사"[37]였다.

고독한 인간은 논쟁적일 때 극적이다. 후쿠다는 극적인 인간이었다. 민주=안보공간의 후쿠다는 '아흔아홉 마리의 양'을 구출하는 정치에 대해, 정치에 환원되지 않는 '한 마리의 양'을 구원하는 문학의 임무를 강조하였다.[38] '한 마리'는 고독자이지만, 그러하기에 오히려 극적인 인간이다. '한 마리'는 후쿠다 자신이었을 터다. '한 마리'는 '단독의 나'로서 자신을 넘어선 것과 연결됨으로써 존재한다. 자신을 넘어선 것은 자연, 역사, 말이며, 그 형型을 익혔을 때 삶은 충실해질 수 있다. 후쿠다는 "뒤에서 자신을 밀어오는 삶의 힘"을 의식하면서 "과거와의 묵계"를 중시하였다. 인간은 그 총체를 '숙명'으로 받아들이고 연극적으로 살아가면서 주어진 역할을 수행한다고 생각하였다.[39] 후쿠다가 연출가, 극작가였음은 그 자신이 극적인 인간이었다는 사실과도 무관하지 않다.[40] 후쿠다의 투쟁성은 이원론적 세계관과 이원적 상황을 극복하기 위해 절대자를 상정하는 사유법에서 나왔다. 절대자를 상정한 투쟁은 현재를 벗어나려 했기 때문이 아니다. 현재와 대면하기 위해서였다. 절대자 없이 현재를 벗어나고자 했던 탈냉전기 보수주의자들의 투쟁과는 달랐다.

37 井尻千男, 『劇的なる精神 福田恆存』, 6쪽.

38 「一匹と九十九匹と」(1946), 『全集』 1.

39 浜崎洋介, 『福田恆存 思想の〈かたち〉』, 45쪽.

40 후쿠다는 고교시절에 쓰키지좌(築地座) 각본 공모전에서 가작을 수상한 바 있다. 대학시절 《연극평론》 동인으로 활동하기도 했다. 후쿠다는 현대극 〈키티태풍〉(1950), 〈용을 쓰다듬은 남자〉(1952), 역사극 〈묘지 미쓰히데〉(明智光秀)(1957), 실험적인 시극 〈명암〉(1956), 〈총통 아직도 죽지 않았다〉(1970) 등 다양한 주제의 희곡을 다수 남겼다. 또한 1952년에 문학좌(文学座)에 들어가 〈햄릿〉을 무대에 올린 이래, 자작희곡 〈용을 쓰다듬은 남자〉, 〈한여름밤의 꿈〉 등을 연출하였다. 극단 구모(雲)(1963)와 극단 게야키(欅), 극단 스바루(昴)(1975)를 창립하였고, 현대연극협회를 만들어 이사장을 맡기도 했다.

고립된 '보수반동'

후쿠다의 고독에는 늘 '보수반동'이란 꼬리표가 달렸다. 후쿠다는 「평화론의 추진방식에 대한 의문」(1954)을 발표한 이후 '보수반동'으로 불리었고 따돌림도 받았다고 술회한 바 있다.[41] 하지만 이미 패전공간 때부터 후쿠다를 '반동'으로 부른 진보적 문화인이 있었다.[42] 《아사히신문》의 〈논단시평〉(1951.10-1980.12)은 전후일본의 비평을 대표하는 논단이었는데, 1966년 시점에서 후쿠다는 전후지식인 가운데 거의 최하위의 평가를 받을 정도였다. 마지막 평론집 『묻고 싶은 일들』(1981)을 펴냈을 때엔 보수논단에서조차 완전히 고립되어 있었다.[43] 보수파 현실주의자들까지도 "잘라낸" 후쿠다의 행위는 이성을 상실한 천박한 "근친증오"의 짓이라 비난받기도 했다. 후쿠다는 "나는 약삭빠른 요령 좋은 인간은 싫다. 나는 무슨 무슨 파라든가 무슨 무슨 주의자라든가라 한 적이 한번도 없다. 나는 뭘 써도 단지 인간에 관해 상식적으로 논할 따름이다. 소설에서도 평론에서도 인간이 인간에 관해 인간답게 논하는 게 아니라면 보수적 현실주의자와 혁신적 이상주의자의 구별은 없다. 나로서는 이것들을 '자르지' 않을 수 없다"고 되받아쳤다.[44]

후쿠다는 논단에서 고립되었지만 보수반동이었다고 말하긴 어렵다. 후

---

41 「覺書三」(1987), 『全集』 3, 598쪽.

42 「知識階級の敗退」(1949), 『全集』 2, 369쪽.

43 呉智英·坪内祐三, 「福田恆存から断筆·筒井康隆まで戦後論壇この50人·50冊」, 『諸君!』 1997年 11月号.

44 「後記」, 『問ひ質したき事ども』(東京: 新潮社, 1981); 坪内祐三, 「二人の保守派—江藤淳と福田恆存」, 『諸君』 1999年 10月号, 182-183쪽. 후쿠다는 박정희와도 친분이 있었고 극단 스바루를 이끌고 서울공연을 하기도 했다. 1979년 10월 서울공연차 프라자호텔에 머물렀을 때 박정희 시해사건을 겪었다. 후쿠다는 귀국 후 박정희의 반공정책과 '독재'를 옹호하는 글을 발표했는데(「孤獨の人, 朴正熙」(《サンケイ新聞》 1980. 2. 20), 『全集』 7, 167-184쪽), 이 글로 '보수반동' 이미지가 더 세졌다.

쿠다는 진보지식인 못지않게 보수지식인도 비판하였다. 특히 보수파 논객으로 전향한 시미즈 이쿠타로를 매섭게 다그쳤다. 민주=안보공간에서 진보지식인의 리더로 명성을 날렸고 급진적 안보투쟁을 지도했던 시미즈는 보수로 기울더니, 급기야 1980년 쯤에는 핵무장을 옹호하는[45] 강경파 보수논객으로 변모하였다. 후쿠다는 시미즈의 전향 자체보다는 전향의 '의도'를 추궁하였다. 한때 오귀스트 콩트를 얘기하고 실용주의를 내세우면서 "자유와 진보의 기수"라는 평판을 얻었던 "뒷배 잃은 지식인"이 떳떳치 못함에서 벗어나기 위해 들이내민 단순한 "신원증명"에 불과하다고 쏘아붙였다.[46] 시미즈야말로 진보적 문화인에서 보수반동으로 전향한 전형이었다.

'고립'과 '고독'은 동행하지만 구별되는 말이다. 고립은 타자의 의지에서 생겨나지만, 고독은 자신의 의지로 성립한다. '비판적 보수주의자' 후쿠다의 고독은 자신의 양태에 의존하는 것으로서 진보파와 보수파 사이에 '항존'했지만, 후쿠다의 고립은 진보파와 보수파가 만들어내는 세상의 양태가 바뀌면 변할 수 있는 것이었다. 후쿠다는 이렇게 말한 적이 있다.

> '세상이 많이 변했네요, 25, 6년 전 당신이 평화론의 미망을 비판했을 때와 비교하면…'. 요즘 이런 말을 자주 듣는다. 물론 상대방은 평화론 비판 이후 내 일이 이 변화에 다소나마 역할을 한 '공'을 치하한다. 그리 말해주는 호의는 고맙지만, 나 자신은 그 '공'을 한번도 인정한 적이 없다. 물론 평화론 비판 때 날 위해 엄호사격을 해준 사람은 거의 없었고, 난 따돌림을 당했다. 그 당시에 비하면 확실히 세상은 변했고, 나 같은 사고방식은 '상식'

---

45 清水幾太郎, 『日本よ国家たれ―核の選択』(東京: 文藝春秋, 1980).
46 「近代日本知識人の典型清水幾太郎を論ず」(1980), 『全集』 7, 572쪽.

이 되었다. 오히려 좌익적인 '진보적 문화인'의 언론 쪽이 따돌림을 당하기 어렵지 않은 세상이 되었다. 하지만 난 이십 몇년 전과 마찬가지로 싫은 세상이구나 하면서 망연자실해 있다. 이런 의미에서 세상은 조금도 변하지 않았다. **나의 평화론 비판이나 안보소동 비판이 옳았기에, 그 논리가 옳았기에, 세상이 변한 것이 아니다. 세상이 변했기에 내 생각이 옳았다는 것이 되었을 따름이다.**[47]

진보적 문화인이 주도한 민주=안보공간에서 후쿠다의 평화론은 "미망"迷妄으로 여겨졌고 후쿠다는 "따돌림"을 당했다. 이제 세상(콘텍스트)이 바뀌어 자신의 견해가 옳았음이 판명되고 진보적 문화인이 따돌림을 당하는 상황이 되었다. 후쿠다는 자신의 견해가 옳았기에 세상이 바뀐 것이 아니라 세상이 변해 자신이 옳았음이 판명되었다고 말한다. '보수반동'이란 호명을 허용했던 콘텍스트가 지나갔을 때 따돌림=고립에서 벗어날 개연성이 커진 셈이다. 그래도 고독은 지속된다. 고독은 상수적인 것이며, 더구나 후쿠다가 나설 콘텍스트가 더 이상 아니기 때문이다.

후쿠다는 고독했지만 그의 지적 영향력까지 무시된 건 아니다. 전후 지식인들은 일찍부터 후쿠다의 보수적 비평정신과 보수주의에 주목하였다. 후쿠다의 비평은 보수지식인뿐 아니라 진보나 (신)좌익에도 영향을 미쳤다. 1980년대 이후 '세상이 변했을 때' 후쿠다가 (신)좌익에 미친 영향을 지적하는 코멘트가 많아졌다. 학생 때 전학련 주류파로 공산주의자동맹(분트)에 가담했던 진보비평가 가라타니 고진柄谷行人은 후쿠다 쓰네아리, 에토 준, 요시다 겐이치吉田健一를 읽고 영문학에 뜻을 두었고, 안보투쟁 직후 후쿠다를 읽었을 때 정치적 입장은 달라도 아무런 위화감도 못 느꼈다고 술회한 바 있다. 가라타니는 후쿠다를 추도하며 후쿠다의 '평형감각'

---

47 「言論の空しさ」(1980), 『全集』 5, 579쪽.

을 논하기도 했다.[48] 후쿠다의 초기 평론집 『평형감각』을 출간한 진선미사眞善美社는 작가 하나다 기요테루花田淸輝가 참모였던 전위파의 근거지였다. 후쿠다는 안보투쟁 후 전학련 간부와 만났던 적도 있었다.[49]

『후쿠다 쓰네아리 전집』전8권(1987-1988)의 발간은 후쿠다의 비평활동이 종언에 이르렀음을 상징한다. 데탕트와 오일쇼크를 겪으면서 대중소비사회에 들어선 경제=성장공간에서 일본의 정치세계는 현실주의 보수파가 운용하고, 일본의 지식세계는 이데올로기적 규율(마르크스주의, 진보주의, 근대주의)이 후퇴하고 포스트모더니즘이 유행하던 때였다. 이러한 변화를 감지한 니시베 스스무가 보수주의의 이론화와 보수의 언론전을 통해 전후체제와의 투쟁에 나섰던 때였다(제4장). 이렇게 '세상이 바뀌었을' 때 후배 보수주의자들, 보수논객들은 후쿠다를 소환하기 시작하였다. 후쿠다는 "전후 휴머니즘에 대한 근본 회의"(井尻千男), "서구근대를 지탱해온 '모던'의 가치에 대한 불신감"(土屋道雄)을 선구적으로 표현한 자로 평가되었다. 경제=성장공간의 성과와 부작용을 보면서 보수주의 이론가로 등장한 니시베 스스무가 1980년대 초반 '보수선언'을 하면서 통과의례처럼 탁월한 후쿠다 쓰네아리론을 써내려간 것은 상징적이다.[50] '세상이 바뀌었을' 때 후쿠다는 후배 보수주의자들에 의해 비로소 고립에서 벗어나게 된 셈이다. 후쿠다에 대한 긍정적 평가, 즉 후쿠다의 '탈고립'은 탈전후=역사공간으로 '세상이 바뀌었을' 때 더 뚜렷해졌다. 고독했기에 고립에서 벗어날 수 있었던 것이 아닐까.

---

48 柄谷行人,「平衡感覚 ―福田恆存を悼んで」,『新潮』1995年 2月号; 柄谷行人,「平衡感覚」, 『福田恆存 ― 人間・この劇的なるもの』(東京: 河出書房新社, 2015).

49 浜崎洋介,『福田恆存 思想の〈かたち〉』, 10-12쪽.

50 西部邁,「福田恆存論 ―保守の神髄をもとめて」(1985),『幻像の保守へ』(東京: 文藝春秋, 1985).

3. 비판적 보수주의와 비평정신

진보주의와 사회과학

자유주의 비판

패전공간은 '자유주의'라는 이름으로 구원받은 자유주의자들의 표상이나 표어가 "망령처럼 소생하고 현실과 유리된 공허한 춤을 개시한" 상황에 있었다. 후쿠다 쓰네아리는 패전 직후 출현한 진보지식인과 부활한 올드 리버럴리스트의 자유주의에 비판적이었다. 이들의 자유주의는 미국에서 차용한 "빌린 옷"에 지나지 않아 현실을 재구성하는 데 무력하다고 생각하였다. 자유주의자들은 반동세력과 마찬가지로 "새로운 시대의 건설에 완고한 방해물", "현실의 재구성에 완전히 무력한 존재"일 따름이었다.[51] 메이지 이래 일본의 자유주의는 "빌린 옷의 표상"으로서 현실과 유리된 채, 민중의 배경을 갖지 못한 채, 개인의 권력욕이나 자기만족과 결부되었다. 민중의 심리를 외면한 강권정치와 쉽게 제휴해 버렸다. 정치로부터의 도피와 정치로부터의 차폐遮閉는 지식계급의 콤플렉스를 만들어냈고, 정치와 문화의 괴리는 양자의 혼종을 초래하였다.[52] 후쿠다는 이렇게 판단하였다.

후쿠다는 일본의 자유주의가 자본주의와도 괴리를 보였음에 주목하였다. 그에 따르면, 메이지 이래 국가의 성장에 부응하여 자본주의가 성장했지만, 서구 자유주의의 표상을 빌려입은 일본 자유주의는 세속적인 성

---

51 「民衆の心」(1946), 『全集』 1, 537쪽.
52 「民衆の心」, 543쪽.

공을 질시하였다. 때문에 처세와 자기완성의 미덕이 일치하지 않는 일본 자본주의가 생겨났고, 물질과 정신의 대립, 정치와 문화의 괴리가 발생하였다. 급진적 자유주의자(자유민권파)는 도피, 무책임, 독선이었다. 온건한 자유주의자였던 메이지 계몽사상가들은 유교도덕을 끌어들여 사회질서의 보전을 꾀했지만 현실과의 괴리를 추궁하지는 못했다. 근대일본에서 자유주의 이념과 유교도덕의 역할은 제한적이었다. 자유주의 표상과 유교도덕관은 분동分銅역할밖에 못했다. 내부에서 배양된 선과 이상으로써 현실의 악을 해결하려 하지 않고, 악의 외부에서 악과 대립하면서 정신의 균형을 꾀하는 형식적인 것이었다. 그 결과 자본주의와 자유주의는 결별할 수밖에 없었다.[53]

후쿠다는 이러한 괴리 혹은 결별이 서구발 자유주의 표상이 일본의 현실과 유리되어 낙관적인 자유주의자들이 인간악을 응시하는 습관을 체득하지 못한 데서 기인한다고 판단하였다. 이들이 정의와 선의 관념에만 의탁할 뿐, 인간악과 에고이즘을 경시한다고 비난하였다. 자아의 욕정을 깨닫지도, 인간성에 대한 절망을 보지도 못한다는 것이다. 쇼와 초기의 자연주의 작가들도 관념과 현실을 대립시켰고 관념을 내세워 현실을 부정하였다. 시라카바파 문학자들도 관념과 현실을 합일시킨 양 보이지만 현실과의 단절을 강행했을 뿐이다. 후쿠다는 인간악과 에고이즘을 외면하는 자유주의에서 강권과 독선과 강요를 보았다.[54] 이러한 자유주의가 패전과 더불어 부활한 것이다. 하지만 전후 올드 리버럴리스트들은 마찬가지로 도피와 무책임의 윤리를 보일 따름이다.

후쿠다는 인간악 ― 에고이즘, 생존욕, 인간의 욕망, 추악한 인간성 ―

---

53 「民衆の心」, 537-539쪽.
54 「民衆の心」, 540-542쪽.

을 긍정할 것을 요구한다. 현실의 내부에서 선과 이상을 끌어내리려면, 무엇보다 악을 산출하는 인간의 욕망, 에고이즘, 생존욕에 주목해야 한다고 했다.

> 사람의 귀를 즐겁게 해주는 새의 소리는 그 육제적인 **에고이즘**에서 발한다. 우리의 눈을 기쁘게 해주는 꽃의 아름다움은 뿌리의 강렬한 **생존욕**의 승화일 따름이다. 그렇다면 인간의 심리만이 이 자연법칙의 예외일 리 없다. 구미의 자유주의가 순화醇化하고 표상화한 모든 이상은 그것이 가장 애타적, 정신주의적인 형상을 띠었을 때조차 **개인의 욕망과 인간성의 추악**에 뿌리를 내리고 있었다. 유교의 강제적인 도덕률조차도 이 악을 응시하는 눈의 절망이 인간성의 방종과 무형식을 외부적인 규제로써 극복하고자 한 바에서 생겨난 것이었다.[55]

후쿠다는 서구 자유주의가 개인의 욕망과 추악한 인간성에 기초하며, 유교도덕도 인간성의 방종과 무형식을 극복하려는 외부적 규제였음을 강조한다. 자유주의와 유교도덕의 존재 근거를 이념적인 기능보다는 인간의 에고이즘(욕망과 추악)에서 찾았다. 에고이즘과 생존욕을 긍정하는 후쿠다의 시선은 '문화인'(지식인, 인텔리겐차)에 대응하는 '민중'의 발견과 관련된다. 후쿠다는 민중의 심리를 응시하지 않는 자유주의자(문화인)들을 신뢰하지 않았다. 이들은 외부의 압제를 없애기는커녕 없앨 힘도 없다고 보았기 때문이다.[56]

---

55 「民衆の心」, 544쪽.

사회과학과 '진보주의적 기분'

후쿠다 쓰네아리는 리버럴 보수의 자유주의를 비판하는 데 그치지 않았다. 사회과학자의 진보적 자유주의를 신랄하게 비난하였다. 전후일본의 사회과학과, 사회과학적 지식을 행사하는 진보지식인의 행태를 비판하였다. 후쿠다는 일본의 사회과학자들이 비과학적이고 비논리적인 레토릭을 동원하여 과학화와 논리화를 꾀하는 존재라고 생각하였다. 진보지식인의 사회과학적 지식은 주체의 심리를 고려하지 않는 "사이비 논리"라고 판단하였다.[56] 후쿠다는 "사회과학적 지식이라는 인식의 의상"을 걸치고 전시 지식인의 전쟁협력을 비판하는 전후 사회과학자의 행태를 용납하지 못했다. 사회과학적 지식은 논리에만 의탁해서는 안 된다고 생각하였다. "세계와 역사라는 장場"에 있으면서 장을 참조하고 장을 규정할 수 있어야 한다고 믿었다.[57]

후쿠다는 논리에 의탁하는 사회과학과 사회과학적 지식이 얼마나 위험한지를 잘 알고 있었다. 사회과학의 예언은 자연과학과의 예측보다 훨씬 위험하다고 보았다. 자연과학은 예언이 틀려도 과학적 진실과 유용성이 없어지지 않지만, 사회과학은 잘못된 예언이 사회현상을 바꿀 수도 있기 때문에 더 위험하다는 것이다. 후쿠다는 일본의 사회과학을 과학으로 보지 않았다. 일본의 사회과학은 진위가 아니라 호오에 의존한다고 보았다. 사회과학자의 "진보주의적 기분"을 보증하는, 혹은 그것에 권위를 부여하는 장식품에 불과하다고 생각하였다. 후쿠다는 일본의 사회과학이 "진보주의적 기분"에 의해 추동된다고 생각하였다. 일본의 사회과학은 "진보주의적 기분의 양성자이며 비호자이고, 진보주의는 사회과학의 양성

---

56 「戰爭責任といふこと」(1956), 『全集』 4, 181-182쪽.
57 「自己批判といふこと」(1956), 『全集』 4, 193쪽.

자이며 비호자"에 불과하다고 판단하였다.[58]

　이러한 사회과학 비판의 바탕에는 진보주의에 대한 불신이 깔려 있었다. 후쿠다는 민주=안보공간에서 진보주의가 유일의 최고수단이 된 어떤 역사적 필연을 감지했고, 이것을 깨고자 했다. 후쿠다는 진보주의를 "사회를 진보시키려는 사상적 태도", "사회를 진보시키지 않으려는 방책을 저지하는 사상적 태도", "단지 진보를 섬기는 데 머무르지 않고 진보 이외의 것은 섬기지 않음을 맹세하는 사상적 태도"로 보았다. 진보를 지켜내려는 "호교護敎적, 기사騎士적 정열"로 파악하였다. 진보주의자들은 "사실로서의 진보"가 아니라 "가치로서의 진보"를 사랑할 뿐이다. 진보주의는 어떻게 진보의 과정을 걸을 것인지를 묻지 않고, 단지 진보를 "주의"主義로, "최고의 가치"로 삼을 따름이다. 진보가 좋다는 "진보주의적 기분"에 젖어 그 기분을 지키려고만 한다. 후쿠다는 진보주의가 단번에 진보의 종점에 도달하려는지라 숙명적으로 급진주의일 수밖에 없으며, 진보주의자가 동적인 화려함을 보이지만 자력에 의한 혁명을 이룬 것이 아닌지라 자족적인 수세를 보일 수밖에 없음을 간파하였다. 이들이 자유를 주장하지만 진보주의 앞에서 자유롭지 못함을 알아챘다. 이들에게서 최고의 가치인 진보주의를 추궁당하면 진보적이지 않게 된다는 두려움의 심리를 읽어냈다.[59]

　진보주의는 어찌하여 감정이 되고 기분이 되었을까. 왜 진보주의 앞에서 자유로울 수 없을까. 후쿠다는 서구와 다른 경험에서 그 답을 찾았다. 서구에서는 진보는 실험된 적이 없는 "미지의 세계를 향한 도전"이었던 까닭에 실패할 위험이 있었다. 이와 다르게 일본에서는 서구에서 보증된

---

58 「進步主義の自己欺瞞」(1960),『全集』5, 167-173쪽.
59 「進步主義の自己欺瞞」(1960), 170-175쪽.

진보의 성공법을 들여와 "실현된 적이 있는 확실한 목적지"를 향해 가기만 하면 되었다. 실패할 위험도 없고 큰 수확을 기대할 수 있었다. 일본의 진보주의자에게 미래는 예측할 수 없는 "미지未知의 세계"가 아니라 전망할 수 있는 "기지既知의 세계"였다. 이들은 진보를 의심할 필요가 없었고, 진보를 좇는 것만이 자유였다.[60] 미래에 도래할 것으로 전망되는 '기지의 세계'에 대한 낙관은 진보를 가치로서 신봉한 데서 기인한 것이었다.

후쿠다는 "진보주의적 기분"에 들떠 있는 진보주의자의 심리를 추궁하였다. 인간악과 인간의 감정을 긍정하는 관점에서 진보주의자의 낙관적 전망을 비판하였다. 후쿠다에 따르면, 일본의 진보주의자들은 진보주의와 자기 자신에 악이 숨어 있고 인간이 이율배반 속에 있다는 사실을 모른다. "박애와 건설"이라는 미사여구로 슬로건을 채울 뿐, "정의와 과실, 애타와 자애, 건설과 파괴"가 하나의 에너지라는 사실을 모른다. 악을 완전히 없애야만 선의가 구현된다고 생각하는지라 모두들 예외 없이 정의파이고 불관용이다. 자기들만이 행복한 삶의 방식을 알고 자국과 세계의 미래를 조망한다고 믿고 있다. 후쿠다는 "관용과 문화감각"을 요구한다. 인간의 감정도 지성과 똑같은 자격과 권리를 가진다는 사실을 용인할 때, 현재를 통해 과거도 미래와 같은 생존권을 갖고 미래도 과거와 마찬가지로 무無라는 사실을 자각할 때, 관용과 문화감각이 나올 수 있다고 주장하였다.[61]

60 「進步主義の自己欺瞞」, 176쪽.
61 「進步主義の自己欺瞞」, 176-177쪽

비평정신과 평형감각

비평정신

후쿠다 쓰네아리의 사회과학 비판은 인문학(인간학)적 정신에 기초한다. 후쿠다의 정치사회 비평은 문예비평 감각에 지탱된 인간의 냄새를 지녔고, 문예비평은 정치사회에 관한 깊은 이해에서 나왔다. 후쿠다는 인문학적 수사와 논리적 정합성이 능란하게 결부된 글쓰기를 했다. 니시베 스스무는 후쿠다의 글이 "사람의 폐부를 찌르는 육성의 열기와 율동"이 있어 열성적인 독자가 끊이지 않았다고 말하기도 했다. 소설가 사카구치 안고坂口安吾는 "이 자 한 사람이다. 비평이 삶이라 말하는 사람은."이라 평한 바 있다.[62]

후쿠다의 문예비평론은 사회과학과 진보주의에 대응하는 자세의 일단을 엿보게 해준다. 비평가는 시대적 상황에 놓인, 타자(독자)에게 노출된 객관적 존재이면서, 그것에 대항하여 부정의 정신을 극적으로 발휘하는 주체였다. 후쿠다는 비평가를 작가와 구별하였다. 작가는 "자기의 정신적 진실", 즉 개성에 비추어 타인의 작품을 "음미"하지만, 비평가는 "개성의 결여"를 내걸고 작품을 "비평"한다고 했다.[63] "개성의 결여"는 객관적인 시대적 상황을 의식하는 비평가를 상정하는 말이다. 비평가는 독자에게 "읽히기 위해" 비평한다는 발언도 객체화된 비평가의 존재 양식을 시사한다. 비평가는 자기를 구경거리로 제공하는 실험자이자 피실험자로서 독자에게 보복받을 수도 있음을 자각한다고 했다. 시대적 상황에 노출된 객관적 존재로서 비평가를 규정한 것이다. 또한 비평가는 자기 내면에

---

62 西部邁,「保守思想の神髄」, 253쪽.
63 「職業としての批評家」(1948),『全集』2, 314쪽.

작품의 비판자로서의, 혹은 부정자로서의 의식을 갖는다고 했다. "부정의 정신"을 통해 허무에 도달한다고 했다. 비평은 "허무로부터의 창조"라고 했다.[64] 비평가는 시대적 상황에 노출된, 개성을 드러내지 않는 객관화된 존재이지만, 동시에 비판자=부정자로서 부정의 정신을 극적으로 드러내는 주관적인 주체여야 했다.

후쿠다는 객관적인 시대적 상황 속에서, 혹은 상황에 대하여 비평가의 주관적인 비평정신이 작동하는 양상을 포착하는 개념으로서 "심리적 현실"과 "사회적 현실"을 제시한다. "작가의 심리적 현실"과 "시대의 사회적 현실"을 어떻게 파악하느냐를 문예비평의 관건으로 보았다. 작품의 진실을 보증하는 지반이 작가의 심리적 현실에 있는가, 아니면 시대의 사회적 현실에 있는가. 만일 작가의 심리적 현실이 시대의 사회적 현실에 의해 결정된다면, 비평가는 작가의 심리적 현실을 사회적 현실로 번역하기만 하면 된다. 후쿠다는 사회적 현실을 응시하면서도 사회적 현실로 번역되지 않는, "작가의 심리적 현실"에 주목하였다. 작가의 심리적 현실을 사회적 현실로만 해석할 경우 작품의 "겨우 남은 미"마저 무시되고 문학작품은 미로 승화되지 못한다고 생각하였다. 문학사는 사회사로 귀결되어 버린다고 했다. 후쿠다의 경우 문예비평은 작품을 통해 작가의 심리적 현실이 어떻게 미적 형식을 획득했는지를 탐색하는 작업이어야 했다. 비평가는 사회적 현실로 완전히 회수되지 않는 작가의 "겨우 남은 정열의 미"를 읽어내야만 했다.[65] 후쿠다의 문예비평론에서 손쉽게 사회적 현실로 번역해 버리는 진보적 비평과 차별화되는, 심리적 현실의 독해를 중시하는 보수적 비평정신을 읽을 수 있다.

---

64 「職業としての批評家」, 323-325쪽.
65 「批評の非運」(1947), 『全集』 2, 247-249쪽.

후쿠다의 이러한 생각과 달리, 전후일본의 비평현실은 문학작품을 사회적 현실로 번역(해석)해 버리는 경향이 강했다. 비평가가 작품으로 돌아가지 못하는 비평현실은 후쿠다에게 꺼림직한 일이었다. 후쿠다는 비평가란 정신의 내부에 살면서 온갖 양분을 먹어치우면서도 아무것도 생산하지 않는 "한 마리의 회충"과 같은 존재라고 했다. 이 징그러운 벌레에도 "한 치의 자긍심"이 있다고 했다. 이렇게 말했을 때, 후쿠다는 작가들의 작품에서 정신의 양분을 빨아먹는 비평행위에 수치심을 느꼈고, 이상을 희구하는 파토스에 추동되는 비평과 허망한 현실의 간극에서 생기는 수치심이 비평의 원동력이 되었을 것이라는 해석이 있다.[66] 하지만 '한 마리의 회충'이 진정 수치심의 표현일까. 후쿠다는 '아흔아홉 마리의 양'을 인도하는 것이 정치이고, 길 잃은 '한 마리의 양'을 구원하는 것이 문학이라했다. '한 마리의 양'은 다수에 의탁하는 소수자의 수치심이 아니라 오히려 진실을 간직한 소수자의 자긍심을 표상한다. '한 마리의 회충'은 '한 마리의 고독'에서 나오는 '한 치의 자긍심'이 아닐까. '한 마리의 회충'이나 '한 마리의 양'은 꺼림직함의 표현일 것이다.

후쿠다는 작가의 심리적 현실을 추궁하면서도 더 이상 깊숙이 들어가지 않는 전후 비평가의 태도에 동의하지 않았다. 후쿠다는 '평형'의 비평정신을 말한다. '한 마리'가 '한 치의 자긍심'을 가지고 '아흔아홉 마리'에 대응해야 한다고 했을 때, 후쿠다는 현실의 불안정성을 내포한 역동적 평형을 상정하였다. 평형은 '한 마리'와 '아흔아홉 마리'의 산술적 균형이 아니다. 사회적 현실과 심리적 현실의 어느 한쪽으로 회수되지 않는 중간자성을 말하는 것이 아니다. 부정의 정신은 역동적인 평형을 보장한다. '아흔아홉 마리'에 대항하는 '한 마리'의 부정의 정신이 만들어내는 역동적

66　岡本英敏, 『福田恆存』(東京 : 慶應義塾大学出版会, 2014), 5~6쪽.

평형이다. 비평은 자신의 이념을 현실에 투사하는 행위가 아니었다. 객관적 현실과 주관적 판단 사이의 간극이나 어긋남을 드러내는 행위였다. 주관적 판단(이념)이 현실을 호도하는 방식을 읽어내고, 그 허구성을 추궁하는 행위였다.

비평criticism은 위기적인critical 것이다. 올드 리버럴리스트의 경우 비평은 리버럴리즘의 모럴과 신조에서 나온 관조적 행위였고, 진보적 문화인의 경우 비평은 진보주의 이념과의 거리를 측정하는 이념적 판단의 행위였다. 후쿠다의 비평은 비평대상과 싸우는 결사적critical 정신이었다. 후쿠다는 '크리티컬'이란 말에 '비평적', '비판적'이라는 뜻 말고도 '임계적'이란 의미가 있음을 강조한다. '임계'는 경계에 처한, 혹은 경계를 마주한 위기 상태를 말한다.

> 일개의 비평정신에 있어 그것이 위치하는 현실의 평면이 어떤 의미에서 안정적 상태에 머물러 있는 일이 과연 한 순간이라도 있을 수 있을까. 물론 사물이 모두 상대적으로만 생각되진 않는다. 어떤 평면상의 물체의 대다수가 옆으로 **미끄러지기를 개시하지 않을 수 없는 최소한의 각도가 있고 경사**傾斜가 거기에 이르렀을 때 현실의 질서는 파괴된다. 어떤 시대에서의 위기점은 절대적이며 객관적이다. 하지만 동시에 현실의 질서가 아직 충분히 평형상태를 보지하고 있어 평면상의 대다수 물체가 기저부에서 중심重心의 안정을 얻고 따라서 어떤 혼란도 보이지 않는 동안에 이미 미끄러지기를 개시하는 물체도 분명있다. 문제를 단지 역학상의 고찰에 한정한다면, **거기에 마찰이라는 원리가 작동하는 이상, 미끄러 떨어지는 물체와 각도의 상대성**은 부정할 수 없는 사실이다. 또한 마찰 자체도 물체의 형상과 상대적 관계에 있음은 말할 나위 없다.[67]

67 「批評精神について」(1949), 『全集』 2, 339-340쪽.

비평정신에서는 현실의 평면은 한 순간도 안정상태에 있지 않다. 평면 상의 많은 물체들이 막 움직이기 시작하는 최소한의 각도를 이루어 경사 가 생겨 미끄러지기 시작할 때, 현실의 질서는 깨지기 시작한다. 평면상 의 물체가 미끄러지기 시작하는 특정 시대의 위기점의 절대성, 객관성과, 미끄러지는 물체와 각도의 상대성 사이에 생기는 경계가 '임계'다. 현실 이 한 순간도 안정상태가 아니라면 늘 임계를 의식해야 한다. 현 질서의 평형이 상태에서 운동으로 바뀌는 지점에 비평이라는 행위와 비평가라 는 물체가 존재한다. 비평가는 시대의 위기점에 대해 절대적 위기점을 초 래할 '평면의 경사'를 읽어내야 한다. 비평정신은 안정된 평면=안정된 평 형상태에 안주하지 않고 불안정한 장소를 예지하는 노력이다. 실존의 몸 부림이다. 비평정신은 실존의식이었다.

비평가는 현실의 질서가 평형상태를 유지하여 안정을 얻는 동안에도, 미끄러지기를 개시하는 물체처럼, 이미 미끄러지기 시작하는 질서의 불 안정을 감지해야 한다. 탁월한 비평정신은 "같은 평면상의 다른 어떠한 개체보다도 먼저 예민하게 위기의 도래를 예지하는 정신"이다. "공약수 적인 임계각도를 갖지 않고 수평면과의 1도, 1분, 1초의 경사각을 민감하 게 찾아내는 정신"이다. 비평가는 안정과 평온을 사랑하기 때문에 현실의 안정과 평온을 거부한다. 현실이 안정된 평면일 경우 비평가는 **"자신의 몸 을 기울여서라도 상대적으로 평면의 경사를 착각한다"**. 비평가는 안정을 혐오 하기에 현실이 일정한 평형상태에 도달하면 더 이상 흥미를 갖지 않고 다 른 불안정한 장소를 찾아 방랑한다. 비평정신은 "공간적으로 방랑함"과 동시에 "시간적으로도 쉬지 않고" 개연성의 불안정을 찾는다. 내일의 불 안정은 오늘의 안정 이상으로 현실감을 띠고 존재한다.[68] 내일의 불안정

---

68 「批評精神について」, 340-341쪽.

을 오늘의 안정 이상으로 리얼리스틱하게 인식하는 것이야말로 보수정신의 징표가 아닐까. 임계점을 의식하고 경사각을 민감하게 찾아내는 비평정신에서 비판정신은 배태된다.

비평정신은 공간적이다. 후쿠다의 비평정신에서 시간은 공간에 의해 상대화된다. 내일의 불안정이 오늘의 안정 이상으로 현실감을 띠는 것은 시간적 차원에서 내일을 의식해서가 아니다. 절대적이며 객관적인 위기점을 감지하고 그것을 초래할 평면의 경사를 읽어내는, 평면 위에 놓인 대부분의 물체가 미끄러지기 시작하면서 현실의 질서가 파괴되는 불안정의 개연성을 미리 탐지하는 비평정신은 공간적인 것이다. 공간적인 것은 시간적인 것에 우선한다. 비평가는 시간의 흐름을 수직으로 끊지 않고 수평으로 끊는다. 여기서 시간은 소멸하고 공간만 남는다. "오늘로부터 내일로"가 아니라 "오늘도 내일도"라는 말이 성립한다. 비평가는 "시간의 바깥에 서서 시간을 공간적으로 인식"했을 때 시간을 더 리얼하게 "실감"한다. 기차에 앉아 있으면 "같은 공간에 못질당해" 속도의 실감을 잃고 시간을 상실하지만, 창밖을 바라보면 공간이 달라지면서 시간이 맹렬하게 흘러간다. 걸을 때보다 속도를 더 실감하게 된다. 비평정신도 마찬가지다.[69]

임계적=위기적 비평정신은 지배적인 사조나 담론에 대한 비판으로 나타났다. 후쿠다는 스스로 '보수반동'이라 부르면서 자신을 '보수반동'이라 비난했던 자들을 비꼬기도 했다. 후쿠다는 박정희 서거 때에는 추모문을 발표하여 북한의 위협과 베트남 멸망의 상황에서 지도자로서 민족의 생존을 책임진 박정희의 정치적 결단을 옹호하였다. 박정희 '독재정권'을 인정하지 않았던 일본 지식사회의 주류적 사고와 결연히 대결하였다.[70] 이

---

69 「批評精神について」, 341–342쪽.
70 「孤擺の人間, 朴正熙」(《サンケイ新聞》 1980.2.22), 『全集』 7, 167–184쪽.

추모글로 '보수반동'의 이미지가 더 굳어졌다. 후쿠다의 '반동'은 '상식'에 반하는, 아니 '상식'을 깨는 행위였다. 결사적 정신과 임계적 자세를 엿볼 수 있다. '반동'은 '한 마리의 양'에 불과한 고독자의 실존정신의 표현이지 않을까. '보수반동'은 비평정신의 표현이었던 것이 아닐까.

임계의 평형감각과 상식

평형감각 혹은 균형감각은 후쿠다 비평정신의 핵심이었다. 보수주의자들은 흔히 평형, 균형을 말하거나 중용을 추구한다. 보수적 역사가 하야시 겐타로林健太郎는 평형은 질서관의 핵심개념이자 실존의식을 담보하는 보수주의자의 기본감각이라 했다. 평형감각은 인간의 삶의 다원성과 능력의 조화, 그리고 현명한 판단과 사려있는 행동에 요구되는 감각이었다.[71] 흔히 보수지식인들은 평형이나 중용을 말할 때, 상반되는 이항 가치들의 중간항이나 균등한 배분을 생각한다. 하야시도 동일한 차원의 대립적 이항(가치)들 사이에서 정태적인 산술적 평형을 생각하였다. 후쿠다의 평형감각은 달랐다.

후쿠다는 "나에게 균형감각sense of balance이라는 것은―아니, 그것만이―나의 정신을 지탱해준다. 나 자신의―그리고 나 자신을 포함한 현실의―균형이 조금이라도 이상해지면 나는 더 이상 그것을 견디지 못한다"[72]고 말한다. 평형감각은 실존의식이었다. 후쿠다는 평형감각을 "자기 내면의 심리적 혼란에 직면하여 이상異常과 편향偏向을 혐오하고, 오로지 균형을 회복하고자 애쓰는 일종의 물리적, 생리적인 운동기능"으로 파악

---

71 林健太郎, 「現代における保守と自由と進歩」, 林健太郎 編, 『新保守主義』(東京: 筑摩書房, 1963), 10-22쪽.

72 「あとがき」, 『白く塗りたる墓』(東京: 河出書房, 1948). 土屋道雄, 『福田恆存と戦後の時代―保守の精神とは何か』(東京: 日本教文社, 1989), 158쪽에서 재인용.

하였다. 평형감각은 언설세계와 현실세계의 어긋남, 논리적 세계와 현실적 세계, 절대적 세계와 상대적 세계 등 상관적인 대립적 이항들 사이에 생기는 괴리, 모순, 비틀림, 아이러니, 역설을 해소하려 할 때 작용한다.[73] 평형감각은 정적인 물리적 평형이 아니라 아이러니나 역설을 해소하려는 의지이다. 비평은 평범한 상식이 역설로 보이는, 역사적 현실 자체의 역설성을 추궁하는 행위이다.[74] 비평은 아이러니나 역설을 배태하는 괴리, 어긋남, 비틀림, 모순으로 인해 운동성을 지닌다. 양단의 어느 한 끝을 향해 질주하려는 운동성은 활력을 발산한다.[75] 평형감각은 평형을 지향하는 운동성을 감지하는 의식이다.

> 나는 앞으로 어떤 방식으로든 평형감각 자체를 부정하는 길을 발견해야한다. 물론 평형감각을 파괴하는 것도 또한 평형감각일 것이다. 하지만 그것이 어디까지나 하나의 운동법칙인 이상, 운동에는 운동을 일으키는 주체와 그것에 저항하는 객체가 필요하다. 사람이 한없이 평형운동을 계속한다면 반드시 결국에는 그 의미의 실체로 되돌아가야 한다. 문제는 어디에서 그 소재를 찾을지에 있다.[76]

평형감각이 운동성을 내장하는 운동법칙인 한, 평형운동은 기존 평형감각의 부정을 통해 새로운 평형감각을 얻는 과정이다. 평형감각은 평형을 보전하려, 또 새로운 평형을 찾으려, 평형이 무너지는 "위기적인 임계

---

73 「個人と社會」(1955),『全集』3, 79쪽.

74 「個人と社會」, 66쪽.

75 이러한 관점은 제4장에서 보겠지만 니시베 스스무도 공유한다. 니시베에 따르면, 평형감각은 현실을 바꾸고자 하는 구체적인 행위를 통해 표현되고, 활력은 현실과 이상 사이의 평형이 유지될 때 생긴다(西部邁·中島岳志,『保守問答』, 東京: 講談社, 2008, 58-60쪽).

76 『平衡感覺』(東京: 眞善美社, 1947), 262쪽.

점"을 찾아내는 감각이다.**77** 이러한 운동성은 객체에 저항하는, 운동을 일으키는 주체를 상정한다. 평형감각은 상식에 의해 평형운동을 지속시키면서 운동을 일으키는 주체가 이에 저항하는 객체로 하여금 실체로 회귀하도록 해주는 의식이다.**78**

후쿠다는 평형감각=평형운동을 일으키는 운동법칙의 기점起點을 '상식'에서 찾았다. 후쿠다는 역사가도 문학사가도 아닌 "일개의 상식인"으로서 세상을 보았다. 상식을 평형감각의 준거로 삼았다.**79** 상식은 "비평의 으뜸패(결정적 수단)"였다. 상식은 원심적으로 작용하면 계몽으로 통하지만, 구심적으로 작용했을 때 간절함과 고집스러움, 평이함과 난해함, 설득과 서정, 논리logic와 수사rhetoric 등의 역설로 통한다. 상식을 매개로 평형감각은 모든 운동의 부정이자 억제가 된다.**80** 상식은 인간심리의 모든 역설을 규율하는 기능을 수행한다는 말이다.

상식은 사회과학적 사고를 비판하고 현실의 부조리를 추궁하는 비판적 보수주의의 근거였다. 후쿠다는 1960년 진보의 과격한 안보투쟁을 보면서 '상식'을 들고 나왔다. 이미 투쟁의 좌절이 만시지탄이라 되돌릴 수 없다는 시미즈 이쿠타로나, 8월 15일(패전일)까지 소급해야만 되돌릴 수 있다는 마루야마 마사오의 사회과학적 사고를 문제삼으면서 "상식은 사물을 한층 단순하게 따지고 단순하게 행동하도록 한다"고 주장하였다. 사회과학자들은 언제나 출발을 제로로 생각한다. 과거의 플러스와 마이

---

77 「批評精神について」, 339-340쪽. 가라타니 고진이 지적한 것이다(柄谷行人, 「平衡感覚」, 『福田恆存―人間・この劇的なるもの』, 東京 : 河出書房新社, 2015, 170쪽).

78 『平衡感覺』, 260-262쪽. 비평정신의 평형감각은 전후 민주화과정에서 보였다. 기시다 구니오(岸田國士)는 "평형이 유지되지 않는 상태"보다는 "평형의 감각이 무디어지거나 상실된 상태"가 중대하다면서 "평형이 유지되는지 여부를 감지하는 정신의 작용"을 "비평정신"이라 불렀다(岸田国士, 「平衡感覚について」(1947), 『岸田國士全集』 10, 東京 : 新潮社, 1955, 222-223쪽).

79 「近代の宿命」(1947), 『全集』 2, 434쪽.

80 『平衡感覺』, 260-261쪽.

　　　제2장 '평화'와 '민주'

너스는 상쇄할 수 있다고 생각한다. 마루야마도 8.15를 제로상태로 보았다. 점령을 마이너스로 보고, 이에 저항하는 에네르기를 플러스로 여겼다. 후쿠다는 역사는 상쇄할 수 없는 플러스와 마이너스에서 출발한다고 생각하였다. 사회과학자들은 현실을 따르기도 전에 현실을 해석하고 해결하려고 든다. 상식을 물리치고 억지이론, 감상, 증오, 흥분, 자기도취, 고정관념을 들고 나온다. 후쿠다는 "상식으로 돌아가라"고 외쳤다. 상식이란 "현실을 따르고 현실로부터 가르침을 받는 사고방식이자 생활방식"이었다.[81]

상식은 일상성의 감각과 관련된다. 후쿠다는 전중기에 발표한 「소재에 관하여」(1943)라는 예술론에서 일상성의 현실의식을 드러낸 바 있다. 후쿠다는 예술 창작을 새로운 것의 '발명'이 아니라 일상성의 '발견'이란 차원에서 이해하였다. 발견이 발명보다 어렵고 "창조적 정신"과 "침묵의 인내"를 필요로 한다고 생각하였다. 발명은 소인의 기지機智에 불과하지만, 발견은 천재의 모험과 정열이 신과 계약해서 이루어진다고 했다. 창작(발명)보다 소재의 탐구(발견)가 중요하다고 말한다. 소재의 탐구는 단순한 방관이나 관찰이나 수용이 아니다. 전통을 짊어진 자로서, 사회의 일원으로서, 자아가 타아와 상관하는 행위를 말한다. 후쿠다는 예술가는 "언제나 절실하게", "일상생활의 완성"을 명심하면서 일상성 속에서 인간성과 사회성을 함께 살리는 생활의 주제를 찾는 태도를 가져야 한다고 주장하였다.[82] 발견의 행위는 공간적 실재로서의 현재를 상정한 것이다. "침묵의 인내"는 발견의 현재성을 보여준다.

---

81 「常識に還れ」(1960), 『全集』 5, 231-234쪽.
82 「素材について」(1943), 『全集』 1, 513-514쪽.

4. 괴리의 심리와 이원의 논리

지식인의 심리적 현실

정신과 육체의 괴리

일본의 지식인들은 패전후 전중기의 억압된 상태를 벗어나 "큰 깃발을 휘두르고 개가를 올리면서" 학계, 논단에 복귀하였다. '인텔리겐챠', '지식계급', '문화인'으로 불렸던 전후일본의 진보지식인들은 한결같이 근대적 자아를 확립해야 한다고 외쳐댔다. '인간혁명', '자기완성'을 주장하였다. 후쿠다는 폭력을 악으로 여기면서 생존을 모색하는 인간혁명의 외침에서 타인을 강제하는 폭력을 느꼈고, 자기완성의 논리에서 논리적 허구성을 보았다. 후쿠다는 자기완성의 논리를 이렇게 비판하였다.

> **자기완성은 논리이지 윤리가 아니다.** 우리는 자기를 완성하고자 노력하지 않는다. 인간은 태어났을 때의 그 이상의 것이나 그 이외의 것이 되지는 않는다. 된다면 **단지 된 것이지 이룬 것이 아니기 때문이다.** 자기완성이란 기껏해야 **자아의식**에 불과한 게 아닐까. 계급의 자아의식에 대해 개인의 자아의식을 대립시켰을 따름이다. 왜 자기완성이라는 아름다운 용어가 필요할까. 상대의 논리가 좀 너무 완벽했기 때문이다.[83]

완전함perfection을 상정하는 자기완성은 진보주의의 핵심 논리이다. 후쿠다는 자기완성은 논리일 뿐, 인간은 태어났을 때의 그 이상도, 그 이외

---

83 「論理の暴力について」(1948), 『全集』 2, 496-497쪽.

의 것도 되지 않는다고 생각하였다. 후쿠다는 인간의 불완전함imperfection을 전제하였다. 완전함을 지향하는 인간이 아니라 불완전한 채로 살아가는 인간을 생각하였다. 인간은 작위적 산물('이루는 것')이 아니라 자연적 형성('되는 것')이다. 불완전하기에 인간에게는 윤리가 필요하다. 작위가 진보의 '논리'라면, 자연은 보수의 '윤리'이다.

정의를 표방하는 지식인의 폭력성도 비판하였다. 초기 민주=안보공간에 팽배했던 "올바름(정의)을 표면에 내세우는 인텔리겐챠의 파시즘"을 읽어냈다. 후쿠다는 전후 지식인들을 "자각적으로 폭력을 휘두르는 인종", "자각적으로 멸망하는 유일한 인종"이라 비난하였다.[84] 노예근성을 가진 "정신적 독재주의자"라 비판하였다.[85] 지식인은 "논리적으로 부정하지 못하는 것에는 싫으면서도 굴종하고, 논리적으로 긍정하지 못하는 것에는 마음이 끌리면서도 반항하는" 존재로 보였다. 지식은 논리를 무기로 삼지만 폭력에 약하고, 논리는 폭력을 합리화해도 폭력을 부정하지는 못한다고 주장하였다.[86] 지식인의 폭력성은 논리의 폭력성을 말한다. 후쿠다는 지식을 배반하지 않고 지식에 충성을 맹서함으로써 정치의 폭력에 참여하는 인텔리겐챠의 행태를 추궁하였다. 논리에 대한 반역을 시도하였다. 지식인은 지식을 배반하고 논리에 반역함으로써 자기초월을 해야 한다고 주장하였다.[87] 자기부정을 통한 자기초월, 혹은 자기부정에 의한 주체화를 모색하였다.

후쿠다는 "지식계급의 심리적 현실"에 주목하였다. 지식계급은 능력도 없으면서 현실의 동향에 민감한 "인식의 명인", "뭐든지 알아 버린다. 아

---

84 「論理の暴力について」, 499쪽.
85 「白く塗りたる墓」(1948), 『全集』 2, 513쪽.
86 「論理の暴力について」, 498쪽.
87 「論理の暴力について」, 499-500쪽.

니 실제 알지 못해도 아는 장소에 자신의 몸을 두지 않으면 안심하지 못하는 인종", "알기만 하면 그것만으로 안심해버리는 인종"이었다. 인식이 틀려도 "좋은 뭔가를 인식했다는 실감"만 맛보게 해주면 만족해 하는 자들이었다. "행동하지 않기에 인식하고, 인식과잉이라 행동하지 않는" 존재였다. 전시에 누구보다 무력했었는데, 무력했다는 반성만 해도 바로 민중을 지도할 자격을 얻는 계몽가인양 설쳐대는 인간들이었다. 후쿠다는 이러한 지식계급의 심리적 현실에서 "정신과 육체의 괴리"를 보았다.[88]

태평양전쟁은 지식계급의 심리적 현실, 즉 정신과 육체의 괴리를 폭로한 계기였다. 후쿠다는 파시즘, 제국주의, 코뮤니즘이 어떤 것인지 알았지만 어쩔 수 없었던 지식인의 속성을, 또한 일본의 사회적 현실을, 전쟁을 계기로 생생하게 알게 되었다. 전쟁은 마이너스를 초래하지만, 자기의 정체, 인간의 정체를 드러내주는 플러스 측면도 있음을 깨달았다.[89] 전쟁체험과 패전체험의 의미는 진보와 보수가 달랐다. 리버럴 보수나 교토학파 등 보수지식인들은 사상적 전향의 타율적 강제가 비교적 약했기에 전시에도, 전후에도, 보수적 견해를 보전할 수 있었다. 좌파 지식인들은 파시즘체제에서는 '사상적 전향'을 수동적으로 강요당했고, 패전 후에는 전쟁체험을 부정하는 '논리적 전향'을 능동적으로 실천함으로써 진보지식인으로 재탄생하였다.[90] 좌파지식인들은 전쟁을 악으로 간주하고 논리적으로 부정만 하면 되었다. 보수지식인들은 전쟁을 자기체험으로 받아들여 내면에서 되새김질해야 했다.

88 「知識階級の敗退」(1949), 『全集』 2, 367-368쪽.

89 「知識階級の敗退」, 369쪽.

90 '전향'에 관해서는 후지타 쇼조, 최종길 역, 『전향의 사상사적 연구』(서울: 논형, 2007)을 참조할 것. 전쟁체험과 패전체험에 관해서는 大熊信行, 『国家悪―戦争責任は誰のものか』(東京: 中央公論社, 1957).

후쿠다는 지식계급의 혁명적 변화를 기대하지 않았다. 일본군부는 1945년 8월 15일 '미국'에 항복했지만, 훨씬 이전에 '폭력'에 굴복한 지식계급의 습성이 '8월 15일'을 계기로 단번에 고쳐질 리 없음을 알았다.[91]

> 폭력에 굴복했기에 비겁한 것이 아니다. 원래 비겁했기에 폭력에 패퇴한 것입니다. 정신이 자기의 무력함을 고백하고 모든 걸 내던져버렸기에, 폭력이 그렇다면 내가 대신해주겠다고 나온 것입니다. 결코 그 반대가 아닙니다. 전전, 전후를 불문하고 우리 지식계급의 출발점은 여기에 있다. 현대문학의 출발점도 여기에서 찾아야 한다. 정신의 무내용, 지성의 한계는 뭐든 전쟁으로 초래된 것이 아니다. 파시즘 세력의 도괴로 그것이 곧상 승리의 노래와 통린 깃도 아니다. 정치적=사회적 장애의 제거는 오히려 분명히 우리의 정신의 한계를 명시하는 데 유용한 것이다.[92]

지식계급은 폭력에 굴복해서 비겁한 것이 아니라 원래 비겁했기에 폭력에 패배했다는, 정신의 무력함이 폭력을 불러왔다는 비판은 참으로 예리하다. 지식인의 "정신의 무내용", "지성의 한계"는 전쟁으로 초래된 것이 아니라 패전으로 정치사회적 장애(파시즘체제)가 제거되면서 드러난 것이다. 후쿠다가 전쟁을 옹호한 건 아니다. 체제폭력의 강제적 규율에 책임을 돌리는, 따라서 체제폭력을 부정하기만 하면 새로운 주체가 탄생할 것이라는 진보지식인의 논법을 부정한 것이다. 전쟁은 파시즘체제의 강제적 규율에 종속된 주체의 모습을 드러낸 계기였다. 전쟁체험은 논리적으로 부정해서는 안 되는, 주체의 의식을 규정하는 체험이었다. 주체의

---

91 「知識階級の敗退」, 369-370쪽.
92 「知識階級の敗退」, 370쪽.

확립은 이러한 체험을 성찰하는 데서 출발해야만 했다.[93] 파시즘체제를 부정함으로써 근대적 자아와 개인의 확립을 추구한 마루야마 마사오의 파시즘론을 의식한 발언임이 분명하다. 초기 민주=안보공간에서 우세했던 진보주의자의 주체성론과 대비되는 보수적 주체성론이라 하겠다.

정신의 자율

후쿠다는 전후지식인들이 외친 '정신의 자율성'을 의심하였다. '정신의 자율성'이 무엇인지를 따지는 건 무의미하며, "정신이 자율한 바", 즉 "정신의 소재"를 보여줘야 한다고 했다. 책임을 정치적=사회적 현실의 탓으로 돌리는 희박한 정신에서 자율성은 바랄 수 없다. "정신의 무력", "지성의 한계"는 전쟁의 소산이 아니라 유럽문명의 당연한 귀결이었다. 정신의 자율은 근대문명의 문제였다. 프랑스의 저항파는 지성의 한계를 돌파하기 위해 전쟁에서 행동의 혈로를 찾아냈고, 나치의 전쟁도발은 정신의 한계에 봉착한 현대문명이 야만적 폭력에서 혈로를 찾고자 한 자기自棄적인 몸짓이었다. 후쿠다는 '정신의 자율'이 없으면 전쟁은 되풀이된다면서 1949년 일본의 평화운동에는 이러한 자각이 없다고 지적하였다.[94] 일본의 평화운동─동아시아 냉전이 시작되자마자 진보적 문화인들이 벌였던 〈평화문제담화회〉의 평화운동![95]─은 정신의 자율성을 결여한 것이었다.

---

93 전쟁체험, 패전체험의 내재적 반성을 통해 주체의 확립을 모색한 점에서 후쿠다 쓰네아리는 오쿠마 노부유키와 통하는 바가 있다. 다만 오쿠마는 '국가악'(국가=악)에 대한 철저한 부정을 통해 국가부정의 사유에까지 도달했고, 이 점은 보수주의자와 결을 달리 했다.

94 「知識階級の敗退」, 371~372쪽.

95 〈평화문제담화회〉와 전후일본의 평화주의에 관해서는 남기정, 「일본의 전후 평화주의─원류와 전개, 그리고 현재」, 『역사비평』 106(역사문제연구소, 2014); 남기정, 「일본 '전후지식인'의 조선경험과 아시아인식─평화문제담화회를 중심으로」, 『국제정치논총』 제50권 4호(한국국제정치학회, 2010); 남기정, 「일본 '전후 평화주의'의 원류─전후적 의의와 태생적 한계」, 『일본연구』 제24집(중앙대학교 일본연구소, 2008).

일본의 지식계급만큼 불행하고 비참한 인간은 없습니다. 정신의 자율성이라는 관념도, 또한 그 절망적 무용이라는 관념도 모두 유럽에서 온 것입니다. 그것이 수입품이라서 거짓말이라는 건 아닙니다. 문제는 다음에 있습니다. 원래 **정신의 자율성**이라는 과제 속에 지식계급의 발판이 있습니다만, 이것은 오늘날 **지식계급의 일반대중으로부터의 분리라는 위기**를 초래하고, **정신과 육체의 괴리**라는 과제가 되어 수중으로 돌아와 있습니다. 그건 좋소. 하지만 이 과제가 관념의 문제로서 일본에 수입되었을 때, **정신과 육체의 괴리라는 것 그것마저 우리 육체로부터 유리되어 있다는 사실**을 생각해야 합니다. **지식계급이 일반대중과 유리되어 있을 뿐 아니라 그러한 자각 자체가 일본의 풍토에서 이미 유리되어 있다는 것**입니다. 불행하다고 말한 건 이것입니다.[96]

일본 지식계급의 불행은 수입한 유럽정신이 일반대중과 유리되어 나타난 정신과 육체의 괴리에 기인한다. 지식계급이 정신의 자율성을 갖지 못해 일반대중(육체)과 유리되어 생겨난 괴리이다. 대중과 유리된 지식계급이 지식계급(정신)과 일반대중(육체)의 괴리를 문제삼고 정신의 자율을 얘기하는 셈이다. 후쿠다는 이러한 자기모순에 빠진 일본적 풍토를 직시하였다.

정신과 육체의 괴리 현상은 지식인의 이기적인 자기증명의 소산이기도 했다. 지식계급이 정신의 자율성을 강조하는 까닭은 좋은 신분임을 드러내는 데 있다. 패전후 지식계급은 정신과 육체의 괴리라는 관념적인 주제를 가지고 자기증명도 하고 우월의 증거로 삼았는데, 이것이 대중에게 먹히고 저널리즘에도 통했다는 것이다. 후쿠다는 현실과 유리된 지식계급이 보편적인 정신의 한계를 드러냈음을 간파하였다.[97]

---

96 「知識階級の敗退」, 372쪽.
97 「知識階級の敗退」, 372-373쪽.

1949년 시점의 후쿠다는 정신과 육체의 괴리 현상에서 일본문화의 개별성과 근대문명의 보편성이 교착하는 양태에 주목하였다. 미군정의 민주화개혁을 통과하고 글로벌 냉전과 동아시아 냉전이 막 시작된 때였다. 민주화개혁이 퇴색하고 공산주의자 추방이 곧 닥칠 시점이었다. 서양문화=근대문명을 준거로 민주국가, 평화국가 구축을 위한 민주화개혁을 옹호했던, 정신의 자율을 외쳤던 진보지식인들은, 마루야마 마사오나 오쓰카 히사오에서 보듯이, 민중=대중의 계몽을 통한 개인=시민의 창출을 기획하였다. 후쿠다는 이 기획에 동의하지 않았다. 진보지식인들은 '정신의 자율'만 앞세울 뿐, '육체의 자율'을 생각하지 않는다는 것이다. 민중=대중이 '육체의 자율'을 이루지 못하는 한, '정신의 자율'은 얻을 수 없고 '정신과 육체의 괴리'는 좁히기 어렵다고 했다. '육체의 자율'을 이루어야 '정신의 자율'도 얻을 수 있다고 했다.

육체의 자율과 에고이즘

후쿠다 쓰네아리는 육체로부터 정신의 영역을 한정시켰을 때 성립하는 '정신의 자율성'을 전제로 한 '육체의 자율성'을 주장한다. 정신을 신성화함으로써 정신의 부하를 무겁게 해서는 안 된다고 했다. 메이지 이래 일본인은 "**육욕**"肉慾을 인정하는 게 두려워 "**정신적인 연애의 옷**"을 입혔고 여기에 예술애, 애국심, 애타심과 같은 대의명분을 덧씌웠다. 물질적인 것, 육체적인 것에 "정신의 베일"을 씌우고서 스스로 만족해 했다.[98] 후쿠다는 이러한 정신의 베일을 걷어내고 정신의 자율성을 확보해야만 개인도 있고, 정신의 자율성을 확보해야만 육체의 자율성도 확보된다는 생각이었다.

---

[98] 「肉體の自律性」(1947), 『全集』 2, 479-480쪽.

민중은 '육체의 자율'을 획득할 수 있는 존재일까. 후쿠다는 올바름에 대해 과실을, 폭력에 대해 무기력을 주장하는 인텔리겐챠의 자아의식에 대응하여 "무지한 민중의 어리석은 사람좋음"을 대비시켰다.[99] 후쿠다는 민중을 현실의 지반으로 상정하였다. 민중은 무지하고 어리석지만, 그러하기에 오히려 현실의 지반이 된다는 것이다. 현실을 떠난 논리의 이상만을 얘기하는 지식인과 달리, 민중은 현실의 지반을 이룬다. 후쿠다는 민중에 대한 신뢰를 토대로 진보적 지식계급에 대해 반역을 시도한다.

> 패전의 현실은 추하고 비참하다. 하지만 아무리 추하고 비참하더라도 우리는 이것 이외의 장소에 자신이 일어설 지반을 갖고 있지 않다. 민중이 아무리 의지할 곳 없이 보일지라도, 또 아무리 배덕과 퇴폐에 빠져있다 해도, 그것은 결코 채찍질해야 할 대상으로서가 아니라 그대로 자신의 모습으로서 그 속에 우리 자신의 **생활의 뿌리**를 두지 않으면 안 된다. 역사에도 드문 이 상처가 **기성의 개념과 표상**으로 해결할 수 있다고 생각하는 정도로 안이한 옵티미즘은 없다… 현실의 추악함이 개인의 미덕의 후원자이자 보증인이었던 시대는 이미 지나갔다. 만일 금후 새로운 미덕을 발견할 수 있다고 한다면, 배덕의 암상인과 어깨를 나란히 하고, 정치와 문화에 대한 뻔뻔스러운 불신의 바닥으로부터 자기의 인간완성을 꾀하는 자만이 가능할 것이다.[100]

민중은 채찍질하고 가르쳐야 할 계몽의 대상이 아니라 지식인들이 생활의 뿌리를 내려야 하는 지반이다. 패전의 상처는 기성의 개념과 표상으로 해결할 수 있다는 낙관주의로는 아물지 않는다. **패전을 딛고 일어날 지반**

---

99 「論理の暴力について」, 498쪽.
100 「民衆の心」, 544쪽.

은 패전한 장소에 있다. "현실의 추악함"이 존재하는 패전 일본이라는 불신의 장소에서 인간완성은 기존의 개념과 표상이 아니라 민중이 영위하는 생활에 착근했을 때 가능하다.

육체의 자율성은 인간의 에고이즘을 인정해야 가능하다. 근대주의자들 (진보지식인)이 말하는 '주체성'이나 '근대자아의 확립'은 "에고이즘을 에고 이즘이라 말하지 못하는 데서 생겨나는 자아의식"이었고, '사회정의'도 에고이즘의 표현에 지나지 않았다. 현실은 "추악한 자아의 적나라한 투쟁의 장"이었다.[101] 이렇게 된 까닭은 일본의 지식인들이 "정의와 선의 관념"에만 의탁하여 "현실의 추악함, 인간성의 깊숙한 곳에 숨어있는 에고이즘"을 보지 못한 데 있다. 후쿠다는 정의와 선의 관념에만 매달리는 진보주의자를 혐오하였다. 패전의 원인을 "도의의 퇴폐"에서 찾은 리버럴 보수에도 동의하지 않았다.[102]

> 사람의 귀를 즐겁게 해주는 새의 소리는 **육체적인 에고이즘**에서 발한다. 우리의 눈을 기쁘게 해주는 꽃의 아름다움은 뿌리의 강렬한 생존욕의 승화일 뿐이다. 그렇다면 인간의 심리만이 이 자연법칙의 예외일 리 없다. 구미의 자유주의가 순화醇化하고 표상화한 모든 이상은 그것이 가장 애타적, 정신주의적인 형상을 띠었을 때조차 **개인의 욕망과 인간성의 추악**에 뿌리를 내리고 있었다. 또한 **유교의 강제적인 도덕율도** 바로 이 악을 응시하는 눈의 절망이 **인간성의 방종과 무형식을 외부적인 규제로써 극복하려 한 곳에서 생겨났다.** 하지만 이러한 사실이 우리 선조의 마음에는 분명하게 비치지는 못했다. 그들의 옵티미즘은 자아의 욕정마저 깨닫지 못하고 인간성에 대한 절망도

---

101 「一匹と九十九匹と」(1946), 『全集』 1, 648-650쪽.
102 「民衆の心」, 540쪽.

결국 알지 못했다.[103]

육체의 자율은 육체적인 에고이즘, 즉 "개인의 욕망과 인간성의 추악"을 인정해야 길이 열린다. 서구 자유주의에서 표상화된 정신주의조차 에고이즘에 뿌리내린 것이며, 유교 도덕율도 인간의 에고이즘을 전제로 한다. 일본의 파시즘도 '근대자아의 확립'이라는 정신주의에 편승하여 발흥한 것이다. 후쿠다는 일본인 개개인이 육체적인 에고이즘에 눈 뜨고 생명의 본능을 믿었더라면 전쟁은 일어나지 않았을 것이라 주장한다. 지식인들이 "생명욕"을 믿지 않고 "쓸데없는 논리"에 의탁했다고 비판하였다.[104]

에고이즘은 생 자체였다. 에고이즘을 부정하는 것은 생을 부정한다는 말이다. 결코 없애지 못할 에고이즘을 부정한다는 것은 자기비판이 아니라 타인에 대한 폭력이다. 후쿠다는 인간을 금수와 구별하는 것은 이성도, 도의심도 아니고 생명력이라 했다. 이성과 도의심은 인간의 생명력이 강하다는 사실을 말해줄 뿐이다. 후쿠다는 정의와 생명의 양자택일에서 생명을 선택한다. "근대병 환자들"(근대주의자들)은 자기 바깥에서, 즉 관념과 이상에서 삶의 근거를 찾지만, 생명욕의 결여를 증명할 따름이다.[105] 후쿠다는 여자와 가정만을 사랑하고 동포와 계급을 사랑하지 않는 에고이즘은 생명력이 희박해 소멸될 수밖에 없다고 했다. 현실적인 것, 즉물적인 것만 사랑하고 관념과 몽상에 대한 사랑으로 승화시킬 수 없다면 약한 생명력에 지나지 않는다고 했다.[106] 생명력=에고이즘을 보편적 사랑

---

103 「民衆の心」, 540-541쪽.
104 「白く塗りたる墓」(1948), 509-510쪽.
105 「白く塗りたる墓」, 503-505쪽.
106 「白く塗りたる墓」, 511쪽.

을 지탱하는 지반으로 상정한 것이다. 후쿠다는 "선의는 악의에 뒷받침된다는 생명의 원리"에 의거하여 "정의파"(진보주의자)를 증오하였다. 생명의 원리를 내세워 유토피아 사상을 의심하였다. 진보지식인의 유토피아 사상은 "선의의 희망"을 노래하지만 "일체의 현재를 부정하는 어두운 니힐리즘"으로부터 피를 빨아들인다는 사실을 깨닫지 못한다.[107]

후쿠다는 현실 부정의 대의명분과 현실 긍정의 에고이즘이 결합되는 상황에 유의하였다. 에고이즘이 철저히 부정되는 대의명분에서는 에고이즘을 긍정할 수밖에 없고, 에고이즘이 철저히 긍정될 때는 이를 부정하는 대의명분이 필요하다고 말한다. 절대적인 현실 부정을 준비하지 않은 상대적인 현상 부정은 위험하다고 보았다. 타인의 에고이즘은 부정하면서도 자기의 에고이즘을 부정할 준비가 되어 있지 않기 때문이다.[108] 후쿠다는 자기의 에고이즘을 부정하는 자기부정의 인자를 개별적이고 구체적인 상대적인 것이 아니라 보편적이고 가설적인 절대적인 것에서 찾았다. 에고이즘을 긍정하면서 자기의 에고이즘을 부정하고 그 계기성으로서의 가상의 절대를 상정하였다. 인간의 에고이즘을 부정하고 부정의 대의명분(논리)을 절대화하는 진보지식인의 사고법과 구별된다. 진보지식인들이 절대적인 것을 현실에 있는 에고이즘을 부정하는 대의명분으로 삼았다면, 후쿠다는 현실에 있는 에고이즘을 긍정하면서 절대적인 것을 현실에 없는 가설로 상정하였다. '육체의 자율=에고이즘 긍정=자기부정'의 사고법은 이원론적 세계관과 절대자 의식으로 연결된다.

---

107 「自由と進歩」(1956), 『全集』 4, 161쪽.
108 「絶對者の役割」(1957), 『全集』 4, 277-280쪽.

이원론과 절대자

상대적 현실과 절대자

후쿠다는 민주=안보공간의 대립적인 이항 가치들이 만들어내는 일본 사회의 모순을 주어진 현실로 받아들이면서 모순된 현실의 이원론적 상황과 마주하였다. 현실의 이율배반을 응시하고 추궁하는 것이야말로 후쿠다 보수주의의 진수眞髓였다. 후쿠다의 경우 역사적 현실을 일원론으로 파악하는 것은 허구였다. 이러한 점에서 일원론을 초래하는 천황제와는 거리를 누었나. 후쿠디는 근대의 미확립이 천황제와 연관된다고 보았다. 천황제는 일본이 큰 혼란 없이 근대를 통과하는 데 기여했지만, "일원몬의 허구"를 만들어냈다고 보았다. 천황을 수장으로 하는 서열만을 상정함으로써 서열에서 벗어난 개인의 살길을 봉쇄하고, 개인을 '지배=피지배'의 이원론적 가설에서 파악하는 걸 곤란하게 만들었다는 것이다. 일본의 근대는 "일원론의 허구" 위에 성립했다고 판단하였다.[109]

후쿠다는 구체적 현실을 보지 않고 현실의 모순을 과학과 이론으로 단번에 극복할 수 있다는 진보주의자의 일원론적 관점을 믿지 않았다. 「한 마리와 아흔아홉 마리」(1946)에서 전후일본의 현실은 "이율배반"의 모순된 세계이며, 일원론적 관점에서 현실의 대립을 일거에 없애려는 사회과학자의 시도는 성급한 짓이라 비판하였다.[110] 모순대립의 현실은 이원론적으로 파악해야 한다. 후쿠다는 가지의 실재와 불가지의 실재가 공존하고, 합리의 영역과 불합리의 영역이 병존하는 현실의 모순을 응시해야 한다고 말한다.[111]

---

109 「覺書一」, 665쪽.
110 「一匹と九十九匹と」, 646쪽.
111 「一匹と九十九匹と」, 647쪽.

사람은 왜 모순되어서는 안 되는 걸까―사람들은 긍정하지 않으면 부정하지 않을 수 없고, 부정하지 않으면 긍정하지 않을 수 없는 걸까. **나는 나 자신의 현실을 이율배반 속에 파악하기 때문에 인간세계를 이원론으로 이해한다.** 나에게 진리는 궁극적으로 일원으로 귀일하는 일이 없다. 모든 사상事象의 본질에서 **모순대립하여 영원히 평행인 채로 존재하는 이원**을 본다. 이 대립을 소거하여 일원을 찾으려는 사람들의 성급함이 실은 나에게는 이상해 보여 어찌할 수 없다. 사람은 **이율배반을 포함하는 그 자신의 인격의 통일**을 믿지 않는 걸까. 만약 믿는다면, 무엇을 이 위에 지성에 의한 모순의 해결을 요구하는 일이 있을까. 모순을 방치하여 돌아보지 않고, 모순을 그대로 드러내야만 말할 수 있는 나는 이 모순을 일단 해결한 형태로 말하는 과학에 어떠한 관심도 가질 수 없다.[112]

후쿠다는 사회현실의 이율배반=모순이 일원으로 귀일하지 않고 영원히 평행상태에 있는 이원을 상정한다. 사회현실의 이원을 인식하는 주체의 이율배반, 즉 자아의 모순, 자아의 이원성을 보았다. 자아의 이원적인 모순이 인격의 통일을 생각하든 아니든 인간세계의 모순대립을 드러내야 한다고 생각하였다. 개인과 사회의 대립, 인간과 인간의 대립의 근원에 있는 자아 내부의 갈등을 보았다. 졸업논문에서 다루었던 D. H. 로렌스의 영향을 받은 발상이다. 후쿠다는 모든 현상은 그것을 인식하고 행위하는 주체 내부의 이원성에 기인한다고 보았다. 자아의 이원성을 동인으로 삼는 문화의 갈등을 포기했을 때, 지식인이 정치적 행위를 하고 정치집단의 정책에 적극 동조하게 된다고 생각하였다.

영원한 평행상태를 상정하는 이원론은 상대주의를 허용하는 것이 아닐

---

112 「一匹と九十九匹と」, 646쪽

까. 후쿠다는 상대주의를 배격하였다. 부동의 절대주의로 극복해야 한다고 믿었다. 보편적 관점에서 절대적인 것에 의탁하여 개인윤리를 파악하였다. 후쿠다는 기독교에서 인간과 절대신의 이원론적 공존을 보았다. 인간은 신에 의해 부정되고 신에 의해 만들어짐과 동시에 신을 긍정하고 신을 만든 존재라는 것이다. 기독교세계의 인간은 자기를 초월하여 자기와 대립하고 자기를 부정하는 절대신=조물주을 만들어냈다. 완전함과 선에 도달할 수 없는 인간은 현실 부정의 절대자를 설정함으로써 역설적으로 현실 긍정에 이를 수 있었다. 여기에 **"절대자와 상대적 현실을 양립시키는 이원론"**이 성립한다. **"절대와 상대에 서로 걸치는 상대주의"**가 상정된다.[113] 자유에 대해서도 긍정과 부정의 이원론이 성립한다. 절대자 앞에 진보가 있을 수 없듯이 절대자 앞에 자유가 있을 수 없다. 모든 인간은 신 앞에 자유를 거부당함으로써 만인평등의 원리가 생겨났다. 자유 긍정이 성립한다고 자유 부정이 배척받지는 않는다. 자유 긍정과 자유 부정의 이원론이 성립한다.[114]

후쿠다는 시간과 공간의 이원론에도 주목하였다. 후쿠다는 역사와 전통의 관념은 시간의 흐름을 막고 그것을 공간화했을 때 생겨나는 것인데, 일본에서는 역사와 전통의 관념이 생겨나지 못했다고 판단하였다. 서구와 달리 **"공통의 전체적 관념"**을 갖지 못한 채 **"전체적 관념"**이 시대마다 교체되었기 때문이다.

> 서구의 중세, 근세, 근대는 하나의 역사를 형성하면서 어느 시대에도 **공통의 전체관념**을 소유하였다. 실증과학이 초자연적인 신의 존재증명을 요구하는

---

113 「絶對者の役割」(1957), 『全集』 4, 276-277쪽.
114 「絶對者の役割」, 285-286쪽.

위협에 봉착했지만 신의 부재증명을 못하는 실증과학을 거부할 수 있었다. 하지만 일본의 경우 중세와 근세, 근세와 근대는 각 시대에 **전체적 관념의 교체**를 요구받았다. 전후에도 마찬가지다. 여기서 **전통과 역사의 관념**이 생길 리 없다. **역사적 사실은 있지만 역사는 없다.** 역사나 전통이라는 관념은 시간의 흐름을 막고, 그것을 공간화함으로써만 생긴다. 그것을 이루기 위해서는 어떤 의미에서 **절대자가 필요하다.** 동시에, 이 절대자를 어디에 두는가에 따라 과거와 미래를 어디까지 가둘지 결정된다. 여기서 **시간과 공간의 이원론**이 나타난다. 유물사관도 절대자를 갖는 형이상학이지만, 그 절대자는 과거보다도 현재를, 현재보다도 미래를 편애한다. **과거, 현재, 미래의 어느 것도 편애하지 않는 절대자는 어느 것도 똑같이 부정하는 초절적인 것이어야만 한다. 이 신 앞에서 진보는 있을 수 없다. 역사도 전통도 진보라는 의식을 가지고는 결코 파악될 수 없다.** 진보주의에서는 '대는 소를 겸한다'는 식으로, 과거는 항상 현재 속에, 현재는 항상 미래 속에 삼켜지고 만다. 즉 역사는 존재하지 않는다.[115]

시간과 공간의 이원을 극복하는 "공통의 전체적 관념"을 형성하기 위해서는 절대자가 요구된다. 과거, 현재, 미래의 어느 것도 편애하지 않는, 모든 걸 똑같이 부정하는 "초절超絶적인" 절대자가 필요하다. 역사와 전통은 이러한 절대자를 상정했을 때 성립한다.

후쿠다의 평화론에도 이원론적 사고법이 작용하였다. 후쿠다는 "절대평화주의라는 관념주의"를 내세워 미군기지 교육문제와 같은 구체적인 평화문제를 해결하려는 진보주의자의 행태를 비판하였다. 구체적 사안에 한정시키는 "현지해결주의"를 주장하였다. 절대주의와 상대주의의 이원론, 혹은 이상과 현실의 이원론에 근거한 주장이다.

---

115 「絶對者の役割」, 284-285쪽.

'현지해결주의'가 성립하려면 **사물을 상대적으로만 보는 역사의 세계**에, 말하자면 **수직으로 교차하는 부동의 절대주의**가 없어서는 안 된다. 절대가 있고나서의 상대이므로, 평화 따위는 절대 있을 수 없다는 나의 주장의 배후에는 절대평화의 이념이 있다. 이러한 입장에서 '현지해결주의'를 주장한다. **절대주의와 상대주의의, 혹은 이상과 현실의 이원론 위에 서서 나는 현실적으로 생각하자**고 말하는 것이다. 현대의 풍조는 그 반대로, 상대적인 현실의 세계밖에 살지 않는 현실주의자가 한번 지껄이면 관념적인 이상론을 휘두른다. 그것에 대해 '현지해결주의'라 말한 것이다.[116]

현지해결주의는 평화문제의 상대주의적 해결을 말한다. 현지해결주의는 상대적인 역사적 세계에 "부동의 절대주의"를 상정했을 때 성립한다. "사물을 상대적으로만 보는 역사의 세계"(시간)는 "수직으로 교차하는 부동의 절대주의"(공간)를 필요로 한다. 상대적 평화는 절대평화의 이념을 배경에 둔 것이다. 절대주의와 상대주의의 이원, 혹은 이상과 현실의 이원은 단순한 등가적 대치對置가 아니다. **"절대가 있고나서의 상대"**이다. 절대주의를 전제로 삼았을 때 상대주의적 현실을 극복할 여지가 생겨난다.

후쿠다는 민주주의가 상대주의를 초래할 수 있음을 경계하였다. 상대주의는 "같은 차원에서 되풀이되는 무한의 우행愚行"에 지나지 않는다. 현상이나 당장의 정세에서만 사태를 판단하는 습관, 즉 "현장주의"가 몸에 배어버리면 "수단과 목적의 끝없는 악순환"에 빠질 수밖에 없다.[117] 후쿠다는 다수결의 사회정의에서 상대주의의 약점을 보았다. 후쿠다는 상대를 극복하는 데 있어 권력, 무력에 의지하는 방식(파시즘)이나 다수결

---

116 「個人と社會」, 75쪽.
117 「個人と社會」, 72-73쪽.

에 의거하는 방식(민주주의)에 동의하지 않았다. 서구 민주주의를 움직이는 권력, 무력, 다수결과 암묵리에 대립하는 절대의 관념에 주목하였다. 절대적 존재를 상실한 일본의 민주주의에 보편적 윤리와 절대자가 필요하다고 생각하였다.[118]

현재와 리얼리즘

현실의 이율배반은 논리(이론)를 내세워 단번에 뛰어넘을 성격의 것이 아니었다. 현실의 모순은 현실을 토대로, "현재라는 영원"의 현실 위에서 인식되어야만 했다. 이원론은 자신의 사고를 표현하는 수단이었지만, 시대를 살아가는 방법이었다. 후쿠다의 이원론은 절대의 이상, 즉 "일원의 이상"을 상정한 것이었다. 후쿠다만큼 '일원의 이상'을 희구한 문인도 드물다.[119] 후쿠다는 "후쿠다 씨의 삶은 선禪에 가장 가까운 것인가요"라는 질문에 "그럴지도 모른다"고 답한 적이 있다. '일원의 이상'을 상정한 이율배반의 이원론은 '절대모순의 자기동일'이라는 선禪의 경지를 떠올리게 한다. 후쿠다는 영원히 이원대립하는 인간세계에서 어느 방향에도 치우치지 않고 분열하는 일도 없는 공고한 통일인격을 지향하였다.[120]

'현재'는 시간적인 것이 아니라 공간적인 것으로 파악되었다. 현재라는 공간은 늘 현재적으로 존재한다. 미래는 현재가 중단되었을 때 찾아오는 것이며, 현재의 중단인 미래는 미래가 아니라고 했다. "미래는 현재의 완전 연소이며, 그것에 의한 현재의 소멸이며, 또한 그 소멸에 의해 새로운 현재로 탈출하는 것"이다, 후쿠다는 "우리 앞에는 언제나 현재밖에 없다"고 단언한다.[121] 연극무대가 관객 앞에서 언제나 현재일 수밖에 없는, 그

---

118 「個人と社會」, 76-77쪽.

119 中村保男, 『絶對の探求 ― 福田恆存の軌跡』(柏: 麗沢大学出版会, 2003), 50쪽.

120 土屋道雄, 『福田恆存と戦後の時代』, 第16章.

러한 현재이다.

> 무대 위에서는 모든 것이 이중성에서 진행한다. **우리 구경꾼 앞에는 항상 현재 밖에 존재하지 않는다.** 그 현재는 차례차례 지나가지만 그것은 결코 과거가 되진 않는다. **차례차례 눈앞에 나타나는 현재 속에 그것들은 일체가 포함되어 있다…** 극에서는 항상 현재가 약동하면서 시간의 진행에 수반하여 과거와 미래를 동시에 밝혀간다. **현재 속에 모든 것이 있다. 지금 일어나는 것 속에 이미 일어난 것과 이제부터 일어날 것이.** 이 이중성이 극에서의 시간의 법칙이다. 소설에서는 그 정도의 긴밀성을 필요로 하지 않는다. 소설은 과거로 돌아갈 수도 있고, 독자는 첫 부분을 다시 읽을 수도 있다. **극의 시간은 불가역적이다. 현재만이 있어야 한다.** 그것이 **현재로서의 발랄함**을 잃으면 그 순간 시간의 흐름은 절단된다. 무대의 움직임도 대사도 죽는다. 극에서는 모든 것이 연쇄 반응으로서 차례차례 계기繼起해야 한다. 그것을 일정한 미래를 향해 끌고 가는 강제의 손길이 보여서는 안 된다… 극의 진행과 함께 퇴적되어온 현재는 그것 자신을 **완전 연소**시켜야 한다. 그러기 위한 필연성은 굳게 지켜져야 한다. **현재는 우연의 귀결이고 우연의 가능성을 내포하지만, 막이 끝나면 모든 것이 강한 필연성을 가지고 되살아난다.** [122]

후쿠다는 "차례차례 눈앞에 나타나는 현재"를 응시한다. 현재는 지금 눈앞에 존재하는 공간적 실재實在=현재顯在/現在로 나타난다. 공간적 현장감을 통해 과거와 미래는 현재 속에 현존한다. 연극의 시간은 불가역적인 것으로 오로지 현재일 뿐이다. 이 현재는 생동감과 극적 긴장감을 가져야만

---

121 「人間・この劇的なるもの」(1956), 『全集』3, 522쪽.
122 「人間・この劇的なるもの」, 525-526쪽.

무대도, 대사도, 살게 된다. 극적 긴장감을 가진 연극이 진행되면서 퇴적된 현재는 완전연소를 통해 시간이 지나도 우연의 가능성을 내포한 우연의 귀결이 아니라 필연성으로 되살아난다. 미래는 이러한 현재에 정초한다. 극작가, 연출가로서의 후쿠다의 '극적 정신'을 보여주는 현재의식이다.

　현재의식은 리얼리즘의 표현이다. 리얼리즘은 현실에 거처를 둔다. "현실의 추錘"와 같은 것이다. 통화는 물적 보증이라는 현실의 추가 없으면 인플레를 유발한다. 언론의 자유는 현실의 추를 갖지 못하면 정신의 권위를 약화시킨다. 현실로부터 유리된 표상이 무책임하게 유통될 때 혼란이 초래된다.[123] 현실을 무시하고 사회의 이상만을 말하는 "교설"敎說은 휴지 조각에 불과하다. 현재를 살아가는 인간은 미래에 찾아올 사회의 "덕의" 德義를 색인으로 삼아선 안 된다.[124] 후쿠다가 현실에 거처를 둔 것은 현실이 힘의 원천이라서가 아니다. 후쿠다는 "자신을 현상現狀 그대로 긍정하는 것, 그것 이외에 없다. 자신의 약점을 긍정하지 않으면 어디에도 출발점은 없다. 자신의 약점 이외의 장소에 자기를 찾아도 헛일이다"라고 했다.[125] 자기 약점을 부정하는 강권 지향의 리얼리즘(권력주의)은 후쿠다의 논법에서 본다면 오히려 이상주의라 불러야 한다.

　리얼리즘은 현재의 일상성을 파악하는 정신이었다. 예술론에서 확인할 수 있다. 후쿠다는 동시대의 관념, 동시대에 대한 해석은 강렬한 리얼리즘 정신에서 나와야 한다고 생각하였다. 작가, 비평가, 문화인은 "예술지상주의적인 이상주의"가 아니라 "신경이 굵은 리얼리즘의 정신"이 필요하다고 했다. 리얼리즘은 "표현기술로서의 리얼리즘"이 아니라 "정신으로서의 리얼리즘"이어야 했다.[126] 후쿠다는 예술의 사회적 참여에서 리얼

---

123 「民衆の心」, 542쪽.
124 「肉體の自律性」, 478쪽.
125 「日本および日本人」(1955), 『全集』 3, 167쪽.

리즘을 구한 것이 아니다. 현재의 일상생활을 영위하는 정신에서 리얼리
즘을 찾았다.

　현실에 거처하는 리얼리즘은 목적보다 수단을 중시한다. 목적에 맞추
어 수단을 강구하면 관념적이 된다. 목적이 이상적으로 주어진 것이라면,
주어진 목적에 현실을 맞추는 수단을 논하게 되고 논의는 관념적이 될 수
밖에 없다. '관념적'이란 미래에 달성할 목적과 현실 사이에 큰 틈이 있
음을 뜻한다. 이러한 틈새를 보이는 진보의 주체성론은 관념적일 수밖에
없다. 진보지식인들은 주체성을 논하는데 비주체적인 역설적 상황에 있
다.[127] 후쿠다는 어떤 행위라도 수단과 목적은 분리될 수 없다고 보았다.
목적은 수단 속에 있고 수단을 행하는 것 자체가 목적이라 했다. 수단의
변경은 목적의 변개이며 배반이며 무절조를 뜻했다.[128] 수단은 행위이자
목적이며, 목적이 수단을 규정하는 것이 아니라 수단이 목적을 예정한다
는 말이다. 후쿠다의 보수적 리얼리즘은 미래의 목적보다 현실의 수단을
중시하는 정신이었다.

---

126 「同時代の意義」(1945), 『全集』 1, 530쪽.
127 「観念的な, あまりに観念的な」(1949), 『全集』 2, 524-525쪽.
128 「個人と社會」, 70-72쪽. 이는 메이지 이래 일본에서 목적이 달성되기 전에 또 다른 외국제
　　의 목적이 계속 들어와왔다는 사실과도 관련된다.

5. 근대와 전통

근대의 숙명

'정신의 정지'와 '근대의 숙명'

이원론적 세계관은 일본의 근대 경험과도 관련된다. 패전공간에서는 '근대'를 긍정하는 사유가 크게 유행하였다. 민주주의를 구가하는 진보지식인이 대세를 이루고 공산당에 동조하는 이가 늘면서 근대주의와 마르크스주의는 고삐없는 질주를 보였다. 후쿠다는 근대의 질주와 전통의 작용에 관해 성찰하면서 일본의 진로를 모색하였다. 보수적 실존을 규율하는 제도로서 민주주의를 받아들이면서 '민주국가'의 현실과 격투하였다. '근대의 숙명'과 마주하는 분투를 통해 전후일본의 실존적 양태를 탐색하였다. 미학과 윤리학을 배경으로 하는 예술문학과 이와 대립하는 정치의 상관성을 관찰하면서 '근대'를 짊어져야 하는 숙명의 무게를 달고자 했다.[129]

후쿠다는 '근대'와 '민주주의'를 부정하지는 않았다. '근대'의 내적 성찰을 요망하였다. '근대'를 향한 질주를 멈추고 "자기 자신으로 돌아올 것"과 "정지할 것"을 요구하였다.

우리는 메이지로 회귀할 수도 없는 동시에, 지금 바로 현재에서 출발할 수도 없다. 우리가 할 수 있는 일은 우리의 현실의 한복판에 멈춰서는 것이다―지금은 여기에서 정지靜止하는 것이다. 그럴듯한 빈말에 속아선 안 된다. 시간의 흐름 속에서 인간은 정지停止할 수 없다고 누가 말하는가. 이런 말에 귀를 기울

---

129 「二つの世界のアイロニー」(1950), 『全集』 2, 538쪽.

여서는 안 된다. 우리의 자연은—**우리의 육체는 정지**停止**할 수 없다. 하지만 정신은 언제 어디서든 시간의 바깥에 정지**靜止**할 수 있다. 아니, 정지**靜止**할 수 있을 뿐 아니라 뭔가 위대한 걸 이루려는 경우, 혹은 자기를 변혁하는 경우 반드시 정지의 한때를 가져야 한다. 정신이 때로 정지**靜止**하는 것이 아니다—우리가 정지**靜止**할 때 등장하는 것이 정신이다.**[130]

후쿠다는 "지금 여기에서" 정신이 "정지"靜止해야 한다고 말한다. 국수주의자의 말처럼 메이지 시대로 회귀할 수는 없다. "사이비 계몽주의자"(진보주의자)의 주장처럼 "과거를 공백 속에 매장하고서" 현재에서 출발할 수도 없다. 질주를 요구하는 진보주의자의 "그럴듯한 빈말"에 속아서도 안 된다. 지금 마주한 현실의 한복판에 멈춰서야 한다. 현재의 에고이즘과 욕망을 추구하는, 생활에 뿌리내린 육체의 "정지"停止는 어렵지만 "시간의 바깥에" 정신이 "정지"靜止하는 건 가능하다. 정신이 정지하는 것이 아니라 우리가 정지해야 정신이 등장한다는 말은 의미심장하다. 일본 근대는 "정지靜止의 한때"를 갖지 못해 "정신이 자유를 쟁취한 때"가 없었다. 국수주의자들과 진보주의자들은 "타동적으로, 혹은 과거와 미래의 환상에 끌려다니면서" 금일에 이르렀을 뿐, 일본인 자신 속에 한번도 멈춘 적이 없었다. "진정 자기의 현실에 틀어박힌 적이 한번도 없었다."[131]

현재 가장 필요한 것은 자기 자신으로 돌아오는 일이다. 우리의 사유가 타인의 사유와 맞지 않을 때, 혹은 현실의 저항을 느낄 때, 우리는 이것들을 성급하게 때려잡을 것이 아니라 우선 자기 발생의 지반을 찾아내야 한다.[132] 자신으로의 회귀는 자기 발생의 지반을 찾는 것을 말한다. 정신이

---

130 「近代の宿命」(1947), 『全集』 2, 432-433쪽.
131 「近代の宿命」, 433쪽.
132 「一匹と九十九匹と」, 641쪽.

정지한다는 것은 "우리 자신이 서있는 발판"을 성찰한다는 말이다. 후쿠다는 정신이 정지했을 때 비로소 "넘기 어려운" 유럽과 일본의 차이를 인식하게 된다고 생각하였다. '근대'를 자각하게 된다고 보았다.

> 우리는 섬나라에서 태어나 섬나라에서 자라나 섬나라의 한계를 알며 이제는 바다를 건널 줄도 모른다. 그런데도 이것을 건너야 한다고 각오한다. 여기서 정지靜止는 과연 무엇을 의미할까. 그것은 어떤 적극성을 가질까. 오히려 경거망동하는 것보다 못하지나 않을까. 하지만 나에게 ─ 적어도 나에게 정지는 유럽과 일본 사이에 거의 넘기 어려운 해역이 존재하는 것을 자각시킨다. 물론 영원히 넘기 어려운 것이라 단언할 수는 없다 ─ 하지만 그 해역의 존재를 이제 오히려 넘기 어려운 것으로 인식함으로써 완고하게 멈춰서기 위해 나는 감히 유럽의 근대에 직면하고 싶다.[133]

'정지'의 행위를 통해 유럽과 일본 사이에 존재하는 "넘기 어려운 해역"은 자각된다. 후쿠다는 이 해역을 영원히 극복하지 못할 것이라 예단하지는 않았다. 하지만 넘기 어려운 것임을 인식했을 때 확실한 "정지"가 가능하다고 믿었다. 정지한다는 것은 유럽의 '근대'와 정면으로 마주한다는 말이다. "넘기 어려운 해역"의 존재를 의식하는 것은 '근대의 숙명'을 절감하는 실존의 문제였다.

후쿠다는 "넘기 어려운 해역"이 일본 근대문학에 남긴 깊은 상흔을 보았다. 근대일본에 존재한 지배-피지배 관계의 인간과 유럽근대로부터 받아들인 순수한 개인 사이에서 생겨난 자기기만을 읽어내면서 근대일본의 숙명을 강하게 느꼈다. "지배=피지배의 자기"와 "개인의 순수성"의 혼

---

133 「近代の宿命」, 433-434쪽.

동은 근대 일본문학의 숙명이었다. 현실의 인간과 순수한 개인 사이에서 자기기만이 발생한 것은 근대일본의 숙명이었다. 후쿠다는 문학에서 정치를 배제함으로써 자기기만을 해소할 수 있다고 믿었다. 급진적인 사회혁명이 요구되는 전후적 상황에서 문학에 사회성을 부여해서는 안 된다고 생각하였다. 개인의 순수성이 보전되는 영역(문학)에 "정밀"靜謐, 즉 '정지'를 허용하지 않을 경우 지배=피지배의 자기에 추악한 에고이즘이 나타날 수밖에 없다고 보았다. 후쿠다는 눈앞에 벌어지는 혼란에 마음을 뺏기지 말고 "눈을 내부로 향할 것"을, 즉 "정지할 것"을 요구하였다.[134]

후쿠다는 "넘기 어려운 해역"을 극복하는, 즉 자기기만을 해소하는 길을 "**근대의 확립**"에서 찾았다. 현대일본은 근대일본이 현실과 유리된 채 유럽의 근대를 받아들인 까닭에 "근대의 극복"을 실천할 기반을 갖지 못했고, 그 결과 "근대의 한계와 그 극복을 꾀하지 않으면 그 확립을 기약하기 어려운 역설적 현실"에 처해 있다. "근대의 확립을 보지 못한 채, 동시에 그 극복을 말해야 하는 현실의 질병"을 안고 있다. 후쿠다는 근대 미확립의 현실을 무시한 채 근대의 한계를 논한다는 것은 당면 문제를 회피하고 일본을 전근대에 빠뜨린다면서 현대일본에는 "근대의 극복"이 아니라 "근대의 확립"이 필요하다고 주장하였다.[135] '정신의 정지'는 일본의 근대를 성찰하고 근대의 확립을 모색하는 방법론이었다.

근대의 확립을 위한 정신의 정지는 일본의 근대에 대한 성찰뿐 아니라 일본의 봉건성에 대한 재평가를 요구한다. 후쿠다는 근대일본의 약점 내지 혼란이 봉건성이 아니라 "성급한 근대화", "무비판적인 근대화"에 따른 "사이비 근대성"에 기인한다고 보았다. 근대일본에서는 근대적 전쟁

---

134 「近代の宿命」, 464-465쪽.
135 「ロレンスI」(1947), 『全集』 2, 30-31쪽.

에 미숙한 인간이 잔학불법한 전쟁을 일으키고, 국가에 익숙지 않은 인간이 국가주의를 배워 초국가주의를 야기하고, 개인주의가 약한 인간이 권리의무의 제도와 법률을 받아들여 이기주의를 조장하는 일이 벌어졌다. 후쿠다는 이러한 행태를 봉건성으로 간주하는 성급함이 진정한 근대화를 방해했다고 생각하였다.[136] 구미의 사상과 삶의 방식이 근대 고유의 것이라는 미망을 깨야 하고, 일본 고유의 것들이 봉건적이라는 착각도 버려야 한다고 했다. 일본의 지식계급이 생각하는 근대의 것이 구미 고유의 것일 수 있고, 일본의 봉건적인 것이 미래에도 벗어날 수 없는 일본적인 것일 수 있다는 것이다.[137] 후쿠다는 근대적인 것과 봉건적인 것, 서구적인 것과 일본적인 것에 관한 진보주의적 통념을 깨뜨린 셈이다. 근대 이전의 중세를 재발견하는 성찰도 이와 관련된다.

'근대의 확립'과 '근대의 초극'

후쿠다는 '근대의 숙명'이 일본인이 초극해야 할 "진정한 근대"를 갖지 못했을뿐더러 일본의 근대가 "반역, 초극해야 할 중세"를 갖지 못한 데 기인한다고 보았다. 마루야마 마사오가 "일본은 초극할 진정한 근대를 갖지 못했다"고 말한 것과 무관치 않다. 마루야마는 근대일본이 근대의 초극은커녕 진정한 근대조차 갖추지 못한 채 봉건적 사유와 생활에 머물러 왔을뿐더러 전통적인 봉건성과 조잡한 근대성의 결합이 폭력적인 초국가주의를 조장했다고 비판하였다.[138] 후쿠다는 마루야마식의 결합보다는 개인의 개체적 순수성과 지배-피지배 관계에서의 피구속성 사이에서 생겨

---

136 「日本および日本人」, 191-192쪽.
137 「日本および日本人」, 181쪽.
138 마루야마 마사오, 「초국가주의의 논리와 심리」(1946), 김석근 역, 『현대정치의 사상과 행동』 (파주: 한길사, 1997).

제2장 '평화'와 '민주'

나는 괴리가 지속되는 숙명에 주목하였다. "반역, 초극해야 할 중세"의 존재 여부를 따졌다.

'중세'는 봉건성을 뜻하는 말이 아니다. 절대자=신이 상정되는 세계를 가리킨다. 일본이 안고 있는 근대의 숙명은 절대자인 신과 분리되어 개인의 순수성이 없고 특수성만 있다는 사실에 비롯된다. 유럽에서 '신'은 근대에 들어 상실되었지만 변형된 추상화된 형태로 살아남았다. 반면 근대 일본은 '신'과 절연되었다.

> 근대의 초극이란 무엇인가. 우리는 초극해야 할 진정한 근대를 갖지 못했고, 더구나 근대가 반역, 초극해야 할 중세를 갖지 못했다. 근대유럽은 신을 상실했지만, 그건 단지 신의 해체와 변형과 추상화를 의미할 뿐이다. 진정 그것을 위한 절차이자 과정에 불과했던 유럽의 근대정신과 그 정치제도, 경제기구를 그대로 이입하고 그 속에서 생활할 수밖에 없는 우리 일본인으로서, 게다가 신과 절연되어 있다고 한다면, 바꿔 말하면 개인의 순수성이 아니라 그 특수성밖에 갖지 못한다고 한다면, 대체 우리는 이 유럽의 근대와 어떻게 대결해야만 할까. 답은 그 확립과 동시에 초극을. 바로 이와 다를 바 없다. 하지만 누가, 어떻게, 그걸 할 수 있을까.[139]

후쿠다는 '근대의 확립'을 말하면서 동시에 '근대의 초극'을 말한다. 유럽의 근대적 정신과 제도를 받아들여 근대를 확립함과 동시에 근대를 초극해야 한다는 것이다.[140] '근대의 숙명'은 '근대의 확립'과 '근대의 초극'을 동시에 실현해야 하는 실존적 운명을 가리킨다. 절대신=절대윤리를 갖지

---

139 「近代の宿命」, 466-467쪽.

140 「近代の宿命」, 467쪽.

못한, 따라서 근대를 갖지도, 초극하지도 못한 상황에서 '근대'와 격투해야 하는 숙명이다. '근대의 확립'은 '근대의 초극'을 위한 조건이었던 셈이다. '유럽의 근대'는 지향할 절대목표가 아니라 '일본의 근대'를 성찰하는 방법론적 수단이었다. 서구의 근대를 전후일본의 지향점으로 삼았던 진보주의자들과 대비된다.

'중세'를 갖지 못한, 즉 신=절대자를 갖지 못한 일본에서 근대의 확립과 초극의 동시적 실현은 어떻게 가능할까. 후쿠다가 말하는 '숙명'은 주체성을 결여한 운명론을 가리키는 것이 아니다. 자유의 원점, 극적 정신의 전제조건으로서의 숙명이다. 후쿠다는 이러한 숙명을 자각하고 받아들였을 때 비로소 정신의 자유를 획득할 수 있다고 했다. 현대의 신 없는 니힐리즘의 위험을 찰지한 위에 인간존재의 전제조건으로서의 숙명을 모색했던 것이다. 후쿠다의 '극적인 정신'은 숙명의 발견과 자각에서 비롯된다. 훗날 그리스 비극에 끌리게 된 것은 어쩌면 당연한 귀결이었다.[141]

'근대의 초극'은 교토학파의 클리세였다. 후쿠다는 분명 교토학파의 근대초극론을 의식했을 터다. 전중기에 회자된 '근대의 초극'은 절대무의 철학, 근대의 인간중심주의의 부정적 초월을 통해 서양근대의 질서원리인 원자주의, 기계론적 세계관, 인간중심주의를 극복하고, 개체들이 화해和諧를 이루는 전체의 도의적 질서를 지향한 사유였다.[142] 패전후 교토학파는 물질과 정신의 양면에서 일본근대의 후진성, 미숙성을 자각하였다. 비록 논단에서 퇴장당했지만, 전후의 새로운 세계질서에 부응하는 형태

---

141 井尻千男, 『劇的なる精神 福田恆存』, 26-28쪽.
142 '근대의 초극'론의 전체적인 전개 양상에 관해서는 히로마쓰 와타루, 김항 역, 『근대초극론』(서울: 민음사, 2003); 鈴木貞美, 『「近代の超克」—その戦前・戦中・戦後』(東京: 作品社, 2015). 전후일본에서 교토학파의 전개에 관해서는 米谷匡史, 「「世界史の哲学」の帰結—戦中から戦後へ」, 『現代思想』 23:1(1995)을 볼 것.

로 근대초극론을 변형시키기도 했다. 고야마 이와오는 근대국가체계를 지탱하는 자유주의와 자본주의에서 배태된 자유, 평등이념이 계급대립을 초래하는 자기모순을 추궁하면서 근대국가체계를 초극하는 고차원의 도의적 질서로서 '문화국가'를 구상하였다. 복수의 세력권이 경쟁하는 광역권질서를 넘어선, 세계평화기구에 의한 국가주권의 제한 내지 포기를 상정한 초근대국가를 구상하였다.[143]

전중기 파시즘체제에서 비평활동을 시작했던 후쿠다에게는 얼마간 교토학파의 지적 자장이 감지된다. 후쿠다의 근대초극론도 교토학파의 지적 분위기를 풍긴다. 후쿠다의 생명 중시의 철학이나 실존적 감각에서도, 앞에서 살펴본 현재의식에서도, 교토학파와의 접점이 간취된다. 하지만 지향점은 달랐다. 교토학파의 경우 '근대의 초극'은 서구의 '근대'를 초월(超越)하여 일본을 포함한 세계를, 일본사를 포함한 세계사를 구축하는 것이었다. '초근대'는 근대문명에 대한 일본문명의, 유럽적 가치에 대한 일본적 가치의 우월을 상정한, '반근대'의 지향성을 가진 것이었다. 후쿠다는 '근대의 초극'의 발판을 유럽 근대에 두었다. '유럽의 근대'를 보편적 근대로 받아들였다. 때문에 '근대의 초극'은 '근대의 확립'을 거쳐야 했다. 보편적 근대를 확립해야만 개별적 근대는 보편적인 것과의 간극을 줄일 수 있기 때문이다. '초극'은 보편적인 유럽근대와 개별적인 일본근대의 부정합에서 생기는 자기모순을 극복하는 행위였다.

이상인간상과 자기완성

이율배반의 모순을 극복하는 근대의 확립과 초극은 신=절대자를 매개로 상정되었다. 후쿠다 쓰네아리는 '신'과 '이상인간상'의 부재를 일본근

---

143 高山岩男, 『文化国家の理念』(東京 : 秋田屋, 1946).

대의 최대 걸림돌로 보았다. 근대 문학자들이 사소설을 통해 "반사회적인 자아"를 구축하였다는 사실에서, 또 일본인이 "이류국 사람"일 수밖에 없다는 사실에서, "신을 갖지 못한 일본인의 숙명"을 보았다. 어떤 정부정책이든 어떤 사상운동이든 무조건 승복하는 민중의 무자각이나 지식계급의 반항에 보이는 자학적 도착은 이상인간상이 결여된 탓이라 생각하였다.[144] 이상인간상은 현실의 국가를 이끌어가는 매개적 존재였다. 국가의 선을 이루고 국내의 악을 일소하며 국가독립을 달성하는 이상적 존재의 표상이었다. 후쿠다는 신과 이상인간상을 상정해야만 일본이 서있는 자리를 응시할 수 있을뿐더러 개인의 확립과 초극이 가능해진다고 생각하였다.

> 우리는 우리가 서있는 위치를 분명하게 응시한다. 신과 이상인간상 없이는 개인의 확립도, 그 초극도 있을 수 없음을. 또한 긍정해야 할, 혹은 부정해야 할 어떤 것도 있을 수 없음을. 그리고 획득해야 할, 혹은 포기해야 할 어떠한 꿈도 있을 수 없음을.[145]

신과 이상인간상은 인간악을 해소하고 이기적, 권력적인 근대사회에서 살아남는 '개인의 확립과 초극'을 매개하는 존재로 상정된다. 후쿠다는 신의 이념과 그것이 조출한 이상인간상이 유럽에서 사회혁명의 원동력이었음을 확인하면서 이기심, 권력욕이 경합하는 근대사회에서 살아남으려면 이상인간상이 필요하다고 보았다. 이상인간상을 매개로 '개인의 자기완성'이 가능하다고 생각하였다.[146] 개인뿐 아니라 시대도 이상

---

144 「私小說的現實について」(1947), 『全集』1, 570-572쪽.
145 「近代の宿命」, 468쪽.
146 「肉體の自律性」, 481-482쪽.

인간상을 가져야만 했다. 보편적인 이상인간상은 개인과 시대의 개별성을 완결시키는 조건이었다. 개인과 시대는 이상인간상을 가졌을 때 비로소 스스로를 목적으로 삼게 되고 사회와 역사의 바깥에서 자기완성을 기대할 수 있게 된다. 이상인간상이 없으면 개인은 영원히 "사회적 전체의 한 수단", 시대는 "역사적 전개의 한 과정"에 지나지 않게 된다.[147] 절대자와 이상적 인간은 개인의 자기완성과 시대의 자기완결성을 위한 전제조건이었다.

'보수주의자' 후쿠다 쓰네아리가 신과 이상인간상을 매개로 개인의 '자기완성'을 지향했다니, 일견 자연스럽지 않을 수도 있다. '자기완성'은 완전성을 추구하는 진보주의자들에게 걸맞는 말이 아니던가. 진보지식인들도 패전공간에서 '이상적 인간'을 제시하였다. 패전에 따른 절망과 좌절을 희망과 용기로 바꾸는 데 있어 이상적 인간은 유용했을 터다. 하지만 의미는 달랐다. 진보주의자들은 불합리한 봉건성에 대항하는 '근대적 개인'에서 이상적 인간을 찾았고 이러한 관점에서 '개인의 창출'을 얘기하였다. 개인은 합리적 이성을 가진 자율적 주체로 상정되었다. 신=절대자가 개입할 이유는 없었다. 후쿠다의 경우 이상인간상은 개인을 초월한 '신'의 관념에서 도출된 것이었다. 개인은 사회적 전체의 수단이 아니라 스스로를 목적으로 삼는, 하지만 원자적 주체가 아니라 사회질서에 부합하는 존재였다. 이러한 존재 설정에 '신'과 '이상인간상'이라는 이데아가 관계하였다. 후쿠다는 신=절대자 앞에 선 인간을 상정하고 신을 매개로 이상인간상을 설정함으로써 사회적 자아로 해소될 수 없는 개인적 자아를 구출하고자 했다. 근대=개인을 넘어 우주의 전체성을 향했고 신=절대자와 조우하였다.

---

147 「理想人間像について」(1947), 『全集』 2, 475쪽.

'자기완성'은 개인이 사회와 역사의 바깥에서 신과 대면하면서 상정된 것이다. 인간도 신이 될 수 있다는 합목적적 진보관념에서 나오는 것이 아니다. 신은 '자아부정'의 계기로서 작용한다. 자아의 바깥에 자아를 부정하고 동시에 자아를 지탱하는 근거로서 신과 이상인간상이 설정된 것이다. 이상인간상은 "자아를 부정할 유일한 모멘트"였다. 후쿠다는 일본의 근대문학에서 이것을 발견하였다. 근대유럽의 프로테스탄트는 확실한 이상인간상을 가졌기에 자아는 스스로를 거부하고 봉건적 악을 부정할 수 있었다. 반면, 일본의 근대문학에서는 자아확립이 봉건성에 의해 부정되었다. 현대문학에서도 봉건적인 것이 자아를 부정하는 사소설을 짊어진 채 이상인간상 없이 자아의 해방과 확립을 시도하였다.[148] 신과 이상인간상의 관념은 자아의 자기완성을 위한 자기부정을 매개하였다.

절대자 신이 부재한 일본적 상황에서 이상인간상은 어떻게 창출할 수 있을까. 후쿠다는 자아가 몰락해야 한다고 주장한다. 이상인간상 없이는 몰락조차 불가능하다는 사실을 알아야 한다고 말한다.[149] '자아의 몰락'은 절대자를 매개로 한, 심리적 고통을 수반하는 "자아부정"이다. 그런데 후쿠다는 이상인간상이 현실에 구현될 것이라 생각하지는 않았다. 이상인간상은 실현 불가능한 "한 조각의 허망", "허상"에 불과하다고 고백한 바 있다.[150] 심리적 고통을 수반하는 자아의 몰락=자아부정을 말하면서도 이상인간상의 실현 불가능성과 허망함을 자백하는 지점에 후쿠다 보수주의의 심리가 들어 있다. 후쿠다는 패전공간에서 제시된 '이상적 인간'의 근대적 기획을 보수주의의 관점에서 재구성한 셈이다. 후쿠다는 신과 이상인간상의 부재 내지 허망함을 역사, 전통, 문화에 관한 발상으로 메웠다.

---

148 「理想人間像について」, 476쪽.
149 「理想人間像について」, 477쪽.
150 「理想人間像について」, 475쪽.

역사와 전통과 문화

역사적 필연성

후쿠다 쓰네아리는 절대자 부재의 일본에서 현실의 이율배반을 극복할 가능성을 역사와 전통에서 찾았다. 유럽과의 유추, 신체와의 유비를 통해 역사의 연속성을 파악하였다. 후쿠다에 의하면, 유럽의 근대는 중세에 연속한 것이었고 근대유럽의 정신에는 중세적 정신의 강인한 통일성과 일관성이 살아있었다. 중세와 근대의 차이는 중세의 강력한 통일성이 작용하면서 해소되었다. 개인의 신체는 변화를 좋아하지 않으며, 설령 바뀐다 해도 점진적으로 바뀐다. 후쿠다는 이러한 관점에서 르네상스와 종교개혁이 중세에 대한 반역이 아니며, 프로테스탄트와 인문주의자가 근대인이기 이전에 중세인이었음을 확인하였다.[151]

중세와의 연속이라는 관점에서 파악했을 때 **"신에 종속하는 자기"**와 **"지배=피지배의 자기"**가 병존 대립하는 유럽 '근대'의 모습이 보이게 된다. 후쿠다는 종교개혁이 '개인의 자각'이고 르네상스가 '인간의 발견'이었지만 근대의 인간개념이 중세의 신을 토대로 배양되었음을 깨달았다. 서구의 근대도 이상인간상의 모델을 신에서 찾았고, 근대적 '개'個의 자각은 중세의 '신' 개념이 순수한 형태로 추상화, 세련화된 것임을 알았다.[152] 이러한 유럽의 경험에 비추어 일본의 근대에서 중세가 갖는 의미를 탐색하였다.

역사를 가진 사회는 스스로 회복할 수 없는 병을 결코 짊어지지 않는다. 그

---

151 「近代の宿命」, 435-436쪽. 후쿠다는 토마스 아퀴나스, 에라스무스, 루터, 레오나르도 다빈치의 사례를 들어 중세와 근대의 연속성을 소상히 논하고 있다.
152 「近代の宿命」, 447쪽.

러나 이 역사의식을 유럽에 최초로 심어준 것은 중세이자 바로 기독교였다. 그리스에 역사는 없다. **절대자가 없는 곳에 역사는 있을 수 없다. 통일성과 일관성의 의식이 인간의 생활에 역사를 부여한다.** 그렇다면 우리 일본인이 유럽을 선망하는 것은 진정 근대일본에서 **역사성의 결여** 이외의 무엇일까. 오늘 우리는 **근대의 확립을 이루지 못했음을 반성하고 있다. 하지만, 그 전에 우리의 중세를 갖지 못했음을 후회해야 하지 않을까. 우리가 우리의 신을 갖지 못한 것을.** 일본의 근대에 대한 반성이 단지 근대에만 머물고 중세에까지 생각이 미치지 못한다면, 우리는 여전히 유럽과 일본의 낙차에 대해 아무것도 모른 채 있을 것이다.[153]

근대일본에서 '중세의 부재=신의 부재=역사성의 결여'라는 등식은 "절대자가 없는 곳에 역사는 있을 수 없다"라는 명제에서 성립한다. 이 등식은 유럽의 근대와의 거리를 측정해서 일본의 근대를 판정하는 태도에 대한 통렬한 비판이다. 후쿠다는 일본인의 유럽 "선망"을 '역사성의 결여'와 동일시하고 유럽 근대와의 거리를 '근대의 미확립'으로 간주하는 견해를 부정하였다. '근대유럽의 재발견'='중세의 발견'을 통해 **일본에서의 '중세의 부재'**를 찾아냈다. '중세'는 절대자의 부재를 뜻한다. 역사를 구축하려면 '절대자'를 내세우든가, 아니면 '통일성과 일관성의 의식'을 재구성해야 한다.

'일본근대의 미성숙'은 메이지인들이 반역해야 할 신을 갖지 못한 데서 기인한다. 신이라는 통일원리는 신을 반역한다고 효력을 잃지 않는다. 근대일본에 어떤 통일 원리(통일성)가 있었을까. 후쿠다에게 근대일본에서 확립된 "천황의 신성화"는 신의 부재의 공허감을 메우기 위해 동원된 것이었다. 근대 천황제는 고대 천황제의 복고가 아니라 일본의 근대를 일

---

153 「近代の宿命」, 461쪽.

본식으로 성립시키기 위한 지도 원리이자 통일 원리였다. 후쿠다는 천황제로 인해 '근대의 확립'이 미숙했다는 주장은 "모호한 관념론"에 지나지 않는다고 했다. 앞에서 언급했듯이 오히려 천황제 덕분에 일본의 근대가 혼란 없이 지나갈 수 있었다고 평가하였다. 천황제를 옹호한 건 아니다. 천황제는 "허망"이며, 천황은 국민의 양심을 지탱하는 "허망의 권위"라 했다. 신=절대자가 부재한 상태에서 개인이 "양심의 절대성"을 가탁하는 허구적 제도로서 "허망의 권위"(천황)가 성립했다고 보았다.[154]

중세와 근대를 관통하는 신=절대자의 일본적 함의를 생각했을 때, 후쿠다는 역사를 문제삼지 않을 수 없었다. 역사를 재발견하게 된다.

> 바라건대 산성과 알칼리성이 한 사람의 인간의 심리 내부에서 서로 교착하고 혼합함으로써 양자는 중화되고 자신이 단순한 물에 지나지 않음을 이 때 확실히 자각해 주었으면 한다. 즉 자신이 아무리 자기(自介)의 내용물(正味)을 정하고 싶어도 그런 것은 다 속임수이며, 자신의 내용물을 드러내주는 것은 누군가 다른 것이라는 것, 더 확실히 말하면 그 누군가란 다름 아닌, 역사임을 알아 주었으면 한다. **역사적 필연성**이란 그런 것이 아닐까. 신이라 해도 좋다. 어쨌든 역사적 필연성이 우리를 바라보고 시험하고 실현해 가는 것이지, 우리 쪽에서 이것을 조망하고 규정하고 전진시킨다고 생각한다면 언어도단이 아닐 수 없다.[155]

후쿠다는 "역사적 필연성"을 말한다. 인간이 역사적 필연성을 조망하고 규정하고 전진시키는 것이 아니라 역사적 필연성이 인간을 바라보고

---

154 「近代の宿命」, 461쪽.
155 「知識階級の敗退」, 368-369쪽.

시험하고 실현해 간다고 보았다. 인간이 역사를 서술하는 것이 아니라 역사가 인간을 규정하는 것이다. 보수주의 역사관의 표현이다. 절대자를 갖지 못하는 한, 인간을 규율하는 것으로 역사적 필연성을 상정할 수밖에 없었을 터다.

역사란 무엇인가. 후쿠다는 역사를 **"공통의 전체관념"**이라 정의한다. 역사는 역사적 사실로 구성되는 것이 아니라 공통 관념으로 규정된다는 말이다. 공통의 전체관념은 "우리를 바라보고 시험하고 실현해가는" "역사적 필연성"을 가리킨다. 서구의 중세, 근세, 근대는 하나의 역사를 형성하면서 어느 시대에서나 초자연적 신이라는 공통의 전체관념을 보유하였다. 서구 근대는 신의 존재증명을 요구받는 위협에 처했지만 오히려 신의 부재증명을 못하는 실증과학을 거부할 수 있었다. 반면, 일본에서는 중세, 근세, 근대, 전후로 시대가 바뀔 때마다 **전체적 관념의 교체**를 요구받았다. 이 때문에 전통과 역사의 관념이 생길 수 없었다. 역사적 사실은 있지만 역사는 없다. 앞에서 언급했듯이 후쿠다는 시간의 흐름을 막고 공간화해야만 역사와 전통의 관념이 생겨난다고 했다. 유럽에서는 이 같은 공간화가 절대자를 매개로 이루어졌다. 후쿠다는 "과거, 현재, 미래의 어느 것도 편애하지 않는", "어느 것도 똑같이 부정하는 초절적인" 절대자 앞에 진보는 없다고 주장한다. 진보주의에는 역사와 전통은 존재할 수 없다고 했다. 진보주의에서는 과거는 현재 속에, 현재는 미래 속에 삼켜져버리기 때문이다.[156]

후쿠다는 인간이 역사를 작위하는 것이 아니라 역사가 인간을 작위한다고 생각하였다. 진보사학자 이에나가 사부로家永三郎의 유명한 역사교과서 재판을 논평하면서 이 점을 분명히 했다. 후쿠다는 일본국헌법이 표방

---

156 「絶對者の役割」, 284–285쪽.

한 민주주의, 평화주의의 고원한 이상을 향해 일본국민이 더 많은 노력을 해야 한다는, 장래를 향해 보다 좋은 역사를 만들어내야 한다는 이에나가의 역사관을 부정하였다. 역사는 "현대의 얼굴을, 혹은 자신의 얼굴을 비춰내는 유리거울"이 아니라 "현대와 자신의 얼굴의 비틀림을 바로잡아주"는 것이었다. "역사는 만들어내는 것이 아니다. 물론 만들어냈던 것도 아니다. **역사가 우리를 만들어낸 것이다**". 일본국헌법도, 민주주의나 평화주의도 모두 역사가 만들어낸 것이었다.[157] 역사적 필연성을 말한 것과 다를 바 없다.

전통과 발견

역사의 연속성과 필연성은 전통이나 문화와 결부된다. 후쿠다는 전통을 중시했지만 절대화하진 않았다. 총력전체제하에서도 그랬다. 민족의 전통을 일깨우고 역사의식을 불러일으키는 건 마땅한 일이라 생각했지만, "완성된 전통과 과거를 기준으로 삼아 현대를 채찍질하는" 것에는 비판적이었다. 전시에 소비된 '전통'은 문화인의 특권의식에서 재현된, 안이한 수용에만 머물러 창조력을 잃은 예술지상주의의 폐단이 되풀이된 것으로 여겼다. 새로운 문화의 미감과 활기는 적기(미군기)에서 미를 느낀 예술가나 문화인이 아니라 적기에 위험을 느껴 대피한 일상인에서 생겨야 한다고 믿었다. 후쿠다는 전통으로 간주되는 "문화적 유산"에 대해 "변두리의 폐업한 소바집과 벌거벗은 가로수"와 같은 동시대의 풍경을 대치對置시켰다. "선조의 유산에 대한 경모敬慕"와 "동시대에 대한 애석愛惜의 마음"을 병치시켰다. 후자의 "애석"이 전자의 "경모"에 녹아들게 하려면 한쪽을 가지고 다른 쪽을 재단해선 안 되고 양자에 대한 애정이 우리

---

157 「私の歷史教室」(1974), 『全集』 7, 163쪽.

마음 속에서 양립해야 한다고 했다.[158] 전시 파시즘 상황에서조차 과거(유산)와 현재(동시대)의 균형을 모색한 셈이다.

과거(유산)는 전쟁의 열광과 적개감에서 분출된, 현재를 채찍질하는 완성된 전통일 수 없었다. 후쿠다는 예술가, 문화인의 예술지상주의가 만들어낸 전통이나 과거의 "과도한 이념화"(전통주의)에 대응하여 과거와 현재의 균형을 요구하였다. 전시기의 '공통의 전체적 관념', 즉 초국가주의가 개인의 정신을 폭력적으로 규율하는 전체주의적 현실에 대응한 보수적 비평정신의 표현이 아닌가. 동시대의 소바집과 가로수를 문화유산과 나란히 놓은 것은 과거와 현재 사이의 시간적 평형을 모색해서가 아니다. 위기적 상황에 대응하는 공간적 차원의 위기의식=비판정신을 드러낸 것이다.

후쿠다는 패전공간에서 영국의 시인이자 비평가인 엘리엇T.S.Eliot에 기대어 과거(전통)와 현재의 연관성에 관한 단상을 드러낸 바 있다. 후쿠다는 엘리엇의 다음 발언에 끌렸다.

현존하는 저명한 작품은 상호간에 **이상적인 질서**를 형성하는데, 새로운 (진정으로 새로운) 예술품이 그 안에 들어오면 이 질서는 변개한다. 기존의 질서는 새로운 작품이 출현하지 않은 동안에는 완결되어 있지만, 새로운 것이 더해지고나서도 그것이 지속되려면 질서 전체가 다소나마 변화하지 않을 수 없다. 여기에 **개개의 예술이 전체에 대해 갖는 관계, 균형, 가치**가 새롭게 갖추어지고, **오래된 것과 새로운 것의 적합**이 행해진다. 유럽이나 영국의 문학에 관해 그 형식 속에 일단 이러한 질서의 관념을 인정한 이상, 누구도 **현재가 과거에 의해 이끌어진 것임과 동시에 과거도 또한 현재에 의해 변개되어야만 한다**는

---

158 「同時代の意義」(1945), 『全集』 1, 528-529쪽.

의견을 두고 결코 순서의 전도顚倒라 여기지는 않을 것이다.[159]

현존하는 저명한 작품은 완결된 이상적 질서를 구성하며, 부분적으로 새 작품이 들어왔을 때 질서의 "변개"를 통해 완결된 새 질서가 구성된다. 비평가의 임무는 새로운 작품이나 작가가 출현했을 때 깨어진 균형을 발견하고 파괴된 질서보다 차원이 높은 새로운 질서를 정립하는 데 있다. 후쿠다는 엘리엇의 논의를 이어받아 비평가는 문학의 역사적 전통과 세계사적 지식, 미래에 대한 식견을 폭넓게 갖춰야 한다고 덧붙였다.[160] 개체와 전체의 관계, 균형과 가치의 "변개", 오래된 것과 새로운 것의 "적합"에 관한 생각, 현재는 과거에 의해 이끌리며 과거는 현재에 의해 변개된다는 발상은 엘리엇 보수주의의 정수를 보여준다. 엘리엇은 새로운 균형과 질서에 관여하는 역사적 전통, 사회질서, 문화관념을 중시하였다. 새로운 문화의 창조는 전통을 필요로하며, 일국의 문화는 고립되어서는 안 되며 세계문화와 연결되어야 한다고 했다. 전통은 과거로부터 계승되지만 고정된 것이 아니라 부단히 자기자신을 혁신하는 운동이며, 국가 안에 갇혀서는 안 되고 국가를 초월하는 폭과 깊이를 가져야 한다고 했다.[161]

후쿠다의 보수정신은 전통과 문화를 중시하는 엘리엇의 보수적 비평과 친화적이었다. 하지만 후쿠다는 엘리엇의 전통 이해에는 동의하지 않았다. "엘리엇의 기만"을 추궁하였다. 후쿠다는 비평가로 하여금 과거의 전

---

159 「職業としての批評家」(1948), 『全集』 2, 316쪽; T. S. 엘리엇, 「전통과 개인의 재능」(1917), 『문예비평론』(서울: 박영사, 1974), 14쪽.

160 「職業としての批評家」, 316쪽.

161 엘리엇의 보수주의에 관해서는 T. S. 엘리엇, 「전통과 개인의 재능」에 잘 나타나 있다. 또한 T. S. Eliot, *Notes towards the definition of culture* (London : Faber and Faber, 1948)도 볼 것.

통(작품과 역사)을 죄다 체현한 뒤 전통을 말하게 할 수는 없다고 말한다. "과거의 지식은 결코 전통을 발견하지 못한다"고 주장한다. 전통을 발견하는 것은 "지식의 결여이며, 기질적인 것이며, 각자의 정신적 현실"이라 단언한다.[162] 엘리엇의 보수적 비평은 시간의식에 일관한 것이었다. 엘리엇 보수주의(전통주의)에서는 공간적 개입이 초래할 질서의 불안정성을 예지하는 '부정의 정신'은 찾아보기 어렵다. 개별문화와 세계문화의 연결은 시간적 전통의 안정적 변개를 보장하는 한에서 얘기된 것이다. 후쿠다는 "각자의 정신적 현실"에 보이는 "지식의 결여"에서 '전통의 발견'이 이루어진다고 했다. '전통의 발견'을 유발하는 과거에 대한 무지는 공간에 의해 초래된 것이다.

'전통의 발견'은 이미 전중기에 예술론에서 단초를 드러낸 발상이다. '발견'과 '발명'에 관한 후쿠다의 논의를 다시 들여다 보자.

> 발견이 발명보다도 더 어려운 일이고, 더 창조적인 정신을 필요로 하며, 더 침묵의 인내를 요구하는 일이 있을 수 있다. 아니, 발명은 언제나 소인의 기지機智에 지나지 않지만, 발견은 천재의 모험과 정열이 신과 계약해서 비로소 행해지는 것이다. 한번 생각해보면 된다. 자기 얼굴을 닮은 지저깨비(木屑)를 이 지상에서 찾아다니는 것과 칼 쓰는 법을 배워 스스로 나무조각을 새기는 것, 어느 쪽이 창조의 정열을 필요로 하는 것인지를.[163]

'발견'(보수적 탐색)이 '발명'(진보적 창출)보다 더 "창조적인 정신", "창조의 정열"을 필요로 하며 "침묵의 인내"를 요구한다는 발상은 역설적이다. 발

---

162 「職業としての批評家」, 317쪽.
163 「素材について」(1943), 『全集』 1, 513쪽.

제2장 '평화'와 '민주'

명은 "소인의 기지"에 지나지 않지만, 발견은 "천재의 모험과 정열"이 신과 계약했을 때 가능하다는 것이다. 보수와 진보의 일반적인 상식을 깨는, 후쿠다 보수주의의 역동성을 보여주는 역설적 발상이다. 발견은 소재를 탐구하는 행위였다.

> 나는 창작 자체보다도 소재의 탐구에 깊은 흥미를 느낀다. 방관과 관찰과 수용이 아니라 전통을 짊어진 한 사람으로서, 또한 동시대의 사회의 일원으로서, 그것은 **타아와 상관되고자 하는 행위**이며, 늘 그러한 **절실한 일상생활의 완성**을 명심하면서 또한 이 **일상성 속에서 인간성과 사회성을 다 살리는 것**에 자기의 생활의 주제를 찾아내고자 하는 태도─이것은 분명 새로운, 아니 가장 오랜 예술가 개념이라 말하지 않을 수 없다.[164]

"소재의 탐구"는 단순한 방관, 관찰, 수용이 아니다. 전통을 짊어진 한 사람이자 동시대의 사회의 일원인 발견자=예술가가 "타아와 상관되고자 하는 행위"인 동시에 "일상성 속에서 인간성과 사회성을 다 살리는" 태도이다. 소재를 탐구하는 예술가에게는 "절실한 일상생활의 완성"을 마음에 새길 것이 요구된다. 여기서 '소재의 탐구'는 과거(전통)와 현재(동시대)의 양립이 아니라 양자의 연속을 뜻한다고 봐야 한다. 일상생활의 완성을 마음에 새기면서 일상성 속에서 인간성과 사회성을 다 살리는 예술가는 전통을 짊어진 자로서 상정되어 있다. 전통은 발견의 소재로서 현재에 살아있는 셈이다. 창작을 위한 소재의 탐구가 아니라 소재 탐구의 결과로서 창작이 이루어진다고 생각했을 터다.

후쿠다는 인간의 존재 양태와 관련해서 전통을 파악하였다. 전통을 발

---

164 「素材について」, 514쪽.

견한다는 것은 인간 존재의 본질을 탐색하는 행위였다. 후쿠다는 아쿠타
가와 류노스케芥川龍之介, 나가이 가후永井荷風, 모리 오가이森鴎外, 체스터턴
G.K.Chesterton, 엘리엇을 읽으면서 전통과 인간존재의 연관성을 생각하였
다. 생활방식이나 행위의 기준은 과거로부터 운반되어 온다고 보았다. 전
통은 인간존재의 이율배반, 역설, 갈등에 평형을 부여하는 극적 정신에
기초한 것이며, 따라서 경직되고 단조로운 것이 아니라 동적이고 극적인
것이었다. 전통은 위기로서의 삶을 진정시키는 것이 아니라 풍요롭게 살
기 위한 지혜를 제공하는 것이었다. 인간의 삶에서 정과 동의 변증법을
이루게 하는 문체이자 집합적인 정신의 틀이었다.[165]

문화와 문화적 보수주의

'삶의 방식'과 '화혼양혼'

　전통은 흔히 '문화'와 결부된다. 전통주의자들은 '문화'를 전통의 요체
로 인식하고 문화결정론적 관점에서 전통을 파악한다. 후쿠다의 경우 근
대의 확립과 극복을 얘기하고 현재의 삶의 방식과 관련해서 전통을 생각
했던 초기 민주=안보공간에서는 문화에 관한 생각이 깊지 않았다. 전통
과 문화의 상관성을 진지하게 생각하게 된 것은 후기 민주=안보공간(1950
년대 중후반)에 들어서였다. 주권회복, 경제회복과 더불어 자신감을 회복하
면서 일본문화의 혼종성(잡종성)을 긍정하는 일본문화론이 부상한 문맥에
서였다. 일본문화론은 서구문화를 비교 준거로 삼아 일본문화의 개별성
을 긍정하는 정체성의 표현이었다.

---

165 西部邁, 「保守思想の神髄」, 272-273쪽.

후쿠다는 일본문화론과 이 담론에서 통용된 문화개념에 비판적이었다. 일본문화론을 일본의 발전(문명개화, 경제발전)과 연관된 현상으로 보았다. 메이지 근대화로 강국이 되었을 때, 전후 일본인들이 자가용과 전기냉장고와 텔레비전을 갖게 되었을 때, 서양을 졸업했다는 자각과 더불어 일본문화를 재평가하는 움직임이 생겨났다는 것이다. 후쿠다는 서양화되었다는 "감개"의 이면에 서양을 따라잡지 못한다는 "열등감"이 깔려 있음을, 또한 따라잡지 못할 서양을 넘어서야 했을 때 느끼는 "공허감"이 도사리고 있음을 보았다. 서양을 졸업했다는 자각보다는 이쯤에서 "가짜면허증"이라도 가졌으면 하는 기분, 쉬지 않고 달려와 이제 잠깐이라도 쉬었으면 하는 기분이 떠돌고 있음을 알아챘다. 근대화되었지만 서양문명으로 채워지지 않는 기분이 일본문화를 대한 동경을 배태했다고 보았다.[166]

후쿠다는 서양문명에 대항하기 위해 고대, 중세일본의 과거를 회고하면서 일본문화(특히 미술과 문학)의 가치를 강조하는 방법론에 동의하지 않았다. 일본문화론이 회고의 형태를 띤다는 것은 일본문화가 상실되었다는 뜻이며, (일본)'문화'와 (서양)'문명'을 병치시킨다는 것은 '문화'를 '문명'처럼 외양을 가지고 비교 측량한다는 말이 된다. 후쿠다는 서양과의 우열 비교는 열등감과 자의식 과잉의 표현이라 생각하였다.[167] 후쿠다는 서양의 근대문명을 잣대로 일본의 과거를 재단하고 전통문화의 우월성과 특이성을 밝히는 방법은 서양적인 것이라 비판한다. 서양적인 것을 가지고 일본적인 것의 우월성을 증명한다는 것은 일본적인 것보다 서양적인 것이 뛰어나다는 얘기가 된다. 서양문화의 형식을 전제하는 한, 일본문화는 서양적인 것과의 대비에서 존재증명을 해야 하는 모순을 벗어날 수 없다.

---

166 「傳統にたいする心構」(1960), 『全集』 5, 192-194쪽.
167 「傳統にたいする心構」, 193쪽.

후쿠다는 이러한 방법론적 오류를 벗어나려면, 전통문화를 자신 바깥에 있는 이미 지나간 것으로 봐서는 안 되며, 자신 속에 끌어들여 과거를 살아야 한다고 주장한다. "옛 사람의 생활방식"을 살아야 한다는 것이다.[168]

문화는 '고전'과 같은 문화유산을 말하는 것이 아니다. 후쿠다는 현재의 삶의 방식(문화)은 과거의 역사와 습관에서 나온다고 믿었다. 재평가를 통해 고전의 현대적 의미를 찾는 것을 부질없는 짓으로 보았다. 후쿠다는 고전을 거울로 삼아 자신을 교정하고 고전에 익숙해져야 한다고 말한다. 고전을 익힌다는 것은 고전에 익숙해지는 것이다. 과거를 산다는 말이다. 후쿠다는 과거의 사람에게도 책임을 져야 한다고 말한다. 과거에 책임을 지지 않는 현재는 역사 속에 스스로를 자리매김하지 못하고 미래를 향한 역사를 만들 수 없다고 했다.[169]

후쿠다는 문명은 보편적인 것이라 수용 가능하고 문화는 생활방식이라 훼손되는 걸 용납하지 못하지만 이 둘은 결부된 것으로 이해하였다. 문명은 문화에 맞게 구축되며, **문명은 반드시 문화에 의해 지탱된다**고 보았다. 서양 '문명'을 받아들인다는 것은 서양 '문화'를 받아들인다는 말이다. 후쿠다는 서양의 기술문명은 수용하되 마음가짐으로서의 문화는 일본적인 것을 지킨다는 '화혼양재'和魂洋才를 부정하였다. **'화혼양혼'**和魂洋魂을 제시하였다. '화혼'으로 '양재'를 받아들이는 것이 아니라 '양혼'을 파악해야 진정한 근대화를 이룰 수 있다고 생각하였다.[170]

후쿠다의 경우 문화는 "삶의 방식", "생활양식"으로서 객체화, 목적화, 의식화, 합리화의 대상이 아니라 논리적으로 따질 수 없는 영역에서 성숙하는 것이었다. 적응이상이나 광기로부터 사람을 지켜주는 방편이며 지

---

168 「傳統にたいする心構」, 196-197쪽.
169 「傳統にたいする心構」, 207-209쪽.
170 「傳統にたいする心構」, 191-192쪽.

혜였다. 문화가 절로 삶의 방식을 제공하는 건 아니다. 삶의 방식은 살아 봐야 알며 익히는 데 시간도 걸리고 시행착오도 필요하다.[171] 후쿠다는 삶의 방식(문화)을 통해 과거의 역사와 습관은 현재의 삶에 체험된다고 생각하였다. 과거는 지나간 것이 아니라 "현재와 함께 하는 동일 공간 속의 동시존재"라 했다. 같은 사회에 속하는 타자를 무시할 수 없듯이 현재는 같은 역사에 속하는 과거를 무시할 수 없고, 과거는 현재 속에 존재한다고 믿었다.[172] 문화는 과거와 현재의 동일 공간 속의 동시존재를 매개하는 것이었다.

'조화의 미감'과 문화적 보수주의

문화는 이율배반의 현실을 보는 관점에도 일정한 작용을 하였다. 후쿠다는 이율배반이 배태하는 비틀림의 심리를 일본문화론의 관점에서 파악하였다. 진보지식인의 추상적 관념과 대비시키면서 형식상의 비틀림 혹은 역학적인 비틀림을 감지하는 일본인의 신경이나 감각에 주목하였다. 논리적으로 옳아도 전체적인 조화의 결여를 의심하는 일본인의 미감, 즉 "자연에 의해 배양된 조화의 미감"을 신뢰하였다. 조화의 미감은 메이지 이후 황폐해졌지만, 아직도 조화의 미감이 의지해야 할 유일한 것이며, 재출발을 위한 최저의 단계라 생각하였다.

> 일본인에게 '죄악'의 문제를 식별하는 추상화의 능력이 결여되어 있음은 확실하며, 그것이 조화를 사랑하는 감각적 미감에 의해 조장되고 있음도 의심할 여지가 없습니다만, 그렇다고 이것을 토대로 하지 않는 한, 우리는 움직일 수 없습니다.

---

171 「傳統にたいする心構」, 185쪽, 190쪽.
172 「傳統にたいする心構」, 206-207쪽.

첫째, 그것을 무시해서 억눌러오는 추상적 관념이라는 것에 대해 우리의 미감은 본디 그것을 뒤틀려 있는 것으로 간주할 것입니다… 내 마음 속 깊이 있는 것은 전후에 국한되지 않고, 근대일본의 진보적 개혁이 모두 일본인적 감각을 무시하고 그것을 말살하는 쪽으로만 작용한 데 대한 반발이었습니다.[173]

후쿠다는 논리와 심리 사이의 어긋남, 논리적 세계관과 심리적 문화관 사이의 괴리, 진보적 개혁과 일본적 감각 사이의 간극과 같은 비틀림의 원인을 일본적 미감이 보편적인 추상적 관념에 의해 억눌린 데서 찾았다. 국민적 도덕이 방향을 잃고 도덕적 공백감이 심해지고 선악의 기준을 상실하여 "병적 합리주의"에 지배당하게 된 사실에서 찾았다. 현실의 이율배반과 비틀림, 이에 따른 도덕의 상실은 진보적 개혁이 일본인의 미감을 말살한 데서 기인한다고 보았다.[174]

후쿠다는 문화에서 이원적 갈등을 극복할 가능성을 보았다. 절대자와 이상적 인간을 설정하면서 현실의 이율배반을 해소하기를 바라는 한편, 이율배반을 극복하는 실제적인 방도를 일본문화에서 찾았다. 자아와 타인의 갈등을 조화의 미감으로 해결하는 국민적 전승에 주목한 것이다. 조화의 일본적 미감이 질서를 유지시키고 화합의 전통을 만들어냈다는 것이다. 일본적 미감을 매개로 한 조화라는 보완물을 찾아낸 셈이다. 다만 후쿠다가 서양과의 대결의식에서 이러한 견해를 제시한 건 아니다. 근대의 갈등이 중세의 절대신 신앙에서 생겨났고 이러한 서양에 대항하여 자연에 의해 양성된 조화의 미학을 내세웠다는 견해[175]도 있지만, 일본문화

---

173 「日本および日本人」, 175-176쪽.

174 「日本および日本人」, 175쪽.

175 荒瀬豊, 「戰後狀況への思想的対応」, 古田光他編, 『近代日本社会思想史』II(東京: 有斐閣, 1971), 337쪽.

론을 반근대, 반서양의 이데올로기로서 파악하지는 않았다.

문화적 보수주의자로서의 면목도 눈여겨봐야 한다. 후쿠다는 "나는 반동은 아니지만 보수주의자다. 정치적으로도 그렇지만 그 근저에서는 문화적 보수주의다. 문화라는 입장에 설 때 사람은 아무래도 보수주의자가 되지 않을 수 없다"고 토로한 바 있다. '문화'는 일본의 역사적 전통에서 '형'型을 이룬 일본인의 미적 감각, 미감과 결부된 것이며, '문화적 보수주의'는 일본적 미감을 질서의식의 본질로 파악하는 보수적 지향이라 봐도 무방하다. 문화적 보수주의는 문화의 지속를 토대로 정치제도의 점진적 변화를 바라는 정치적 점진주의를 지향한다. 근대적 교양을 의미했던 진보지식인의 문화 개념과는 달랐다. 후쿠다의 보수적 리얼리즘은 "문화의 지속"과 "정치적 점진"을 지향하는 것이었다.[176] "문화의 지속"이 전통주의의 표현은 아니다. 근대문화를 배제하는 것도 아니다. 후쿠다는 일본의 근대문화가 중국문화보다는 서구 근대문화와 연결된다고 생각하였다. 후쿠다의 문화적 보수주의는 정치적 현실주의와 더 친화적이었다.

문화적 보수주의 혹은 보수적 현실주의는 민주주의론에도 보인다. 후쿠다는 공동체 형성에는 "합리주의적 분석"보다 "가치관의 공유"가 필요하다고 믿었다. 다수결 민주주의가 전제로 삼는 콘센서스도 가치관의 공유에서 성립하며, 가치관의 공유는 추상적 논리에서 생성되는 것이 아니라 일상의 풍속, 습관, 행사, 관습 등을 포함한 "문화의 연속성"에 의해 유지된다고 보았다. 후쿠다는 메이지 이래, 특히 전후에 문화의 연속성이 "광적으로" 단절된 결과 다수결 민주주의를 위한 콘센서스의 기반이 전혀 없다고 개탄하였다. 문화의 연속성이 절단될 경우 세계의 문화적 전통과 세계의 문화공동체에 참여할 수 없게 되고, "파괴적인 국적상실의 코

---

176 「戰爭と平和と」(1955), 『全集』3, 61쪽.

스모폴리타니즘"과 "광신적인 내셔널리즘"의 쌍둥이가 태어나며, 일본은 세계의 고아가 될 수밖에 없다고 판단하였다.[177] 문화의 단절은 일본 민주주의뿐 아니라 세계문화와의 단절을 의미했다. 문화적 보수주의는 전통주의나 문화환원주의가 아니었다. 가치관의 공유는 현대일본의 다수결 민주주의를 지탱할 뿐 아니라 세계문화와의 관련성을 유지하는 데도 요구되었다. 세계문화와 통하는 한, 문화는 세계적 맥락 속에서 끊임없이 변용되어야 했다.

6. 개인과 사회, 자유와 숙명

개인과 사회

'개인의 자율성'과 사회

개인과 공동체, 자유와 질서에 관한 생각은 보수주의의 요체이다. 보수주의자는 개인의 자유를 중시하되, 개인의 자유를 사회 혹은 국가(공동체)의 질서와 결부시키고, 개인과 공동체의 관련성을 역사적 전통에 비추어 파악하는 경향이 있다. 리버럴 보수 아베 요시시게의 경우를 보자. 아베는 《세계》 창간호(1946)에 실린 글에서 "현실에 서서 이상을 바라보고, 또 이 이상을 현실화하는 인간"을 상정하면서 이에 걸맞는 도덕적 생활을 요구하였다. 도덕적 생활은 개인의 전체와의 관계가 강제적, 물적인 것이

---

177 「世界の孤兒・日本」(1967), 『全集』 6, 180–182쪽.

아니라 내면적으로 자각되는 개인의 양심과 책임으로 성립한다. "전체가 개인에 내재하고 개인이 전체에 관여함으로써 국민의 도덕적 활동은 비로소 국가적일 수 있고, 국가의 행동은 비로소 국민과 떨어지지 않을 수 있다"고 했다. 이기적 생활은 이타적, 봉공적인 도덕적 생활을 위해 제한되어야 한다고 생각하였다.[178] 민주=안보공간의 리버럴 보수는 개인을 사회질서에 포섭되는 존재로 생각하였다.

개인의 근대적 주체화를 추구했던 진보지식인들은 근대적 인간관에 입각하여 개인-사회 관계를 구성하고자 했다. 원래 서구의 근대적 인간관은 그리스적 이성과 기독교적 신앙에 기반을 두었다. 자유평등의 인격적 주체는 기독교의 초월적 인격신 앞에 선 유일자의 자기의식에서 상정되었다. 무신론자나 유물론자는 신을 부정하면서 역설적으로 개인을 자각하였다. 서구 민주주의의 근저에는 이러한 인간관이 있었다. 일본인들은 메이지 이래 서구의 민주주의와 인간관을 받아들였지만, 기독교적인 초월적 인격신=유일신의 관념이 없었기에 유일신과 마주한 인격적 주체를 자각하는 개인의식도 없었다.[179] 민주=안보공간의 진보지식인들(사회과학자)은 합리적 이성을 가진 근대적 개인을 창출하고자 했다. 정치적 주체로서 사회에 참여하는 '시민'의 형성을 열망하였다.

후쿠다 쓰네아리도 개인과 사회의 관계에 관해 진지하게 고민하였다. 근대성, 근대화 문제와 결부시켜 파악하였다. 우선 파시즘 군국주의나 전후 내셔널리즘에 내장된 "개인 말살의 폭력"에 주목하였다. 전후 문학논쟁에서 "좌익이건 우익이건 사회의 이름으로 개인을 말살하려 하고", "개인의 이름으로 사회에 항의하는 자는 반동이나 시대착오의 레테르가 붙

---

178 安倍能成,「剛毅と真実と智慧とを」, 15-20쪽.
179 古田光,「日本人の精神構造」,『伝統の位置』(〈現代の発見〉第5巻)(東京: 春秋社, 1960), 218쪽.

여지는" 폭력적인 분위기를 감지하였다. 개인-사회론은 이러한 폭력적 분위기에 대항하는 "반시대적 고찰"이었다. 후쿠다는 개인을 사회과학적인 추상물로 보는 진보적 견해를 부정하였다. 사회과학의 추상화된 관념에 의탁하여 개인과 사회를 논했을 때 개인은 드러나지 않는다고 생각하였다.[180]

후쿠다는 근대일본에서 취약한 '개인'을 보았다. 근대 천황제하의 개인은 천황을 정점에 놓는 일원론적 허구 속에서 지배=피지배의 이원론적 현실을 파악하기 어려웠다.[181] 다이쇼 시대에는 개인적 가치를 사회적 가치보다 우위에 놓는 자유주의적 분위기에서 개인은 불안해지고 약해졌다. 사회와의 연관을 상실한 "박약한 개인"은 사회적 집단의 폭력적인 개인 말살에 항변하지 못하고 전체주의적 사고를 허용하였다. 코뮤니즘이 유행한 까닭도 폭력적인 사회집단에 취약한 개인의 "자아의 공허함" 때문이었다. 지식인, 문학자의 전시협력은 군국주의와 제국주의에 찬동해서가 아니라 항변할 근거를 갖지 못해서였다.[182]

패전으로 군국주의를 벗어났다고, 민주화 개혁이 이루어졌다고, 개인의 박약함이 당장 해소될 리 없다. 후쿠다는 좌우익을 떠나 사회적 가치에 대한 개인의 열등의식이 본질적 문제라면서 개인과 사회의 관계 설정을 시도하였다. 초기 민주=안보공간의 후쿠다는 개인을 사회적인 것과 결부시키는, 혹은 개인을 사회의 "잔여"로 보는 견해에 동의하지 않았다. 개인의 가치를 인정하였고 사회와 모순 대립하는 개인을 상정하였다. 개인과 전체(사회집단)의 상관성을 인정하면서도 전체에 대항하는 개인의 존재를 상정하였다. 로렌스D.H. Lawrence로부터 "집단적 자아"와 "개인적 자

---

180 「進歩主義の自己欺瞞」(1960), 『全集』 5, 178-179쪽.
181 「覺書一」, 665쪽.
182 「一匹と九十九匹と」, 649쪽.

아"라는 개념을 차용하여 '아흔아홉 마리'의 집단적 자아에 환원되지 않는 '한 마리'의 개인적 자아의 초극을 주장하였다.[183] '한 마리'의 개인적 자아의 초극이 '아흔아홉 마리'의 집단적 자아를 배제하는 건 아니다.

로렌스는 『아포칼립스』*Apocalypse*에서 개인과 집단 사이의 균형을 모색하였다. 타아(타자)와의 대립을 개인 자신의 규율이나 타자의 지배를 통해 일원적으로 해소하려 하지 않았다. 에고의 초월을 전체적 우주 속에서 찾았다. 개인적 자아는 집단적 자아로 환원될 수 없고, 에고는 우주의 유기적 연관을 따라야만 초월될 수 있다고 했다.[184] 로렌스는 "허위의 비유기적인 결합을, 특히 금전과 연결되는 결합"을 끊어내고 개인의 외부에 있는 "우주의 근원"과 연결시킴으로써 "코스모스, 태양, 대지와의 결합, 그리고 인류, 국민, 가족과의 살아있는 유기적인 결합"을 다시 살려내고자 했다.[185] 후쿠다는 로렌스를 다음과 같이 해석하였다.

> 근대는 개인 자체 안에 그것[사랑]을 구하고, 그리고 실패하였다. 자율성은 안에서 찾아서는 안 된다. 개인의 외부에서—하나의 우주의 유기성 자체에서 찾아야 한다. 우리는 유기체로서의 우주의 자율성에 참여함으로써 스스로의 자율성을 획득하고 타아를 사랑할 수 있다. 사랑은 우로迂路를 취해야 한다. 그것은 직접 상대에게 향해져선 안 된다. 기독교도 그것을 자각하였다. 로렌스는 우주의 근원을 통함으로써 그 우로를 발견하였다. 그것은 분명히 신을 상실한 현대에 하나의 지표를 나타낼 것이다. 하지만, 현대인은 대체로 모든 결부에 반항한다. 우주, 세계, 인류, 국가, 가족, 이 모든 것에 종속하는 것에 반항하고, 개인의

---

183 「一匹と九十九匹と」, 649-650쪽. 후쿠다가 집단적 자아와 개인적 자아를 논한 글로는 「一匹と九十九匹と」; 「表現の倫理」(1946), 『全集』 1; 「職業としての作家」(1946), 『全集』 1 등이 있다.

184 岡本英敏, 『福田恆存』, 16-18쪽.

185 D. H. ロレンス, 福田恆存訳, 『黙示録論』(東京: 筑摩書房, 2004), 215쪽.

독립을 주장한다. 단편이 자율성을 강요하고, 그 불완전성을 어디까지나 통일체로서 강변한다. 결과의 불행은 불을 보는 것보다 분명하다. 무엇보다도 아포칼립스가 그것을 증명한다. 로렌스의 뇌리에 있던 이상인간상은 이제 분명하다. 인간은 태양계의 일부로서 카오스에서 흩날려 출현한 것으로 태양과 지구의 일부이며, 몸통은 대지와 같은 단편이고 피는 바닷물과 교류한다.[186]

후쿠다는 폭력적으로 개인을 말살하는 코뮤니즘과 파시즘의 총체성 totality은 거부하였지만, 이성적인 개별주체로서의 근대적 개인을 상정한 것은 아니다. 로렌스에게서 개인을 넘어 개인을 타자와 유기적으로 관계지우는 전체적인 것, 즉 우주의 전체성wholeness을 보았다. 우주와 세계와 공동체에의 종속에 반항하는, 혹은 이것들과 단절된 "개인의 독립"은 필연적으로 개인의 불행을 초래한다고 확신하였다. "개인의 자율성"은 개인 내부에서가 아니라, 타자와의 대립에서가 아니라, "유기체로서의 우주의 자율성"에 참여함으로써 획득된다고 했다. 우주의 전체성을 매개로 타자와 유기적인 관계(사랑)가 성립한다는 것이다. 우주를 매개로 개인-사회 관계를 구성하는 유기체론적 발상에서 개인의 독립에 관한 진보적 발상과 대비되는 보수주의적 사유(유기체주의)를 읽을 수 있다.

우주=전체성의 발견은 후쿠다가 기독교적 신=절대자를 끌어들였던 것과 차질을 보인다. 하지만 모순되는 건 아니다. 신의 절대성은 모순대립하는 사회현상에서 배태되는 이율배반의 상대성을 해소하기 위해 "자타를 초월한 절대의 세계"로서 설정되었다. 이원론을 전제로 한다. 우주의 전체성은 개인(주체)이 전체성(우주)의 자율성에의 주체적 참여를 통해 자율성을

---

186 「ロレンスI」, 40쪽.

확보하고자 했을 때 상정된 것이다. 일원론적 지향성을 내포한다. 개인은 신=절대자가 될 수 없지만, 우주(전체성)와의 유기적 연관을 통해 우주의 자율성에 주체적으로 참여할 수 있다.

'개인의 전체성'과 '성숙한 개인주의'

개인과 사회의 관계에 관한 논의는 후기 민주=안보공간에서도 이어졌다. 후쿠다는 사회와 개인의 관계를 직물을 구성하는 천과 무늬의 관계에 비유하기도 했다. "개인적 행동을 규율하는 양심"과 "사회적 당위를 결정하는 규율"은 상관적이라 했다. "사회는 전체이고, 개인은 그 부분"이라는 명제에 동의하고 있다. 사회와 결부된 개인을 상정한 것이다.[187] 다만 "사회가 목적, 개인이 수단"이라는 명제에는 동의하지 않았다. 개인과 사회의 상관성을 부분과 전체의 문제로 환원시키지는 않았다. 후쿠다는 "개인이 전체이고 사회는 그 거울에 비친 단편"이라 단언하였다.[188] '개인의 전체성'을 표현한 말이다.

후쿠다는 일본 지식인들의 개인 인식에 전체에 관한 생각이 부재함을 보았다. 개인을 빼놓고 전체로서의 필연성을 상정하는 것은 비현실적이고 관념적인 "개인의 말살"이라면서 **"개인의 전체성"**을 회복해야 한다고 주장한다. 그 길은 개인이 부분에 불과함을 각오하고 **"의식적으로"** "부분으로서의 자기"를 음미하는 데 있다. 부분으로서의 자기를 음미하는 과정에서 전체감이 소생하고 자아의 확립이 이루어진다는 것이다.[189] 후쿠다는 사회라는 전체를 설정하고 개인을 본 것이 아니라 개인이 만들어내는 전체성을 상정하면서 개인의 전체성을 사회에 투사시킨 셈이다. 개인

---

187 「日本および日本人」, 180쪽.

188 「個人と社會」, 76쪽.

189 「人間・この劇的なるもの」, 534쪽.

의 전체성을 통해 사회 속의 개인의 자율성=자아의 확립을 모색한 셈이다. 개인의 전체성을 회복하는 것은 사회현실의 필연성을 자각하는 행위였다.

'자아의 확립'은 개인의 사회적 관계의 문제일뿐더러 '개인의 자아' 문제이기도 했다. 개인의 자아는 '일본인의 자아'라는 문제설정과 연관된다. 후쿠다는 일본인의 자의식이 "타인을 보는 자신"과 "타인에게 보이는 자신"만을 보는 까닭에 심리적 평면에서만 파악된다면서 자아는 자기-타자의 상대적 평면 이외에 "자타를 초월한 절대의 세계"와도 관련된다고 했다. 자타를 초월한 절대의 세계는 "보이지 않는 미래"로 나타나거나 "알지 못한 과거"로서 소생하며, 또한 자신에게도 보이지 않고 타인에게도 알려지지 않은 "미지의 암흑"에 둘러싸였을 때 자아가 확립된다고 했다. 자아를 확립하는 활동이 "연희"演戱이다. 연희는 "절대적인 것에 육박하여 자아의 틀을 찾아내는", "자아에 이르기 위한 운동의 진폭"을 뜻한다.[190] 후쿠다는 로렌스론에서 개인의 자율성을 찾고자 우주론적 통일성 ─ "유기체로서의 우주" ─ 을 상정했는데, 이제 자아 확립을 의도하면서 불확실한 미래와 과거라는 "미지의 암흑"을 "자타를 초월한 절대의 세계"로 상정하고 있다. 후쿠다의 인간론에서는 절대의 세계가 우주론적 절대성과 같은 하중을 부과하지 않는다. 절대적인 것에 육박하여 자아의 틀을 찾아내는 개인의 연극적 행위, 즉 자아 확립의 의지가 중요해진다.

자아론은 개인주의론으로 연결된다. '자아의 확립'을 말하는 것은 일본인의 개인주의가 취약해서다. 일본인은 아我와 에고이즘을 추한 것으로 여긴다. 이것들을 없애야 화和가 이루어진다는 미의식이 강한 반면, 사회

---

190 「人間・この劇的なるもの」, 535~536쪽.

의식과 도덕의식이 약하다.[191] 일본인의 "취약한 개인주의"는 자아의식이 결여된 애매한 생활방식에서 비롯된 것으로, "근대의 미숙"을 초래하였다.[192] 개인주의의 취약성은 개인을 사회에 환원시키는 일원론적 사고와도 연관된다. 앞에서 언급했듯이 후쿠다는 일본의 개인은 천황을 정점에 놓는 사회와 국가가 만들어낸 일원론적 서열에 놓여있음을 보았다. 개인을 사회(집단)에 회수시켜 버리는 "일원론의 허구"를 보았다.[193] 개인주의가 성숙되지 않았다고 사회성을 강조해서는 안 된다고 생각하였다.[194]

후쿠다는 개인의 자기완성을 부정하였다. 개성이란 자기의 재능을 믿지 못하는 딜레탕트dilettante한 인텔리겐챠가 그려낸 공중누각에 불과하다고 보았다. 개성도 개인의 완성도 있을 수 없다고 했다.[195] 그럼에도 개인주의가 필요하다고 생각했고 "성숙한 개인주의"를 기대하였다. 자기를 전체에 매몰시키지 않고 자기 안에 전체를 포함하는 정신, 즉 자기를 객관화하는 정신에서 성숙한 개인주의를 찾았다. 인격은 "자기를 객관시하는 능력"이다. 자기를 객관화하는 정신, 전체의 관념 속에서 개인의 자율성을 모색하는 정신이 후쿠다가 생각한 성숙한 개인주의였다.

---

191 「日本および日本人」, 181쪽.

192 「自己批判といふこと」, 198쪽.

193 「覺書一」, 665-666쪽. 후쿠다는 천황제(절대천황제) 때문에 "근대의 확립이 미숙하게 끝났다"는 것은 "모호한 관념론"일 뿐, 실제로는 천황제가 있었기에 일본의 근대가 별로 혼란을 야기하지 않았으며, 이것이야말로 천황제의 허망함을 입증하는 것으로 생각했다. 후쿠다가 주목한 것은 절대천황제가 지배 대 피지배의 이원론적 가설을 가지고 사람을 파악하기 어렵게 만든다는 사실이다. 또한 같은 대목에서 1980년대 경제대국화를 달성한 맥락에서 후쿠다는 메이지의 "설익은 근대화"에서 비롯된 "설익은 근대"와 "취약한 개인주의"가 그대로인 채 일본이 선진국, 일등국에 들어섰다면서 "'경제대국'을 어찌 순순히 기뻐할 수 있을까"라고 자탄하고 있다.

194 「個人と社會」, 76쪽.

195 「白く塗りたる墓」, 510-511쪽,

숙명 속의 자유

'정신의 자유'

민주=안보공간의 일본 지식인들은 평화와 민주주의를 표방하는 한편, 개인의 자유에도 민감하게 반응하였다. 리버럴 보수도 개인의 자유를 중시하였다. 파시즘 전시체제에서 부자유를 강요당했던 리버럴 보수에게 자유는 개인의 권리를 중시하는 자유주의 정신의 표현이었다. 고이즈미 신조小泉信三는 개인의 창의와 책임을 강조하였고, 쓰다 소키치津田左右吉도 개인의 자유를 외쳤다. 스즈키 나리타카鈴木成高는 보수주의를 개인의 생존을 관철시키는 이념으로 보았다. 다나카 미치타로田中美知太郎는 "자신의 생활을 중심으로 오히려 공명정대하게 이기적인 편이 좋다"고 말하면서 개인의 욕망을 긍정하였다. 무샤고지 사네아쓰武者小路実篤, 와쓰지 데쓰로和辻哲郎는 "개인이 주이고 정치가 종"이라 했다. "자신의 자유를 잃지 않고 싶다"고 외쳤다. 이들이 개인의 자유를 주장한 배경에는 전쟁체험이 있었다. 개인의 자유는 공산주의와 군부에 대항하여 자유를 지킨다는 뜻이었다.[196] 리버럴 보수는 '자유'를 문화의 산물이자 문화적 활동으로 파악하였다. 아베 요시시게는 "인간이 인간인 까닭은 자유에 있다. 인간생활의 본질적 내용, 따라서 인간생활의 연속, 집적 혹은 발전인 역사의 본질적 내용을 이루는 것은 문화다. 문화는 인간만의 소산이며 인간을 문화의 산출에 견디게 하는 것은 결국 인간의 본질인 자유다"라고 했다.[197]

---

196 小熊英二, 『〈民主〉と〈愛国〉』, 199-200쪽.

197 安倍能成, 「私の所信」(1950), 『安倍能成集』(東京: 日本書房, 1959), 61-62쪽. 아베는 "예(禮)는 거짓(偽)"이라는 순자의 말을 끌어들이면서 '예'를 '문화'로 해석하였다. '위'(偽)를 '인위'(人偽)로 파악하면서 문화는 인위이며 인간이 그 본질인 자유가 만드는[偽] 것이라 했다.

리버럴 보수는 개인의 자유를 옹호하면서도 사회의 보수, 즉 질서의 보전을 중시하였다. 개인의 자유를 사회적 조화와 질서 속에서, 사회적 규율(도덕) 속에서 파악하였다. 개인의 자유는 천부인권이나 합리적 인간의 주체적 행위로서 인식된 것이 아니다. 각자의 천분(타고난 재능)에 적합한 역할을 수행한다는 인식 혹은 신분제적 멘탈리티에서 성립한 것이었다. 개인의 자유와 공공심(도덕의식)은 양립한다고 생각하였다.

후쿠다의 자유관념은 리버럴 보수와 달랐다. 후쿠다는 서양으로부터 물질의 자유만을 받아들이고 정신은 "자가제"(일본제)에서 찾는 리버럴 보수의 '화혼양재'에 비판적이었다. 서양의 과학과 정치제도는 정신의 토대 위에 발달한 것으로, 서양식의 정신의 자유가 없으면 성립할 수 없다고 판단하였다. 물질의 자유는 정신적 자유의 성과물이므로 정신의 자유도 받아들여야 한다는 생각이었다. 정신과 물질을 이원론적으로, 혹은 변증법적으로 생각하는 정신 능력을 가져야만 자유는 성립한다고 보았다.[198]

후쿠다는 개인의 일상생활을 지탱하는 가치나 규범인 '자유'와 정치이념인 '자유주의'를 구별하였다. 언론의 자유가 현실과 유리된 자유주의 표상과 언어를 양산한다면서 보증 없는 화폐가 인플레이션을 유발하듯이 현실의 추를 결여한 언론의 자유가 자유주의 표상의 무책임한 유통을 부추기고 정신의 권위를 약화시킨다고 주장하였다. 자유주의 표상이나 표어가 현실과 유리된 채 망령처럼 공허한 춤을 추는 상황을 보면서 '자유'는 단지 주어진 것이 아니라 "자기의 필연"이 되어야 한다고 했다.[199]

민주=안보공간 후반의 후쿠다는 경제적 욕망에 가득찬 '자유'를 보았다. '3종의 신기神器'(흑백TV, 냉장고, 세탁기)로 경제적 욕망이 부풀어 오르는

---

198 「自由と唯物思想」(1956), 『全集』4, 146-149쪽.
199 「民衆の心」, 537쪽, 542쪽.

풍경을 보면서 "우리 눈앞에는 언제나 '건너편 산'이 솟아 있다. 그리고 그 기슭에는 번쩍거리는 전기세탁기가 외국인 묘지처럼 차갑고 화려하게 늘어서 있다"라고 묘사하였다. 진보주의자도, 자유주의자도, "반짝반짝 빛나는 아주 매혹적인 전기세탁기"를 얻을 자유, 경제적 욕망의 자유만을 생각할 뿐이다. 경제적 욕망에 추동되는 목표 지향적인 자유를 적극적 자유로 여기면서 소극적 자유를 적극적 자유로 회수해야 한다고 우길 따름이다. 후쿠다는 목표 지향적인 경제적 욕망이 추동하는 자유를 믿지 않았다.[200]

후쿠다는 소극적 자유와 적극적 자유를 구별하지 않았다. 소설가이자 평론가였던 이시카와 준石川淳의 자유 개념을 비판하는 가운데 이러한 입장을 드러냈다. 이시카와는 "도피적 자유"(소극적 자유)와 "건설적 자유"(적극적 자유)라는 개념을 써가면서 개인이 도피적 자유를 향유하려면 국가를 위해 자기를 희생하는 건설적 자유를 감내해야 한다고 주장하였다. 자유를 목적 지향적인 개념으로 보면서 "목적 없는 자유"를 부정하였다. 후쿠다는 이시카와에 동의하지 않았다. 도피적 자유(무엇으로부터의 자유)와 건설적 자유(무엇으로의 자유)는 목적과 수단의 차이일 뿐, 본질적인 차이는 없다는 것이다. "목적이 분명한 곳에서는 '자유'는 희미하게 보일 뿐"이었다. 진정한 자유는 목적을 갖지 않는 데 있다. 목적을 갖는 한 이미 자유일 수 없다. 후쿠다는 미래의 목표를 설정하는 진보주의적 자유 개념에서 현재를 살아가는 '자유의 부재'를 보았다.[201]

---

200 「自由と進歩」, 154-156쪽.
201 「自由と進歩」, 154-156쪽.

'전체 속의 자유', '숙명 속의 자유'

후쿠다 쓰네아리는 목적 지향적 자유(적극적 자유)에 동의하지 않았지만, 소극적 자유를 옹호한 것도 아니다. "싫은 것으로부터의 도피", 즉 노동, 봉사, 의무, 약속, 질서, 규칙, 전통, 과거, 가족, 타인 등으로부터의 도피를 추구하는 자유의 남용을 보았다. 개인의 희생을 요구하는 의무와 규칙에서 벗어나고 싶어하는 욕망을 보았다. 사람들은 "뭔가를 하고 싶어하는 자유"가 아니라 "뭔가를 하지 않기 위한 자유"를 찾을 뿐이다. 자유의 이름으로 도망칠 뿐이다.[202]

후쿠다는 "도피의 자유"를 "노예의 사상"으로 규정하였다. 노예는 고독하든가 특권을 탈취하고자 한다. 뭔가를 결여하고 전체에서 배세되있음을 자각했을 때 자유와 개성을 생각한다. 후쿠다는 '도피'를 이탈자와 전체의 관계에서 파악하였다. 도피의 자유는 전체에서 이탈하는 것에 불안을 느끼거나 전체가 자신을 따돌리는 것에 불만을 가진 이탈자들이 자유와 개성의 이름을 내세워 전체를 비판하고 부정하는 행위일 뿐이었다.[203] 후쿠다는 소수(부분)의 이탈자들을 옹호하고 "양으로서의 전체"를 정의로 삼는 자유주의자들의 행태를 비판하였다. 전체를 "질의 개념"으로 봐야 한다고 주장하였다.

> **전체는 양의 개념이 아니다. 어디까지나 질의 개념이다. 맥주병 뚜껑은 만 개를 모아도 전체를 구성할 수 없다. 하지만 한 개의 뚜껑과 한 개의 병은 전체를 구성하기에 충분한 소재다. 우리는 한 개의 뚜껑이 전체에서 이탈하여 자립할 수 있다고는 생각지 않지만, 한 개의 인간은 그것을 할 수 있다고 생각한다. 당연**

---

202 「人間・この劇的なるもの」, 558쪽.
203 「人間・この劇的なるもの」, 559-561쪽.

하다. 뚜껑과 인간은 다르다. 물질과 정신은 다르다. 뚜껑은 부품에 불과하지만, **인격은 완전한 자율체다.** 하지만 그것은 전체 없이 될 수 있음을 의미하지 않는다. 오히려 반대다. 인격이 완전한 자율체라는 것은 **전체와의 관련을 스스로 조정할 수 있다는 말**에 지나지 않는다. 그것은 부분이면서 전체를 의식하고, 전체를 반영하고 스스로 의식意思해서 전체의 부분이 될 수 있다는 말이다. **진정한 의미의 자유는 전체 속에서 적절한 위치를 차지하는 능력이다. 전체를 부정하는 개성에 자유는 없다.**[204]

후쿠다는 병뚜껑이라는 부품과 병 전체의 관계성에 비유하여 일개 인간의 존재양태를 설명한다. 부품에 지나지 않는 한 개의 뚜껑은 병이라는 전체에서 이탈하여 자립하지 못하지만, 한 개의 인간은 완전한 자율체로서 자립할 수 있다. 뚜껑과 인간은 다르고, 물질과 정신도 다르다. 하지만 한 개의 인간도 물질과 마찬가지로 전체와 관련되어야 완전한 자율체가 된다. 인격은 전체와의 관련을 스스로 조정하는 능력을 갖춘 것을 말한다. 조직이란 말에서 연상되듯이 부분을 합치면 전체를 만들 수 있다고 착각하지만, 숫자를 모은다고 전체가 되는 건 아니다. 개인이 전체를 부정하거나 전체를 자신에게 맞게 재조직하진 못한다. 전체를 부정하는 개성에 자유는 없다. 전체로부터 이탈하는 것(개성)이 자유가 아니다. 진정한 자유는 **"전체 속에서 적절한 위치를 차지하는 능력"**이다.

우리는 출발점에서도, 또 종착점에서도, 숙명을 필요로 합니다. 바꿔 말하면 처음부터 숙명을 짊어지고 태어난 것이고, 최후에는 숙명 앞에 굴복하는 것이라 자각할 때 비로소 우리는 그 한계 안에서 자유를 누리며 느긋하게 살 수 있는 것입니

---

204 「人間·この劇的なるもの」, 562-563쪽.

다. 그렇지 않고서 헛되이 자유를 구한다면 차분함이 없는 생활을 보내야만 합니다. 모두 신경쇠약에 빠져 버립니다. 신경쇠약이나 노이로제란 자신을 조종하는 법을 잃는 것입니다. 뭐든 조종하는 자유를 가지려 했기에 자기 자신이 조종할 수 없게 되는 기묘한 결과에 빠지는 것입니다.[205]

전체는 '숙명'과 결부된다. 전체 속에서 적절한 위치를 차지하는 완전한 자율을 영위한다는 것은 숙명 앞에서 자유를 향유함을 뜻한다. 숙명을 짊어지고 숙명 앞에 굴복하는 자신을 자각했을 때, 개인은 자신을 조정하는 법을 알게 되고 숙명의 한계 안에서 자유를 누릴 수 있다. 자유는 전체 속에서 적절한 자리를 차지하는 능력, 전체가 만들어내는 숙명의 한계 안에서 향유되어야 한다.

숙명은 전체가 만들어내고 개인은 그 안에서 자유를 향유하지만, 인간이 숙명에 완전히 구속되는 건 아니다. 후쿠다는 인간의 삶에 작용하는 필연성을 상정했는데, 필연성은 극적인 삶을 살고 싶어하는 인간의 욕망을 위한 전제였다. 예술가가 자신의 생애를 예술작품으로 완성하고 싶어하는 욕망이 없으면 예술은 존재하지 않는다. 인간은 단지 살기만 원하는 것도 아니다. 삶의 풍요로움만 바라는 것도 아니다.

사람은 흔히 자유에 대해 말한다. 여기에서도 사람들은 틀렸다. **우리가 진정 찾는 건 자유가 아니다.** 우리가 원하는 것은 일이 일어나야만 일어나는 것이다. 그리고 그 안에 등장하여 일정한 역할을 하고, 해야 하는 것을 해 본다는 **실감**이다. 무엇을 해도 좋고, 뭐든 할 수 있는 상태 따위, 우린 원치 않는다. 어떤 역을 맡아야 하고 그 역을 던지면 따로 지장이 생기고 시간이 정

---

205 「私の幸福論」(1959), 『全集』 4, 36쪽.

체한다. 바라는 건 이러한 실감이다… **사는 보람이란 필연성 속에 살고 있다는 실감에서 생긴다. 그 필연성을 맛보는 것, 그것이 사는 보람이다.**[206]

인간은 필연성 속에서 살고 있다는 실감, 일정한 역할을 한다는 실감을 가졌을 때 살아간다. **"필연성 속에 살고 있다는 실감"**을 맛보는 것이 "사는 보람"이다. 이 실감은 숙명에 대한 자각이다. 자기의 숙명 안에 있다는 자각이 있어야 자유의 발랄함을 맛볼 수 있다. 숙명감은 자기가 있어야 할 곳에 있다는 실감이다. 후쿠다는 인간은 "현실의 생활"(사는 것)과 "의식의 생활"(사는 것을 음미하는 것)의 이중성을 지닌다고 했다.[207] 햄릿에게서 이러한 이중성을 보았다. 햄릿은 숙명을 원하는 동시에 숙명을 물리치고자 했다. 숙명을 온몸으로 받아들이면서도 무한히 자유롭고 활달했다. "의식가로서의 햄릿"은 늘 자신은 이런 사내라 스스로를 규정하면서도 "행동가로서의 햄릿"은 이에 얽매이지 않았다. 후쿠다는 햄릿의 이중성에서 **"숙명과 자유의 이율배반"**을 보았다.[208] 이 이율배반에서 숙명에 얽매인 자유가 아니라 숙명을 물리치는 내적 긴장감을 지닌 '숙명 속의 자유'가 상정된다.

숙명과의 싸움

후쿠다는 "정신적 자유"를 옹호하였다. 후쿠다는 스토아학파와 에피쿠로스학파에서 "윤리적 최고가치로서의 자유"를 보았다. 자기 이외의 권위, 타인, 현실 등을 변개하거나 말소하는 자유가 아니라 이것들에 침해받지 않는 자유를 보았다. 그것은 "도피의 자유"가 아니라 **"소용돌이 속에 앉아 도피하지 않는 자유"**였다. 혼란스러운 현실에도 끔쩍하지 않는 "정신

---

206 「人間·この劇的なるもの」, 525쪽.
207 「人間·この劇的なるもの」, 527-528쪽.
208 「人間·この劇的なるもの」, 542쪽.

의 자율성"으로서의 자유였다.[209] 자유는 정치, 법률에 관련된 물질적 문제일 뿐 아니라 윤리와 관련된 정신적인 문제였다.

후쿠다는 자유주의 국가(서방국가)와 전체주의 국가(소련)가 서로 자유가 없다고 비난하는 걸 보면서, 전체주의 국가에서는 개인에게 민족, 권력, 계급을 부정하는 정신적 자유를 허용하지 않지만, 자유주의 국가에서는 국가 안에 자기를 부정하는 이분자異分子를 허용하며, 개인이 각각 전체를 소유함으로써 국가를 부정한다는 사실을 지적한 바 있다. 후쿠다는 국가와 현실을 초월한 전체의 관념을 응시하였다. 충성을 요구하는 "지상의 절대자"가 아니라 "초자연적인 절대자"를 상정했을 때, 인간은 정신적 자유를 얻을 수 있고 또 **"배반할 자유"**를 가질 수 있다고 했다.[210] 정신적 자율성을 보증하는 정신적 자유가 국가체제와 관련된다고 본 것이다.

후쿠다의 자유관은 경제=성장공간에서도 유지되었다. 후쿠다는 1970년 글에서 출생 때부터 부과된 "7, 8할의 부자유"에 눈감고 "2, 3할의 자유"만을 내세워 자유라 주장하다는 것은 자기기만이며, 이것으로 삶 전체를 규정하는 사상은 잘못이라 했다. "태어날 때 전혀 부자유이고, 생애의 7, 8할은 그때 결정된다"는 사실과 "자유라는 이념을 존중하고 그것 없이는 살 수 없다"는 사실을 인식하면서, 자유는 숙명의 손이 닿지 않는 나머지 영역에서의 싸움이 아니라 **"어찌할 수 없는 숙명 자체와의 싸움"**에서 찾아야 한다고 주장한다. "어찌할 수 없는 숙명"을 어찌할 수 없다고 솔직하게 양해하면서 그것과 싸우는 곳에 "진정한 인간적 자유"가 있다고 했다.[211] 진정한 자유는 부자유를 규정하는 숙명과의 싸움에서 얻을 수 있다고 보았다.

---

209 「人間・この劇的なるもの」, 559쪽.
210 「絶對者の役割」, 282-283쪽.
211 「眞の自由について」(1970), 『全集』 6, 224-225쪽.

무엇으로부터의 자유라고 말할 때, 당연히 인간은 그 자유를 속박하는 것을 생각하지만, 인간을, 자신을 속박하는 최대의 것은 무엇인가… 인간에게, 나에게, **가장 어찌할 도리가 없는 것은 정치적, 경제적, 사회적인 제 조건이 아니라 실은 인간 자체, 나 자체이다.** 예를 들면, 모든 것이 자신의 뜻처럼 되지 않는 것이 없는 독재자에게 진정 뜻대로 되지 않는 것은 자신 안에 있는 독재적 권력욕이다. 여성이 남녀동권을 주장하는 경우, 그 여성의 진정한 적은 남성이 아니라, 또 남성이 만든 사회구조가 아니라, 여성 자신의 생리적, 심리적 한계이다. 남자가 여자보다 뛰어나다는 얘기가 아니다. 남자도 남자의 한계를 갖는다. 자신에게 가장 어찌할 수 없는 것은 자신이고, 인간에게 가장 어찌할 수 없는 것은 인간이다. 전자의 생각은 도덕에, 후자의 생각은 종교에 길이 통한다. 만일 자유라는 것을 정치적, 경제적, 사회적 개념에서 도덕적, 종교적 개념을 구해내고자 한다면 우리는 **무엇으로부터의 자유** 속에 '**자신으로부터의 자유**', '**인간으로부터의 자유**'를 생각해야 하지 않을까.[212]

후쿠다는 자유를 정치적, 경제적, 사회적 개념에서 도덕적, 적극적 개념을 구해내야 한다고 주장한다. "어찌할 수 없는 것"은 정치적, 경제적, 사회적 조건이 아니고 "인간 자체, 나 자체"이다. 숙명과의 싸움은 자신과의 싸움으로 귀결된다. 자유를 정치적, 경제적, 사회적 개념에서 도덕적, 종교적 개념으로 끌어올리기 위해서는 "자신으로부터의 자유", "인간으로부터의 자유"를 생각해야 한다. 자신과의 싸움은 "자신으로부터의 자유"가 된다. "무엇으로부터의 자유"는 소극적 자유이지만 도덕적, 종교적 차원에서 "**자신으로부터의 자유**"는 적극적 자유가 된다. 후쿠다는 도덕적, 종

---

[212] 「眞の自由について」, 225~226쪽.

교적 차원의 자유를 설정함으로써 벌린Isaiah Berlin과 프롬Erich Fromm이 말한 소극적 자유를 적극적 자유로 변용시켰던 것이 아닐까.

민주주의

소극적 개념으로서의 민주주의

후쿠다 쓰네아리는 개인적 자유를 옹호했지만, 개인적 자유의 남용을 허용하는 전후 민주주의에는 비판적이었다. 개인의 과도한 자유는 민주주의를 이념으로 간주하는 데서 기인한다고 생각하였다. 진보주의자에게 '민주주의'는 '평화'(평화주의)와 더불어 시민의 민주적 삶을 보장하는 제도일 뿐 아니라 진보 이념을 표상하는 가치였다. 개인의 자유뿐 아니라 시민의 정치적 권리를 정당화하는 이념이었다. 후쿠다는 민주주의를 이념이 아니라 사회를 운영하는 제도, 즉 다수결로 보았다. 다수결로써 사회정의를 확정하는 민주주의 방식에 동의하지 않았다. 상대주의를 초래한다고 보았기 때문이다.

안보투쟁은 전후 민주주의의 제도적, 이념적 허구성을 폭로한 계기였다. 후쿠다도 전후 민주주의의 허망을 보았다. 안보투쟁을 거치면서 민주주의 이념이 폭력을 수반하는 권력으로 작용하는 실상을 꿰뚫어 보았다. 진보건 보수건 민주주의의 이름하에 폭력을 저지르고, 폭력을 저지르면서도 민주주의를 구실로 이를 긍정하는 등 민주주의를 편의적으로 이용하고 있다고 판단하였다.[213] 또한 1960년대 후반 반전평화 운동과 전공투의 대학분쟁을 겪으면서 민주주의의 취약성을 재확인하였다. 질서를 위

---

213 「民主主義を疑ふ」(1961), 『全集』 5, 451쪽.

협하는 대중의 봉기에 두려움을 느꼈다. 전공투의 폭력적 행위 자체보다는 "이기심과 게으름과 파괴, 그리고 그것들에 동기를 부여하고 이유를 부여하는 관념의 횡행"을 우려하였다. 후쿠다는 민주주의를 도덕적 원리가 아니라 정치적 원리로 파악하였다. 약자는 아무리 다수와 집단에 의지해도 강자의 악을 억제할 수 없음을 깨달았다.[214]

후쿠다는 민주주의를 소극적 개념으로 파악하였다. 적극적 가치를 실현하는 원리가 아니라 타자의 행위를 견제하는 제도로 보았다. 민주주의 원리는 "자신이 독재자가 되고 싶지 않다는 심리"가 아니라 "타인을 독재자로 만들고 싶지 않다는 심리"에서 나왔고 "타인에 대한 경멸과 불신과 경계심"으로 지탱된다는 것이다.[215] 후쿠다에게 민주주의는 최선의 사회를 보장하는 최선의 방법이 아니라 "단지 최악의 사태를 피하기 위한 소극적=방위적(방어적) 방법"에 지나지 않았다. 악 자체를 억제하는 도덕적 원리가 아니라 강자의 악을 억지하는 정치적 원리였다. "수단으로서의 정치개념"인데, '평화'와 결부되면서 "목적으로서의 도덕개념"으로 오해되어 혼란을 빚었다는 것이다. 민주주의는 도덕적 덕목과 같은 적극적 개념이 아니라 최악의 사태를 방지하는 소극적 개념이었다는 것이다.[216]

후쿠다는 일본의 민주주의가 개인의 열성과 생명력을 규율하는 제어기구로 작용한다고 생각하였다. 선을 실현하기보다 악을 찾아내기 위해, 또 강자나 능력자들을 끌어내리고자, 그리고 타인이 자신을 구속할지도 모른다는 경계심에서 만들어진 민주주의의 규칙이나 제도가 개인의 정열과 인류의 생명력을 억압한다고 보았다. '기다려'(Don't do so!)라고 말할 뿐 '하라'(Do so!)는 소리를 기대할 수 없는 소극적 개념인 한, 민주주의는 개

---

214 「偽善と感傷の國」(1968), 『全集』6, 205쪽.

215 「民主主義を疑ふ」, 451쪽.

216 「民主主義の弱點」(1975), 『全集』6, 273-274쪽.

인을 규율하는 기제일 수밖에 없다. 민주주의는 **"인류가 생명력을 잃어가는 과정에 적응한 정치사상"**일 뿐이다. 후쿠다는 인류는 핵무기, 자원부족, 공해, 부패정치와 같은 물질적 원인보다는 민주주의라는 제어기구와 그것이 조장하는 불신감과 상호견제라는 정신적 원인 때문에 멸망할 수도 있다고까지 생각하였다.[217]

후쿠다는 안보투쟁이나 전공투 투쟁의 폭력적 행동에서도 이념적 동기가 추동하는 민주주의의 동태적 양상을 읽어냈다. 민주주의를 이념으로 규정했을 때 생기는 비현실성을 추궁하였다. 전공투 이후 경제=성장공간의 정치적 안정 속에서 일본의 민주주의는 개인의 정열과 생명력을 억압할 것이라 전망하였다. 민주주의는 "인류가 생명력을 잃어가는 과정에 적응한 정치사상"이라 믿었기 때문이다.

콘센서스와 문화의 연속성

후쿠다는 정치적 원리로서의 민주주의를 추궁하는 한편, 일본 민주주의의 정치문화에도 주목하였다. 민주주의는 문화에 의존한다고 생각하였다. 경제=성장공간의 정치경제 현상에 대한 후쿠다의 문화론적 이해는 여느 지식인과 달랐다. 민주주의의 원리들, 즉 다수결, 대화, 콘센서스의 원리를 일본문화의 전통에서 찾는, 민주주의를 "대화의 정치"로 보는 방식에 동의하지 않았다. 민주주의는 '화'和에 기초한 "대화의 정치"가 아니라 승부를 다투는 "논쟁의 정치"여야 했다.[218] '화'의 정신에 기초한 대화는 "민주주의의 적"일 뿐이다. 민주주의는 "대화가 성립하는 온정주의적 세계와 대립하는" "메마른 차가운 정치사상"이어야 했다.[219]

---

217 「日米兩國民に訴へる」(1975-1976), 『全集』 6, 654쪽.
218 「論爭のすすめ」, 258쪽.
219 「偽善と感傷の國」, 197-198쪽.

후쿠다는 일본문화가 민주주의를 약화시킬 것이라 생각하였다. 민주주의는 앵글로 색슨족의 경우 개인의 강한 주장을 억제하고 조정하는 쪽으로 기능하지만, 자기주장이 약한 일본인에게는 무사안일주의를 조장하고 아집과 이기주의와 다툼을 혐오하는 미의식이나 도덕감을 높인다고 보았다.[220] 하지만 소극적 수단개념을 적극적 목적개념으로 "신격화"한 미국 민주주의를 받아들일 경우 일본의 국가사회는 완전히 마비될 것이라 생각했다.[221] 오히려 개인의 자주성을 약화시켜 전체주의를 허용할 것이며, 전체주의를 원하는 목소리가 커질 것이라 판단하였다.[222]

후쿠다는 일본 민주주의의 조건을 콘센서스에서 찾았다. 콘센서스는 다수결과 대화가 아니라 가치관의 공유에서 나오는 합의를 말한다. 후쿠다는 다수 의견을 좇는 것이 폭력이 아니라 소수 의견이 통하는 것이 폭력이라 했다. 민주주의 혹은 다수결은 어떤 사항의 대전제에 관한 콘센서스가 선행하지 않으면 무의미하다. 공동체 형성은 합리주의적 분석을 넘어 가치관의 공유를 요구하며, 가치관의 공유는 "문화의 연속성"에서 나온다. 가치관의 공유는 위에서 부과된 추상적인 것이 아니라 "일상의 풍속, 습관, 행사, 관습 등을 포함한 문화의 연속성"에서 성립한다. 후쿠다는 "광적으로" "문화의 연속성"을 단절시킨 탓에 일본에는 콘센서스의 지반이 전혀 없다고 생각했다.[223] 문화의 연속성은 과거와의 연속성을 뜻한다. 민주주의가 올바르게 작동하려면 과거와 연속된 문화에 기반을 둔 콘센서스가 전제되어야 한다. 후쿠다는 민주주의의 가치를 문화의 연속성에 기초한 가치관의 공유에서 찾았다. 문화의 연속성이 있어야 세계문화

220 「民主主義の弱點」, 277쪽.
221 「日米兩國民に訴へる」, 654쪽.
222 「民主主義の弱點」, 280쪽.
223 「世界の孤兒·日本」, 181쪽.

와도 연결된다고 생각하였다. 문화의 연속성은 세계와 통하는 길이었다. 문화의 연속성이 끊겼을 때, "파괴적인 국적상실의 코스모폴리타니즘"과 "광신적인 내셔널리즘"이 쌍생아로서 생겨나고 일본은 세계의 고아가 될 수밖에 없다고 했다.[224]

후쿠다는 합리성과 이성을 전제로 토론과 협의를 행하고 다수결로 사안을 정하는 방식의 진보적 민주주의에 비판적이었다. 민주주의를 목적적 도덕개념이 아니라 수단적 정치개념으로 파악하였다. 민주주의가 다수결과 대화에서 성립한다는 명제를 부정했을 때, 콘센서스의 지반으로서 문화를 동원하지 않을 수 없었다. 공동체의 문화를 기반으로 하는 콘센서스를 중시했을 때 일상의 풍속, 습관, 행사, 관습 등을 포함한 문화의 연속성을 긍정하지 않을 수 없었다.

7. 냉전과 평화

'평화'와 평화론

'수단과 목적의 역전'과 '현지해결주의'

'평화'는 '민주주의'와 더불어 전후 민주=안보공간에서 진보주의자들의 사상과 운동을 규율한 언어였다. '평화'는 질서 안정의 객관적 상태라기보다는 평화를 이룩해야 한다는 열망의 표현이었다. 평화의식은 전쟁

---

[224] 「世界の孤兒・日本」, 181-182쪽.

을 주체적, 자발적으로 수행한 경험이 있을 때, 자국민의 전쟁피해가 깊었을 때 강렬한 법이다. 전후 일본인의 평화관념은 태평양전쟁의 직접체험과 냉전의 간접체험의 두 계기에 의해 촉발되었다. 전쟁으로 3백만 명이 희생되고 미증유의 패전을 겪은 일본인들에게 '평화'는 절실한 가치였다. 전쟁체험과 패전경험은 전쟁의 상흔을 남겼을 뿐 아니라 평화이념(평화주의)의 가치와 평화 실현의 의지를 지탱하는 근거로 작용하였다.

평화헌법은 민주주의와 더불어 평화주의 이념을 반영한 규범이었다. 전쟁경험과 평화염원은 '평화애호'의 정신(전문)과 군대 불보유와 군사력 사용포기(제9조)로 평화헌법에 규범화되었다. 평화헌법에 구현된 평화주의는 전후일본의 외교정책과 전후 일본인의 사상과 삶을 규율하는 규제적 이념regulative idea으로 작용하였다. 동아시아 냉전도 전후지식인의 전쟁관/평화관을 규율하였다. 전쟁체험과 패전체험에서 촉발된 평화염원은 냉전에 대응하는 평화이념과 결부되었다. 미일 안보동맹도 세력균형과 질서안정의 차원에서 민주=안보공간의 평화와 안보를 지탱하였다.

전후일본의 평화론은 단지 평화애호와 평화염원을 말하는 언설이 아니다. 전후지식인이 자신들의 사상과 정치적 태도를 드러내는 정치적 언설이었다. 진보지식인은 평화주의 이념을 내세워 냉전세계와 일본의 안보에 대응하는 평화론을 생산하였고 평화운동을 주도하였다. 후쿠다 쓰네아리는 '평화'라는 말이 일본인의 사고를 규율하는 최대의 터부로서 기능하는 상황을 감내하지 못했다. 냉전 현실과 평화주의 이념 사이의 간극을 꿰뚫어 보면서 절대이념화된 진보적 평화주의의 허구를 폭로하였다. 평화를 부정한 것이 아니라 평화를 논하는 방식을 비판하였다. 보수적 리얼리즘의 관점에서 진보적 평화주의와 평화운동의 비현실성을 추궁하였다.

후쿠다는 전후일본의 평화론과 평화운동이 지식인의 생존이나 이익과 결부된 것으로 보았다. 전후지식인들은 전중기의 잘못을 되풀이하지 않 겠다는 체면에서 평화를 얘기하고, 진보지식인들은 자신들만이 평화를 원한다는 착각 속에서 평화론을 전개한다고 생각하였다. "평화는 진보주 의의 상징이고 평화운동은 지식인의 복권운동"이라 단언하였다.[225] 진보 지식인들은 평화를 정치론으로서 논하지 않고 "평화론적 풍조"만을 조성 한다고 보았다.[226] 진보적 평화론은 평화를 위한 창의적 의견이나 개성 있 는 구상이 아니라 "그리스 신화 같은 경향"을 지닌, "문제를 위한 문제"에 불과하며, 진보적 분위기를 나타내는 언설일 뿐이었다.[227]

평화주의자들은 "절대평화"를 말하면서 해방과 혁명을 위한 전쟁에 동 조하는 자기모순적 존재로 보였다. 미군기지 지역의 아동교육 문제는 평 화주의자의 기만성을 보여주는 사례였다. 진보지식인 미나미 히로시南博 는 미군기지의 비행기 소음이 학교수업을 방해하므로 미군기지를 없애 야 한다고 주장했는데, 후쿠다는 이를 문제삼았다. "폭음이 방해가 되어 수업을 할 수 없다는 사실과, 일본에 미군기지가 있어서는 안 된다는 당 위, 이 둘을 왜 연결시켜 생각하는가"[228]라고 따졌다. 후쿠다가 보기에, 진 보주의자들은 평화론을 내세워 기지아동 교육문제라는 작은 술잔을 '안 보조약', '두 개의 세계', '자본주의 대 공산주의'라는 큰 술잔에 포개넣는 논법을 사용한다. 작은 잔에 불과한 문제를 '평화론'과 '반미'라는 큰 잔에 넣어 "확대해석"함으로써 사람들을 끌어들이는 속임수를 쓴다. 진보주의 자들이 평화론을 옹호하는 지렛대로서 기지문제를 이용하는 "확대방침" 은 공산당의 통일전선 전술과 닮았다. 전후 평화론은 아주 관념적인 진보

225 「平和の理念」(1964), 『全集』 5, 327쪽.
226 「戰爭と平和と」, 62쪽.
227 「平和論に對する疑問」(1954), 『全集』 3, 17쪽.
228 「ふたたび平和論者に送る」(1955), 『全集』 3, 33쪽.

지식인의 반미감정에서 나온 것으로 전중기의 반미감정과 통한다. 강력한 이념을 투사하여 현상을 해석하고 규정하는 평화주의라는 이념주의는 전중기의 국체론과 닮았다.[229]

후쿠다는 진보적 평화론에서 "수단과 목적의 전도轉倒" 현상을 보았다. 기지교육 문제가 목적이고 평화론은 이 목적을 달성하는 수단인데, 평화론자들은 목적과 수단을 뒤바꾸는 기만성을 보인다는 것이다. 수단과 목적의 역전 현상은 평화론의 확대방침에서 초래된 것이다. 후쿠다는 비슷한 전도 현상을 채털리 재판에서 경험한 바 있다. 로렌스 소설은 외설이 아니므로 피고인을 외설죄로 처벌해서는 안 된다고 변호했는데, 자신의 주장이 언론자유의 문제로 "확대해석"되는 것을 보았다. 언론의 자유가 목적이 되고 로렌스 소설이 언론의 자유를 위한 수단으로 이용되었던 것이다. 후쿠다는 일본사회에 만연한 "수단과 목적의 역도逆倒" 현상을 확인하였다. 범죄자가 증거지문을 없애 부재증명을 해야 안심하고, 병자가 자기라는 주체를 배제해야만 살아갈 수 있는 자기말살병의 병리현상을 보았다. "수단과 목적의 역전"을 통해 직접적인 연루를 회피하고 책임을 지지 않는 진보적 평화론자의 기만적 행태를 보았다.[230]

이러한 기만성은 수단과 목적의 전도를 극복해야 깰 수 있다. 후쿠다는 기지아동 교육문제는 "평화문제"라는 거대담론으로 확대해석해서는 안 되고 그 자체로 해결해야 한다고 했다. 이것을 "현지해결주의"라 했다. 수단에 불과한 사안이 목적으로 확대 재생산되는 걸 막는 방법이었다. 후쿠다는 구체적 문제의 **"추상적, 논리적인, 말하자면 위로의 확대"**를 경계하였다. 쟁점의 확대 재생산은 **"인간의 심리적 현실을 향한, 말하자면 아래로의 심**

---

229 「平和論に對する疑問」, 17-20쪽. 후쿠다는 평화론자들이 원수폭 금지를 위해 공산당원, 재군비론자와 손을 잡는 애매함을 추궁하고 있다(『戰爭と平和と』, 55쪽).

230 「平和論に對する疑問」, 17-21쪽.

화"에 의해서만 저지할 수 있다고 생각하였다. 가지아동 교육문제는 "민중의 심리적 현실의 장"에서 해결해야 한다고 믿었다.[231] 민중의 심리적 현실은 추상적, 논리적인 평화론에 의탁한 "위로의 확대"가 아니라 현지를 살아가는 민중을 향한 "아래로의 심화"를 통해 파악된다는 것이다. 현지해결주의는 평화문제를 생각하는 사고법을 내장한 방법론이었다.

> '현지해결주의'가 성립하려면 **사물을 상대적으로만 보는 역사의 세계**에, 말하자면 **수직으로 교차하는 부동의 절대주의**가 없어서는 안 된다. **절대가 있고나서의 상대**이므로, 평화 따위는 절대 있을 수 없다는 나의 주장의 배후에는 **절대평화의 이념**이 있다. 그러한 입장에서 '현지해결주의'를 주장하는 것이다. **절대주의와 상대주의의, 혹은 이상과 현실의 이원론 위에 서서 현실적으로 생각하자**고 말하는 것이다. 현대의 풍조는 그 반대로, **상대적인 현실의 세계밖에 살지 않는 현실주의자가 한번 지껄이면 관념적인 이상론을 휘두른다.** 이것에 대해 '현지해결주의'라 말한 것이다.[232]

진보적 평화론은 절대주의, 현지해결주의는 상대주의라는 상식을 후쿠다는 부정한다. 현지해결주의가 되레 "부동의 절대주의"를 전제로 하며, 상대주의적 해결방식이 요구되는 평화문제는 "절대평화의 이념"을 배경에 두고 있다고 주장한다. 자신의 현실적, 상대적 평화론은 절대평화의 이념을 배후에 깔고 있다고 말한다. 여기에는 절대주의와 상대주의의 이원론, 혹은 이상과 현실의 이원론에 기초한, "절대가 있고나서의 상대"라는 사고법이 작용한다. 상대(상대평화론)를 부정하는 절대(절대평화론)가 아니

---

231 「平和論と民衆の心理」(1954), 『全集』 3, 28쪽.
232 「個人と社會」, 75쪽.

라 절대를 상정한, 절대 속의 상대를 상정하는 사고법이다. "상대적인 현실세계밖에 살지 않는 현실주의자가 한번 지껄이면 관념적인 이상론을 휘두른다"라는 후쿠다의 발언은 예리하다. 작은 술잔이라는 부분을 큰 술잔이라는 전체로 확대 재생산하는 이상주의 절대평화론에 대한 통렬한 비판이다.

냉전의 아이러니와 숙명

평화론의 확대지향적 운동성과 전쟁위기를 강조하는 정치성, 이에 말미암은 "수단과 목적의 전도" 현상은 '차가운 전쟁'(냉전)의 현실에 대응하는 진보적 평화론자의 정치관념에 특징적인 것이었다. 진보적 평화론은 현실과 이념 사이의 간극에서 배양되었다. 공산진영과 자유진영의 대결, 가공할 무기인 원자폭탄과 뒤이은 수소폭탄의 출현을 상정한 것이었다. 진보적 평화론자들은 자유진영과 공산진영이 구축한 '두 세계'에서 예상되는 전쟁과 평화의 문제를 의제로 삼으면서 '두 세계의 평화적 공존'을 지향하였다. 〈평화문제담화회〉에서 발표한 평화선언문, 특히 「세 차례 평화에 관해」(1950)에서 마루야마 마사오는 두 세계를 보는 진보적 견해를 명확히 했다. 두 세계에서 어느 한쪽에 가담하는 것은 전쟁의 길이라면서 중립을 평화의 길로 제시하였다. 중립의 평화책은 '두 세계의 평화적 공존'을 긍정하는 것이었다.[233]

후쿠다는 이러한 견해에 동의하지 않았다. '두 세계의 평화적 공존'이라는 이상에 집착했을 때 두 세계의 어느 쪽에 속할지, 평화인지 아닌지를 묻는 이분법적 사고가 작용할 수밖에 없다면서 진보적 평화론의 이분법적 사고를 비판하였다. '두 세계의 평화적 공존'을 상정한 이분법적 정치관은

---

233 平和問題談話会, 「三たび平和について」(1950), 『《世界》主要論文選』(東京：岩波書店, 1995).

'평화인가 아닌가'만을 따지는 극단적 사고와 생활태도를 강요한다는 것이다. 평화만을 "외곬으로 생각하는 절대주의"를 표방하는 평화론을 신봉했을 때, '평화공존'을 외치는 공산주의 국가를 우호적으로 보고, 자본주의 국가를 악으로 보는 심리가 생겨난다는 것이다. 후쿠다는 두 세계의 공존을 갈망하는 소망적 사고에서 나오는 진보적 평화론은 현실 국제사회에서 유효할 수 없을뿐더러 국내 불안만을 초래한다고 비난하였다.[234]

　두 세계를 바라보는 후쿠다의 시선은 달랐다. 한국전쟁 발발 직전에 발표한 「두 세계의 아이러니」(1950년 3월)에서 후쿠다는 냉전을 두 세계에서 양자택일을 강요하는 현실이 아니라 일본의 아이러니를 조장하는 현실로 파악하였다. '두 세계의 대립'이라는 관념은 바깥에서 주어진 것일 뿐, 일본은 오히려 "**두 세계의 대립**과 **대립하는**" 상황에 있다고 판단하였다. '두 세계의 공존'이 아니라 '두 세계의 대립'이란 관점에 섰을 때, 일본의 양자택일은 전술의 문제가 아니라 아이러니의 문제가 된다. 공산권에 속해서 미국과 대립하건, 서구권에 속해서 소련과 대립하건, 일본은 어느 한쪽을 선택하면 다른 쪽과는 대립해야 하는 아이러니의 상황에 놓인다는 말이다. 이러한 아이러니는 일본의 현실이며 일본의 숙명이다. 두 세계의 대립에 전 세계의 정치적 이해가 걸려 있고 일본의 이해관계도 이것을 벗어나지 못하는 상황에서 아이러니를 어떻게 극복할 것인가. 후쿠다는 "**우리 자신의 현실을 응시해야 한다**"고 말한다. "이러한 대립을 이질적인 것으로 간주할 수밖에 없는 실상"을 응시해야 한다고 말한다.[235]

　후쿠다는 '두 세계의 대립' 자체가 객관적 현실이고, 대립적 현실세계를 보는 일본인의 "심리적 현실"이 아이러니 상황에 있음에 주목하였다. 두 세계의 대립이라는 객관적 사실에 주관적으로 대립하는 지점에 아이

---

234 「平和論に對する疑問」, 22쪽.

러니가 생겨나며, 두 세계가 대립하는 외재적인 냉전적 현실은 **"아이러니의 심리적 현실"**로서 일본인의 의식에 내재화되어 있다고 보았다. 여기서는 냉전의 객관적 현실을 보는 응시만이 아니라 냉전체제에서 배태된 심리적(주관적) 현실을 추궁하는 시선이 요구된다. 아이러니는 보편(세계주의)과 개별(민족주의) 사이에서 개별자적 주체로서의 일본인이 어떻게 생각하고 행동하는지와 관련된다. '두 세계'는 양자택일을 강요하는 조건이 아니라 개별자적 주체를 엄습하는 세계주의의 발원으로서 다가온다. 이러한 세계주의에 대해 개별자적 주체로서의 일본(인)이 민족주의로 어떻게 대응하느냐가 문제이다. 후쿠다는 세계주의와 민족주의의 사이를 "정의와 에고이즘의 투쟁"으로 파악하면서 세계주의를 채용해야 민족주의를 만족시킬 수 있고, 정의를 채용해야 에고이즘도 만족시킬 수 있다고 생각하였다. 일본의 지식인들은 일본의 정의를 주장하는 동포를 의심하기 때문에 언제나 타국의 정의를 자기의 정의로 삼고, 자국의 에고이즘을 긍정하지 않기에 타국의 정의에 매달려야 했다. 일본의 아이러니는 여기에 있다. 후쿠다는 세계주의인가 민족주의인가라는 양자택일은 외부로부터 부과된 것일 뿐, "자가제自家製의 세계주의"를 고안해내지 못한 자는 자기의 민족주의도 주창할 수 없다고 했다.[236]

---

235 「二つの世界のアイロニー」(1950), 『全集』 2, 538쪽. 훗날 후쿠다는 「二つの世界のアイロニー」를 저술한 의도를 술회하면서 "비극적 아이러니"(tragic irony)라는 말을 사용하고 있다. 후쿠다는 '비극적 아이러니'와 관련하여 다음과 같이 말한다. "단지 소련을 '최대의 우군'이라 믿고 있던 자의 눈에는 그것이 '최강의 적'이 된다… 미국과 소련은 우리 일본에게는 서구에서와 마찬가지로, 아니, 그 이상으로, 지정학적으로도 군사적으로도 더욱 신중히 대처해야만 하는 상대다. 어느 쪽에 대해서도 일본을 '발전도상국'시(視)해서 열등감을 느낄 필요도 없지만, '경제대국'의 미주(美酒)에 취하는 것도 위험하다. 일본은 쇄국시대의 누습을 벗어나지 못한 채 군사적 내셔널리즘을 탈피했지만, 경제적 내셔널리즘으로 급락하기 어렵지 않다"(「覺書二」(1987), 『全集』 2, 659-660쪽).

236 「二つの世界のアイロニー」, 536-538쪽.

'전쟁과의 평화공존'

소극적 평화와 '도덕과 정치의 혼동'

후쿠다 쓰네아리가 생각한 평화란 무엇일까. 후쿠다는 평화란 "어떤 것 **이어야 하는가**"를 묻지 말고 "**무엇인가**"를 따져야 한다고 말한다(강조는 원문). 후쿠다는 평화의 개념적 의미를 판별함으로써 '평화'가 표상하는 현실의 실체를 파악하고자 했다. 평화론이 언설세계에서 어떻게 기능하는지를, 현실을 어떻게 왜곡하는지를 밝히고자 했다.[237] 당위론이 아니라 존재론적 관점에서 평화를 파악하였다. 평화 개념과 평화론은 진보적 평화주의자의 경우 진보주의적 이상을 실현하기 위한 합목적적 수단이었다면, 후쿠다에게는 진보지식인들의 합목적적 세계관을 해체하는 방법론적 수단이었다.

후쿠다가 파악한 진보지식인의 평화 개념은 "전쟁이 없는 상태, 가까운 장래에 전쟁의 위험이 있을 것 같지 않는 상태", "마이너스로서의 악이 결여된 제로상태"를 의미하는, "적극적인 플러스로서의 이상"을 결여한 개념이었다. 진보적 평화론은 "선도 악도 없는 제로의 상태"를 선으로 간주하는 언설이다. 진보적 평화론자들은 플러스로 만들려면 일단 마이너스를 제로 상태로까지 끌어올려야 한다고 생각한다. 후쿠다는 생각이 달랐다. 인간은 불완전한 "마이너스 투성이의 세계"를 살아가기 때문에 오히려 "마이너스를 마이너스인 채로 내버려두는 지혜"에 플러스를 얻는 방법이 있다고 생각하였다. 후쿠다는 **"마이너스로서의 악"을 용인하는 평화 개념**을 제시한다. 평화를 "우리가 하고 싶은 것을 하기 쉬운 상태, 인간이 그것을 토대로 이상을 실현하기 쉬운 상태, 말하자면 그것을 위한 최적의

---

[237] 「平和の理念」, 321쪽.

상태"로 규정하였다.[238]

평화를 전쟁의 결여상태로 파악했을 때, 평화는 '사실'을 나타내는 소극적 의미만 있을 뿐, '가치'를 나타내는 적극적인 의미는 없다. 평화를 지키려는 의사와 행동은 가치이지만, 전쟁의 부재를 뜻하는 평화 자체는 가치가 아니다. 후쿠다가 보기에, 진보지식인들은 평화상태를 만들어내는 가치를 생각하지 않는다. 사실과 수단을 나타내는 소극적 의미의 평화와, 가치와 목적을 지향하는 적극적인 의미의 평화를 혼동해서 사용할 따름이다. 평화를 가치로 삼으면서 정치적인 것과 도덕적인 것을 혼동한다. 생명을 최고의 가치로 생각하면서 다른 모든 건 부정하는 적극적 의미의 평화 개념을 확산시켰다. 하지만 진보의 평화 개념은 생명 중시의 "특수한 이상주의"로, 일본인의 도덕의식을 추락시켰을 뿐이다.[239] 후쿠다는 진보지식인의 평화 개념에서 **소극적 의미와 적극적 의미의 혼동, 사실과 가치의 혼동, 수단과 목적의 혼동, 정치적인 것과 도덕적인 것의 혼동**을 읽어냈다. 이러한 혼동이 일본인의 도덕감을 크게 떨어뜨렸다고 판단하였다.

평화헌법 제9조도 '정치적인 것과 도덕적인 것의 혼동'을 보여주는 사례였다. 평화헌법 제9조의 교전권 포기 조항은 일본인의 패배감과 죄악감을 씻어내는 긍정적인 역할도 했지만, 도덕적인 부負를 정正으로 바꿔치기하는 "교활한 자기정당화"를 가르쳐주었다는 것이다. 후쿠다는 '정치적인 것과 도덕적인 것의 혼동'의 원인을 원폭 투하에서 찾기도 했다. 패전 직후 일본인들은 미국의 원폭 투하를 전쟁을 끝내게 한 "하늘이 내린 은총"이라 생각했는데, 진보지식인들은 "유일한 최초의 원폭피해국이

---

238 「日本および日本人」, 183-184쪽.
239 「平和の理念」, 322쪽.

라는 특권의식"을 갖게 되고, 이 특권의식을 "순교자적 사명감"으로 바꿔 치기했다고 생각하였다. 비도덕적 에고이즘이 도덕적 휴머니즘으로 대체되면서 "원폭 투하라는 정치적인 것"을 "휴머니즘이라는 도덕적인 것"으로 혼동하는 일이 벌어졌다는 것이다.[240]

후쿠다는 진보적 평화론자의 '정치적인 것과 도덕적인 것의 혼동'이 일원론적 절대주의에서 기인한다고 보았다. 유럽에서는 종권宗權과 국권國權의 이원론이 개인의 삶을 지탱했는데, 일본에서는 천황제로 수렴되는 일원론이 정치적인 것과 도덕적인 것의 혼동을 초래하였고, 전후일본에까지 그림자를 드리웠다면서 일원론적 절대주의의 재현을 우려하였다. 평화와 민주주의라는 정치적 개념을 도덕적 개념으로 치환하여 국민도덕의 근간으로 삼았을 때, 일원론적 절대주의가 조장될 수 있다는 것이다. 진보주의자의 평화교육에서도 이러한 위험성을 감지하였다. 평화를 거역할수 없는 도덕상의 최고선으로 상정하고 생명을 최고 가치로 삼는 평화교육에서는 "에고이즘과 휴머니즘의 혼동"이 생겨날 수밖에 없다. 국제평화의 문제는 현실 국제사회의 정치 문제이며, 평화 문제는 일상생활의 규준이 되어서는 안 된다.[241] 후쿠다는 이렇게 주장하였다. 정치와 문학의 준별을 강조한 후쿠다의 비평정신이 평화론에서 정치와 도덕의 준별로 일관하고 있음을 확인할 수 있다.

'전체의 생명'과 전쟁

후쿠다 쓰네아리는 진보적 평화론자의 목적론적 평화개념에서 '생의 부재'를 보았다. 후쿠다는 다음과 같이 주장하였다. '전쟁 없는 상태'의 소

---

240 「平和の理念」, 324-325쪽.
241 「平和の理念」, 325-326쪽.

극적 평화개념을 대의명분으로 삼는다는 것은 죽음의 위험을 막는다는 소극적 의도만 있을 뿐, 생의 적극적인 내용을 묻지 않는다는 말이다. 선은 악의 결여를 의미할 뿐이다. 어떻게 하면 죽지 않을까라는 문제의식이 앞서면 생의 의식은 배제될 수밖에 없다. 진보적 평화론자들은 "사는 방식"에 대해 묻지 않고 "죽지 않는 방법"만을 탐구한다. "죽고 싶지 않다는 바람"과 "생의 의욕"을 혼동하고 있다. 현실의 비틀림을 없애는 것을 이상으로 삼고서 휴머니즘을 표방한다. 하지만 현실의 비틀림은 없앨 수 없다. 하나를 없애면 또 다른 비틀림이 생기기 마련이다. 오히려 현실의 비틀림에 어떻게 대처하면서 살지를 생각해야 한다.[242] 후쿠다의 이러한 주장은 다음과 같은 사생관에 기초한 것이었다.

> **휴머니스트들은 죽음을 단지 삶에 대한 위협이라 생각한다.** 동시에, 삶을 방패삼아 모든 것을 정당화하려 한다. 그들에게 단지 삶은 선이고 죽음은 악이다. 죽음은 삶의 중절中絶이고 우연의 사고이기 때문에 가능한 한 이것을 막아야 한다고 믿는다. 그러나, 그렇게 함으로써 우리의 삶은 얼마나 강화되었던가. 삶의 마지막에 죽음을 위치지우지 못하는 어떤 사상도 인간에게 행복을 가져다주지 못할 것이다. 죽음에서 삶의 완결을 생각하지 않는 사상은 결국 **천박한 개인주의**로 끝난다. 중세를 암흑시대라 부르고 르네상스를 삶의 찬가로 규정하는 통속적 사관이나, 봉건시대에 죽음의 냄새를 맡고 현대에 삶의 생기를 느끼는 잘못된 인간관은 모두 개인주의적 휴머니즘의 소산일 뿐이다. **삶은 반드시 죽음에 의해서만 정당화된다. 개인은 전체를, 그것이 자신을 멸망시키는 것이기 때문에 인정하지 않으면 안 된다. 이것이 극劇이라는 것이다.** 그리고 이것이 인간의 삶의 방식이다. 인간은 항상 그런 식으로 살아왔

---

242 「自己抹殺病といふこと」(1955), 『全集』 3, 258쪽.

제2장 '평화'와 '민주'

고 앞으로도 그런 식으로 살아갈 것이다.[243]

후쿠다는 "죽음을 단지 삶에 대한 위협"으로 생각하는, "삶은 선이고 죽음은 악"이라는 휴머니즘의 사생관을 비판한다. 삶은 죽음에 의해서만 정당화되며, 죽음을 생각하지 않는 삶은 "삶의 생기"를 느끼지 못한다고 했다. 개인의 극적인 삶은 죽음과 전체를 상정했을 때 자각된다. 진보적 평화론자는 이러한 극적인 삶을 간과하거나 부정하는 소극적인 삶만을 생각할 뿐이다. 자신을 멸망시키는 전체를 인정해야 개인이 살 수 있다는 사생관과 조응한다.

후쿠다는 개인의 생명보다 전체의 생명을 중시하였다. 개인의 생명을 절대시한다는 것은 타인의 목숨을 빼앗아도 된다는 말이므로 대단히 위험한 사상이라 생각하였다. 개인의 생명을 최고 절대가치로 삼는 것은 변태變態이며, "전체의 생명으로서의 국가라는 관념"을 상실하게 만든다고 했다. 개인의 생명 존중을 상태常態나 최고 원리로 삼아 전쟁과 평화를 논해서는 안 되며, 전쟁과 죽음은 현실로서 인정해야 한다고 주장하였다.[244] 죽을 수 없다면 생의 기쁨도 없으며, 평화는 소극적 의미밖에 갖지 못한다고 생각하였다. 후쿠다는 전쟁을 부정하고 생명을 중시하는 평화론에는 윤리가 없다면서 평화는 "개인윤리의 절대성"이 있어야 적극적인 이상이 될 수 있다고 역설하였다.[245]

후쿠다는 전쟁을 적극적으로 받아들여야 평화는 실현된다고 생각하였다. 항구적인 평화공존을 믿지 않는 민중의 심리를 신뢰하였고, 민중에게서 현실적 평화관념의 가능성을 보았다.[246] 민중은 미래의 필연성을 상정

---

243 「人間·この劇的なるもの」, 592-593쪽.
244 「戰爭と平和と」, 62-63쪽.
245 「個人と社會」, 76-78쪽.

하거나 미래의 불안을 방위하기보다는 현재에서 "사는 보람"을 찾는 존재이며, "사는 보람"은 평화상태만이 아니라 전쟁상태에서도 찾을 수 있다는 것이다.[247] 민중은 전쟁을 싫어하지 않고 전장에서 자기를 던질 수 있다고 했다. 지식계급도 개인의 생명을 최고 가치로 삼는 이기적 생활을 계속할 경우 자아의 주장을 견디다 못해 전쟁을 흠모할 수도 있다고 생각하기도 했다.[248]

후쿠다는 전쟁은 영원히 없어지지 않을 것이며 평화를 바라는 기분도 영속할 것이라 전망하였다. 인간 본성의 선악을 따져 이렇게 전망한 건 아니다. "인간성의 현실", 즉 전쟁이 일상적으로 발생했다는 역사적 경험에서 전쟁의 불가피성을 얘기한 것이다. "미래설계"가 아니라 **과거에 보인 인간성의 현실**을 보고 전쟁은 반드시 일어난다고 판단하였다. 이러한 관점에서 미래를 예단하고 예단된 미래를 가지고 현재를 설계하는 진보적 평화론을 혐오하였다.[249] 후쿠다는 공산당의 평화론을 피압박계급의 해방뿐 아니라 미국을 무너뜨리는 투쟁 수단으로 보았고, 소련의 평화 공세를 평화 애호가 아니라 국익의 표현으로 파악하였다. 전후세계의 평화를 보장한 것은 평화론이 아니라 미국과 소련의 무력, 특히 원폭, 수폭이었다고 말하기도 했다.

후쿠다가 보기에, 핵무기와 인류 멸망의 공포감을 강조하고 일방적 군축을 주장하는 진보적 평화론은 비현실적인 것이었다. 진보적 평화주의자들은 "전쟁공포증", "전쟁이라는 말의 공포증"에 사로잡혀 있고, 현실

---

246 「平和論と民衆の心理」, 27-29쪽.

247 「自己抹殺病といふこと」, 262쪽.

248 「戰爭と平和と」, 63-64쪽.

249 「戰爭と平和と」, 60-61쪽. 전쟁이 일어날 수 있다는 전제에서 미래로부터 계산된 것이 아니라 과거 있었던 관계에서 미국과의 협력이 자연스럽다고 보았다.

을 보지 않은 채 "썩은 내 나는 것은 뚜껑을 덮으라"는 식으로 살아가는, 전쟁의 공포감을 "성실"이라 생각하는 자들이다.[250] 시간적으로 아주 먼 미래의 일이나 공간적으로 광대한 일은 인간의 상상력과 사고의 대상이 될 수 없고, 공포감에서 벌이는 운동은 적극적일 수도, 생산적일 수도 없다. "인류의 멸망이라는 묵시록적 협박"은 지나치게 관념적이고 공상적이라서 개인의 행동을 규율하지 못한다.[251] 전쟁이 일어나면 절대로 안 된다는 절대평화론자의 발상은 전쟁에서 패배하면 살 수 없다던 전시기 국수주의자들의 발상과 닮았다.[252] 후쿠다의 보수적 평화론은 리얼리즘과 결부된 것이었다.

'차가운 평화', '전쟁과의 평화공존'

보수적 사고에 기초한 정치적 현실주의(보수적 리얼리즘)는 후쿠다의 전쟁/평화론을 지탱하는 이념적 기반이었다. 후쿠다는 일단 현실이 확립되면 악마적인 것일지라도 그 현실을 인정하고 어떻게 대응할지를 모색해야 한다고, 원수폭이건 악마이건 일단 생겼으면 어찌할 수 없고 악마적 현실은 힘으로 교정해야 한다고 생각하였다. 후쿠다는 "성도의 지배를 꿈꾼 지상 최대의 이상주의자 예수는 동시에 악마의 존재를 허용한 최대의 현실주의자였다"고 말한다. 이상주의와 현실주의의 야누스적 공존을 지적했다기보다 이상을 꿈꾸는 현실 자체를 봐야 한다는 인식의 표현일 터다. 후쿠다는 평화운동가들의 서명운동으로 원수폭을 억지할 수 없음을 지적하면서 "힘의 정치는 힘으로만 억지할 수 있다"고 단언하였다. "철저하게 질 것인가 철저하게 이길 것인가", 둘 중 하나라고 했다.[253]

250 「戰爭と平和と」, 54쪽.
251 「平和の理念」, 329쪽.
252 「平和論に對する疑問」, 19~20쪽.

후쿠다는 냉전의 대결 상황에서 군축과 군사력에 의한 전쟁억지가 평화를 실현하는 현실적 방법이라 생각하였다. "지옥에서 기어나온 악마"를 다시 쫓아낼 수는 없고 힘으로 "악마를 길들이는 것"만이 가능하다고 보았다. 상대국을 상회하는 자국의 군사력을 가져야 타국에 군축안을 강제할 수 있는 안보딜레마 상황에서 평화운동이 전혀 무의미한 건 아니지만, 절대평화주의는 구체적 방책을 제공하지 못한다고 생각하였다. 핵무기, 냉전, 기술진보로 전쟁의 성질도 바뀌었으므로 평화관도 변해야 한다고 믿었다. 후쿠다는 "차가운 전쟁"(냉전)에 대응하여 **차가운 평화**를 말한다. "차가운 전쟁"에서 의탁할 곳은 "차가운 평화"밖에 없다는 인식을 갖고 평화를 모색해야만 차가움이 따뜻함으로 바뀔 수 있다고 주장하였다.[254] 후쿠다는 '평화'를 새롭게 정의한다.

> 절망은 금물이지만 동시에 희망도 같은 정도로 위험하다. 오늘날 **평화는 전쟁과의 평화공존 상태** 이외의 어떤 것도 아니고, 우리는 그 사이에서 전쟁과의 암투를, 공산권이 아니라 **전쟁 자체와의 암투**를, 바꿔 말하면 **전쟁에 대한 시기나 공포와의 암투**를 계속해야 한다. 전쟁에 대한 시기나 공포로부터는 진정한 평화가 생겨날 리 없을뿐더러 오히려 전쟁을 유발하기 어렵지 않기 때문이다.[255]

후쿠다는 평화를 "전쟁과의 평화공존 상태"라 정의한다. 자유세계와 공산세계의 '진영간의 평화공존'이 평화의 조건으로 얘기되던 때에 **전쟁과의 평화공존**을 말하고 있다. 평화 개념을 '전쟁 없는 상태'가 아니라 '전

---

253 「戰爭と平和と」, 55-56쪽.
254 「平和の理念」, 331쪽.
255 「平和の理念」, 331쪽.

제2장 '평화'와 '민주'

쟁과의 평화공존'으로 대체하였다. 소극적 개념이지만 의미는 다르다. 전쟁과의 평화공존은 정적 상태가 아니라 "전쟁 자체와의 암투", "전쟁에 대한 시기나 공포와의 암투"가 요구되는 동적 상태를 말한다. 전쟁과 평화의 이원론을 상정함으로써 양자간의 동적 긴장을 부여한 셈이다. 후쿠다는 전쟁공포심에서 전쟁을 부정하는 소극적 평화가 오히려 전쟁을 유발한다고 생각하였다. 그렇다고 마냥 비관적이었던 건 아니다. "제3차 전쟁이 일어나도 원자탄, 수소탄이 파열해도 나는 인간에 절망하지 않는다"고 했다. 인간의 본성을 믿어서 절망하지 않는다는 말이 아니다. "설사 평화가 무너졌다 해도, 아니, 내일 무너지는 것을 알아도 오늘은 살지 않으면 안 된다"는 생의 의지를 믿기 때문이다.[256]

후쿠다의 현실주의 전쟁/평화관은 1970년대 데탕트가 도래했을 때도 변치 않았다. 평화는 **전쟁이 끝나지 않은 상태**로 인식되었다. 냉전에 긴장완화가 도래했지만, 평화는 "목구멍까지 치밀어올라오는 전쟁을 위장으로 되밀치려는 필사의 노력으로 지탱되는 **잠재적 전쟁상태**의 별명"에 지나지 않았다. 평화상태는 이상이나 선을 목표로 하는 것이 아니라 여러 악 가운데 하나가 없음을 뜻할 뿐이었다. 뭔가 결여된 상태를 가치로 삼을 수는 없다. 후쿠다는 절대평화는 있을 수 없고 항구평화도 당분간 어렵다고 믿었다. 그리하여 '차가운 전쟁'의 문이 닫힌 뒤에도 일본 앞에 열리는 문에는 '차가운 평화'라는 문자가 써져 있음을 잊어서는 안 된다고 경고하였다. 평화는 "평화주의의 깊은 신앙"으로 지켜지는 것이 아니라 "그것이 얼마나 깨지기 쉬운 것인가라는 불신감"을 극복하고자 하는 부단한 노력으로 유지된다고 생각하였다.[257] 평화는 평화주의의 신앙에 의한 진

---

256 「平和論に對する疑問」, 19-20쪽.
257 「民主主義の弱點」, 274쪽; 「日米兩國民に訴へる」, 577쪽.

보적 달성이 아니라 불신감을 떨쳐내려는 필사의 보수적 노력에 의해 유지된다는 말이다.

평화와 내셔널리즘

평화의 터부와 에고이즘

안보투쟁의 좌절과 더불어 민주=안보공간에서 벗어났을 때, '전후민주주의의 허망'이 폭로되고 진보적인 '전후평화론의 허구'는 분명해졌다.[258] 1960년대 중반의 후쿠다는 진보주의자의 평화론을 되새김질하였다. 진보적 평화론이 전후지식인의 전쟁책임론이었음을 확인하고 있다. 평화론은 전중기 일본지식인의 잘못을 어떤 형태로든 속죄하고 싶은 충동의 표현이었다는 것이다. 누가 누구를 비난하고 어떻게 책임져야 하는지는 아주 애매했지만, 진보주의자의 평화론=전쟁책임론은 "논하게 되면 마음이 놓이고, 이것으로 전후에 적응하는 일종의 주문" 같은 것이었다. 평화론자들은 중립론, 재군비 반대론, 미군기지 반대운동, 미일안보조약 개정 반대투쟁 등을 통해 위기감을 높이고 전쟁의 위협을 강조함으로써 스스로의 존재 의미를 찾았다. 평화론자들은 안보투쟁이 좌절된 뒤 크게 위축되었지만 여전히 전쟁 위기를 상기시키면서 '평화'를 외치고 있다. 진보적 평화론자들이 진정 평화가 목적이었을까, 혹시 위기를 핑계삼아 이익을 꾀했던 건 아닐까. 후쿠다는 이렇게 자문한다. 후쿠다는 이타적인 평화와 이기적인 이익 사이의 간극을 보았다. 소극적 평화를 절대가치로

---

258 그렇다고 진보적 평화론이 소멸한 건 아니다. '차가운 전쟁'(냉전)은 지속되었고, 베트남전쟁이라는 '뜨거운 전쟁'(열전)이 세계평화를 위협하고 있었다.

제2장 '평화'와 '민주'

삼았기에 생겨난 괴리였음을 다시금 확인하였다.[259]

후쿠다가 보기에 냉전기의 진보적 평화론은 순수 담론이 아니라 행동지향적인 정치운동이자 사회운동이었다. 평화론의 형태로 전개된 평화운동은 국내 정쟁의 수단일 뿐 아니라 냉전권력의 작용을 무시한 "반권력적 파괴행위"이자 공산주의 진영을 이롭게 하는 "이적행위"였다.[260] '평화'는 미국이 일본에 걸었던 주문인데, 반미 반권력의 혁신파도, 친미 권력자도 이것을 받아들이면서 일본사회에 고착된, 전후일본의 최대 터부로서 기능한 정치언어였다. '평화'라는 터부, '평화'라는 이름의 무기는 매우 현실적이고 가장 효과적으로 일본인의 심리를 규율하였다. 베트남전쟁은 진보지식인의 '평화'의 정치성을 확인시켜준 또 다른 계기였다. 베트남전쟁을 계기로 '평화가 좋은가, 전쟁이 좋은가'의 양자택일을 요구받는 상황에서 '평화의 터부'는 강하게 작용하였다. 후쿠다는 양식적이고 온건한 휴머니스트였던 진보지식인들이 '절대평화'를 외치면서도 해방이나 혁명을 위한 전쟁에 동조한다는 사실을 놓치지 않았다. '평화'가 '혁명'의 하위개념임을 간파하였다.[261]

후쿠다는 '평화'를 꽃피운 휴머니즘의 내면에 깔린 에고이즘을 보았다. 진보지식인들은 에고이즘에 눈감은 채, 휴머니즘에 내셔널리즘을 접목시키고 있다고 생각하였다.

> 평화라는 이름의 아름다운 꽃을 피운 일본의 장미 키우기는 휴머니즘이라는 뿌리가 어느새 에고이즘이라는 벌레에 먹히고 있음을 과연 깨닫고 있을까 어떨까. 저 보잘 것 없고 사소한 개인적 에고이즘에 눈을 감고 이번에

---

259 「平和の理念」, 326-327쪽.
260 「平和の理念」, 330쪽.
261 「知識人の政治的言動」(1965), 『全集』 6, 119-121쪽.

는 같은 휴머니즘의 대목臺木에 내셔널리즘을 접목하여 평화와 2종 피우기의 묘기를 발휘하려는 건 아닐지. 제일 마음에 걸리는 건 바로 이 점이다. **평화를 말하는 이가 정말 평화를 사랑하는 걸까. 단지 전쟁을 두려워하는 소극적 정신이 평화를 문화의 창조와 유지의 원동력으로 삼을 수 있을까. 내셔널리즘을 말하는 자가 정말 일본민족의 자각을 갖고 있을까. 단지 개인적인 소비생활의 수준을** 떨어뜨리고 싶지 않다는 것 뿐이 아닌가.[262]

후쿠다는 전쟁을 두려워하는 소극적 정신으로는 "문화공동체의 원천으로서의 내셔널리즘"을 발휘할 수 없다고 했다. 내셔널리즘은 문화공동체를 전제로 해야 힘을 발휘하고, 평화는 전쟁과 마찬가지로 문화공동체를 유지하기 위한 수단인데, 진보지식인들은 일본 고유의 문화공동체를 파괴하는 작업에 가장 열심이었던 자들로, 내셔널리즘이나 평화를 말할 자격이 없다고 했다.[263] 전쟁과 평화를 문화공동체 보전의 관점에서 파악하는 후쿠다의 시선에서 민주=안보공간이 멀어졌음을 느낄 수 있다.

에고이즘은 평화를 지탱하는 근거였고, 에고이즘을 빼놓고 평화를 논할 수는 없었다. 후쿠다는 평화주의 이념에 의탁하는 평화운동의 배후에 숨어 있는 에고이즘을 보았다. 생명 중시의 "생물본능적 에고이즘"과 전쟁으로 자식을 잃고 싶지 않은 어머니의 "개인적 에고이즘"이 일본의 평화주의와 평화운동을 지탱한다고 보았다. 개인의 에고이즘은 '국가'와 마주할 수밖에 없다. 개인은 전전에는 국가에 절대 열세였고, 전후에는 자유를 얻었지만 국가 권위가 약해져 충성 대상을 상실한 탓에 에고이즘을 버릴 장소를 잃었다.[264] 국가를 악으로 여기는 경향 때문에 개인은 사회와

---

262 「知識人の政治的言動」, 121쪽.
263 「知識人の政治的言動」, 121-122쪽.
264 「現代國家論」(1965), 『全集』 6, 169-170쪽.

의 관련 속에서 파악되었다. 개인적 에고이즘이 '평화'를 나타내고 국가적 에고이즘을 '평화의 적'으로 여기는 심리가 만연하였다.

후쿠다는 "성숙된 근대국가"에서는 죽고 싶지 않다는 개인적 에고이즘과 목숨을 바쳐 싸운다는 국가적 에고이즘이 양립 가능하지만, 평화에의 의지를 표명하지 않으면 전쟁을 바란다고 의심받는 "미성숙된 근대국가" 일본에서는 개인적 에고이즘과 국가적 에고이즘의 이원론적 공존은 힘들다고 보았다.[265] 그런데 경제=성장공간에 빠르게 진입하면서 개인은 악한 존재에서 선한 존재로 탈바꿈한 '국가'와 마주하였다. '국가'는 일본인의 경제적, 안보적 삶을 책임지는 존재로 떠올랐다. 개인적 에고이즘과 국가적 에고이즘의 관계는 새롭게 설정되어야 했다.

후쿠다는 에고이스트이면서 에고이스트를 버리고 싶어하는 인간의 욕망을 응시하면서 개인적 에고이즘과 국가적 에고이즘의 연관성을 생각하였다. 그에 따르면, 전전의 개인은 국가 앞에서 개인적 에고이즘을 억제해야 했고 국가를 "성화"聖化함으로써 국가적 에고이즘에 눈감았다. 전후의 개인은 국가를 부정함으로써 국가적 에고이즘에 눈감았고, 국가적 에고이즘이 개인적 에고이즘으로 전환된 걸 모른 채 온갖 대의명분을 내세워 국가를 성화하는 위선을 저질렀다. 그 대의명분이 바로 '평화'였다. 전전에는 '국가'의 이름으로 국가적 에고이즘을 정당화하고, 전후에는 '평화'의 이름으로 개인적 에고이즘을 정당화함으로써 두 에고이즘은 노골적인 대립 항쟁을 피할 수 있었다. 하지만 선악의 이분법으로 개인-국가 관계를 보는 낡은 사고법은 여전하다. 국가적 에고이즘을 성화하든 부정하든 '국가'에 눈감은 까닭은 초월할 가치관이 없어서다. **개인과 국가를 대등하게 보는** 가치관을 결여해서다.[266]

---

265 「平和の理念」, 327-328쪽.

개인 속의 어떤 부분은 국가에 대해 충성을 맹세한다. 하지만 개인 속의 다른 부분은 국가 이상의 존재에 충성을 맹세하고 그 입장에서 국가를 거부하는 일도 있을 수 있다. 그러나, 어느 경우든 개인은 자기의 **자유의사**에 기초하여 그것을 행한다. **자유 멋대로가 아닌 자유의식**에 기초해서다. 그러기 위해서는 **마땅히 국가와 개인 간에 하나의 가치관의 공유라는 묵계**가 성립해야 한다.[267]

선악의 이분법을 넘어서려면 국가와 마주하는 개인을 상대화해야 한다. 개인은 국가에 충성하는 존재일뿐 아니라 국가를 넘어선 존재에 충성함으로써 국가를 거부할 수도 있다. 이러한 이중성은 모순 대립적인 것이 아니다. 개인의 충성은 '자유의사'와 '자유의식'에 기초하며, 개인의 자유는 국가와의 묵계에 의해 공유되는 하나의 가치관에 규율되기 때문이다. 후쿠다는 "국가 이상의 존재"를 언급하고는 있지만 더 이상 '절대자'를 동원하지는 않는다.

인터내셔널리즘과 내셔널리즘

민주국가 형성의 맥락을 지나 경제성장과 대외무역을 통해 경제국가를 지향하는 일본은 새롭게 국제사회와의 관계를 모색해야 했다. 경제적 현실주의가 부상한 맥락이었다. 후쿠다는 인터내셔널리즘에 부응하는 내셔널리즘으로서의 국가적·에고이즘을 생각하였다. 일본의 내셔널리즘은 국가적 에고이즘을 인터내셔널리즘에 적응하는 형태로 모색해야 한다고 믿었다. '국가'는 일본의 역사에 준거를 두지만 국제정세의 변화와 내셔널리즘의 역사적 형태에 따라 바뀐다고 보았다. 내셔널리즘을 "서양에 적

---

266 「現代國家論」, 169-170쪽.
267 「現代國家論」, 170쪽.

제2장 '평화'와 '민주'

응하기 위한 국가의식이자 민족감정"으로 이해하였다.[268] 배타적 내셔널리즘이 아니라 국제사회에 적응하는 열린 내셔널리즘을 생각했다고 봐도 무방하다.

국제관계는 선악의 도덕적 영역이 아니라 국가적 에고이즘이 작동하는 세계였다. 정치는 휴머니즘을 수반하는 선악의 도덕 문제가 아니라 강약의 권력 문제였다. 후쿠다는 민주=안보공간의 정치적 계절에서조차 정치와 도덕을 준별하였다. 도덕정치는 바람직하지만 도덕에 너무나 신경질적이 되면 정치와 정부를 부정하게 되므로, 정치는 간혹 발생하는 오직汚職이나 폭력의 소해小害 정도는 감수해야 한다고 생각하였다.[269] 후쿠다의 국제정치관도 이러한 현실주의 정치관에서 나왔다. 후쿠다는 대동아전쟁을 선악의 문제가 아니라 강약의 문제로 보았다. '대동아전쟁=악'이라는 관점을 고집하면 '대동아전쟁=선'이라는 견해를 유발할 수밖에 없기 때문에 선악을 따지기보다는 실패로 끝날 전쟁을 왜 일으켰는지를 따져야 한다고 했다.[270] 소련의 체코 침공(1968)도 선악의 문제가 아니라 "대국의 에고이즘"(소련) 대 "소국의 에고이즘"(체코)의 충돌로 보았다. 국가간 관계에서 에고이즘이 충돌만 하는 건 아니다. 소국은 대국의 에고이즘을 이용하면서 에고이즘을 발휘해야 하지만 대국에 묵살 당할 우려가 있어 쉽게 드러내지 못하고, 대국은 여론의 압력도 있고 자신의 억지력도 있어 함부로 에고이즘을 행사하지 못한다.[271] 후쿠다는 국제관계에서 에고이즘이라는 권력의지가 작동하는 현실을 응시하는 한편, 그것을 억지하는 윤리가 국제사회에 작용한다고 판단하였다.

---

268 「現代國家論」, 167쪽, 170쪽.
269 「きのふけふ」(1956), 『全集』4. 411쪽.
270 「現代國家論」, 168쪽.
271 「私の政治教室」(1968), 『全集』6, 208쪽.

내셔널리즘은 국가의 생존과 발전을 모색하는 국가적 에고이즘의 표현이지만, 국가적 에고이즘이 인터내셔널리즘과 조응하는 한, 인터내셔널리즘과 관련해서 파악되어야 했다. 메이지 백년을 앞두고 근대화와 경제성장에 힘입어 메이지 예찬이 한창이었을 때, 후쿠다는 "문화적으로 미국의 식민지가 되어버린" "근대화의 숙명"을 응시하면서 "문화적 자신감"의 회복을 강조하였다. 근대화 과정에 생겨나는 민족문화의 상실과 내셔널 에고이즘의 폭주를 막고, 내셔널리즘과 인터내셔널리즘의 조화를 꾀해야 한다고 주장하였다. 외교가 내정의 연장인 시대는 끝났고, 외교가 내정을 결정한다고 단언하였다. 치국 후에 평천하가 아니라 평천하 노선을 정하면 절로 치국의 방책이 정해진다고 했다.[272] 인터내셔널리즘이 내셔널리즘을 규정하는 관점을 보여주었다.

이러한 관점은 베트남전쟁 인식에서도 확인된다. 1965년 4월 마루야마 마사오를 포함한 진보지식인들은 베트남 문제와 관련된 요망서를 일본정부에 제출하였다.[273] 일본정부는 베트남 참전 미군의 주일 미군기지 사용을 허용해서는 안 되고, 미국에 북폭 중지와 평화교섭을 신속히 요청해야 한다는 주장을 담았다. 이에 대해 후쿠다는 "민족주의의 미명"에 취하지 말고 미국이 자유진영의 중심이며 일본이 그 일원임을 깨달아야 한다고 비판하였다.[274] 후쿠다는 일본의 평화운동가들이 '베트남의 일은 베트남에게!'를 외치면서 베트남의 민족자결주의를 옹호하는데, 이는 베트남인을 위해 하는 말이 아니라 일본의 이익을 추구하는 에고이즘이 담긴,

---

272 「アメリカを孤立させるな―ヴィエトナム問題をめぐって」(1965), 『全集』 6, 140–141쪽.

273 발기인은 오우치 베에(大内兵衛), 오사라기 지로(大佛次郎), 다니카와 데쓰조(谷川徹三), 미야자와 도시요시(宮沢俊義), 와가쓰마 사카에(我妻栄), 쓰루 시게토(都留重人), 마루야마 마사오 등이었고 90여 명의 학자, 평론가, 작가들이 서명하였다.

274 「アメリカを孤立させるな」, 124쪽.

"베트남인을 밀쳐내는 잔혹한 말"이라 생각하였다. 베트남의 민족자결주의를 옹호하는 진보지식인들에게서 에고이즘을 보았던 것이다.[275]

후쿠다는 강대국이 국제관계를 주도하고 국제평화를 주관하는 주체임을 직시하였다. 강자와 약자의 병존이라는 현실을 무시한 채 강자에게 반성과 힘의 억제를 요구하는 평등주의를 인정하지 않았다. 강자의 욕구불만이 세계평화를 파괴할 가능성이 높다고 보았다. 이러한 현실을 무시하고 세계평화를 말하는 것은 "선의의 자기기만"일 뿐이다. 국가간 관계에서도 "선의의 자기기만"은 "악의의 속임수"보다 훨씬 위험한 일이다.[276] 후쿠다는 국제주의를 표방하는 진보지식인에게서 "선의의 자기기만"을 보았다. 진보지식인이 표방하는 국제주의라는 대의에서 선진국을 지향하는 후진국 특유의 국가주의를 떠올렸다.[277] 진보지식인의 국제주의를 국가주의로 규정한 데서 평화주의 비판의 도달점을 볼 수 있다. 후쿠다의 리얼리즘은 권력(이익)의 추구가 아니라 이념에 가려있는 권력이 작동하는 리얼리티를 읽어내는 의식이었다.

인터내셔널리즘은 내셔널리즘의 제약을 용인하는 것이었다. 후쿠다는 고전적인 독립국 개념을 버리고 주권의 제한을 국가의 현실적 존재양태로서 인정하였다. 미국의 핵우산 하에서 무임승차로 안보가 취약하고 정치적 자결권도 없는 일본의 현실을 응시하였다. 잠재적 적국을 상정하는 한, 미국의 견제나 규제를 배제할 수 없고, 일본 스스로 자결권을 양도하는 자주 자립의 태세로써 상대를 고르는 판정과 결단의 능력을 갖추고서 미국과 타협할 수 있어야 한다고 했다.[278] 후쿠다가 생각한 국제주의는 국

---

275 「現代國家論」, 167쪽.
276 「日米兩國民に訴へる」, 579-580쪽.
277 「日米兩國民に訴へる」, 605-606쪽.
278 「防衛論の進め方についての疑問」(1979), 『全集』 7, 533쪽.

가적 에고이즘의 무한한 발출이 아니라 불완전한 주권을 전제로 한 것이었다. 리얼리즘은 국제사회에 대항하여 최대한의 국익을 추구하는 것이 아니라 국제사회 속에서 강대국과의 국제관계의 제약을 측정하고 그것을 용인하면서 안보와 이익을 추구하는 정신이었다.

8. 후쿠다 보수주의와 문화공동체

'하늘을 믿는 현실주의자'

민주=안보공간에서 후쿠다 쓰네아리의 사상적 과제는 진보주의의 허구를 추궁하고 이에 대항하는 데 있었다. 후쿠다는 패전의 회한과 더불어 새로운 미래에 대한 기대에 충만했던 콘텍스트를 살면서 진보주의자와 대결하였다. "환상"과 "환상적 철학"[279]을 내세워 현실을 호도하고 자유주의 표상으로 현실을 왜곡한다고 믿었던 진보지식인들과 지적 투쟁을 벌였다. 진보적 언설의 허구를 매섭게 추궁하였고, 일본인의 문화와 심리에 눈감은 채 "진보주의적 기분"만을 드러내는 전후 사회과학을 비판하였다. "미국에서 빌린" 자유주의는 전후일본의 현실에 무력하다고 보았다. 진보주의와 자유주의가 산출한 '근대의 숙명'을 받아들였지만, '근대'를 이념화하지 않고 상대화하였다.

현실과 이념의 혼동은 후쿠다가 파악한 진보지식인의 최대 약점이었다. 후쿠다는 대립하는 이항가치들을 특정의 이념과 목적론적 지향을 동원하여 단번에 뛰어넘으려는 일원론적 사고법을 거부하였다. 이념화된

---

[279] 「日米兩國民に訴へる」, 605쪽.

가치를 가지고 현상을 규정하는 진보주의자들의 습성을 물리쳤다. 후쿠다는 현상과 이념을 구별하였다. 정치와 문학을 분리하여 정치주의가 문학을 규정하는 것을 배제하였다. 어떤 문명이나 사회에 보편적으로 보이는 현상인 '진보'와, 진보를 최고 가치로 삼아 사회를 진보시켜야 한다고 믿는 '진보주의'를 구별하였다. 개인의 일상생활에서 향유되는 '자유'를 옹호했지만, 자유를 이념화하고 절대화하는 '자유주의'는 거부하였다.

현상과 이념은 각각 현실세계와 언설세계에서 작동하는 실제와 논리, 상대와 절대를 반영한다. 진보지식인은 절대적인 논리를 가지고 상대적인 실제를 일원화하는 경향이 강하다. 현상과 이념을 혼동하는 일원론적 사고법에서는 현싱의 리일리티를 놓치기 쉽고, 따라서 현상과 이념 사이의 어긋남, 괴리, 비틀림, 아이러니 혹은 역설을 찾아내기 힘들다. 이념의 현실 규정을 배제했을 때 후쿠다의 시야에는 이원론적 현실이 들어왔다. 후쿠다는 대립하는 이항가치들이 만들어내는 현실의 이원론적 구성에 착목하였다. 이원론적 사고는 현실의 이항대립을 직시하는, 이원론적 대립의 현실을 응시하는 시선을 말한다. 후쿠다는 현상과 이념을 준별했기에 언설세계와 현실세계의 어긋남, 논리적 세계와 현실적 세계, 절대적 세계와 상대적 세계 등 상이한 차원들 사이에서 발생하는 아이러니 혹은 역설을 포착할 수 있었다. 후쿠다의 비판=비평은 이원론적 사고를 토대로 현실과 이념 사이의 간극 혹은 역설을 추궁하는 정신이었다. 결사적 정신으로 이항대립의 현실을 드러내는 행위였다.

후쿠다는 진보이념이 빚어낸 현실과의 괴리를 숨긴 채 행동하는 진보주의자에게서 자기기만과 위선을 느꼈다. 미소 대결이 한창이던 냉전의 민주=안보공간에서 제창된 평화론에서 진보주의자의 위선을 보았다. 진보주의자의 위선은 안보투쟁의 좌절로 파탄했지만 진보주의는 사라지기는커녕 1960년대 후반 냉전의 다원화와 더불어 체코사태, 베트남전쟁을 둘러싸고 전쟁과 평화의 문제가 부상하면서 더 공고해졌다. 진보지식인들은 휴머니즘을 내세우면서 외국의 전쟁이나 사태를 자기문제로 전유하여 분노하였고, 이 분노를 시민평화론으로 표출하였다. 후쿠다는 진보지식인의 휴머니즘에 가려있는 위선을 보았다. 타자를 배려한다는 "휴머니즘의 가면" 뒤에 도사린, "나는 좋은 일을 하고 있다"고 자부하는 진보주의자의 에고이즘을 알아챘다. 옛날의 위선자는 자신이 위선임을 알았기에 떳떳치 못했는데, 지금의 위선자는 뻔뻔스럽게 "자신 속에는 어두운 면이 전혀 없는 천사이고 악마는 없다"고 우길 따름이다.[280] 안보투쟁 이후 미일안보체제가 안정된 가운데 외국의 안보 사례를 빌미로 증폭되는 평화주의의 더 큰 위선을 간파한 것이다.

현상과 이념을 준별하는 의식은 리얼리즘에서 가능했다. 진보주의와 자유주의에 대항하는 후쿠다의 비판적 보수주의는 리얼리즘에 기초한 것이었다. 후쿠다의 리얼리즘은 권력/이익을 추구하는 태도가 아니라 현상(리얼리티)을 파악하는 감각이었다. 미래보다는 현재의 리얼리티에 주목하면서 현상 자체를 긍정하고 현재 자신의 약점까지도 인정하는 의식을 말한다. 이상적으로 설정된 목적에 맞추어 수단을 강구했을 때 논의는 관념적이 되기 쉽다. 후쿠다는 미래의 목적보다 현실의 수단을 중시하였다. 목적은 수단 속에 있고 수단을 행하는 것이 목적이 되어야 한다고 생각하였다. 현실의 수단을 우선했을 때 생활의 체험과 일상성을 파악하는 정신이 리얼리즘이다.

이항대립의 상대주의적 현실, 혹은 이원론적 세계를 어떻게 극복할 것인가. 후쿠다는 이항대립을 억지하는 요소로서 '평형'과 '상식'의 감각을 중시하였다. 후쿠다의 경우 '평형감각'은 대립적 이항들 사이의 균형만을

---

[280] 「私の政治教室」, 209-211쪽.

제2장 '평화'와 '민주'

뜻하는 건 아니다. 이항대립이 만들어내는 괴리, 모순, 비틀림, 아이러니, 역설을 해소하는 운동성, 즉 역동적 의지를 내포한다. '상식'은 일상생활에서 공유되는 공통감각으로서 현실을 따르고 현실의 가르침을 받는 사고방식이며 생활방식을 말한다. 억지이론, 감상, 증오, 흥분, 자기도취, 고정관념을 내세워 현실을 해석하고 바꾸려는 사회과학자의 행태를 제어하는 통념이었다. 이러한 평형감각과 상식은 이원론적 대립의 무한한 자기 전개를 억지하는 역할을 할 것으로 기대되었다. 하지만 임계적 상황에 요구되는 결사적 투쟁을 용이하게 통어할 수 있을까.

후쿠다는 절대자를 설정함으로써 이원론적 대립의 무한한 전개를 막고자 했다. 상대주의적 현실 위에 절대적 존재를 상정함으로써, 즉 절대와 상대의 공존을 상정함으로써 상대적 이원론의 긴장감을 유지하는 동시에, 상대주의가 니힐리즘에 빠지는 걸 억지하고자 했다. 절대자는 지상세계의 권력을 초월한 존재였다. 그런데 1960년대 후반의 후쿠다는 '하늘'天을 얘기한다. 후쿠다는 국가나 개인이 '하늘을 대신하여 불의를 친다'는 명분을 부정하였다. 전전의 군국주의가 '국가'가 '하늘을 대신하여 불의를 친다'는 명분을 내세워 국민을 전쟁에 총동원한 것을 비난하였다. 1968년 체코사태 때 '체코의 분노를 나의 분노로!'라는 슬로건을 내걸고 개인이 '하늘을 대신하여 불의를 친다'고 했던 진보주의자들의 주장도 물리쳤다. 이렇게 외쳐대는 '정의파'(진보좌파)를 "위선자 집단", "미치광이 병원病源"이라 비난하였다. 사람은 하늘의 심판을 받을 뿐, 결코 하늘이 되어선 안 되고 하늘을 대신할 수도 없다고 했다. 하늘의 일은 하늘에 맡기고 천벌을 받지 않도록 마음만 쓰면 된다고 했다. "하늘의 심판"은 반드시 있다고 믿었다.[281] 기독교의 절대신 관념에 위탁하여 절대자를 성정했던

---

281 「私の政治教室」, 212-213쪽.

후쿠다는 이제 하늘의 주재성과 인격성을 설정하고 있다. 유학의 천인상 관론, 천벌사상을 떠올리게 한다.

후쿠다가 하늘의 절대적 구속을 받는 숙명적 인간만을 생각하는 비관론자였던 건 아니다. 현실주의자임을 자처하면서도 이상인간상을 상정하였고, 하늘에 대한 믿음을 표명하였다. "나는 현실주의자 취급을 받지만, 사실은 하늘을 믿는다. 하늘을 믿는 현실주의자다"라고 말했다. 후쿠다는 현실주의가 이상주의와 대립된다고 생각하지 않았다. 극단적인 현실주의자처럼 보이는 악당도 이상을 가졌거나 가진 척 한다고 했다. 현실주의자도 사명감을 가졌기에, 이상을 가졌기에, 진정한 의미의 현실주의는 아니라고 했다. 이상주의자는 이상과 현실을 혼동한 채 이상주의의 눈으로 본 것을 현실로 간주하지만, 현실주의자는 "이상을 현실주의에 두는 자"이며, 현실주의를 이상으로 한다는 약점이 있다고 했다. 확실한 이상을 지녔지만 현실에 이상을 그대로 살릴 수는 없기에 현실주의적 태도를 가져야, 이상을 가지면서도 태도는 현실적이어야, 진정한 삶의 방식이라 했다.[282] 후쿠다 보수주의는 이상을 가진 현실주의였기에 비판적 보수주의가 될 수 있었다.

개체와 전체

후쿠다 보수주의는 진보주의, 자유주의 비판을 넘어 개인의 공동체적 삶을 규정하는 방식에서 핵심적인 모습을 드러냈다. 후쿠다의 절대/상대 인식은 개체와 전체의 연관, 개인과 사회와 국가의 관계를 생각하는 보수적 사고에도 반영되었다. 후쿠다는 에고이즘을 가진 주체로 개인을 설정하였다. 근대적 개인의 출현을 소망하였고, 사회의 질서를 중시하면서도

---

282 「私の政治教室」, 212-213쪽.

근대적 개인을 자각할 개인주의를 긍정하였다. 후쿠다의 경우 '개인의 확립'은 메이지 계몽사상가들이 말한 '정신의 자립'이나 '자아의 각성'이 아니었다. 전후 진보지식인들이 말한 '자아의 확립'이나 '주체성의 회복'처럼 추상적, 관념적인 것도 아니었다. "생활이나 교제에서의 제멋대로의 주장, 이기심의 발휘"를 뜻했다.[283] 이념적 구성물이 아니라 에고이즘을 가진 구체적 존재로서 개인을 상정한 것이다.

개인의 에고이즘을 무한히 긍정한 건 아니다. 전체와의 조화 속에서 파악하였다. 후쿠다는 개인의 자기를 전체에 매몰시키지 않고 자기 안에 전체를 포함하는 정신, 즉 자기를 객관화하는 정신으로서 개인주의를 상정하였다. 이를 "성숙한 개인주의"라 불렀다. 우주의 전체성을 매개로 타자와 유기적인 관계에서 개인의 자율성을 모색하였다. 자유는 타자와의 유기적 관계 속에서 향유되는 것이었다. 우주, 세계, 공동체라는 전체가 만들어내는 필연성 속에서 적절한 자리를 차지하고 일정한 역할을 한다는 실감을 가졌을 때, 인간은 진정한 자유를 느낀다고 했다. 숙명 속에 있다는 자각이 있어야 자유를 실감한다고 했다. 여기서 "인간은 자유이지만 자유롭지 못하다. 인간은 자유롭지 못하지만 자유다"라는 역설이 성립한다.[284] 숙명과의 이율배반 속에서 자유는 전체를 의식해야 하는 내적 긴장감을 부여받게 된다.

후쿠다는 개체의 단순한 집합이 아니라 개인의 유기적 삶의 의탁처로서, 공동체로서, 사회를 생각하였다. 개인의 에고이즘과 사회의 질서를 어떻게 관계지을 것인가. 개체성의 단순한 집합인 다수결 민주주의에는 유보적이었다. 사회계약론적 발상에도 동의하지 않았다. 사회는 개인의 에

---

283 「生き甲斐といふ事 ― 利己心のすすめ」(1969), 『全集』 6, 312쪽.
284 「自由と平和」(1962), 『全集』 5, 307쪽.

고이즘이 투사되는 영역이므로 전체주의적 전체일 수 없지만, 개인의 숙명을 담지하는 전체로 상정될 때 질서로서 개인을 규율하게 된다. 사회의 유기체적 전체성을 보증하는 것은 도덕으로 규율되는 질서였다. 개인의 자유와 생명의 존엄은 에고이즘에서 나오며, 도덕은 에고이즘을 억제하는 룰이다.[285] 사회질서를 유지하는 도덕은 국가의 공동체성(사)이나 개인의 개체성(공)의 이념화에서 생성되는 것이 아니라 전체 속을 살면서 전체와 유기적으로 얽힌 개체의 구체적 체험에서 구축되는 것이었다.

전체와 유기적 관계를 영위하고 전체와의 연관 속에서 자신의 존재를 의식했을 때 인간은 삶의 의미를 느끼게 된다. 후쿠다는 이것을 "사는 보람"이라 불렀다. 전후지식인들은 죄악감이라는 소극적 개념에서 사는 보람을 찾았고 강한 자부심으로 전용했지만, 전후세대가 출현한 가운데 전후의 기억이 옅어지면서 전쟁에 대한 사는 보람으로서의 죄악감은 점차 효력을 잃었다. 진보주의자는 죄악감이라는 소극적 개념뿐 아니라 선진국을 모델로 한 민주주의, 공산주의와 같은 적극적 가치관을 강요했지만 오래가지 못했다. 보수파들처럼 민족주의를 내세웠지만 서양 민주주의를 토대로 했기에 매력을 주지는 못했다. 전공투의 대학투쟁이 일본사회에 위기와 불안을 초래하면서 사는 보람은 더욱 상실되었다. 고도로 공업화된 대중사회가 열리면서 '평화'와 '민주주의'는 더 이상 사는 보람의 근거가 되지 못했다.[286]

후쿠다는 전공투 투쟁을 겪은 일본인들에게서 "경이적인 발전"과 "시끄러운 정치사회 정세"에서 생겨난 위기감보다 더 깊은 절망감을 느꼈다. 패전으로 역사와 전통을 부정하고 과거와의 단절을 의식적으로 모색

---

285 「眞の自由について」, 224쪽.
286 「生き甲斐といふ事」, 306-308쪽.

한 결과 정체성을 잃고 연대감, 공동체의식을 상실했음을 보았다.[287] 대중
사회의 출현도 문화의 상실을 촉진하였다. "미온적인 대중사회", "문화를
잃은 대중사회"에 들어서면서 사는 보람이 없어지고 공허감이 생겨났다.
공허감은 메이지 이래 서서히 진행된 전통문화의 파괴에서 생겨난 것이
기도 했다.[288] 후쿠다는 현대 일본인의 절망감, 공허감에서 '문화'를 모색
하였다.

문화공동체로서의 국가

후쿠다 쓰네아리는 전후일본의 평화와 내셔널리즘이 문화공동체를 보
장하지 못한다고 생각하였다. 전쟁을 두려워하는 소극적 정신에서 발화
되는 평화는 "문화의 창조와 유지의 원동력"이 될 수 없다는 것이다. 생
활수준을 낮추고 싶지 않다는 소극적 정신에서 성립한 내셔널리즘은 문
화공동체의 원천이 되지 못한다고 보았다. 평화도 전쟁도 문화공동체를
유지하는 수단일 뿐이며, 내셔널리즘은 문화공동체를 전제해야 힘을 발
휘한다고 했다. 진보지식인은 고유의 문화공동체를 파괴하는 자들로 보
았다.

과거와 역사와 기억을 공유한 문화공동체는 경제=성장공간에서 쇠락
해갔다. "소비와 폐기의 시대"에 공동체의식은 약해졌다. 후쿠다는 문화
공동체로서의 국가를 구상하였다. 문화공동체로서 국가를 포착해야만 절
망감과 공허감이 해소된다고 믿었다. 국가는 사랑해야 할 대상이었다. 세
계에서 가장 아름답고 가장 선한 나라, 한번도 잘못을 저지른 일이 없는
나라여서가 아니라 자신의 나라이기에 사랑해야 한다고 했다. 국가는 "고

---

287 「滅びゆく日本」(1969), 『全集』 6, 215-216쪽.
288 「續·生き甲斐といふ事 ―補足として」(1971), 『全集』 6, 318쪽, 321쪽.

생의 역사"를 공유한 공동체이기에, 잘못을 저질렀다고 부정할 수 없다고 했다.[289] 국가의 잘못을 무조건 옹호한다는 말이 아니다. 잘못이 드러나도 자신의 국가라는 사실은 부정할 수 없다는 말이다.

문화공동체로서의 국가는 역사와 전통이라는 시간적 요소에 의존한다. 현재의 삶의 방식과 행위의 기준, 즉 문화는 과거에서 오며, 현재는 과거에 의해 의미를 부여받는다. 동시에, 문화는 공간적인 것이다. 문화는 현재의 공간 속에서 자각된다. 전통이 현재와 미래에 의미를 갖는 것은 현재의 공간의식을 통해서다. 공간=시대는 '형'型으로 구획된다. 후쿠다는 이러한 '형'을 "시대의 양식"이라 불렀다.

> 만약 하나의 시대가 스스로의 불안정성을 진실로까지 정착했다고 한다면, 그것은 그 시대가 그 자신의 양식을 지녔다는 의미와 다를 바 없다. 어떤 시대가 그 양식을 가졌을 때, 그 복장도 주거도 교통수단도 모든 것은 **그 시대의 양식**을 나타낸다… 스스로의 양식을 갖지 못한 시대도 민족도 없을 뿐더러 그 양식을 획득하지 않고서 하나의 시대도, 하나의 민족도, 자신을 역사 속에 자리매김할 수는 없다. 이미 분명하듯이, 시대와 민족의 정신적 진실은 바로 **양식의 미**에 의해 증명된다.[290]

시대와 민족은 "시대의 양식"에 의해 존재한다. 시대의 양식은 "시대와 민족의 정신적 진실"을 증명하는 것이며, "양식의 미"로 표현된다. 시대의 양식은 문화를 가리킨다고 말해도 무방하다. 국가가 시대의 양식을 받아들였을 때 국가는 절대화될 수 없다. 후쿠다가 상정한 문화공동체는 문

---

289 「世代の斷絶といふ事」(1970), 『全集』 6, 220쪽.
290 「文學の効用」(1947), 『全集』 2, 264쪽.

제2장 '평화'와 '민주'

화본질주의나 절대국가의 가능성을 배제한 것이었다.

후쿠다는 국가를 옹호하고 국가 사랑을 말하는 한편, 그것을 초월하는 '양심'을 얘기하였다. "선량한 **국민**"으로서 자신을 초월한 국가에 충성해야 하지만, "선량한 **인간**"으로서 자신을 초월한 양심에도 충성심을 가져야 한다고 주장하였다. 양자가 대립했을 때 "선량한 **인간**"은 양심을 걸고 "선량한 **국민**"과 대립할 자유가 있다고 역설하였다.[291] 일본문화를 세계문화와의 연관 속에서 파악하였고, 일본의 국가를 세계 속에서 파악하였다. 이상주의의 표현이 아니라 세계와의 경제적, 문화적 상호작용 속에서 살아갈 수밖에 없는 일본의 실제를 생각한 리얼리즘의 표현이었다.

후쿠다 쓰네아리는 인류나 국가를 절대시하는 휴머니스트나 우국지사의 순교자적 행동을 경계하였다. 사해동포주의와 국가주의의 위험성을 우려해서였다. 크고 작은 미덕과 이기심이 얽혀 있는 사회를 소중히 여겼다. 개개인이 "화롯가의 행복"을 경멸하는 우국지사가 되어버리는 사회는 위험한 곳이며, 이러한 사회를 가진 국가는 망할 수밖에 없다고 생각하였다.[292]

---

291 「近代日本知識人の典型清水幾太郎を論ず」(1980),『全集』7, 577쪽.
292 「續·生き甲斐といふ事」, 319쪽.

제3장

'성장'과 '상실'

경제=성장공간의 일본과
에토 준의 보수주의

1. '전후'의 변용과 경제=성장공간

전환기 지식인과 '청년'

'전후 지식인의 파산'

1960년 안보투쟁이 좌절되면서 '평화'와 '민주주의'가 핵심 의제였던 민주=안보공간은 빠르게 퇴조하였다. 안보투쟁이 좌절했을 때 '진보적 문화인' 마루야마 마사오는 전후의 원점을 불러냈다. 〈복초復初의 설〉(1960)이란 제목의 강연에서 사물의 본성, 일의 본원으로 돌아간다는 의미의 "복성복초"復性復初라는 주자학 용어까지 써가면서 8월 15일을 전후의 "본성", "본원"으로 삼아야 한다고 주장하였다. 안보투쟁이 정점을 찍은 1960년 5월 20일을 잊지 않도록 패전일인 1945년 8월 15일을 "정의"의 출발점으로 삼아야 한다고 했다.[1] 같은 시기에 에토 준은 「'전후' 지식인

---

* 이 장에서 『新編 江藤淳文学集成』全4卷(東京: 河出書房新社, 1984-1985)은 『集成』으로, 『江藤淳著作集』全6卷(東京: 講談社, 1967)과 『續 江藤淳著作集』全5卷(東京: 講談社, 1973)은 각각 『著作集』과 『續著作集』으로 약기한다. 에토 준의 저작을 인용할 때 저자명은 생략한다.

의 파산」(1960)을 발표하여 민주=안보공간을 이끌었던 진보지식인의 파탄을 선언하였다. 진보지식인의 이상이 안보투쟁이라는 "이상사"異常事와 조우하면서 좌절되고, 전후 지식인의 규범과 사고틀에서 구축된 "가구"假構가 무너졌음을 천명하였다. 전후 지식인의 파산은 전후 이상주의의 귀결이었다.

에토 준은 마루야마의 복초설=8·15혁명설을 부정하였다. 마루야마의 설은 "몰린 이상가"가 "'폐허'의 이미지를 미래에 투영하는 것"에 불과하다는 것이다. "임립林立하는 빌딩 저쪽에 '폐허'의 이미지를 생각해내어 8월 15일의 '정의'를 확인하고서 뒤돌아보고 외치는" 행위일 뿐이었다. 진보지식인들은 "머리와 육체가 분열된" 자기모순 혹은 허구로 인해 파산한 것이다. 에토는 이제는 머릿속에서 깨어나야 한다고 일갈했다. "인간은 닫힌 머릿속에 살고 있는 것이 아니라 그 밖에, 위라는 것이 있어, 머리가 자살을 공상하고 있어도 위는 착실하게 저작咀嚼하기 마련이라는 냉엄한 사실에서 슬슬 깨어나도 좋을 것이다"라고 쏘아부쳤다.[2]

안보투쟁의 좌절로 전후 진보지식인의 이상주의는 "허탈의 산물"임이 드러났다. 에토는 허탈감의 저변에 깔려있는, 패전에 따른 "상처입은 자부심"을 꿰뚫어 보았다. 이렇게 비판한다. 이상주의자들은 뭐든 가치 문제와 결부시키고 현실을 회피하고자 새로운 규범을 필사적으로 갈구하지만, 상대화를 거부하는 닫힌 논리 속에 불안정한 심정을 봉쇄하곤 한다. 이상주의의 불행은 여기에서 시작된다. 신헌법이 표방하는 평화주의, 민주주의, 국제주의라는 이념에 의탁하는 심정은 조금도 변치 않았지만, 현실은 바뀌고 있다. 이상주의는 필경 현실과 동떨어질 수밖에 없다. 이

---

1 丸山眞男, 「復初の説」(1960), 『丸山眞男集』 8(東京: 岩波書店, 1996), 351-358쪽.
2 「戦後'知識人の破産」(1960), 『著作集』 6, 7-10쪽.

괴리가 지속하는 한 진보지식인은 승리할 수 없다. 진보적 문화인은 심정상 무척 급진적이지만 논리상 '복고파', '복초파'를 자처하는 자기모순에 빠져 있다.[3] 민주=안보공간을 주도했던 진보지식인들의 사고를 총체적으로 부정한 비판이었다.

에토는 진보지식인의 '정의' 관념에서 "정치의 작용"을 읽었다. 진보지식인은 정치는 근원적 가치로서 도덕적이어야 한다고 믿는다. '정의'를 정치적 수단으로 사용하고 특정의 도덕적 가치를 표방하는 사상의 관점에서 역사를 본다. 태평양전쟁사관은 이러한 경향을 보여주는 전형이다.

> 모든 싸움은 동지에게는 의진義戰이고, 적에게는 불의不義의 싸움일 것이다. 하지만 실제로는 사상도 권력의 한 수단으로 이용된 것이 아닐까. 나에게 확실하게 보이는 것은 태평양에서 서로 충돌한 두 개의 힘, 즉 싸움의 경제적 요인이지 사상적 요인이 아니다.[4]

에토는 도덕적 가치를 투사하여 태평양전쟁을 '사상전'으로 보는, 즉 '정의'와 '사상'의 관점에서 태평양전쟁을 보는 진보지식인의 견해(태평양전쟁사관)에 동의하지 않았다. 태평양전쟁을 경제전쟁으로 규정하였다. 사상전이 아니라 경제전으로 규정했을 때 정의를 상대화할 여지가 생긴다. 상대적 정의의 관점에서 보면, 어떤 전쟁이건 동지에게는 "정의"이고 적에게는 "불의"로 보인다. 태평양전쟁 해석에 한정된 문제설정이었던 건 아니다. 경제=성장공간을 거치면서 실무감각을 보였던 1970년대에도 '의'義(정의)와 '이'利(이익)의 대립적 이항 개념을 내세워 현실 판단과 역사

---

3 「戰後'知識人の破産」, 13-14쪽.
4 「戰後'知識人の破産」, 8-10쪽.

해석의 준거로 삼았다. '이'를 옹호하는 관점에서 메이지 정치가들을 소환하였다.

안보투쟁 직후 에토 준이 '사상'에 대응하여 '경제'의 관점을 드러낸 것은 진보적 태평양전쟁사관에 대항하는 보수적 역사관이 모습을 드러낸 것과 무관하지 않다. '사상'이 지식사회를 지배했던 민주=안보공간이 퇴장하고 바야흐로 '경제'가 추동하는 경제=성장공간이 출현하고 있음을 시사한다. 안보투쟁이 좌절하면서 전후지식인(진보지식인)의 허구, 즉 이상과 현실의 괴리에 따른 사상적 취약성이 드러났을 때, 전후공간의 진보주의적 구성에 대항하여 역사의 실제를 파악하려는 보수적 견해가 출현한 것이다. 에토의 발언은 1960년대 초반에 '태평양전쟁사관'에 대항하여 '대동아전쟁사관'이 고개를 들기 시작한 분위기를 반영한다. 에토는 일찍부터 미일전쟁을 선악의 가치 문제가 아니라 경제적 차원에서 벌어진 힘의 충돌로 인식하였다. 전전의 일본을 예찬한 건 아니지만 일본인이 간직했던 에네르기에는 긍정적이었다.[5]

청년세대와 '내적 성찰'

파산한 것은 마루야마 마사오, 시미즈 이쿠타로清水幾太郎와 같은 진보적 문화인만이 아니었다. 전중세대가 주도했던 '전후'도 파산하였다. '전후'가 파탄했다는 의식은 동 시대의 공통감각이었다. 진보의 상징적 존재로서 안보개정 반대투쟁을 이끌었던 시미즈는 보수로 기울었다. 1960년대 초반에 '전후 민주주의'라는 말이 등장했는데, 민주=안보공간의 민주주의를 객관화하고 타자화하는 시선이 출현했음을 말해준다. '전후' 파산

---

5 「入門対談 中島岳志×平山周吉」, 『江藤淳 ― 終わる平成から昭和の保守を問う』(東京: 河出書房新社, 2019), 12쪽.

의 조짐은 안보투쟁 좌절 이후 두드러졌지만, 1950년대 후반부터 조짐은 있었다. 역사는 어떤 순간에 단절적으로 불쑥 모습을 드러내는 것이 아니다. 연속된 변화의 축적된 결과로서 출현한다.

전중세대가 주도했던 '전후'의 파탄은 전후세대인 '청년'의 출현과도 맞물린 현상이었다. 1950년대 후반에 전후세대가 활동에 나서면서 전후사상은 전기를 맞았다. 전전파 마루야마 마사오(패전 당시 31세)나 전중파 요시모토 다카아키吉本隆明(패전 당시 20세) 등은 새로운 전후적 관점을 제시하면서 청년세대의 출현을 자극하였다. 마루야마는 「초국가주의의 논리와 심리」(1946)를 발표하여 파시즘체제의 무책임 구조와 초국가주의의 심리를 명쾌하게 해명하였다.[6] 요시모토는 군부에 편승한 지식인의 전쟁책임을 추궁함으로써 이들이 '전후'를 담당할 자격과 능력이 있는지를 따졌다. 마루야마 구니오丸山邦雄와 무라카미 뵤에村上兵衛 등 청년들은 '평화'와 '민주주의'를 진부한 것으로 여겼다.[7] 전후문학에서 제1차 전후파가 출현하고 전후비평에서는 근대문학파가 등장했지만, 낡은 문학을 재생했을 따름이다. 패전은 인간관의 혁명적 갱신을 가져왔지만, 문학에서 그 성과가 나타난 것은 전후세대가 청년이 되면서였다.[8]

에토 준은 1932년생으로 패전 당시 10대 초반이었다. 오다 마코토小田実, 이시하라 신타로石原慎太郎, 오에 겐자부로大江健三郎 등과 마찬가지로 전쟁에 연루되지는 않았지만 황국 교육을 받았고 전후평화론의 세례를 받으며 성장한 '소국민'少國民 세대였다. 오다 마코토는 스스로를 "평화의 도

---

6 마루야마 마사오, 「초국가주의의 논리와 심리」(1946), 김석근 역, 『현대정치의 사상과 행동』(파주: 한길사, 1997).

7 山田宗睦, 『危険な思想家』(東京: 光文社, 1965), 18쪽.

8 미우라 마사시, 「전후비평 노트」, 가라타니 고진 외, 송태욱 역, 『현대일본의 비평』(서울: 소명출판, 2002), 290쪽.

래를 오히려 기이한 감정으로 맞이한 기묘한 세대"라 했다. "아는 건 전쟁뿐이었다. 나는 평화를 몰랐다… 평화는 허구였다. 전쟁은 이에 반해 현실이고 진실이었다"고 패전 당시를 회상한 적이 있다. 1956년에 스무네 살의 이시하라 신타로는 "연대성을 갖지 못한", "공회전을 하는 듯한 허탈감"을 느꼈다. 전중기에 천황이 천사처럼 날아오르는 꿈을 꾸고 천황의 병사로서 죽을 것을 다짐했던 '황국 소년' 오에 겐자부로는 스무 살을 허무한 느낌으로 맞았고, 스무다섯 살에 "평화로운 시대에 청년으로 살아가는 괴로움"을 말하였다. 소국민 세대에게는 전시 청년의 용기를 북돋아주었던 '국가'나 '천황'과 같은 존재는 없었다. 이들은 전쟁의 상흔을 입었지만 전쟁체험은 선배에 뒤진다는 딜레마를 가졌다. 요시모토와 같은 전중파는 전쟁체험을 내세워 마루아먀 등 전전파를 공격했는데, 소국민 세대는 이러한 전중파의 전쟁체험론을 감상적인 것이라 비판하였다.[9]

청년세대 문화인들은 〈젊은 일본의 모임〉에서 활동하면서 전전, 전중세대가 구축한 민주=안보공간의 지식사회를 비판하는 전후감각을 드러냈다. 〈젊은 일본의 모임〉은 1958년 자민당의 경찰관 직무집행법 개정시도에 반발하여 젊은 문화인들이 결성한 모임이었다. 에토 준이 이끌었고 오에 겐자부로, 이시하라 신타로, 수필가 에이 로쿠스케永六輔, 작가 다니카와 슌타로谷川俊太郎, 작곡가 마유즈미 도시로黛敏郎, 연출가 아사리 게이타浅利慶太 등이 함께 했다.[10] 1959년 8월 회원들은 《미타문학》이 주최

---

9 小熊英二, 『〈民主〉と〈愛国〉—戦後日本のナショナリズムと公共性』(東京: 新曜社, 2002), 789-796쪽, 789-796쪽. 다케우치 요시미(竹内好)는 이러한 청년세대를 향해 "자신을 전쟁에서 떼어 놓으려는 심리 자체가 오히려 전쟁의 상처와 무관하지 않다"고 일갈하기도 했다. 이시하라 신타로(石原慎太郎) 등은 젊은 시절 전중파의 전쟁체험담에 반발했지만, 연장자가 되고서는 자신이 전후세대에게 전쟁체험을 말하게 되었다. 에토도 전중파의 감상적 회고를 혐오하면서도 죽은 군인이야말로 실재라 주장하였다.

10 모임과 관련된 에토 준의 활동에 관해서는 服部訓和, 「『若い日本の会』と青年の(不)自由 — 江藤淳と大江健三郎」, 『稿本近代文学』 32(2007).

제3장 '성장'과 '상실'

한 심포지엄 〈발언〉에서 청년세대의 생각을 거침없이 드러냈다.[11] 《문학계》 1959년 10월호에 실린 좌담회 〈성난 젊은이들〉에도 출석하여 전중파 하시카와 분조橋川文三, 무라카미 뵤에와 청년세대의 사상을 논하기도 했다.[12] 젊은 문예인들은 '전후'를 상대화하는 관점을 가감없이 드러냈다. 민주=안보공간의 퇴조를 알리는 조짐이었다.

에토 준은 〈젊은 일본의 모임〉의 활동을 통해 전후일본의 지적 풍토에 성내는 젊은 반역자로서 등장하였다. 에토는 기성 가치를 파괴하는 청년 반역자들이 출현하는 세계적 경향에 주목하였다. 영국의 성난 젊은이들은 정치적이고 사회참여적이었고, 미국의 비트 세대는 현실 이탈적 경향이 강했다. 에토는 달리 생각했다. '반역'은 전통의 제약을 받을 수밖에 없다고 생각하였다. 전통이 다르면 반역의 지향성도 다르다는 것이다. 에토는 이시하라 신타로의 파괴지향적인 반역을 경계하였다. 일본 청년들에게 반역보다는 "자기 검증"을 요구하였다. 심포지엄 〈발언〉의 종합토론을 마무리하는 자리에서 이렇게 말했다.

> [일본의 청년들은] 쉽게 믿고, 쉽게 절망하고, 무의식적이며, 광적이다. 이는 또한 현대의 '지적' 청년이 전혀 지적이지 못하고 수동적, 심정적, 여성적이라는 증거다. 처음에 자기가 있다. 하지만 그 **자기는 결코 예리한, 철저한 자기검증을 거치지 않았다.** 이 토론에 참석한 창작가들이 일반적으로 비평에 과

---

11 발표와 토론문은 『三田文学』 1959년 10월호에 게재되었고, 1960년 3월에 단행본으로 출간되었다.

12 이 좌담회를 계기로 '성난 젊은이들'은 현대일본의 반역적인 청년을 가리키는 말이 되었다. '성난 젊은이들'은 영국의 극작가 오스본(John J. Osborne)의 희곡 〈성난 얼굴로 돌아보라〉(1953)에서 유래한 것으로, 1950년대에 기성사회의 질서와 제도, 기계문명의 비인간성, 문화적 보수성을 통렬하게 비판한 영국의 젊은 작가들을 지칭하는 말이었다. 기성의 사회적, 예술적 가치에 반역하는 젊은 세대의 예술가들이 영국에서는 '성난 젊은이들'(The Angry Young Men), 미국에서는 '비트 세대'(The Beat Generation)라는 이름으로 출현하였다.

민한 이유는 이 때문이며, 사람은 자기가 모르는 자신을 타인이 알고 있다는 것을 참을 수 없다. 왜 그럴까라는 반문에 대해서는, 혹 그들이 **총력전이라는 거대한 힘**에 의해 알게 모르게 능욕당하고 여성화되었으며, 또 **외국 군대의 점령이라는 외압**에 의해 그 일에 무감각하기 때문일지도 모른다. 하지만 이 답은 역시 일면적이며, 원인은 **한 사람 한 사람**이 물어야 할 성질의 것인 듯 하다. 그것을 알 수 있었을 때 청년은 수동적, 심정적, 여성적인 것으로부터 비로소 자기를 해방시킬 것이다.[13]

일본의 청년은 쉽게 믿고 절망하는, 의식 없는 광적인 존재로 비쳤다. 일본의 청년은 수동적, 심정적, 여성적이 되어 버렸다. 총력전이라는 거대한 힘에 의한 여성화, 외국 군대의 점령이라는 외압에 의한 무감각에 기인한 것일 수도 있다. 에토는 이러한 외적 조건보다는 개인에게서 원인을 찾았다. 한 사람 한 사람의 철저한 자기 검증에 의한 자기 해방을 생각하였다. 개개인이 조직의 논리에 포섭되어 노예화되지 않으려면 주체성을 가지고 연대해야 한다고 생각했다. "나의 주인은 나 이외에는 없다"고 했다.[14] 청년 개개인의 자기 검증을 요구한 데서 민주=안보공간을 활보했던 총체적 세계관을 상대화하는 시선의 출현을 감지할 수 있다. 전체를 논하지 않고 개개인의 존재 양태를 따지는 에토식의 '반역'에서 청년세대의 보수적 사고법을 읽을 수 있다.

'자기 검증'은 개개인의 내적 성찰을 뜻한다. 에토는 1959년 글에서 청년의 내적 성찰에 관해 언급한 바 있다. 에토는 전전에 마르크스주의에서

---

13 「跋 討論の結果について」, 江藤淳 編, 『シンポジウム 発言』(東京: 河出書房新社, 1960), 221-222쪽.
14 「政治と常識 —六・一五デモがあたえたもの」, 『江藤淳 1960』(東京: 中央公論新社, 2011), 46-47쪽.

'사상'을 찾았던 전전/전중기 문학자들이 전후에 전향한 뒤 '민족'과 '시민'을 말하는 행태를 보면서 "한 사상에 취한 뒤 또 다른 사상에 취했다. 사상은 그들 밖에 있었고 자신의 내부를 바꾸고 채우는 데 이르지 못했다"고 비난을 퍼부었다. 전후세대 청년들에 대해서도 "눈동자를 반짝거릴 대상을 바깥에서 찾으면서" "젊은 육체를 주체하지 못하고 모두 영웅이 되고 싶어한다"고 비판하였다. "새로움에 대한 자부"는 있지만 "자신의 비어있는 내부에 대한 명찰明察"이 없다고 했다.

에토는 나쓰메 소세키夏目漱石의 에세이 「문예와 히로익」을 불러내기도 했다. '히로익'을 "욕망의 유출"이 아니라 "명석한 자기억제"라는 관점에서 파악히었다.[16] 미시마 유키오三島由紀夫와 같은 신세대 작가를 의식한 발언이었다. 전전/전중의 '사상'에서 전후의 '육체'로 바뀌었지만, 청년들은 영웅이 되고 싶어하는 욕망을 드러낸 채 내적 성찰을 못하고 있다는 것이다. 내적 성찰의 부재라는 점에서 전후세대도 전전, 전중과 다를 바 없음을 간파한 것이다. 에토는 '태도'를 밝히는 것은 얼마간 용기만 있으면 되지만, '체험'을 안다는 것은 **"용기 이상의 인내"**를 필요로 하는, 훨씬 어려운 일이라는 말로 심포지엄의 토론을 마무리하였다.[16] '내적 성찰'은 체험과 인내를 요구한다. 후쿠다 쓰네아리와 통하는 보수주의 정신을 엿볼 수 있다.

전중파 요시모토 다카아키는 심포지엄 〈발언〉의 발표문과 토론문을 읽고 청년세대 문예인의 "맹렬한 열기"를 느꼈다. "현재 사회 정황에서의 불만과 불안과 자기존재의 희박감에 대한 초조감"도 읽어냈다. 요시모토는 오에 겐자부로, 이시하라 신타로의 발언에서 패전이 전전/전중과 전

---

15 「発射塔」(1959), 『著作集』 6, 156-157쪽.
16 「跋 討論の結果について」, 221-222쪽.

후를 가르는 거대한 벽임을 느꼈고, 세대간 분열과 단층이 '사상'의 차이보다는 '세대' 차이에 따른 전쟁체험의 분열에서 비롯된 것임을 알아챘다. 청년세대에게 전전과 전중은 "머나먼 옛날의 실루엣" 같은 것임을 느끼면서, 전전파/전쟁세대는 부단히 세대간 단층을 음미해야 하는 내적 체험의 과제를 안고 있다고 했다. 청년세대를 향해 "과거는 미래적으로만 과거라는 것도 생각하지 않으면, 미래는 언제나 과거로 순환하는 미래이며, 이 길은 언젠가 왔던 길이 되기 어렵지 않다"고 충고하기도 했다.[17]

에토도 전후 14년이 지난 1959년 시점에서 요시모토처럼 전환기 청년들에게서 방향의 "상실"을 느꼈다. 전후세대 청년작가들에게서 "고독한 초조와 분노와 미성숙한 내면"을 보았고, 청년들의 지지와 반발이 "감정적"인 탓에 요시모토가 말한 "단층"을 메울 단서를 찾기가 무척이나 어렵다는 걸 느꼈다. 청년 예술가들에게 "어떤 지향성을 가진, 새로운 가치의 '건설자'"로서의 "책임의 자각과 구체적인 프로그램"을 요구하였다.[18] 패전으로 생긴 세대간 단층을 개개인의 사상 형성의 과제나 체험적인 과제로 인식했다는 점에서 에토는 요시모토와 통한다.

요시모토와 에토는 '사상'은 이데올로기로서 주어져서는 안 되고 개개인의 체험='내적 성찰'에서 성립해야 한다고 믿었다. 진보주의적이어야 마땅할 '좌파 비평가' 요시모토는 청년세대 반역자들의 "초조"와 "맹렬한 열기" 앞에서 세대간 "단층"을 느끼면서 "체험"을 강조하고 미래를 "언젠가 왔던 길"인 과거로의 환원을 말하는 보수성을 보였다. 반면 보수적 사고의 단편을 드러낸 에토는 응당 진보주의자가 말했어야 할 "새로운 가치의 건설자"의 "구체적인 프로그램"을 요청하고 있다. 전후 14년을 통과

---

17 吉本隆明, 「斷層の現實認識を」, 『シンポジウム 発言』, 234-236쪽.
18 「序 討論の意圖について」, 『シンポジウム 発言』, 7-9쪽.

하는 시점에서 두 사람의 역설적인 상반된 '발언'은 전중세대와 전후세대가 기묘하게 교착되어 있음을 보여준다. 민주=안보공간에서 경제=성장공간으로 막 옮겨가려는 시점, 혹은 두 공간이 교착하는 지점은 '반역'의 초조감과 더불어 '열광'과 '체험' 사이의 단층이 인지되는 정신상황이었다. 안보투쟁을 앞둔 '정치적 위기의 계절'이었다.

'정치적 계절'과 '문학자의 시선'

1950년대 후반 신좌파의 등장도 '청년' 출현의 한 현상이었다. 안보투쟁을 맞이한 시기는 신좌익의 탄생기였다. 1950년대 기성 좌파들이 지녔던 관료적 체질을 벗어나려는 시도를 시시하는 분위기가 생겨나던 때였다. 신좌익 내부의 항쟁은 맹아 단계였지만, 공산주의자 동맹(분트)은 신좌익 정신의 원형을 선명하게 보여주었다. 분트는 안보투쟁에서 과격한 행동으로 존재감을 드러냈다.[19] 운동성이 강한 조직체였던 분트의 구성원들은 안보투쟁을 통해 '반역자'로서 '청춘'을 발산하였다.

에토 준은 〈젊은 일본의 모임〉을 함께 했던 오에, 이시하라와 안보개정 반대투쟁에 참가하였다. 이시하라는 「찔러 죽여라」(1960)라는 에세이로 전학련 주류파 학생의 열렬한 지지를 얻었다. 청년들은 안보개정 비판운동을 함께 하면서 연대감을 보였다. 기시 노부스케岸信介 정권의 안보개정 강행체결을 반대하는 절대목표의 깃발 아래에서 청년들의 동세대 의식과 반역적 연대감은 일시나마 절대공동체[20]를 만들어냈다. 자민당 정권이 안보조약 개정안의 강행채택을 시도하자 진보지식인 시미즈 이쿠타로는 "지금이야말로 국회로!"를 외쳐댔고 마루야마 마사오도 이에 호

---

19 西部邁, 『六〇年安保 ─ センチメンタル・ジャーニー』(東京: 文藝春秋, 1986), 6쪽.

20 투쟁 과정에서 감성적인 '절대공동체'가 형성되고 소멸되는 과정에 관해서는 광주민주화운동의 내적 경험을 분석한 최정운, 『오월의 사회과학』(파주: 오월의봄, 2012)을 참조할 것.

응하였다. 전학련 데모대는 국회의사당을 에워싸고 경찰과 대결을 벌였다.[21] 진보지식인의 선동적 지도와 전학련의 급진적 행동으로 구축된 절대공동체에 가담하는 일이 진보적 행동이고, 그 이념에 공명하는 것이 진보주의로 여겨지던 상황이었다.

안보투쟁은 청년 반역자들에게 공감의 장을 제공하였다. 젊은 반역자들은 고독한 초조와 분노와 미성숙한 내면을 드러내면서 수동적, 심정적, 여성적인 것으로부터 자기를 해방시키려는 의지를 불태웠다. 오에 겐자부로는 축소된 형태로나마 전시에 꿈꾸었던 "광대한 공생감"을 안보투쟁에서 느꼈다고 술회한 바 있다.[22] 에토 준도 '반역자'(전학련)에게 공감을 느꼈다고 토로하였다. 오에와 에토는 혁명적 감성의 투쟁에 불타는 절대공동체에 가담하였고, 연대감과 공감을 느꼈다. 하지만 일시적이었을 뿐이다. 절대공동체는 극적인 상황에서 탄생하고 극적인 상황이 끝나면 포말처럼 흩어진다. 투쟁이 극적일수록 해체의 허무감은 크기 마련이다.

에토는 문학자로서, 시민으로서, 정치적 계절에 어떠한 선택을 했을까. 에토는 안보투쟁이 한창이던 때 〈우리 젊은이는 뭘 해야 하는가〉를 주제로 오에 겐자부로와 대담(1960년 5월)을 가진 적이 있다. 오에는 문학자는 정치적 계절에 "문학자의 시각"을 고집해서는 안 되고, 한 사람의 데마고그가 될지 데마고그의 손에 춤추는 일개 병졸이 될지를 택해야 한다고 주장하였다. 에토는 정치적 계절에도 문학자는 "문학자의 시선"을 잃어선 안 된다고 맞받아쳤다. "문학자의 시선"을 포기하는 건 "정신의 자살"이라 했다. "문학자의 시선"은 자기기만의 정치적 행동을 비판하는 정신을 가리킨다. 에토는 "문학자로서 자신의 정신을 압살하는 정치행동에 가담

21 안보투쟁과 관련된 지식인, 신문의 논설, 좌담회를 수록한 자료집으로 臼井吉見 編, 『安保·1960』(東京 : 筑摩書房, 1969)가 있다.

22 小熊英二, 『〈民主〉と〈愛国〉』, 798쪽.

하고 싶지 않다. 나는 눈을 뜨고 행동하고 싶다"고 잘라 말했다. 무능하고 지도력이 없지만 전략적 차원에서 사회당을 전면 지지해야 한다는 진보 지식인의 주장을 물리쳤다. 무능한 사회당을 비판하지 않는다면 자민당 권력자들처럼 똑같이 "자기기만과 퇴폐"를 보일 것이라 생각해서였다.[23]

에토는 극적인 상황에서 '상식'에 의탁하였다. 신안보조약에 의구심을 품고 단독 표결을 인정하지 않은 것도, 전학련 학생의 국회 난입이라는 직접 행동주의를 비판한 것도, 이들의 비상식적 행동 때문이었다. 국가권 력의 무장폭력을 "정의"로 치부하고 사회적 미성년자의 격정을 "폭력"으 로 규정하는 기시 정권의 행태도 똑같이 비상식인 것이었다. 에토는 이성 을 회복하는 길은 기시내각 총사퇴와 강행채택을 주도한 기요세 이치로 淸瀬一郎 국회의장의 인책사직, 국회해산과 조기총선 말고는 없음을 "한 시 민의 소박한 상식"을 내세워 주장하였다.[24] 안보투쟁과 강행채택이라는 사태를 계기로 "한 시민의 소박한 상식"이 일본인의 생활과 민주주의를 성립시키는 최저한의 약속임을 깨달았다.[25] 기시의 폭거가 정치와 무관 한 일반 시민의 상식, 즉 생활감각을 일깨웠다는 사실에 주목하면서 민주 주의를 회복하는 힘을 "상식이라는 평범하고도 견고한 것"에서 찾았다. 정치적 계절에 "한 시민의 소박한 상식"을 발견하였다.

> 민주주의는 빈사에 빠졌지만 그것을 되살리는 힘도 **상식이라는 평범하고도 견**
> **고한 것**에 맡겨졌다. 이것을 이론이라 한다면 **상식이란 다의적인 이론의 복합**이
> 다. 이것을 도덕이라 한다면 그것은 **상대적 가치의 승인을 전제로 한 도덕**이다.
> 그것을 행동의 지침으로 삼는다면, 상식은 생활을 일의적으로 규제하는 군

---

23 「政治と常識」, 46쪽.
24 「政治と常識」, 47-48쪽.
25 「声なきもの'も起ちあがる」(1960), 『江藤淳 1960』(東京: 中央公論新社, 2011), 30-31쪽.

건한 규범을 배척한다. 정치가 **시민의 상식**에 의해 시도될 때, 내가 몽상한 다성부의 푸가에 의한 대중운동이 실현될 하나의 가능성이 생긴 것이다.[26]

'상식'은 다의적인 이론의 복합이자 상대적 가치를 용인하는 도덕이며, 생활을 한가지로 규제하는 규범을 배척하는 행동의 지침이다. 에토는 민주주의를 시민의 생활 속에서 파악하였다. 상식은 위험에 빠진 민주주의를 소생시키는 토대였다. 민주주의는 시민의 생활 속에서 시민의 상식에 기초해야 하며, 대중운동은 다원주의("다성부의 푸가")를 가져야만 했다. 에토는 젊은 엄마가 시위차량 스피커에서 흘러나오는 군가풍 노래와 연설에 항의한 사례를 들었다. "간신히 애가 막 잠들었으니 너무 시끄러운 소리 좀 내지 마세요"라고 항의한 젊은 엄마에 공감하였다. 엄마의 에고이즘은 악이 아니며 소음을 자제해 달라는 자발적 의지와 적극적 태도도 소중하다고 했다. 하지만 현실은 달랐다. 에토는 안보조약 개정의 정치현실에서 심한 불균형을 보았다. 대중운동에 충만한 에너지와 자민당 내부에 충만한 파멸에의 의지 사이에서 "시체냄새"가 풀풀 나는 "퇴폐적"인 불균형을 보았다. "파시즘의 불안"을 느꼈다.[27]

에토는 진보적 운동, 특히 좌파 운동의 논리에 '생활'과 '상식'으로 대응하였다. 후쿠다 쓰네아리처럼 '선악의 도덕적 기축'보다는 '이해득실의 공리적 기축'으로 정치를 파악하였다. '나'라는 일개 시민을 구속하는 국가권력을 부정하는 한편, 이해득실의 공리적 기축을 무시하는 반권력 운동도 비판하였다. 이해득실은 시민의 일상생활에 속한다. 시민으로서는 자유와 평화가 더 많이 보장되는 것이 더할 나위 없는 이해득실이다.[28] 소

---

26 「声なきもの'も起ちあがる」, 31쪽.
27 「声なきもの'も起ちあがる」, 34쪽.
28 「政治と常識」, 46-47쪽.

제3장 '성장'과 '상실'

시민은 이해득실을 매개로 적극적인 의견표명이 가능해진다. 에토는 위선적인 정치적 행동과 거리를 두는 '문학자의 시선'을 확보함으로써 가장 정치적이고 비판적일 수 있는 입지를 확보한 셈이다.

에토가 안보조약 개정반대 운동에 가담한 것은 "일개 시민으로서의 일신상의 이익을 위해, 극언하면 생명이 아깝기 때문"이었다. 내각과 국회는 시민의 이익을 6할 정도는 대표해야 한다고 생각해서였다.[29] 에토는 정치적 위기의 계절에 '선악'이 아니라 '이해득실'을 생각하면서 현실에 참여하였다.

> 나의 정치도덕관은 선악의 양가적 평가를 견뎌낼 만큼 강하지는 않다. 정치문제를 도덕적 선악으로 생각하는 한, '좋은 일'을 한 사람이 '더 좋은 것'을 이룬다는 것은 자연의 세다. '보다 좋은 것'에 이르려는 자는 우선 **인격적인 완전함**을 지향하여 자신의 비소卑少한 맹목적인 에고이즘을 억압한다. 보다 **완전한 선**은 말하자면 자기포기, 멸사滅私로 달성된다. 이것을 견딜 수 있는 사람은 그걸로 된다. 하지만 난 **완전한 선**에 이를 정도로 강한 인간이 아니다. **육체를 무시한 도덕적 요구는 피로를 초래할 따름이다.**[30]

에토는 극적인 안보투쟁을 거치면서 보수적 성향을 드러냈다. 정치문제를 "도덕적 선악"으로 여기고, "보다 좋은 것"을 얻기 위해 에고이즘을 억압하고 "인격적인 완전함"을 지향하는 진보주의적 발상에 유보적인 태도를 보였다. "육체를 무시한 도덕적 요구"에 피로를 느낀다고 실토하고 있다. 인간의 에고이즘을 긍정하고 완전한 선에 도달할 수 없는 불완전한

---

29 「'声なきもの'も起ちあがる」, 27-28쪽.
30 「'声なきもの'も起ちあがる」, 28쪽.

인간을 상정하는 보수적 사고를 드러냈다. 후쿠다 쓰네아리의 보수주의 관과 통한다. 〈젊은 일본의 모임〉을 함께 했던 이시하라 신타로는 "당시 회원 누구도 읽지 않았는데 에토만이 안보 조문을 읽고 있었다"고 술회한 바 있다.[31] 에토의 보수적 태도가 엿보이는 일화이다.

에토는 안보투쟁의 극적인 상황에서도 보수적 태도를 숨기지 않았다. 안보조약 개정 자체를 반대하지는 않았다. 개정의 민주적 절차를 무시한 윗 세대의 표결강행에 반발하여 연대의식을 보였을 뿐이다. 전학련의 과격한 행동에도 비판적이었다. 1960년 1월 하네다사건으로 체포된 전학련 학생들을 위해 "자금모금을 해달라"는 지인의 전화를 받았을 때, "그런 어리광 부리는 학생들에 동조할 수 없다"고 단호히 거절하기도 했다. 6월 아이젠하워 대통령의 일본방문 협의차 하네다 공항에 내린 해저티 백악관 대변인을 전학련 시위대가 포위한 사태를 접했을 때도, "전쟁날 일"이라고 비난하였다

대중사회의 출현과 보수적 주체

경제적 전회와 대중사회의 출현

에토 준이 정치의 기준으로 '선악의 도덕적 기축' 이외에 '이익득실의 공리적 기축'을 제시한 것은 일본사회가 민주=안보공간에서 경제=성장공간으로 이행하고 있음을 시사한다. 1966년에 에토는 이렇게 말했다.

물질적 행복이 전부라 여겨지는 시대에 점차 물질적으로 궁핍해지는 건

---

31 「入門対談 中島岳志×平山周吉」, 12쪽.

싫다. 전후일본을 실제로 지배하는 사상은 '평화'도 아니고 '민주주의'도 아니다. 그것은 '물질적 행복의 추구'이다. 이 원칙에 비추어 이득을 본 사람이 '전후사상'을 노래하고 손해를 입은 사람이 그것을 혐오하는 건 너무나 자연스러운 일이다.[32]

물질적 행복이 전부라 여겨지는 시대를 살면서 전후의 '평화'와 '민주주의'를 되짚어본 것이다. 물질적 행복을 추구하는 경제=성장공간을 살면서 경제=성장공간에 상응하는 감각을 보여주고 있다.

전후지식인은 전후세대 청년이 출현하면서 극적으로 비상하였고, 또 그 청년세대로 인해 급속히 추락하였다. 전후지식인의 등고와 파산은 55년체제의 성립과도 무관하지 않다. 55년체제는 1955년 사회당 좌파와 우파가 결합하고, 요시다 시게루의 자유당과 하토야마 이치로鳩山一郞의 민주당이 보수합동을 이루면서 성립하였다. 55년체제의 성립은 전전의 경제수준을 회복하면서 일본정치가 보수우위의 체제로 재편된 것을 뜻한다. 보수합동을 주도한 기시 노부스케는 1957년 2월 기시 내각을 출범시켰고 미일안보조약 개정을 강행하면서 안보투쟁을 촉발시켰다. 안보투쟁은 경제회복과 더불어 출현한 신좌파와 대중민주주의가 결합하여 발생한 것이었다. 1960년 5월 신안보조약 강행채택 후 기시가 수상직을 물러나면서 안보투쟁은 일단락되었다.

전후체제는 자민당 장기집권의 55년체제와 겹치면서 안정되었다. 자민당 보수정권이 우세하고 사회당 혁신세력이 공존하는 형태로 보수세력과 진보세력의 비대칭적 동거가 전개되었다. 민주=안보공간은 경제=성장공간으로 옮겨갔다. 이케다 하야토池田勇人 정권 이래 자민당 보수정

---

32 「戦後と私」(1966), 『集成』 5, 329쪽.

권은 안정된 미일안보를 토대로 고도 경제성장을 이룰 수 있었다. 1960년대는 미국이 4%, 영국이 3%, 프랑스가 5.6%, 독일이 4.7%의 경제성장을 기록하는 시기였는데, 일본은 1964년부터 1974년까지 10년 동안 실질 경제성장률 10.2%의 고도 경제성장을 달성하였다.[33] 높은 기술력과 효율적인 산업정책으로 1970년대에 오일 쇼크와 엔고의 경제위기를 극복하였고, 1980년대에 경제대국이 되었다. 자민당 보수정권이 오래 지속되면서 일본사회와 일본인은 보수 정치체제에 익숙해졌고, 고도 경제성장과 소득증대로 신중산층이 형성되면서 생활보수주의가 강해졌다.

일본사회의 보수화는 대중사회의 출현과도 관련된다. 민주=안보공간에서는 이념적 함의가 강한 '민중' 개념이 우세했지만, 1950년대 후반 들어 경제회복과 더불어 '민중'의 경제적 삶이 개선되면서 '대중'이 일상생활과 소비생활의 주체로서 출현하였다. 흑백TV, 전기냉장고, 전기세탁기의 이른바 '3종의 신기神器'가 대중의 일상생활을 바꾸기 시작하였다. 소득이 늘면서 대중사회로 빠르게 이행하였다. 대중사회화를 표상하는 숫자는 '백만'에서 '천만'으로 바뀌었다. 1950년대에는 사물을 헤아릴 때 '백만 인의 당', '몇백 만 대중' 등 백만 단위로 충분했지만, 1960년대 들어 천만 단위로 바뀌었다. 1962년말 TV수상기 보급댓수, 도쿄 인구, 프로야구 관객수가 '1천만'이 되면서 대중사회가 열렸다. 1965년 야마오카 소하치山岡莊八의 소설 《도쿠가와 이에야스》가 1천만 부나 팔린 것도 대중사회의 출현을 상징적으로 보여준다.[34]

물론 경제=성장공간의 지식사회에서 '평화'와 '민주주의'의 슬로건이 무력해진 건 아니다. 전후체제가 안정되고 경제적 부가 커지면서 '평화'

---

33 아오키 다모쓰, 최경국 역, 『일본문화론의 변용』(서울: 소화, 2000), 86-87쪽.
34 山田宗睦, 『危険な思想家』(東京: 光文社, 1965), 146-147쪽.

제3장 '성장'과 '상실'

와 '민주주의'를 둘러싼 긴장감은 많이 완화되었지만, 이를 옹호하는 진보적, 좌파적 견해는 여전히 우세했다. 진보지식인은 혁신좌파이건 리버럴이건 공산권 국가에 우호적이었고 미일동맹을 우선하는 자민당 보수 정권의 외교정책에 비판적이었다. '평화'는 냉전이 전쟁의 가능성을 지닌 한 여전히 핵심적 가치였다. 시민사회는 '민주주의'를 실천하는 장이었다. 베트남전쟁은 진보지식인들이 '평화'의 가치를 외치고 평화의 시민운동을 전개할 동력을 제공하였다. 평화헌법 9조의 개정을 염원하는 보수 정치가들의 의지가 만들어내는 '개헌 대 호헌'의 구도가 상존하는 한, '평화'와 '민주주의'는 진보의 의제로서 살아남을 수 있었다.

경제=성장공간은 1980년대 경제대국화를 달성한 나카소네 야스히로中 曾根康弘 정권에서 '국민화'를 추진할 때까지 지속하였다. 나카소네 보수정권은 '전후정치의 총결산'을 표방하면서 경제대국의 국제적 위상에 부응할 능동적인 국가로의 변환을 시도하였다. '국민화'를 통해 전후체제에서 익숙해진 수동적인 습성을 극복하고자 했다. 하지만 경제대국을 달성한 뒤 경제=성장공간은 퇴조의 국면에 들어섰다. 보수파 정치가들은 전후체제의 '평화'와 '민주주의'를 규정한 헌법을 보수적으로 바꾸려는 의지를 드러냈고, 보수지식인들은 일본의 지식사회를 주도해온 진보주의와 본격적인 투쟁에 나섰다. 경제=성장공간이 종국에 들어섰음을 암시하는 조짐이었다. 에토 준은 이러한 경제=성장공간에 대응하는 보수의 감각을 드러냈다.

현실주의적 전회와 보수적 주체

에토 준이 선언한 진보지식인의 파산은 보수적 현실주의의 출현을 예고한 것이었다. 민주=안보공간을 이끌었던 진보지식인 시미즈 이쿠타로는 안보투쟁 이후 보수로 기울었다. 전학련 부위원장 자격으로 안보투쟁에 가담했던 니시베 스스무도 좌파세계를 떠났다(제4장). 〈젊은 일본의 모임〉의 구성원들도 각자의 성향에 따라 제 갈길을 갔다. 오에 겐자부로는 진보적 문화인의 길을 이어갔지만, 이시하라 신타로를 비롯하여 작곡가 마유즈미 도시로, 연출가 아사리 게이타 등은 보수로 바뀌었다. 이시하라 신타로에게 보듯이 진보와 보수의 갈림길은 베트남전쟁을 계기로 더 분명해졌다.

민주=안보공간이 퇴조하고 경제=성장공간이 부상하면서 '평화'와 '민주주의'를 보는 시선도 냉정해졌다. 민주=안보공간을 상대화하는 관점이 나타났다. 전후민주주의의 허망을 추궁하는 전후민주주의론이 모습을 드러냈다. '전후민주주의'라는 용어의 출현은 '전후'를 타자화하고 '민주주의'를 상대화하는 감각이 성장하였음을 뜻한다. 에토만이 전후는 허망하다는 인식을 가졌던 건 아니다. 리버럴 보수였던 다케야마 미치오竹山道雄도 같은 생각이었고, 보수적 역사학자 하야시 겐타로林健太郎도 비슷한 인식을 보였다. 경제사상가이자 사회비평가였던 오쿠마 노부유키大熊信行는 '전후민주주의의 허망'을 극적으로 표현하였다. 민주=안보공간에서 인간을 규율하는 국가를 '악'으로 규정했던 오쿠마는 안보투쟁 이후 패전체험과 전쟁책임에 대한 주체적 자기반성을 결여한 '민주주의의 허망'을 매섭게 추궁하였다.[35]

'평화'와 '민주주의'의 진보적 이념에 가려있던 허구를 들추어내는 데는 리얼리즘의 관점이 작용하였다. 1960년대 초중반에 경제=성장공간에 부응하는 보수적 현실주의는 미일동맹과 국제통상을 옹호하는 경제적 현실주의로 나타났다. 고사카 마사타카高坂正堯와 같은 현실주의 국제정치학자

---

35 大熊信行, 『国家悪—戦争責任は誰のものか』(東京: 中央公論社, 1957); 大熊信行, 『日本の虚妄—戦後民主主義批判』(東京: 潮出版社, 1970).

는 미일동맹을 중시하는 친미적 안보정책을 지지하였고 경제성장 전략에 부응하는 통상국가론을 주창하였다.[36] 1950년대를 수놓았던 미국의 고전적 현실주의가 일본의 경제=성장공간에 맞게 변형된 것이었다. 이 현실주의 사회과학은 민주=안보공간에서 《사상의 과학》의 진보지식인들이 표방했던 과학적 사회과학과 구별되는, 보수적 사회과학으로의 '현실주의적 전회'realistic turn를 보여주었다. 현실주의 사회과학자들은 '평화'와 '민주주의'를 냉전안보와 자유주의경제의 현실에 맞게 재정의하였다.

역사 재해석을 통해 내셔널리즘을 회복하려는 우파의 보수적 심정도 출현하였다.[37] 보수계 지식인들 사이에는 전후사관=태평양전쟁사관에 덧칠된 미국의 시선을 걷어내고 전후사를 주체적 관점에서 재해석하는 시도가 나타났다. 대동아전쟁사관이 그것이다. 철학자 우에야마 슌페이上山春平는 '태평양전쟁'이라는 호명에 내장된 비주체적 입장이 1960년 안보투쟁이 좌절하면서 파산 선고를 받았다면서 금기어 '대동아전쟁'을 소환하였다. 대동아전쟁사관과 항일전쟁사관을 다시 불러내 진보의 태평양전쟁사관과 제국주의전쟁사관에 결락된 내셔널리즘의 지향성을 읽어냈다. 방향은 달랐지만 샌프란시스코 강화로 주권을 되찾은 일본 국민의 주체성에 호응하는 바가 대동아전쟁사관에 있었다고 보았다.[38] 우에야마가 '대동아전쟁'을 옹호한 건 아니었다. "'태평양전쟁'으로 호명한 이래 어느 순간 저 전쟁에서의 일본측 행동을 저들 측(미국)에서 판가름하는 입장에 스스로를 놓는 풍조"에서 벗어나 "'대동아전쟁'이라는 이름 하에서 싸운

---

36 高坂正堯, 『海洋国家日本の構想』(東京: 中央公論社, 1965).

37 竹内好, 「近代の超克」(1959); 上山春平, 「大東亜戦争の思想史的意義」(『中央公論』 1961. 9); 大井魁, 「日本国ナショナリズムの形成」(『中央公論』 1963. 7); 大熊信行, 「日本民族について」(『世界』 1964. 1); 『思想の科学』(1963. 12)의 특집 좌담회 「大東亜共栄圏の理念と現実」 등.

38 上山春平, 「大東亜戦争の思想史的意義」(1961), 『大東亜戦争の遺産』(東京: 中央公論社, 1972), 12-13쪽.

저 전쟁의 경험을 어디까지나 싸운 우리측 집단의 일원으로서 반성하는 입장"을 말하고자 했다.[39] 평론가 무라카미 뵤에村上兵衛도 '대동아전쟁'을 탐구해야 일본인의 현재적 삶에 대한 시사를 얻을 수 있다고 했다.[40] 하야시 후사오林房雄는 대동아전쟁 긍정론을 내놓아 논쟁거리를 제공하였다. 미일전쟁을 서세동점 이래 "잠깐의 휴지기"(평화)를 거쳐 1945년 8월까지 일본이 수행한 "동아 백년전쟁의 종곡終曲"으로 파악하면서 "불가해하고 부조리한 전쟁"(대동아전쟁)을 "자기 자신의 역사로 파악하고 자신의 눈으로 재조명"해야 한다고 했다. 식민지 해방전쟁으로서 '대동아전쟁'을 정당화하였다.[41]

대동아전쟁사관의 등장은 진보좌파의 태평양전쟁사관으로 도배된 민주=안보공간이 퇴장하거나 상대화되고 있음을 시사한다. 미국에 규율된 민주=안보공간의 타율성, 비주체성에 대한 일종의 이의제기였다. 이들은 미국적 관점에서 벗어나 일본 자신의 전쟁체험에서 구성된 주체를 찾고자 했다. '친미 대 반미'의 대결을 상정하는 대타적 주체성이 아니라 일본 자신의 시선으로 자기를 재구축하는 대자적 주체성을 모색하였다. 보수적 전중세대는 전쟁체험과 패전체험의 하중을 짊어졌기에 '대동아전쟁'의 재해석이 아직 배타적=대타적 주체화로 표출되지는 않았다. 전후 청년세대는 전중세대와 달리 이러한 체험의 하중을 느끼진 않았다. 에토 준은 진보적 안보투쟁의 '정치적 계절'에서 보수적 심성을 드러냈지만, 당장 역사의 보수적 재구성에 나서진 않았다. 얼마간 자기 고투의 과정이 필요했다.

---

39 上山春平, 『大東亜戦争の遺産』, 3-4쪽.
40 村上兵衛, 「大東亜戦争私観」, 『中央公論』(1963년 3月号).
41 林房雄, 『大東亜戦争肯定論』(東京: 番町書房, 1964), 10-11쪽, 14-25쪽.

2. 비평적 삶과 보수사상의 여정

문예비평의 길

문학 찾기와 '비재'의 세계

안보투쟁 이후 에토 준은 경제=성장공간와 마주하면서 독자적인 방식으로 일본의 국가와 사회에 관한 보수적 견해를 드러냈다.[42] 에토의 비평활동은 민주=안보공간의 말미에 시작되었고 냉전 종결과 더불어 출현한 '잃어버린 20년' 때까지 지속되었다. 에토의 사상적 과제는 보수적 관점에서 민주=안보공간의 허망을 폭로하고 경제=성장공간이 만들어낸 근대화와 성장의 그늘을 조명하는 데 있었다. 경제적 성장에 대응한 에토의 보수적 비판=비평은 대략 두 방향에서 이루어졌다. 하나는 '성장'(근대화, 경제성장)으로 초래된 '상실'의 근원을 밝히는 역사찾기 작업이다. 다른 하나는 민주=안보공간 이래 일본의 주권과 자율성을 제한해온 체제적 규율의 연원을 해명하는, 즉 미군정의 헌법제정과 검열의 실태와 의미를 밝히

---

[42] 에토 준도 후쿠다 쓰네아리와 마찬가지로 거의 문예비평이나 문학연구 분야에서 다루어졌다. 에토에 관한 비평이나 에세이는 대단히 많다. 주요 비평서만을 들면, 斎藤禎, 『江藤淳の言い分』(東京: 書籍工房早山, 2015); 廣木寧, 『江藤淳氏の批評とアメリカ―『アメリカと私』をめぐって』(東京: 慧文社, 2010); 高澤秀次, 『江藤淳』(東京: 筑摩書房, 2001); 田中和生, 『江藤淳』(東京: 慶応義塾大学出版会, 2001); 加藤典洋, 『アメリカの影』(東京: 河出書房新社, 1985); 菊田均, 『江藤淳論』(東京: 冬樹社, 1979); 月村敏行, 『江藤淳論』(東京: 而立書房, 1977) 등이 있다. 비평적 전기로는 平山周吉, 『江藤淳は甦える』(東京: 新潮社, 2019)가 탁월하다. 한국의 일본문학 연구자들도 에토 준에 대한 관심이 높다. 특히 국문학자 김윤식의 체험적인 에토 연구가 돋보인다(김윤식, 『내가 읽고 만난 일본』, 서울: 그린비, 2012, 제3장 「글만 쓰되 목숨을 건 글만 쓰다 자결한 사내, 에토 준」). 김윤식은 고바야시 히데오와 더불어 에토 준의 비평적 글쓰기를 높이 평가하고 있다. 다만 "우익의 두목"으로 묘사하는 등 에토 준의 '보수반동' 이미지를 과도하게 투사한 격정적인 서술로 일관하고 있다.

는 작업이었다. 에토의 비평은 문예 영역에서 출발하여 정치사회 영역에까지 넓어졌다. 특히 1980년대 이후에는 일본사회의 질서와 일본인의 의식을 규율하는 일본국 헌법의 비주체성과 구속성, 그리고 일본의 언어공간에 관한 비평을 통해 국가 문제에 몰입하였다. 에토의 정치사회 비평은 여느 사회과학자 못지 않게 예리하고 신랄했지만, 사회과학 현상을 독해하는 데 자신의 사적 체험과 문학적 감수성을 과도하게 투사한 면이 없지 않았다.

에토 준江藤淳(1932-1999)은 1932년 도쿄 오쿠보大久保 햐쿠닌쵸百人町에서 태어났다. 본명은 에가시라 아쓰오江頭淳夫였다. '에토 준'은《미타문학》에 나쓰메 소세키론을 연재하면서 사용한 필명이다. 부친은 은행원이었지만, 가계는 해군과 연이 깊었다. 메이지 시대의 조부 에가시라 야스타로江頭安太郎는 비주류파로서 번벌정치에 연루된 사가佐賀번 출신의 해군중장이었고, 외조부도 해군 소장이었다. 에토는 다섯 살 때 모친을 결핵으로 잃었고, 7살 때 부친의 재혼으로 계모 슬하에서 자랐다. 열 살 때 오쿠보의 도야마戸山소학교를 떠나 계모의 부친이 살던 가마쿠라鎌倉로 옮겨가 그곳에서 소학교를 다녔다. 1945년 5월 열세 살 때 도쿄 대공습으로 친모의 추억이 서려 있던 오쿠보 집이 불타고, 열여섯 살 때에는 자신을 돌봐주던 조모까지 잃게 된다. 모친과 집, 조모의 상실은 '고향의 상실'이었다. 상실감에서 비롯된 모친에 대한 애모, 해군제독 조부를 향한 숭모, 가족사의 뿌리를 찾으려는 집착은 에토의 비평적=문학적 삶에서 중요한 모티브를 구성한다.

패전 당시 에토는 열세 살이었다. 에토는 천황의 인간선언을 듣고도 충격을 받지 않았다. 어렸을 때 집안 헛간구석에서 조부가 소장했던 궁중연회 초대장을 본 적이 있는데, "황제 및 황후 양 폐하"라는 글귀를 보고 천황이 신이 아니라 인간임을 알아챘다고 한다. '황제' 케자르, 나폴

레옹이 신이 아님을 알고 있었던 터라 천황도 '황제'라면 신이 아니라 생각했던 것이다.[43] 그럼에도, 후쿠다 쓰네아리나 니시베 스스무와 달리, 미국체험 이후 에토의 내면에는 '천황'이 깊숙이 자리잡았다. 1988년 쇼와천황이 타계했을 때 에토는 "선제先帝의 유신遺臣이며 신조新朝의 일민逸民"으로서, '신하'로서, 쇼와천황에 대한 깊은 존숭심을 드러냈다. 쇼와의 종언에 대한 상실감을 숨기지 않았다. 에토는 '천'天을 감수感受하는 '덕'을 가진 쇼와천황을 "황통 유지에 헌신하신 선제"로 마음에 새겼다. 전전과 전후, 군주와 상징, 현인신現人神과 인간천황이라는 이분법을 거부하는 황통의 연속성에서 일본의 지속성을 찾았다.[44] '황통 유지'는 우파의 핵심 구장이였나(제1장). 에토는 경제=성장공간에서 줄곧 메이지 정신을 추구했지만 결국에는 쇼와의 인간이었다. 에토는 쇼와의 상실을 국가의 상실과 겹쳐 보았다. 쇼와의 종언과 더불어 에토의 비평은 긴장감을 잃게 된다.

학창 시절 에토는 민주화개혁 따위엔 관심이 없었다. 여기저기서 떠들어대는 '민주주의'와 같은 시대적 표어는 자신의 **"일상생활**을 바꾸지 않는 이상" 친숙하지 않았다. 음악과 문학이 더 끌렸다. 가나가와 현립 쇼난湘南 중학교를 다녔을 때 조퇴까지 하면서 히비야 공회당에 연주를 들으러 갈 정도였다.[45] 바이올린도 배우고 작곡 독습도 했다. 음악과 문학에 끌린 까닭은 **"아직 존재하지 않는 세계"**를 동경해서였다. 음악은 "운동을 수반하는 비재非在세계의 가구仮構"였다. 음의 세계는 어떤 의미도 강요하지 않고 공중으로 순식간에 사라진다. 에토는 이 **"순수한 비재의 세계"**에만 행복이

---

43 「戦後と私」(1966), 『集成』 5, 326-327쪽.
44 『天皇とその時代』(東京: PHP研究所, 1989). 훗날 천황론 2편(「二つの震災と日本の姿」 「福沢諭吉の'帝室論'」)을 더해 『新編 天皇とその時代』(東京: 文藝春秋, 2019)로 증보 간행되었다.
45 「戦後と私」, 327쪽.

있다고 생각하였다.[46]

에토는 음악이 좋았지만 접어야만 했다. 집안이 몰락해 "더 이상 부르주아가 아니었기" 때문이다. 에토는 "음악의 대용"에 불과하다고 생각했던 문학에 심취하게 된다. 문학편력은 다양했다. 투르게네프를 시작으로 톨스토이, 도스토옙스키, 체홉 등 러시아문학을 읽었고, 세익스피어, 제인 오스틴의 영문학으로 옮겨갔다. 전후에는 지드, 프루스트 등 프랑스문학을 섭렵하였다. 일본문학은 전전에는 고바야시 히데오 등 《문학계》 동인을 탐독하였고, 전후에는 오오카 쇼헤이大岡昇平나 후쿠다 쓰네아리를 위주로 읽었다. 미시마 유키오三島由紀夫는 반감이 생길 것같아 일부러 피했다고 한다. 전후의 문예잡지는 읽지 않았다. "나의 상실감과는 무관한 감정과 난해한 표현"이 많아 일부러 사서 읽는 건 낭비라 생각해서였다.[47]

비평가의 탄생

에토 준은 학창시절 "'생활'도 '현실'도 없고, 절망을 부추겨야 할 헛간도 과거의 세계도 불타 없어졌기 때문에, **단지 비재非在를 열심히 살아갈 뿐**이었다". 죽음을 생각하기도 했다. 하지만 어느 순간 죽는 것은 더러운 일이라는 생각이 들었다. 도망칠 곳이 없어졌을 때 **"자신을 일개의 허체虛體로 만드는"** 행위로서 글쓰기를 시작하였다. 글쓰기는 자기와 세계 사이에 위화감이 존재하고 어딘가 도망칠 곳이 없다고 느끼는 한 지속되는 행위였다.[48] 에토는 게이오대학 재학 중에 《미타문학》에 연재했던 나쓰메 소세키론을 모아 『나쓰메 소세키』(1956)를 출간했는데, 이 비평서가

---

46 「文学と私」(1966), 『集成』 5, 341쪽.
47 「戦後と私」, 329-330쪽; 「文学と私」, 341쪽.
48 「文学と私」, 342쪽.

큰 호평을 받으면서 문학자의 길에 들어섰다. 스무네 살의 비평가가 탄생한 것이다. 일본정부가 "더 이상 전후가 아니다"라 선언했던 바로 그 해였다.

에토는 나쓰메 소세키론에서 "평범한 생활인" 나쓰메의 "생생한 모습"을 그리고자 했다. 당시 나쓰메에 관해서는 고미야 도요타카小宮豊隆가 『나쓰메 소세키』에서 '칙천거사'則天去私와 결부시켜 나쓰메의 정신을 해석한 이래 '위대한 나쓰메'라는 신화가 확립되어 있었다.[49] 에토는 신화나 정신의 드라마로서 나쓰메를 논한 것이 아니다. 삶과 죽음에 의해 틀지워지고 한정되는 '생활인'으로서 나쓰메를 소환하였고, 긴장감을 내포한 전체로서 "일상생활의 드라마"를 그려냈다. 나쓰메를 비평하면서 '나'가 일상생활을 살아갈 때 직면하는, 가장 깊은 곳에서 '나'를 부정하는 존재로서 '타자'를 설정하였다.[50] 타자의 발견은 사소설로 귀결된 일본 근대문학을 극복하는 방법이었다. 에토는 나쓰메에 의탁하여 타자를 의식하는 주체의 일상생활을 얘기하였다. 나쓰메 재해석을 통해 '위대한 정신'이 아니라 '일상의 정신'을 발견하고자 했다. 보수감각이 투영된 재해석이었다.

에토는 「살아있는 폐허의 그림자」(1957), 「노예의 사상을 배격한다」(1958), 『작가는 행동한다』(1959) 등을 잇달아 발표하면서 평단의 주목을 받았다. 〈젊은 일본의 모임〉을 결성하여 일본사회에 목소리를 내던 때였다. 「살아있는 폐허의 그림자」에서는 '근대'를 내적으로 규율하는 '전통'의 의미를 파악하는 관점에서 일본 근대문학을 논하였다. 「노예의 사상을 배격한다」에서는 일본 근대문학이 사회적 필연성을 무시한 "실체론적 문학

---

49 菊田均, 『江藤淳論』(東京 : 冬樹社, 1979), 13쪽.
50 菊田均, 『江藤淳論』, 21-23쪽.

관의 껍질"을 성실하게 지켜왔다고 비판하면서 예술적 체험과 일상적 체험의 연속성을 주장하였고 문학작품의 사회적 기능을 강조하였다.[51] 작가는 시대의 가장 생명력이 풍부한 인간상을 창조하는 사회적 기능을 수행해야 한다고 주장하였다.[52] 『작가는 행동한다』에서는 좌파 패러다임의 '정치와 문학'이란 틀로 전후파 작가를 비평하는 방식을 비판하였다. 전후파 작가를 언문일치의 시대적 전개라는 관점에서 파악하였다.[53] 에토는 일본 근대문학 비평을 통해 '정치'가 아니라 '체험'을 말하고자 했다. 체험에 토대를 둔 말하기=글쓰기를 통해 행동에 나섰다. 〈젊은 일본의 모임〉의 활동은 단순한 사상(정치)투쟁이 아니라 이러한 비평정신과 결부된 것이었다.

진보적 성격이 강한 〈젊은 일본의 모임〉을 주도한 에토는 진보지식인을 대놓고 비판한 뒤 보수로 '전향'했다는 비난을 받기도 했다. 하지만 '전향'으로 보기는 어렵다. 에토는 정치적 계절의 극한 상황에서도, 절대공동체적 동조를 요구받는 문맥에서도, 일상생활을 소중히 여기는 보수감각을 잃지 않았다. '상식'을 행동과 판단의 준거로 삼으면서 상황situation과 대면하였다. 에토의 보수적 심성은 지속적인 것이었다. 상황의 성질―비상적인가, 일상적인가―에 따라 달리 보였을 따름이다.

---

51 「奴隷の思想を排す」(1958), 『集成』 4, 84쪽.

52 「奴隷の思想を排す」, 90쪽.

53 富岡幸一郎, 「江藤淳と戦後文学 ─武田泰淳そして平野謙」, 『三田文学』 88巻99号 (2009), 123쪽.

타자 속의 자기

아메리카 체험

에토 준은 안보조약 개정 이듬해인 1961년 반년간 유럽여행을 다녀왔다. 1962년 8월부터 2년간 록펠러재단 초청으로 프린스턴대학에서 연구할 기회도 얻었다. 미국체험은 비평가로서의 삶에 의미있는 전기가 되었다. 정치와 역사에 관심을 갖게 되었을 뿐 아니라 미국과 어떻게 마주할지를 생각하게 된 계기였다. 에토는 미국체재 중에 에드먼드 윌슨Edmund Wilson의 『우국의 피 ─ 남북전쟁 문학연구』(1962)[54]를 읽고 일본의 진주만 공격과 패전의 의미를 생각하게 된다. 윌슨은 태평양전쟁은 미일의 물리적, 생물적 충돌로서 남북전쟁에서 북군의 승리가 윤리적 우월에서 기인한 것이 아니었듯이 미국의 태평양전쟁 승리도 윤리적 우월을 증명하는 것은 아니라고 했다. 에토는 윌슨의 이러한 주장을 접하고서 미일전쟁이 단지 국가간 충돌이며, 일본의 야만국 이미지는 루즈벨트 대통령이 덧씌운 것이었음을 깨달았다.[55] 에릭 에릭슨Erik Erikson의 『유년기와 사회』, 조지 샌섬George Sansom의 『일본사』를 읽고 감명을 받기도 했다. 바깥에 비친 일본의 모습을 보면서 에토 자신의 출신과 귀속을 자각하였고, 미국과 근대화(성장)의 그늘에 가려진 전후일본의 '상실'을 생각하였다.

서양체험은 자기-타자 관계를 생각하는 기회가 되었다. 서양체험은 이문화 체험으로서 '타자' 서양문명에 대해 '자기'를 생각하는 아이덴티티 문제를 유발하였다. 메이지 정치가나 관료의 서양체험은 대개 타자학습=문명수용이었다. 자의식이 강한 지식인의 경우는 달랐다. 메이지 초기에

---

54 Edmund Wilson, *Patriotic Gore: Studies in the Literature of the American Civil War* (New York: Oxford University Press, 1962).

55 「アメリカと私」(1965), 『集成』 5, 46쪽.

유학생 감독차 런던에 머물렀던 계몽사상가 나카무라 마사나오中村正直는 방구석에 틀어박혀 『맹자』를 읽는 일이 잦았다고 한다. 나쓰메 소세키도 런던유학 때 집안에 머무르면서 동양의 고전(사서, 경서)을 즐겨 읽었다. 타자를 크게 의식하지 않을 때, 혹은 타자 학습의 필요성을 느끼지 못할 때, 자기의 관습적 세계에 머무르는 경우가 많다. 에토도 미국에서 『제아미』世阿弥에 빠졌고 체류 내내 일본과 일본인에 관해 생각하였다. 다만 나카무라나 나쓰메와 달리, 도미 전에 이미 자기-타자 인식틀을 확립했었기에 미국문명에 압도당하기는커녕 '타자' 미국과 마주하는 '자기'를 확인할 수 있었다. 에토의 서양체험은 메이지 지식인들과 달랐다. '전후'와 '미국'의 하중은 메이지 때보다 훨씬 무거웠다. 에토는 귀국 후 애국과 천황숭배의 심정을 토로하게 된다.

에토는 미국체험을 담은 『아메리카와 나』(1965)에서 에릭슨의 아이덴티티론을 문학비평에 원용하여 이질적 타자와의 만남으로 촉발된 존재감의 위기에서 자기를 발견하고자 했다.[56] 미국을 중개하는 '나'를 확인하는 작업이었다. 에토가 나쓰메 소세키론에서 보여준 '타자'의 발견은 '아메리카'라는 이질적 타자와 만나면서 현실의 문제가 되었다. 이후 에토의 비평에서 '아메리카'는 자기를 구속하는 동시에 이에 굴하지 않는 자기를 확인해주는 타자로서 기능한다. 에토는 「전후와 나」(1966), 「문학과 나」(1966), 『개와 나』(1966), 「장소와 나」(1971) 등 '나'를 표제로 삼은 저술을 잇달아 발표하면서 자기의 일상과 체험을 토대로 전후일본의 상실과 피구속을 말하였다. 타자와 타자의 작품을 말하는 '비평가'가 아니라 자기와 자기 글을 말하는 '문학자'로 변모하게 된다.

---

56 松井宏文, 「江藤淳論―不在の超克」, 日本文学研究資料刊行会 編, 『吉本隆明·江藤淳』(東京: 有精堂, 1980).

『성숙과 상실』(1967)은 전후일본의 '상실'과 아메리카의 '구속'을 해명한 대표작이다. 에토는 '제3의 신인'의 작품들을 비평하면서 경제=성장공간에서 아메리카(타자)에 규율받는 일본의 자의식을 발견하였다. '어머니의 상실'에서 일본의 비주체성을 찾고 아버지를 매개로 '성숙'의 필요성을 말하였다. 아메리카 표상의 공간적 규율에 구속받는 상실된 '나'의 존재확인, 즉 아이덴티티 발견은 시간적 규율을 받는 역사적 '나'의 존재를 역사 속에서 확인하는 작업으로 이어졌다. 에토는 1967년부터 6년간 써내려간 『일족재회』(1973)에서 해군중장으로서 메이지국가의 창출에 관여한 조부 에가시라 야스타로를 비롯한 친족의 가계를 추적하였다. 가족사=역사에서 '나'를 확인하고 '상실'의 역사적 연원을 파악하고자 했다. 가족사를 밝히고 그 속에서 '나'를 정초함으로써 상실의 위기에 처한 '나'를 구원하고자 했다.

정치적 인간의 발견과 주체의 회복

어느 시대건 새로운 세대가 출현한다. 경제=성장공간에서도 신세대가 모습을 드러냈다. 전공투(전학 공동투쟁회의)의 대학분쟁(1968)과 미시마 유키오의 자결(1970)은 경제=성장공간의 하나의 귀추를 보여준 사건이었다. 대학분쟁은 전후에 소학, 중학을 다니면서 민주주의 교육을 받고 자란 세대가 일으킨 사태였다. 수험 경쟁과 대학의 대중교육에 대한 환멸, 고도 경제성장의 일본사회에 대한 위화감, 풍요로운 사회에 대한 고민에서 촉발된 것이었다. 전공투의 대학분쟁은 정치운동이라기보다는 일종의 자기표현이었다. 에토는 전공투 세대의 행동을 신뢰하지 않고 전공투 운동을 '혁명놀이'로 치부하였다. 미시마의 자결과 관련해서는 "미시마 유키오는 일종의 병"이라 단언하였다. 미시마의 〈방패회〉 사건(1970년 11월)을 대단히 합리적이고 인공적인, 리얼리티를 결여한 "군대놀이"로 규정하였다.[57]

에토는 1971년 서른아홉에 '국립대학' 도쿄공업대학 교수가 된다. 재야에서 벗어나 '교관'(敎授官僚)이 된 셈이다. 사토 에이사쿠佐藤栄作 수상과 후쿠다 다케오福田赳夫 수상의 브레인 역할을 하던 때였다. 후쿠다 수상과는 마음이 잘맞아 베이징에 파견되어 덩샤오핑을 만나기도 했다. 이 시기의 에토는 문학자이면서 치자治者의 감각과 실무가적 면모를 보이면서 보수 내셔널리즘으로 기울었다. '자기동일성'identity 개념을 사용하면서 국가를 말하고, 국가 표상을 매개로 사적 아이덴티티에 대한 갈망을 채우는 보수론을 펼쳤다. 에토의 이러한 모습은 전후사상의 윤리적 기반이던 전사자의 기억이 보수 내셔널리즘으로 회수되는 과정과 겹친다.[58] 에토는 '부성父性의 원리'와 '치자의 이론'을 표방하면서 메이지 국가를 이상으로 삼는 등 보수 논객으로서의 면모를 보여주었다.

이 시기에 에토는 막말 메이지 시대의 정치적 인간을 재발견하는 일련의 저술을 남겼다. 정치적 인간의 재발견은 모친을 잃고 부친도 의탁처가 되지 못하는 '상실'과 '부재'의 상황을 극복하는 과정이었다. 에토는 정치적 인간을 조명하는 방식으로 '국가'를 말하고자 했다. 반군에게 에도성을 내준 패배자측 정치가였던 가쓰 가이슈勝海舟를 이상적 치자로서 치켜세웠다. 평전 『가이슈 여파』海舟餘波(1974)에서 정치적 인간 가쓰를 실무가적 견지에서 재평가하였다. 타계 직전에는 사이고 다카모리西郷隆盛의 행동과 사상을 서술한 『난슈잔영』南洲殘影(1998)을 펴내기도 했다. 에토가 문학=역사에 기대어 '국가'를 말한 것은 후쿠다 쓰네아리가 아흔아홉 마리의 양을 구하는 정치와 한 마리의 잃어버린 양을 구하는 문학을 생각했던 것(제2장)에서 멀어진 것이었다. 에토는 후쿠다와 달리 문학적 정신을 국

---

57 「歴史について」, 『小林秀雄 江藤淳 全対話』(東京 : 中央公論新社, 2019), 143쪽.
58 小熊英二, 『〈民主〉と〈愛国〉』, 789쪽.

가와 치자의 문제로 귀결시켰다.

1970년대 말부터 에토는 일본을 규율하는 '아메리카'의 의미를 해명하고 미국이 구축한 '전후'를 재검토하는 작업에 나섰다. 아메리카니즘이 만들어낸 허상과 실제 사이의 괴리를 해소하는 일에 진력하였다. 전후일본을 규율하는 인식 공간의 수정 내지 해체를 의도하였다. 에토는 『잊은 것과 잊혀진 것』(1979)에 수록된 일련의 논고에서 '무조건 항복'의 신화를 깨고자 했다. 일본의 패진이 포츠담선언에 따른 '일본**국가**의 무조건 항복'이 아니라 '일본**군**의 무조건 항복'에 한정된 '유조건 항복'이었음을 논증하였다. 무조건 항복론을 둘러싸고 혼다 슈고本多秋五와 논쟁을 벌이기도 했다.

이에 그치지 않았다. 미국에 의해 규율된 전후일본의 "언어공간"의 실태를 규명하는 작업에 나섰다. 일본국 헌법이 전후일본의 언어공간을 구속하고 미군정의 검열이 전후 일본인의 심리를 규율한 양상에 주목하였다. 에토는 1979년 10월부터 9개월간 우드로 윌슨 센터에 머물면서 일본국헌법과 미점령군 검열의 실태를 밝히는 조사 연구를 수행하였다. 이 작업을 통해 미군정의 공식적 언론정책과 비공식적 검열의 실태 사이의 간극, 즉 "정치적 현실과 헌법상의 허구 사이의 괴리"[59]를 확인하였다. 진보 저널리즘이 만들어낸 헌법의 자주적 제정이라는 신화를 깨고, '평화'와 '민주주의'를 절대화하는 언어공간의 구조를 밝히고자 했다. GHQ 검열이 전후일본의 언어공간을 규율하고 자유를 구속하는 양태를 규명하고자 했다. 『1946년 헌법 ─ 그 구속』(1980), 『낙엽 쓸어모으기 ─ 패전·점령·검열과 문학』(1981), 『자유와 금기』(1984), 『닫힌 언어공간 ─ 점령군의 검열과 전후일본』(1989) 등은 그 성과물이다. '연구자'의 입장에서 수행된 듯

---

[59] 『一九四六年憲法 ─ その拘束』(東京 : 文藝春秋, 1980), 72쪽.

이 보이는 저술이지만, 실제로는 미국의 언어적 규율과 헌법적 구속에서 벗어나 주체를 회복하고자 한, '치자'의 논리와 심리에서 나온 작업이었다.[60] 『근대 이전』(1985)에서 에토가 지카마쓰몬 자에몬近松門左衛門 등 역사에서 은폐된 전근대 일본인과 침묵의 의사소통을 시도한 것도 이와 무관하지 않다.

  '상실'을 극복하고자 했던 에토의 보수적 비평은 1980년대를 통과하면서 긴장감을 잃어 갔다. 쇼와천황의 죽음을 맞이하여 천황 숭모의 심정을 드러내놓고 토로했을 때, 에토의 비판적 보수주의는 무디어졌다. 탈냉전의 국제질서 변동이 조출하는 새로운 위기와 대면하면서 일본의 국가와 외교에 관한 비평을 멈추지 않았지만,[61] 에토의 정치사회 비평은 이미 내적 긴장감을 상실하였다. 새로운 탈냉전의 위기에 대응할 논리와 심리를 보여주지 못했다. 젊은 날 안보투쟁의 정치사회적 '위기' 때 보였던 지적 긴장감은 더 이상 유효하지 않았다. 탈냉전적=탈전후적 상황의 에토 준은 굳어진 국가 표상으로 일본이 마주한 현실을 보았다.

---

60 「入門対談 中島岳志×平山周吉」, 『江藤淳』, 18쪽.
61 다음과 같은 저작이 있다. 『日本よ, 何処へ行くのか』(東京: 文藝春秋, 1991); 『日本よ, 亡びるのか』(東京: 文藝春秋, 1994); 『保守とは何か』(東京: 文藝春秋, 1996); 『国家とはなにか』(東京: 文藝春秋, 1997) 등.

3. 에토 준의 비평정신

비평이란 무엇인가

행위로서의 말과 문체

에토 준의 보수적 심성과 실무사적 관심은 젊은 날의 비평정신에서 단초를 엿볼 수 있다. 에토는 비평가를 "자각적인" 존재라 했다. "자각적"이란 말은 "비평이라는 행위가 자신의 존재 문제로 의식된다"는 뜻이다. 에토는 고바야시 히데오 이전에는 "자각적인" 비평가가 없었다고 했다. 고바야시에게 비평은 비평대상을 통해 자신을 말하는 행위였다. 절대자에게 미혹된 이가 자각적으로 자기를 절대화하는 과정에서 성립하는 것이었다.[62] 에토에게도 비평은 '자각적인' 행위였다. 비평은 부정형의 허술한 고투를 되풀이하면서 살아남은 시간의 덩어리에 안이하게 결말짓거나 "정의나 이데올로기의 틀"을 끼우는 걸 거부하는 행위였다. 단절 없는 불분명한 지속을 견디는 글쓰기의 행위였다.[63] 비평가는 수많은 망설임과 자신에 대한 환영과 초조함이 반복되면서 생기는 "미분화의 혼돈 상태"에서 탄생한다고 에토는 말한다.[64] 미분화의 혼돈 상태에서 불분명한 지속을 견디고 부정형의 고투와 초조함을 반복하는 행위는 바로 보수적 사고의 표현이다.

에토에게 문학은 인간의 좌절에서 개시되는 인간 본성의 표현이었다. 비평은 인간 본성의 내면 깊은 곳에서 발하는 외침이었다. 인간의 분노를

---

62 「小林秀雄」, 『集成』 2, 9쪽.
63 福田和也, 『江藤淳という人』(東京: 新潮社, 2000), 54쪽.
64 「小林秀雄」, 9-10쪽.

표현하고 정신의 자유를 입증하는 행위였다. 비평가는 "분노를 발하는 깊이", 즉 "인간의 정신의 자유를 입증하려는 바람의 깊이"에서 생명을 부여받는다. 그런데 문학은 인간 본성에서 나오지만 정치적, 사회적 가치를 떼어내기는 어렵다. 비평은 예술뿐 아니라 일본인의 행위를 구속하는 사회적, 정치적인 것을 밝혀야 한다.[65] 비평가는 독자를 위해 작품에 가치를 부여하고 작가를 위해 작품을 사회화하는 존재이다.[66] 에토는 비평가는 작가의 작품을 사회화하는 과정에서 부단한 혼돈을 겪으면서 자신의 삶을 드러내는 존재로서 '분노'와 '자유'를 사회적, 정치적 문맥과 연관해서 해석해야 하며, 비평은 정치적, 사회적 의미를 갖지 않을 수 없다고 했다. 문학과 정치가 결부되는 지점에서 비평을 파악한 것이다. 문학과 정치를 떼어놓은 후쿠다 쓰네아리와 달랐다.

에토는 말을 외재적 실체=사물로 보는 실체론적 언어관의 관점에서 현실을 묘사하는 리얼리즘 문학이론에 동의하지 않았다. 에토는 말을 기호로 보았다. 그에 따르면, '기호=말'과 '실체=사물'은 차원이 다르다. **말과 사물은 단절되어 있다.** 단절되어 있지 않다면 말은 사물에 묶이게 되어 사물을 생각할 수도, 상상할 수도 없게 된다. 상상력은 말과 사물이 분리되었을 때 성립한다. 이때 말은 행동이 된다. 말은 인간의 바깥에 외재하는 객체가 아니라 나의 존재와 분리될 수 없는 주체적 행위가 된다.[67] 말이 주체적 행위인 까닭은 말이 사물과 분리되어 사물에 얽매이지 않기 때문이다.

---

65 「若い批評家の信条」(1959), 『集成』 4, 137-140쪽. '분노를 발하고 궁하여 뜻을 편다'라는 말은 다케다 다이준(武田泰淳)이 『사마천』에서 '궁하여 뜻을 펴는' 바에 문학의 의미를 찾았던 것을 비틀어 사용한 것이다.

66 「批評と文体」(1960), 『西洋の影』(東京: 新潮社, 1962), 264쪽; 『著作集』 2, 268쪽.

67 『作家は行動する』(東京: 角川書店, 1969), 9-13쪽. 1959년 초간.

에토가 말의 객관성을 부정한 건 아니다. 말의 주체적 행위는 "사회적 현실의 제약"을 받으므로 객관성을 담보해야 한다고 보았다. 사회적 현실의 객관성은 적극적인 의미를 지녔다.

> 말은 객관적인 실체가 아니다. 하지만 그것은 아프리오한 것이 아니고, 완전히 육화肉化된 주관적인 것도 아니다… 말은 주체적인 기호이지만 그 기호는 모종의 객관성을 지닌다. 그것을 결정하는 건 **하나의 민족, 하나의 사회적 집단이 형성하는 '사회적 현실'**이다. 우리의 말은 주체적인 행위이지만 그 행위는 저절로 **사회적 현실의 제약**을 받는다… 중국인, 아랍인, 미국인 등의 **지각의 형型**, 즉 행동은 개개의 구체적인 '사회적 현실'의 제약 속에 있다. 일본인인 우리 한 사람 한 사람의 주체적인 행동과 일본의 '사회적 현실'의 관계도 마찬가지다. 말하자면 **말은 인간의 주체적 행위와 객관적 현실 사이의 변증법적 교섭** 속에서 생겨난 것이다. 뒤집어 말하면 '사회적 현실'의 변혁에 의해 우리 일본인의 지각의 형(패턴)이나 행동의 특성도 상호작용적으로 바꿀 수 있다.**68**

민족과 사회집단이 형성하는 "사회적 현실"은 말의 주체적 행위를 규율한다. 중국인, 아랍인, 미국인이 각자 속한 사회적 현실의 제약을 받듯이, 일본인 개개인의 주체적 행동은 일본의 사회적 현실에 규율된다. 말이 사회적 제약을 받으며 생성된 것이 "지각의 형"이다. 지각의 형은 사회적 현실의 반영이다. 그런데 인간의 주체적 행위와 객관적 현실의 변증법적 교섭과정에서 생성되는 한, 말은 '사회적 현실의 변혁'을 통해 바뀔 수 있고, 일본인의 지각의 패턴과 행동의 특성도 바꿀 수 있다. 주관과 객관,

---

68 『作家は行動する』, 14-15쪽.

주체와 객체의 변증법적 과정에서 객관적인 사회적 현실은 주체의 언어 행위에 관여한다.

작가의 주체적인 행동=글쓰기는 '문체'로 표현된다. 에토에 의하면, 말은 사회적 목적을 돕는 도구이며 인간의 행동과 불가분한 것인데, 작가는 주관적 경험에서 현실을 창조하기 위해 문체를 가지고 행동한다.[69] 따라서 어떤 상황에서 작가가 어떻게 행동하고 행동이 어떻게 상황을 바꾸는지를 알려면 실증적인 전기(傳記)보다는 작가의 문체를 봐야 한다. 문체는 서술된 행동의 과정, 즉 "인간 행동의 궤적"이기 때문이다. 문체는 작가와 사회적 현실 사이의 동적인 협상과정을 보여준다. 비평가는 작가의 문체에 참여함으로써 작가의 의식과 행동을 드러낸다.[70] 비평가가 비평대상인 작가의 문체에 참여한다는 것은 문체의 사회적 맥락을 파악하는 것이며, 문체의 사회적 맥락을 파악하는 과정에서 비평가 자신의 시선을 투영시킨다는 말이다.

주체적 행위로서의 비평

말(명목)과 사물(실재)의 분리에 대한 인식은 에토 비평의 시작이었다. 에토는 일본 근대문학에서 말과 실재의 분리를 보았다. 에토에 의하면, 원시인이나 미개인의 경우 사물이 지성으로 규정되지 않았고 말은 실재와 일치했기에 언어는 살아있었다. 언어는 정적이지 않고 지성을 조소하면서 "거대한 상상의 동물의 유충처럼" 역동적으로 꿈틀거렸다. 말은 기호가 아니라 시어에 가까웠다.[71] 이와 달리 근대일본에서는 말과 실재가 분리되었다. 근대적인 외관을 지닌 것들이 "살아있는 폐허", 즉 "전통의 그림

---

69 『作家は行動する』, 33쪽.
70 『作家は行動する』, 14-15쪽.
71 「生きている廃墟の影」(1957), 『集成』 4, 45-46쪽.

자"에 의해 열어졌다. 근대소설의 세계는 "시어로 쓰여진 순연한 감각적 세계"였고, 작가는 사회적 책임을 지는 시민이 아니라 애니미즘적 사회의 주술자나 직인에 지나지 않았다. 소설은 전체적 인간을 그리는 윤리적 표현 수단이 아니라 사물을 묘사하거나 물화된 인간을 서술하는 "폐쇄된 공예품"에 불과했다. 시적 정신과 산문적 형식의 기묘한 잡혼으로 수입된 근대이념은 변질되었고 "정체"停滯가 지배하였다.[72] 메이지 이래 근대 수용과정에서 말과 실재는 분리되고, 전통과 근대의 잡혼이 이루어지고, 그 결과 문학은 역동성=생명력을 상실한 정적인 것이 되어버렸다는 말이다.

에토는 일본 근대문학에서 "근대라는 **관념**"으로 '근대'를 규정하고, "문학이라는 **개념**"으로 '문학'을 규정하는 "도착"倒錯 현상을 보았다. 관념/개념과 현실 사이에 가로놓인 "단층"을 보았다. 근대일본의 문학과 사상을 지탱한 건 "문학자의 **원망**願望"이었는데, 이제 비평가들은 자신이 구축한 '근대'와 '문학'의 관념/개념을 스스로 부정해야 하는 역설적 상황에 놓여 있다고 판단하였다. 비평은 관념/개념(과학)과 현실(실용)의 갭이 만들어내는 도착 내지 단층을 의식하고 이를 부정하는 데서 출발해야 한다고 생각하였다.[73] 이러한 양상은 전후에도 바뀌지 않았다. 전후세대 신인작가들도 인간존재에 대한 관심이 희박하다. "자신의 **감각**"보다는 "'현대'라는 먼지 많은 **관념**"에 충실한 존재이다. 현대를 비판하는 정신 자체도 '현대'라는 관념에 의해 속박받고 있다. "내부 선율"을 연주하는 작가가 더욱 드물어졌고, 연주된 선율에 귀를 기울이는 비평도 적어졌다. 비평은 이러한 시세를 "반역"하는 것이어야 했다.[74]

도착이나 단층의 부정, 시세에의 반역은 "'근대'라는 관념", "'현대'라는

---

72 「生きている廃墟の影」, 55쪽.

73 「批評について」(1960), 『西洋の影』, 272-273쪽; 『著作集』 2, 274-275쪽.

74 「発射塔」, 161쪽.

먼지 많은 관념"의 부정을 뜻한다. 에토는 이들 관념에 매몰된 자기를 부정할 것을 요구한다. 부정운동을 완결했을 때 가장 커다란 긍정, 즉 존재하는 것들에 대한 찬가가 생긴다고 했다.[75] 비평은 '근대', '현대'라는 관념을 부정하는 정신이며, 일본문학의 역설적 상황에 대한 반역이었다. 비평은 역설과 도착 속에서 모색되는 보수적 실존의 문제였다.

에토는 자각적인 존재를 표현하는 비평 방법은 객관적인 것이 아니라 작가에 내재한다고 보았다. 방법론은 결과론일 뿐이다.[76] 비평은 "인간의 냄새와 그것이 주는 감동"을 담아야 한다. 비평이 방법의 참신함이나 논증의 객관적 정확성보다는 그것을 넘어선 진실을 제공했을 때 사람들은 감동한다. 에토의 비평은 객관적인 사회과학적 방법이 아니라 주관적인 문체론이었다. 진실은 과학이 아니라 문체에서 나오며, 문체가 없으면 과학적 논증이 있어도 비평이 되지 못한다고 했다. 비평은 **"육성"**이 통하는 문체를 가져야 문학이 된다고 했다.[77] 에토의 비평정신은 과학의 '개념'에 대항하여 작가들의 인간 냄새가 나는 '육성'에 귀기울이고, 인간 존재에서 나오는 인간의 현실적 행위에 주목하는 것이었다.

에토는 이러한 관점에서 일본의 문학비평 방법을 비판하였다. 기왕에 일본의 문학비평은 과학적 마르크스주의 방법론에 의탁하여 문학작품을 객관화하고, 검증의 정확성과 이론의 보편타당성에서 가치를 찾고자 했기에 "개념을 넘치게 하고 육성을 그 안에 파묻는 악폐"에 빠졌고 문체를 결여하였다. 에토는 비평이 문학이 되는 지점을 "비속한 실용의 도구와 차가운 과학의 중간"에서 찾았다. 문체는 지식에서, 혹은 관찰이나 분석에서 나오는 것이 아니라 비평이 인간 존재 사이의 단절을 뛰어넘고자

---

75 『作家は行動する』, 121-122쪽.
76 「発射塔」, 156쪽.
77 「批評と文体」, 263쪽,

할 때 생겨난다고 믿었다.[78]

인간 존재의 단절을 뛰어넘으려면 상상력이 요구된다. 상상력은 이미지로 표현된다. 작가는 시대의 생명력vitality이 풍부한 인간의 이미지를 창출하는 데 가장 효용성 있는 사회적 기능을 수행한다. 작가는 상상력을 발휘하여 지성과 감수성이 파악한 경험을 이미지로 바꿀 수 있어야 한다. 에토는 메이지 이래 일본의 소설은 외래사상의 영향을 받아 감각이나 미, 혹은 진실을 추구했는데, 이제 외래사상에 충실할 필요 없이 "인간의 이미지"를 추구해야 한다고 말한다.[79] 문학의 기능은 진위의 논증을 넘어 "생생한 인간의 이미지"를 제시하는 데 있다고 했다. 에토는 작가에게 "생생한 이미지"를 산출하는 주체적 행동을 요구한다.[80] 이미지는 좌절을 벗어나려는 주체적 행동에서 생겨나고, 현재의 동적인 부정에서 생겨난다고 했다. 주체성은 뭔가를 향해 행동을 개시할 때 생겨난다고 했다.[81]

작가는 완성된 현실이나 사물을 그려내는 것이 아니라 이미지를 서술함으로써 행동한다. 에토는 사물로부터 자유로운 상상력을 말한다. 하지만 신화적 상징=사물로부터 벗어난다고 상상력이 절로 생겨나는 건 아니다. 에토는 **리얼리티 회복에 필요한 상황의 주체적 구성**을 말한다. **리얼리티는 주체적 행위의 소산**이며, 상황은 객관적 묘사의 대상이 아니라 주체적 행위에 착수했을 때 대상화된다고 보았다. 인간은 주체적 행위에 의해 한 사람의 개성이 되고 역사의 주인이 된다고 생각하였다.[82] 에토는 말과 실재의 단절에서 생겨나는 상상력을 이미지와 결부시킴으로써, 혹은 이미지

78 「批評と文体」, 265-266쪽.
79 「奴隷の思想を排す」, 89-91쪽.
80 「神話の克服」, 『集成』 4, 93-94쪽.
81 『作家は行動する』, 82-85쪽.
82 「神話の克服」, 135-136쪽.

로 전환시킴으로써 말과 실재의 단절에서 생기는 정적 상태를 극복할 역동성을 얻었다.

비평은 세계의 재창조이자 건설이었다. 에토는 글쓰기를 통해 말과 싸우고 말에 담긴 의미를 헤아리면서 잠들어 있는 역사의 실재를 드러내고자 했다.[83] 훗날 에토는 미군점령 통치가 만들어낸 일본국헌법과 검열의 언어공간이 전후일본의 정신세계를 규율하는 실태를 추궁하는 작업에 나섰다. 전후 일본인의 말과 사고를 금압하는 검열의 은폐된 구조와 실체를 추궁하게 된다. 부정의 비평정신이 체제언어의 부정에까지 미친 것으로 해석할 수도 있다. 정념에 의한 말의 투쟁을 통해 전후체제의 은폐된 구조에 대한 반역을 꿈꾸었다고 볼 수도 있다. 에토의 비평론=문체론에 보이는 리얼리티의 주체적 구성에 관한 발상은 에토 보수주의의 인식론적 기반을 이룬다. 그런데 문예비평에서 역사비평, 정치비평으로 확대되었을 때, 상상력=이미지=문체를 통해 드러낸 부정의 비평정신이 온전하게 작동했는지는 따져봐야 할 일이다. 에토는 리얼리티는 주체적 행위의 소산이며, 상황은 객관적 묘사의 대상이 아니라 주체적 행위에 의해 구성된다고 했다. 에토의 주관적 행위=글쓰기가 객관적 리얼리티를 구성한다는 말과 다를 바 없다. 주관적인 인문학적 비평정신이 사회과학적 비평에 투사될 때 비평의 객관성은 확보될 수 있을까.

에토는 작가의 역동적인 문체(문학자의 행동)를 사회과학자의 정태적인 분석(프래그마틱한 사회과학자들의 행동/비행동)과 구별하였다. 그에 따르면, 사회과학자의 경우 현실은 "헤엄치는 수영 선수의 충실한 행동이 **지속되는**" 것과 같은 동적인 것이 아니라 **시간이 배제된** 일상생활의 현상에 불과하다. 사회과학자의 분석은 일상생활의 현실에서 자신이 분리된 비주체적

---

83 福田和也, 『江藤淳という人』, 13–14쪽.

인 것이라 비실제적이다. 반면, 문학자는 가구假構를 상정할 때도 늘 **시간을 주체화하며** 일체를 동적 과정으로 제시하기에 행위가 생동적vivid이고 실제적이다. 에토는 문학과 사회과학의 차이를 **실제와 이론의 대립**이 아니라 **행동과 정체停滞의 문제**로 파악하였다. 에토는 동적 현실을 파악하지 못하는 이론이나, 행동에서 분리된 실감을 부정하였다. 자연과학적 발견도 행동의 궤적이자 문체의 표현이며, 자연과학자도 물질과 우주를 향해 행동을 지속하고 주체적 시간을 충실히 만들어냈을 때 "아름다운 포말"과 같은 수식어를 만들어낸다고 했다. 작가는 스스로 주체적인 시간을 파악하고 행동으로 충실한 지속을 만들어냄으로써 현실을 시간화(주체화)한다는 것이다.[84]

상대주의적 리얼리즘

문학과 정치

에토 준은 문학자(문예비평가)로서 비평가와 작가의 관계, 문학과 정치의 관계를 생각하였다. 비평정신은 이들 관계를 어떻게 규정하느냐와도 연관된다. 에토는 작가와 비평가 사이의 "긴박한" 관계를 의식하였다.[85] '비평가' 에토 준은 '작가' 나쓰메 소세키를 논하면서 "긴박한" 관계를 보여주었다. 흔히 영웅화=신화화되는 나쓰메를 에토는 영웅시하지 않았다. 근대사회의 출현으로 몰락한 아버지의 자식으로서, 근대사회의 불안을 구현한 자로서 나쓰메를 재발견하였다. 나쓰메를 "한 사람의 생활자"로

---

[84] 『作家は行動する』, 33-37쪽.
[85] 菊田均, 『江藤淳論』, 13쪽.

그려냈다. 에토의 나쓰메 재발견은 '상실'을 체험하고 혈연의 가족사에서 단절되는 위기를 맞았던 자신의 경험과 무관하지 않았다. 에토는 나쓰메 비평에 의탁하여 '상실' 이후를 살아가는 자신의 삶을 드러내고자 했다.[86] 비평가는 작가를 사회적 평판과 떼어내어 볼 수 있는 긴장감뿐 아니라 자신의 삶과 경험에 의탁하여 작가를 볼 여지를 가져야 한다.

에토는 문학자의 정치적 행동에 유보적이었다. 안보투쟁의 한복판에서 조차 문학자의 정치적 관여에 동조하지 않았다. 작가의 문학적 행동과 정치적 행동을 준별하면서 문학자는 글쓰기가 정치적 행동이라 했다. "문학은 현실에 무력하기 때문에 가장 유력하다. 문학자들은 현실을 더 잘 파악하기 위해 실행을 단념한다. 그의 **현실참여나 행동은 본래 서재 안에서만 있다**… 리얼리스트가 되는 것은 '사건의 주체'가 되는 것과는 저절로 구별된다"면서 문학자는 "사건의 주인공"이 아니라 **"스스로의 생활의 주인공"**이 되어야 한다고 힘주어 말했다. 가두 투쟁에 나서 "사건의 주인공"이 되고 싶어했던 이시하라 신타로와 오에 겐자부로의 "바보스러움"을 비판한 발언이다.[87] 정치적 행동 자체를 반대한 것이 아니다. **문학자의** 정치적 행동을 문제삼은 것이다. 문학자의 현실참여나 행동은 문학자의 방식으로 이루어져야 했다. "서재 안에서" 행해져야 했다. 글쓰기야말로 가장 치열한 정치적 행동이었다.

에토는 문학자의 현실(정치) 참여를 비판했지만, 문학과 정치의 관계에 대해서는 달리 생각했다. 문학과 정치의 상관성을 강조하였다. 문학이 다루는 인간 본성과 인간 존재의 문제는 정치와 결부된 현상이라 보았다. 후쿠다 쓰네아리는 문학과 정치를 준별하고 양자의 이원적 긴장관계를 상

---

86 小野寺凡, 「江藤淳論解説」, 『吉本隆明・江藤淳』, 312-313쪽.
87 「生活の主人公になること」, 『シンポジウム 発言』, 242쪽.

제3장 '성장'과 '상실'

정했는데, 에토는 문학이 정치와 분리되어서는 안 된다고 생각하였다. 문학(관념)이 정치(현상)와 유리되어 신화화되어선 안 된다고 믿었다. 정치만이 아니다. 문학은 사회로부터 초연해서는 안 되고, 문학자는 전달자로서 사회적 효용을 가져야 한다고 했다. 예술적 체험과 일상적 체험은 다르지 않다는 것이다. 이러한 관점에서 메이지 이래 "사회적 필연성"을 무시하고 "실체론적 문학관의 껍질"을 고수한 일본 근대문학에 비판적이었다.[88]

에토는 문학과 정치의 상관성을 중시했지만, 마르크스주의 문학자들처럼 문학을 정치에 종속시키지는 않았다. "사회적 필연성"은 정치에 대한 종속이 아니라 '현실과의 필연적 연관성'을 의미한다. 에토는 문학의 본질을 사회와의 연관성에서 찾았다. 문학의 임무를 묻지 않았다. 문학을 당위론이 아니라 존재론적 관점에서 파악했던 것이다. 문학이 무엇인지를 묻지 않고 문학이 뭘 해야 하는지를 따지는 전후문학이 믿기지 않았다. 정치와 문학, 문학과 주체성을 따졌던 전후 문학논쟁에도 불만이었다. 전후에 부활한 마르크스주의자들이 문학자의 전쟁책임을 추궁하고 문학이 정치인 양 행세하는 모습도 못마땅했다. 전중기 우익의 전쟁협력과 흡사한 행태라 생각하였다.[89]

1960년대 후반 전공투의 대학분쟁으로 찾아온 또 하나의 '정치적 계절'에도 '문학=정치'의 관점은 견지되었다. 다만 상관성의 의미는 달라졌다. 에토는 문학을 "정치의 표현"이라 했다. 에토는 1968년 글에서 나쓰메 소세키를 다시 불러냈는데, 문학과 정치의 상관성을 말하기 위해서였다. 나쓰메가 국가를 경영하는 표현으로서 문학을 말했음을 보여주고 싶어서였다. 나쓰메는 어렸을 때 중국의 사서(춘추좌씨전, 국어, 사기, 한서)를 읽고

---

88 「奴隷の思想を排す」, 84쪽.
89 미우라 마사시, 「전후비평 노트」, 284-285쪽.

'문학'(역사)이 뭔지 알았다고 한다. '문학'은 서른이 된 자가 처세와 수양을 위해 읽는 논픽션을 가리킨다. 에토는 '문학'을 "문장은 경국經國의 대업으로서 불후의 성사盛事"라고 했을 때의 문장, 즉 국가 경영자에게 요구되는 문장으로 해석하였다. 나쓰메가 《좌전》과 《사기》를 "표현의 차원에서 정착된 정치와 경영관리의 책"으로 여겼다는 사실에 주목하면서 문학은 "표현으로서의 정치"이며, 따라서 정치와 전쟁은 '문학'의 소재가 된다고 했다.[90] 문학과 정치를 일치시킨 이유는 권력이 모든 분야에 작동하는 보편적 현상이라는 인식에서였다. 에토는 문학과 정치가 일치하는 "표현으로서의 정치"를 일본 근대사에서 찾기도 했다.

에토가 나쓰메 소세키를 재발견함으로써 '문학=정치'의 관점을 드러낸 것은 1960년대 후반 이래 '치자의 감각'을 갖게 된 것과 무관하지 않다. 에토는 "만일 휴머니즘이라는 가치를 복권시키고 싶다면 피해자나 피치자의 시점에서 정치를 파악하는 데 만족하지 말고, 치자나 국가경영 관리자의 시점에서 정치라는 리바이어던을 병합하고자 노력해야 한다"[91]고 했다. 여기서 10여년 전 안보투쟁의 '정치적 계절'에서 문학과 정치의 상관성을 얘기했을 때의 긴장감은 현저히 떨어질 수밖에 없다. '서재 밖'을 생각하는 '치자의 감각'을 갖게 되었을 때, '작가와 비평가 사이의 긴장감'도 약해질 수밖에 없다. 문학자는 더 이상 '서재 안'에서 "스스로의 생활의 주인공"일 수 없게 된다. 현실과의 긴장감이 약해졌을 때 비평가의 부정의 정신은 무뎌지기 마련이다. '치자', '국가경영 관리자'의 시점이 문학을 규정할 때, 에토의 리얼리즘은 긴장감을 상실하고 '권력'의 관점에서 현상을 파악하는 일이 일상화될 것이다.

---

90 「表現としての政治」(1968), 『表現としての政治』(東京: 文藝春秋, 1969), 20-21쪽.
91 「表現としての政治」, 21쪽.

리얼리즘과 상대론의 다이내미즘

사회적 필연성을 중시하는 에토의 리얼리즘은 낭만주의 비판을 통해 확립되었다. 경제회복과 더불어 전후 문학논쟁이 만들어낸 긴장감이 소멸하고 '문예부흥', '문운文運 융성'의 낙관주의적 기분이 재부상하던 때, 에토는 「신화의 극복」(1958)을 발표하여 낭만주의와 대결하였다. 에토는 낙관적 로맨티시즘의 분위기에서 리얼리티의 부재를 보았다. 1950년대 후반 일본의 문예부흥은 "극도의 로맨티시즘 과잉"으로 비쳤다. 전후세대 작가들의 소설에서 "생활부재", "현실도피적 경향", "희박함", "리얼리티의 부재"를 감지하였다. 에토는 신화적 상징을 묘사하는 주술사의 눈으로 현실을 응시하는, 실제적 행동을 모색하지 않는, 현실과 유리된 "비생활적, 비행동적인 태도"와 "타락한, 병적인 로맨티시즘"을 경멸하였다. 로맨티시즘은 현실에 대한 반응이 아니라 **현실의 부재**에 대한 반응이라 생각했다.[92]

'신화'는 "일본인의 피와 땅에 뿌리내린" 일본낭만파의 로맨티시즘을 가리킨다. 「신화의 극복」은 사상사가 하시카와 분조의 『일본낭만파 비판 서설』(1960)[93]을 읽고 쓴 글이다. 하시카와는 낭만파 평론가 야스다 요주로에게 호감을 보이면서도 낭만파 신화의 부활을 경계하였다. "한 사람의 재능 있는 젊은 작가 속에 은밀히 스스로의 피를 쏟아내면서 생존한" 신화를 깨고자 했다. "한 사람의 재능 있는 젊은 작가"는 미시마 유키오를 가리킨다. 훗날 에토는 미시마의 출현이 "불탄 자리였던 전후의 테가 벗겨진" 끝에 생겨난 "깊은 피로"와 "깊은 권태감"의 소산이라 회고한 바 있다.[94] 음악과 문학에 탐닉하여 "비재"非在를 꿈꾸던 때의 에토는 이토 시

---

92 「神話の克服」, 95-97쪽.

93 橋川文三, 『日本浪曼派批判序説』(東京: 未来社, 1960).

94 平山周吉, 『江藤淳は甦える』(東京: 新潮社, 2019), 107-108쪽.

즈오伊東静雄의 시를 읽고 낭만파의 영향을 받았다. 그런 에토가 낭만주의를 비판하게 된 것이다. "비재"에서 벗어났음을 보여준다. 사회적 필연성을 중시하는 에토의 리얼리즘에서 보면 자연스러운 일이다. 민주=안보공간의 끝자락에 찾아온 안보투쟁의 '정치적 계절'에는 갈등과 투쟁을 둘러싸고 로맨티시즘과 리얼리즘이 길항하기 십상이다.

사회과학자의 이상주의에 풍겼던 낭만주의적 기분도 꺼림직했다. '이상주의적'이라는 말이 구체적 행위의 뒷받침도 없이 "무드"만을 불러일으킨다고 생각하였다.[95] 후쿠다 쓰네아리도 진보지식인의 평화주의와 이상주의를 가리켜 "이념"이 아니라 "진보주의적 기분"이라 내친 적이 있다(제2장). 낭만주의적 분위기가 부유하는 "극히 병적인" 상황은 에른스트 카시러Ernst Cassirer가 말한 '신화의 부활', 즉 원시상태로의 복귀를 뜻한다. 에토는 낭만적 이상주의에서 숙명적인 것을 느꼈다. 진보지식인은 '두 세계', '차가운 전쟁', '근대의 초극'과 같은 말에 내장된 숙명론적 무드와 현실 멸시의 성격을 간과한 채 미래를 예단하는 예언자적 존재에 환호하는 자들로 보였다. 1950년대 후반의 문명론과 일본문화론도 낭만주의적 분위기를 풍겼다. 에토는 우메사오 다다오梅棹忠夫의 「문명의 생태학서설」(1957)이 슈펭글러의 『서구의 몰락』과 마찬가지로 "나태한 숙명론"에서 성립한 "낙관적 예언"에 불과하다고 보았다. 낭만주의의 문학적 상황과 예언자적 논리에서 배태된, "냉정한 사변이 아니라 비합리적인 축문祝文에 의해 해방된 원시적인 에네르기"를 지닌 것으로, 전쟁과 독재를 초래할 우려가 있다고 생각하였다.[96]

에토는 이원적 상대론의 다이내미즘에 주목하였다. 비판적 보수주의자

95 「神話の克服」, 98쪽.
96 「神話の克服」, 100-101쪽.

제3장 '성장'과 '상실'

들은 현실세계의 상대주의적 양상에 주목한다. 이원론이 만들어내는 모순, 괴리, 갈등을 눈여겨본다. 이원론적 관점에서 실제와 허구, 현실과 이상 사이의 간극을 응시한다. 모순, 갈등, 허구가 만들어내는 상대주의를 극복하기 위해 절대자를 상정할 수도, 전통과 역사에 의탁할 수도 있다. 천황을 동원할 수도 있다. 후쿠다 쓰네아리의 경우, 앞 장에서 보았듯이, 유럽의 기독교에서 상정하는 절대자에게서 상대주의적 모순과 갈등을 극복할 가능성을 보았다. 절대자를 상정하는 상대주의, 절대 속의 상대를 상정함으로써 이원론의 역동성을 긍정하였다.

에토는 고바야시 히데오와 나쓰메 소세키를 통해 절대적 가치 혹은 절대자의 가능성을 보았다. 고바야시는 근대일본의 다양한 의장意匠을 회의하는 상대론적 관점을 보이면서도 절대적 가치를 추구하였다. 나쓰메는 자신의 에고와 죄의식을 고민하면서 상대론적 관점을 보이는 한편, 상대적 세계를 규율하는 '천'='절대'를 모색하였다.[97] 다케다 다이쥰武田泰淳에 대해서는 비판적이었다. 다케다는 절대적 가치를 모색하면서도 이를 상대화하는 모순 내지 상극을 감지하면서 상대론적 다이내미즘을 보여주었지만, 자기억제를 결여하고 악의나 현실에 대한 두려움을 갖지 못한 채 니힐리즘에 빠졌고 도착된 낙관주의를 보이면서 추락했다는 것이다. 에토는 1960년대 중반 '제3의 신인'의 신세대 작가들의 경우 모성적인 것에 끌리고 부성적인 강함이 없어 상대론적 관점을 결여하고 있음을 확인하였다. '천'天이나 '부'父의 가치를 찾는 다이내미즘을 보여주지 못하고 사소설 작가들처럼 정적인 문체만을 보여주었다는 것이다.[98]

에토의 비평은 이원적 상대론의 다이내미즘에 기초한다. 흔히 상대주

---

97 富岡幸一郎, 「江藤淳と戦後文学」, 123쪽.
98 富岡幸一郎, 「江藤淳と戦後文学」, 124-126쪽.

의에서 니힐리즘이 생겨나기 쉽지만, '부정의 정신'은 이원적 상대론에서 가능하다. 에토는 상대주의가 결여될 때 오히려 니힐리즘 경향이 생기고 다이내미즘을 상실한다고 보았다. 이원적 상대론의 입장에 서야만 절대적 가치의 의미를 제대로 파악할 수 있다고 생각하였다. 하지만 절대(절대적 가치)를 상정하여 상대적 세계를 규율하거나 상대적 세계 속에서 절대를 모색한 건 아니다. 나쓰메 소세키처럼 절대자로서의 '천'을 상정하지도 않았고, 후쿠다 쓰네아리처럼 절대자로서의 '신'에 주목하지도 않았다. 에토의 이원적 상대론은 타자-자기 구도에서 성립하였다. 에토는 타자의 존재와 시선을 통해 자기의 존재와 의미를 모색하였다. 타자는 자기를 규율하는 존재이지만, 타자-자기 구도를 제어하는 절대자는 아니었다. 자기를 타자에 대항하는 대등한 관계로 설정하지 않았기에 상대주의에서 초래될 니힐리즘에 빠지지는 않았다.

타자는 절대자가 아니라 자신을 규율하는 자기가 의식해야 하는 규제적regulative 존재였다. 에토는 타자와 투쟁하는 주체가 아니라 타자의 규율 속을 살아가는 자기를 상정하였다. 타자의 규율에 순응할 때 자기-타자 관계는 파탄하지 않는다. 자기를 규율하는 타자는 '아메리카'(미국)였다. 에토의 주체화 의지는 타자='아메리카'를 온통 부정하는 배타적인 대립에서 생겨난 것이 아니다. 주체화는 타자의 규율을 자기 내부로부터 감지해내고 타자화하는 데서 출발하였다. 타자의 규율을 일본사회 내부로부터 드러내는 방식이었다. 에토는 일본인의 의식을 규율하는 아메리카의 하중을 감내하지 못했을 때 규율의 양상을 파헤침으로써 내부로부터의 주체적 탈각을 모색하였다.

4. 보수의 감각과 체험

체험과 상대주의

장소에 매인 개인

에토 준은 진보주의적 기분이 짙게 떠돌하던 정치적 계절에도 보수적 비평감각을 드러냈고, 극적인 상황에서도 일상성과 생활을 중시하였다. 보수적 감각은 소년시절부터 있었다. 에토는 중학시절 2·1스트라이크 중지명령이 내려졌을 때 사태의 엄중함을 생각하기보다는 친구와 약속했던 자전거 하이킹을 못하게 된 걸 슬퍼했던 기억을 간직한 자였다. 정치적 사안보다 일상생활을 소중히 여긴 인간이었다. 패전 공간에 난무한 '민주주의'와 같은 슬로건은 자신의 일상생활과 관련되지 않는 한, 친근한 것으로 생각되지 않았다.[99] 일상과 분리된 이념보다 일상생활의 친근한 것을 소중히 생각하는 감각이야말로 보수주의의 핵심이다. 에토는 1968년 전공투 대학분쟁이 일어났을 때도 이러한 감각을 드러냈다. 프랑스 유학 중이던 지인에게서 시국을 우려하는 서한을 받은 적이 있는데, 에토는 "그런 쓸데없는 일에 신경쓰지 마시게. 유행하는 의론은 죄다 사기이고 시끄럽게 보이는 건 모두 가상假象일 뿐이네. 난 그보다는 기르던 개가 죽어 슬프다네"라고 써보냈다.[100] 일상생활과 동떨어진 정치적 논리와 거대 담론을 '사기'와 '가상'으로 여기는 보수적 심정을, 일상생활의 소중한 것에 대한 애착을 엿볼 수 있다.

---

99 「戦後と私」, 327쪽.

100 「場所と私」, 『集成』 5, 343-344쪽.

에토의 보수감각은 현실을 파악하는 감성, 의식, 성향이었다. 이념이나 행동을 지탱하는 무의식이었다. 보수적 감각이 꼭 보수주의를 보증하진 않지만, 보수주의는 보수적 감각을 내장한다. 후쿠다 쓰네아리도 "내 삶의 방식 내지 사고방식의 근본은 보수적이지만 자신을 보수주의자라 생각하진 않는다. 혁신파가 개혁주의를 내세우는 것처럼 보수파는 보수주의를 받들어서는 안 된다"고 말하면서 보수가 이념이 아니라 감각임을 분명히 했다(제2장). 에토도 말년에 펴낸『보수란 무엇인가』(1996)에서 보수주의가 이념이 아니라 감각임을 강조하였다. 이념이 난무하는 정치적 계절에 스스로 생활의 주인공이 되는, 일상생활에 애착을 갖는 보수적 감각을 드러냈다. 하지만 정치가 일상을 규율하는 현실에 저항하는 '부정의 정신'을 드러내지 못할 때, 일상생활과 정치생활의 거리에 둔감해질 때, 보수주의는 이념적 성격을 띨 수밖에 없다. 1960년대 후반 이래 에토는 '치자'=실무가의 감각을 보이면서 정치생활에 대항하는 '부정의 정신'보다는 국가생활을 옹호하는 '긍정의 정신'을 드러냈다.

에토는 장소에 구속받는 자였다. 어느 좌담회에서 외국에 점령당해 일본의 국체가 멸망할 경우 어찌할 것인가가 얘기된 적이 있었다. 혼자서라도 술기운을 빌어 테러를 감행하겠다고 농담한 이도 있었고, 망명 정권을 만들어 투쟁하겠다는 이도 있었다. 에토는 "결코 점령군에 영합하지 않겠지만, 그렇다고 도망치지도 않겠다. **누더기를 걸치고 길가에 돌을 베고 자게 되더라도 이 국토를 벗어나지 않겠다**"고 말했다. "멸망의 **장소**에서 이어지는 **상실**을 견디고, 쌓이는 상실 속에서 자신이 할 수 있는 일을, **살아가기 위한 정진**을, 조금씩 추진해 나가겠다"는 말도 덧붙였다.[101] 국가(국토)에 매인 채, 국가가 멸망해도 상실을 견뎌내면서 살아가기 위한 정진을 계속하겠

---

101 福田和也,『江藤淳という人』, 120쪽.

다는 말이다. 상실이 축적된 장소를 기억하고 거기서 벗어나고자 하는 삶의 정진을 말하고 있다. 보수적 심정의 표현이다.

상실을 견뎌내고 살아가기 위해 정진하는 자는 어떠한 인간일까. 에토는 1959년 글에서 '개인의 정신'을 강조한 바 있다. '서민'이나 '일본인'을 호칭하는 자들에게는 "개개 인간의 정신의 독자운동"(개인의 자율성)을 무시하는 조잡함이 보인다면서, 이러한 조잡함이 "사상부정, 인간멸시"로 연결될 수 있다고 지적하였다. 사상은 '서민', '일본인'이라는 전체적인 환영 속에는 없고 "개개 인간의 정신의 독자 운동"에만 있다고 역설하였다.**102** 안보투쟁 직후 발표한 「정치적 계절 속의 개인」(1960)에서도 안보소동을 지배한 것은 "개인을 개인이 아니게끔 만드는 이상한 분위기"였다고 토로하면서, "나의 주인은 나 이외에는 없다. 그렇지 않고서야 어떻게 문학을 할 수 있을까"라고 말했다.**103** 정치에 대응하는 '개인'을 언급하였고 '민족'을 "환영"이라 했다. "국가가 존재하고서 내가 존재하는 것이 아니다"라고 단언하였다. 개인의 정신의 자율성을 주장하였다. "개개 인간의 정신의 독자운동"은 정신의 자율성을 의미한다.

에토의 경우 정신의 자율성을 가진 개인이 정치적 주체로서의 근대적 개인은 아니었다. 패전으로 고향을 상실하고 가족의 분란 속에서 성장한 에토는 오에 겐자부로처럼 오키나와 지역공동체나 마을공동체를 구축하여 국가에 대항한다는 건 생각지도 못했다. 요시모토 다카아키처럼 가족이라는 공동성을 내세워 국가를 비판할 수도 없었다. "국가가 존재하고서 내가 존재하는 것이 아니다"라고 했을 때, 에토는 국가에 대항하는 개인을 상정했던 것이 아니다. '나'의 정신적 자율성이 국가에 대한 대항을 뜻

---

102 「発射塔」, 151쪽.
103 「政治的季節の中の個人」, 『著作集』 6, 22-23쪽.

하지는 않았다. 후쿠다 쓰네아리와 마찬가지로, 에토는 『나쓰메 소세키』를 발표한 이래 '신=초월자'를 갖지 못한 일본에서는 근대적 개인의 성립은 어렵다고 보았다.[104] 에토에게 개인은 장소에 매인 '나'였다. 장소와 '나'에 집착했을 때 독립적인 근대적 개인을 떠올리기는 쉽지 않다.

미국체험 이후 장소와 '나'를 구속하는 일본으로 회귀한 뒤 '개인'의 입지는 더욱 약해졌다. 에토는 전공투 분쟁 때 발표한 글에서 '시민' 개념을 비판하였다. '시민'은 "빌린 옷과 같은 냄새"가 풍기는 말로, "말의 하이칼라적인 울림과 실체 사이의 불균형(부조화)이 불편한 의자에 앉았을 때와 같은 기분"이 들게 만든다는 것이다. '시민'은 민주화 과정에서, 도시화 과정에서 남용되기 시작했고, 급속한 근대화를 거치는 동안 '대중'이 되어버렸다고 한다. 고독한 군중이 되어 어색하게 도시에 살고 있다는 것이다.[105] 에토는 경제=성장공간에서 '시민'이 되기는커녕 오히려 고독해지는 '개인'을 보았다. 일찍이 에토는 나쓰메 소세키를 논하면서 "스스로를 제약하는 풍토에 불충실하고, 더구나 스스로에 미치는 영향에 민감하지 않는 곳에서 진정한 세계성이 생겨날 리 없다. 마찬가지로 풍토에 매몰된 곳에서 진정한 지방성은 생길 수 없다… 세계인이 되려면 우선 일본인이고 영국인이고 러시아인이어야 한다"[106]고 말한 바 있다. 그런데 "스스로를 제약하는 풍토"와 "스스로에 미치는 영향"을 전제한 개별성에서 세계성을 찾은 것은 '국가'가 덜 의식되었을 때였다. '국가'를 향한 심정이 깊어졌을 때, 에토는 일본이라는 장소와 역사에, 그리고 '천황'에 깊숙이 연루하게 된다.

---

104 小熊英二, 『〈民主〉と〈愛国〉』, 836-837쪽.

105 「'市民'の虛實」(1968), 『續著作集』 3, 46-48쪽.

106 『夏目漱石』(東京: 東京ライフ社, 1956), 72-73쪽. 로렌스・오르손, 黑川創・北沢恒彦・中尾ハジメ訳, 『アンビヴァレント・モダーンズ―江藤淳・竹内好・吉本隆明・鶴見俊輔』(東京: 新宿書房, 1997), 29쪽을 참조하였다.

체험과 인내

보수적 감각은 체험을 중시한다. 체험은 총체적인 경험이 아니라 개별적인 경험을 말한다. 에토는 능력이 있어야 사물을 체험하지만, 체험을 표현하는 능력은 같지 않고 개개인의 구체적 체험 없이는 손쉽게 공유될 수 없다고 생각하였다. 자기체험이 결여된 고백은 자기기만을 수반하고, 말로 표현된 심정상의 주관적인 진실은 허위를 숨기고 있다고 보았다. 체험은 개별적인 자기체험이라는 말이다. 체험은 "우리가 현실에 접촉하는 곳에서 양성되고 그것으로써 우리를 성숙시키는 것"이었다.[107]

에토는 체험의 개념화나 이념화를 거부하였다. 진보지식인의 무체험을 비판하였다. 체험을 결여한 채 "언제나 아름다운 눈을 반짝이면서" "대의명분"만을 외쳐대는 '정의파'(진보지식인)의 "자기기만"을 추궁하였다. "반짝반짝 빛나는 눈의 하얀 부분에 한 줄기 혈관을 흐르게 하는" "대의명분"을 혐오하였다. 진보지식인들은 먹을 것이 필요한 일상생활을 무시한 채 대의명분만 내세워 일을 저지르고 강개할 뿐이다. 에토는 진보지식인의 반짝이는 눈의 배후에 도사린 "정신의 불모스러운 공백"을 보았다.[108] 사상에 관한 방법적 태도를 추궁한 것이다. 에토가 보기에 진보지식인이 표방하는 "사상의 과학", 즉 진보주의 사상사학은 자기기만을 감춘 "의사(疑似) 객관주의", 단지 "살아있는 인간의 이미지"를 결여한 "심정의 자위"에 지나지 않았다. 사상은 과학이 아니라 인간존재와 관한 것이어야 했다. 사상은 "살아있는 인간의 이미지"가 있어야 리얼리스틱하다고 말한다. "나의 사상은 원래 나의 존재와 관계한다"고 말한다. 사상이란 인간의 바깥에서 유통하는 말로 표상되는 이념이 아니라 체험에 기반을 둔 인간

---

107 「体験'と'責任'について」(1960), 『著作集』6, 41쪽.
108 「体験'と'責任'について」, 42-43쪽.

의 생각이어야 했다.[109] 사상은 체험이어야 했다.

전쟁체험은 전후 일본인의 사상을 규율한 전형적인 체험이었다. 전쟁체험은 태평양전쟁에서 살아남은 자의 심정에 깊은 상흔으로 남았을뿐더러 끊임없이 현재의 삶을 정당화하는 근거로 작용하였다. 에토는 전후 지식인들이 '전쟁체험'이란 말을 수치심 없이 아무렇지도 않게 "무조작적, 기계적, 대중적으로" 사용하는 것이 못마땅했다.[110] 특히 전중파의 전쟁체험론이 귀에 거슬렸다. "개념을 사랑하고 살아있는 인간을 싫어하는" 전중파는 체험의 개념화, 이념화를 벗어나지 못했다는 것이다. 생활을 혐오하고 대의명분을 위할 뿐이며, 개인이 국가와 사회라는 전체를 위해 존재한다고 생각한다는 것이다. 에토는 전쟁체험을 역사적 과정이 아니라 원리로 파악한 하시카와 분조의 전쟁체험론[111]에 동의하지 않았다. 하시카와는 말과 사람을 보지 않고 전쟁체험을 개별 히스토리가 아니라 메타 히스토리의 입장에서 개념적으로 파악한다는 것이다. 에토는 "현실 정치의 논리"와 "정의파의 논리"는 배치된다고 보았고, 사상과학론자, 전쟁체험론자의 "몽상가들"에게 국제관계나 사회의 복잡한 이해관계에 대처할 실제적 방법을 기대할 수 없다고 생각하였다.[112]

이론이나 개념을 동원하여 완전성perfection을 상정했을 때 '가구'假構(픽션)가 생겨나지 않을 수 없다. 가구의 허구성을 드러내고 이를 극복하는 데는 체험이 필요하다. 에토는 이론적, 논리적 구상을 깨기 위해서가 아니라 픽션과 현실의 괴리를 추궁하고자 체험을 말했다. 에토는 패전으로 "국체의 불가침성"이 한 조각의 픽션으로 바뀌었을뿐더러, '평화'와 '민

---

109 「'体験'と'責任'について」, 45쪽.
110 「'体験'と'責任'について」, 40쪽.
111 橋川文三, 「歴史意識の問題」, 『橋川文三著作集』 4(東京: 筑摩書房, 2001).
112 「'体験'と'責任'について」, 45-47쪽.

주주의'의 새 깃발이 또 하나의 픽션으로서 "성전 완수"의 깃발을 대체했다고 주장하였다. '국체'의 픽션이 깨진 뒤 '평화'와 '민주주의'라는 새로운 픽션이 시작되었다는 것이다. 에토는 "자신의 눈"만이 확실하다고 단언한다. 자신의 눈이 절대 옳다는 말은 아니다. "인간의 인식능력은 항상 불완전하다"면서 "무오류를 참칭하는 이데올로기에 만사를 맡긴 인간의 안전한 자기기만"보다는 "불완전한 자신의 눈이 초래하는 위험한 시행착오"가 낫다는 생각이었다.[113] 에토는 인간의 무오류(완전성)를 믿는 진보주의의 "안전한 자기기만"에 대항하여 **인식능력이 불안전한 인간의 위험한 시행착오**를 지지함으로써 보수주의자로서의 면목을 여실히 보여주었다.

픽션을 판별하는 "자신의 눈"은 개별 인간의 구체적인 체험을 가리킨다고 봐도 무방하다. 체험은 인간의 불완전성imperfection을 전제로 한 시행착오의 과정이다. 체험은 일상생활의 영역에서 이루어지는 불완전성의 축적과정이다. 이러한 체험은 인내를 필요로 한다. 태도를 밝히는 것은 얼마간 용기만 있으면 되지만, 체험을 아는 것은 "용기 이상의 인내"가 요구되는 훨씬 어려운 일이다.[114] 체험은 도달 불가능한 완전성을 향한 지난한 '인내'=고투의 과정이다. 수동적, 소극적인 인내가 아니다. "위험한 시행착오"는 후쿠다 쓰네아리가 임계점=위기점까지 평형을 추구했을 때와 같은 능동성과 적극성을 함축한다. 민주=안보공간에서 조장된 현실(체험)과 이념(허구) 사이의 괴리에서 위기를 감지했을 때 자각되는 불완전함과 시행착오에서 역동성이 생겨난다. 그런데 경제=성장공간에서 괴리감각이 무디어졌을 때에도 시행착오와 인내의 감각이 견지될 수 있을까. 시행

---

113 「明治百年と戰後二十年」(1965), 『著作集』 6, 105쪽.
114 「跋 討論の結果について」, 221-222쪽.

착오의 운동성이 상실되는 건 아닐까.

감각과 이념

에토 준은 미국을 다녀온 뒤 일본의 전후체제를 규율해온 '아메리카'를 자신의 삶과 의식을 조건지우는 표상으로 의식하게 된다. 에토는 '역사'에서 자신의 근원을 찾고 '국가'를 매개로 자기 존재를 확인하는 일에 나섰다. '평화'와 '민주주의'가 전후체제와 연관되는 한, '평화'와 '민주주의'의 허구를 의식하는 한, 머지않아 전후체제를 규율해온 미국의 존재를 회의하는 정치적 감각이 생겨날 터다. 전후체제의 모순을 알아채기 시작했을 때, 전후체제를 지탱하는 평화헌법, 민주주의, 미일동맹을 문제삼기 시작했을 때, 보수의 감각은 개개인의 일상생활과 체험에 머무르지 않을 것이다. '역사'와 '국가'는 체험의 장이 아니라 이념의 표상이 될 수 있다.

문예비평가로서 정치와 거리를 두었던 시절에 에토는 "정치는 권력에 의한 타자의 조작이다. 모든 경우에 자기의 정당화가 아니다"[115]라고 말한 적이 있다. 정치와의 거리에서 발현된 리얼리즘이다. 하지만 정치와의 거리를 좁혀 정치에 연루된다면, "권력에 의한 타자의 조작"인 정치에의 관여는 얼마간 불가피해질 것이다. 권력에 의한 타자의 조작은 이념(이데올로기)과 다를 바 없다. 정치에의 연루는 직접적인 정치활동을 말하는 것이 아니다. '치자의 감각'을 갖게 되면서 정치에 대한 긴장감을 상실하는 것을 말한다. 1970년대 이래 '치자의 감각'(실무가의 감각)을 갖게 되었을 때 에토의 비평은 긴장감이 둔화되었다.

말년에 에토가 탈냉전/지구화의 문맥에서 "보수주의는 이념이 아니라 감각이다", "보수주의에 이데올로기는 없다"고 말한 것은 역설적이다. 에

---

115 「'体験'と'責任'について」, 46쪽.

토는 영국 보수주의를 끌어들여 보수주의가 '이즘'이 아니라 '감각'임을 확인하였다. 영국은 헌법전 없이 "관례라는 스스로의 역사적 체험"에서 나오는 감각에 맡김으로써 보수주의가 '이즘'이 아니라 '감각'임을 보여주었다면서 영국 보수주의의 핵심은 "이스태블리시먼트establishment의 감각"이라 했다. 작위나 지주와 같은 기득권을 보유한 자들이 기득권의 존재기반을 생각하는 감각을 말한다. 기득권의 원천은 군주다. 에토가 영국 보수주의를 들고 나온 까닭은 군주제의 일본적 함의를 생각해서였다. 탈냉전=역사공간의 에토는 관습법이 황실전범에 반영되고 황실전범(관습법)이 근대적 헌법전을 지탱했던 메이지 헌정체제를 이상적인 보수체제로 보았다. 황실(황통)과 국가방위의 보전을 "보수의 예지"로 삼았다.[116] 영국 보수주의를 조술하여 보수주의가 '감각'임을 입증하고자 했다.

이러한 입증 행위는 경제=성장공간이 탈냉전=역사공간으로 이행한 질서변동기에 '황실'과 '국가'가 퇴락하고 있다는 현실인식에서 나온 것으로 봐야 한다. 에토는 탈냉전/지구화 문맥에서 '국가'가 위기 상황에 있다고 인식했을 때, 천황제와 국가방위로 회귀하면서 '보수의 감각'을 말한 것이다. 탈냉전=역사공간의 일본에서 '황통'과 '국가방위'의 보수(보전)를 생각한 것은 보수의 정치감각이 유연성을 상실했음을 보여준다. 민주=안보공간 후반의 정치적 계절에 보편적 이념(논리)화를 비판하고 '일상생활'과 '체험'의 개별성을 옹호하는 관점에서 '보수의 감각'을 말했던 것과 대조를 보인다. 문학적 행동과 정치적 행동을 구별하고 체험과 논리를 준별했던 젊은날과 달리, 도착된 상황을 응시하는 감각이 무디어졌음을 시사한다. 그렇다면 보수주의가 '감각'이며, 메이지 천황제를 전범으로 한 황

---

116 『保守とはなにか』(東京: 文藝春秋, 1996), 19-28쪽. 에토는 '인위사회'라는 개념을 버크에게서 차용하였다. 버크는 '자연사회'에 대해 '인위사회'라는 개념을 제시하였다. 인위사회를 이데올로기와 법률을 휘두르는 사회로 규정하였다.

실과 국가의 보전이 '보수의 감각'이라 말하는 행위 자체가 이념적일 수밖에 없다. 보수주의는 이념일 수밖에 없다. 이는 1990년대 후반 이래 탈전후=역사공간의 개시와 더불어 아베 신조를 포함한 보수파 정치가나 보수지식인들이 '보수우익'의 덧칠을 피하고자 '이즘으로서의 보수주의'를 표방하고 '보수주의자'를 자처하게 된 분위기와도 조응한다.[117] 후쿠다 쓰네아리가 안보투쟁의 상황에서 "보수주의는 이념이 아니라 감각이다"라 말한 것과는 결이 다르다.

에토 준의 보수주의가 '감각'에서 '이즘'으로 전도되는 과정에는 전후체제관이 작용한다. 일본의 '무조건 항복'이라는 통념을 깨고 전후일본의 언어공간을 규율했던 헌법과 검열의 실상을 폭로함으로써 전후일본인의 정신세계를 규정한 아메리카니즘에서 벗어나고자 고투했을 때, 보수의 '이즘'이 작용할 수밖에 없다. 지난날 정치와 거리를 두면서 현재와 대면했던 '부정의 정신'은 관습과 전통으로 정의되는 '역사'에서 존재의 근거를 찾는 '긍정의 정신'으로 바뀌게 된다. 문예비평에서 정치비평으로 바뀌면서 보수의 '감각'이 '이즘'으로 변모했을 때, 에토는 역사 속에서 보수의 근거를 찾지 않으면 안 되었다. **현재와 대결하는 공간감각**이 약해지고 **과거와 타협하는 시간감각**이 강해졌다. 보수주의가 '이즘'으로서 작용할 때, '정치적인 것은 무엇인가', '정치란 무엇인가'보다는 '국가란 무엇인가', '전통과 역사란 무엇인가'를 묻게 된다.

---

117 安倍晋三,『美しい国へ』(東京: 文藝春秋, 2006).

역사와 전통

'현존하는 역사'

에토는 미국유학을 계기로 자기(일본)-타자(아메리카)의 구도를 드러냈다. 『성숙과 상실』은 일본에 내재화, 내면화된 '아메리카'를 '제3의 신인'을 통해 발견하고 타자화하는 작업이었다. '아메리카'의 내면화된 규율을 자각한다 해도, 타자와 대결하지 않는 한 자기 대 타자의 투쟁을 통한 주체화는 상정하기 어렵다. 에토는 타자의 규율, 혹은 타자에 의해 구성된 전후체제의 규율에 소극적으로 반응했다. 사적 공간을 묘사하고 사적 경험을 유추하여 정치세계를 성찰하는 방식을 택했다. 타자 '아메리카'와의 투쟁이 아니라 개인사, 가족사의 과거를 통해 자기의 현존을 찾고자 했다. 여기에 '역사'가 등장한다. 에토는 '사私'와 '역사'에 의탁하여 상대주의적 세계에 대응하였다.

에토는 자신의 삶을 '역사'와 결부시켜 생각하는 습성이 있었다. 소학교 시절 에토는 희미한 전등 불빛 아래에서 헛간에 쌓인 옛날 책을 바라보는 걸 좋아했다. 옛날 책에서 '역사'의 냄새를 맡았다. 1974년의 시점에서 그때의 감흥을 이렇게 되살리고 있다.

> '역사'는 헛간의 책이나 궤짝처럼 어떤 냄새와 무게를 갖고 우리 앞에 현존한다. 그리고 만약 언젠가 내가 없어지면, 나와 관련된 책이나 물건도 하나의 '역사'가 되어 똑같이 헛간의 한 구석을 차지하고, 나 같은 아이가 거기에 찾아온다면 역시 어떤 냄새와 무게를 느끼게 할 것이다. 하지만 그건 내가 맡고 있는 것과 똑같은 냄새일까, 아니면 상당히 다른 냄새가 날까. 어쨌든 사물이 남고, 그것에 익숙했던 사람들은 사라져 버리고, 이들 두 요소가 만들어내는 **'역사'의 현존**이 무겁게 느껴진다는 건 당시 나에게 한없이 신

기한 일로 여겨졌다.[118]

역사는 헛간의 책이나 궤짝처럼 "어떤 냄새와 무게를 갖고 우리 앞에 **현존**"한다. 나는 소멸해도 나와 관련된 책이나 사물을 통해 나의 존재는 역사 속에서 감지된다. 남아있는 사물과 사라진 사람이 만들어내는 "역사의 현존"을 의식했을 때, "역사의 냄새와 무게"가 느껴지고 현재적 의미를 지니게 된다. 소학교 시절에 진정 역사를 자각했을까. 혹 소싯적의 어렴풋한 기억에 마흔두 살의 역사감각이 회고적으로 투영된 것은 아닐지 싶지만, 역사와 전승을 중시하는 보수의 감각에 옛 것, 낡은 것에 애착을 가졌던 소싯적의 감흥이 살아있음을 확인할 수 있다.

'집'='고향'은 '역사의 현존'을 느끼게 해주는 냄새와 무게를 지닌 강력한 거처였다. '나'는 '집'을 매개로 '역사'와 연결되었다. 모친에 관한 기억이 서린 오쿠보 옛집의 소실은 깊은 상실감을 주었다. '집'의 상실은 '고향'의 상실과 겹쳤다.

> 나는 어떤 잔혹한 흥분을 느꼈다. 역시 나에게 돌아갈 '고향' 따윈 없었다. 억지로 찾는다면 조부모와 모친이 묻힌 아오야마青山 묘지 이외에는 더 이상 없다. 산 자의 세계가 절단되어도 죽은 자의 세계는 이어져 있다. 그것이 '역사'일지도 모른다.[119]

'고향'은 상실되었다. 군이 찾는다면 조부모와 어머니가 묻힌 아오야마 묘지의 무덤밖에 없다. '고향'=공간의 부재를 강하게 감지했을 때, 시간에

---

118 「海舟余波 ─ わが讀史余滴」(1974), 『集成』 3, 9쪽.
119 「戦後と私」, 332쪽.

의탁하게 된다. 돌아갈 현존의 장소를 상실했을 때 "아오야마 묘지"="죽은 자의 세계"라는 장소를 매개로 역사가 발견되고 역사 속에서 '나'의 존재는 의미를 갖는다. **절단된** '산 자의 세계'를 넘어서는 것은 **이어져온** '죽은 자의 세계'이다. 죽은 자를 매개로 한 시간적 연속이 역사를 구성한다. 시간이 공간을 무화無化하는 건 아니다. 시간적 연속은 아오야마 묘지(공간)를 매개로 하며, '현존'은 '부재'를 전제로 한다. '아오야마 묘지'는 공간적인 장소와 시간적인 역사를 매개하는 사물이다.[120]

에토는 시간적 연속을 통해 공간적인 '현존'presence을 모색하면서 진보지식인의 역사관을 떠올렸다. 역사를 인간의 주체적 작위로 여기는 진보지식인의 역사관에 대항하였다. 에토가 보건대, 진보지식인들은 역사를 '현존'이 아니라 '과정'으로 생각한다. 인간이 참여함으로써 역사의 '과정'을 바꾸거나 비약시킬 수 있다고 믿는다. "냄새와 무게가 있는" 역사가 아니라 "미래와 종말을 지향하는" 역사를 상정한다. 인생이 죽음으로 완결되듯이 역사도 완결되어야 한다고 믿는다. 종말론적 사고가 끼어들 여지가 강한 역사관이다. 진보지식인의 역사관은 "건설과 붕괴의 무한한 다이내미즘에 짜증나는 인간의 원망願望의 반영"에 불과하다. 에토에게 역사는 비완결적인 것이었다. **"완결되지 않는 역사 속에서 차례차례로 완결해가는 사람의 삶"**이 역사의 현존이었다. 소싯적 헛간에 충만했던 '역사'="옛날의 냄새"는 환상이 아니라 "보다 무거운 것, 움직이기 어려운 것"으로서 "내 앞에 ─혹은 내 위에" 현존하는 것이었다. 제멋대로 작위하거나 부술 수 없는, 사람을 초월하여 지속하는 것이었다.[121] 환상이 아니라 사람

---

120 '아오야마 묘지'를 "자연과 역사를 매개하는 인공적인 자연"으로 해석하는 논고도 있다(三ツ野陽介, 「『江藤淳と『戦後』という名の近代」, 東大比較文學會 編, 『比較文學研究』 91, 2008, 34쪽). 하지만 '아오야마 묘지'는 역사를 매개하는 '현존하는 장소'로 보는 편이 적절할 것이다.

121 「海舟余波」, 10쪽.

을 초월하여 지속하는 현존이라면 '역사'로 돌아가지 않을 수 없다.

> 나에겐 이미 돌아갈 곳이 있었다. 나는 돌아가고자 하면 앞의 전쟁에서 죽은 **3백만의 사자**─일본을 위해 죽고, 지금까지도 일본에 머무르며, 겉보기의 급속한 '근대화'에서 생겨난 그날그날 쫓기는 사람들에게 잊혀진 저 사자들이 있는 곳으로 돌아가면 된다. 이들이야말로 현재의 나를 지탱하였다. 자신의 등에 실려오는 그 반응과 무게를, 나는 무엇보다도 현실적인 것으로서 명료하게 느낄 수 있었다. 이 감각을 혹 **역사감각**이라 불러도 좋다. 어쨌든 **이들 사자는 우리를 과거로 이어주는 최초의 사슬**이다. 이 사슬을 통하지 않고는 우리는 자신의 내부를 거슬러올라가 역사와 만날 수 없다.[122]

　1965년 시점의 에토는 "이미 돌아갈 곳이 있었다". 태평양전쟁에서 죽은 "3백만의 사자"가 있는 곳이다. "3백만의 사자"는 현재의 일본인을 "과거로 이어주는 최초의 사슬"이며, 이들을 의식하는 것이야말로 "역사감각"이다. 에토는 역사의 연속을 구축하기 위해, 역사의 단절을 초래한 태평양전쟁을 넘기 위해, "3백만의 사자"와 마주하였다.

　여기서 미일전쟁이 '의전'인지 '불의의 전쟁'인지, 사자들이 개죽음을 당했는지 아닌지, 평화를 위해 죽은 것인지 아닌지를 따지는 "산 자의 해석"은 중요하지 않다. 에토는 '대동아전쟁'의 정당성을 논한 것이 아니다. 일본인이 온힘을 다해 싸운 전쟁이었고 3백만 일본인이 죽었다는 사실이 중요했다. 죽은 자들이 일본의 국토에 머무르면서 산 자의 삶을 지켜준다는 "소박한 신앙", 즉 일본의 전통적인 사생관을 되살려내어 "3백만의 사자"를 매개로 과거와 접속하였다. 에토는 "언제나 새로워져야 한다는 강

---

122 「最初の鎖」(1965), 『著作集』 6, 82쪽.

박관념"이 작가들을 **"자기파괴"**로 몰아넣는, 전통적 사생관이 단절된 일본의 지적 풍토에서는 **"과거에 대한 감각"**이 생겨날 리 없다고 했다. 뛰어난 문학작품이 나올 수 없다고 했다. **"'오래됨'에 기반을 두지 않는 '새로움'은 있을 수 없다.** 가장 가까운 과거를 차치하고 과거나 전통을 운운할 수 없다"는 것이다.[123]

혁명을 부정하였음은 두말할 나위 없다. 에토는 1968년 전공투 학생운동의 "혁명놀이"에서 '역사'의 부재를 읽었다. 전공투의 과격한 행동은 전후 국제질서(얄타-포츠담체제)의 붕괴 조짐과 국제통화체제의 위기에서 발생한 "역사와 자기 사이의 기묘한 틈"이 초조감을 야기한 데서 비롯된 것으로 보았다. "역사와의 소격", 즉 역사 개념의 부재가 "고갈의 공포"를 초래했다고 생각하였다. 혁명 개념을 재해석하여 과거=역사와의 관련성을 되살리고자 했다. '레볼루션'revolution에서 '회전운동'이란 뜻을 되살려 "혁명은 미래로 향하기 위해 과거를 구원하는 것"이라 정의하였다.[124] '역사의 회복'을 통해 역사와의 단절=혁명을 해소하고자 했다.

'역사'는 절대자를 대체하는 의미를 가졌다. 에토는 "전체 속의 생명"을 역사와의 연속에서 찾았다. 절대자 아래에서 영생을 찾는 인간이 아니라 역사를 전체로 설정하고, 그 전체 속을 살아가는 인간을 상정하였다. 인간은 전체 속에서 영원의 생명을 찾아야 편안하게 살 수 있고, 역사와 소격된 인간은 죽음의 공포에서 벗어날 수 없다는 것이다.[125] 후쿠다 쓰네아리가 역사를 규율하는 절대자를 상정한 것과 대비된다.

역사는 바깥이 아니라 안에 있고, 역사와 자신은 개념이 아니라 이미지에

---

123 「最初の鎖」, 82쪽.
124 「歴史·その中の死と永生」(1969), 『表現としての政治』, 22쪽.
125 「歴史·その中の死と永生」, 23쪽.

의해 결합될 수 있다. 이 역사는 해석하고 지도하기 위한 역사가 아니라 **현존하는 삶 자체인 역사**이다. 내 안에 있는 말을 통해 피로 이어지는 역사이다. 일족의 혈액 속에 흐르는 역사. 향당의, 민족의 태내에 흐르는 역사. 그리고 그 **자각적인 표현으로서의 국가의 역사**. 그것은 **현존이지 개념이 아니며, 현존인 이상 선도 악도 아니다.** 혹은 사람의 생이 그러한 것처럼 선이고 또한 악이다. **포괄적인 역사**라는 개념도 이 **현존하는 역사의 발견**을 근저로 삼지 않으면 당장 퇴색한 인공적인 것으로 타락한다.[126]

    역사의 전체성을 상정했을 때 '역사'와 '자기'는 개념이 아니라 이미지로 결합된다. 역사는 "현존하는 삶"이다. 인간의 삶은 언어, 혈연, 공동체, 민족으로 이어지는 역사 속에 현존한다. 역사는 선악의 판단을 넘어서는 삶의 현존이다. 국가는 이러한 삶의 현존을 자각하게 만드는 언어, 혈연, 공동체, 민족을 포괄하는 역사로서 생명을 보증하는 전체로서 상정된다. 나의 현존은 혈연적 역사, 공동체적 역사의 자각적인 표현인 국가의 역사로 연결된다. 에토는 "자신 안에 있는" "자기의 피와 말에 뿌리내린 포괄적인 역사"를 확인할 것을 요구한다. 개념으로 전체적인holistic 역사를 분단하는 불모한 작업에 골몰해서는 안 된다고 말한다.[127]

    『일족재회』(1973)는 에토가 역사의 미세한 부분을 확인하는 작업이었다. 에토는 자기 일족의 역사를 되밟으면서 소멸한 것, 상실한 것을 찾아냈고 소소한 의미를 부여하였다. 가문의 죽은 자를 하나하나 불러내어 자신 속에 흐르는 "선조의 피"를, "나의 말의 원천"을 확인하면서 역사를 자각하였다.[128] 과거의 세계로 회귀한 건 아니다. 에토의 역사의식은 **"자신의 얼굴**

---

126 「歷史・その中の死と永生」, 24-25쪽.
127 「歷史・その中の死と永生」, 24-25쪽.
128 「一族再会〈第一部〉」(1973), 『集成』5, 105-107쪽.

과 부친의 얼굴이 닮았지만 필경 다른 사람의 얼굴이라는 인식"에 기초한다.[129] 에토는 과거와의 연속 위에서 현재의 과거와의 다름을 확인하였다. 자신을 일본의 역사와 연결시키는 한편, 이를 토대로 세계의 역사와 접속하고자 했다. 일족과의 재회는 역사에서 자신의 정체성을 찾고 현존의 근거를 확인하는 과정이었다.

'전통의 새로움'과 '살아있는 폐허'

보수주의는 오래된 것에 집착하는 사고가 아니다. 새로운 것을 받아들이면서 오래된 것을 어떻게 지킬지를 생각하는 사유방식이다. 전후 지식인들은 오래된 것과 새로운 것, 전통과 근대에 관해 고민하였다. 전전파, 전중파는 전후에 '제2의 청춘'을 구가하면서 새로움을 추구하였다. 전전파는 마르크스주의나 다이쇼 시대의 자유주의나 문화주의에서 새로움의 근거를 찾았다. 전중파는 전혀 다른 새로운 형태의 총력전과 미증유의 패전을 경험한 유일한 세대라는, 다른 의미에서의 새로움에 대한 자부심이 있었다. 전후파는 전쟁경험이 약했기에 새로운 전후체제에서 새로움을 훨씬 쉽게 받아들였다. 그렇지만 전전파, 전중파, 전후파 가릴 것 없이 다들 새로움에 불안을 느꼈다. 전전파는 세상이 너무 평화롭지 않음을 우려했고, 전중파는 너무 평화롭다는 사실에 초조해 했다. 전후파는 당근이 주어졌지만 채찍질을 당할 것이라 불안해 했다.[130]

에토는 민주=안보공간 말미에 새로움이 전통으로 회귀하고 있음을 알아챘다. 외부의 현실만이 급변했을 뿐, 일본 내부는 달라지지 않았음을 간파하였다. 에토가 보기에, 전후지식인들은 전후세대론, 발전단계설이

---

129 「明治の文学」(1964), 『著作集』6, 74쪽.
130 「今はむかし・革新と伝統」(1959), 『著作集』6, 59-60쪽.

만들어낸 새로움의 환상에 사로잡혀 자기 자신을, 국민성을 제대로 보지 못했고, 예술가나 사상가들은 현실을 혐오하면서 현실 바깥에서 새로움을 좇았다. 젊은 반역자(청년작가)들도 근대를 향한 새로움을 추구했지만, 전통의 단절에 한걸음 나아갔다고 믿는 순간, 현실이탈의 꿈과 새로움의 환영에 무너져내려 되레 전통으로 끌려들어갈 수밖에 없었다. 에토는 신세대 작가들의 배후에 배회하는―다카야마 조규高山樗牛, 기타무라 도코쿠北村透谷, 시라카바파 류의―낭만주의의 망령을 보았다. 새로운 것이라 믿는 순간 오래된 것에 지탱되는 전후의 정신을 보았다.[131]

　에토는 일본근대의 현실을 지탱하는 전통을 부정하는 데서 새로움이 생겨날 수 없다고 믿었다. 전통은 불변의 절대 규범은 아니지만 진지하게 받아들이면서 새롭게 해야 한다고 생각하였다. 새 것은 옛 것을 토대로 받아들여야 했다. 에토는 "'오래됨'에 기반을 두지 않는 '새로움'은 있을 수 없다"고 했다. "새로운 것은 새롭게 수입된 것이 아니다. 변하지 않는 것에 무지할 경우 어떤 것도 변혁할 수 없다"고도 했다. '정신의 자유'는 전통의 제약 속에서 찾아야 했다.[132] 변화는 "자신 안에 있는 불변의 것", 즉 전통과 마주하는 데서 시작한다. 일본인들은 바뀌는 것에 기를 빼앗겨 바꾸고자 하는 일이 극히 드물었는데, 바뀌기 위해서는 먼저 **"변화에 대한 신앙"**을 포기하고 **"고독하고 인내심 강한 노력"**을 해야 한다.[133] 남에 의해 **'바뀌는'** 수동적 자세에서 벗어나 스스로 **'바꾸는'** 능동적 자세가 요구된다. 에토는 주체적, 능동적 자세는 진보 신앙이 아니라 전통에서 나온다고 보았다.

　이러한 견해는 나쓰메 소세키가 「현대일본의 개화」(1911)에서 말한 '내발적 개화'와 통한다. 에토는 '외발적 개화'를 비판한 나쓰메의 견해에 동

---

131 「今はむかし・革新と伝統」, 58-64쪽.
132 「今はむかし・革新と伝統」, 58-64쪽.
133 「発射塔」, 152쪽.

의하였다. 하지만 전통을 보는 눈은 달랐다. 나쓰메는 문화재와 같은 '표현된 문화', 즉 "눈에 보이는 전통"을 문제삼았다. 에토는 "눈에 보이지 않는 전통"을 봐야 한다고 말한다. 눈에 보이는 전통은 소멸해도 눈에 보이지 않는 전통은 살아있기 때문이다. 눈에 보이지 않는 전통은 아무리 서양 근대의 세례를 받아도 "살아있는 폐허"로서 일본의 현실을 규율한다.

> 한정하려는 것은 서구적 지성이며, 그것을 거부하고 끊임없이 불가해한 잉여를 남기는 것은 이 **살아있는 폐허**가 숨겨져 있는 일본의 현실이다. 하지만 이러한 것만으로는 충분치 않다. 압도적인 서구문화의 세례를 받은 우리의 이시은 이 **잉여부분에 대한 일종의 치욕감**이 있다. 마치 불치병에 걸린 환자를 집에 둔 가족처럼, 우리는 **자기 자신의 피에 숨어있는 이 생생한 폐허**를 무시하고 잊어버리고자 한다. 하지만 폐허는 어느샌가 정신을 차리고 우리의 진한 피를 상기시킨다. 이 **한정하려는 의지와 한정되지 않는 것의 치열한 상극**, 그것이 일본의 경이적인 서구화의 근본에 숨어있는 **정력의 원천**이고 우리 행동의 어딘가 아이러니컬한, 하지만 왕성한 **의욕의 수원**水源이 아닌가.[134]

에토는 '한정하려는 의지=서구적 지성=근대'와, '한정되지 않는 것=잉여부분=전통' 사이의 치열한 상극을 상정한다. 에토는 근대와 전통의 상극을 말하지만, 근대/타자를 부정하는 이항대결적 이원론에서 상정된 상극은 아니다. 한정하려 드는 서구적 지성(근대)을 끊임없이 거부하는 불가해한 잉여가 "살아있는 폐허"로서 일본의 현실을 규정한다고 보았다. 전통은 잉여부분에 대한 치욕감을 느끼면서 감추고 싶지만 언제나 진한 피를 떠올리게 만드는 "살아있는 폐허"로 작용한다는 것이다. 에토는 메이

---

134 「生きている廃墟の影」, 37쪽.

지 일본의 경이적인 서구화를 추동한 정력의 원천을 '한정'에 대항하는 '비非한정'의 치열함에서 찾았다.

전통은 시간적 계승이 아니라 공간적인 존재로 파악되었다. 전통은 시간 속에서 재생되는 것이 아니다. "부정형한 늪, 살아있는 폐허"로서 "꿈틀거리며" 살아있다. "살아있는 폐허의 그림자"(전통)는 소멸되지 않고 **공간적으로** 작용하면서 근대화를 거절한다. 서구문화는 일본에 연달아 들어왔지만 "꼭 맞춘 모자이크"가 되지 못하고 늘 "어중간한 잉여"를 남긴 채 "부정형한 늪"(전통) 위를 부유해왔다. 문학에서도 살아있는 폐허의 그림자는 "돌 밑에서 스며나오는 지하수처럼" 근대일본의 문학작품을 적시고 일상생활의 구석구석까지 영향을 미치고, "지성(근대)에 의한 한정"을 거절한다. 일본인은 전통의 심층에 침전된 불가해한 잉여로 인해 "충분히" 근대인이 되지 못했다. 서구에서는 시간=역사라는 관념이 지배하고 사물이 동적인 순서에 따라 발전했지만, 일본에서는 모든 사물이 동시에 존재하기 때문이다. 공간적인 것이 시간적인 것을 삼켜버리고, 근대적인 것과 원시적인 것이 같은 평면에서 섞여있기 때문이다.[135] 전통은 시간적 개념이 아니라 공간적 이미지로 파악되고 있다. 전통은 서구의 근대에 의해 **공간적으로** 한정되었을 때 비로소 자각되는 것이었다.

에토는 이러한 일본에서 서구적 의미의 인간의 대립관계나 인간-사회 관계는 생기기 어렵고 근대적 자아의 형성도 힘들다고 보았다. 시민이 미성숙한, 시민사회 없는 일본에서 예술가가 근대의식을 갖는다는 것도 거의 불가능하다. 온전한 '근대'의 성립을 바라기는 어렵다. 일본 문학자들의 신체는 근대 이전의 진흙탕을 헤엄치면서 머리는 극히 추상적인 예술의 환영을 좇고 있다. 에토는 '근대'가 성숙되기 어려운 일본사회에서 문

---

135 「生きている廃墟の影」, 37~38쪽, 55쪽.

학자는 문학 이전의 문제를 추궁해야 하며 문명비평가기 되이야 한다고 했다.[136]

흔히 예술가는 장소와 시간을 초월한다고 말한다. 에토는 달랐다. 예술가는 "시대와 민족의 숙명"을 살아야 하는 존재라 했다. 예술가는 일상생활을 뒤덮은 "근대적인 의장意匠과 전근대적인 주위의 현실 사이에 생기는 염증"을 자각해야 한다고 했다.[137] 에토는 전통과 근대를 "근대 이전의 진흙탕을 헤엄치는 신체"와 "극히 추상적인 예술의 환영을 좇는 머리"의 관계에 비유하였다. 유기체론적인 비유법에서 짐작할 수 있듯이, 에토의 근대 수용은 동도서기나 화혼양재의 방식이 아니었다. 나쓰메처럼 문명개화가 외발적인가 내발적인가를 묻는 방식도 아니었다. 보이지 않는 전통과 보이지 않는 근대 사이에서, 한정하려는 의지와 한정되지 않는 의지 사이에서 생겨나는 "상극" 혹은 "염증"을 응시하는 일이 무엇보다 중요했다.

'문화의 잡거'와 '정신의 핵융합'

전통의 "살아있는 폐허의 그림자"가 "돌 밑에서 스며나오는 지하수처럼" 근대화된 일상생활에 영향을 미칠 때, 일본문화는 잡종일 수 있다. "살아있는 것 속에서 언제나 선명한 윤곽을 갖지 않은 채 여러 형태가 섞여 떠오른다는 의미"에서 "잡종" 혹은 "잡거"이다.[138] 에토는 전후 일본문학에서 가장 오래된 요소와 가장 새로운 요소가 잡거하는 "혼돈" 내지 "혼동"을 보았다. 에토가 보건대, 일본인은 오래된 전통의 강력한 마력을 지닌 일본의 지니어스 로사이genius loci(땅의 수호신)로부터 자유롭지 않지만, 동시에 자유롭게 새로운 시도를 할 수 있는 장소를 살고 있다. 이 장소에

---

136 『夏目漱石』, 29쪽.
137 『夏目漱石』, 29쪽.
138 「生きている廃墟の影」, 37-38쪽.

는 "과거가 현존하고 미래는 현재에 잉태되어 있다". '혼동'은 전통의 마력과 미래를 향한 시도가 현재에 공존한다는 뜻이며, "엄청난 에네르기"를 내장한 말이다. 이렇게 생각한다면, 문화적 전통주의자나 반문명론자의 견해와 달리, 일본의 문학예술이나 일본문화는 고사 직전이 아니라 풍요로운 생성기에 있다.[139] 지니어스 로사이의 구속성과 미래를 향한 자유의지의 상반된 동력이 만들어내는 '혼동'(혼융)에서 예감된 강렬한 에네르기는 민주=안보공간의 말미에 경제=성장공간의 출현이 예정된 맥락에서, 혹은 두 공간이 교착하는 맥락에서 포착된 것이다. 잡종문화론은 서양의 문명/문화를 수용하는 일본의 자기존재 증명, 즉 자기확인=정체성의 문제였다. 자기확인의 양상은 서양과 일본의 관계성, 즉 서양에 대응하는 일본의 능력(경제력, 문화력)에 따라 바뀔 수밖에 없다.

에토는 잡종=잡거에 따른 일본문화의 혼동에서 엄청난 에네르기를 찾아냄으로써 전후 일본문화가 '정체'가 아니라 '생성'의 과정에 있음을 확인하였다. '잡거'는 일본문화의 현재성과 장소성을 동시에 규정한다. '잡거'는 전통적인 것에서 근대적인 것으로의 이행 과정에서 나타나는 공존이 아니다. 발전적 시간 위에 상정되는 단선적 진보가 아니다. 전통의 폐허가 장소에서 퇴적된 공간적인 것이다. '살아있는 폐허'의 공간적 축적과정에서 시간적 현재성을 확보함을 뜻한다.

일본이라는 장소에 "과거가 현존하고 미래는 현재에 잉태된다"라고 말했을 때, 과거와 미래라는 시간은 '현재'라는 장소─'지금, 여기에'라고 했을 때의 '여기'라는 장소성, 혹은 '현재'現在라고 했을 때 '재'在라는 장소성─에서 공간적인 의미를 갖는다. 에토는 과거로부터 퇴적된 '살아있는 폐허'를 향한 응시에서 부단히 현재의 공간성을 자각하였다. 과거와 미래

---

139 『作家は行動する』, 124-126쪽.

를 현재에 귀결시킴으로써 과거에 집착하는 전통주의자와도, 미래로써 현재를 규정하는 진보주의자와도 거리를 두었다. 현재는 과거와 미래를 규정하는 "엄청난 에네르기"를 갖게 된다.[140]

에토의 문화잡거론은 1950년대 후반 대중사회론과 더불어 일본문화를 긍정하는 일본사회론, 일본문화론, 일본사상론이 대두한 것과 연관된다. 민주=안보공간 초반의 일본사회론, 일본문화론은 서양근대를 모델로 삼고 '일본적인 것'='전통적인 것'을 근대화(민주화)를 저해하거나 왜곡하는 전근대적인 봉건적 잔재로 부정하는 경향이 있었다. 하지만 민주=안보공간 후반에 들면 경제회복으로 자신감이 붙으면서 일본문화를 문명사적 관점에서 긍정하는 한편, 일본사회의 대중사회화에 따른 전근대와 근대의 공존 혹은 '잡거'의 내적 동학을 해석하는 움직임이 나타났다. 마쓰시타 게이이치松下圭一는 일본사회의 특질을 '대중 상황'(현대적인 것)과 '촌락 상황'(전근대적인 것)이 병존하는 이중구조로 파악하였다. 우메사오 다다오梅棹忠夫는 「문명의 생태사관 서설」(1957)에서 문화인류학적 관점에서 생태지적 방법을 사용하여 문명의 역사적 발전의 지역별 특수성을 주장하였다.[141] 가토 슈이치加藤周一는 『잡종문화』(1956)에서 '전통적인 것'의 핵심을 대중의 정신구조에서 찾았고, 민주화를 포함한 근대화는 단순한 서양화가 아니라 일본대중의 생활경험을 토대로 한 인간으로서의 자각에서 성립한다고 보았다. 가토는 '잡종성'이 일본문화의 창조적 발전을 가져오고, 일본인의 특수한 미의식과 결부된 경험주의가 서양보다 우월한

---

140 현재 회귀적 시간 관념은 일본의 질서변동기에 나타나는 특질적 사유의 하나이다. 질서변동기 보수와 개혁을 동시에 모색해야 하는 상황의 일본 지식인들에게 시간=공간의식과 사고의 역동성을 볼 수 있다.

141 古田光, 「戦後思想の歴史的展開」, 古田光·作田啓一·生松敬三 編, 『近代日本社会思想史』II (東京: 有斐閣, 1971), 313-316쪽.

민주주의를 만들어낼 것으로 기대하였다.[142] 잡거성에 비판적인 견해도 없지 않았다. 마루야마 마사오는 강인한 자기제어력을 가진 인격적 주체를 확립함으로써 '국체'를 상실한 전후일본의 정신적 혼란이 초래한 잡거적 무질서를 극복해야 한다고 주장하였다.[143] 에토의 문화잡거론은 이러한 지적 분위기와 조응한다. 에토가 생각한 '잡종'은 '눈에 보이는 전통'과 '눈에 보이는 근대'의 혼합이 아니라 '눈에 보이지 않는' 정신구조의 혼융 hybridity을 뜻했다.

그런데 '살아있는 폐허'를 말했을 때의 긴장감이나 문화의 '잡거', '잡종'을 얘기했을 때 느꼈던 강렬한 에네르기는 고도 경제성장 과정에서 메이지 예찬이 늘면서 눈에 띄게 약해졌다. 1960년대 중반 경제적 성공과 더불어 찾아온 '메이지유신 백주년'을 맞이하여 메이지 회고는 메이지근대 예찬으로 나타났다. 일본 근대문학을 보는 생각도 바뀌었다. 메이지문학은 새로운 요소를 수용할 때마다 오래된 전통을 불러내 자기확인을 되풀이하는, 미적으로, 윤리적으로 완성된 것으로 보게 된다. 에토는 메이지 문학자들이 공리주의적 목표로부터 벗어나고자 하면서도 유학 지식 질서의 잔상을 간직하였고, "나라를 위해", "공리를 위해" 자진해서 국가를 따르는 자세를 보였다는 주장을 되풀이했다. 근대화는 자신을 과거로 잇는 다양한 유대에 자신감이 없다면 자기상실만을 초래하므로 일본민족의 2천년 과거에 기초해야 한다고 주장했다. 더 이상 일본이 얼마나 서양과 닮았고 일본인으로부터 이탈했는지 따질 필요는 없다고 했다.[144] 경

---

142 加藤周一, 『雑種文化』(東京 : 講談社, 1974).

143 丸山眞男, 「日本の思想」(1957), 『岩波講座 現代思想』第1巻 (東京 : 岩波書店, 1957). 나중에 『日本の思想』에 수록되었다. 古田光, 「日本人の精神構造」, 『伝統の位置』(〈現代の発見〉第5 巻)(東京 : 春秋社, 1960), 217쪽.

144 「影をなくした日本人」(1965), 『著作集』 6, 80쪽.

제적 성공으로 자신이 붙으면서 메이지 예찬은 '혼돈'의 근대 이미지를 퇴색시켰다. 근대와 전통의 '혼동'에서 엄청난 에네르기를 느꼈던 감각은 모습을 감추게 된다.

1970년대의 에토는 전통의 제약을 받으면서 새로움을 받아들인 메이지 지식인의 주체적 정신을 높이 평가하였다. 메이지 시대에 "수용된 것은 그 형태는 서구적이었을지언정 그 색채와 실질은 완전히 일본적인 것이었다"는 조지 샌섬의 견해에 동의하는 한편, 이 관점을 전후일본에까지 확장하였다.[145] 에토는 메이지인들이 옛 것을 버리고 새 것만을 채용한 것이 아니라 세계와 우주의 관계와 인간의 생활방식을 생각하는 유학적 세계관을 토대로 새 것을 효과적으로 수용했음에 주목하였다. 메이지 계몽사상이 유학적 교양을 토대로 성립했음을 지적하였다. 후쿠자와 유키치의 근대사상에서 유학적 사유방식을 읽었다. '일신 독립해서 일국 독립한다'라는 후쿠자와의 명제에서 '수신제가 치국평천하'의 논리와의 유사성을 보았다.[146] 나쓰메 소세키, 에비나 단죠海老名弾正 등 메이지 지식인의 한학 능력이 영어를 습득하는 데 유리하게 작용했다는 데에도 생각이 미쳤다.[147]

에토는 메이지 지식인에게서 "정신의 핵융합"이라는 주체적 정신작용과 "충돌", "연소", "통일"의 필사적 행동을 찾아냈다. 메이지 지식인들은 일개의 인격에 전승된 전통적 문화요소와 나라를 열어 섭취한 서양적 문화요소가 한 사람의 인격 속에서 부딪치는 가운데 충돌, 연소, 통일과 같은 "정신의 핵융합 반응"을 필사적으로 수행했다고 보았다.[148] 제국헌법 제정도 서구의 근대와 일본의 전통을 결합시킨 정신의 핵융합 반응의 결

---

145 『もう一つの戦後史』(東京: 講談社, 1978), 474쪽.
146 「明治の日本人」(1977),『利と義と』(東京: TBSブリタニカ, 1983), 15-18쪽.
147 「明治の日本人」, 24-25쪽.
148 「明治の日本人」, 27-29쪽.

과라고 생각하였다.[149] 혼돈의 정체나 잡종의 융합을 얘기하던 때보다 한 걸음 더 나아가 "정신의 핵융합"을 말했다. 경제=성장공간이 깊어지면서 '혼융'의 정신작용이 더 깊어진 것이다. 이제 에토의 현실비판은 일본국 가와 전후체제의 문제로 향하게 될 것이다.

5. '상실'과 '국가'

상실로서의 전후

패전과 '상실'

보수의 심성은 사라진/사라지는 것, 잃어버린/잃어버리는 것에 대한 애착이다. 보수의 심리는 상실감이나 상실에 대한 두려움에서 작용한다. 상실의 두려움이 크면 잃어버린 것에 대한 체념이나 집착이 생겨난다. 상실감을 극복하려는 의지를 수반하기도 한다. 보수의 심성은 상실된 가까운 것, 사랑하는 것, 소중한 것을 되찾으려는 원망願望이 강할수록 행동으로 이어질 여지가 커진다. 상실감이 깊을수록, 보수의 이념을 사회생활이나 국가생활에 투사하려는 의지가 강할수록, 보수의 심성은 비판적 보수주의와 정치적 행동으로 변모할 개연성이 높아진다.

'전후'는 '상실'의 시대였다. 에토에게 '상실'은 소소한 일상의 소멸에서 찾아왔다. '전후'는 "변두리의 막사 현관에 정면으로 박힌 늦더위의 저

---

149 「明治の日本人」, 42-43쪽.

녁놀과 그것을 검게 잘라낸 잠바라 머리의 참담한 남자얼굴"을 하고 나타났다. 에토는 전쟁이 초래한 집의 상실과 일상의 파괴에서 깊은 상실감을 느꼈다. 집에 좀도둑이 들어 조금 남은 돈마저 없어졌을 때도, 아버지의 골프가방과 옷가지를 도둑맞았을 때도 상실감이 깊었다.[150] 미국에서 돌아와 네 살 때 사별한 모친의 기억이 서린 오쿠보 옛집을 찾아나섰을 때도 정들었던 주택지가 외잡한 번화가로 바뀌고 옛집 터에 여관이 들어서는 걸 보고 충격을 받았다. 상실감이 컸다.[151] 가계의 몰락과 생활의 궁핍은 상실감을 더했다. 에토는 해군 제독이었던 조부를 떠올리면서 일본이라는 나라를 **"조부가 만든 양"**(강조는 원문) 생각하였다. 은행원이던 부친은 오쿠보 집이 공습으로 불타면서 생활이 어려워졌고 전쟁이 끝난 뒤에는 누추한 회사 사택에 의탁해야 했다. 계급적 몰락은 깊은 상실감을 가져왔다. 패전은 '해방'이 아니라 '상실'이었다.[152]

전쟁은 많은 것을 잃게 만들지만 새로운 것을 찾을 기회도 제공한다. 패배를 '해방'이라 여기고, 국가의 해체를 '민주주의'라 부르고, 인심의 황폐를 '번영'이라 생각하던 시대였다. '전후'는 "획득의 신화"가 난무한 시대였다. 에토는 획득의 시대임에도 불구하고, 아니 그러했기에, 마음 속 깊이 상실감을 느꼈다.[153] 상실은 어떤 정의나 정당화로도 없앨 수 없는, 치유하기 어려운 깊은 슬픔을 낳는다. 에토는 "옛날로 돌아갈 수 없다는 상실감"을 느꼈다. 켜켜히 쌓이면서 긴 음영과 깊은 주름을 남기는 상실감이었다.[154]

---

150 「戰後と私」, 328-329쪽.

151 「戰後と私」, 331쪽.

152 三ツ野陽介, 「江藤淳と'戰後'という名の近代」, 22쪽.

153 福田和也, 『江藤淳という人』, 42쪽.

154 「戰後と私」, 333쪽.

상실감은 전후에 마음 둘 의탁처를 갖지 못했던 것과도 무관하지 않다. 에토는 "사회에 내재하는 힘"(일본사회)과 "밖에서 가해진 힘"(미점령 정책)이 소용돌이를 일으키는 전후 일본사회에서 무엇에도 의지할 수 없음을 느꼈다. 메이지 해군제독이었던 조부의 사진을 혐오심을 갖고 바라볼 수도 없었다. 조부가 지켰던 국가를 자신이 지키지 못했다는 자책감마저 들었다. 조부가 만든 국가와 그 힘의 상징이던 해군의 추락에 커다란 상실감을 느꼈다.[155] 부친을 통해 국가를 자각하기도 했다. 부친의 존재가 "국가의 소장消長"과 직접 연관된 건 아니다. '은행원' 아버지는 일개 소시민이었고 전쟁에 얽힌 적도 없었다. 태평양전쟁 때 일본에 승산이 없다고 생각한 자였다.

전쟁중에 각반도 차지 않고 국방색을 경멸했고 패전일에도 파나마 모자에 하얀 마의 신사복 차림으로 직장에서 귀가한 아버지였는데, 더 이상 옷차림에 신경쓰지 않게 되었다. 노타이 셔츠를 입게 된 건 눈뜨고 볼 수 없었다. **아버지의 쇠약과 실의**는 나에겐 **국가의 쇠약과 실의**가 반영된 양 느껴졌다. 아버지는 좌익도 우익도 아니고, 무해한 부르주아 취미를 가진 소극적인 일개 은행원이었다. 아버지는 전쟁에 열광하지 않은 한 국민으로 살았을 뿐, 전혀 이득을 탐내지 않았다. 혼란스러운 시대에 살기 힘든 인간임을 부인할 수는 없지만 이런 아버지가 전후 아무 것도 얻지 못하고 모든 걸 잃어야 하는 건 부당하다고 생각했다. **'사상'을 팔아 생활하는 문학자**나 대학교수가 고급스러운 말로 '양심'을 논하며 번창하고 있다는 건 이상했다.[156]

155 「戦後と私」, 325쪽, 329쪽.
156 「戦後と私」, 329쪽.

에토는 일개 소시민이었지만 아버지의 쇠약과 실의, 즉 아버지의 상실에서 '일상의 상실'과 '국가의 상실'을 보았다. 늘 거리감을 느꼈지만 부친의 존재가 무의미했던 건 아니다. 사상팔이를 하면서 그럴듯한 말로 양심을 논하는 지식인들보다는 나았다. 에토는 "아버지는 나에게 최초의 타인이었고, 또 내가 타인 즉 사회와 이어지는 통로였다. 사회나 국가, 그리고 그 방향으로 뻗어가는 세계에 대한 최초의 감각을 아마도 아버지로부터 얻었을 것이다"라고 술회한 바 있다.[157] 아버지는 외부 세계로 연결되는 통로였고 타자였다. 에토는 나쓰메 소세키에게서 '타자'를 발견했지만, 부친에 관한 개인사적 체험에 이미 타자감각의 가능성이 배태되어 있었던 것이다.

근대화와 자기확인

'상실'은 어떻게 극복할 수 있을까. 모종의 절대적 목표를 상정하거나 상실 이전의 상태로 귀환하기를 꿈꿀 수도 있다. 내적 성찰을 통해 감내할 수도 있다. 에토는 후쿠다 쓰네아리처럼 절대자를 설정하지 않았다. 진보주의자들처럼 '평화'와 '민주주의'의 절대이념을 상정하지 않았다. 우익보수들처럼 전통(천황)을 절대화하지도 않았다. 절대를 상정하지 않고 어떻게 상실감을 해소할 수 있을까. 궁핍의 상실감은 경제적 풍요로 얼마간 해소될 것이다. 경제적 현실주의자들은 경제발전=근대화를 통해 패전의 상실감을 해소할 수 있다고 믿었다. 경제=성장공간에서 경제발전이 에토의 상실감을 구원해줄 수 있을까.

에토는 일시 뭔가를 얻었다 해도 늘 뭔가 상실했다는 의식을 가진 자였다. 에토는 내적 성찰을 통해 상실감을 털어내고자 했다. 1960년대 경

---

157 「戦後と私」, 322-323쪽.

제=성장공간의 에토는 삼중의 상실을 감당해야 했다. 첫째는 '모'의 상실, 즉 어머니의 죽음이다. 무조건적인 친밀한 세계와의 조화와 친화를 빼앗은 상실이다. 둘째는 조부가 만든 국가적 질서와 보호의 상실이다. '부'의 상실이다. 젊은 날 에토가 의지할 곳 없이 스스로 생활해야 했던 것은 아버지의 상실과 관련된다. 셋째는 소중한 것을 표상하는 '고향'의 상실이다. 이들 세 가지는 각각 "모/촉감적 세계의 상실", "부/의식적 세계의 상실", "고향/본래적 세계의 상실"이라 부를 수 있다.[158] 이들 각각은 돌아갈 장소(집)와 '모'의 상실에 따른 '생활의 상실', 나를 보호해줄 '부'의 상실을 뜻하는 '국가의 상실', 패전에 의한 '고향의 상실'을 뜻한다. 이러한 상실감은 경제적 풍요로 해소될 것이 아니었다. 경제적 풍요로 궁핍을 잊을 수는 있어도, '모', '부', '고향'의 상실에 따른 자존감은 금세 회복되지 않는다. 에토의 경우 역사로의 회귀는 고향의 회복을 위한 시도였고, 국가 표상에의 관여는 상실감을 해소하는 길이었다. 역사로의 회귀와 국가표상에의 관여는 추상적인 인고의 과정이었다.

에토는 경제성장=근대화가 초래할 상실을 우려하였다. 근대화에서 '독립'과 '자기파괴'의 양면성을 보았다. 일본의 독립을 보장할 근대화를 부정하지 않았지만, 근대화에 따른 자기파괴가 고향과 과거의 상실을 초래한다고 생각하였다. 메이지 근대화에는 호의적이었다. 메이지 근대화는 독립과 자기파괴의 평형 속에서 주체적으로 이루어졌고, 메이지인들은 일상생활이 급변했음에도 "자기동일성"identity을 잃지 않았다는 것이다. 하지만 자식세대는 자기동일성을 상실하였다. 과거와 고향을 버렸기 때문이다. 에토는 시가 나오야志賀直哉, 무샤노코지 사네아쓰武者小路実篤 등 시라카바파 작가들이 '문화'를 내세워 과거와 연결되는 일본인의 생활양

---

158 福田和也, 『江藤淳という人』, 44-45쪽.

식을 파괴하였고, '일본인'이라는 정체성 대신에 '인류'나 '인간'이라는 보편적인, 추상적인 가면을 썼다고 비판하였다. 시라카바의 영향을 받은 전후 진보지식인들도 '과거'/'고향'과의 단절을 선이나 진보로 여기고, 그것과의 연속을 악이나 반동으로 생각하는 멘탈리티를 확립했다고 비판하였다.[159] 에토는 과거와 고향을 보전하는 주체성=자기동일성에 주목하였다.

에토는 '자기동일성'을 '자기확인'이라고도 했다. 자기확인 없는 근대화에의 적응을 진보로 착각하는 행태에서 정신의 황폐함을 보았다. 근대화의 한복판에서 자기확인을 하는 건 비유하자면 자동차를 "말(馬) 없는 차"로 이해하는 것과 같다. 과거와의 연속을 생각하는 의식이 없으면 자동차의 완벽한 사용은 어렵다. '자동차'(근대)의 속성은 '말'(전통)의 연속선상에서 파악해야만 제대로 이해된다. 에토는 자기확인의 의식이 있어야 자기억제가 가능하다고 했다. 자기억제의 의식을 결여한 근대화는 인간을 파괴하고, 민족의 과거와 고향, 그리고 아이덴티티의 상실을 초래한다고 했다.[160] 에토가 말한 근대화의 상실은 자기확인의 근거와 가능성을 상실하는 것을 말한다. 진정한 자기확인은 '과거'/'고향'과의 연속에서, 새로운 것과 근대화에 대한 자기억제에서 가능한 것이었다.

에토는 자기확인=자기억제 의식과 관련하여 일상생활의 소소한 자유를 소중히 여겼다. 일상의 소소한 자유에서 자주적 정신의 가능성을 찾았다. 에토는 화로와 전기스토브, 자동차와 도보에 빗대어 말한다. 화로는

---

159 「古い米国と新しい日本」(1965), 『著作集』 6, 96-100쪽. 에토는 1930년대, 40년대의 우익 사상에 대해서도, '과거'와 '고향'의 회복운동인 양 보이지만 국가주의로 위장한 마르크스주의 운동이었고, 자기확인이나 자기보존의 사상이 아니라 의도적인 "자기파괴 충동"의 산물이었다고 비판하였다.

160 「古い米国と新しい日本」, 101-104쪽.

반동이고 전기스토브는 진보이지만, 아무리 근대화 논리를 외쳐댄들 사람에게는 "화로를 선택할 사소한 자유"가 있다. 자동차는 진보이지만 걷는 것은 소소한 자유이다. 화로나 도보의 소소한 자유는 가치 기준을 자신의 내부에 두었을 때 가능하다. 외부에서 찾는다면 "사소한 선택의 자유"는 상실된다. 소소한 자유가 없는 일상생활에서 "자주적인 정신"은 자라나지 않는다. 에토는 근대화=경제성장에 기반을 둔 자주외교를 주장하는 현실주의 정치학자나 국제문제 전문가를 비판하였다. 황폐한 정신적 토양에서는 자주외교가 어렵다고 보았다.[161] 개인의 소소한 자유이건, 국가의 커다란 자유(자주독립)이건, 정신적 토양을 문제삼은 셈이다. 정신적 토양=전통의 토대 위에 향유되는 일상생활에서 소소한 자유와 자주적인 정신을 찾았다.

평론가 후쿠다 가즈야는 에토의 상실이 "뭔가를 잃었다기보다는 빼앗겼다는 체험"이며, "행위라기보다도 인식"의 문제라 해석하였다. 에토가 "회복할 수 없다고 생각된 상실"과 "상실의 회복 불가능성"으로 살아갔다고 해석하였다. 또한 "씨[에토 준]는 처음부터 **획득의 환영**을 좇지 않았다. 씨는 줄곧 상실과 직면하면서 자기 몸을 상실에 결부시키고 있다. 말하자면 에토 씨의 '상실'에는 **주체성이 없다.** 스스로 획득의 꿈에 이끌려서 잃었다는 경험이 없고, 구하기 어렵고 일방적으로 귀중한 것을 빼앗길 뿐이다. 그런데 과연 '획득'이라는 환상을 품지 않는데도 '상실'하는 일이 있을 수 있을까"라고 평했다.[162] 에토의 상실에 "주체성이 없다"는 평가는 일견 맞는 양 싶지만 과연 그럴까. 스스로 획득하는 것이 주체적인 행위라 한다면, 이 말은 타당하다. 하지만 에토의 경우 주체성은 타자로부터 제

---

161 「古い米国と新しい日本」, 102-103쪽.
162 福田和也, 『江藤淳という人』, 46-47쪽.

제3장 '성장'과 '상실'

공된 '획득의 환영'에 대항하는 행위＝의식, 달리 말하면 "과거와의 연속을 생각하는 의식"＝자기확인＝자기동일성＝아이덴티티였음을 확인해 둘 필요가 있다.

'성숙'과 '국가'

'정의'와 '사정'

진보주의는 '정의'正義를 내세운다. 에토는 '정의'보다 '사정'私情을 앞세웠다. "정의는 영원히 내 것이 아니어도 된다"[163]고 단언하였다. '정의'가 추상적 논리와 관련된다면, '사정'은 구체적 현실과 물질적 욕망과 관련된다. 에토는 전후 일본인을 지배한 사상은 '평화'도, '민주주의'도 아니고 **"물질적 행복의 추구"**였다고 말한다. "물질적 행복이 전부라 여겨지는 시대에 점차 물질적으로 궁핍해지는 건 싫다"고 했다. 전후의 문예잡지들이 물질적 행복의 결핍에서 비롯된 상실감과 동떨어진 감정과 난해한 표현으로 채워지는 현실이 볼상사납다고 생각하던 그였다.[164] 에토는 '정의'에 눈이 멀어 '사정'을 말하지 않는 전후파 작가들에게 불만이었다. 사람이 살고 죽는 가정이 붕괴되는 현실을 보지 않고 세계의 멸망에 대해 말하는 "우스꽝스러운 통념"에 사로잡힌 자들로 보였다.[165]

> 사정私情이고 정의正義가 아니어도 좋다. 대체 이 세상에 사정 이상으로 강렬한 감정이 있을까. 마르크스는 과연 계급적 증오라는 '사정'이 현실이고

---

163 「戰後と私」, 326쪽.
164 「戰後と私」, 329-330쪽.
165 「戰後と私」, 334쪽.

정의라 했던 것이 아닐까. 그것이 독창적이었기에 그의 사상이 사람을 움직인 건 아니었을까. 이 '사정'이 조직되어 당의 '정의' 아래 놓였을 때, 사람은 '정의'를 위해 뭔가를 한다는 **착각**錯覺에 빠져 **도착**倒錯된 것이 아닐까.[166]

문학은 '사정'을 솔직하게 드러내는 걸까, '사정'을 속이고 '정의'를 내세우는 걸까. 에토는 "아흔아홉 사람이 '전후'를 구가해도 내게 저 슬픔이 깊고 그것[사정]이 가장 강렬한 현실인 이상, 나는 그것을 말할 수밖에 없다"고 했다.[167] '아흔아홉 마리의 양'을 생각하는 정치와 달리 길 잃은 '한 마리의 양'을 구하는 것이 문학이라 말했을 때의 후쿠다 쓰네아리와 같은 심정이었을까. 어쨌든 전후일본에서 '정의'는 현실이 아니었다. 에토는 전후에 '정의'를 말하는 자들은 "한 사람의 오가이[모리 오가이], 한 사람의 소세키[나쓰메 소세키]를 낳은 품위"를 얻지 못했다고 에둘러 비판하였다.

진보지식인들은 패전으로 모든 걸 얻었다고 믿고 이 만족감이 위협받는 것을 악으로 여기는 자들로 보였다. 에토는 일상을 살아가는 인간을 소중히 여겼다. "전시에 광신fanaticism을 혐오하면서 일개 국민으로서 의무를 다했고, 전후에 물질적 만족으로도 도덕적 상찬으로도 보상받지 못하고 모든 걸 잃었지만, 피해자라고 아우성치지도 않고, 일종의 형이상적 가해자의 책임을 지면서 슬픔 때문에 인간적인 의무를 결코 포기하지 않고, 침묵한 채 타인에게 폐가 되지 않도록 살아가는 인간"을 응시하였다. 보수적 심정의 표현이다. 에토는 '정의'="진보의 아우성"을 들으면서 전후 20여 년 동안 상실감과 슬픔을 간직하였다. 유치장 신세가 된 것을 정의의 징표로 여기는 진보적 작가들에게 경멸을 보냈고 반감을 감추지 않

---

166 「戰後と私」, 333쪽.
167 「戰後と私」, 333쪽.

았다. '정의'를 불신했기에 '사정'의 논리를 내세워 경찰관 직무집행법에 반대했고 안보소동에 투신하였다. 상실감을 주장하려 했던 것이지 '정의'를 주장한 건 아니었다. 자신을 변절자, 전향자 취급하던 '정의'에 "민소憫笑로써 보답할 뿐"이었다. 에토의 상실감과 슬픔을 지탱한 건 '국가'였다.[168]

> 나는 **아버지 모습의 배후에 상상할 수 있는 저 쇠약한 국가라는 이미지를**, 저 **감내해 왔던 국가의 이미지**를 한번도 배반하지는 않았고, 앞으로도 배신하지 않을 것이다. **그것으로 나는 견뎌낼 것이다.** 그리고 더 계속 버티고, 그러는 동안 버티려 하지도 않게 될 것이다. 그런데 나는 이 '사정'을 혹 나 이외 사람들도 나눠 가질지도 모른다고 생각한 적이 있다. 왜 사람들은 올림픽 개막식의 입장 행진을 보고 울었을까. 이치가야 야와타市ヶ谷八幡의 봉오도리에서 히노마루 제창을 하면, 왜 사람들 눈에 눈물이 흐르는 걸까. 역시 사람들에게는 **슬픔과 상실감**이 퇴적해 있는 걸까.[169]

에토는 한번도 국가 이미지를 배반하지 않았고 앞으로도 그럴 것이라 다짐한다. '국가'는 상실과 쇠약함을 견뎌내는 힘으로서 에토의 '사정'에 내면화되어 있었다. '국가'를 내면에 담은 '사정'은 에토에 한정되지 않는다. 에토는 올림픽 개막식의 일본선수단의 입장 행진이나 히노마루 제창에서 국가를 내면화한 '사정'이 공적 감정으로 전화될 여지를 보았다. 퇴적된 슬픔과 상실감을 매개로 '사정'='국가' 이미지를 사람들과 공유할 가능성을 보았다.

168 「戦後と私」, 333-334쪽.
169 「戦後と私」, 334쪽.

'성숙'이란 무엇인가

상실을 내적 성찰로써 참아내는 것, 에토는 이것을 '성숙'이라 했다. 상실을 이겨내는 성숙은 어떻게 가능할까. 에토는 고바야시 히데오의 『나의 인생관』(1949)에서 성숙의 가능성을 보았다. 이데올로기로 눈을 가리고 반성과 청산을 말하는 패전공간에서 고바야시는 "깨어있는 고독한 인간"으로서 "생명의 지속"을 고집하였다. 전후 문학자들 사이에 "문화의 살아있는 감각"을 죽이고 "생명의 지속"을 무시하는 풍조가 만연한 걸 보면서 "난 반성 따윈 하지 않는다"고 잘라 말했다. 에토는 고바야시의 발언에서 "인간 속에 흐르는 살아있는 시간"을 보았다. 하지만 다들 민주주의 옹호자로 전향하는 상황에서 "문화의 살아있는 감각"을 옹호한 고바야시의 말은 묵살되거나 조롱을 받았다. 고바야시의 '상식'은 통하지 않았다.[170]

고바야시는 1930년대 중후반에 문학자의 '성숙'과 표리일체를 이루는 "문학의 사회화"라는 명제를 제시함으로써 문학에서 타자와 상식을 회복하고자 했다. 에토는 이 사실에 주목하였다. "고독한 비평가" 고바야시는 타자와 상식을 공유함으로써 "국민의 교사"로 변모했고, 예언자나 설교자의 사명감이 아니라 결벽한 개인으로서 사회화되기 시작했다는 것이다. 에토는 고바야시가 어머니를 잃은 것과, 타자와 상식을 공유하는 성숙한 실천가로서 사회화한 것이 연관된다고 보았다. 어머니를 상실한 뒤 이데올로기에 눈이 가려진 사람들이 자신의 열린 마음을 비웃었을 때, 고바야시는 강연이라는 행위를 통해 타자에게 말걸기를 시작했다. 이러한 말걸기는 상실한 어머니를 기억해냄으로써 "생명의 지속"를 확인하는 동시에 과거를 상실한 일본인의 "문화의 살아있는 감각"을 되찾으려는 노력이었다.[171]

---

170 「《私の人生観》」(1967),『集成』2, 281쪽.

에토는 고바야시론을 통해 '성숙'에 관한 생각을 드러냈다. 상식과 타자를 상정하는 사회에서 '모'의 상실을 매개로 실천가로서 성숙하는 것이야말로 에토 자신의 과제이자 일본사회의 문제였다. 성숙은 상식과 타자를 상정하는 사회로 나아가는 것을 뜻한다. 사회화=성숙은 "깨어있는 고독한 인간", "결벽한 개인"을 전제로 한다. '모'의 상실을 벗어나는 길이며, 일상생활의 보수적 감각을 사회 수준의 감각으로 넓혀갈 여지를 제공한다.

상실을 참아내는 성숙은 "뭔가를 획득하는 것이 아니라 상실을 확인하는 것"이며, 자연 속에서가 아니라 사회 속에서, 즉 사람과 사람 사이에서 살아가야 함을 자각하는 행위였다.[172] 고바야시를 본받아 성숙을 사회화로 파악한 셈이다. 에토는 『성숙과 상실』(1967)에서 문학적 수사를 동원하여 자기의 상실을 전후일본의 운명과 일체화하였다. '사정'을 개인 차원을 넘어 국가 차원에 연결시켰다. 에토가 이 비평서에서 다룬 〈해변의 광경〉(安岡章太郎), 〈포옹가족〉(小島信夫), 〈침묵〉(遠藤周作), 〈별과 달은 하늘의 구멍〉(吉行淳之介), 〈저녁구름〉(庄野潤三)은 좌익 대학생인 '제1차 전후파'로부터 불량 중학생인 '제3의 신인'으로의 이행을 상징하는 소설이었다. 전전 프롤레타리아 문학의 계승자로서 전전의 감성을 가졌던 '제1차 전후파'는 좌익운동에서 국가라는 '부'와 대적하였고 국가의 압박을 받았다. '제3의 신인'은 전후 10년을 지나 '더 이상 전후가 아니다'라는 말이 유행했던 무렵에 모습을 드러냈다. '제1차 전후파'가 전쟁체험을 소재로 '부'와의 관계에서 자기를 규정했다면, '제3의 신인'은 '모'와 밀착하는 경향이 있었다.[173]

에토는 『성숙과 상실』을 발표한 이후 '부'의 권위를 역사와 국가에서 찾

---

171 「《私の人生観》」, 282-284쪽.
172 「成熟と喪失」(1967), 『集成』 4, 338-339쪽.
173 三ツ野陽介, 「江藤淳と'戰後'という名の近代」, 25-26쪽.

았다. 1970년대 에토 준에게 성숙은 이중의 의미가 있었다. 하나는 모성적인 자연에서 편하게 살던 '아들'=피치자가 '모의 붕괴'를 거치면서 근대적인 개인이 될 것을 강요받는 단계에서의 성숙이다. 다른 하나는 최소한의 질서와 안식을 회복하기 위해 '부'=치자가 되는 단계에서의 성숙이다. 두 성숙은 근대적 개인이 출현하는 자연의 상실과 역사적 치자로 성장하는 역사에의 참여를 뜻한다. 가토 노리히로加藤典洋는 개인으로의 성숙과 치자로의 성숙을 메이지 지식인이 보여준 두 가능성으로 파악하였다. 나쓰메 소세키에게서 전자의 성숙을, 모리 오가이森鴎外에게서 후자의 성숙을 보았다. 에토의 비평에서 나쓰메 소세키론 이래 모색했던 개인의 길을 벗어나 치자의 길로 들어서는 변질을 읽어냈다.[174] 에토는 개인이 자신의 역할과 정체성을 상실한 채 자유롭게 살아간다고 생각하지 않았다. 자연을 상실한 개인의 삶은 역사와 국가라는 공적 가치에 의해 의미를 부여받는다고 믿었다.[175] '치자' 개념은 역사와 국가라는 공적 가치에 구속받는 개인을 상정한 것이었다. 에토는 성숙한 치자의 전형을 메이지 정치가에서 찾았다.

메이지 정신과 내셔널리즘

'나라를 위하여'

메이지국가는 성숙이 뭔지를 보여주는 역사적 사례였다. 메이지 시대는 도쿠가와 시대를 이어받고 다이쇼, 쇼와 시대로 연결되는 미완의 시대

---

174 加藤典洋, 『アメリカの影』(東京 : 河出書房新社, 1985), 79-80쪽.
175 三ツ野陽介, 「江藤淳と'戦後'という名の近代」, 32-33쪽.

제3장 '성장'과 '상실'

인데, 에토는 메이지 시대가 이전과 이후를 확연히 구별짓는 어떤 정신과 형型을 갖춘 "완결된" 것이라 생각하였다.[176] 지나간 과거가 아니라 현재에 "문화의 살아있는 감각"을 제공하는 시대였다. 에토는 메이지 시대의 완결성을 '픽션=논리=이데올로기'가 아니라 '리얼리티=정신=사상'을 내세워 재구성하고자 했다. 메이지 국가의 이념형을 이론적 구성이 아니라 실제적 탐색에서 찾았다.

에토는 1960년대 중반 이래 메이지 국가에 역사적 의미를 부여하는 데 열심이었다. 전후 20년을 맞이해 경제성장이 궤도에 오르고 근대화론이 힘을 얻던 때였다. 고도 경제성장으로 자신감이 충만하면서 전후체제에서 조성된 부자연스러운 심리상의 억압에 오래 견딜 수 없다는 심리가 생겨날 때였다. '전후 민주주의'를 상대화하는 관점이 성장하였고 전전과의 연관성을 음미하면서 '전후'를 재고하는 목소리가 커지던 때였다. 여기에 '메이지유신 백주년'이 겹쳐졌다. 1960년대 중반은 '메이지 백년'과 '전후 20년'이 겹치는 때였다. 보수는 '메이지 백년'에, 진보는 '전후 20년'에 의미를 두면서 논쟁을 벌였다. 메이지의 낡은 국체를 긍정하는 보수적 관점과 전후의 새로운 국체를 옹호하는 진보적 관점이 길항하였다. 이데올로기 신앙의 대립이었다. 에토는 낡은 국체건 새로운 국체건 믿지 않았다. 둘다 허구라 생각하였다. 패전으로 "국체의 불가침성"(낡은 국체)은 "한 조각의 픽션"이 되어버렸고, '평화'와 '민주주의'(새로운 국체)도 "성전 완수"의 깃발을 대체하는 "또 하나의 픽션"일 뿐이었다.[177] 픽션에 지나지 않는 한, 낡은 국체나 새로운 국체를 믿는 이데올로기 신앙은 허망일 수밖에 없었다.

에토에게 '전후 20년'은 별 의미가 없었다. 이미 전후민주주의의 파산

---

176 「明治の精神」, 77쪽.
177 「明治百年と戦後二十年」(1965), 『著作集』6, 105쪽.

을 선고했던 에토가 아닌가. '메이지 백년'이 더 중요했다. 이데올로기 신앙의 허망을 벗어나 메이지 시대를 어떻게 의미지울 것인가. 에토에게 메이지 백년은 "근대화에 의한 자기상실의 백년"이었다. 100년간의 자기상실을 회복할려면, 일본이 국제사회에서 살아남으려면, 메이지 시대를 배워야 한다고 생각하였다.

> 일본은 지금 어려운 국제정세의 한복판에서 살 길을 모색하고 있다. 자기기만이 통용되지 않는 엄격한 세계다. 과거는 8월 15일로 유보해 두었다. 지금은 무해한 '전후 민주주의'를 하고 있다는 낙천적인 말투가 국제사회에 통용되지 않는다. 과거로부터 배워야 한다. 과거에 죄악의 흔적이 없다는 얘기가 아니다. 하지만 사람도 나라도 살아남으려면 선만 행할 수는 없다.[178]

에토는 현실주의의 관점에서 진보주의자들의 "자기기만"이나 "낙천적인 말투"가 통용되지 않는 국제사회에서 생존을 위한 모색으로서 메이지를 불러들였다. 진보주의자의 "닫힌 자기기만"을 해체하는 논거로서 메이지 시대를 소환하였다. 에토가 판단컨대, 진보주의자들은 자국이 태평양전쟁에서 졌는데도 이겼다고 우기고, 변하지 않았는데도 변했다고 말하고, 있는 것을 없다고 얘기하는 "현실인식의 도착倒錯" 혹은 "닫힌 자기기만"에 빠져 있다. 메이지 시대에는 자기기만이 없었다. 삼국간섭에서 패배했을 때 졌다고 인정하였고, 러일전쟁 때는 패전으로 끝나지 않도록 미리 병사를 거두는 등 자기기만이 없었다. 메이지인들은 독립을 보전하고자 나라를 개방한 독창성을 보였다.[179] '메이지'는 상실의 표상일뿐 아

---

178 「明治百年と戦後二十年」, 107쪽.
179 「明治百年と戦後二十年」, 107-108쪽.

니라 획득의 표상이었다.

메이지의 진정한 표상은 '국가'였다. 에토는 메이지 작가들에게서 '국가'를 보았다. 앞에서 말했듯이 메이지 문학자들은 추상적인 인간이 아니라 시대적 요청에 따라 국가에 부응한 존재였다. 공리주의에서 벗어나고자 했지만, "나라를 위해", "공리를 위해" 국가를 따르는 자세를 보였다. 서구문명의 영향을 크게 받았지만 문화적 자각과 사명감이 강했고 나라를 위해 글을 썼다. 에토는 메이지 지식인의 국가의식이 주자학적 교양과 연관된다고 보았다. 주자학적 교양이 서양의 근대를 들여오는 교량 역할을 했고, "나라를 위해"라는 이상을 지탱하는 기능을 수행했다고 했다. 주자학은 인간의 공적 책임을 강조하고 '천'과 단절된 개인을 인정하지 않았고, '천'은 '국가'와 결부되어 "자기억제의 윤리학"으로서 작동했다는 것이다. 모리 오가이, 나쓰메 소세키를 "욕망의 무제한적 충족을 찾는 자기추구의 윤리"가 아니라 "눈앞에 타자를 상정한 자기억제의 윤리"를 가진 메이지인으로 설정하였다. 이들의 사명감과 책임감을 "자기억제 윤리의 역사적 표현"으로 규정하였다.[180]

자기억제의 윤리는 메이지의 종언과 더불어 소멸하였다. 에토는 나쓰메의 《마음》(1914)을 자기억제 윤리의 완성이자 메이지 정신에 대한 "조사"弔辭로 평가하였다. 공과 사, 혹은 유학과 양학의 가치관이 개인 내부에서 평형을 유지하던 시대가 끝났음을 확인한 것이다. 나쓰메와 모리가 타계하면서 국가에 대한 지식인의 사명감과 책임감도 두절되었다. 1920, 30년대 마르크스주의나 1930, 40년대 일본주의도 이 윤리를 회복시키지 못했고, 시라카바파 작가들도, 초국가주의 작가들도 되살리지 못했다. "나라를 위해"라는 특수한 심벌이 아니라 "인류를 위해" 혹은 "예술

---

180 「明治の精神」, 71-77쪽; 「明治の一知識人」(1964), 『集成』1, 135-138쪽.

을 위해"라는 보편적 심벌이 생겨났다. 다이쇼, 쇼와 작가들은 자기의 무한한 긍정과 확대를 생각하였다. 강렬한 자기긍정은 무샤노코지 사네아쓰, 시가 나오야 등 시라카바파 작가들에게는 값싼 개인주의로, 마르크스주의 작가들에게는 전투적인 집단이기주의로 나타났다. 전후세대 청년 작가들의 경우에는 성적 욕망의 끝없는 긍정으로 축소되었다. 메이지 이후 반 세기만에 자기억제의 윤리가 일본인의 의식에서 완전히 소멸하고, 개인의 국가와의 유대가 단절된 것이다.[181] 에토가 파악한 '메이지 백년' 은 메이지인의 자기억제 윤리가 퇴락하고 국가와의 유대가 상실된 역사였다.

또한 에토는 메이지인에게서 **국가(내셔널리즘)와 세계(인터내셔널리즘)의 균형**, 혹은 **개별적인 것(국가의식)과 보편적인 것(국제의식) 사이의 균형**을 보았다. 메이지인들은 일견 보편적으로 보이는 문화에 규율되는 현대 일본인보다 오히려 보편적으로 사물을 생각하고 행동하였다. 그런데 메이지 이후 이러한 감각이 상실되었다. '팔굉일우'라는 보편적, 포괄적인 외모를 띤 이상이 제시되었을 때 일본인의 의식은 닫혀버리는 역설을 드러냈다. 문화의 보편적 이상으로 살아가는 현대 일본인들도 냉철한 국제감각을 상실하였다. 에토는 국가와 세계의 균형, 개별과 보편의 균형을 되찾아야 한다고 했다.[182] 에토는 일본이 등고하는 과정에서 **"동등의 인식"**이 **"동질의 환영 幻影"**으로 바뀌었다고 판단하였다. 다이쇼기 문학의 코스모폴리타니즘이나 보편주의적 경향에서 **"동질의 환영"**을 보았다. 일본문화의 유기적 통일을 세계에 실증하고자 했던 **"동등에 대한 바람"**이 **"동질에 대한 바람"**으

181 「明治の一知識人」, 135-138쪽.
182 「明治の精神」, 71-73쪽. 에토는 '메이지절'(明治節)이 '문화의 날'로 명칭이 바뀐 것에 대해서도, 메이지 시대를 특징지운 **"나라를 위해"**라는 이상 대신에 다이쇼 시대에 배양된 '문화'라는 보편주의적 이상이 일본의 공식적 가치가 된 것으로 해석하였다(「明治の精神」, 71쪽).

로 바뀌면서 과거를 망각하고 자기상실의 길로 들어섰다는 말이다.[183]

자기상실=과거의 망각은 국가의 상실이자 세계의 상실, 균형감각의 상실이었다. 에토는 코스모폴리탄적, 보편주의적 태도에 지탱된 다이쇼, 쇼와기 문학이나, 평화와 민주주의의 보편주의 틀에서 영위된 전후문학에 보편적 가치를 담은 작품이 적고, 내셔널리즘 시대의 메이지 문학에 오히려 보편적 윤리를 반영한 작품이 많다는 역설을 지적한다. 이러한 역설이 국가에 대한 헌신이라는 메이지문학의 특질과, 윤리라는 문학의 보편적 문제 사이의 괴리에서 생겨났다면서 이 괴리를 메우는 열쇠를 에고이즘에서 찾았다. 에토는 성숙을 위한 자기억제의 윤리를 진작시키고 일본인의 내면에 국가를 상기시키기 위해 자기억제의 윤리를 보였던 메이지 **문학자**를 끌어들였다. 상실을 성숙으로 전환하는 길은 국가(내셔널리즘)를 토대로 세계(보편주의)와의 괴리를 줄이고 균형감각을 회복하는 데 있었다.

'이익'과 '의리'

경제=성장공간에서 성숙은 일본이 세계 속에서 자기존재를 증명할 위상을 갖는 과정이었다. 정신적 성숙이 물질적 성장을 배척하는 건 아니다. 성숙은 성장 자체를 부정하는 것이 아니라 성장이 초래하는 상실을 응시하고 극복하는 과정이었다. 1970년대 오일쇼크를 극복하고 통상을 지렛대로 세계와 국제사회에 능동적으로 진출하고자 했을 때, 경제를 추동하는 주체로서 '국가'가 적극적으로 소환되었다. 무역상사의 해외진출과 활동은 회사뿐 아니라 국가를 대변하는 것이었다.

에토도 1970년대 경제=성장공간에 부응하여 '치자의 감각'을 드러냈다. 에토는 국제화와 무역입국론을 주장하면서 이에 부응하는 메이지 **정**

---

183 「影をなくした日本人」, 80쪽.

치가를 소환하였다. 메이지 정치가의 경세론에서 열린 해양의 꿈을 찾아 냈다. 막부 말기 서세동점의 상황에서 문호개방을 허용한 해양의 변용에 주목하였다. 쇄국시대에 외적의 접근을 막는 성벽의 역할을 했던 바다가 증기선이 출현하면서 외적의 접근을 허용하는 통로로 바뀌었음을 상기 시켰다. 미토水戸번 유학자 아이자와 야스시会沢安의 『신론』新論(1825)을 떠 올리게 하는 대목이다. 아이자와는 증기선의 출현으로 적을 방어하는 요 새였던 바다가 적의 접근 통로로 바뀌었다면서 포대를 증설하고 대함을 건조하여 해안 방어를 강화해야 한다고 주장한 바 있다.[184] 서세동점의 새 로운 안보환경에 대응하여 쇄국을 위한 안보 강화를 역설한 것이다. 에토 는 아이자와와 달리 국제화가 요구되는 경제=성장공간에서 해외무역을 옹호하는 입장에서 바다의 변용을 말했다. 다만 국제화와 정체성의 문제 를 잊지는 않았다. "열린 바다를 받아들였을 때 일본인은 과연 일본인임 을 지속할 수 있을까"[185] 자문하였다.

에토는 수출 증대로 경제적 이익의 극대화를 꾀하는 경제=성장공간에 서 자기억제의 윤리만으로 대응할 수 없음을 알았다. 부풀어오르는 경제 적 욕망에도 부응해야 했다. 에토는 이익을 추구하는 인간의 경제적 욕망 을 긍정하는 한편, 경제적 욕망을 제어할 윤리를 말한다. '이'利와 '의'義의 의미를 따졌다. 후쿠자와 유키치 같은 지식인을 소환하기도 했지만, 주로

---

184 会沢安, 「新論」, 今井宇三郎 他編, 『水戸学』(東京: 岩波書店, 1973), 91쪽. 요시다 쇼인(吉田松 陰)도 "옛날에는 선함이 아직 편리하지 않아 바다를 믿고 요새[險]로 삼았지만, 후세는 선함 이 날로 정교해지고 항해가 날로 길어져 옛날에 요새로 믿었던 곳[바다]은 오히려 적충(賊 衝)이 되었다. 화륜선이 만들어지고 그 제작이 날로 정교하여 [항해]거리가 날로 넓어져 해 외 만 리도 바로 이웃이 되었다. 여기서 바다를 두고 떨어진 곳[나라]은 걱정거리가 되었고 육지에 접한 곳[나라]은 그 반대가 되었다"고 했다(『幽囚錄』, 奈良本辰也 編, 『吉田松陰集』, 東京: 筑摩書房, 1969, 102-103쪽). 이에 관해서는 장인성, 『장소의 국제정치사상』(서울: 서울대학교출 판부, 2002), 78-79쪽.

185 「利と義と」(1976), 『利と義と』, 77쪽.

가쓰 가이슈勝海舟, 사가모토 료마坂本龍馬, 무쓰 무네미쓰陸奧宗光, 호시 도루星亨, 다카하시 고레키요高橋是淸 등 메이지 정치가를 불러냈다. 메이지 정치인의 마음에 스며들어 있던 '이'利의 사상을 추적하였다. 에토는 '이'를 긍정적으로 평가한다고해서 전통적 윤리인 '의'를 옹호하는 자들의 비판을 받기도 했다.

에토는 '이'(이익)를 추구함으로써 '의'(의리)를 실천한다는 생각이었다. 무쓰 무네미쓰가 전형이었다. 무쓰는 「자치성리담」資治性理談에서 '이'를 추구하는 인간의 "정욕", 즉 욕망을 적극 긍정하는 한편, 정욕을 "유한의 생명"을 초월하는 "무한의 지망志望"으로 전환시켰다. 정욕은 자기 부정의 계기를 내포한 것이었다. 또한 「면벽독어」面壁獨語에서는 "눈 앞의 소리小利"에 만족하지 말고 "영원의 대리大利"를 추구해야 한다면서 "영원의 대리"를 '의'로 간주하였다. '이'는 '의'를 포함하는 가치였다.[186] 무쓰의 '이학'利學에서 '이'와 '의'는 모순된 것이 아니었고 '대리'의 추구는 '의'의 실현이었다. 에토는 이러한 '이'의 사상에 입각하여 정책을 실천한 정치가로서 '서민 수상' 호시 도루를 높이 평가하였다.[187]

국가 상상을 규율하는 에토의 개념틀은 **'사정/정의'에서 '이/의'로** 바뀌었다. 앞서 보았듯이 1960년대의 에토는 슬픔과 상실감을 매개로 '사정'에 의탁하였고, '자기억제의 윤리'로써 지키고 감내할 '국가'를 상상한 바 있다. 국가(내셔널리즘)는 세계(인터내셔널리즘)와의 균형감각을 보지하면서도 '사정' 속에 내면화된 것이었다. 1970년대의 에토는 열린 세계를 향한 경제적 욕망을 긍정하고 '이'로써 '의'를 규정하는 관점에서 국가를 상상하였다. 경제=성장공간의 초기 상승 국면과 도약 국면에서 메이지 상상은 미

---

186 「利と義と」, 82-83쪽.
187 「利と義と」, 89-90쪽.

묘하면서도 중대한 차이를 보인 셈이다. '사정/정의'의 개념틀에서 '정의'는 진보지식인이 상정하는 평화나 민주주의와 같은 보편이념을 가리키는 말이었다. '이/의'의 개념틀에서 '의'는 이러한 정의가 아니다. 전통적인 의리 개념에 가깝다. 메이지 시대를 파악하는 개념틀이 '사정/정의'에서 '이/의'로 바뀐 것은 경제=성장공간이 진전되었음을 시사한다. 진보(정의)/보수(사정)의 개념틀이 약해지고 경제적 욕망과 이익을 정당화한 위에 전통적 가치관과의 조화를 모색하는 문맥에 들어섰음을 뜻한다. '사정/정의'와 '이/의'의 개념이 투사된 메이지인들이 **'문학자'에서 '정치가'로** 바뀐 것은 에토의 아비투스가 변했음을 말해주는 것이 아닐까.

1970년대의 에토는 **'치자의 감각'**을 가지고 실무가적 조언자로서 '정치'에 연루되었다. '국립' 도쿄공업대학 교수가 된 것도 이때였다. 에토는 국립대학 '교관'으로서 실무가적 능력을 갖춘 정치적 인간의 군상을 추적하였다.[188] 이익을 추구함으로써 의리를 실천한다는 발상이야말로 실무가적 사고방식이 아닌가. 에토는 1960년대 전반, 즉 경제=성장공간 초기에는 고사카 마사타카와 같은 정치적 현실주의자들이 제창했던 통상국가론과 거리를 두었는데, 바야흐로 경제=성장공간 중반에 들어 경제대국화를 눈앞에 두고 '치자'=실무자의 감각을 드러내면서 통상국가론을 주장하게 된 것이다. 이러한 변모는 에토가 데탕트와 오일쇼크로 불안정한 국제정세와 마주하면서 치자의 감각, 실무가적 감각을 갖게 된 데 기인할 것이다. '상실의 감정'을 넘어 **'획득의 이성'**을 갖게 된 것으로 봐야 하지 않을까.

에토는 탈냉전기 미일관계도 '이/의' 개념틀로 파악하였다. 미일 동맹관계는 신혼부부나 연인의 관계와 달리 '이'로 맺어졌지만, 그 정수精髓는

---

188 平山周吉, 『江藤淳は甦える』, 603-619쪽.

'이'를 초월하여 '의'를 모색하는 데 있나고 주장했다.[189] '이'를 추구하는 것이 본질이고 **'의'는 이익 추구를 정당화하는 명분**이라 했다. '이'와 '의' 사이의 평형감각을 요구하기도 했다. 국제화를 요구받는 개방의 상황에서 후쿠자와 유키치와 무쓰 무네미쓰가 '이'와 '의'의 평형을 모색했음을 기억해냈다.[190] '이익'의 관점에서 미일관계를 생각했던 것이다.

6. 허구의 전후체제

아메리카니즘과 내셔널리즘

평화와 민주주의

'상실과 성숙', '사정과 정의', '이와 의'는 타자와의 관계를 의식하면서 국가를 생각하는 에토 준의 사상과 윤리를 함축한 개념들이었다. 전후일본의 제도와 이념을 규율한 타자는 미국이었다. 미국은 민주화 개혁으로 부과된 평화헌법과 민주주의의 제도와 이념을 통해 일본의 국내체제를 규율하였고, 동아시아 냉전에 대응하여 구축한 미일동맹을 통해 일본의 국제안보를 규정하였다. 미국은 평화헌법, 민주주의, 미일동맹이라는 제도와 평화주의, 근대주의라는 이념을 통해 패전 이래 현재까지 일본인의 행동과 의식을 규율해왔다. '아메리카니즘'은 미국에 의한 제도적, 이념

---

189 『日本よ, 何処に行くのか』(東京: 文藝春秋, 1991), 236-237쪽.
190 『日本よ, 何処に行くのか』, 259-261쪽.

적 규율을 가리킨다. 아메리카니즘(미국표상)은 평화헌법의 이념적 해석에 입각하여 평화국가 일본을 지향하는 절대이념(평화주의, 민주주의)의 자유주의적 근거로서 기능하는 한편, 미일동맹을 매개로 '기지국가' 일본을 설정하는 상대적 권력(냉전안보)의 현실주의적 구속으로 작용하였다. 아메리카니즘이 작동하는 양상이 늘 같은 건 아니었다.

민주=안보공간에서는 미군정의 민주화개혁을 통해 제도와 이념의 양면에서 아메리카니즘이 형성되는 시기였다. 일본의 주권이 제한되고 냉전이 개시된 상황에서 주권회복과 민족생존을 모색하는 내셔널리즘도 모습을 드러냈다. 전후일본에서 평화주의, 민주주의, 국제주의는 이념적으로는 아메리카니즘(미국적 가치)의 표출이지만, 정치적으로는 민족의 생존을 추구하는 내셔널리즘(민족적 가치)의 표현이었다. 아메리카니즘과 내셔널리즘이 꼭 상치되는 이념은 아니었다. 진보주의자가 아메리카니즘을 내세우고, 보수주의자가 내셔널리즘을 주장하는 식이 아니었다. 내셔널리즘은 아메리카니즘에 포섭될 수도 있고 거부할 수도 있다. 그 양상은 논자에 따라, 상황에 따라 달랐다. 대체로 진보와 보수는 주권회복의 의지(내셔널리즘)를 공유했지만, 냉전에 대응하는 안보관념은 엇갈렸다.

진보지식인은 평화헌법, 민주주의의 제도와 평화주의, 민주주의의 이념을 전면에 내세우면서 아메리카니즘을 받아들였지만, 냉전체제를 지탱하는 미일동맹 제도와 반공주의 이념에는 비판적이었다. 일본의 안보를 미국과의 동맹보다는 미소 양 진영 사이의 중립에서 찾았다. 보수지식인은 평화헌법, 민주주의의 제도 자체를 부정하지는 않았지만, 평화주의, 민주주의 이념으로 이들 제도를 규정하는 것을 거부하였다. 평화와 민주주의를 이념이 아니라 제도로 보았다. 주로 진보는 이념의 차원에서, 보수는 제도의 차원에서 아메리카니즘을 받아들였다. 민주=안보공간에서는 제도의 미국화Americanization가 진행되었는데, 진보지식인들이 이상화된 아메리카니즘(평화주의, 민주주의)으로 전후일본의 현실을 규정하고자 했다면, 보수지식인들은 미국화된 제도의 실제에 주목함으로써 이상화된 아메리카니즘의 허구를 추궁하였다.

에토는 진보지식인이 표방한 민주주의와 평화주의가 상대화를 거부하는 닫힌 논리이며, 불안정한 심정을 봉쇄하기 위한 가구仮構에 지나지 않는다고 생각하였다. 평화주의와 민주주의를 절대이념으로 삼아 현실을 규정하는 진보지식인들에게서 전시 파시즘기에 난무했던 "광신주의"fanaticism를 느꼈다. 진보지식인의 민주주의 이념은 "안보 문제를 국내 문제에 불과한 것으로 오인한 지식인의 자폐작용"이며, 이 자폐작용이 **"열광적 내셔널리즘"**을 부추긴다고 생각하였다. 진보주의자의 절대평화주의도 "만방에 관절冠絶하려는 급진적 심정", 즉 평화헌법과 평화주의를 내세워 평화국가로서의 국제적 위상과 평판을 얻으려는 급진적 내셔널리즘의 표현으로 보았다. 에토는 진보지식인의 평화이념과 민주이념에서 전전의 일본을 규율했던 "국체의 절대신성神性"과 같은, 절대불가침의 "새로운 국체의 존엄"을 보았다. 진보지식인들이 절대불가침의 이념을 고집하고 "새로운 국체의 불가침성"을 벗어나지 못한 까닭을 **"피치자의 자세"**에 익숙해진 데서 찾았다.[191] 진보지식인의 민주, 평화이념과 안보현실의 괴리에서 생긴 허구가 열광적 내셔널리즘을 조장하는 것을 보았고, 열광적 내셔널리즘에서 진보지식인의 비주체성을 간파하였다.

에토는 진보이념의 허구를 깨기 위해 평화와 민주주의를 재규정한다. 민주주의를 국가, 민족의 가치와 연관된 정치이념이 아니라 비정치적 차원에서 개인을 규율하는 제도로 보았다. 개인의 삶을 정치에서 분리하고

---

191 江藤淳, 「新しい国体」(1965), 『著作集』 6, 93쪽. 에토는 진보지식인들이 패전 이래 '피치자의 자세'에서 수동적 사고의 습관에 익숙해졌다고 보았다. 이러한 습관을 배양한 것은 평화헌법, 민주주의, 미일동맹으로 운용되는 전후체제였다.

국가의 관여를 배제하는 니힐리즘의 관점에서 민주주의를 이해하였다. 민주주의는 "정치의 인간에 대한 지배를 가능한 한 완화하고, 그 대신 인간의 자신에 대한 지배를 될수록 강고히 해주는 체제"여야 한다고 했다. 정치는 인간에 개입해서는 안 되며, 개인의 일상생활과 평화로운 생활을 보장해주면 된다고 생각하였다. 평화도 목적론적으로 구현되는 평화주의여서는 안 되었다. 평화주의를 논리적 차원에서 절대적 이상으로 추구해서는 안 되었다. 에토는 '평화'를 국제관계의 상대적인 동학에서 모색해야 할 "전쟁을 회피하려는 노력"으로 간주하였다.[192]

에토는 민주주의와 평화를 제도의 관점에서 이해함으로써 아메리카니즘의 이념이 초래하는 '가구'를 해소하고자 했다. 하지만, 민주주의와 평화의 이념이나 가치가 일본인의 일상생활과 일상감각에 뿌리내린 상황에서 아메리카니즘을 벗겨내기란 용이한 일이 아니었다. 미국과의 동맹이 일본의 안보를 보장하고 미국과의 무역이 일본경제를 지탱하는 미일관계가 지속되는 한, '아메리카의 구속'을 벗어나기란 쉬운 일이 아니었다. 에토는 아메리카니즘에 의탁한 진보이념의 허구나 허망을 말하면서 진보주의자의 비현실성을 추궁하였지만, 아메리카의 존재를 부정하지는 않았다.

'아메리카의 그늘'과 '국가'

에토는 정치활동이나 정치적 슬로건에 관심을 드러내진 않았어도 어렸을 적부터 가족사를 통해 국가를 생각하는 심정을 마음 깊이 간직하였다. '반미'는 생각도 못했다. 패전과 고향의 부재에서 비롯된 상실감을

---

192 장인성, 「일본 보수지식인의 전후/탈전후의식과 아메리카: 에토 준, 니시베 스스무의 아메리카니즘 비판과 보수적 주체화」, 『국제정치논총』 59:2 (한국국제정치학회, 2019), 262~263쪽.

'아메리카'에 대한 적개심으로 전가하지는 않았다. 사소설적 자기세계에 빠진 일본 근대문학을 비판하고 나쓰메 소세키를 논하면서 타자를 상정하는 시선을 갖게 되었지만, 정치적 타자를 설정하지는 않았다. 미일안보조약 개정을 둘러싼 정치적 소동에서 이탈한 것은 원래 보수적 심성의 인간이었을뿐더러, 급진적인 반미좌파 행동가들에 환멸을 느껴서였다. 1960년 5월 아이젠하워 대통령의 방일 일정을 협의하기 위해 하네다 공항에 내린 백악관 대변인 해저티를 데모대가 포위하고 '양키 고 홈'을 외친 것에 큰 충격을 받았던 에토였다. 진보지식인의 파산을 선언했을 때도 반미의식은 없었다. 에토의 경우 '국가'와 '아메리카'가 모순된 건 아니었다. 아메리카를 타자화하는 시선은 유보되어 있었다.

2년간의 미국체험은 아메리카를 타자화하고 자기를 재발견하는 계기였다. 에토는 미국체재 내내 '아메리카'와 고투를 벌이면서 미국에 의해 상실된 일본의 '국가'를 생각하였다. '고향으로서의 국가'를 발견하였다.

> 미국인은 일본인이 주창하는 '평화'와 '민주주의'를 변형된 내셔널리즘의 표현이라 생각했기 때문에, 미국에 있는 한 '전후'는 존재하지 않았다. 어떤 의미에서는 전쟁이 계속되었기 때문이다. 그 전쟁을 나는 일본에서는 가슴속 깊이 감추기로 한 저 국가의 이미지, 즉 조부들이 만들고 지킨 국가의 이미지를 지지대로 삼아 싸웠다. 그것은 고독한 전쟁이었지만, 주장해야 할 것이 있다고 느껴, 그 주장이 경의를 갖고 진지하게 들리는 건 즐거웠고, 나는 옛 해군사관이 적을 사랑한 것처럼 미국인을 사랑할 수 있다고까지 생각한 적이 있었다. 미국의 대학 연구실에서 멀리 뒤돌아보니 일본이 그리웠다. 현실의 일본이 나를 지탱하는 국가의 이미지에 맞다고 생각되진 않았지만, 역시 나의 '고향'에 틀림 없었다.[193]

미국에서 '아메리카'와의 고투를 벌이는 한 '전후'는 존재하지 않는다. 내면 세계에서 미국과 벌인 "고독한 전쟁"을 지탱해준 것은 일본에서는 가슴속 깊이 간직했던 국가의 이미지, 즉 "조부들이 만들고 지킨 국가의 이미지"였다. 미국체험을 통해 국가를 재발견하고 긍정하는 시선을 갖게 된 것이다. 에토는 "현실의 일본"과 "나를 지탱하는 국가의 이미지"가 다르다는 걸 알면서도 "현실의 일본"이 "나의 고향"임을 확인하고 있다. 자신의 국가상과 꼭 부합하는 건 아니지만 현대일본의 국가를 고향으로 받아들이면서 조국애를 느꼈다. 일본에 있었을 때는 자신이 생각한 이상국가(메이지국가)를 "가슴속 깊이" 감추었지만, 현대일본의 "변형된 내셔널리즘"에 주목한 미국인과 마주하면서 미국과의 전쟁이 끝나지 않았음을 느꼈다. 내셔널리즘의 감정을 갖게 되었다.

에토는 미국과 일본의 상반된 모습도 보았다. 미국은 새롭지만 과거와 연속된 일상생활을 하는 "오래된 나라"이고, 일본은 오래되었지만 과거를 열심히 말살하는 "새로운 나라"임을 깨달았다. "오래되고 새로운 나라(일본)에서 과거와의 연속감을 고집하는 인간(에토 준)이 오히려 새롭고 오래된 나라(미국)의 생활을 가까이서 느껴야 하는"도착된 감정"을 가졌다.[194] 오래된 것에 의탁하는 보수적 인간 에토는 '새로운 나라' 일본과 '오래된 나라' 미국에 대해 이중의 전쟁을 수행한 셈이다. 이러한 도착 현상이 에토의 사적 고투에서만 보였던 건 아니다. 일본인 2세 이민자가 적응하는 미국적 생활양식은 과거와 연속되지만, 현대 일본인이 적응하는 생활양식은 과거와 단절된 것이었다. 에토는 서양화하지 않고도 근대화할 수 있었던 미국과 달리 서양화되지 않으면 근대화될 수 없는 일본의 숙

---

193 「戦後と私」, 330-331쪽.
194 「古い米国と新しい日本」, 95쪽.

명, 즉 수동적인 '근대화'가 '서양화'일 수밖에 없는 일본의 숙명에서 이러한 도착 현상이 생겨났다고 보았다.[195]

이러한 도착된 감정은 어떻게 해소할 수 있을까. '새로운 나라' 일본에서 '오래된 것'을 찾아야 하지 않을까.

> 나는 만요万葉 이래 메이지, 다이쇼에 이르는 일본문학의 총체가 나를 향해 오는 걸 자주 느꼈다. 그 빈도는 내가 미국생활에 익숙해짐에 따라 오히려 빈번해졌다. 이는 꿈에 노[演能]를 보는 듯한 체험이다. 일상에서 단지 **고독한 개인**으로서 살고 있는 인간이 어느 순간에 **자신을 포함한 전체를 엿보는 듯한 경험**이다. **국가가 자신을 부르는 소리**가 너무나도 힘이 없었음을 허전하게 느꼈던 나는, 그러나, 이 체험이 가져다준 기쁨은 잊기 어려운 것이라 생각한다.[196]

에토는 미국에서 지내는 동안 고대문학, 근대문학을 포괄하는 "일본문학의 총체"가 자신에게 다가오는 걸 느꼈다. 미국생활에 익숙해질수록 잦아졌다. 이 과정에서 고독한 개인으로 살아왔던 자신이 "자신을 포함한 전체"를 엿보는 체험을 하였다. 여기서 "전체"는 오래된 일본 혹은 일본국가로 봐도 무방하다. 그 동안 국가가 자신을 부르는 소리는 너무나 힘이 없었는데, 이 체험을 통해 잊기 어려운 기쁨을 얻은 것이다. 미국체험은 '오래된 나라' 일본을 발견하는 계기가 되었다. 다만 '오래된 것'="일본문학의 총체"의 발견이 능동적인 자각에서 나온 건 아니다. 일본문학이 이질적 타자를 매개로 "나를 향해" 다가온 것이다. '오래된 나라'='일본국가'를 접하는 경험은 개인의 주체적 자각이 아니라 고독한 개인으로서 "엿보

---

195 「古い米国と新しい日本」, 103쪽.
196 「アメリカ通信」(1965), 『著作集』 4, 142쪽.

는 듯한", "꿈에 노를 보는 듯한" 체험이었다. 에토의 개인적 체험은 수동적인 것이었다. '아메리카'와의 적극적인 대결을 상정한 건 아니었다.

에토는 미국에서는 '고독한 개인'으로서 미국과 거리를 두고 싸울 수 있었다. 일본 내부로 귀환했을 때 미국과의 '전쟁'은 어떻게 될까. **"일본문학의 총체"**(전통)와 **"자신을 포함한 전체"**(국가)에 대한 어렴풋한 깨달음이 능동적인 '아메리카' 발견과 적극적인 '국가' 표상을 만들어내는 쪽으로 작용할 수 있을까. 에토는 귀국 후 발표한 『성숙과 상실』에서 '아메리카의 그늘' 속을 살아가는 일본인의 모습을 찾아냈다. 일본의 국가와 사회에 드리워진 '아메리카의 그늘'을 보았다. 다나카 야스오田中康夫, 무라카미 류村上龍 등 '제3의 신인' 작가들에게서 일본사회와 일본인의 내면에 드리워진 '아메리카의 그늘'을 잡아냈다. 전후체제가 안정되고 경제가 성장하면서 전후체제와 경제를 지탱하는 '아메리카'는 반미/친미의 이항대립 틀로는, 아메리카니즘의 이념만으로는 파악하기 어려울 정도로 일본인의 마음 속 깊숙이 내면화되어 있었다.

에토는 다나카 야스오의 소설에서 아메리카 없이는 해나갈 수 없고, 아메리카로부터 독립하는 것도 불가능하다는 약함의 자각, 혹은 니힐리즘의 얼굴을 보았다. 평론가 가토 노리히로加藤典洋는 에토의 생각을 이렇게 대변하였다.

> 전후일본에서 '아메리카'는 커다란 존재인 것이 아닐까, 우리가 생각하는 것보다 훨씬 깊이 아메리카의 그늘은 우리의 생존에 침투해 있는 건 아닐까, 그리고 우리를 '공기'처럼 덮고 있는 '약함'은 이러한 아메리카에의 굴종의 깊이인 것이 아닐까.[197]

---

197 加藤典洋, 『アメリカの影』, 22~23쪽.

에토는 신인 작가들이 묘사한 일본인의 일상생활에 드리워진 아메리카의 그늘에서 "아메리카에의 굴종"을 읽어냈다. 무라카미 류의 소설 《한없이 투명에 가까운 블루》에서 아메리카에 대한 일본인의 '굴욕'을 읽어냈고, 다나카 야스오의 《어쩐지 크리스탈》에서 아메리카에 대한 일본인의 전면적인 '의뢰'를 확인하였다.[198]

'아메리카의 그늘'은 일본의 취약한 안보를 동맹으로 보장하고 일본의 경제적 욕망을 무역으로 충족시켜주는 미국에 대한 '굴종', '의뢰'에서 포착된 것이다. 에토는 '제3의 신인'을 통해 '굴종'은 아닐지언정 '약함'을 보았다. 에토는 근대화=경제성장을 보장한 미국의 존재를 무시할 수 없었다. 일본은 '부'富의 욕망을 채우는 근대화로 인해 모성을 상실했지만, 안보동맹으로 인해 '부'父(주체적 권위)의 상실도 감내해야 한다고 생각하였다. 미국이라는 '아버지'를 받아들여 성숙을 모색해야 한다고 믿었다. 에토는 아메리카니즘의 은밀한 작용, 즉 '아메리카의 그늘'에 빛을 비추면서도 그늘을 없애지는 못했다. 그 속에서의 성숙, 즉 적응을 모색하였다.

'아메리카의 그늘'을 발견하고 '아메리카에의 굴종'을 응시한다는 것은 일본에 부과된 '아메리카의 하중'을 감지한다는 말이다. 저항은 못하지만 '아메리카의 구속'은 의식했다는 말이다. 우에야마 슌페이와 하야시 후사오가 '대동아전쟁'이란 호명을 소환함으로써 태평양전쟁사관에 내재된 미국 중심적 시각을 폭로하고 일본인의 자기체험과 주체적 관점의 재구성을 시도하던 때였다. 바야흐로 전후체제에 대항하는 니힐리즘적 투쟁(전공투)이 벌어지고, 미시마 유키오가 미국에 방위를 맡긴 채 독립국가처럼 행세하는 평화국가 일본의 '기만'을 견디다 못해 군사쿠데타를 꿈꾸던 참이었다. 에토는 일본의 전후체제(안보와 경제성장)를 보장하는 '아메리카의

---

198 加藤典洋, 『アメリカの影』, 23-27쪽.

구속'을 쉽게 부정하진 못했다. 미국이 강제한 "굴욕헌법"을 폐기해야 한다는 주장에는 동조했지만, 일본의 독립을 보장하는 미일동맹을 지지하지 않을 수 없었다. '굴욕'과 '안보'의 양자에 드리워진 '아메리카의 하중'을 감내할 것인가 아니면 극복할 것인가. 양자 사이에서 '국가'는 어떠한 행로를 보일 것인가.

'놀이의 세계'

전후세계의 해체, 개념과 현실의 분열

1960년대 후반 전공투 투쟁을 비롯해 세계 도처에서 일어난 학생운동은 냉전체제의 권위적 질서에 대한 도전이었을뿐더러 미소 중심의 전후체제가 해체될 조짐을 보여 주었다. 전후체제의 명분세계와 현실세계 사이에 괴리가 생겼음을 보여주는 사태였다. 에토 준은 전후체제의 허상과 현실 사이의 낙차를 보았다. 학생운동은 "얄타-포츠담체제의 허상 내지 잔상과, 그것이 붕괴하는 현실 사이의 낙차에서 생긴 사상적 혼란의 반영"이라 생각하였다. 학생들이 평화, 혁명, 직접민주주의를 외치는 건 이념의 표출이 아니라 전후세대의 정열과 에네르기의 발산이며 절실한 심정의 표현이라 생각하였다.[199] 냉전체제의 권위적 질서에 대한 이의 제기로 보았다.

에토는 전후세계의 해체를 '정의' 개념의 변용이라는 관점에서 파악하였다. 질서의 변동은 흔히 정의 관념의 변용을 유발한다. 전후체제가 흔들리면 국가의 양태도 바뀌고, 전후체제를 규정한 정의에 대한 생각도 변

---

199 「戰後世界の解体」(1968), 『続著作集』 3, 42~43쪽.

하는 경향이 있다. 에토는 정의가 객관적 가치가 아니라 국가에 의해 규정된다고 생각하였다. 전후세계는 미국의 정의로 구축된 것이었다. 미국은 일본을 패배시킴으로써 정의를 실현하였고, 국가와 정의를 결합시키면서 전후세계를 이끌었다. 그런데 베트남 패전과 데탕트를 계기로 미국의 정의는 약해졌다. 에토는 학생운동에서 '전후세계의 해체'를 읽었고 미국이 규정한 정의의 약화를 전망하였다.

에토는 미국의 베트남 패전에서 **"국가 개념과 정의 개념의 자기분열"**을 보았다. 지식인, 학생들은 국가에서 정의를 떼어내고자 했고, 그 결과 권력 없는 정의가 존재한다고 믿는 평화주의자와, 정의는 국가에서 나오지 않는 힘을 수반한다고 믿는 혁명주의자 사이에 분열이 생겼다는 것이다. 에토는 이러한 정의관의 분열이 약화된 국가에 대한 불만에서 기인한다고 생각하였다. 정의는 국가의 틀을 넘지 못한다고 생각하였다. 지식인이나 학생들이 평화, 혁명과 같은 보편 이념을 말하지만, 이들의 심정에는 "내셔널리즘이나 나르시시즘의 음화"가 각인되어 있다고 보았다.[200] 전후체제의 해체가 예상되는 문맥에서 진보적이고 혁명적인 정의 개념이 국가 개념과 결부되어 있음을 확인한 셈이다. '평화'나 '혁명'이라는 말이 '내셔널리즘의 그림자'임을 간파한 것이다.

에토는 전후질서의 해체를 **"개념과 현실의 분열"** 혹은 **"현실과 습성의 낙차"**로 파악하였다. 전후질서가 반영된 기존의 개념에 의탁해 현상을 파악할 경우, 변모하는 혹은 해체중인 세계질서의 리얼리티를 놓치기 쉽다. 또한 패전 이래 익숙해진 수동적 사고의 습관에 집착할 경우, 일본이 국제관계를 좌우하는 동인이 되기 시작한 지금의 리얼리티를 못보게 된다. 에토는 "전후적 사고법"을 벗어나 "세계에 '전후'가 끝나가는 현실과 우

---

200 「戦後体制の解体」, 40~42쪽.

리 자신을 유보해서 생각하는 습성 사이의 심리적 낙차"를 조정해야 한다고 말한다. 국가=악이라는 터부를 부정하고 국가 개념을 긍정하였다. 국가가 정의=힘을 추구하는 냉엄한 현실을 직시해야 한다고 주장하였다. 코스모폴리탄적 세계연방의 비전을 부정하였다.[201] 리얼리즘의 관점에서 국제관계의 변화하는 현실을 파악하였고 현실을 움직이는 권력과 국가에 주목하였다.

개념과 실제의 낙차, 명분과 실제의 낙차는 전후 세계질서와 이와 연동된 일본의 전후체제 사이의 간극을 의미할 수도 있다. 이 낙차를 감지했을 때 '전후체제의 허구'를 추궁하는 시선이 생겨난다. 안보소동의 질서변동에서 '전후민주주의의 허망'을 읽어냈던 것과도 비슷하다. 질서변동을 예민하게 감지해야만 지나가는 세계(체제)를 낯설게 느끼고 타자화할 여지가 생기는 법이다. 개념과 실제의 낙차는 실제(현실)에 대한 자각에서 인지된다. 실제를 자각했을 때 개념세계와 현실세계는 분리된다. 이러한 낙차와 분리를 의식했을 때 비로소 전후체제가 '가구', '허구'의 개념세계였음을 깨닫게 된다. 개념세계의 '허구', '가구'假構, '허상', '의제'擬制를 추궁하는 심리를 갖게 된다. 비판적 보수주의의 핵심적 사고다. 개념세계와 실제세계를 동일시하는―정확하게는 개념세계를 가지고 실제세계를 규정하는―진보주의자에게는 낙차에 대한 자각이 생길 리 없다.

1970년대 들어 데탕트와 다극화가 진행되면서 낙차는 더 커졌다. 중국의 부상과 미소 지도력의 저하 등으로 세계 정치질서(얄타-포츠담체제)가 흔들렸고, 일본과 독일의 경제력 상승, 중동 산유국의 세력화에 기인한 오일쇼크 등으로 세계 경제질서(브레트우즈체제)도 유동화하였다. 일본은 이러한 국제질서 변화에 능동적으로 대처하였다. 경제력을 토대로 국제적 위

---

201 「ひとつの時代の終末」(1968), 『続著作集』 3, 38-45쪽.

상을 높였고 강력한 잠재력을 지닌 국제적 주체로 부상하였다. 반면, 문단은 추락하였다. 1960년대까지 연명했던 일본의 전후문단은 1970년대 들어 급속히 퇴조하였다. 미시마 유키오는 자결했고, 다케다 다이준은 전후의 긴장감을 상실하였다. 전후비평의 대가 히라노 겐平野謙도 영향력을 잃었다. 전후작가들의 열기도 식었다.

경제적 부상과 전후문단 쇠퇴의 상황에서 에토는 전후세계의 변용에 대응하는 '국가'를 생각하게 된다. 국가를 생각하는 보수의 정치적 감각을 드러내게 된다. 에토는 국가를 경영하는 '치자의 감각'=실무자 감각을 갖게 되었고, 마음 속에 간직했던 '국가'를 끄집어내어 적극적으로 옹호하게 된다. 보수적 심성이 외면화한 것이다. 지난날 전쟁과 근대화로 상실한 것을 '그리워하는' 심정을 토로했지만, 이제는 잃어버린 것을 '되찾으려는' 욕망을 갖게 되었다. 일본인의 심정에 내면화된 '아메리카의 그늘'을 포착하는 데 그치지 않았다. 일본인의 내면을 들여다보는 문학비평적 관점보다 일본 국가와 사회의 비주체적, 타율적 피구속성을 따지는 정치비평적 관점을 강하게 드러냈다. '아메리카의 하중'이 일본의 국가와 사회를 규율하는 모습에 주목하였다. 아메리카니즘이 제도화된 일본헌법의 구속을 강하게 느끼면서 이 구속을 벗어나 일본인의 정신적 자율을 찾고자 했다.

'놀이의 세계', '묵계'의 종언

에토 준은 전공투의 대학분쟁을 계기로 개념세계와 현실세계의 낙차가 초래한 허구를 폭로하면서 일본의 전후세계에 종언을 고했다. 「'놀이의 세계'가 끝났을 때」(1970)라는 정치비평에서 전후의 종언을 선언했다. 에토는 전후체제하의 일본을 '놀이의 세계'에 비유하였다. 아이들의 귀신놀이나 전차놀이는 귀신이나 전차의 부재에서 성립한다. 손으로 만질 수 없는 대상이기에 아이들은 놀이를 갈망한다. 놀이는 현실의 행위보다 자유롭다. 현실성이 희박할수록 자유도는 높아지고 금기가 완화될수록 흥분도는 커진다. 하지만 놀이에서 자유는 임시적이다. 놀다가 누군가 울어대거나 피흘리게 되면 놀이는 깨져버린다. "금기"와 "구속"으로 가득찬 현실의 하중을 깨닫게 된다. 에토는 이 놀이의 세계를 "묵계와 공범 위에 성립하는 세계" 또는 "술래잡기 주문으로 환기된 세계"로 보았다. 놀이의 세계가 성립하는 필요조건은 "동료간의 묵계"이고, 충분조건은 "외부의 시선에 의한 한정과 승인"이다. 하지만 놀이의 세계에서는 경험을 갈망해도 진정한 경험을 찾지 못한다. 밀도 있는 경험에 도달할 수 없다.[202]

에토는 일본의 전후체제가 "가구(허구)와 현실이 겹친" 놀이의 세계와 같다고 생각하였다. 일본사회는 자기동일성 회복의 허구와 생존유지의 현실이 이율배반적으로 공존하는 세계였다. 에토에 의하면, 이러한 놀이의 세계는 일본이 미국에 정치적, 군사적으로 종속된 데에서 비롯된다. 일본의 평화도, 경제번영도 미국에 의해 보장된 것이다. 전후체제는 반미감정이 강하면서도 미국에 의존할 수밖에 없고, 자주방위를 얘기하지만 자주방위일 수 없는 모순의 세계다. 놀이의 세계에서는 진정한 경험을 맛보기 어렵다. 전후체제를 규율하는 미국의 권력을 응시하지 않는 혁명이나 쿠데타는 놀이에 불과하다. 전공투의 투쟁은 "혁명놀이"였고, 미시마 유키오의 소동은 "군대놀이"였다.[203]

에토가 전공투의 대학투쟁 직후에 '놀이의 세계'의 종언을 선언한 것은 10년 전 전학련의 안보투쟁 직후에 '전후지식인의 파산'을 선고했을 때

---

202 「ごっこ'の世界か終ったとき」(1970), 『続著作集』 3, 119-120쪽.
203 미시마 유키오는 미국에 자국방위를 넘긴 채 독립국가와 같은 얼굴을 한 평화일본의 기만을 응시하였다. 그의 자결을 이러한 기만을 폭로한 것으로서 해석하는 견해도 있다(佐伯啓思, 『自由と民主主義をもうやめる』, 東京: 幻冬舎, 2008, 38-39쪽).

와 닮았다. 하지만 선언의 의미는 좀 달랐다. 10년 전에는 진보지식인의 이상주의(이념)의 허구성을 폭로하였다면, 이제는 사반세기를 지나는 동안 일본의 국가와 사회에 규율해온 미국의 권력작용과 그것이 만들어낸 전후체제의 허구성을 구조적 관점에서 들춰낸 것이다. 에토 준의 비판적 보수주의가 정치적 의미를 띠게 되었음을 말해준다. 전후체제의 허구성을 추궁할 때 필경 국가를 생각하는 정치적 보수감각이 강세를 보이기 마련이다.

이로부터 또 10년이 지난 1980년, 에토는 '전후체제의 허구'='놀이의 세계'를 구조적 권력관계에서 밝히는 작업을 하였다. 보수개헌파와 혁신호헌파와 미국의 삼자가 만들어낸 "묵계와 친화력의 세계"를 문제삼았다. 에토는 보수개헌파(자민당)가 겉으로는 "1946년 헌법"을 개정해야 한다고 말하지만, 실제로는 샌프란시스코 강화조약과 미일안보조약이 자위권과 전력 보유를 용인했다는 사실에 만족한 채 교전권을 문제삼지 않고 주권 제한 상황의 변경을 원치 않는다고 보았다. 혁신호헌파(사회당)도 "1946년의 정의"(평화헌법)에 의탁하여 안보 폐기와 비무장 중립을 주장하지만, 실제로는 교전권을 부인함으로써 자위권 행사를 통제하는 미국의 대일정책을 돕는다고 판단하였다. 미국은 "1946년의 정의"와 "1953년의 정의"(샌프란시스코 강화조약)를 둘다 지켜야 한다는 입장이다. 에토는 삼자 모두 교전권 부인을 용인하되, 보수파와 혁신파는 미국의 일본주권 제한을 묵인하였고, 미국은 일본을 자국의 통제하에 두어왔다고 판단하였다. "친화력"과 "묵계"에 기초한 암묵의 삼자관계가 만들어낸 "밀교의 세계"에서 헌법과 안보조약이 "이중의 허상"을 구축한 가운데, 일본은 경제성장 이외에 할 일이 없었다고 진단하였다.[204]

7. 열려지는 '닫힌 언어공간'

허구의 언어공간

'전후문학의 파산'

현실이 변동하면 말의 의미도 변용한다. 말과 현실 사이에 괴리가 생기면서 기왕의 언어는 적실성을 잃고 허구적인 것이 되기 쉽다. 냉전이 전후체제를 규율하는 한, 냉전체제에 대응하는 진보의 정치활동이 이어지는 한, 진보지식인이 언설세계를 주도하면서 현실을 규제하는 이념을 만들어내는 일은 지속되었다. 하지만 '평화', '민주주의'와 결부된 진보적 언어는 경제=성장공간에서 현실과 괴리를 보이지 않을 수 없었다. 특히 대학분쟁과 데탕트가 냉전체제를 흔들기 시작하면서 진보적 언어공간의 적실성은 크게 떨어지게 된다. 에토는 1970년대 후반 이후 전후체제가 만들어낸 언어공간의 기만성과 허구성을 깨뜨리는 일에 나섰다. 이념화된 언어공간의 '신화'를 깨는 작업이었다. 허구와 현실이 겹친 '놀이의 세계'를 구성하는 언어공간을 해체하는 작업이었다.

에토 준은 언어공간의 해체 가능성을 일단 문학에서 찾았다. "전후문학의 허망"을 보았다. 설령 일본인의 경제적 욕망과 그것이 만들어낸 그늘을 얘기한다 한들, 명분의 세계나 놀이의 세계를 말하는 전후문학은 전후체제가 지속되는 한, 경제=성장공간이 전후체제를 토대로 하는 한, 전후문학일 수밖에 없었다. 전후체제가 명분과 실제가 분열된 세계라면, 문학이 양자 사이에서 명분에 치우친다면, 문학은 실제와의 괴리로 인해 허

---

204 『一九四六年憲法 ― その拘束』(東京: 文藝春秋, 1980), 83-87쪽.

구일 수밖에 없다. 전후문학은 허망할 수밖에 없다. 에토는 전후문학이란 '전후'라는 고통의 시대에 활짝 핀, 그렇지만 국민 개개인의 괴로움과는 무관한 "헛꽃"徒花에 불과하다고 했다. 전후일본을 살아가는 개개인의 괴로움을 공유하지 못하는 문학자들의 자유는 허망하며 문학은 쇠퇴할 수밖에 없다고 단언하였다. 에토는 "전후문학의 파산"을 선고한다. 체험과 개념의 분열에서 비롯된 '전후의식의 허망'을 폭로한 것과 진배없었다.[205] 지난날 에토는 "전후지식인의 파산"을 선고했을 때 '평화주의와 민주주의의 허망'을 폭로했고, "놀이 세계의 종언"을 선언했을 때, 명분과 실제가 어긋난 '전후체제의 모순'을 추궁하였다. "전후문학의 파산" 선고는 '전후의식의 허망'을 폭로한 것이었다.

"전후문학의 파산" 선고는 에토 준이 1970년대 들어 실무가적인 치자의 입장에서 근대일본의 역사와 정치를 돌아보게 된 것과 무관하지 않다. 치자의 관점에서 보았을 때, 명분세계에 구속받는 일본의 전후문학은 허망한 것이었다. 전후세계의 언어공간은 허구적이었다. 에토는 '언어공간의 허구'='말의 허구'를 문제삼았다. 전후 언어공간은 파산한 전후문학의 재생을 통해 회복될 것이 아니었다. 에토는 '전후문학의 재구성'이 아니라 '역사의 재구성'을 통해 전후일본의 언어공간을 회복하고자 했다. 전후체제에서 순치된 언어의 실제적 의미를 되살리고자 했다. 언어의 실제적 의미를 되살리는 것은 말의 허구성을 깨는 것, 실제와 말 사이의 낙차를 해소하는 것이다. 에토는 역사적 실제를 재구성함으로써 이것이 가능하다고 믿었다. 실무가적 치자의 감각에서 재구성된 역사적 실제가 객관적 실제인지, 아니면 에토의 주관적 구성물인지는 따져봐야 할 일이지만.

---

[205] 「戦後史の袋小路」(1978), 『忘れたことと忘れさせられたこと』(東京: 文藝春秋, 1979), 217-219쪽.

에토는 미일전쟁을 둘러싼 언어의 용법에서 언어공간의 허구성을 파악하는 일에 나섰다. '태평양전쟁'과 '대동아전쟁'이라는 호명의 의미를 따졌다. 호명의 규율을 생각하였다. '태평양전쟁'은 전후일본의 저널리즘과 언어 패러다임을 규율하는 말이었다. 에토는 '태평양전쟁'은 미국인이 싸운 전쟁만을 인정하고 일본인이 싸운 전쟁을 말살하려는 의도를 담은 말로, '대동아전쟁'에 쏟았던 일본의 에너지를 공허한 헛수고로 만드는 탈진감을 준다고 주장하였다.[206] 앞에서 보았듯이 우에야마 슌페이, 무라카미 뵤에, 하야시 후사오 등 보수지식인들은 1960년대에 태평양전쟁사관에 덧칠된 미국의 시선을 걷어내고 미국의 전쟁체험이 아니라 일본의 전쟁체험을 토대로 주체를 구성하려면 '대동아전쟁'이란 용어를 되살려야 한다고 주장했었다. 에토는 이들 전전, 전중세대와 달리 전후세대라서 전쟁체험의 주체적 구성을 생각하진 못했다. 전쟁체험이 없었기에 언어공간의 규율이라는 차원에서 '태평양전쟁'이라는 말을 음미했고, 전후일본의 규율된 언어공간의 해체를 꿈꾸었다. 전후체제에서 성립한 비주체적 언어의 관습적인 사용이 국가의식의 상실을 초래한다는 말을 하고 싶었다.

에토는 말과 장소의 연관성에 주목하였다. 말이 변질당하면 경험도 빼앗기고 말의 그물코 안에서 생존할 것을 강요받고 "가축화"한다고 했다. 말이 변질되면 고향도 변한다고 했다. 지세도地勢図 topography와 지지地誌 topology가 일치하면 지리적 공간은 정확하게 포착된다. 일본인은 지리적 공간으로서 '일본'도 있고 '고향'도 가졌다. 하지만 그것을 소유한다는 지리적 감각을 잃어버렸다. 전후체제에서 순치(가축화)되어 지리적 감각이 결여되었고, 이로 인해 국토나 향토에 대한 소유감을 상실하였다. 지세도

---

206 『自由と禁忌』(東京: 河出書房新社, 1984), 280쪽.

와 지지가 분리되어 '일본'과 '고향'을 소유한다는 감각을 잃어버렸다.[207] 에토는 '언어공간=지리적 공간=일본'이라는 등식을 상정한 셈이다. 언어 공간이 변질되면 이 등식은 깨진다. '지리적 공간에 대한 인식=지리적 감각'도 상실되고, '일본'과 '고향'을 소유한다는 감각도 잃어버린다. 조국애나 내셔널리즘도 없게 된다. 등식이 깨졌을 때 "치명적인 도로감"이 찾아온다.

> **치명적인 도로감**이 일본인의 가슴속을 관통하였다. 이 국토도 향토도 자기 것이요 또한 자기 것이 아니다. 이 국토와 향토가 형성하는 지리적 공간에 퇴적되는 역사적 시간 또한 자기 것이면서 또한 자기 것이 될 수 없다. 왜 나하면 경험을 빼앗겼을 때 그 경험을 성립시켜온 공간도 동시에 빼앗겨버렸기 때문이다. 어쨌든, **지리적 공간이 존재하지 않는 곳에 역사적 시간은 퇴적되지 않는다.**[208]

도로감, 즉 허망함의 감정은 '경험의 박탈=지리적 공간의 부재=역사적 시간의 부재'에서 생겨난다. 타율적 강제에 의한 언어 사용으로 경험이 박탈되었을 때 지리적 공간뿐 아니라 지리적 공간에 퇴적된 역사적 시간(전통)도 빼앗기게 된다. 에토가 보기에, 전후 일본인들은 "자신의 것이면서 또한 자신의 것이 아니고 지리도 역사도 빼앗긴 전후의 언어공간"에서, "호흡을 허용하지 않도록 만들어진 언어공간"에서 숨 죽이고 소리 죽이고 가성으로만 노래할 뿐이다. 전후 40년 동안 일본의 어떤 작가도 전후의 언어정책과 검열이 만들어낸 인위적 언어공간에서 자유롭지 못했

---

207 『自由と禁忌』, 280-281쪽
208 『自由と禁忌』, 282쪽.

다.[209] 이러한 전후의 언어공간은 미군정의 언어정책과 검열이 만들어냈다는 것이다. 에토는 그 실태를 밝히는 작업에 착수한다. 전후사 재해석은 이를 위한 선행작업이었다.

전후사 재해석

1970년대 후반부터 에토는 '전후의 허망함'을 이겨내고자 일본의 전후사를 재해석하는 작업에 몰두하였다. 에토는 문학비평을 넘어 역사 실증을 통해 일본 전후사의 통설적인 서술에서 잊혀진 사실을 들추어냄으로써 전후사를 주체적으로 재구성하고자 했다. 진보지식인이 구축한 '전후의 신화'를 깨고자, '통설의 허상'을 깨고자 했다. "사실에 입각하여 전후라는 시대를 재검토"할 것을 주장하면서 전후사관의 해체를 시도하였다. 진보적 세계관에서 만들어진 '허설', '허망', '헛꽃'의 오류를 밝혀냄으로써 전후사관을 구축한 진보지식인들의 "정신적 나태"를 깨고자 했다. 일본의 전후사는 미군정의 민주화나 점령정책의 역사만으로 서술되어서는 안 되며, 패전사나 주권의 유지 및 회복을 위한 "고투의 역사"로서 쓰여져야 한다고 믿었다.[210] 에토의 전후사 재해석은 전후체제를 문제 삼는 행위이자 전후문학과 싸우는 비평투쟁이었다.[211] 전후사 재해석은 에토의 비평 활동이 변곡점을 맞이했음을 뜻한다.

전후사 재해석은 규율의 언어공간을 만들어낸 점령기 일본이 주된 대상이었다. 에토는 GHQ문서를 조사하여 『전쟁사록』 전6권(1977~1978)으로 펴냈고, 정부의 주요 정책에 관여했던 고위 관료 13인과 가진 연속 대담을 모아 『또 하나의 전후사』(1978)[212]로 엮어냈다. 패전과 점령으로 무엇이

---

209 『自由と禁忌』, 288-289쪽.

210 「戦後の再検討」, 『忘れたことと忘れさせられたこと』, 181쪽.

211 富岡幸一郎, 「江藤淳と戦後文学」, 126쪽.

바뀌고 무엇이 유지되었는지를 확인하는 작업이었다. 《아사히신문》의 기사 분석을 통해 점령 초기의 일본인들이 항복과 점령을 어떻게 받아들이고 헌법에 보장된 언론의 자유를 얼마나 향유했는지를 검토하였다.[213] 에토의 관심은 포츠담선언(1945년 7월)의 '무조건 항복'과 일본국헌법의 '자유'에 관한 통설을 비판하는 데 있었다.

'전후'의 원점을 이해하는 통설의 허구성을 드러내고 '진실'을 밝히는 일은 전후 언어공간의 성격을 해명하는 첫걸음이었다. 무조건 항복론 비판으로 시작하였다. 에토는 일본의 포츠담선언 수락을 '무조건 항복'으로 보는 통설을 거부하고 패전이 '유조건 항복'이었음을 논증하였다. 천황제를 존속시킨다는 조건을 달아 포츠담 선언의 7개 조건을 수락했기 때문에 '유조건 항복'이라 주장하였다. '무조건 항복'의 주체가 일본 '국가'가 아니라 일본 '군대'에 한정된다고 해석하였다.[214]

전후사 재해석은 헌법제정의 실태를 밝히는 것도 포함된다. 에토는 시데하라 초안을 토대로 일본정부가 자주적으로 일본국헌법을 제정했다는 통설을 부정하였다. 일본국헌법은 제국헌법의 '개정'이라는 형태로 제정되었지만, 실제로는 일본인의 주체적 의사에서 제정된 것이 아니라 맥아

---

212 『現代』 1977년 1월호부터 1977년 12월호까지 1년에 걸쳐 연재되었고, 이듬해에 단행본 『もう一つの戦後史』(東京: 講談社, 1978)로 출판되었다.

213 『もう一つの戦後史』(1978), 「あとがき」, 474쪽. 관련 저술로 『自由と禁忌』(1984); 『終戦史録』(1977-1978) 전6권, 『占領史録』(1981-1982) 전4권; 『忘れたことと忘れさせられたこと』(1979), 『一九四六年憲法 — その拘束』(1980); 『落葉の掃き寄せ — 敗戦・占領・検閲と文学』(1981); 『閉された言語空間 — 占領軍の検閲と戦後日本』(1989) 등이 발간되었다.

214 「戦後史の袋小路」(1978), 『忘れたことと忘れさせられたこと』, 217쪽. 에토는 무조건/조건 항복을 둘러싸고 혼다 슈고(本多秋五)와 지상논쟁(1978)을 벌였고 이 논쟁은 사회적 관심을 끌었다(『全文芸時評』, 『もう一つの戦後史』, 『本多秋五全集』 제13권). 혼다는 일본의 무조건 항복에 관한 발상은 카이로선언에도 나와 있고 포츠담 선언에도 언급되어 있다면서 "대괄호로 묶는 '무조건 항복'의 사상과 소괄호로 묶는 '무조건 항복'의 방식이 동시에 존재한다"고 주장하였다. 혼다는 사상의 관점에서, 에토는 실증의 관점에서 이 문제에 접근하였다.

더의 "초법규적" 조처에 의해 강제된 권력의 소산이라 생각하였다. 헌법 제정은 미국이 강제한 것이며, 헌법제정 과정에서 일본의 주권은 제한되었다고 판단하였다.[215] 에토는 일본국헌법을 일종의 '조약'으로 간주하였다. 베이징에서 만난 중국 고위관리와의 대화에서 계발된 생각이었다.

> 중국의 관리가 "귀국이 조약에 의해 군비를 구속받고 있다는 사정은 잘 알았다. 하지만 용감한 귀국 국민은 침략을 당하면 물론 무기를 들고 싸우겠죠?"라고 했다. 내가 이에 대해 "각하가 지금 '조약'이라 말씀하신 건 '일본국헌법'을 말하는 것이죠?"라고 반문하자 그는 태연하게 "뭐, 헌법? 그건 **헌법이라지만 조약 같은 것 아닙니까**"라고 했다. 1946년 3월 당시의 일본국민은 이 중국 고관과 같은 정도의 국제감각과 주권에 대한 감각을 견지하였다. 이 사실을 우리는 잊고, 또한 잊혀져 있었다.[216]

포츠담선언도, 일본국헌법도 일종의 '조약'(국제법)이라는 것이다. 똑같은 차원에서 두 문서를 조약으로 간주했던 건 아니다. 포츠담선언의 경우 일본의 패전이 '조건부 항복'임을 정당화하는 논거로서 이 선언에 법적 성격을 부여하기 위해 조약의 성격을 갖는다고 했다. 일본국헌법을 조약으로 간주한 것은 '현행 헌법'이 일본인의 주체적 의사가 반영된 법적 표현이 아니라 미일 권력관계의 소산임을 강조하기 위해서였다.

일본의 항복과 헌법제정에 관한 에토의 해석은 모순된다. 에토는 일본의 항복과 관련해서는 포츠담선언에 법적 성격을 부여하여 '유조건 항복'으로 규정함으로써 일본이 실질적으로 '무조건 항복'을 했다는 사실을 부

---

215 『忘れたことと忘れさせられたこと』, 173쪽.
216 『忘れたことと忘れさせられたこと』, 174-175쪽.

366

제3장 '성장'과 '상실'

정히고자 했다. 일본군대에 한정된 '유조건 항복'이라는 형식(조야)적 사실을 들어 일본의 '무조건 항복'이라는 실질적(정치적) 의미를 타파하는 논법을 사용한 셈이다. 반면, 헌법제정과 관련해서는 제국헌법의 '개정'이라는 법적 실제를 부정하고 맥아더의 "초법규적" 권력의 정치적 작용을 강조하는 논법을 들고 나왔다. 에토의 주체화 의지가 이러한 모순을 허용한 것이 아닐까. 에토는 전후일본의 언어공간을 규율한 통설을 깨고 전후의 원점에서 "당시의 일본국민"이 가졌을, 그 동안 "잊고, 또한 잊혀져 있던" 국제감각과 주권감각을 회복하고자 했다. 물론 "당시의 일본국민"이 실제 그렇게 생각했는지는 별개 문제다. 에토의 주관적 판단일 수 있기 때문이다.

헌법과 검열의 규율

금압과 은폐

진보지식인들은 시데하라 기주로幣原喜重郎 수상의 발안으로 평화헌법을 자주적으로 제정했다는 신화를 구축하면서 헌법에 구현된 '평화'와 '민주주의' 이념을 절대화했고 진보적 저널리즘은 이러한 믿음을 확산시키면서 진보적 언어공간을 구축하였다. 에토는 진보적 언어공간이 미군정의 헌법제정과 검열에 의해 성립했음을 추궁하였다. 전후 일본인의 사고를 규율한 진보적 언어공간을 해체하려면 미군정에 의한 헌법제정과 검열의 실태를 밝혀야 한다고 생각하였다.

에토는 1979년 10월부터 9개월간 우드로윌슨 센터에 머무르며 미군정의 검열 사정에 관해 조사했는데, 이때 앰허스트대학 역사학 교수 레이 무어Ray A. Moore에게서 "War Guilt Information Program"(전쟁에 대한 죄책감을 일본인의 마음에 심어주는 선전계획)이라는 문서를 받은 적이 있다.[217] 미군정 점령정책이 일본인의 심리를 세뇌시키고 일본헌법이 전후일본의 언어공간을 구속하는 실태를 보여주는 자료였다. 에토는 이 문서를 읽고 일본헌법의 규율과 점령군의 검열 사이에 "깊고 은밀한 관계"가 있음을 알았고, 그 실태를 밝히기 위해 수트랜드Suitland의 국립공문서관과 메릴랜드대학 맥클딘McKeldin도서관에 소장된 자료를 조사하였다.[218] 『1946년 헌법―그 구속』(1980), 『낙엽 쓸어모으기―패전·점령·검열과 문학』(1981), 『닫힌 언어공간―점령군의 검열과 전후일본』(1989) 등은 이 조사연구의 성과물이었다.

에토는 이들 저작에서 헌법제정의 실상을 규명하는 한편, 미군정의 공식적 언론정책과 비공식적 검열 사이의 간극을 밝혔다. 헌법의 타율성과 구속성을 규명하였고, GHQ 검열이 어떻게 전후일본의 언어공간을 규율하고 자유를 구속했는지를 추궁하였다. "정치적 현실과 헌법상의 허구 사이의 괴리"[219]를 들추어냈다. "현행 헌법"[220]은 언론의 자유, 표현의 자유, 집회의 자유를 보장하지만 실제로는 1952년 4월말 점령종결 때까지 사문에 불과했고 실제로는 언론 표현의 자유가 없었다고 주장하였다. 헌법에 보장된 언론의 자유는 미군 점령하에서 제한적으로 작동했으며, 일본헌법은 점령통치의 목표를 반영했을 뿐, 집회, 결사, 표현의 자유에 관한 한, 점령군 당국이 헌법의 기능을 정지시켰다는 것이다.[221]

---

217 『閉された言語空間』(東京: 文藝春秋, 1989), 277쪽.
218 「憲法と禁圧」(1980), 『一九四六年憲法』, 180-181쪽. 에토는 5개월 작업 끝에 1980년 3월 하순 윌슨센터에서 열린 미일관계연구회에서 발표할 기회를 가졌다. 발표문은 수정 보완을 거쳐 『諸君!』 1980년 8월호에 실렸다.
219 『一九四六年憲法』, 72쪽.
220 에토 준은 '일본국헌법'이라는 공식 명칭을 쓰지 않고 늘 '현행 헌법'이나 '1946년 헌법'이라 불렀다. 타율적으로 제정된 일본국헌법의 정당성을 부정했기 때문이다.
221 『戦後文学の破産』, 215쪽.

에토는 헌법의 구속과 검열에 의해 성립한 "금압과 은폐의 이중구조"에 주목하였다. SCAP가 헌법을 기초했다는 사실에 대한 비판을 "금압"하고 검열에 의한 탄압을 "은폐"하는 이중구조가 내면화되어 일본인의 의식을 규율하는 언어공간을 구성했다고 보았다. 헌법 제9조의 평화조항이 어떠한 비판도 거부하는 불가침의 터부로서 일본인의 심리를 구속한다고 보았다. 에토에 의하면, 금압과 은폐의 결과 일본인은 거울방에 갇힌 신세가 되었다. 일본인은 일본 쪽은 불투명 유리로 되어 있어 자기 얼굴밖에 보이지 않지만, 미국 쪽은 투명 유리라서 일본 측 방안이 훤히 들여다 보이는 거울방에 갇혀 있다. 일본인들은 일본헌법에 의해 지탱되는 거울방 속에서 자신을 규율하는 갈등의 구조와 실태를 보지 못하고, '평화'와 '민주주의'의 기호를 받아들이는 자신의 모습밖에 보지 못한다. 에토는 일본 쪽도 투명유리로 바꿔야 한다고 주장하였다. '평화조항의 터부'=구속에서 벗어나기 위해서는 검열=탄압의 실태를 밝혀야 한다고 강조하였다.[222]

에토는 현대 일본인들의 사고와 상상력이 일본국헌법의 "금압"과 더불어 점령군의 검열이 만들어낸 "은폐"에 의해 닫힌 언어공간에 감금되어 왔다고 생각하였다. 점령군은 많은 자유를 주었고 열린 언어공간을 만들어주었다고 생각하지만, 실제로는 국어정책, 검열, 정보선전 계획의 삼위일체로써 전후일본의 언어공간을 관리하였고, '자유' '민주주의' 담론은 검열에 의한 배제에서 만들어졌다는 것이다.[223] 이중구조를 만들어낸 일본헌법이 지속되는 한, "금압과 은폐의 이중구조"는 일본사회에 내면화되어 현대 일본인의 심리를 구속할 수밖에 없다는 것이다.

---

222 「憲法と禁圧」, 180-184쪽.
223 『新版 日米戦争は終わっていない』(東京: 文春ネスコ, 1987), 95쪽.

에토는 금압과 은폐의 이중구조가 일본헌법 제9조의 평화조항에 기인한다고 판단하였다. 일본인이 평화를 희구하여 자주적으로 헌법을 제정했다는 명분은 일본의 위협을 막기 위한 미국의 정책적 의도를 은폐한 허구라 생각하였다. 헌법 9조는 미국에 대한 "서약"이었다. 일본헌법 전문에 "일본국민은 정의와 질서를 기조로 하는 국제평화를 성실하게 희구하고…"라는 언술은 일본이 미국에도, 세계의 평화와 안전에도 위협이 되지 않겠다는 "서약"이었다는 것이다. 자위대는 일본의 재군비가 아니라 미국의 세계전략을 보조하는 "지역적, 전술적, 보완적 군사력"이며, 전수방위도 독자적 군사행동을 의도한 것이 아니라 보완적 군사력에 한정된 것으로 보았다.[224]

에토는 일본의 자주성과 평화추구라는 명분(허구)과 미국의 세계전략과 대일정책이라는 실제(진실) 사이에서 괴리를 보았다. 일본의 위협을 방지하고 미국의 세계전략을 추종하게 만드는 미국의 대일정책이 일본의 닫힌 언어공간에 전이될 때 "미사여구"나 "이상주의적 언사"로 치환된다고 생각하였다. 헌법 제9조는 미국에게는 일본의 위협을 예방하는 조항이지만, 일본에게는 평화국가의 이상을 선언한 조항이었다.[225] 에토는 "1946년 헌법"(일본국헌법)에서 개인적 자유를 아무리 허용해도 도저히 메울 수 없는, 국가주권의 제한에서 기인하는 부자유를 보았다. 국가주권의 제한에 따른 부자유는 교전권을 인정하지 않는다는 헌법 제9조 2항과 관련된다. 에토는 헌법 제9조를 전쟁포기 조항이나 평화조항이 아니라 주권제한 규정으로 파악하였다. 일본인들은 자유를 빼앗겼는데도 "놀이의 세계"에 살면서 모르는 척 할 뿐이다.[226]

---

224 『新版 日米戦争は終わっていない』, 83-90쪽.
225 『新版 日米戦争は終わっていない』, 83-90쪽.
226 「憲法と禁圧」, 184-186쪽.

'닫힌 언어공간'과 주체화

에토는 구조화된 거울방을 "닫힌 언어공간"이라 불렀다. 닫힌 언어공간은 일본 자신의 노력이 완전히 잊혀지고, 미국 내셔널리즘의 끈이 달린 기호만이 기억되는 세계를 말한다. 아메리카니즘의 규율이 기능하는 공간이라 하겠다. 닫힌 언어공간에서 '평화'는 미국 내셔널리즘을 은폐한, 누구도 반대할 수 없는 보편이념의 기호로서 작용한다고 보았다.[227]

일본인은 교묘하고 철저하게 관리된 언어공간 속에서 수동적 인간이 되었다. 스스로 뭔가를 생각한다면서도 피동적으로 생각하는, 자주적으로 말한다면서도 피동적으로 말해지는 기묘한 언어활동을 되풀이할 수밖에 없었다.[228] 에토는 "자신의 머리로 생각하는지, 누군가에 의해 생각하도록 만들어져 있는지" 반성해야 한다고 말한다. 미일 관계를 규율하는 "제도화된 언어공간"의 내부에서만 현상을 보지 말고 외부에 시점을 두고서 닫힌 언어공간을 상대화해야 하며, 미국만 볼 것이 아니라 다양한 관점에서 세계를 봐야 한다고 말한다. "작위적인 언어공간"에서 자유로와져야 한다고 말한다.[229]

에토는 작위적인 언어공간에서 벗어나는 길을 교전권 회복에서 찾았다. "평화를 사랑하는 제 국민의 공정과 신의를 신뢰"한다는 일본국헌법의 허구를 믿어서는 안 되며, 이 허구를 해소하는 길은 교전권 회복에 있다는 것이다. 교전권을 회복해야 강제된 헌법상의 구속을 벗어나 자유로운 주권국가로서 주체적으로 평화를 유지할 수 있다는 것이다. 에토는 "강제된 파트너"가 아닌, "자유로운 파트너"로서의 미일동맹을 상정하였다.[230] 당장의

---

227 『新版 日米戦争は終わっていない』, 91-94쪽.
228 『新版 日米戦争は終わっていない』, 100쪽.
229 『新版 日米戦争は終わっていない』, 156-157쪽.
230 『一九四六年憲法』, 92-95쪽.

헌법개정보다는 헌법의 상대화를 주장하였다. 일체의 헌법 비판을 부정하는 터부에서 벗어나 헌법을 비판할 자유가 허용되어야 한다고 했다. 헌법수호보다 스스로의 안전과 존속이 중요하다는 것을 공언할 자유를 가져야 한다고 했다.[231]

헌법의 금압과 검열의 은폐를 폭로한 행위는 경제성장과 데탕트의 문맥에서 일본의 주체화가 진전되었음을 보여준다. 실무가적 치자 감각을 갖게 되면서 '아메리카의 하중'의 정치적 의미가 무겁게 다가왔음을 보여준다. 에토는 역사실증으로 옮겨갔다. **가족사의 연원을 추적하는 역사 탐구에서 일본국가의 주체화를 모색하는 역사실증으로** 이행하였다. 미국에 의해 규율된 헌법제정과 검열의 일본적 특수성에 주목하였다. 그런데 검열 주체의 모습을 은닉한 검열 방식은 미 점령군에게만 한정된 건 아니었다. 총력전 체제에서 내무성 경보국은 엄격한 언론통제를 시행하였고 복자伏字까지도 없애는 은폐된 검열을 행한 바 있다.[232] 질서를 해치는 위험분자를 따돌림하는 일본 저널리즘의 자체 검열도 일본의 언어공간을 규율하였다.

미군정의 검열을 둘러싼 에토의 '실증'에 대해 세평은 차가왔다. 매스미디어나 진보지식인들은 반발하거나 아예 무시했다. 에토가 왜 검열 문제에 그리 열심인지 다들 의아해 했다. 후쿠다 쓰네아리는 연합군 사령부가 폭넓게 사전검열을 행했다는 건 누구나 아는 사실이며 나도 사전검열을 받았다, 서간, 사신, 전보, 전화까지 사전검열을 했다고 말하지만 특별한 경우에 한정된 일이었다, 윌슨 센터까지 날아가 2백 박스나 되는 공개문서를 일일이 뒤졌다는데 국제교류기금의 돈을 낭비한 쓸데없는 짓이다,라고 쏘아붙쳤다.[233] 에토는 GHQ 민정국이 건네준 영문 초안을 번역

---

231 「憲法と禁圧」, 189쪽.
232 요시미 슌야, 『왜 다시 친미냐 반미냐―전후일본의 정치적 무의식』 (서울: 산처럼, 2008), 110–111쪽.

한 일본국헌법의 언어감각이 전후문학의 언어감가에 상당한 영향을 미쳤다고 강변하기도 했는데, 후쿠다는 일본인의 국어표현 능력이 쇠퇴한 건 헌법 탓이 아니라 국어국자가 개악되고 국어시간이 반으로 줄었기 때문이라고 반박하였다.[234]

에토는 통념이란 "이데올로기적 왜곡을 반영한 환상"에 불과하다면서 자신이 확인한 '사실'을 저널리즘을 통해 주지시켜야 하고 교과서에 실어 중고교생에게 알려야 한다고 우겼다.[235] 하지만 선택된 사료의 과학적 실증이라는 방식으로 전후일본의 닫힌 언어공간을 드러냈을 뿐이다. 전후일본의 지식인들은 미점령군이 규율하는 언어공간을 양해하였다. 점령을 당한 곳에서는 승자가 강요하는 금압과 은폐의 공간은 피할 수 없는 법이다. 에토는 자명한 사실을 사료의 과학적 실증을 빌어 새로운 발견을 한 것인 양 애기한 셈이다. 사료 실증은 편의적이었고 '국가'를 향한 보수적 회귀의 욕망을 담은 것이었다. 마치 전후에 진보지식인(사회과학자)들이 과학적 실증을 내세워 진보적 이념을 드러냈던 것과 흡사했다. 실무가적 보수주의의 이념이 과학적 실증이라는 의장意匠을 입었을 때, '아메리카'를 외재화하고 타자화할 길은 열렸지만 비판의 역동성은 상실된 것이 아닐까. 금압과 은폐의 언어공간을 해체하는 작업에 나서는 순간, 에토의 비평적 리얼리즘은 긴장감을 상실하고 형해화된 것이 아닐까. 에토 준은 자기의 억압구조를 드러내고 억압구조를 만들어낸 타자(아메리카)를 폭로했을 뿐이다. 일본의 안보를 미국에 의탁하는 한, 타자 부정=아메리카 부정의 사유는 억지할 수밖에 없었다.

---

233 福田恆存,「問ひ質したき事ども」(1981),『中央公論』1981.4; 坪内祐三,「二人の保守派 ― 江藤淳と福田恆存」,『諸君!』1999年 10月号, 181쪽.

234 坪内祐三,「二人の保守派」, 182쪽.

235 『もう一つの戦後史』, 474쪽.

8. 에토 보수주의와 '황실'

보수주의와 리얼리즘

민주=안보공간 후반부터 경제=성장공간을 거치면서 에토 준이 마주했던 과제는 전후의 상실감을 역사의 연속성을 매개로 극복하는 것, 내면화되어 전후 일본인의 마음을 안으로부터 규율하는 아메리카니즘의 그늘을 조명하는 것, 미군정이 강제한 헌법과 검열이 만들어낸 전후일본의 닫힌 언어공간을 해체하는 것이었다. 에토는 각 과제에 대응하면서 보수적 심성을 드러냈고, 보수적 심성은 경제성장과 더불어 사적 감성에서 공적 감각으로 바뀌었다. 에토는 고도 경제성장이라는 객관적 사실과 이에 부응하여 배양된 치자 감각이라는 주관적 심성에서 촉발되어 전후의 상실감을 극복해갔다.

에토는 민주=안보공간의 끝자락을 지켜보면서 전후일본의 진보적 세계관이 조출한 개념과 현실의 괴리 혹은 분열을 목도하였다. 이론이나 개념을 동원하여 완전성을 상정했을 때 현실과의 차이로 인해 픽션이 생겨나지 않을 수 없다. 이 픽션을 깨려면 개념과 현실의 분열을 초래한 개념을 추궁해야 했다. 에토는 아메리카니즘을 토대로 구축된 진보적 개념세계의 허구를 해부함으로써 현실세계와의 괴리를 없애고자 했다. 에토의 비평정신에 보이는 비판적 보수주의는 이러한 괴리나 분열을 보수적 관점에서 파악하고 추궁하는 방식이었다.

에토는 개념세계와 현실세계의 분열을 해소하는 길을 상대주의적 지상세계에서 찾았다. 이원적 상대론의 다이내미즘에서 상대주의를 보았다. 상대주의가 결여될 때 니힐리즘의 경향이 생기고 다이내미즘을 상실한다고 믿었다. '부정의 정신'은 이원적 상대론에서 얘기될 수 있었다. 나쓰메 소세키처럼 절대자로서의 '천'을 상정하지도 않았고, 후쿠다 쓰네아리

저럼 절대자로서의 '신'에 주목하지도 않았다. 분열을 초래한 진보적 세계를 해체함으로써 개념과 현실의 괴리를 봉합할 수 있다고 믿었다. 우세한 진보의 일원적 절대주의에 상대주의로 맞섰다. 하지만 진보주의의 일원적 절대주의를 부정하는 것만으로는 충분하지 않다. 진보주의가 온존하는 한, 개념과 현실 사이의 괴리는 지속되기 때문이다. 말(기호)과 사물(실체)의 괴리를 추궁하는 비평은 곧 정치적 행동이었다. 상대주의의 입장에 섰을 때, 도착이나 단층의 부정, 시세에의 반역은 관념의 부정뿐 아니라 관념에 매몰된 자기부정을 수반하지 않으면 안 된다.

'체험'과 '상식'은 개념이나 이념의 허구성을 추궁하고 픽션과 현실의 괴리를 극복하는 데 필요한 근거였다. 일본인의 생활과 민주주의를 성립시키는 최소한의 약속이었다. 개개인의 개별적인 체험은 일상생활의 영역에서 이루어지는 인간의 불완전성의 축적과정이며 시행착오의 과정이다. 체험은 개개인이 현실과의 접촉을 통해 축적됨으로써 개인을 성숙시킨다. 한편 상식은 과격한 극적 상황에서 요구되는 판단과 행동의 준거였다. 상식은 상대적 가치를 용인하는 도덕이며, 생활을 획일적으로 규제하는 규범을 배척하는 행동의 지침이었다. 생활감각에 가까운 것이었다. 에토는 '정의'를 표방하는 진보좌파의 과격한 비상식적 행동뿐 아니라 국가권력의 폭력에 대항하여 "한 시민의 소박한 상식"을 내세웠다.

에토는 문학자의 정치 참여를 용인하지 않았다. 문학은 현실에 무력했을 때 가장 힘이 있다면서 문학자의 현실참여는 "서재 안"에서 이루어져야 한다고 믿었다. 에토의 리얼리즘은 현실과 거리를 두었을 때 가장 리얼하게 현실을 파악할 수 있다는 비판정신에 기초한다. 리얼리즘은 현실과 거리를 두었을 때 리얼리티가 제대로 파악된다는 논리였다. 에토는 말을 실체로 보는 실체론적 언어관을 토대로 현실을 묘사하는 리얼리즘 문학에 동의하지 않았다.

에토는 문학자의 현실정치 관여에 비판적이었지만, 문학은 정치와 분리될 수 없다고 생각하였다. 문학은 사회적 기능을, 문학자는 사회적 효용을 가져야 한다는 것이다. 이 경우 말의 주체적 행위는 사회적 현실의 제약을 받지 않을 수 없다. 하지만 문학과 정치를 결부시켰을 때 문학과 정치의 이원적 긴장을 지속하기는 어렵다. 경제=성장공간의 한복판에서 에토가 "근대문학의 파탄"을 선언했을 때, 치자감각을 갖고 정치에 연루되었을 때, 이원적 상대주의에 내포된 긴장감, 역동성은 약해지게 된다. 비판적 리얼리즘은 무뎌질 수밖에 없었다.

'국가=황실'과 리얼리즘의 형해화

진보주의자의 이념적, 개념적 세계구성에 대항하면서 개개인의 구체적 체험을 강조했을 때, 안보소동의 과격한 양상을 보면서 "한 시민의 소박한 상식"을 말했을 때, 에토는 개인을 자각했음이 분명하다. 젊은 날의 에토는 "국가가 존재하고서 내가 존재하는 것이 아니다"라면서 개인의 자율성을 강조하였다. 정신의 자율성을 말한 것이지 정치적 주체로서의 근대적 개인을 상정했던 건 아니다. 전체에 대항하는 개인이 아니라 패전과 국가의 상실을 견디며 살아가는 인간을 상정하였다. 개개인의 존재양태(체험)를 중시했고 개인의 철저한 자기검증을 요구하였다.

이러한 개인의 모습은 미국체험을 계기로 '국가'를 재발견했을 때도 살아 있었다. '국가'는 패전의 상실감을 견뎌내는 근거였다. 일본사회에 내면화된 '아메리카의 그늘'을 찾아냈을 때조차 '국가'에의 노골적인 연루는 억제되어 있었다. 에토는 경제=성장공간에서 '이익득실'이라는 기준을 제시하면서 이익을 추구하는 주체로서 개인을 상정했지만, 개인주의를 옹호한 건 아니다. 개인의 에고이즘은 의리의 윤리에 의해 억제되었다. 개인은 장소에 매인 존재였다. 자기억제의 윤리는 '국가'를 향해 요구되었다. 후쿠다 쓰네아리와 달리 '사회'에 대한 숙려가 약했다. 개인의 자기억제를 유발하는 사회적 구속은 자율적 결사체가 아니라 '국가'에 의해 부과된 것이었다. 개인은 스스로를 구속하는 장소를 견뎌내야 했다. 개인의식은 한정적일 수밖에 없었다.

에토는 메이지 국가를 이상형으로 상정하고, 국가를 생각한 메이지 문학자와 정치가를 재발견하는 데 힘썼다. 에토의 국가 상상은 사적 상실감을 구원해주는 국가에서 개인을 구원하거나 규율하는 공적 제도로서의 국가로 옮겨갔다. 이 과정에서 일본사회와 일본인의 내면에 드리워진 '아메리카의 그늘'은 밖으로 드러났다. '아메리카'는 제도를 매개로 일본사회와 일본인의 사상과 심정을 짓누르는 무거운 하중으로 느껴졌다. 에토는 미국이 강제한 헌법과 검열이 만들어낸 닫힌 언어공간에서 '국가'를 구출하고자 했다. 이를 위해서는 '닫힌 언어공간'을 해체해야 했고, 미국이라는 타자를 벗겨내야 했다. 하지만 미국에 의해 강제되었다고 믿었던 닫힌 언어공간을 벗겨낼수록 스스로의 언어공간에 자폐할 개연성이 커졌던 건 아닐까.

에토는 '닫힌 언어공간'을 해체하던 때 헌법을 국체의 관점에서 파악하는 견해를 드러냈다. 문화, 전통, 습속의 일체를 포함한 콘스티튜션을 일본문화의 문제로 파악하였다. 헌법전은 '국체'(国柄) 위에 성립해야 한다고 생각했다. 국체는 생활양식을 말한다. 에토는 일본의 콘스티튜션을 죽은 자의 혼과 산 자의 혼이 왕래하는 일본의 국토, 문화, 전통으로 파악하였다. 콘스티튜션의 핵심은 산 자가 죽은 자를 어떻게 제사지내고 어떻게 대우하는지에 있다고 보았다. 여기서 야스쿠니 참배 문제가 대두된다. 에토는 신은 혈연이나 기억에서 사람과 연속되는 한편, 타계한 자의 영혼이므로 산 자와 단절되어 있다고 보았다. 일본인과 죽은 자의 관계를 이러한 단절과 연속의 동시존재로 파악하였다. 에토는 일본이라는 국토, 일본인이 주목하는 풍경, 일본인의 일상생활, 즉 국체=콘스티튜션이

"사자와의 공생감" 속에 있다고 생각하였다. "죽은 자와 함께 살 수 없다면 살아있다는 감각을 가질 수 없다"면서, 일본문화의 근원에는 이러한 감각이 있다고 했다.[236] 에토는 산 자가 생생하게 생활하기 위해서는 죽은 자를 항상 생각해야만 한다고 했다. "나라의 지속"은 "일국의 문화의 지속"이며, "일국의 감수성의 지속"이라 말한다.[237] 에토는 정치가의 사명은 일본문화를 지속, 발전시키는 데 있다면서 일본정치가의 야스쿠니 참배를 정당화하였다. 국체의 보전을 우선시하는 보수우파의 감각을 드러냈다. 야스쿠니신사는 "나라의 지속"="문화의 지속"="감수성의 지속"을 가능하게 하는 제도 혹은 장치였다.

에토는 쇼와의 종언과 함께 시작된 탈전후=역사공간에서 '황실'과 '국가'의 쇠락을 절감하였다. 쇼와 천황의 서거에서 깊은 상실감을 느꼈다. 천황을 향한 존숭심은 더욱 깊어졌다. 쇼와의 종언은 에토의 사상적 역할의 종언을 뜻한다. 에토의 비판적 보수주의는 탈전후=역사공간에서 더이상 유효하지 않았다. 새로운 문맥을 예리하게 짚어내는 비판정신은 작동하지 않았다. 홉스적 이미지의 국제사회를 상정하고 국가주권과 국가방위를 추구하는 통속적 현실주의를 드러냈을 뿐이다. 에토는 대미 의존 탓에 냉혹한 국제사회 현실에 둔감해졌다면서 미국에만 안주해서는 안되며, 중국, 한국 등 주변 국가에 배상금도 내지 말고 사죄도 말아야 한다고 주장하기도 했다.[238] 보수우파와 논제를 공유하였다.

국제사회에서 생존하고자 분투하는 국가를 상정하면서 국가 이미지는

---

236 「生者の視線と死者の視線」(1986), 江藤淳·小堀桂一郎編, 『新版 靖国論集』(東京: 近代出版社, 2004), 10-17쪽. 에토 준은 1984년에 설치된 〈각료의 야스쿠니신사 참배문제에 관한 간담회〉에 위원으로 참여하였다.

237 「生者の視線と死者の視線」, 27-28쪽.

238 「国は何のためにあるのか」(1995), 『保守とはなにか』, 149-151쪽.

고정되고 쇼와의 종언으로 '국가'를 향한 심정이 깊어졌을 때, 에토의 비판정신은 약해졌다. 비판정신이 약해지면 문맥적 사고가 작동하지 않고 고착된 이미지의 언설만이 반복된다. 헌법적 규율과 검열의 언어공간에서 '국가'를 구출하려 했던 에토는 국가주의 경향을 보였다. 탈전후=역사공간의 에토 준은 패전공간의 일본국가를 재해석하였다. 패전 상황에서도 "법률적으로도", "실질적으로도" 국가가 존속했고 "국가와 국민의 계약 관계"는 상실되지 않았는데, 민주주의, 평화주의, 기본권의 실현을 국가의 목적으로 삼는 진보주의자의 픽션이 이 계약 관계를 덮어버렸다고 강변하였다.[239] '국가'에 충실한 '국민'을 의도한 발언이 아닌가. 에토는 점령군의 "거의 전체주의적인 '정의'의 강매"로 성립한 전후민주주의는 일본인의 생활을 규율하는 국가의 의제擬制와 거짓(허구)이었다고 항변하였다.[240] 전후민주주의를 벗겨냄으로써 '국가'의 실체적 연속성을 강조한 것이다.

탈전후=역사공간에서 아메리카니즘으로부터의 탈각은 분명해졌다. 에토는 평화와 민주주의, 기본적 인권과 같은 근대적 가치의 미국적 보편성을 거부하고 미국을 특수한 존재로 상대화하였다. 미국적 보편성을 미국적 특수성으로 상대화하고, 일본적 특수성을 일본적 보편성으로 일반화하였다. 미국의 특수한 사고법을 인류 보편의 원리로 받아들인 전후민주주의의 "원리주의"를 비판하고 미국이 부과한 평화헌법을 "세속의 법률"로 상대화하였다. 일본의 고유한 관습을 일본인의 보편적인 것으로 상정하였다. 일본의 고유한 신도를 일본인의 보편적인 제사로, 야스쿠니신사 참배를 종교 종파를 초월하여 일본인 모두가 양해하는 제사로 규정하였다. 2천년 동안 종교 종파를 초월해 사자를 대하는 일본인의 경건한 감정

---

239 「国は何のためにあるのか」(1995), 145-146쪽.

240 「日本人の‘正義’と‘戦後民主主義’」(1997), 『国家とはなにか』, 20-21쪽.

의 근원을 이루는 신도를 "영원의 법"인 "신들의 법"으로 상정하였다.[241] 전후민주주의의 보편적 정의를 일본 신도의 "영원한 법"으로 역전시킨 것이다. 이러한 역전은 **헌법과 검열의 진보적 언어공간을 종교와 풍습의 보수적 언어공간으로 대체하는 것**이라 봐도 무방하다.

"신들의 법"이 일본인의 보편적 정의를 구성하는 것이라면, '황실'은 국가의 연속성과 국가 존립의 정당성을 제공하는 근거였다.

> 황실은 계속되고 있다. 일본은 황실을 지킨 것이다. 보수란 그런 것이다…
> 포츠담선언 수락을 둘러싼 일본 국내의, 또는 일본과 연합국의 주고받음
> 속에 국가와 사회의 존속에 관련된 가장 깊은 문제가 숨어 있다. 쇼와 20년
> 에 분명해진 것은 **황실이 지켜진다면 국민은 지켜진다는 것**이다. 이에 대해 지
> 금 통속적으로 말해지는 건, 중요한 건, 한 사람 한 사람의 시민의 복지를
> 지키고 향상시키고 인권을 지키는 것이라 한다. 그러나 **지켜져야 하는 건 개
> 개의 시민이 아니다. 지켜야 하는 건 그 나라의 존립의 근본에 있다… 황실을 존속시
> 킨다는 것, 이것이야말로 보수의 정수**精髓**였다.**[242]

탈전후=역사공간에서 에토의 보수적 사유는 '황실' 중심의 '국가'를 향해 치달았다. 국가방위와 황실을 전면에 내세우게 된다. 에토는 개개인의 복지와 인권보다 국가의 존립이 더 소중하며, 황실의 존속이 국가와 개인의 존립을 보장한다고 말한다. 황실의 존속을 "보수의 정수"로 규정할 때, 이원적 상대론이나 비판적 보수주의는 설 자리를 잃을 수밖에 없다. 에토 보수주의는 보수우파와 만나는 경계선에 이르렀다.

---

241 「日本人の'正義'と'戰後民主主義'」, 27-32쪽.
242 「福沢諭吉の『帝室論』」(1997), 『国家とはなにか』, 115쪽.

제4장

'탈전후'와 '반근대'

탈전후=역사공간의 일본과
니시베 스스무의 보수주의

1. 탈냉전과 탈전후=역사공간

경제적 성공과 '근대의 질주'

경제대국화와 니시베 스스무

냉전종식(1989)과 걸프전(1990.8~1991.2)은 국제질서를 뒤흔들었을 뿐 아니라 일본의 정치와 사회에도 커다란 변동을 초래하였다. 사회당 혁신세력이 몰락하였고, 자민당 보수세력의 장기집권이 흔들렸다. 경제대국화와 함께 부풀어올랐던 거품경제가 일거에 무너지고 일본사회는 경제불황의 긴 터널 ─ '잃어버린 20년' ─ 에 들어섰다. 걸프전은 일본이 세계질서 변동의 강진을 직접 느끼게 된 사건이었다. 일본은 걸프전이 발발하자 경제대국에 걸맞은 국제공헌을 국제사회로부터 요구받았지만 제대로 부응하지 못했다. 전후체제에서 오랫동안 반응적reactive 외교에 익숙했던 '평화국가', '경제국가' 일본이 탈냉전의 변동하는 정치군사적 국제환경

---

* 이 장에서 니시베 스스무의 저작을 인용할 때 저자명은 생략한다.

에 능동적proactive으로 대응하기란 쉬운 일이 아니었다. 일본의 국가와 사회가 국제와 국내의 질서변동에 취약성을 드러내면서 일본의 전후체제도 흔들리기 시작하였다. 일본의 정치권과 논단에서는 전후체제를 규율한 제도와 이념을 둘러싸고 논쟁이 벌어졌다. 거품경제의 붕괴와 이어진 경제침체로 일본인들 사이에서는 경제적 성공에 따른 성취감이 급격히 떨어지고 불안심리가 깊어졌다.

일본의 전후체제는 제도와 이념의 양면에서 변화를 요구받았다. 전후체제를 상대화하거나 부정하는 탈전후(포스트전후)의식이 출현하였다. 니시베 스스무는 탈냉전과 지구화의 문맥에서 누구보다 예민하게 탈전후적 상황을 포착했던 보수지식인이었다. 니시베는 1994년에 이런 말을 했다.

> 전후에 일본인들은 **세계에 뛰어난 아이**로서 두각을 나타냈다. 근대 자체가 어린애같은 짓에 열중해 왔는데, **전후일본은 그 선두에 서서 질주해 왔다.** 이에 대한 **반성**이 절실히 요구되는 것이 바야흐로 얼마 남지않은 이 90년대이다.[1]

전후일본은 "어린애 같은 짓"에 열중하면서 '근대'의 선두에서 "세계에 뛰어난 아이"로서 두각을 나타내며 질주해 왔다. 니시베는 절실한 반성을 요구한다. 1990년대 질서변동의 한복판에서 시대의 변화를 감지하는 메타포를 구사하면서 '근대의 질주'에 대한 반성적 성찰을 요구한 것이다. 탈냉전과 지구화가 개시된 1990년대는 흔히 질서변동기에 보이듯이 반성과 성찰이 요구되는 시기였다.

이 해 가을, 쇼와 종언 이후 건강이 좋지 않아 펜을 자주 들지 못했던 후쿠다 쓰네아리가 세상을 떴다. 탈전후=역사공간이 시작된 때에 삶을 마

1　『歴史感覚 ― 何が保守政治の神髄か』(東京: PHP研究所, 1994), 199쪽.

감한 것이다. 후쿠다도 민주=안보공간의 초입에서 근대의 '질주'를 멈추고 '정지'靜止할 것을 요구한 바 있다(제2장). 하지만 후쿠다의 소망과 달리 일본사회는 '정지'하기는커녕 경제성장=근대화에 매진하면서 '질주'의 속도를 높였다. 민주=안보공간의 '신일본 건설'에서 국민국가의 부활을 꿈꾸건, 시민사회의 구축을 소망하건, 사상과 제도의 유력한 지향 목표는 '정치적 근대'였다. 경제=성장공간에서도 진보지식인들은 에토 준의 파산 선고에도 불구하고 '평화'와 '민주주의'를 외치는 진보적 지식사회의 논단활동과 시민활동을 이어갔다. 경제성장이 '근대화'의 성격을 갖는 한, 진보지식인의 '근대주의'는 유효성을 잃지 않고 유통될 수 있었다. 경제적 욕망에 추동되어 경제대국화='경제적 근대'의 환상을 좇았던 보수의 정치가나 지식인들도, 부국강병을 추구하는 근대국가 패러다임에 의탁하는 한, 경제발전=근대화를 지향하는 한, '근대적 가치'를 공유할 수 있었다.

경제=성장공간을 통과하면서 후쿠다 쓰네아리는 '보수반동'의 이미지가 굳어졌다. 에토 준도 헌법과 검열에 규율되는 전후체제의 언어공간에 관한 역사학적, 정치학적 고찰로 스스로 정치화하면서 '보수반동'이라는 비난을 들어야 했다. 정치적 계절이 가고 경제=성장공간이 질주했을 때, 위기적 상황이 만들어냈던 긴장감이 소멸했을 때, 후쿠다는 변하지 않았지만 자신의 비판적 보수주의가 통하던 맥락을 상실하였고, 에토는 경제=성장공간을 통과하면서 정치적 현실주의를 강하게 드러냈다. '보수반동'의 이미지는 이들이 자신의 사상과제(의제)가 더 이상 통하지 않는 문맥(공간)에 들어섰음을 시사한다.

1970년대 후반부터 1980년대를 거치는 동안 후쿠다는 논단에서 존재감을 잃었다. 에토는 문예비평에서 역사비평, 정치비평으로 옮겨갔다. 문학(문예)과 정치가 분리되고, 문학자의 정치적 발언이 시대적 의미를 갖기 어려운 때가 찾아온 것이다. 문학자의 비평정신이 파산해서가 아니다. 경제=성장공간이 문학자들을 파산으로 몰아넣었기 때문이다. 문예비평가의 문학적 감수성이나 상상력이 탈전후=역사공간의 의제들에 대처하기 어려워졌기 때문이다. 탈전후=역사공간에서는 이 사상공간의 시대적 과제와 대결하는 비판사상으로서의 비평이 새롭게 요구되었다. 비평가들은 경제대국화 이후의 탈냉전과 지구화 문맥에서 배태된 정치경제 문제에 대응해야 했고, 일본경제의 빛과 그림자를 말할 수 있어야 했다.

니시베 스스무가 경제사상가, 사회비평가, 문명비평가로서 등장한 것은 이 지점에서였다. 니시베는 탈냉전/지구화 문맥의 일본에서 보수적 문예비평가들보다 뛰어난 현실감각을 보인 보수주의자였다. 경제=성장공간의 끝자락(경제대국화 문맥)과 탈전후=역사공간의 한복판에서 사회과학 비평가로서 예민한 현실인식과 적실성 있는 비판정신을 보여주었다. 패러다임이 바뀌면 '비평'='비판'도 이에 부응해야 한다. 에토 준이 "전후문학의 파산"을 선고했던 바로 그 시점에 '사회과학 비평가' 니시베 스스무가 보수적 비평을 시작한 건 우연이 아닐 것이다. 니시베는 문예비평으로는 파악하기 어려운, 고도화된 경제=성장공간과 탈전후=역사공간의 의제들을 비평해야만 할 어떤 필연성을 감지했고, 이에 부응하는 비판적 보수주의의 언설을 생산하였다.

니시베의 비판적 보수주의는 두 국면에 대응하는 것이었다. 하나는 고도 경제성장이 경제대국화를 결실하는 한편 경제성장=근대화의 부작용을 보이기 시작한 1980년대의 고도화된 경제=성장공간의 국면이다. 다른 하나는 1990년대 들어 전개된 탈냉전/지구화의 국면이다. 니시베는 두 국면에 대응하면서 사회과학과 경제사상사 연구에서 배양된 보수주의 이론과 비평정신을 장착하여 선배 보수주의자들이 만나지 못했던 새로운 문제상황과 마주하였다. 현대일본을 '고도 대중사회'로 보는 관점에서 '산업제'와 '민주제'를 비판하였다. 전후체제를 전면적으로 부정하였고, 일본의 개인-사회-국가의 양태에 관해 사유하였다. '투쟁적 보수'로 나섰다.

경제적 성공과 '국민화'

전후체제에 대한 회의적, 비판적 시각이나 전후체제를 극복하려는 탈전후의식이 급부상한 것은 탈냉전과 지구화라는 외적 계기가 작용해서였다. 하지만 1980년대 경제적 성공과 경제대국화를 달성하면서 전후체제가 최고의 발전단계에 이르렀다는 사실도 내적 계기가 되었다. 경제적 성공, 정치적 안정, 문화적 자부심은 일본의 전후체제가 도달한 최고점이었다. 1980년대 일본의 경제대국화는 '근대의 질주'가 도달한 최절정이었다. 나카소네 야스히로 정권 때였다. 나카소네는 경제대국화를 이룩하면서 '국제화'를 표방하였고 경제대국으로서 국제책임을 수행하는 '국제국가' 일본을 구상하였다. 보수의 내적 기반을 구축하는 '국민화'도 시도하였다. 〈국민회의〉를 조직하고, 히노마루와 기미가요를 법제화하고, 교육기본법을 제정하였다.

국제화와 국민화는 경제성장과 내셔널리즘이 결합된 것이었다. 국제화가 국민국가=내셔널리즘의 대외적 표현이었다면, 국민화는 '진보적 시민'에서 '보수적 국민'으로의 전환을 의도한 것이었다. 국민화는 전후체제의 최정점에서 보수화가 제도화되고 있었음을 시사한다. 나카소네의 보수화 구상은 냉전체제와 전후체제가 만들어낸 정치적 보혁구도가 안정적으로 운용되고, 여기에 경제적 풍요가 결부되어 성립한 것이었다. 나카소네 정권의 보수화 정책은 '우경화'라기보다는 내셔널리즘의 표현으로 봐야 할 것이다.[2] 국제화와 국민화의 동시적 모색은 경제=성장공간의 최절정에서 국민국가를 지향한 내셔널리즘의 표현이었다. 나카소네가 표방한 '전후정치의 총결산'은 주권체로서의 국민국가의 완성을 뜻했다. 패자의 전후의식을 털어내는 것을 의미하였다. 전후체제의 제도적 틀(평화헌법, 민주주의, 미일동맹) 속에서 최대한 자율성과 능동성을 확보한다는 정도의 의미였다. 하지만 전후의 '체제'를 온존한 상태에서 '전후'를 극복한다는 것은 일종의 형용 모순이었다.

일본의 국제화, 보수화는 외적 계기에 의해 촉발된 면도 있다. 국제화는 대일무역의 적자폭 확대로 미일 경제마찰이 거세지면서 비관세 장벽을 낮추고 시장을 개방하라는 미국측 요구에 대응한 것이었다. 보수화는 동북아 국가들과의 관계에서 촉발된 측면도 있다. 동북아 국가들과 새로운 관계를 시작한 것은 동북아의 발전과 무관하지 않다. 1980년대는 일본뿐 아니라 한국, 대만, 중국 등 다른 동북아 국가들도 경제적 성공이 두드러진 때였다. 동북아 국가들의 발전은 역내 상호관계, 특히 경제관계를 활성화시켰을 뿐만이 아니다. 냉전시대에 망각되어 있던 침략과 피침략, 제국통치와 식민지 피지배에 관한 역사의 기억을 불러내면서 덩달아 마찰도 뒤따랐다. 1984년 일본고교 역사교과서 검정과 관련하여 일본의 한국, 중국 침략과 관련된 용어와 서술을 둘러싸고 한중, 한일 역사교과서 문제가 터져 외교문제로까지 비화한 것이 발단이었다. 역사교과서 사건은 일본의 보수화를 자극하는 계기가 되었다.

1980년대 일본 경제대국화의 빛은 미국과의 관계에서는 경제문제의 정치화(경제마찰)를, 그리고 동북아 국가와의 관계에서는 역사문제의 정치화(역사마찰)라는 그림자를 수반하였다. 경제=성장공간의 최고점을 향해 '질주하는 근대'는 최고점에 도달한 순간 내재된 모순을 드러내기 시작했

---

2 1980년대 우익은 아직 영향력 있는 사회세력이 아니었다. 우익은 천황의 권위에 도전하는 세력을 위축시키는 활동을 했지만, 비주류로서 전후민주주의 하에서 제도적으로 통제되고 있었다.

다. '실주하는 근대'는 경제마찰과 역사마찰을 초래하였다. 한국, 중국과의 역사마찰은 일본의 보수논객을 자극하고 내셔널리즘을 부추기는 계기가 되었다. 역사문제는 1990년대 중반 이래 탈전후=역사공간에서 일본의 보수파와 보수논객의 보수론을 구성하는 핵심의제가 된다. 동아시아 국가들로부터 발신된 '역사'가 일본 내부에 수신되어 진보-보수간 논쟁을 거치면서 운동과 사상의 양면에서 보수 논객들의 보수적 심성을 크게 자극하였다. 탈전후=역사공간의 보수 논객들은 '역사'를 의제로 삼아 투쟁적 행동에 나서게 된다. 일본의 보수주의는 변곡점을 맞게 된다.

1980년대 일본의 보수적 대응은 보수지식인들이 경제적 성공의 일본적 기원을 해명하는 작업에 열중한 데서도 확인할 수 있다. 이른바 일본인론, 일본문화론이 성행하였다. 미국 수정주의자들의 일본 때리기Japan bashing에 대항하여 문화론 차원에서 서구적, 미국적 방식과 다른 일본적 방식의 우월함을 논증하는 작업이 잇달았다. 일본문화의 우월성을 주장하는 일본인론, 일본문화론은 경제적 성공과 경제대국으로서 높아진 국제적 위상에서 출현하였다. 경제적 자신감에서 나온 아이덴티티의 표현이었다.[3] 일본 자본주의의 발전을 일본문명과 결부시켜 파악하는 학술적 시도도 있었다.[4] 일본문화를 독자적인 문명으로 설정하는 자의식이 성장한 것이다. 이러한 현상은 1950년대 후반에 경제회복으로 자신감이 붙었을 때 일본문화론이 출현한 것과도 통한다. 일본문화를 '잡종문화'로 규정하면서 아이덴티티를 확인하기도 했음은 앞에서 살펴본 바 있다. 경제

---

3 일본문화론은 일본의 경제발전을 설명하는 이데올로기로 기능하면서 경제적 상황에 따라 변용하는 모습을 보였다. 이에 관해서는 아오키 다모쓰 지음, 최경국 역, 『일본문화론의 변용』(서울: 소화, 2000).

4 村上泰亮·公文俊平·佐藤誠三郎, 『文明としてのイエ社会』(東京: 中央公論社, 1979); 村上泰亮, 『反古典の政治経済学』(東京: 中央公論社, 1992).

대국화 문맥에서의 일본문화론은 좀 달랐다. 문화적 보수지식인들은 서양문화에 대항하여 일본문화의 우월성을 드러내고자 하는 욕망에 빠져 있었다.

1980년대에 보수주의 이론가로서 등장했을 때, 니시베 스스무는 이러한 정치경제적 상황과 대면하였다. 나중에 보겠지만, 당시 니시베도 경제현상을 일본문화론과 결부시켜 정밀하게 파악하는 시도를 하였다. 다만 니시베의 사상적 과제는 일본문화론 자체보다는 일본의 고도 경제성장의 그림자와 대결하는 데 있었다. 일본사회를 움직이는 고도 대중사회와 아메리카니즘과 쟁투를 벌이는 데 있었다. 니시베는 보수주의 대 진보주의의 관점을 명확히 하면서 일본 전후체제의 정치경제의 진보주의적 해석을 이론적으로 비판하는 작업을 수행하였다. 보수주의 이론을 구축하고 이것으로 진보와 투쟁하는 긴 여정에 나섰다.

탈전후=역사공간과 탈전후의식

걸프전쟁과 탈냉전의 보수정치

'질주하는 근대'=경제대국화에 가려있던 그림자가 모습을 드러낸 것은 탈전후=역사공간에 들어서였다. 일본에서 탈냉전은 쇼와 천황의 사거(1989년 1월)로 나타났다. '전후의 종언'은 나카소네가 외친 '전후정치의 총결산'이라는 슬로건으로 실현된 것이 아니라 어떤 의미에서는 쇼와 천황의 죽음으로 체감되었다. 일본인의 마음에서 쇼와시대의 종언은 '전후의 종언'을 상징하였다.[5] 쇼와의 죽음이 '전후의 종언'을 상징한 것은 쇼와

---

5   노마 필드, 박이엽 옮김, 『죽어가는 천황의 나라에서』(파주: 창비, 2014).

천황이 오랫동안 일본인들의 정신적 지주였기 때문이지만, 쇼와 천황이 전전, 전중, 전후를 관통하는 하나의 시대를 구성해서였을 것이다. '전후' 를 끝내는 것은 '전후'를 만들어낸 '전전'과 '전중'의 기억을 끊어낼 때 가 능한 일이다.

글로벌 냉전의 종언이 일본에게 치명적 의미를 준 계기는 걸프전이었 다. 걸프전은 탈냉전의 질서변동 과정에서 발생했지만 일본 전후체제의 틀과 습성을 뒤흔들었다. 일본은 걸프전에서 경제대국에 걸맞은 인적 국 제공헌(유엔평화유지군 파병)을 하도록 국제사회로부터 요구받았지만 제대로 부응하지 못한 채 무력함을 드러냈다. 냉전체제하에서 대미 의존의 수동 적인 대외정책에 익숙했던 일본은 탈냉전의 질서변동에 능동적으로 대 응하지 못했다. 걸프전의 충격은 일본정치의 변동을 초래하였다.

'전후의 종언'은 전후체제의 변동으로 나타났다. 1993년 비자민 연립정 권이 성립하면서 보수합동 이래 55년체제를 이끌던 자민당의 장기집권 이 일단 끝났다. 55년체제의 보혁구도가 종언을 고한 것이다. 55년체제의 보혁구도는 자민당 보수세력이 우세한 지배력을 보이면서 사회당, 공산 당 진보세력과 비대칭적으로 공존하는 형태였다. 사회당의 몰락으로 이 보혁구도가 무너진 것이다. 그런데 보혁구도의 붕괴는 진보의 몰락뿐 아 니라 보수의 변용도 가져왔다. 보혁구도의 종언은 혁신의 붕괴이자 '보수 의 종언'이었다.[6] '보수의 종언'은 보수정당과 혁신정당의 대립구도가 소 멸했음을 뜻한다. 보수의 종언은 선거개혁 문제에서 비롯된 미야자와 기 이치宮沢喜- 수상의 불신임에서 시작되었는데, 작게는 비효율적인 부패한 보수정치에 대한 일본국민의 반란이었고, 크게는 미국점령, 냉전, 요시다 노선으로 점철된 전후일본사의 종언을 뜻했다.

---

6 御厨貴, 『'保守'の終わり』(東京: 毎日新聞社, 2004), 78-79쪽.

그렇다고 보수정치가 소멸된 건 아니다. 비자민 연립정권을 대체한 자민-공명 연립을 통해 보수정치 세력은 재집권하였고, 연립정권은 '보수개혁'에 나섰다. 보수는 55년체제 붕괴에 따른 보혁구도의 소멸로 '혁신'이라는 적을 상실한 상황에서 스스로 자기존재를 재구축하는 '개혁'을 요구받았다. '보수개혁'은 탈냉전기 국제질서 변동에 대응하여 국가의 재구축과 국제적 역할의 확대를 겨냥한 것이었다. 오자와 이치로小沢一郎, 고이즈미 준이치로小泉純一郎 등 보수정치가들은 탈냉전기의 질서변동과 경제적 신자유주의에 대응하여 일상생활의 복지와 행정의 효율성을 높이는 행정개혁에 나섰고 국가개혁 구상을 내놓았다. 규제완화와 지방분권이 개혁의 쟁점이었다. 1970년대, 80년대 경제적 내셔널리즘이 좁은 의미의 경제적 이익을 추구했던 것과 달리, 1990년대 일본의 보수정치가들은 국제적 역할의 확대에 부응하여 확장된 국가이익을 추구하는 실용적 내셔널리즘을 보였다.

21세기에 들어 자민-공명 연립정권이 공고해지면서 보수정권의 실용적 내셔널리즘은 퇴조하고 보수체제가 강화되는 양상이다. 혁신세력이나 진보지식인의 목소리가 작아진 반면, 일본의 국가와 사회는 민주=안보공간이나 경제=성장공간에 비해 보수체제가 강해졌다. 아베 신조 정권은 두 차례 집권하는 동안에 일장기 게양과 기미가요 제창 등 내셔널리즘을 높이는 정책을 추진하였고, 군사력 보유와 활동을 합법화하는 헌법개정에도 적극적인 의지를 보였다. 그럼에도 일본의 국가와 사회는 전후체제에서 벗어나지 못하고 있다.

'역사의 정치화'

탈전후=역사공간은 탈냉전기 정치세력의 보수개혁(정치개혁, 행정개혁)에서 성립한 것이 아니다. 탈전후=역사공간은 전후체제를 벗어나거나 이것을 부정하는 탈전후의식이 작동하고 냉전체제에서 잊혀져 있던 역사의 기억이 정치화되는 심리적 공간으로 성립하였다. 쇼와시대의 종언, 일본정치의 구조변동과 보수개혁은 쇼와시대를 지탱했던 전후체제가 흔들리게 되었음을 알리는 징표였다. '전후의식'이 전쟁에 대한 부채의식이고 전쟁과 관련된 체험과 기억, 상흔을 극복하거나 전쟁책임론으로부터 자유로워지고 싶은 의지라면, '탈전후의식'은 전후체제의 제도와 이념으로 구성된 전후세계를 문제삼거나 이를 극복하려는 정신이다. 그런데 전후체제의 제도가 지속되는 한, 탈전후의식은 전후의식의 연장일 수밖에 없다. 전후의식이 전후체제가 온존한 위에 작동한다면, 탈전후의식은 전후세계를 벗어나려는 의지뿐 아니라 경제대국화 이후 찾아온 '잃어버린 20년'을 살아가는 일본인들의 상실감과 불안감을 내포한 것이다.

'역사의 정치화'는 탈전후의식을 자극한 모멘텀이었다. '역사'는 1980년대 초반 한일간, 중일간에 발생한 역사교과서 갈등이 외교문제로 비화하면서 동북아 국제관계를 움직이는 동인이 되었지만, 역사교과서의 용어 사용을 둘러싼 갈등이었다. '역사의 정치화'는 냉전 종식이 계기였다. 냉전 종식은 냉전체제에서 억눌러 있던, 일본 제국주의의 침략과 식민지 지배와 관련된 '역사의 기억'을 해방시켰다. 탈냉전으로 동북아 역내 관계가 활성화되는 가운데 식민지 지배, 위안부 동원, 전시노무자 강제동원 등이 쟁점화하면서 '역사'가 정치화하였다. 일본정부의 위안부 강제동원을 인정한 1993년 고노담화와 일본의 전쟁범죄를 인정한 1995년 무라야마 담화는 '역사'에 대한 응답이자 '역사의 정치화'를 보여주는 사례였다.

'역사의 정치화' 현상은 일본의 논단에도 투영되었다. '역사'는 탈전후=역사공간의 일본 지식인들에게 진보와 보수의 성격을 드러내는 소재였다. 1990년대 중반에 벌어진 보수-진보논쟁은 탈전후=역사공간의 지적 분위기를 반영한 것이었다. 보수-진보논쟁은 보수비평가 가토 노리히로加藤典洋와 진보철학자 다카하시 데쓰야高橋哲哉가 전쟁책임과 사죄방식을 둘러싸고 벌인 논쟁을 가리킨다. 가토는 아시아에 대한 사죄보다 3백만 자국민 희생자에 대한 애도를 선행해야 한다고 주장하였고, 다카하시는 전쟁으로 희생된 1천 2백만 아시아인에 대한 사죄를 우선함으로써 아시아의 요구에 응답해야 한다고 응수하였다. "응답response하는 능력ability", 즉 "책임"resonsibility을 실천해야 한다고 했다.[7] 전쟁책임과 사죄를 둘러싼 역사문제의 쟁점화는 탈전후=역사공간의 출현을 상징적으로 보여준다. '역사의 정치화'는 '역사의 기억'에 관한 한 일본이 수세적 입장에 놓이게 되었음을 뜻한다.

보수우파는 역사의 정치화에 공세적으로 대응함으로써 탈전후=역사공간의 색깔을 분명히 드러냈다. 후지오카 가쓰노부藤岡勝信, 니시오 간지西尾幹二 등 보수우파 논객들은 〈자유주의사관 연구회〉와 〈새로운 역사교과서를 만드는 모임〉(새역모)을 결성하여 탈전후=역사공간에 대응하였다. 자유주의사관과 역사수정주의를 표방하였다. 일본의 근대를 비판적으로 파악하는 진보주의적 역사관을 '자학사관'이라 부정하면서 자국사에 대한 자긍심을 높이는 역사 서술을 시도하였다. 일본의 아시아 침략을 부정하고 '대동아전쟁'을 아시아 해방전쟁으로 옹호하는 운동을 벌였다. 보수우파 지식인들은 전후체제의 비주체적 상황을 비판하는 논거로서 '역사'를 동원하였고, 역사의 우파적 해석은 탈전후의식의 핵심을 구성하였다.

역사의 보수적 해석과 보수우파의 역사 재구축은 어떤 의미에서는 탈냉전/지구화의 질서변동 과정에서 주체성 문제를 드러낸 것이기도 했다.

---

7 加藤典洋, 『敗戰後論』(東京: 講談社, 1997). 한국어역은 가토 노리히로, 서은혜 옮김, 『사죄와 망언의 사이에서 — 전후일본의 해부』(서울: 창작과비평사, 1998); 高橋哲哉, 『戰後責任論』(東京: 講談社, 1999). 한국어역은 다카하시 데쓰야, 이규수 옮김, 『일본의 전후책임을 묻는다』(서울: 역사비평사, 2000).

패전 직후에 민주화 개혁과 냉전제제 형성의 질서변동 과정에서 근대적 사고에 기초한 주체성 문제가 제기되었듯이,[8] 탈냉전 질서변동 과정에서도 주체의 문제가 불거졌다. 전후체제의 자기 모순을 추궁함으로써 허구에서 벗어나 실천적 주체를 모색할 것인가, 아니면 타자와 보편적 원리를 받아들여 주체적 실존을 모색할 것인가. 가토 노리히로와 같은 리버럴 보수는 전후체제의 제도적 모순을 추궁하고 교정하는 한편, 모순에 얽매인 일본인의 비틀림을 바로잡고자 했다. 보수우파 활동가들은 전후체제를 얽어맨 이념적 틀을 자유주의사관이나 수정주의 역사관을 동원하여 해체하고자 했다. 우파적 관점에서 탈냉전의 동아시아적 맥락에서 제시된 역사를 자국사의 역사로 전유하였다. 태평양전쟁사관과 진보사관에 의해 공인된 전후일본의 역사를 해체하고 '국가'와 '도덕'을 내세워 근대일본의 역사를 긍정적으로 재구성하였다. '역사'는 전후체제를 뛰어넘는 탈전후의식의 근거였다.

탈냉전/지구화 문맥에서 보수지식인들은 '싸우는 보수'로서 등장하였다. 전후체제와 민주주의를 격렬히 비판하고 그것을 옹호한 진보 언설과 투쟁하였다. 일찍이 전후공간에서 진보지식인들은 불안감이 아니라 미래에 대한 기대감에서 '민주화 투쟁'에 적극적이었고 보수지식인들은 수세적이었다. 탈전후공간에서는 뒤바뀌었다. 보수지식인들이 공세적으로 '보수화 투쟁'을 벌이고 진보지식인들이 수세적이 된 형국이다. 니시베 스스무는 누구보다도 공세적이었다. 경제=성장공간의 퇴조를 선구적으로 포착하는 한편, 탈냉전/지구화 문맥의 변화에 대응하면서 보수주의의 이론적 성찰에 몰두하였다. 보수정치가와 보수우파 사이에서 '싸우는 보

---

8 전후 일본지식인의 주체성 논쟁에 관해서는 J. Victor Koschmann, *Revolution and Subjectivity in Postwar Japan* (Chicago: University of Chicago Press, 1996).

수'로서 탁월한 투쟁감각을 보이는 한편, 보수주의 이론가로서의 진면목을 보여주었다. 전후체제를 부정하였고, 역사와 전통에 토대를 둔 공동체를 옹호하는 언설 생산에 열심이었다. 니시베의 투쟁력을 지탱한 것은 고도 대중사회에 대한 강한 불신과 보수주의에 대한 깊은 신앙이었다. 비판적 보수주의의 정신이었다.

2. '싸우는 보수'와 사회과학

투쟁적 보수비평가의 탄생

'일탈자의 습성'

니시베 스스무西部邁(1939-2018)는 사회경제학적 관점에서 사회비평, 문명비평이 탁월했던 보수주의자였다. 탈전후=역사공간에서 누구보다 치열하게 보수적 글쓰기로써 언설 투쟁을 한 논쟁가였다.[9] 1980년대에 경제=성장공간의 그림자를 예민하게 포착했고, 보수주의에서 빛을 찾았다. 영국 보수주의에 의탁했지만 단순한 조술에 그치지 않고 일본에 적실한 보수주의를 모색하였다. 이론적 논의에 머물지 않고 실천적 행동에 나섰다. 에토 준의 경우 언어=행동이었다면, 니시베 스스무는 이론=행동이었

---

[9] 니시베 스스무에 관한 비평은 다수 있지만 본격적인 연구는 아직 없다. 니시베에 관한 간략한 평전으로 高澤秀次, 『評伝 西部邁』(東京: 毎日新聞出版, 2020)가 있다. 니시베의 자전으로 『ファシスタたらんとした者』(東京: 中央公論新社, 2017), 자전적 에세이로 『サンチョ·キホーテの旅』(東京: 新潮社, 2009) 등이 있다.

다. 니시베도 후쿠다 쓰네아리와 에토 준처럼 보수의 '감각'을 중시했지만, 보수의 '이론'을 장착했기에 강력한 투쟁력을 보일 수 있었다.

니시베는 1939년 홋카이도 남부에 위치한 야마코시山越군에서 태어났다. 부친은 유라비夕張군 나가누마長沼의 정토진종파 말사末寺의 막내아들로 농협 직원이었다. 니시베는 전후에 교육을 받은 전후세대였다. 삿포로시 소재의 가시와柏중학교와 미나미南고등학교를 다녔다. 줄곧 '시골' 집에서 '도회' 삿포로까지 기차통학을 했는데, 니시베가 "문명과 미개의 경계선"에서 "도회의 세례를 받은 시골사람"이라는 경계인marginal man 의식을 갖게 된 건 이 경험에서 비롯되었다. 소학교 때 아메리카니즘을 접했을 때도 경계인의 자의식을 느꼈다.[10] 중학시절 일본사회의 아메리카 심취에 반감을 갖기도 했다.[11]

1958년 4월 도쿄대학에 입학한 니시베는 같은 해 12월 〈공산주의자동맹〉(분트)에 가입하였다. 좌파들 사이에 구좌익의 관료적 체질을 벗어나려는 분위기가 싹튼 신좌익의 탄생이었다. 분트는 신좌익 정신의 원형을 선명하게 드러냈다. 신좌익의 "잔혹한 내부 항쟁"은 아직 맹아 단계였다. 니시베는 도쿄대학 교양학부 자치회 위원장을 맡으면서 신좌익 운동에 가담하였고, 전학련 중앙집행위원 자격으로 안보투쟁에 나서게 된다. 니시베의 "유일한 정치체험"이었다.[12] 훗날 니시베는 "정치사상도 모르는" 자신이 과격파 좌익이 되어 안보투쟁에 가담해 "불법자"가 된 이유를 "일탈

---

10 「戰後五十年を顧みる」(1995), 『破壞主義者の群れ ― その蛮行から日本をいかに守るか』(東京: PHP研究所, 1996), 199쪽.

11 중학시절 서부극 영화가 일본에 들어왔는데, 니시베는 불량친구들과 삿포로 영화관에서 인디안이 대량학살당하는 영화를 본 적이 있다. 처음에는 위화감이 없었지만, 소학교 5학년 때 옆자리의 아이누 소녀가 아무 말도 없이 사라졌던 기억이 떠오르면서 아파치 수장에 호의를 갖게 되고, 이때부터 '아메리카 심취'에 반감이 생기고 재즈에 대한 호감도 없어졌다고 한다 (『無念の戦後史』東京: 講談社, 2005, 47쪽).

12 『六〇年安保 ― センチメンタル・ジャーニー』(東京: 文藝春秋, 1986), 6쪽.

자의 습성"에서 찾았다. "미숙이라기보다는 혼탁한 사상", "편향이라기보다는 무방향의 사상"에서 나온 행동이었다. 신좌익은 평화와 민주라는 전후관념의 틀과 이 틀을 고수하는 구좌익을 파괴하려는 "일탈"의 욕망에서 모습을 드러냈다. 안보투쟁은 흔히 생각하는 "반미애국"이 아니라 "미국의 교시"로 확립된 평화와 민주의 관념과 제도를 파괴하는 운동이었다. 신좌익 과격파들은 '평화'에 '혁명'을, '민주'에 '자유'를 대치對峙시켰다. 평화와 민주가 인간의 정신을 졸리게 만들고 인간의 행동을 비겁하게 만든다고 생각해서였다. 니시베는 어렴풋이나마 "과격"이 "전후체제를 일탈하는" 행위임을 느꼈다면서 이러한 의미에서 "예나 지금이나 과격파"임을 자인하였다.[13]

니시베는 안보투쟁 직후 체포되어 세 차례 재판을 받으면서 좌익 과격파와 결별하였다. 1964년 도쿄대학 경제학부를 졸업하였고, 1971년 같은 대학 대학원에서 이론경제학으로 석사학위를 취득하였다. 경제와 관련된 사회적, 정치적, 문화적 요인과 이들 요인에 관계하는 역사의 영향을 중시하는 사회경제학이 전공이었다. 처녀작 『소시오 이코노믹스』(1975)는 사회경제학적 관점에서 신고전 경제학을 비판한 학술서였다. 당시 사회경제학을 전공한다는 것은 근대화와 경제성장을 논하는 신고전파 경제학이 주도했던 일본 경제학계로부터의 '일탈'을 뜻했다. 니시베는 주류 경제학에서 '일탈'했지만 아카데미아에 진입할 수 있었다. 요코하마 국립대학 경제학부 조교수를 거쳐 1986년에 도쿄대학 교양학부 교수(사회경제학 전공)가 되었다. 보수주의 사상가로서 발언을 개시하던 때였다.

영국체험은 또 다른 일탈의 기회였다. 일본으로부터의 '일탈'이다. 니시베는 대학에 자리잡기 전에 국제문화회관의 사회과학 펠로십을 받아

---

13 「戦後五十年を顧みる」, 204-206쪽.

캘리포니아대학 비클리교(1977.1~1978.3)와 캠브리지대학(1978.3~1978.12)에서 연구를 수행한 바 있다. 니시베가 버클리를 택한 까닭은 베트남전쟁 이후 반전운동과 히피주의의 성지였던 버클리가 어떻게 의기소침해 있는지를 알고 싶어서였다. 니시베는 "실험국가이고 이민국가이고 인종차별국가인 아메리카의 문화적 병리"를 보았으면 했다. "매스화(대량화)에 저항하는 거점"을 탐색하고 "문화의 심층구조"를 적출하고 싶었다. 하지만 마약중독자가 넘치고 인종차별이 두드러진 "문화 없는 문명"을 확인했을 뿐이다. "모델화되고 모드화된" "아주 빈곤한 나라" 미국을 보았을 뿐이다.[14] 니시베는 급거 일정을 바꾸어 버클리를 떠나 영국 캠브리지로 거처를 옮겼다.

영국체험은 영국 보수주의를 실감하게 된 기회였다. 니시베는 영국체류 9개월 내내 캠브리지 근교에 소재한 폭스턴Foxton의 코티지에 묻혀 자연을 즐기며 독서로 시간을 보냈다. 폭스턴은 영국의 전형적인 유서 깊은 시골마을이었다.[15] 니시베는 폭스턴의 "정체된" 생활에서 영국적인 것을 느꼈다. "영국류流가 코몬 스트림common stream, 즉 '흔하디 흔한 시냇물'이 되어 폭스턴 마을까지 흘러들었다. 졸졸 흐르는 물소리가 끊이지 않고 내 귀를 때렸다"고 일상의 감흥을 적고 있다. "보수적 회의의 자세", "경험론의 시점", "양식의 입장"과 같은 영국류의 심성에 몸을 적셨다.[16]

니시베는 영국체재 중에 진지하게 사상적 "컨버전"conversion — 니시베는 "전향"이 아니라 "개심"이라 불렀다 — 을 자각하였다. 이전부터 사

---

14 『ファシスタたらんとした者』(東京 : 中央公論新社, 2017), 109~110쪽.

15 폭스턴 마을의 역사와 자연에 관해서는 Rowland Parker, *The common stream: portrait of an English village through 2000 years* (London : Granada, 1975)가 알려져 있다. 니시베도 이 책을 읽었다.

16 『ケインズ』(東京 : 岩波書店, 1983), 「あとがき」, 211~212쪽.

상적 전환을 예감했던 그였다. 영국의 보수적인 정신풍토를 체험하면서
"'혁명과 자유'의 일을 잊지 못하는 자는 보수주의자밖에 될 수 없"음을
깨달았다.[17] 니시베는 귀국 후 보수주의 이론가로서 고도 대중사회와 아
메리카니즘의 비판을 개시하였다. 보수 논객으로서 일본의 정치, 경제와
사회를 비평하는 활동에 본격적으로 나섰다. 사적 영역에서 컨버전을 했
을 뿐 아니라 비평=논단 활동을 통해 공적 영역에서 컨버전을 보여주었
다. '사적 일탈'의 영역에서 벗어나 '공적 비판'의 장에 뛰어들었다. 니시
베의 공적 비판은 '단독자'의 행위였다. 니시베는 '단독자'였다. 보수파로
의 '개심' 이후 주위에서 '배신자', '전향자'라는 비난을 받기도 했지만, 니
시베 자신은 '단독자'를 자처하였다.[18]

'과격한 심성'

영국체험에서 촉발된 보수의 심정은 안보투쟁의 기억이 되살아나면서
분명해졌다. 니시베 스스무는 전학련 위원장이었던 가로우지 겐타로唐牛
健太郎가 1984년 봄에 사망한 걸 계기로 25년 동안 "망각의 바닥에 가라
앉아 있던" 안보투쟁의 기억을 되살리는 글을 연재했고 『60년 안보』(1986)
로 묶어냈다. 뒤늦게 투쟁 활동을 정리한 까닭은 "'지'知의 쇼윈도에 늘어
선 "**인생 없는 지식과 경험이 없는 문장**"보다 전학련 동지들의 "**체험**"이 훨
씬 값지다고 생각해서였다. 또 "**자신 안에 점차 고개를 드는 보수적 심성**" 때
문이기도 했다. 체험을 중시하는 보수적 심성이 좌파적 안보투쟁의 기억
을 소환해낸 셈이다. 니시베는 "최근 나는 극단을 싫어하고, 중용이나 절
도를 원하게 되었다"고 실토하는 한편, "25년전 과격파였던 자신과 지금

---

17 「戦後五十年を顧みる」, 206-207쪽.
18 『ファシスタたらんとした者』, 124-131쪽. 니시베는 평생 어떤 학회에도 들지 않았다고 한다.

진정한 보수파가 되고자 결의하는 자신이 어떻게 타협이 되는 걸까라는 문제는 나에게 피할 수 없는 사안"임을 고백하였다. "과거를 지우려는 은미 隱微한 영위"에 흔히 보이는 "전향자의 떳떳치 못함"을 참을 수 없었다. 떳떳하게 자신의 과거를 되새김질해야 했다.[19] '전향'이 아니라 '개심'의 근거를 찾았던 셈이다.

니시베는 "진정한 보수파"로 '개심'하고자 "25년전 과격파"였던 자기로 돌아가 존재의 근거를 찾았다. 자기정당화의 근거를 "과격한 심성"에서 찾았다.

> 보수도 일종의 **과격한 심성**이 없으면 빠져나올 수 없는 입장이다. 보수가 안고 있는 역설은 열광을 피하는 데 있어, 바꿔 말하면 중용·절도를 지키는 데 있어, 열광 **적이어야만 한다는 것이다.** 따라서 옛날도 지금도, 적어도 자세로서는, 나는 과 격함에 틀림 없고, 우선은 그 한 점에 자신의 인테그리티integrity가 있다.[20]

니시베는 자기정당화의 근거로서 중용과 절도를 지키기 위해, 즉 열광을 피하기 위해 열광적이어야 하는 '보수의 역설'을 내세운다. **과격을 피해야 하는 보수가 과격한 심성을 가져야 하는 역설**은 그가 마주했던 전후체제에서 배태된 것이 아닐까. 니시베의 일탈은 소극적인 것이 아니었다. "일탈자의 습성"은 미래의 과격한 행동을 내장한 것일 수 있다. 젊은 날의 니시베는 무턱대고 친미적 언동을 자행하는 자에게 반감을 보였다. '반미주의자'였던 건 아니다. '반친미주의자'를 자처하였다.[21]

니시베는 보수적 심정 내지 보수주의를 지향한 일탈을 거듭하였다. 사

---

19 『六〇年安保』, 6-8쪽.
20 『六〇年安保』, 8쪽.
21 「戦後五十年を顧みる」, 201쪽.

상적 컨버전을 예감했던 건 이러한 지향성 때문일 것이다. 보수적 언설투쟁에 한창이던 1995년에 니시베는 "전후라는 시대"에 "홋카이도라는 장소"에서 성장했다는 사실이 보수주의자가 된 것과 연관이 있다고 실토한 바 있다. "무언가의 결핍want에 허덕이는 자가 그것을 격하게 욕망want하는 법인데, 나의 경우 결핍하고 욕망하는 것이 전통이다. 더 정확히 말하자면, 자신의 개성과 자신들의 시대를 안정되고 풍요롭게 하는 것으로서의 전통은 무엇인가를 줄곧 묻는 사적private 사색과 공적public 토론, 그 결핍에 나는 엄청난 불만족을 느끼고 그 충족을 현저히 욕망한다"는 말도 덧붙였다.[22] 일탈은 전통으로의 컨버전을 예정하고 있었다.

'경제적 성공'과 '전후정치의 총결산'이 구가되던 경제=성장공간의 최절정에서 니시베는 사회경제학적 관점에서 경제=성장공간의 모순과 퇴조를 읽어냈다. 처녀작 『소시오 이코노믹스』(1975)에서 신고전파 경제학 비판과 사회경제학적 입장을 분명히 했다. 『신기루 속으로―뒤늦은 미국체험』(1979), 『경제윤리학서설』(1983), 『대중에의 반역』(1983), 『고지식한 유희―가치상대주의와의 싸움』(1984), 『환상의 보수로』(1985), 『대중사회의 향방』(1986), 『대중의 병리』(1987) 등의 문명 비평서를 잇달아 펴내 현대 대중사회에 대한 이론적 비판을 시도하였다. 진정한 보수와 보수주의가 무엇인지를 탐색하였다. 아카데미아에 오래 머무르지는 못했다. 1988년 자신이 추천한 연구자의 조교수 임용이 교수회에서 부결되자 도쿄대학 교양학부 교수직을 항의 사직하였다.[23] 과격한 심성 탓일 수도 있고, 대

---

22 「戦後五十年を顧みる」, 208쪽.

23 이른바 '고마바사태'이다. 나카자와 신이치(中沢新一) 도쿄외국어대학 아시아·아프리카 언어문화연구소 조수를 도쿄대학 교양학부 조교수로 추천하여 위원회는 통과했지만 교수회에서 부결되자 니시베가 교수직을 사임한 사건이다. 니시베는 이 사태의 전말을 기록으로 남겼다(『剝がされた仮面―東大駒場騒動記』, 東京: 文藝春秋, 1988).

획이라는 곳이 자신의 학문적, 사상적 일탈을 담지 못해서일 수도 있다. 쇼와 시대가 끝나가고 냉전 종결을 눈앞에 둔 시점에서 니시베는 자유인=일탈인으로서 논단 활동에 매진하게 된다.

니시베의 투쟁적 보수비평은 탈전후=역사공간에서 두드러졌다. 한때 신보수주의 정책을 추진한 나카소네 수상의 정책그룹과 토론을 하면서 탈냉전 세계에 관한 진단과 전망, 일본의 진로에 관한 견해를 공유하기도 했지만,[24] 현실정치의 세계에 발을 들여놓지는 않았다. 도쿄대학을 사직한 이후 니시베의 활동 전략은 아카데미즘과 저널리즘의 상호이용에서 활자매체와 영상매체의 상호이용으로 축소되었다.[25] 탈전후=역사공간에서 니시베의 비평활동은 보수성향의 잡지, 특히 자신이 주재한 월간지 《발언자》(1994~2005)를 통해 이루어졌다. 재정 문제로 폐간된 뒤에는 후속 격월간지 《표현자》(2005~2017)의 고문을 맡아 비평 활동을 이어갔다. 한때 수정주의 역사관의 대중화를 표방한 〈새로운 역사교과서를 만드는 모임〉(새역모)에서 이사 자격으로 『일본의 도덕』(2000)[26]을 집필하기도 했지만, 〈새역모〉와 거리를 두었고 실제 활동에는 간여하지 않았다. 2002년에 탈퇴하였다.

니시베는 '진정한 보수'를 표방하였고, 대미 추종을 비판하는 등 친미 보수 논단과 거리를 두었다. 니시베 비평의 핵심은 진보적 세계관으로 구성된 전후체제와, 전후체제를 지탱해온 아메리카니즘을 보수적 관점에서 해체하는 데 있었다. 문화공동체로서의 국가를 상정하였고, 역사와 전통을 중시하였다. 역사의 보수적 재구성과 전통의 보수적 해석을 통해 공동체 회복을 구상하였다.

---

24 中曾根康弘·佐藤誠三郎·村上泰亮·西部邁, 『共同研究「冷戦以後」』(東京:文藝春秋, 1992).

25 高澤秀次, 『評伝 西部邁』, 38쪽.

26 新しい歴史教科書をつくる会 編(西部邁執筆), 『日本の道徳』(東京:産経新聞ニュースサービス, 2000).

'가교로서의 사회과학'과 비평

'사회과학적 지'

니시베 스스무는 쇼와 50년대(1975~1984) 일본의 학술세계에서 사회과학의 위기를 보았다. 특히 경제학에서 신고전파 경제학이 정상과학으로서의 기능을 상실하는 패러다임 전환을 감지하였다. 니시베는 정상과학=신고전파 경제학이 위기에 빠진 이유를 리얼리티의 상실에서 찾았다. 패러다임 전환의 위기에서 사회과학이 리얼리티를 회복하려면 '이상'異常에 관한 연구를 해야 한다고 생각하였다. 경제학이 '경험'을 회복하려면 경제현상의 사회학적 분석이 필요하다고 판단하였다. 특히 레비-스트로스의 구조주의 분석에 끌렸다.[27] 니시베는 사회경제학socio-economics의 관점에서 사회현상을 보았다. 니시베 보수주의는 사회경제학의 이론적, 사상적 토대 위에서 성립하였다.

니시베는 현대경제학의 주류인 신고전파 경제학을 받아들이지 않았다. 신고전파 경제학은 이성적 개인과 자유경쟁의 시장을 가정하며, 효율성의 관점에서 분업과 교환에 기초한 자본주의 발전을 설명한다. 효율성은 원자적인 이성적 개인의 행위를 기계적으로 조정해서 얻는 일반 균형을 가정한다. 니시베에 따르면, 이러한 가정은 "터무니없는 가구假構"일 뿐이다. 신고전파 경제학은 "역사적 시간"이 아니라 "논리적 시간" 위에서 상정된 "과학적 신화"의 성격이 강하다. 니시베는 경험세계에 얽혀 인간 활동의 의미를 체계화한다는 점에서 사회과학도 신화와 같다고 생각하였다. '신화'는 "자연언어가 갖는 의미의 측면에서 경험세계를 재구성하는 하나의 방법"을 가리킨다.[28]

---

27 『ソシオ・エコノミックス―集団の経済行動』(東京: 中央公論社, 1975), 6-7쪽.

니시베는 신고전파 경제학의 일원론을 받아들이지 않았다. 개인주의와 전체론의 어느 한쪽에 치중하는 일원적 설명은 경험과학, 특히 동태론에서는 거의 쓸모가 없을 뿐더러 일원론이 초래할 "이데올로기적 귀결"은 해롭다는 것이다. 경제인을 일원적으로 파악해서는 "사람들의 선호"에서 나오는 역동적 변화를 전망할 수 없다는 것이다. 니시베는 자율적인가 타율적인가의 양자택일로는 변화를 파악할 수 없으며, 변화에 대한 욕구는 심적 불균형에서 생긴다고 생각하였다. 인간의 개인성과 사회성, 의식성과 무의식성, 합리성과 비합리성 등 여러 수준의 **이원적 구조에서 "불균형과 균형화를 향한 운동"**을 설명해야 한다고 생각하였다.[29] 니시베는 "경제인"="순수한 합리적 개인의 허구"와 결별해야 한다고 말한다. 인간은 경제인일 뿐 아니라 사회인, 심리인으로서 경제행위를 하는 존재인 것이다.[30]

신고전파 경제학의 개체론적 사유에도 비판적이었다. 신고전파 경제학은 모든 경제행동을 개인 차원으로 환원시키는 원자주의atomism적 입장을 취한다. 경제현상을 인간의 합리적, 이성적 행동의 결과로 파악한다. "**개인을 형성하는 집단적 장의 구조와 기능**"을 무시한다. 코뮤니티, 기업, 가족과 같은 집단을 보지 않는다. 니시베는 "주체의 동기부여와 행동양식에 관한 과도한 단순화 또는 일면화는 결국 주체 없는 행동, 즉 순수하게 구성적인 개념으로서의 행위만을 이끌 뿐, **경험적 세계로의 회귀**를 불가능하게 한다"고 비판하였다.[31] 니시베는 개인을 집단 차원에서 파악하였다. 개인은 이성적 원자가 아니라 "호모 소시오로지쿠스"homo sociologicus, 즉 "개성의

---

28 『ソシオ・エコノミックス』, 3-5쪽.
29 『ソシオ・エコノミックス』, 24-25쪽.
30 『ソシオ・エコノミックス』, 33쪽.
31 『ソシオ・エコノミックス』, 36쪽.

사회화와 사회적 가치의 개인으로의 내면화를 영위하는, 어떤 사회적 역할의 담당자"이며, 이러한 개인을 파악하려면 집단의 경제행동을 봐야 한다고 했다. 집단은 개인들의 단순한 합계가 아니라 "개인들의 관계를 구조화하는 하나의 시스템"을 말한다. 니시베는 사회를 하나의 전체로 보는 전체적holistic 접근을 요구하였다. 진화론적 시점, 경험주의적 접근, 실천적 인식의 필요성을 강조하였다.[32]

니시베는 시장을 공동체와 연관해서 파악하였다. 교환기구로서의 시장은 코뮤니티를 구조화하는 기구의 하나일 뿐이며 상호의존적인 기구들의 양태에 구속받는다고 보았다. 경제활동이 만들어내는 공공의 문제는 코뮤니티의 공동성에 관여하며, 시장과는 성질이 다른 기구들에 의해 처리된다고 보았다. 개별성은 공동성의 기초 위에 전개된다는 말이다.[33] 니시베는 집단적 규범은 개인적 의지의 단순한 합계나 개인에 외재하는 초월적 규범이 아니라 개인들의 상호의존성 속에서 공동적인 것으로 형성된다고 보았다.[34] 공정규준은 개인의 개별적 활동을 질서화하는 객관적 규범이며, 개인이 부자유로움을 느끼고 사회적 존재임을 자각했을 때 사회적으로 드러난다고 했다.[35] 니시베의 경우 시장은 원자론적 개인이 자발적으로 참여하는 교환활동의 장이 아니라 공동체의 공동성과 공정규범의 구속이 작동하는 장이었다. 개인은 시장이 조성하는 공동성과 공정규범에 규율되는 사회적 존재였다.

니시베는 『소시오 이코노믹스』를 펴낸 뒤 학술적 글쓰기(연구)의 한계를 느꼈다. 미국체류 중에 대중적 글쓰기(비평)에 관심을 갖게 된다. "아카데

---

32 『ソシオ·エコノミックス』, 46-51쪽.
33 『ソシオ·エコノミックス』, 55쪽.
34 『ソシオ·エコノミックス』, 65쪽.
35 『ソシオ·エコノミックス』, 73쪽.

밀한 작업의 밑바닥에서 오히려 그 원동源動으로서 숨어있는 걸 꺼내 보여주고 싶다"는 생각이 들어서였다. 사회과학의 아카데미즘은 주관을 무한정 주입해서도 안 되고 가치의 객관적 분석을 지향해야 하지만, 동시에 **"자신의 내면에 피어오르는 심리의 표현"**을 지나치게 금욕하면 오히려 아카데믹한 표현 자체가 왜곡될 수도 있다고 생각하였다. "아카데미즘에 특화함으로써 자신의 사상과 체험과 기분의 여러 요소를 억압한 채 방치해두면 이윽고 그것들이 이데올로기로 성장해서 아카데미즘의 그물망을 훼손하고 억압자에게 복수하지 않을까" 우려하였다. 니시베는 "아카데믹한 작업과 비아카데믹한 작업의 병존"을 모색하였다. 비아카데믹한 작업의 첫 성과가 『신기루 속으로』(1979)였다. 미국체재 중에 발표한 에세이를 모아 펴낸 대중서였다.[36]

한편 니시베는 『경제윤리학서설』(1983)에서는 케인즈 경제학을 비판하는 한편 사회과학 지식이 무엇인지를 따졌다. 케인즈 이후 경제학은 발명된 모형과 기술적 합리성이라는 단일한 시각으로 인간과 사회를 기계론적, 결정론적, 균형론적으로 묘사하고, 경제학 지식은 "기술 이데올로기의 시녀"로 전락했다고 판단하였다.[37] 니시베는 이러한 경제학 지식을 대체할 "사회과학적인 지知"를 제시한다. 그에 따르면, "사회과학적인 지"는 기술학으로써 일(빵)에 기여하는 "자연과학적 지"와, 수사나 이야기로써 놀이(서커스)에 공헌하는 "문예·인문적 지"를 가교한다. 사회과학

---

36 『蜃気楼の中へ―遅ればせのアメリカ体験』(東京: 日本評論社, 1979), 274-275쪽.

37 『経済倫理学序説』(東京: 中央公論社, 1991)[초간은 1983년], 104-109쪽. 니시베는 케인즈혁명 이래 경제학은 친케인즈론자이건 반케인즈론자이건 경제학자들의 인식론상의 한계와 직업상의 방어기제로 인해 "단순한 경제학"으로 후퇴했다고 보면서 현대 주류 경제학을 대대적으로 비판하였다. 니시베는 경제논리에 한정된 모형화로써 경제현상을 파악한 케인즈에 비판적인 반면, 철학, 심리학, 인류학의 관점을 받아들여 경제현상을 총체적으로 이해하고 정론가로서 언론전을 펼친 베블렌에 우호적이었다. 니시베가 정치경제의 총체적 이해와 언론전을 중시한 것과도 연관된다.

은 "기술과 예술이라는 두 종류의 아르테arté를 매개하는 지의 양식"이다. 사회과학적 지가 매개 역할을 못하면, 기술과 예술은 자동증自動症에 빠진다. 매개자로서의 사회과학은 문예·인문지를 뮈토스Mythos(이야기성)로써 파악하고, 자연과학지를 로고스Logos(논리성)로써 이해한다. 하지만 기술지는 "기술신앙이라는 현대의 신화"에 의해 유지되며, 자연과학지에도 뮈토스가 있다. 예술적 표현의 세계도 시장적 계산이라는 현대의 논리에서 성립하며, 문예·인문지에도 로고스가 있다. 니시베는 사회과학의 과제를 "로고스로 보이는 것의 근저에 뮈토스를 찾고, 뮈토스로 보이는 것의 배후에 로고스를 발견하는 것"에서 찾았다. 뮈토스와 로고스, 즉 이야기와 논리의 상호연관, 즉 "이야기적 이성"(오르테가)을 찾아야 한다고 생각하였다. 과학적 이성과 문학적 감성의 절묘한 혼합 혹은 화합化合을 통해 독자적인 문체를 만들어내야 하며, 여기에는 **로고스와 뮈토스 혹은 빵과 서커스 사이의 위태로운 평형**"이 요구된다고 했다. "위태로운 평형"이 상실될 때 사회과학은 언어장애를 겪는데, 지금 경제학이 이러한 와중에 있다는 것이다.[38]

여기서 니시베는 "사회과학의 신화해석학"을 제시한다. 니시베에 따르면, 사실은 해석되어야 할 대상일 뿐 아니라 해석의 산물이다. 사실은 "사람들이 상투적으로 반복하는 동안에 당연한 것으로 받아들여진 해석, 즉 제도화된 의미"를 말한다. 사회과학의 전문용어jargon 체계에는 이데올로기나 신화가 들어있다. 사회과학의 해석학은 현대에 관한 해석학이자 전문가 자신에 관한 해석학이다. 사회를 해석하고 과학을 해석하고 자기를 해석하는 작업은 사회와 자신에 관한 전망을 제공한다. 신화해석학

---

38 『経済倫理学序説』, 13–14쪽. 니시베는 경제학이 소박하고 적나라한 형태로 표현의 장애를 일으켜 사회과학에서 표현의 본질을 엿보게 해주기 때문에 경제학을 좋아한다고 말하고 있다.

은 학제적interdisciplinary 연구보다는 자타의 전문지를 부합시키는 초학적 transdisciplinary 연구를 요구한다. 초학적 접근에 의한 지적인 결합, 융합을 통해 다양한 전문지들은 재해석된다. 신화해석학에는 기호학, 특히 언어학이 중요하다.[39] "사회과학의 신화해석학"은 요컨대 사회과학의 인문학적 해석인 셈이다. 니시베의 사회과학론은 단지 신고전파 경제학에 대한 비판이 아니었다. 보수주의론의 학술적 기반이었다.

비평='말의 공적 표현'

자연과학적 지식과 인문학적 지식을 이어주는 사회과학적 지식을 초학적 관점에서 구축하는 일은 어떻게 가능할까. 니시베는 전문지식으로서 사회과학적 지식을 얘기했지만, "자신의 내면에 피어오르는 심리"에서 나오는 "비아카데믹한 표현"을 갈구했음을 상기할 필요가 있다. 비아카데믹한 표현은 전문지식을 구사하는 '전문가'보다는 '대중'을 향하는 것이며, '대중'을 상대하는 '지식인'에게 요구된다. 니시베는 1980년대에 대중사회 비판론을 전개하면서 대중사회의 모든 영역을 장악한 '대중'(혹은 '대중인')에 대응하는 '지식인'의 역할을 논하였다.

니시베는 정치와 지식이 분리되고 언어와 실제가 괴리를 보이는 현실과 마주하였다. 그가 보기에, 현대사회에서는 전통과 종교가 붕괴되어 정치적 언어와 과학적 언어가 분리되고, 전문화로 과학자와 정치가가 분리되면서 언어활동이 기이해졌다. 여기에 문학/사상이 정치와 분단되면서 "자폐증"에 빠져 정치와의 관련성이 엷어졌다. 원래 문학/사상은 과학(기술)적 언어와 정치(표현)적 언어 사이를 매개하는데, 전문언어를 사용하면서 평형이 상실되고 언어활동이 분열하는 위험에 처해졌다.[40] 에토 준은

---

39 『経済倫理学序説』, 25-31쪽.

1980년대 초에 문학과 정치의 분리를 들어 '전후문학의 파산'을 선고한 바 있다. 니시베는 한발짝 더 나아가 '정치와 지식의 분단'을 들어 '언어의 파산'을 선고한 셈이다.

지식인은 '정치와 지식의 분단'을 극복하는 역할을 하는 자이다. 니시베의 '발언=비평'은 탈전후=역사공간에서 이러한 분단을 극복하려는 행위였다. 비평의 장(잡지)을 《발언자》로 명명한 건 우연이 아니다. 니시베는 지식인을 "말의 공적 표현에 연루된 인간"이라 정의하였다. 지식인의 말은 정치적인 요소를 포함하며 권력과 관련된 정치적 작용을 수반한다. 정치는 "말을 둘러싼 자기와 타자 사이의 상호작용"이며, 말=표현행위는 실천적 의미에서 정치라 했다.[41] 지식인은 "말의 공적 표현"을 하는 자. 즉 '표현자'라 부를 수 있다. 니시베는 《발언자》의 후속 잡지를 《표현자》로 명명하였다.

니시베가 보기에 일본의 지식인들은 "말의 공적 표현"에 연루된 인간이 아니었다. 전후 이데올로기나 당파성 때문에 말이 정치화하고 정치와 지식이 분단되어 정치에 무관심하거나 정치를 혐오하는 자들이다. 서양지식을 온전히 받아들이는 수용자이거나 일본적인 것을 고집하면서 서양지식에 대항하는 대결자이다. 그 결과 전후일본에서는 과거와 단절된 채 과거를 환상 속으로 불러내는 로맨티시즘, 아니면 자기확립의 환상으로 치닫는 역사 없는 자기공허의 니힐리즘이 출현하였다. 이러한 로맨티시즘과 니힐리즘이 역사파괴의 경향을 초래하였다. 니시베는 일본의 지식인

---

40 『人間論』(東京: 日本文芸社, 1992), 100-103쪽.

41 『人間論』, 95-96쪽. 니시베는 근대의 지식인을 반체제 정치에 적극적으로 관계하면서 지식으로 정치를 향도하고 역사에 진보를 촉구하는 인텔리겐챠와, 교양주의를 영위하면서 정치로부터 거리를 두고 정치에 관여해도 지적 비판에 그치는 인텔렉츄얼을 구별한다(『人間論』(1992), 93쪽). 니시베가 말한 '지식인'은 인텔리겐챠나 인텔렉츄얼과 구별된 개념으로 보인다.

이 역사의 재발견에 나서지 않는 한 이러한 경향은 끝나지 않을 것이라 전망하였다.[42]

니시베는 "말의 공적 표현"을 전통과 역사에서 찾았다. 언어를 해체한 뒤 확인된 전통은 실체로서의 역사가 아니다. 전통은 "역사에 의해 운반되는 사람들의 감정, 이미지, 관념, 이론에서의 공동성의 형식적 틀"로 정의된다. 전통은 사람들의 감정, 이미지, 관념, 이론으로 표현되는 말의 공동적=공적 작용을 통해 실재한다. 니시베는 이 같은 사실을 서양과의 대비에서 확인하였다. 서양의 지식인들은 근대를 확립하자마자 근대의 해체에 착수했지만 언어라는 전통의 암반이 있었기에 전통의 확인과 자기의 확립은 상보적이었고 자신의 언설에 책임질 수 있었다. 반면, 일본의 지식인들은 "지식의 천박한 수입상"으로서 "언어해체 운동의 아방가르드"였기에 자기기반을 스스로 무너뜨리는 자살행위에 분주했다. 니시베는 일본의 지식인에게 타자와의 관계성을 회복하는 언어활동을 요구한다. 지식인은 "공공적인 장소에서 말로써 타자에게 영향을 주고자 하는", 즉 "말의 공공적 활동에 종사하는" 자이어야 했다.[43]

지식인은 어떻게 언어활동을 회복할 수 있을까. 니시베는 정치와 지식의 상호매개를 지속적으로 반복하는 방식을 제시한다. "지식을 정치 위에 비추고 정치를 지식 위에 비추는 상호합승"을 계속해야 한다고 말한다. 다만 지속적인 상호매개의 결과 정치와 지식이 수렴할지 확산할지, 연계될지 단절될지 확신하지는 못했다. "말의 공적 표현", "말의 공공적 활동"으로서의 언어활동은 "역사에 의해 운반되는" 전통과 결부된 것이었다.

---

42 『人間論』, 106-107쪽.
43 『人間論』, 106-107쪽.

단지 나는 말하자면 보수사상의 공식에 따라 듀레이션, 즉 지속성에 기대를 걸고 싶다. 또 이것도 보수사상의 공식에 기초하여 그래듀얼리즘, 즉 점진주의에 희망을 걸고 싶다… 자신의 능력과 자신이 놓인 환경에 따라 **지식과 정치의 상호반응**을 자신 속에 서서히 착실하게 일으켜 가는 것이다. 보수사상은 이러한 **점진성과 지속성**이 역사의 연속성을 유지했다고 보는 사상이다. **보수사상은 인간의 표현 중에 결단주의라는 이른바 불연속성 요소가 있다고 보기 때문에 오히려 이 결단을 점진적이고 지속적인 것으로 하도록 꾀하는 것이다.** 또 그런 의도가 사람들 사이에 암묵적으로나마 유지되었기에 역사가 있는 것이다. 그리고 보수사상이 다른 사람에게 말걸기로서의 '사상'인 것은 이 암묵적인 것을 명시하고, 그렇게 함으로써 근대에서의 역사의 파괴에 제동을 걸고자 하기 때문이다. 말은 그 본질에서 **퍼블릭 엑시비션, 즉 공적 전시물**이다. 그것이 구경거리인 이상 점진적이고 지속적이라는 재미없는 방식으로는 안 된다는 이론異論이 있을 수 있다. 하지만 보수사상은 이른바 '**평범의 비범**'이라는 진실을 부각시키도록 **사람들의 평범한 상식 속에 얼마나 비범한 지혜가 숨어 있는지**를 말해줌으로써 역사를 재미있게 만들려는 것이다. 그리고 이 재미있는 이야기로서의 역사와 관계되는 것은 히로이즘이며, 또 히로이즘의 주된 인수자도 정치이다.**44**

니시베는 말의 공적 표현, 말의 공공적 활동을 회복하기 위한, 정치와 지식의 상호합승을 지속적으로 반복하는 행위, 즉 지식과 정치의 상호반응이 점진성과 지속성을 중시하는 보수사상에 입각한 것임을 천명하고 있다. 말은 점진성과 지속성이 만들어내는 역사의 연속성에서 운반되는 "공적 전시물"public exibition이다. 연속적인 역사에서 운반되는 말의 공적

44 『人間論』, 120-121쪽.

표현은 "결단주의라는 이른바 불연속성 요소"를 포함하며, 이 결단을 점진적이고 지속적인 것으로 만드는 것은 "말의 공공적 활동"이다. "평범의 비범", "평범한 상식 속"의 "비범한 지혜"는 점진적, 지속적인 역사 속에 내장된 결단주의라는 불연속성 요소에 기인한다. 니시베의 지식인론=언어론은 곧 보수주의론이었다.

지식인이 수행하는 말의 공적 표현, 말의 공공적 활동은 곧 비평이다. 말의 공적 표현, 즉 비평은 문명의 위기, 전쟁의 위기에서 가장 극적이었다. 니시베의 비평은 문명비평의 성격이 짙다. 니시베는 걸프전과 아프간 테러전쟁을 보면서 1990년대 세계문명이 "스스로의 임계선critical line을 넘어 스스로 위기적 전회critical turn를 이룩했다"고 판단하였다. 지식인의 비평은 이러한 양상을 규명하는 문명비평이어야 했다. 이러한 이유에서 걸프전쟁과 알카이다 테러의 위기적 상황에서 "인간의 삶의 방식과 국가의 존재방식이, 특히 전쟁이라는 위기에 임했을 때, 어떠한 물음에 직면하고, 어떠한 해결을 요구하는 것인지"를 비평하는 『전쟁론』(1991)을 저술하였다.[45]

니시베가 생각한 비평=비판의 본질은 언설의 한계를 추궁하는 것이었다. 니시베는 '비평'을 이렇게 풀이한다. '비'批는 '늘어놓는다'並는 뜻이고, '평'評은 '공평하게 논한다'는 뜻이므로 '크리틱'과 정확히 대응한다. '크리티컬 라인'(임계선)은 언설의 전제premise와 틀frame을 분명히 함으로써 언설이 유효해지는 범위를 판단하는 기준이다. '크라이테리온'criterion(규준)을 세운다는 것이 이것이다. '크라이시스'crisis는 이 규준이 위험해지는 것을 말한다. 그런데 이러한 크리틱critic을 이상과 현실의

---

45 『戦争論 ─ 暴力と道徳のあいだ』(東京: 角川春樹事務所, 2002), 「文庫本まえがき」, 6-7쪽. 초간본은 『戦争論 ─ 絶対平和主義批判』(東京: 日本文芸社, 1991).

양쪽으로 향해갔을 때, "**구체적 상황 속에서의 구체적 판단**"을 내려야 하는 과제와 마주하게 된다. 이러한 판단은 "**갈등에서의 평형**"을 찾는 실제적 practical인 지성에 의해 조립되고, "**위기 속에서의 결단**"은 실천적인 지성에 의해 내려진다.[46]

여기서 비평은 비평가의 삶 자체가 된다. 이러한 비평은 무책임한 논평과 구별된다. '논평'comment은 '마음mind을 가지고com 대처한다'는 뜻으로, 실제지(실천지)의 보다 좋은 표현에 대처하는 것을 말한다. 하지만 **비평은 삶이다.** 말은 비평을 양분으로 삼아 쉼없이 성장하는 유기체와 같다고 했다. 비평을 하는 동안 살아 있는 것은 말의 유기체라 했다. 비평가는 말을 엄밀하게 의미지우는 과정에서 인간이 말에 의해 의미지워져 있음을 감지한다. 말은 삶이다. 비평은 신앙에 기초하는 회의skepticism를 필요로 한다. 비평은 비평가의 삶 자체이지만, 운반자로서의 삶이다. 인간은 말의 유기체를 선조를 포함한 과거의 타자로부터 계승하여 "**자신의 비평을 아주 조금 부가하여**" 자손을 포함한 미래의 타자에게 운반하는 존재이다. 비평은 인간의 삶을 표현하지만, 과거에서 미래로 계승되고 운반되는 역사의 연속적인 과정에 덧붙이는 조그마한 삶에 불과하다.[47] 니시베의 비평론= 언어론은 보수주의론으로 회수되고 있다.

---

46 『昔, 言葉は思想であった─語源からみた現代』(東京 : 時事通信出版局, 2009), 212-214쪽.
47 『昔, 言葉は思想であった』, 212-214쪽.

3. 고도 대중사회와 아메리카니즘

고도 대중사회

'민주주의의 과잉', '산업주의의 왜곡'

니시베 스스무의 보수적 비평은 대중사회론으로 표현되었다. 니시베는 1970년대 이후 일본사회가 근대화의 결과 풍요로운 무계급사회인 고도 대중사회에 진입했다고 진단하였다. 경제적 성공으로 민주주의와 산업주의[48]가 과도하게 작동하면서 일본사회가 평등주의egalitarianism와 쾌락주의hedonism에 빠졌고 그 결과 고도 대중사회가 되었다고 보았다. 평등주의는 민주화 혹은 민주주의가 속류화한 사회적 평등을 가리키며, 쾌락주의는 산업화 혹은 산업주의가 속류화한 물질적 행복을 말한다. 평등주의는 "민주주의의 평균적 가치", 쾌락주의는 "산업주의의 평균적 가치"를 뜻한다. 이러한 평등주의와 쾌락주의의 결과 고도 대중사회가 실현되었다는 것이다. 니시베는 고도 대중사회 일본을 "다원적 자유와 전체적 관리를 양손에 들고 평등주의와 쾌락주의의 복합적 가치를 향해 달리는 사회"라 규정하였다.[49]

니시베가 고도 대중사회 일본에서 목도한 것은 평등주의와 쾌락주의를 초래한 민주주의와 산업주의의 "속류화"와, 민주주의와 산업주의에 대한

---

48 니시베는 산업주의를 "산업의 기술적 성과인 재화, 서비스의 소유와 소비를 가치로 여기는 태도"라 정의한다. 中曾根康弘·佐藤誠三郎·村上泰亮·西部邁 『共同研究「冷戦以後」』, 제7장 (西部邁 집필), 325쪽.

49 『大衆の病理 ―袋小路にたちすくむ戦後日本』(東京: 日本放送出版協会, 1987), 9쪽, 44쪽, 74-75쪽.

탈전후=역사공간의 일본과 니시베 스스무의 보수주의

"경신"輕信(가벼운 믿음)이었다. "속류화", "경신"은 미국식 민주주의와 산업주의에 쉽게 영합해버린, 이로 인해 산업주의와 평등주의의 과잉을 초래한, 고도 대중사회 일본의 경박함을 표상하는 말이다. 근대화가 민주주의와 산업주의를 초래하는 양상은 유럽과 달랐다. 유럽에서 근대화에 대한 지식인들의 "신앙"과 "회의"는 길항하는 모습을 보였다. 겉으로는 근대화를 신앙하면서도, 안으로는 근대화를 회의하였다. 즉 산업화와 민주화는 표면적 가치였고, 실제로는 이들 가치에 대해 회의하였다. 반면, 일본의 근대화는 유럽의 모방으로, "적응으로서의 삶"을 만들어냈을 뿐이다. 일본에서는 근대화로 얻은 자유는 마음 편한 거짓된 자유일 뿐, 고독한 자기회의에서 성립한 진정한 자유가 아니었다. 진정한 자유는 오히려 효율적인 적응을 방해한다고 여겨졌다. 산업화, 민주화가 성공하면서 근대화에 대한 회의는 방치되고 말았다. 유럽의 대중론은 근대화에 대한 회의의 소산이었지만, 일본의 대중론은 근대화에 대한 경신의 산물이었다.[50]

니시베는 전후일본이 미국의 근대화를 추종한 데 원인이 있다고 생각하였다. 미국은 유럽에서 근대화를 받아들였지만 근대화에 대한 회의가크게 약해졌고 산업화와 민주화가 "대중의 천국"을 만들어냈다. 전후일본은 이러한 미국의 근대화를 추종하여 아메리카화했다. 민주화개혁을 통해 "아메리카화의 외관을 가진 대중화"가 생겨났고, 경제성장을 이룩하면서 "대중사회의 최고로 발달한 형태"가 출현하였다. 니시베는 "아메리카니즘에의 과잉적응"과 "근대에의 순수적응"이 민주주의와 산업주의의 과잉 발달을 초래하였다고 주장한다. 미국의 근대화를 추종함으로써 "대중화"가 급속히 진행되고 "대중의 천국"이 만들어지면서 민주주의 비판, 산업주의 비판은 암묵적인 터부가 되어 버렸다고 지적한다. '일본의 성공'을

---

50 『大衆への反逆』(東京: 文藝春秋, 1983), 77쪽.

예찬하는 일본론은 서구의 표면적 가치(민주주의, 산업주의)를 순진한 형태로 실현한 것을 보았을 따름이다. 대중사회론적 접근이 결여된 논의였다.[51]

니시베는 고도 대중사회를 지배하는 기술적 합리성을 비판하였다. 근대화나 산업제가 추구하는 목적합리성을 부정하지는 않지만, 목적합리성이 지나쳐 합리성이 자동으로 추구되는, 기술의 의미를 묻지 않고 기술이 자기운동을 개시하는 기술주의를 경계하였다. 오르테가Ortega y Gasset는 기술전문인을 현대대중의 전형이라 했다. 니시베도 일본에서도 산업사회, 정보사회가 발전하고 대중교육이 보급되면서 누구든 전문인이 될 수 있다면서 대중과 기술의 무자각적인 결합이 초래할 기술주의의 병폐를 우려하였다. 인간관계는 기술(경제), 이미지(정치), 관습(사회), 도덕(문화)의 네 종류의 정보가 상호연관되어 규율되는데, 기술정보의 압도적인 우세로 정보들 사이의 평형이 깨지면서 기술주의의 병리가 발생했다고 보았다.[52]

니시베는 산업주의와 결부된 민주주의, 즉 대중민주주의에 위화감을 느꼈다. '민주주의'는 마어魔語로서 유통되었을 때에는 이상에 지나지 않았지만, 고도 대중사회가 성립하면서 실제로 기능하게 되었다고 판단하였다. 고도 대중사회의 민주주의를 "데모크라시"[53]라 부르면서, 데모크라시는 대량의 인간이 참가하므로 중우정치에 빠질 공산이 크다고 비판하였다. 데모크라시를 정당화하는 국민주권 개념에도 비판적이었다. 국민주권 개념은 "인간의 완전가능성perfectability에 대한 경신"에서 나온 것으로, "성숙한 민주주의"를 저해한다는 것이다. 인간은 지적, 도덕적으로 불

---

51 『大衆の病理』, 36-37쪽.

52 『大衆の病理』, 72-76쪽.

53 니시베는 데모크라티즘(democratism)과 데모크라시(democracy)를 구분한다. 데모크라티즘은 이념으로서의 민주주의, 데모크라시는 다중의 인간이 참여하는 중우정치라는 뜻으로 사용한다. 그는 '민주주의'를 데모크라티즘의 번역어로 사용하며, 흔히 말하는 민주주의(democracy)는 '데모크라시'로 표기한다.

완전한 존재이므로 대중의 "방자한 언동"에 여론을 맡겨서는 안 되고, 법과 전통으로 대중의 욕망과 행동을 제어해야 한다고 했다. 니시베가 말하는 '법'은 대중의 여론에 따르는 제정법statute law이 아니다. 대중의 여론에 반성과 회의를 압박하는, "살아있는 자들의 견해"뿐 아니라 "죽은 자들의 지혜"를 참조하여 사회질서를 구축하는 관습법common law이었다.[54] 고도 대중사회에서 출현한 대중민주주의(데모크라시)는 인간의 완전가능성을 쉽게 믿는 진보주의의 소산이었다. 니시베의 대중사회 비판은 보수적 관점에서 행해진 진보주의 비판이자 데모크라시 비판이었다.

니시베는 민주주의와 산업주의의 과잉발달에서 욕망주의와 상대주의를 보았다. 일본은 화폐와 기술을 사용하여 발전을 이루었지만, 민주주의와 산업주의로 배태된 욕망과 상대주의로 인해 자기불안이 초래되었다는 것이다. 욕망체계는 가치기준이 없어 욕망이 커지면 자기모순에 빠지고 애증선택은 불가능해진다. 인간은 선택 불능의 니힐리즘 속에서는 살 수 없어 유행이나 여론을 따르는 "속류 집단주의"나 포퓰리즘을 추종하게 된다. 1980년대 후반 이래 성장이 둔화되면서 일본의 자본주의와 산업주의는 커머셜리즘을 동원하여 시장을 유지하였고, 상대주의자들은 포퓰리즘에 편승함으로써 니힐리즘에 빠지는 걸 막을 수 있었다. 니시베는 진선미의 절대기준을 부정하는 상대주의가 존속하는 한, 욕망주의는 커머셜리즘과 포퓰리즘으로 해결될 수 없고 자기불안을 초래할 수밖에 없었다고 진단하였다.[55] 경제=성장공간에서 성공적인 근대화(민주화, 산업화)를 이룩하면서 팽배해진 욕망주의가 상대주의를 초래하고 상대주의가 자기불안을 불러일으키는, 고도 대중사회의 모순을 간파한 것이다.

---

54 『大衆の病理』, 60-65쪽.
55 『戦争論―絶対平和主義批判』(東京：日本文芸社, 1991), 26-29쪽.

'회의 없는 대중인', '회의하는 지식인'

니시베는 일본의 경제적 성공에서 대중의 모습―"대중적 욕망"과 "대중적 행동"―을 보았다. "일본열도에는 대중이 우글우글 넘쳐나고, 대중적 욕망과 대중적 행동이 뜨겁게 비등하는 모습이 소위 말하는 '일본의 성공'이 아닐까"라고 생각하였다. 대중의 55년체제를 의심하였다. 전통을 상실한 합리적 지식이 방대한 단편의 집적으로서 정처없이 부유하거나 발산하는 "지식과 생활의 55년체제"에서 대중은 불확실한 기술에 근시안적으로 적응해왔다는 것이다. 니시베는 "행복과 평등의 어지러운 증폭운동 속에 숨겨져 있는 어떤 공허, 어떤 균열"을 응시하였다. 대중의 자기감정에 남아있을 '전통'을 찾아내야 한다고 했다.[56]

니시베는 대중의 욕망과 행동에 비판적이었지만, 현대 대중의 속성을 간과하지는 않았다. 원래 대중은 교양과 재산이 없는 자이지만, 대중사회의 대중은 더 이상 교양이나 재산이 없는 우매한 비합리적 군중이 아니다. 산업발전과 대중교육으로 교양과 재산을 갖게 되었고 전문인으로서 기술정보 체계에 참여하여 영리한 조직인으로 행동하는 합리적 존재이다.[57] 1930년대에 오르테가는 대중을 소외, 원자화, 부동성浮動性의 존재로 보았다. 니시베는 현대의 대중은 소외되었을 뿐 아니라 참여하는 존재이며, 원자화되었을 뿐 아니라 시스템화를 받아들이면서 "부동浮動과 부동不動을 함께 하는 존재"라 했다.[58] 균질적, 표준적, 평균적인 단순한 존재가 아니라 거의 균질하면서도 서로의 미소한 차이에 민감하고, 그 차이를 해소하고자 애쓰면서 여전히 남은 차이에 신경을 곤두세우는 존재라 했다.[59]

---

56 『生まじめな戯れ―価値相対主義との闘い』(東京: 筑摩書房, 1984), 103-105쪽.
57 『大衆の病理』, 72쪽.

'대중'은 '서민'과 대비되는 개념이었다. 니시베의 경우 서민은 전통의 재현re-presentation을 위해 소소하게 노력하는 표현자representative, 전통을 담지하는 존재이다. 대중은 역사나 문화와 결부된 질적 가치에 무관심한, 산업제에서는 화폐로 측정되는 물질적 행복을, 민주제에서는 투표로 측정되는 사회적 평등을 양적으로 헤아리는, 전통을 파괴하는 존재이다.[60] 대중은 '역사적인 것'을 거부하기에 역사가 담지해온 말의 무거운 의미와 높은 가치를 기피한다. '사회적인 것', 즉 '세론'(세간에 유통되는 의견)에 의존한다.[61]

지식인은 이러한 대중과 마주해야 했다. 민주=안보공간에서 지식인(인텔리겐차)은 교양과 지식으로써 대중을 계몽하는 존재였다. '진보적 문화인'이라 불렸다. 니시베는 1970년대, 80년대에 '진보적 문화인'이 사어死語가 되었음을 알아챘다. '진보적 문화인'이 휘두른 이상주의가 "엄청난 사실주의의 범람" 때문에 변하고, 급진적 개혁이 "노골적인 현상긍정의 사상" 때문에 외면당하는 시대상을 인지하였다.[62] 지식인의 존재감이 약해지고 존재양태도 달라진 것이다. 과거에는 전통, 종교, 학문에서 비롯되는 귀족적 권위에 기초한 자유를 중시하는 귀족주의자와, 자율적 인간을 상정하면서 인간성이라는 권위에 기초한 자유를 중시하는 민주주의

---

58 『大衆の病理』, 27-29쪽. 니시베는 체스터턴과 더불어 균형 잡힌 보수주의자로서 오르테가를 높이 평가하였다. 흔히 오르테가는 현대대중 비판이 알려진 탓에 엘리트주의자로 생각되기 쉽지만, 니시베는 제1차 세계대전 이후 서양의 위기 속에서 종합적인 철학적 판단으로 "좌우익 어느 쪽에도 치우치지 않고 평형을 유지한 인물"이라 평가하였다(『ファシスタたらんとした者』, 124-125쪽). 또한 영국체류 중에 대중(대량인)에 대한 회의를 체감하였다(『ファシスタたらんとした者』, 117). 니시베는 오르테가의 대중사회론을 발전시켜 현대일본의 고도 대중사회와 대중을 비판하였다. 『대중에의 반역』은 오르테가의 『대중의 반역』에 빗댄 것이다.

59 『大衆の病理』, 62쪽.

60 『生まじめな戯れ』, 106-109쪽.

61 『歴史感覚』, 148-149쪽.

62 『幻像の保守へ』(東京: 文藝春秋, 1985), 28쪽.

자로 지식인을 구분했지만,[63] 이러한 구분은 이제 무의미해졌다. 귀족주의자는 반민주주의와 반산업주의의 색깔이 강해 살아남기 힘들고, 민주주의자는 산업주의에 우호적일 수밖에 없다는 것이다. 전통의 역사적 운반자인 '서민'과 전통의 창조적 표현자인 '지식인'은 소멸하였고, 문명의 평형을 이루던 "지식인과 서민 사이의 묵계"는 와해되었다. 지식인은 더 이상 대중을 비판하고 지도하는 존재가 아니다.[64] 지식인과 대중의 구분이 모호해졌다.

니시베는 지식인과 대중을 새롭게 정의한다. 고도 대중사회에 대해 회의하는지 여부를 가지고 '지식인'과 '대중인'[65]을 정의하였다. 대중사회에서는 회의의 심성을 상실한 자들이 지배한다. 지식인도 대중인도 근대화와 그 성과물인 쾌락주의와 평등주의를 받아들인다. 지식인은 근대화를 회의하는 자이고, 대중인은 근대화에 대한 회의를 포기한 자다. 대중인은 평등주의와 쾌락주의를 추종하기에 이들 이념이 문화에 미칠 악영향에 대해 회의하지 않는다.[66] 니시베는 지식에 대한 회의의 깊이를 가지고 지식인의 진위를 따졌다. "소위 지식인"과 "진정한 지식인"을 구별한다. 쾌락주의와 평등주의를 회의하지 않는 정치가, 학자, 경영자와 같은 "진보이데올로기의 사제들"(진보지식인)이 "소위 지식인"이며, 이들은 대중인에 해당한다고 했다. "진정한 지식인"은 근대화에 대한 회의가 깊은 자들이다. 고도 대중사회에 만연한 자기불안의 출처를 응시하는 자다.[67]

---

63 『大衆の病理』, 24쪽.

64 『大衆の病理』, 138-139쪽.

65 니시베는 '대중'과 더불어 '대중인'이란 용어를 다용한다. '대중인'은 교양인, 전문가로 등장한 고도 대중사회에서의 대중을 지칭하는 말이다. '지식인'에 대응하여 개체로서의 측면을 강조한 것으로 보인다.

66 『大衆の病理』, 9쪽, 29쪽.

진정한 지식인은 회의뿐 아니라 신앙도 필요하다. '회의'가 허무주의로의 추락을 막아주는 응시라면, '신앙'은 믿을 만한 가치기준을 탐구하는 노력을 말한다. 전통에 구현된 "숭고한 것에 대한 사념", "숭고의 차원에 승화되고 싶다는 원망願望"을 말한다. **"회의와 신앙 사이의 평형"**을 이루는 자가 '진정한 지식인'이고, 그렇지 못한 자는 '대중인'(소위 지식인)이다.[68] 숭고에 대한 사념과 원망이 소멸하는 대중사회에서 지식인은 숭고의 차원과 숭고함에 대해 말할 능력을 단념했는데, 회의와 신앙의 사이에서 평형을 보전했을 때 진정한 지식인은 현명과 고귀의 빛을 드러낸다.[69]

니시베는 회의와 신앙의 평형을 모색하는 사고방식을 **"보수적 회의의 심성"**이라 했다. "두 바퀴의 주의(산업주의와 민주주의)가 돌고 도는 과정에서 형적도 없이 짓밟힌 것은 보수적 회의의 심성"이라 말한다. **"보수적 회의주의자"**는 지적, 도덕적으로 불완전한 뒤떨어진 자임을 자각하고 그 자각 위에 **"무한원無限遠의 완성태를 향해 한걸음 한걸음 남모르게 조심스럽게 쌓아가는 태도"**를 보이는 자다.[70] 그렇다면 니시베가 말하는 '회의'는 인간의 불완전성에 대한 자각, 무한한 완성태를 향한 점진주의, 신중한 사려prudence를 중시하는 보수주의를 자각하는 의식인 셈이다. 회의하는 진정한 지식인은 전통에서 가치를 찾는 보수적 존재로 상정된다. '신앙'(두터운 믿음)은 민주주의, 산업주의의 "경신"(가벼운 믿음)에 대항하는 회의하는 정신의 준거라 말할 수 있다. 니시베의 지식인/대중인론은 보수주의론의 표현이었다.

진정한 지식인의 보수적 회의의 심성은 앞에서 말한 비평으로 연결된다. 지식인은 대중이 상실한 회의에 명확한 표현을 부여하고 시대해석을

---

67 『大衆の病理』, 46-48쪽.
68 『大衆の病理』, 138-139쪽.
69 『大衆の病理』, 9-10쪽.
70 『大衆への反逆』, 48쪽.

제4장 '탈전후'와 '반근대'

제공한다.[71] 진정한 지식인은 **"회의적 비평"**을 하는 존재다. 이들은 "회의와 신앙 사이의 평형"뿐 아니라 "정신의 평형"을 가져야 한다. 진정한 지식인은 "대중에 의한 가치의 표준화"에 항거하면서 "남을 칭찬하면 병자가 되고 남을 헐뜯으면 비열한 사람이 된다는 긴장" 속에서 **"정신의 평형"**을 유지해야 한다. 칭찬과 비방 사이의 평형이다. 대중의 무반성적 가치 표준화에 항거하면서 정신의 평형을 유지하는 데는 아이러니, 즉 반어적 정신이 요구된다.[72] 아이러니, 반어적 정신이야말로 회의적 비평의 조건이다. 여기서 보수적 회의주의는 비판적 보수주의로서 성립한다.

아메리카니즘과 '진정한 전후'

일본주의와 아메리카니즘

고도 대중사회화가 근대화(산업제, 민주제)에 기인했을 때, 근대주의와 내셔널리즘의 문제와 만나지 않을 수 없다. 니시베는 일본의 경제적 성공이 고도 대중사회화와 더불어 자민족 숭배주의ethnocentrism, 즉 자민족중심주의를 수반한다면서 이것을 "일본주의"라 불렀다. 일본주의는 경제적 성공에서 비롯된 "자기만열自己滿悅의 정신"을 말한다. "경제동물이 자신의 목표를 훌륭하게 달성한 것에 대한 자부"이자 "새로운 목표를 향해 더욱 도전하는 것에 대한 자신"을 가리킨다. 니시베는 경제적 성공의 자기만족을 표현하는 일본주의에서 목표를 추구하는 "생의 약동"을 보았지만, 일본주의가 회의 없는 신념에 그칠 때 야만스럽고 경솔한 이데올로기로 추

---

71 『経済倫理学序説』, 204쪽.
72 『生まじめな戯れ』, 29쪽.

락한다고 생각하였다. 일본 자신의 행위에 대해 회의하는 것이 생의 약동이고 정신의 활동이라 믿었다.[73]

일본주의는 고도 대중사회론과 결부해서 파악되었다. 일본주의는 서구 문명의 물질적 행복주의(산업주의)와 사회적 평등주의(민주주의=데모크라티즘[74])라는 가치를 모방하여 산업주의와 민주주의를 달성하는 데 작용한 정신을 말한다. '일본적 경영'이라는 집단운영 방식은 산업주의와 평등주의에 아주 효과적으로 작용한, 일본주의를 낳은 지적 활력이었다. 메이지 국수주의나 전전의 국체론에서는 가라 코코로漢心에서 야마토 고코로大和心로의 전환을 얘기했는데, 니시베가 말하는 일본주의가 이것의 재현은 아니다. 민족정신을 고취하는 낭만적인 것이 아니라 다양한 사회통계에서 모색된 것이었다. 대중이 출현하면서 산업제와 민주제에 대한 "회의"가 없어지고 산업주의와 민주주의의 이데올로기가 확립되고 통계수치가 통하면서 일본주의가 출현한 것이다.[75] 일본의 성공은 소득의 생산성과 평등성에서뿐 아니라 공해 방제율, 교육 보급률, 독서율, 범죄율, 이혼율 등 모든 사회통계에서 확인되었다. 군국주의 일본에서는 낭만주의 사조가 익찬운동을 부채질했지만, 산업주의 시대의 일본에서는 경제적 성공의 통계를 내세워 서양에 대한 열등감을 극복하려는 계몽주의가 일본주의를 낳았다. 하지만 일본주의는 대중사회에 대한 회의나 비판을 결여하며, 일본적 경영은 대중사회에 대한 신앙을 강화한 것에 지나지 않았다.[76]

니시베는 가치체계나 이데올로기체계가 산업주의, 평등주의와 친근한

---

73 「文明比較の構造 ― ひとつの日本主義批判」(1981), 『大衆への反逆』, 262-263쪽.
74 니시베가 말하는 '데모크라티시즘'은 데모크라시에 대한 낙관, 즉 '다수자의 전제'를 마다하지 않고 개개인의 자질을 따지지 않은 채 '제반 조건의 평등화'를 요구하는 욕망과 태도를 가리킨다.
75 「文明比較の構造」, 264-266쪽.
76 『経済倫理学序説』, 206-206쪽.

제4장 '탈전후'와 '반근대'

덕분에 일본적 경영방식이 생산성을 향상시켰다는 사실은 인정하였다. 하지만 일본의 고도 대중사회화에 기여했다고는 보지 않았다. 흔히 일본 인론, 일본문화론에서는 '수치심과 죄의식'(Ruth Benedict), '종적 사회와 횡적 사회'(中根千枝), '응석부림과 독립'(土居健郎) 등 집단주의와 개인주의를 대비시켜 일본문화의 특이성과 전근대성을 설명한다. 니시베는 일본적 경영의 역사적, 문화적 기원을 따지지 않았다. 산업주의와 민주주의라는 근대의 보편적 가치기준을 내세워 비교문명론적 관점에서 일본문화를 파악하였다. 일본적 경영의 논리적 발생의 구조를 대중사회와 연관해서 이해하였다. 집단주의와 개인주의의 이분법적인 이해가 아니라 어떤 형태의 집단주의와 어떤 형태의 개인주의가 합체되었을 때 물질적 행복, 사회적 평등, 일본적 협동이 효율적인지를 따졌다.[77]

일본의 민주화, 산업화가 아메리카화의 소산인 한, 일본적 경영도 아메리카니즘과 연관되지 않을 수 없다. 니시베는 아메리카니즘을 "유럽 근대의 표면적인 표현인 산업제와 민주제에 결정적인 무게를 두는(미국인의) 사고방식과 생활방식"이라 정의하였다.[78] 앞에서 언급했듯이, 유럽에서는 산업주의에 대한 신앙뿐 아니라 회의도 있었다. 개인주의 정신은 합리적 의식과 이윤 동기를 배상하면서 산업주의를 촉진시키는 한편, 대중사회의 개인이 군중으로 전락하는 것을 막는 역할도 했다. 버크는 대중사회를 움직이는 진보적 계몽에 대해 전통을 보수하려 했고, 토크빌은 대중사회의 과도한 평등에 대해 자유를 지키려 했다. 미국은 버크가 말한 전통 보수와 토크빌이 말한 귀족적 자유를 끊어냄으로써 "서구의 일면화" 혹은 "과잉 유럽화"에 빠졌다. 니시베는 현대일본은 이러한 "대중의 천국" 미

---

77 「文明比較の構造」, 270-274쪽.
78 『破壊主義者の群れ』, 211쪽, 229-237쪽.

국을 모방함으로써 "대중의 극락"에 도달하였고, 대중사회의 과잉 발달을 견제할 개인주의와 전통주의를 벗겨낸 자리에 일본적 경영을 집어넣어 산업적, 민주적 성공을 이룩했다고 보았다. 일본적 경영이 아메리카화를 순수배양하는 토대로서 기능했다고 판단하였다.[79]

일본적 집단주의가 아메리카화에 적절한 "토용"土踊을 제공했다는 생각이었다. 일본적 집단주의는 집단이 시스템으로 작용하면서도 구성원에게 의견과 행동의 자유를 허용하는 개방적, 신축적 집단주의인데,[80] 이러한 개방성, 신축성이 아메리카화에 유효하게 작동했다는 것이다. 신축적 집단주의가 개방적 집단시스템인 산업제에 적합했다는 말이다. 민주주의(데모크라티즘)는 평등주의와 거의 동일한데, 구성원의 안정된 관계를 위해 평등주의를 허용하는 일본형 집단주의의 문화적 토용 위에 "아메리카니즘이라는 신선한 의상"을 걸친 산업주의와 민주주의가 도입되었고, 그 결과 미국인도 놀랄 정도로 "산업주의와 평등주의의 과잉발달"이 일어났다고 보았다.[81] 일본의 근대화(민주화와 산업화)를 설명하는 본질적 요소가 아니라 아메리카니즘을 수용하는 토대로서 일본형 집단주의를 파악한 셈이다. 아메리카니즘과 대립하지 않고 오히려 그것과 결부된 일본주의의 모습을 보았다. 니시베의 일본문화론은 대중사회론과 일본문화론의 접점을 찾는 시도였다. 당시 유행했던 일본문화론과는 달랐다.

'전후의 종언'과 '역사감각의 부흥'

흔히 '전후'에는 전전과 전중의 체험과 기억을 총체적으로는 부정하는

---

79 『經済倫理学序説』, 209-211쪽.
80 니시베는 개인주의와 집단주의를 원자적/상호적 개인주의, 신축적/경직적 집단주의로 분류하였다(『大衆の病理』, 38-44쪽).
81 『戦争論』, 21-23쪽.

경향이 있다. '전후'의 일본에서는 파시즘으로 도배된 전시체제를 온전히 거부하는 사유가 생겨났다. '냉전 이후'에도 아메리카니즘에 물든 전후체제를 전체적으로 부정하는 사상이 대두하였다. 전후체제에서 종식되지 않은 '전후'를 끝내야 한다는 탈전후적 사고가 강해졌다. 탈냉전은 '진정한 전후'의 도래를 알리는 조짐으로 인식되었다. 니시베 스스무도 패전 이후 반세기에 걸쳐 지속된 쇼와시대는 곳곳에 드리워져 있는 '전전', '전중'의 그림자를 감지하였다. 전전과 전중을 체험했던 전후 지도자들은 평화주의자마저도 죽은 자를 생각해야 했기에 전쟁책임을 추궁하는 데 무뎠고 이로 인해 '전후'를 청산할 수 없었다. 전후체제하의 일본은 '진정한 전후'가 아니었다. 55년체제의 붕괴를 '전후의 종언'이 아니라 "전후적인 것의 순화"로 파악하였다. 니시베는 1990년대 들어 "사회민주주의" 정치세력이 부상하고, 수상과 외상이 전쟁사죄 발언을 하는 걸 보면서 일본사회가 바야흐로 '전후적인 것'이 완성기에 들어섰다고 판단하였다.[82] '전후적인 것'이 완성기에 들어섰다는 것은 비로소 '진정한 전후'가 시작되었다는 말이다.

하지만 니시베의 기대와 달리 '냉전 이후'의 일본은 악화될 뿐이었다. 경제성장과 평등분배의 성과에도 불구하고 일본사회는 불황에 빠졌고, 여론주의와 중우제에 따른 방종민주주의는 더 심해졌다. 역사, 관습, 전통의 파괴로 인해 내셔널 아이덴티티를 상실하였다. 니시베는 일본사회의 불황과 불안에 대처하는 자민당 보수정권의 개혁정책(규제완화와 지방분권)과 개혁구상(일본개조계획)에 비판적이었다. 보수정권의 강권적인 "사회적 계획"(개혁개조 구상)은 '역사감각'을 결여한 "역사파괴와 전통유리遊離"의 사회민주주의 개혁으로 규정하였다. 니시베는 '전후의 완성'이 전망되

---

82 『歷史感覚』, 148-149쪽, 190-191쪽.

는 탈전후=역사공간에서 '역사감각의 부흥'은커녕 오히려 '역사파괴'가 행해지고 있음을 목도하였다.[83] '냉전 이후'의 역사파괴 현상은 탈전후적 상황이 전후적 상황과 닮았음을 시사한다.

역사파괴, 전통윤리의 사회민주주의 개혁은, 니시베의 관점에서 본다면, 탈냉전적 상황을 '사회민주주의'가 배양된 전후체제의 연장선상에서 봐야 함을 뜻한다. 니시베는 미국이 냉전에서 승리한 결과 아메리카니즘이 더 강화되었다고 판단하였다. 일본의 체제파 보수(보수정치가)는 냉전 종결 후에 미국의 패권에서 벗어나 자율성을 모색하기는커녕 미국적인 개인주의, 경쟁주의, 시장주의를 받아들여 규제완화, 가격파괴, 초국가경제 확대와 같은 정책을 더 세게 추진하면서 아메리카니즘의 오염을 더 심화시켰다고 보았다.[84] 아메리카니즘을 금과옥조로 받들면서 "미국제국주의"에 굴종하는 "골수 친미파" 고이즈미 준이치로 수상의 '성역 없는 구조개혁'이 일본상실을 부채질한다고 생각하였다.[85] 니시베는 신자유주의적 보수개혁을 대미종속의 심화, 아메리카니즘의 강화로 인식하였다.

강화된 아메리카니즘을 절감했을 때 니시베는 일본의 전후체제를 규정한, 일본의 '사회민주주의'를 강제한 냉전체제의 속성을 급진적으로 해석하는 탈전후의식을 보인다. 니시베는 냉전체제를 자유주의와 사회주의의 대립이 아니라 좌익끼리 갈등하는 "좌파국가들"의 체제, 즉 "좌익체제"로 규정하였다. 니시베는 미국을 소련과 같은 "좌파국가"로 규정하엿다. "순수한 형태의 근대주의"를 지향하는 "좌익주의" 국가라 했다. 내부 모순을 패권화로 해소하는, 합리주의에의 회의를 결여한 "초근대적인"ultra-modern 국가로 파악하였다.[86] 자유주의와 시장주의를 표방하는 미

---

83 『歷史感覚』, 150쪽.
84 『破壊主義者の群れ』, 213-214쪽.
85 『保守思想のための39章』(東京: 中央公論新社, 2012[초판은 2002]), 21-23쪽.

국이건, 계획주의와 관료주의를 내세우는 소련이건, 물질적 풍요와 평등한 분배를 추구하는, 근대주의를 지향하는 이란성 쌍둥이 같은 좌파국가이며, 두 좌파국가가 주도한 냉전체제는 좌파체제라는 것이 니시베의 탈전후적 냉전인식이었다.[87] 니시베는 이러한 좌파적 전후체제에서 '사회민주주의'가 배양되었고, 아메리카니즘 속에서 성장한 '사회민주주의'가 '냉전 이후'의 신자유주의적 보수개혁으로 표출된 것으로 판단하였다.

니시베는 '냉전체제=좌익체제', '아메리카니즘=(초)근대주의'라는 인식을 갖고서 '전후체제의 전면 부정=아메리카니즘의 전면 부정'이라는 탈전후적 과제와 마주하였다. 좌파체제에 규율되면서 근대주의=좌파의식=아메리카니즘에 분칠된 전후체제에서 일본을 구출하고자 했다. 니시베는 아메리카니즘을 "세계파괴 운동"으로 규정했고, 이러한 아메리카니즘을 과잉 수용한, "과잉 아메리카화"over-Americanization된 일본은 파괴될 수밖에 없다고 보았다. 과잉 아메리카화는 "일본상실"을 초래하였다. 과도한 아메리카니즘으로 인해 가족, 학교, 도시, 농촌, 자연이 크게 훼손되었고, 가족제도가 해체되었으며, 학교가 붕괴되었다는 것이다. 농촌도 도시도 파괴되었다는 것이다. 니시베는 "아메리카화의 평면을 활주해온" 생활방식을 벗어나야 한다고 주장하였다.[88]

니시베는 일본인의 심성을 구속해온 아메리카니즘의 해체를 외쳤다.[89] 니시베는 전후체제를 보수 대 혁신의 정치구도가 아니라 "현실감각이 없는 공허한 이상론"과 "이상의식이 없는 진부한 현실론"이 확집하는 체제

---

86 『文明の敵·民主主義 ― 危機の政治哲学』(東京: 時事通信出版局, 2011), 156-157쪽.

87 『無念の戦後史』, 70-71쪽; 『破壊主義者の群れ』, 212-213쪽.

88 『破壊主義者の群れ』, 211쪽, 229-237쪽.

89 사에키 게이시(佐伯啓思)도 아메리카니즘의 전면 부정에 나섰다(佐伯啓思, 『アメリカニズム』の終焉 ― シヴィック·リベラリズム精神の再発見へ, 東京: 阪急コミュニケーションズ, 1993).

로 간주하였다. 그렇다면 전후체제는 정치적 권력관계에 의해 종식될 수 없고 '근대주의'='아메리카니즘'을 깨야만 끝낼 수 있다. 니시베는 아메리카니즘의 종식을 보수주의에서 찾았다. "보수의 사상이 필요하다는 국민적 각성"이 없는 한, "아메리카화"="근대주의화"로서의 '전후'는 소멸될 수 없고, '전후의 종언'이라는 슬로건은 반복될 수밖에 없다고 생각하였다.[90]

니시베 스스무는 사회민주주의에 대처하는 길을 자유민주주의와 보수주의의 실현에서 찾았다. 자유민주주의의 질서는 '역사적 질서의 재흥'과 '전통의 회복'을 통해 구축될 수 있다고 믿었다. 자유민주주의와 역사적 질서를 회복하는 보수주의만이 "전후라는 시대"를 끝낼 수 있다고 믿었다. '탈전후'는 "역사감각의 부흥" 없이는 불가능한 것이며, 역사감각의 부흥은 진정한 보수주의 없이는 실현될 수 없는 것이었다. 경제=성장공간을 거치면서 고도화된, 또한 탈전후=역사공간의 질서변동 과정에서 더욱 심화된 대중사회의 모순과 아메리카니즘의 질곡을 극복하는 사상과제와 마주하면서 니시베 스스무는 '전통'과 '역사'에 의탁한 보수적 심성을 드러냈다. 보수적 심정을 투사하여 고도 대중사회와 아메리카니즘을 극복하는 이념으로서 보수주의 이론을 구축하였다.

---

90 『無念の戦後史』, 93쪽.

4. 회의하는 보수와 전통

보수선언

'미지에의 도전'

니시베 스스무는 "반反진보로의 여행"[91]을 통해 영국 보수주의를 몸소 체험하고 귀국한 뒤 일본의 고도 대중사회화 현상에 대한 비평을 재개하였다. 이와 더불어 보수주의에 관한 이론적 논의에 몰두하여 1984년 하반기에 보수주의를 논한 에세이를 잇달아 발표하였다.[92] 니시베는 「보수의 태도」(1984)에서 이렇게 말했다.

> 보수주의라 명명할 수밖에 없는 듯한 태도가 내 안에서 점점 강해지는 것 같다. 감수성과 표현법 양쪽에서 뭔가 항상적인 기준이 없는 것일까를 탐구하기 시작하는 기색이다. 다만, **나의 보수주의는 소위 '변화에 대한 능동적 공포'에서 비롯된 것은 아니다.** 그러한 퇴영적인 공포심은 단순한 현상status quo에 대한 집착, 즉 현상 긍정으로 끝날 수밖에 없을 것이다. **나의 경우 현상을 긍정할 수 없기 때문에 보수주의로 기우는 것 같다.** 현재 상황은 온갖 것들을 전변轉變의 과정에 집어넣는다는 의미에서 보수주의와는 반대로 가고 있지만, 나는 그것에 익숙해지지 않는다. **'미지未知에의 공포'가 아니라 '기지既知에의 반발'에 기초한 보수주의도 있다.** 불변의 것, 항상의 것, 그것들이 미지의

---

91 『蜃気楼の中へ』, 233~269쪽.

92 「相対主義の陥穽」(『中央公論』 1984.7), 「保守の態度」(『諸君!』 1984.9), 「進歩主義の末路」(『Voice』 1984.12), 「精神の政治学」(『中央公論』 1985.1), 「保守主義 というユートピア」(『毎日新聞』 1984.4) 등이 그것이다. 모두 단행본 『幻像の保守へ』(東京: 文藝春秋, 1985)에 실렸다.

영역에 대부분 들어가 버렸다고 한다면, 불변의 항상성에 구애받는 보수주의는 부득이 '미지에의 도전'을 시도해야만 한다.[93]

니시베의 마음속에 비축된 보수적 심성을 공공연하게 드러낸 일종의 보수선언이다. 니시베는 이전부터 마음 한구석에 보수적 심성을 간직하고 있었다. 대학 초년 시절 전학련 핵심 멤버로서 안보투쟁에 참여했던 니시베가 보수주의자임을 천명한 것이다. 니시베는 보수주의가 변화에 대한 공포, 미지(미래)의 일에 대한 공포심에서 나오는 현상 긍정의 사유가 아니라 기지(과거, 현재)의 사실에 대한 반발이라 했다. 보수주의는 "불변의 항상성"에 대한 집착이 아니라 "미지에의 도전"이라 했다. 니시베의 언설 활동=보수주의론은 "반발"과 "도전"의 파토스로 충만하였다. 니시베의 보수주의론은 현대일본이 마주한, 해결이 난망한 딜레마나 패러독스를 감내하지 못하고 "어떻게든 자신의 불리한 입장을 호전시키고자 노력"하는 심리의 표현이었다.[94]

니시베의 보수주의론은 경제=성장공간에서 민주제와 산업제의 과잉 발달로 출현한 일본의 고도 대중사회화와 일본인의 의식을 사로잡은 진보주의에 대한 비판에서 출발하였고, 탈전후=역사공간에서 빨라진 일본 보수정치의 신자유주의적 적응(보수개혁)에 대한 비판으로 일관하였다. 니시베 보수주의는 일본 대중사회 비판이자 일본정치의 신보수주의에 대한 비판이었다. 니시베의 사상과제는 고도 대중사회 일본에 팽배한 진보주의와 '가짜 보수주의'의 위선을 추궁하고 '진정한 보수주의'의 길을 제시하는 것이었다.

---

93 「保守の態度」(1984), 『幻像の保守へ』, 206쪽.

94 「保守の態度」, 208쪽.

니시베는 보수주의를 정치적인 것보다는 심리적인 것으로 파악하였다. 심리적 차원의 보수주의, 사상으로서의 보수주의를 성찰하는 데 열중하였다. 이러한 경향은 니시베가 안보투쟁 이후 일본의 정치사회와 거리를 두었고, 정치비평이나 사회비평을 하는 동안에도 정치현실에 실천가로서 연루되지 않았다는 사실과도 무관하지 않다. 무엇보다 보수주의의 역사적 양태를 보는 니시베의 시선과 관련된다. 프랑스혁명의 대항이념으로 등장한 이래 정치적 보수주의를 지탱한 특권 계급(귀족)이 이미 소멸한 유럽적 상황에서, 또한 근대화 이념과 "1945년의 이념"(민주주의, 평화주의)이 거의 완전한 승리를 거두어 어떤 정치세력도 보수주의를 드러내놓고 말도 못하고 진보주의적 분위기 속에서 "근대적, 합리적 계획의 형태"로 위장해서 말해야만 하는 일본적 상황에서, 보수주의는 심리적인 것에 국한될 수밖에 없었다.[95]

보수는 수세적 심리를 벗어나 공세적 심리를 가져야만 했다. 니시베는 컨서버티브(보수주의자)의 최대한의 자기증명은 "개인의 심리 차원에서 거의 부서진 전통의 조각을 주워 모아 그것으로써 과잉의 계획적 혁신으로부터 몸을 지키는 컨서버티브(방부제)로 삼는 것"밖에 없다고 말한다. "내 모습도 그런 것에 불과하다"고 실토한다.[96] 니시베는 보수주의를 소극적 개념으로 파악하였다. "보수주의는 자신의 이상을 적극적으로 말하지는 않는다. 어디까지나 소극적으로 자신을 규정한다"고 했다. 물론 보수주의자는 반동reactionary도, 정지주의자immobilist도, 전체주의자totalitarian도, 절대주의자absolutist도 아니다. 보수주의는 "주의主義로 순화하는 이데올로기의 태도"를 혐오한다.[97] 진정한 보수주의자라면 보수주의(보수적 태도)는 '주

---

95 「保守の態度」, 206쪽.
96 「保守の態度」, 207쪽.
97 「進步主義の末路」(1984), 『幻像の保守 へ』, 38쪽.

의'ism로서 적극적으로 기능해서는 안 되고, 개인의 심리적 차원에서 "과잉의 계획적 혁신"(진보주의)에 대응하는 수세적인 컨서버티브(방부제)가 되어야 한다는 말이다. 그런데 "미지에의 도전"에 나섰을 때 마냥 보수주의의 소극적 개념에만 머무를 수 있을까. 공세적인 컨서버티브가 되어야 하지 않을까. "미지에의 도전"을 외친 보수선언은 수세적인 소극적 보수주의로부터의 탈각을 의미할 수도 있다. 니시베의 보수선언은 어떠한 행로를 보일까.

영국 보수주의는 니시베에게도 보수적 사유의 원점이자 의탁처였다. 니시베는 자신의 보수주의를 정당화하기 위해 영국 보수주의를 끌어들이는 차원에 머무르지 않았다. '고도 대중사회' 일본에 대응하는 보수주의를 강구하였다. 니시베는 일본이 보수주의 계보를 이루는 앵글로색슨의 사상과 정면으로 대결한 적이 없었음을 지적한다. 일본은 앵글로색슨 사상의 "자식"에 해당하는 미국적 프래그머티즘, 정확하게는 "프래그머티즘이 속류화한 프랙티컬리즘"을 대거 받아들였지만, 앵글로색슨 사상의 "엄부"嚴父인 영국 보수주의는 일본사회에 정착할 기미조차 없었다는 말이다. 대륙의 합리론을 수입한 탓이지만, "서민의 지혜"가 붕괴했기 때문이다. 니시베는 일본인의 얼굴이 "서민성에서 대중성으로" 변모하는 걸 보았다. 대중이 "오로지 안락과 평등의 양적 확대를 자폐증적으로, 물론 신경증을 노골적으로 드러내면서 요구하는" 걸 보았다. 니시베는 "내 안에 보수적 태도가 강해지는 것"을 "자신에게 서민으로서의 윤곽을 주고 싶다는 것"으로 해석하였다. 앞에서 말했듯이 전통에 착근한 '서민'은 전통을 부정하는 '대중'의 대항 개념으로서 니시베 보수주의의 중요한 근거였다. 니시베는 전후일본의 보수가 패배했지만 영국 보수주의를 탐색하면 뭔가 실마리를 얻을 것이라 믿었다. 영국 보수주의는 일본과 달리 "진보주의와의 격렬한 쟁투를 경험"했기 때문이다. 니시베는 영국 보수주의의 "추체험"

을 통해 보수주의를 향한 긴 도정을 시작해야 한다고 믿었다.[98]

　진정한 보수의 태도를 자각적으로 확립하고자 애썼던 영국에서도 1980년대 들어 대중사회화하면서 보수가 패배했고 '영국병'이라는 야유를 받고 있었다. 니시베는 영국 보수의 이러한 사정에도 불구하고 영국문화에 안정을 주는 "보수적인 정신의 조각들"이 아직 남아있다고 보았다. 미국과 일본에서 꽃피운 "순수한 대중사회"와 비교하면, 영국문화는 "보수의 정신이 적어도 양념으로서 포함되어 있어 일종의 맛이 있다"는 것이다. 일본의 지식인들도 영국 경험론에 기반한 보수적 정신에 관심이 없진 않았지만 사상적 조류를 이루지 못하고 대륙의 합리론을 수입하고 노래했을 뿐이다. 니시베는 고도 대중사회의 절정에서 "현란한 산업과 민주의 환각"을 맛보고 있는 일본이 이러한 "환상"illusion에서 벗어나려면, "문명의 품위"를 되찾으려면, 영국의 경험론과 보수정신을 배워 개인의 삶과 사회제도 속에 "조금씩 혈육화해야" 한다고 생각하였다.[99]

　니시베는 영국체재 중에 영국의 보수정신과 문명의 품위를 경험하였다. 폭스턴 집 차고의 조그만 서랍장을 열어보고 깜짝 놀란 적이 있다. 새 못, 녹슨 못, 구부러진 모, 끊어진 못, 머리 없는 못들이 칸별로 가지런히 놓여 있었다. 영국인의 수집벽에 "약간 기분이 나쁘긴 했지만" 큰 감동을 받았다. 영국인은 편집증 기질이 있어 뭐든지 "컨서브"한다는 사실을 깨달았다. 배달부가 마을 주민의 새벽잠을 깨우지 않도록 무소음 전동차로 우유배달을 하는 장면을 보고 감동하기도 했다. 영국인의 배려심에서 "기술문명을 수용하는 절도"를 보았다. 기술이 제공하는 안락이 실질적인 것이 되려면, 안락의 추구가 끊임없는 욕구불만의 신경증에 빠지지

---

98 「保守の態度」, 213쪽.
99 『大衆の病理』, 151-152쪽.

않으려면, "전통의 보수"와 "문명의 절도"가 필요하다는 사실을 깨달았다.[100] 일상생활에 영위되는 영국인의 보수정신에서 현대문명에 요구되는 진정한 보수주의의 모습을 보았다.

영국체험을 떠올린 것은 '고도 대중사회' 일본의 현실을 비판했을 때였다. 니시베가 보기에, 대중은 불확실성이 커지는 현대기술에 근시안적으로 적응할 뿐이다. 물질적 행복과 사회적 평등을 향유하는 과정에서 '전통'과 전통에서 배양되는 '절도'를 저버렸다. 고도 대중사회에서 생겨난 물질적 행복과 사회적 평등이 전통의 소멸을 초래하였다. '전통'의 라틴어 어원인 동사 '트라데레'tradere는 '운반하거나 전달한다'는 뜻이다. 운반하고 전달하는 것은 가치, 신념 혹은 확신과 같은 감정이다. 니시베는 "추론은 감정에 종속되는 것이고, 합리성의 기초는 전통 속에 있다"고 말한다. '합리적인 것'을 전통에 정초하였다. 전통을 상실한 합리적 지식은 정처 없이 부유하는 방대한 단편의 집적에 지나지 않는다고 했다. 니시베는 폭스턴의 체험을 떠올리며 "못 상자를 응시하고 자동차 소리에 귀기울일 것"을, "신변사에 대한 세심한 응대"를 요구하였다. 일본인의 감정에 내재된 전통의 냄새를 맡아야 한다고 했다. 보수적 심성의 회복은 일본인의 지식과 생활을 규율하는 55년체제를 의심하고 "행복과 평등의 어지러운 증폭운동 속에 숨어있는 어떤 공허, 어떤 균열"을 응시하는 데서 시작해야 한다고 말한다.[101]

'진보의 환각'과 '희석된 진보주의'

고전적 보수주의(전통주의)는 추상적인 이상보다도 현실에 존재하는 구

---

100 『生まじめな戯れ』, 102-103쪽.
101 『生まじめな戯れ』, 105쪽.

체적이고 가까운 것을 애호한다. 합리적인 사회설계보다도 비합리적인 관습 속의 안정된 것을 믿는다. 신뢰하는 가족, 지역, 집단에 애착을 보인다. 현대 보수주의는 여기에 근대화와 근대주의에 대한 비판을 덧붙였다. 현대 보수주의는 계몽적 이성이 초래한 '근대주의'의 패러독스를 자각하고 '근대화'라는 불가역적 운동을 가능한 한 유보하려는 사상이다. 현대 일본의 보수주의도 이러한 태도를 공유한다. 이에 덧붙여 글로벌리즘의 위협에 대응해야 하는 과제도 안고 있다. 사에키 게이시佐伯啓思는 현대일본의 보수주의가 갖춰야 할 덕목으로 절도 있는 애국심, 자유방임적 개인주의와 시장중심주의에 대한 회의, 강력한 국가주의statism, 자유와 민주주의의 절대화나 보편화에 대한 경계, 민주정치의 대중화와 대중정치에 대한 비판 등을 든 바 있다.[102]

현대일본의 보수주의를 생각할 때 주목할 것은 진보주의에 대한 태도이며, 전후체제를 보는 시선이다. 진보주의는 "인간이 지적으로, 도덕적으로 보다 완전한 것에 접근한다는 가설을 믿는 태도", 혹은 "완전가능성perfectibility의 신념"이다. 진보주의는 역사의 불연속을 상정하는, "장소topos를 갖지 않는" 유토피아 사상으로서 성립하였다. 니시베는 이러한 진보주의가 산업제(물질적 풍요)와 민주제(사회적 평등)에 의해 성립한 고도 대중사회에서 작동하는 방식에 주목하였다. 니시베에 따르면, 고도 대중사회 일본에서 진보주의는 욕망의 메카니즘에서 팽창하는데, 이 메카니즘에서 욕망이 충족되는 일은 없다. 진보주의는 욕구 불만의 온상이 되고, 이 욕구 불만을 태엽으로 삼아 진보의 톱니바퀴를 돌리는 악순환이 되풀이된다. 언론은 진보주의에 지장이 안 되게끔 사람을 마비시키는 서브시스템 역할을 한다. 사람들은 전통파괴에 의한 과거와의 단절, 사회계획에 의한

---

102 佐伯啓思, 「日本の'戰後保守主義'を問う」, 『中央公論』(2007년2월호), 149-150쪽.

미래창조에 낙관적 태도를 보이면서 진보주의에 정통성을 부여한다. 일본사회는 고도 대중사회가 되면서 기술적 합리성에 대한 낙관주의가 충만해졌다. 지식정보의 주체여야 할 사람이 기호(말)에 의해 생산되고 소비되는 객체가 되고, 진보적 언어가 물질과 결합되면서, 일본사회는 "**진보의 환각**"이 충만해졌다.[103] 고도 대중사회화의 결과 일본은 "진보의 환각"이 만연한 사회가 되었다는 말이다.

그런데 고도 대중사회 일본의 진보주의는 기존의 진보주의와 똑같지 않다. 니시베는 일본의 진보주의가 고도 대중사회에 진입하면서 "묽어졌다"고 말한다. 고도 대중사회에 진입하면서 진보 대 보수의 대립이 소멸하고 보수정권이 진보에 의탁한 점진적 개혁을 추구하면서 "**희석된 진보주의**"가 되었다고 한다. 이러한 상황에서 진보주의 대 보수주의의 구도는 성립하기 어렵다. "온전한 진보주의"인가 "희석된 진보주의"인가의 차이만 있을 뿐이다. "희석된 진보주의"는 진보적 문화인(진보주의자)의 "온전한 진보주의"처럼 인간의 완전가능성 가설을 받아들이지만, 이 가설을 반쯤 의심하면서 점진적 변화를 모색한다. 겉으로는 인간성을 믿지만, 속으로는 인간성을 믿지 않는다. 인간성 신앙이 추락한 형태인 경신輕信적인 명분과 인간성 회의가 추락한 형태인 허무적인 본심이 절충하여 나타난 것이, 달리 말하면 완전가능성perfectibility과 기술주의technologism가 절충해서 출현한 것이 바로 "희석된 진보주의"이다. 희석된 진보주의의 영향력은 온전한 진보주의보다 작지 않다. 도수 낮은 알코올처럼 상습벽과 중독성이 강하고 부단히 변화를 추구하는 자동증自動症을 보이기 때문이다. 희석된 진보주의가 지속될 때 대중의 욕망과 원망願望을 규율하는 내면적 규범은 무너지게 된다.[104]

---

103 「保守の態度」, 208쪽; 『大衆への反逆』, 31-33쪽.

니시베는 희석된 진보주의가 승리하면 자기붕괴의 계기가 커질 수밖에 없다고 말한다. 진보주의는 시간적 관념이며 진보의 질량은 과거, 현재, 미래를 비교함으로써 측정할 수 있다. 전통의 와해는 시간적 비교기준의 소실을 뜻하며, 이 경우 일체의 변화는 순간적인 것으로, 근시안적으로 보면 차이일 수 있지만 진보가 아니게 된다. 진보가 의거해야 할 윤리에 대한 장기적 전망은 퇴색하게 된다. 진보관념은 소멸한다.[105] 진보주의는 인간의 이성능력이 발전하면 윤리능력도 진보할 것이라 경신하지만, 이러한 믿음은 오히려 종교와 전통을 파괴할 뿐이다. "무의미성과 무목적성의 감각"을 만들어낸다.[106] 진보주의를 시간개념으로 파악하여 시간축에 전통을 정초했을 때, 고도 대중사회에서 희석된 진보주의가 전통의 와해를 초래했을 때, 진보관념의 소멸을 자초한다는 논법이다. 전통이 와해되면 진보의 의탁처인 윤리도 퇴색하고, 그 결과 진보관념도 소멸한다는 말이다. 여기서 '전통'은 보수주의뿐 아니라 진보주의에도 적극적인 의미를 갖게 된다.

'보수의 유토피아'와 보수적 회의주의

'보수의 환상'

니시베 스스무가 체험한 일본의 전후체제는 "진보의 환각"에 빠져 보수적 감각을 상실한 체제였다. 일본의 보수주의자들은 근대화 이념과 진보적 여론에 압도당한 채, 진보주의에 대응할 효과적인 수단을 찾지 못한

---

104 「精神の政治学」(1985), 『幻像の保守へ』, 216-217쪽.
105 「精神の政治学」, 224-225쪽.
106 「進步主義の末路」, 41쪽,

채, 희석된 진보주의를 숙명처럼 받아들여 익숙해져 있다. 보수파(보수정치가)의 정치개혁도 진보이념에 추동된다. 자본주의와 사회주의, 경쟁과 통제, 자유와 평등, 효율과 공정을 어떻게 조합할지 정도의 차이만 있을 뿐이다.[107] 니시베는 나카소네 정권의 신보수주의도 진보주의의 한 형태로 보았다. 신보수주의는 정부의 개입과 급진적 개혁을 회피하기 때문에 진보주의와 동떨어진 듯 보이지만, 실제로는 개인주의와 자유주의 시장경제에 기초한 사회질서의 자율적 형성을 지향하며, 진보의 점진적 실현을 꾀하는 신자유주의와 중첩된다는 것이다.[108] 니시베는 보수주의자이건 보수파 정치가이건 희석된 진보주의에 빠져있다고 믿었다.

희석된 진보주의에 젖어있는 상태에서 진정한 보수주의는 어떠한 것이어야 할까. 원래 진보는 유토피아를 꿈꾸고 보수는 유토피아를 기피한다. 그런데 일본의 보수는 "진보의 환각"으로 궁지에 몰린 채, 진보에 물든 세론과 대적해야 할 상황에 있다. 일본의 보수는 시대착오적으로 유토피아를 꿈꾸는 역설적 상황에 있다. 이러한 역설적 상황에서 보수주의를 주장한다는 건 시대착오이며, 보수주의자는 "도착된" 정신을 갖지 않을 수 없다.[109] 니시베는 유토피아utopia(행복의 나라)를 만들기 위해 역사와 전통을 파괴하는 "희석된 진보주의"와 이를 옹호하는 "가짜 보수주의"에 대항하여 "진정한 보수주의"를 말한다. "진정한 보수주의"가 "도착倒錯의 감각"을 견뎌내려면 역사와 전통을 되찾아야 하며, 진보주의처럼 "장소를 갖지 않는 나라"utopia 혹은 "어디에도 없는 나라"outopia를 구상해야 한다고 말한다. 이렇게 해야만 보수주의의 유토피아는 시대착오가 아니게 된다는 것이다. 니시베는 유토피아를 진보주의처럼 미래에서 찾지 않

---

107 『大衆への反逆』, 41-42쪽.
108 『大衆の病理』, 87-90쪽.
109 「精神の政治学」, 221-222쪽.

고 역사 속의 전통에서 찾았다. 유토피아로서의 보수주의는 "전통의 유토피아"를 구상하는 이야기story를 만들어 역사history를 되살려야 한다고 했다. 보수주의자conservative는 최소한의 자기증명으로서 "부서진 전통의 파편을 주워모아" "과잉된 계획적 혁신"(진보)으로부터 자신을 지키는 "방부제"conservative로 삼아야 한다고 주장하였다.110

니시베가 생각한 '진정한 보수주의자'는 전통의 보수에 그치지 않고 현상개혁을 생각하는 보수주의자였다. 전통을 보수하는 보수주의가 우세한 상황에서는 과격주의적 개혁과 극단주의적 열광에 대항하여 "무하유향"無何有鄕(유토피아)을 배척해야 하지만, 개혁주의의 도그마에 빠져 전통을 파괴하는 상황에서 보수주의자는 전통을 보수하기 위한 현상개혁에 나서야 한다. 이렇게 해야 "도착의 감각"을 극복할 수 있다.111 보수의 유토피아를 구축하는 데는 "열광"이 필요하다. 원래 보수주의는 전통파괴를 향해 질주하는 진보주의적 열광을 혐오하지만, 전통이 일상적으로 파괴되는 고도 대중사회에서는 보수주의자도 전통을 보수하고 평형감각을 보지하는 데 "열광적"이어야 한다. 전통의 부활을 유토피아로서 추구하는 "과격한 심성"을 가져야 하며, 정치가statesman는 전통의 지혜가 "다시 돌아오기"revolution를 원하는 "혁명가"revolutionary이어야 한다.112

니시베는 혁명=전통의 논리를 영국인의 지혜에서 찾았다. 영국적 전통에서 '레볼루션', 즉 혁명이란 역사에 내장된 좋은 가치와 규범을 '다시're '돌아오게 하는 것'volution임을 확인한다. 혁명은 역사에 내장된 가치와 규범을 뜻하는 전통의 "재순"再巡, 즉 "전통의 지혜가 다시 돌아오는 것"을 뜻한다. 니시베는 혁명을 원하는 자는 역사적 질서를 보수한다는 의미에

---

110 「保守の態度」, 206-208쪽; 「精神の政治学」, 222쪽.
111 『「国柄」の思想』(東京: 徳間書店, 1997), 11-12쪽.
112 『大衆の病理』, 110-111쪽.

서 보수파라고 단언하였다. 자유와 질서는 역사와 결부된 전통에서 성립하기 때문에 혁명주의자이든 자유주의자이든 보수주의자일 수밖에 없다는 것이다.[113] 니시베는 '전통의 지혜'와 '역사적 질서'를 매개로 혁명주의자나 자유주의자가 보수주의자일 수밖에 없는 필연성을 논증함으로써 **수세적 보수에서 공세적 보수로의 전환**을 모색하였다.

> **전통이 무엇인지는 첫째로 그때의 상황에 의존하고, 둘째로 그것을 논하는 자들의 회화, 의론, 토론의 추이에 의존한다.** 즉 전통의 실체를 教條교조로서 나타내기 어려운 이상, 보수파의 인간은 자신을 '주의자'主義者로서는 표현할 수 없는 것이 보통이다. 하지만 전통을 파괴하는 것에서 진보를 발견하는 시대에는, 예를 들면 그 전형이라 할만한 전후일본에서는, 전통의 발굴과 정착을 호소하기 위해, **보수적 인간은 굳이 '주의자'로서 행동하지 않을 수 없다.**[114]

수세적 입장에서 공세적 입장으로 전환할 때 영국 보수주의와 멀어질 수밖에 없다. 보수파는 '주의자'를 자처해서는 안 되는데, 전통을 재발견하려면 필연적으로 '주의자'가 되어야 하는 역설이 성립한다. 보수주의는 "그 때의 상황"과 논자들의 "회화, 의론, 토론의 추이"에 의존하지만, 전통의 실체를 "**교조**"doctrine로서 표현해야 하는 정신적 상황이 찾아올 수 있다. 보수가 '주의'ism를 표방해야 하는 것이다. 앞에서 언급했듯이 후쿠다 쓰네아리는 1960년 안보투쟁 때 "나의 생활방식 내지 사고방식의 근본은 보수적이지만, 자신을 보수주의자라고는 생각지 않는다. 진보파가 개혁주의를 내세우듯이 보수파는 보수주의를 받들어서는 안 된다"(제2장)고 했

---

113 「戰後五十年を顧みる」, 207쪽.
114 「戰後五十年を顧みる」, 207-208쪽.

제4장 '탈전후'와 '반근대'

다. 에토 준도 1994년에 같은 취지의 말을 했다(제3장). 후쿠다와 에토는 아직 전통의 존재를 느꼈던 것이다. 전통을 보수함으로써 진보파의 개혁이나 진보주의에 대항할 수 있다고 믿었다. 니시베는 '전통의 보수'에 머무르지 않았다. '전통의 부활', 즉 '혁명'을 얘기하였다. 희석된 진보주의에 압도되어 이미 전통의 기반이 취약한 상황에서는 보수'**주의**'를 강하게 표방해야 한다고 했다.[115]

니시베는 진보에 대한 수세적 반감의 '태도'를 넘어 공세적인 '주의'로 전환시킴으로써 '보수적 감각'을 '보수주의'로 이념화할 여지를 열어 놓았다. 니시베가 보수주의를 내세운 것은 "현상을 긍정할 수 없기 때문"이었다. "미지에의 공포"보다 "기지에의 반발" 때문이었다. "미지에의 도전"은 전후체제에서 일상화된 진보주의의 "인습"을 깨는 것이었다. "도착의 감각"은 이것을 극복하고자 하는 '투쟁하는 감각'을 만들어냈다. 니시베는 인습과의 투쟁을 위해 보수주의를 "합리적으로 설명할 수 없는 **환상**"으로 규정하고, 가치와 이상과 신앙을 추구하는 "의도하지 않은 **모험**"을 부추긴다. "의도하지 않은 모험"이란 "비합리도 시인하려는 용기", "선인들의 용기를 추체험하는 용기"를 가리킨다.[116]

여기서 "**환상의 보수**"는 의도하지 않는 모험을 실행하고 투쟁할 용기를 부여받는다. 보수주의는 "비합리적 환상"을 설정함으로써 "합리적 기획"인 진보주의처럼 '투쟁하는 감각'을 갖추게 된 셈이다. 진보와 싸우기 위해 진보에게 배우고, 유토피아를 부정하면서 유토피아를 상정하는, '**보수의 역설**'을 만들어낸 셈이다. "도착의 감각", "궁지"를 벗어나려는 보수의 심리가 또 다른 역설을 잉태한 것이다. 이 심리는 적을 물리치기 위해 적

---

115 「精神の政治学」, 220-221쪽.
116 「保守の態度」, 210쪽.

의 장점을 배우는, 생존을 위한 투쟁심을 일깨우는 일본의 리얼리즘 전통[117]과 맞닿은 것이 아닐까.

희석된 진보주의가 만들어낸 현대의 인습을 깨뜨리는 투쟁은 진정한 보수라야 가능하다. 니시베는 "진정한 보수"와 "위장된 보수"를 구별한다. 전통파괴라는 현대의 인습을 보수하려는 자들은 위장된 보수이고, 이 인습을 거스르는 자들이 진정한 보수이다. 진정한 보수는 좋은 전통을 보수하는 자이고, 위장된 보수는 나쁜 인습을 보수하려는 자다. 전통은 신앙과 회의 사이에서 균형을 유지하려는 지혜의 집적이며, 인습은 경신과 허무 사이의 절충에서 성립한다. 진정한 보수는 인습을 거스르는 것이 불가능한 꿈일지언정 끊임없이 꿈을 얘기한다.[118] 니시베는 진정한 보수와 위장된 보수를 보수파 정치가의 정책과 사상을 감별하는 척도로 사용하였다. 복지삭감, 군비확장, 헌법개정과 같은 정책을 쉽게 주장하면서 "소위 보수주의의 대중화"를 시도하는 신보수주의자들을 비판하였다. 나카소네 정권이 '일억 총보수화'를 외치는 상황에서 진정한 보수와 위장된 보수를 구분하면서 "보보 대결의 언론전"을 벌여야 한다고 주장하였다.[119]

반근대주의와 회의적 보수주의

변동하는 질서 속의 인간과 사회는 늘 위기 속에 있다. 인간은 역설 속에 놓인, 모순을 배태한 존재이다. 사회제도들은 상극적인 관계에 있다. 보수주의자가 전통과 평형감각을 소중히 여기는 까닭은 인간과 사회가

---

117 적의 장점을 배우고 투쟁 이미지를 재생산하는 일본의 현실주의 전통은 여러 학자들이 지적하였다. 이를 잘 정리한 저작으로는 Kenneth B. Pyle, *Japan Rising: The Resurgence of Japanese Power and Purpose* (New York: PublicAffairs, 2007). 특히 제2장과 제4장을 볼 것.

118 「精神の政治学」, 221쪽.

119 『大衆への反逆』, 44쪽.

불안정하며 이율배반적 상황에 있음을 알기 때문이다. 이러한 전제를 인정했을 때 전통과 제도는 다이내믹하고 드라마틱한 것으로 파악된다. 전통은 좌익이 생각하는 것처럼 인간을 억압하는 것도, 우익이 말하는 것처럼 인간의 악성惡性을 억제하는 것도 아니다.[120] 진보주의자는 관습과 제도를 정태적인 것, 무미건조한 것으로 본다. 니시베는 인간의 모순과 사회의 상극이 동태적으로 관습과 제도에 반영된다고 보았다. 사회의 관습과 제도가 인간의 모순과 역설에서 성장한 것이라 결코 경직된 것이 아니며, 인간의 모순과 역설에 질서를 부여하는 것이라 신축적일 수밖에 없다고 보았다. 오히려 진보주의에 추동되는 변화가 훨씬 경직된 것이라 생각하였다.[121]

인간의 모순과 사회의 상극은 어떻게 동태적으로 관습과 제도를 만들어낼까. 니시베는 "위기적 삶의 의식"이 관습과 제도의 형성에 동태성을 부여한다고 보았다. 보수주의는 인간이 늘 불안정한 평형상태에서 "**위기로서의 삶**"을 산다고 전제한다. "위기로서의 삶"은 정태적인 삶이 아니다. 타협이나 절충을 상정하지 않는다. 보수주의는 "더해서 둘로 나누는 타협"과 같은 것이 아니다. "아슬아슬하게 밸런스를 유지하는 것"이 보수의 진정한 삶이다. 보수주의가 옹호하는 사회의 관습과 제도는 모순적 인간이 발산하는 "광기"를 제어하고 "제정신의 줄타기"를 가늠하게 해주는 "**필사적인 비범한 기도, 섬세하고 미묘한 기획**"이다. 관습과 제도는 "**아슬아슬하게 밸런스를 유지하는**" 위기적 삶이 역사적으로 만들어낸 섬세한 구성물이다.[122] 위기적 삶이 만들어내는 관습과 제도의 역동성과 주체의 필사적 정신은 후쿠다 쓰네아리가 말한 "극적 정신"을 떠올리게 한다. 위기crisis

---

120 『大衆の病理』, 147-148쪽.
121 「保守の態度」, 211-212쪽.
122 「保守の態度」, 211쪽.

로서의 삶은 후쿠다와 에토가 추구한 비평정신criticism과도 통한다.

인간의 갈등, 사회의 상극은 이원적 세계관을 전제로 한다. 니시베는 이원적 가치들이 공존하는 이원적 세계를 상정한다. 현실과 이상, 이성과 감성의 이원적 세계를 바라본다. 세계의 이원적 배치에서 모순, 갈등이 생겨났을 때 회의정신이 촉발되고 평형감각이 작동한다. 보수주의가 비관적 태도에서 성립한다면, 이원적 세계관은 상호대립하는 모순된 이항적 가치들의 영원한 분열을 상정하고 상대주의를 예정할 것이다. 보수주의가 낙관주의를 지향한다면, 일원으로의 합일은 아닐지언정, 이항대립적 가치들의 거리를 좁히는 정신작용과 실천적 노력을 기울여야 할 것이다. 상상력으로서의 '환상'과 실천력으로서의 '노력'은 이원적 대립항 사이의 거리를 좁히는 방법이다.

이것은 현실과 이상을 관계지우는 방식의 문제와 관련된다. 니시베는 현실 속에 이상을 정초한다. 현실을 유도하는 이상과, 이상을 지탱하는 현실의 쌍방을 응시한다. 니시베에 따르면, 보수는 이상주의 자체를 부정하진 않지만, 인간의 불완전성을 전제로 삼기에 인간의 완전성을 설정하는 이상주의를 의심한다. 보수가 비현실적인 유토피아만을 좇는다면 페시미즘에 빠지기 쉽고 니힐리즘이나 시니시즘으로 전락할 수 있다. 진정한 보수라면 페시미즘의 한복판에서 미래에 대한 희망, 이상에 관한 옵티미즘을 가져야 한다. 전통의 지혜, 평형감각의 지혜는 옵티미즘의 한계상황 속에서 몸을 보지하려는 노력에서 생겨난다.[123] 여기서 이상적인 것은 진보주의에 한정되지 않는다. 환상이 되어 보수주의에 포섭된다. 진정한 보수주의에서는 이상적인 것들이 "합리적으로 설명할 수 없는 환상"이 되어 현실에 충만하게 된다. 보수주의는 확실한 비합리를 거부하지만 비

---

123 『大衆の病理』, 142쪽, 146쪽.

합리적인 것이라 여겨지는 관습과 여기에 들어있는 환상을 폄하하지는 않는다. 관습 속에는 가치, 이상, 신앙을 향한 사람들의 "의도하지 않은" 모험이 축적된 것으로 보기 때문이다. 가치, 이상, 신앙과 같은 관념적 요소를 경시하는 리얼리즘과는 다르다.[124]

니시베는 이성에 의거한 합리적 해석, 즉 합리적 이성의 한계를 응시하였다. 보수주의를 **근대주의의 대항이념**으로서 자리매김했다. 근대적 이성 자체를 부정하지는 않았지만, 불합리한 것을 배제하고 합리적 이성을 절대시하는, 과학적 계몽을 신봉하는, 이성일원론=근대주의를 비판하였다. 근대주의를 "자율적 개인이 기술적 합리성을 자유자재로 전개한다는 이상적 삶의 방식"[125]으로 규정하였다. 합리성과 자유의 한계를 성찰하는 데 나태한 과학적 계몽에 반발하였고, 비합리 속에서 합리를 찾았다. 니시베는 근대주의의 합리적 이성에 대항하면서 버크가 말한 집단의 오래된 감정인 "편견"을 옹호하였다. "편견"prejudice은 '사전의pre 판단judgement'을 뜻하는데, 합리적 판단의 전제가 된다. 판단은 선행하는 판단, 즉 편견 없이는 불가능하다고 생각했다.[126] 합리는 비합리에서 찾아야 한다는 말이다. 판단은 분석을 중시하는 "과학으로서의 합리"보다는 감정의 갈등을 통일적으로 파악하면서 종합을 지향하는 "도리로서의 합리"에 기초해야 한다고 생각하였다.[127]

보수주의의 최대 무기는 진보에 대한 철저한 회의다. 앞에서 말한 "기지에 대한 반발"은 회의정신에서 출발한다. 니시베는 진정한 보수는 자기회의의 정신을 가져야 한다고 말한다. 보수주의는 광기를 회피하는 "회

---

124 「保守の態度」, 210쪽.
125 『保守思想のための39章』, 27쪽.
126 『「国柄」の思想』, 11쪽; 『保守思想のための39章』, 30-31쪽.
127 『保守思想のための39章』, 33쪽.

의정신"에서 성립한다. 회의정신은 열광적인 주의ism가 뿜어내는 광기를 제어하는 정신작용이다. 인간의 지적, 도덕적 불완전성에 대한 인식에서 출발한다. 근대주의만이 아니라 관습에 대한 무조건적인 경신도 광기이다.[128] "회의"는 인간은 완전한 진보를 이루기에는 불완전한 존재라는 인식에서 나온다. 이러한 의미에서 보수주의는 "보수적 회의주의"이다. 보수적 회의주의는 복고주의나 반동주의와 달리 불완전한 거처인 "역사의 대지"에서 보수할 전통을 찾아내고자 끊임없이 노력한다.[129] "회의"는 전통을 찾고자 애쓰는 정신이다. 여기에는 "놀라움의 감정"이 요구된다. 진정한 보수는 유구한 역사를 견뎌내고 현재에도 영향을 미치는 사소한 관습에 커다란 놀라움을 느껴야 한다. "놀라움의 감정"은 회의정신이 시니시즘으로 전락하는 걸 막아준다. 이 놀라움에서 신앙이나 신앙에 대한 예감이 배태되며, 역사를 관통하는 어떤 숭고한 가치가 지속한다는 예감이 싹튼다.[130] 니시베는 이렇게 주장하였다.

전통과 평형감각

전통과 역사

진정한 보수주의가 의탁해야 할 전통이란 무엇일까. 니시베는 전통이 무엇인지 분명하게 정의하지는 않지만, 국민정신을 규정하는 관습이나 역사의 지혜를 나타내는 언어를 사용할 때 전통을 언급하는 경향이 있다.[131] 전통은 고도 대중사회 일본의 '과잉 아메리카화'가 초래한 정신적

---

128 「保守の態度」, 212쪽; 『大衆の病理』, 145쪽.
129 『大衆への反逆』, 43쪽.
130 「保守の態度」, 212쪽.

추락을 극복하는 데 필요한 근거였다. 대중인이 자기상실(가치상실)을 벗어나기 위해 자기를 찾을 때 요구되는 준거였다.

전통은 현재의 삶에 의미를 갖는 "서민의 지혜"나 "전통의 지혜"로서 이미지된다. 이들 지혜는 삶에 의미를 부여하고 희망과 재미를 제공하는, 이성으로 설명하기 어려운 비합리적인 것을 내장한다. 니시베는 모순과 역설로 가득찬 비합리적인 것을 풀어내는 데는 "시간의 효과"에서 나오는 지혜가 필요하며, 이 지혜는 유머와 위트가 들어있는 이야기와 얼마간 성적聖的인 이야기를 통해 파악된다고 말한다. 인간의 불완전성이 초래할 허무주의로의 추락과 초월적 가치로의 상승 사이에서, 이상과 현실의 거리를 가교하는, 다양한 이야기를 엮어내야 한다고 했다.[132]

> **전통에 대해 구체적으로 말할 수 없다.** 전통의 향기 같은 것은 나와 가장 인연이 먼 것이라 자백해도 좋다. 따라서 나는 전통의 문제를 단지 개념적으로 파악하는 데 그친다. 그것은 아마도 **전통이라는 모순, 역설을 듬뿍 담은 것을** 포착하기에 적합한 방식은 아닐 것이다. 그것을 자각하고서 말한다면, '희석된 진보주의'가 철저하게 제패한 현대에서 이러한 전통의 결여감은 보편적인 것이라 봐도 틀림 없다. **아련한 희망은 전통의 결여감이 전통에 대한 욕구를 가져올 것이며, 또 격렬한 욕구가 있기만 한다면 전통의 구체적 내용에는 미치지 못할지언정 전통의 틀型 정도는 접근할 수 있으리라는 것이다.** 더 말하자면 '정신의 정치학'에서 가장 중요한 건 이런 스타일이다.[133]

---

131 니시베는 보수와 관련된 개념이나 어휘를 해설한 저작에서 '전통'을 '보수'에 이어 두 번째 항목으로 다루고 있다. 여기서도 '전통'은 명확하게 정의되고 있지 않다. 국민정신을 규정하는 관습이나 역사의 지혜를 나타내는 언어사용의 측면에서 막연하게 서술되어 있다(西部 邁, 『保守の辞典』, 東京: 幻戯書房, 2013, 20-26쪽).

132 「精神の政治学」, 223-224쪽.

133 「精神の政治学」, 224쪽.

니시베는 "전통에 대해 구체적으로 말할 수 없다"고 실토한다. 전통문화나 문화재와 같은 "전통의 향기"는 전통이랄 수 없다. 전통을 개념적으로 파악하는 것도 한계가 있다. 희석된 진보주의가 지배하면서 초래된 전통의 결여감이 전통에 대한 욕구를 불러일으키고, 이 욕구를 통해 "전통의 틀"에 다가설 수 있으리라는 아련한 희망에 기대를 걸 뿐이다. "과학적인 설명"이 아니라 "해석을 위한 이야기"를 가지고 역사와 인생을 말해야 한다고도 했다. 보수는 로망과 이성의 양쪽을 받아들임으로써 사리있고 재미있는 이야기를 자신과 세계에 제공할 수 있어야 한다.[134] 로망과 이성을 동원하여 다양한 이야기를 엮어낸다는 것은 아련한 희망을 가지고 전통의 틀에 접근한다는 말과 통한다.

니시베는 끊임없이 전통의 의미를 탐색하였다. 전통이 인간의 지적, 도덕적 불완전성을 보완해준다고 믿어서였다. 인간의 불완전성은 "오랜 역사 속에서 의도치 않은 모습으로 축적된 전통의 지혜"를 통해 보완될 수 있다고 생각했다. 전통은 시간적 지속 내지 관습을 뜻한다. 지속duration 혹은 시효prescription의 성과로서 모습을 드러낸다. 버크의 '시효' 개념을 수용한 것이다. 전통은 인간의 불완전성을 인식하고 불완정성을 줄이려는 부단한 노력의 성과들이 역사를 통해 운반된 것을 말한다. 운반된 것의 구체적 표현이 관습convention이다. 관습은 사람들이 의도치 않은 모습으로 자연스레 모여들고 언론이 자발적으로 영위되는 가운데 형성된다. 보수는 역사적 지속(관습)에 포함된 역사적 예지(전통)에 의탁한다. 보수주의는 전통의 파편을 주워모아 역사 속에서 운반되어온 전통을 지키는 태도다. 지속하는 것(전통)에 대한 애착이거나 그것을 지키려는 태도이다. 니시베는 버크의 '프리스크립션'prescription 개념도 받아들였다. 프리스크립션

---

134 『大衆の病理』, 149-150쪽.

은 흔히 '처방전'을 뜻하지만, 시간(지속)의 효과가 '사전의pre 규정scription'을 정한다는 '시효'(지속의 효과)의 의미도 있다. 중세에는 종교적 캐논이 지속의 효과를 보유했기에 처방전이 필요 없었지만, 종교적 캐논이 사라진 현대에는 역사가 지속의 효과를 갖는다는 말이다. 역사 관념은 지속의 효과를 전제로 성립한다.[135]

지속의 효과는 이야기로써 표현된다. 역사는 이야기를 통해 계승됨으로써 성립한다. 역사는 "사史를 드러내는" 것, 즉 이야기이다. 이야기를 매개로 시효, 즉 지속의 효과를 보인다.[136] 역사는 이야기라서 허구라는 말이 아니다. 축적된 지속의 효과를 통해 리얼리티를 갖는다는 말이다. 니시베는 리얼리티(현실성)를 "안정적으로 지속하는 가상성virtuality"으로 해석하였다.[137] 역사는 지속적 시간을 거쳐 축적된 역사적 현실의 기록인 동시에 이야기로 재구성되는 가상의 세계이다. 이 가상물은 지속성에 의해 리얼리티를 갖는다. 시간의 지속성이 있다고 전통의 리얼리티가 절로 확보되는 건 아니다. 이야기를 재구성하여 실감성을 회복해야 한다. 비유하자면, 박제된 새에 축적된 비상飛翔의 기억을 반추할 때, 새는 실감의 소재로서 살아있게 된다. 전통도 역사적 기억을 반추할 때 비로소 실감(리얼리티)을 띠고 다가오게 된다.

여기서는 '역사의 복권'이 요구된다. 니시베는 세기 전환기의 문명과 탈전후적 의식의 교착이 만들어내는 문명파괴=역사파괴적 상황에서 일본을 구원하는 길을 '역사의 복권'에서 찾았다. 근대주의와 아메리카니즘에 의한, 보수당 정권의 '사회민주주의' 정책에 의한 '역사파괴'를 막기 위해서는, '좌익 지식인'이 일삼아온 '역사파괴'에 대항하기 위해서는, 전통

---

135 『大衆の病理』, 145쪽, 113-114쪽; 『「国柄」の思想』, 10쪽; 『保守思想のための39章』, 49쪽.
136 『保守思想のための39章』, 50쪽.
137 『保守思想のための39章』, 47쪽.

의 지혜를 담은 역사의 이야기를 서술해야 한다고 믿었다.[138] 이야기로서의 역사의 서술은 '전통의 지혜'를 찾는 행위이다. '전통의 지혜'를 발견한다는 것은 단순히 과거로의 회귀가 아니다. 전통의 리얼리티를 확인함으로써 현재를 만들어낸 과거의 정신을 찾아내는 것이다. 전통은 좌익인사(진보주의자)가 말하는 "자유로운 모험에 대한 구속"도 아니고, 우익인사(보수우익)가 말하는 "안정된 생활의 암반"도 아니다. 니시베가 생각한 전통은 "위기 속에서 한 줄 동아줄을 건너기 위한 정신의 평형술", "험준한 능선을 건너가기 위한 정신의 정비법이고 보행법"이었다.[139]

전통의 리얼리티를 반추하려면 **"이상을 향한 노력"**이 필요하다. "비상의 기억"을 이상으로 상정했을 때 그것을 반추하려는 노력이 생겨난다. 전통의 지혜는 이상을 향한 노력을 포함한다.[140] 이상을 지향하는 부단한 노력이 있을 때 전통이나 전통의 지혜가 발견될 수 있다는 말이다. 얼핏 문학평론가 고바야시 히데오의 그림자가 보인다. 일찍이 고바야시는 옛날을 아끼는 감정을 순수하고 풍부하게 만들려는 노력이 전통을 체득하는 유일한 길이며, 그 감정을 현재에 회복하려는 노력과 자각이 없다면 결코 전통을 발견할 수 없다고 했다. "전통의 힘이 최대가 되는 것은 전통을 회복하려는 우리의 노력과 자각에 있어서다… 전통은 찾아내고 믿어야 비로소 나타난다… **전통은 날로 새롭게 구출하지 않으면 존재하지 않는다**"고 했다.[141] 고바야시는 "어찌할 수 없는 재료의 필연"과 합일된 미를 확립된 문화로서 느꼈을 때 정신의 자유가 생겨난다고 했다. 전통은 훌륭한 재료

---

138 '문명파괴'='역사파괴'와 '역사의 복권'에 관해서는 『歴史の復権 ―「文明」と「成熟」の構図』(東京: 東洋経済新報社, 1994)가 상세하다.

139 『ファシスタたらんとした者』, 114-115쪽.

140 『大衆の病理』, 146쪽.

141 小林秀雄, 「伝統について」(1937), 『小林秀雄全集』7(東京: 新潮社, 2001), 260쪽; 小林秀雄, 「伝統」(1937), 『小林秀雄全集』7, 247-251쪽.

를 찾아냈을 때 발견된다고 했다.[142] 전통은 현재를 구속하는 문화와의 통일과 투쟁을 통해 현재의 미를 느끼고 자유를 찾는 지점에서 발견된다는 말이다. 니시베도 "전통을 회복하려는 우리의 **자각과 노력**"에 공감하였다. 다만 고바야시와 차이는 있다. 니시베가 말한 자각과 노력은 "**이상을 향한**" 것이었다. 전통은 단순한 현실의 재현이 아니라 '보수의 환상'에서 부풀어오르는 '이상을 향한 노력'의 소산이었다.

니시베는 문화를 문명과 연관해서 파악하였다. 일본의 고도 대중사회는 근대 '문명'과 이것을 지탱하는 일본 '문화'가 결합하여 성립한 것으로 보았다. 문화를 생활양식으로서의 전체적holistic 개념이 아니라 문명을 움직이는 가치로 간주하였다.[143] 문명과 대결하는 것이 아니라 문명을 추동하는 것으로 상정하였다. 때문에 문화결정론을 선호하지 않았고, 일본문화론의 일본주의적 발상에 비판적이었다. 일본문화를 내세워 전통과 역사를 해석하는 일본문화론에 위화감을 느꼈다.

문화는 전통과 필연적으로 결부되는 건 아니다. 니시베는 일본문화의 특정 요소가 근대문명의 수용과 고도화에 긍정적으로 기능하는 한편, 고도화된 근대문명이 일본문화를 파괴하는 역설적 상황에 주목하였다. 이 역설적 상황을 전통의 회복으로 극복하고자 했다. 전통의 핵심은 도덕이었다. 니시베는 도덕을 "미세한 가까운 것과 거대한 먼 것 사이를 연결하는 지혜의 집적", 혹은 "역사의 퇴적 속에 굳어진 습속mores"이라 정의하였다. 지혜의 집적으로서의 전통 내지 습속, "역사의 퇴적 속에 굳어진 습속"으로 간주하였다. 이러한 도덕 없이 정치는 성립할 수 없다고 생각하였다.[144]

그런데 탈냉전＝역사공간에 들어서면 달라진다. 고도 대중사회(근대문명)

---

142 小林秀雄,「伝統」, 256-259쪽.
143 「文明比較の構造」,『大衆への反逆』, 262-293쪽.
144 『批評する精神』(東京 : PHP硏究所, 1987), 72쪽.

를 허용한 전후체제와 아메리카니즘을 총체적으로 비판하고 나섰을 때, 문화(일본문화)는 더 이상 문명(근대문명)을 지탱하는 요소로 상정되지 않는다. 니시베는 고도 대중사회의 중우정치에 만연한 "감정의 지배"를 극복하기 위해, 그리고 합리적 개인과 민주주의의 다수결 원리, 개인주의가 초래한 대중민주주의의 무질서를 막아내는 항체로서 국민국가nation-state 혹은 문화공동체로서의 '나티오'natio를 제시하였다. 나티오는 개인생활과 국가정책을 규율하는 국민성nationality이 담긴 문화공동체를 말한다.[145] 니시베는 아메라카화 이전에, 고도 대중사회화 이전에 있었던 문화공동체를 상정하면서 거기에서 영위된 문화를 전통으로 이해하였다. '전통(문화)의 창조'라고나 할까. '전통=문화', '전통(문화)의 창조'는 아메리카니즘 비판의 철저화와 조응한다. 냉전후 일본의 보수논객들이 미국 민주주의를 좌파적 근대주의라 부정하면서 일본의 전통과 역사에 토대를 둔 공동체 국가를 소환하고 전통과 역사의 창출에 힘쓰던 때였다.

평형감각과 상식

보수주의자는 인간의 본성과 능력의 한계를 인식하고, 삶의 다원성과 능력의 조화, 현명한 판단과 사려있는 행동과 더불어 평형감각을 중시한다.[146] 니시베는 고도 대중사회 일본에서 산업주의(쾌락주의)와 민주주의(평등주의)의 과잉으로 초래된 상대주의를 극복하는 정신작용을 '평형감각'에서 찾았다. 고도 대중사회에 대한 회의와 전통적인 공동체에 대한 신앙 사이의 평형을 요구하였다. 산업주의와 민주주의가 과잉되면 평형이 깨지고, 평형이 무너지면 산업주의와 민주주의가 과잉되어 대중사회의 고

---

145 『共同硏究「冷戰以後」』, 60-69쪽.

146 林健太郎, 「現代における保守と自由と進步」, 林健太郎 編, 『新保守主義』(東京: 筑摩書房, 1963), 10-22쪽.

노화가 발생한다는 것이다. 공동체 신앙이 과잉되면 평형이 유지되기 어렵다는 것이다. 니시베는 민주주의 과잉을 해소하려면 "자유, 평등, 우애"라는 이념과 "책임, 격차, 경합"이라는 가치 사이의 평형이 필요하다고 했다. 자유와 책임 사이의 평형으로서 "질서"를, 평등과 격차 사이의 평형으로서 "공정"을, 우애와 경합 사이의 평형으로서 "소통"을 상정하였다.[147] 평형감각은 현대일본의 산업주의 과잉과 민주주의 과잉을 억제하는 데 필요한 정신작용이었다.

평형감각은 대중사회의 고도화(산업주의 과잉, 민주주의 과잉)를 제어할 때만 필요한 건 아니다. 인간의 모순과 사회의 상극을 극복하는 데 요구되는 감각이었다. 평형감각은 자유와 질서, 개인과 집단, 유행과 불역不易, 분화와 획일, 신앙과 회의 사이에서, 또한 과학과 종교 사이, 이성과 감성 사이, 이론과 신화 사이에서 요구되는 덕목이었다. "과학의 일원적 과잉"(과학주의=이성일원론)과 "종교의 일원적 과잉"(종교주의=감성일원론)을 둘다 배척하고 "이성과 감성 혹은 이론과 신화를 종합시키는" "과학과 종교의 동시존재"를 실현하는 데 필요한 덕목이었다.[148]

평형감각의 근거는 전통에서 찾았다. 평형감각을 보전해주는 것은 "전통의 지혜"다. 니시베에 따르면, 전통은 현재적 삶의 활동에 "치명적으로 중요한" 평형의 규준을 제시한다. 전통은 현재의 갈등을 치유할 평형감각과 더불어 미래를 위한 지혜를 제공하는 토양이다. 인간의 모순과 사회의 갈등을 유발하는, 앞에서 언급한 다양한 대립적 가치들의 이항들 사이에서 평형을 보전하는 지혜를 내장하고 평형을 취하는 법을 가르쳐준다. 전통은 "개인과 집단 사이의 **아슬아슬한 상대성 속에서 평형을 유지**할 수 있게

---

147 『「成熟」とは何か—新政経学のすすめ』(東京: 講談社, 1993), 58-59쪽.
148 『大衆の病理』, 112쪽.

해주는 '정신의 정치학'"이다. 전통의 지혜는 평형감각을 보전하는 데 있다.[149] 진정한 보수는 유행流行과 불역不易 사이에서, 가변성과 불변성 사이에서 균형을 취한다. 죽은 자의 역사에서 생의 찬가를 찾아내고, 또 생의 찬가를 노래할 때도 죽은 자의 소리에 귀를 기울이는 형태로, 삶과 죽음 사이에서 평형감각을 보지한다. 니시베는 이러한 삶과 죽음 사이의 평형감각을 축적한 것이 관습이고 전통이라 했다.[150] 변화와 불변 사이에 놓인 현재의 균형적 삶은 과거와 현재, 죽음과 삶 사이의 균형적 사고로 회수된다. 현재의 평형감각은 과거(전통)의 평형감각과 이어진다.

니시베는 평형감각을 "중용"이라 부르기도 했다. 진보주의자의 경우 중용은 절충이고 평균을 의미한다. 이들은 다원적 가치들 사이의 상극을 보지 않는다. 근대화와 전통 사이의 갈등을 간과한 채 절충적 태도를 보인다. 니시베의 경우 평형감각은 정적인 산술적 평균(평준화, 평균화)도 아니고 물리적 평형도 아니다. 대립적 가치들 사이에서, 혹은 현상現狀에서 평형을 되찾으려는 역동성을 지닌 것이다. 니시베는 영국 보수주의자들이 진보에 대한 신앙과 회의 사이에서 평형을 유지하고 종교에의 광신과 과학에의 맹신 사이에서 "진보의 중용화moderation"를 꾀한 것과 구별하였다. 평형감각에서 과학적 합리성과 종교적 비합리성의 대립하는 가치 사이에 **"아슬아슬하게 평형을 주는 지혜"**를 보았다. 평형감각은 전통과 변화, 전체와 개체, 회의와 신앙 등 상호 대립하는 요소를 더 높은 차원에서 종합하려는 실천적 철학과 연결된 것이었다.[151]

니시베의 평형감각은 양 끝의 어느 한 끝으로 질주하려는 운동성을 지닌, 현실 변혁의 의지를, 현실과 이상 사이의 평형을 유지하려는 "활력"을

---

149 『大衆の病理』, 33-34쪽; 『保守思想のための39章』, 37쪽; 「精神の政治学」, 222-223쪽.
150 『大衆の病理』, 146-147쪽.
151 「進步主義の末路」, 37-41쪽.

제4장 '탈전후'와 '반근대'

간직한 것이었다.[152] 니시베는 개인의 자유와 사회의 규제 사이의 평형을 얘기하면서 자유와 질서의 완전한 평형보다는 양자간의 긴장이 만들어내는 감성의 갈등에서 생겨날 "활력"에 주목하였다.[153] 활력은 감성의 갈등에서만 나오는 것이 아니다. "아슬아슬하게 평형을 주는 지혜"에서 촉발된다. 평형감각은 구체적인 행위를 의도하며, 활력은 이러한 의도에서 생겨난다. 후쿠다 쓰네아리의 평형감각과 통한다.

평형감각은 사회적으로 표현되고 공유될 때, 경험에 의해 뒷받침될 때, 상식이 된다. 보수주의자는 역사적으로 구현된 상식과 경험을 소중히 여긴다. 니시베는 상식과 경험이 근대주의의 정합적 논리(합리성)를 규율함으로써 인간을 자유롭게 해준다고 보았다. 위험스러운 시도를 하면서 "아슬아슬한 평형"을 지탱해주는 것이 경험이다.[154] 상식과 경험은 진보주의의 합리적 이성과 미래기획에 대항하는 근거였다. 상식은 경험(역사) 속에서 축적된 것이며, 경험은 상식의 역사적 합리성을 증명하는 근거였다. 니시베는 상식의 근거를 전통에서 찾았다. 상식과 경험은 역사 속에서, 전통 속에서 확립된 규준으로서 현재를 규율할뿐더러 전통의 지혜를 담고 있고, 누구나 생각할 만한 또한 일어날 수 있는 개연성을 갖는다. 현재의 과잉된 행동을 조절하는 평형감각의 규준이 된다. 니시베는 상식을 '세론'과 구별되는, "서민들 사이에 잠재된 생활의 지혜"로 정의하였다. 현대의 대중은 "서민의 지혜" 혹은 상식을 상실하였으므로 역사에서 서민의 지혜를 발굴해야 한다고 했다.[155] 상식은 역사의 이야기 속에서 "비범한 지혜"를 드러내는 "평범의 비범"이었다.[156]

---

152 西部邁·中島岳志,『保守問答』(東京 : 講談社, 2008), 58-60쪽.
153 『保守思想のための39章』, 36-37쪽.
154 「保守の態度」, 212-213쪽 ;『大衆の病理』, 150쪽.
155 『大衆の病理』, 143쪽.

5. 자유와 질서

민주주의와 '역사적 질서'

'민주주의'와 '민중제'

경제성장과 평등분배의 성과를 올리면서 산업제(쾌락주의)와 민주제(평등주의)의 과잉을 드러낸 고도 대중사회 일본의 국가와 사회는 탈냉전과 지구화의 질서변동을 거치면서 대외적으로 취약성을 드러냈고, 대내적으로도 거품경제의 붕괴로 경제침체를 겪게 된다. 일본정부는 이러한 상황에 대처할 개혁을 요구받았다. 민주당 정권과 이어진 사민 연립정권은 정치개혁과 행정개혁에 나섰고, 재집권한 보수 연립정권도 보수개혁을 추진하였다. 니시베 스스무는 탈냉전기 일본의 행정개혁을 사회민주주의적 개혁으로 간주하였다. 자민당 장기집권 하에서 실행된 보수정책도 "사회민주주의 우파"적 성격이 짙다고 보았다. 고도 대중사회화로 역사와 관습과 전통이 파괴되고 내셔널 아이덴티티가 상실되고 있는데, 사회민주주의적 개혁이 이러한 경향을 더욱 부채질할 것으로 예상하였다. 보수파 정치가들의 정치개혁과 행정개혁은 "전후적인 역사 파괴와 전통 유리遊離의 방식"을 답습한 것으로, 사회민주주의 색채만을 더할 뿐이라 전망하였다. 자민당뿐 아니라 일본신당, 신당사키가케, 신생당 등도 사회당

---

156 『人間論』, 158쪽. "평범의 비범"은 체스터턴에게서 차용한 말이다. 니시베는 40대 초반에 체스터턴을 읽고 "평범의 비범"(상식)의 중요성을 알게 되었고, 평범에 의탁한 '역설'이 최량의 '정신의 평형봉'임을 이해하게 되었다고 한다. 니시베는 체스터턴을 보수주의자로서 높이 평가하였다. 체스터턴은 일본에서는 포스트모더니스트로 알려져 있지만, 실제로는 진보지식인을 "파괴자의 무리"로 규정하고 상식 속에 "평범의 비범"인 지혜가 숨어 있음을 갈파한 보수주의자였다는 것이다(『ファシスタたらんとした者』, 133쪽).

과의 연립을 통해 중도적인 사회민주주의로 나아갔고, 민주당도 사회민주주의 색채를 띠게 되었다는 것이다. 고도 대중사회화와 보수개혁의 결과 일본은 "사회민주주의 국가", "사회민주주의 천국"이 되었다는 것이 니시베의 판단이었다.

니시베는 보수파 개혁정치가와 개혁관료가 구상한 "사회적 계획"을 "강권적인 질서설계"로 간주하였다. "사회민주주의"는 강권적인 질서설계를 낙관하는 보수파 개혁정치가나 개혁관료의 태도를 비난하는 말로 사용되었다. 사회민주주의는 민주주의와 자유주의의 일본적 방식에서 배태된 것으로 보았다. 민주주의는 그 극단적 형태로서 사회주의를 초래하고, 자유주의는 질서가 없으면 방종주의로 전락하기 쉬운데, 보수파 개혁정치가나 관료가 질서를 설계할 경우 사회민주주의가 된다는 것이다. 니시베는 낙관주의적인 질서 설계가 역사감각의 결여에서 비롯되었다고 보았다. 고도 대중사회화에 수반된 과잉된 민주주의와 자유주의가 개혁관료와 보수개혁 정치가의 강권적인 질서설계를 허용했다고 판단하였다.[157]

니시베가 보기에 사회민주주의는 고도 대중사회에서 배태되었지만, 탈냉전기의 신자유주의적 보수개혁을 계기로 분명하게 모습을 드러냈다. 사회민주주의의 출현은 일본의 민주주의가 보수정치 세력에 의해 변질되었을뿐더러 진보주의자들의 민주주의 이념(이념형)도 보수정치체제 속에서 변모했음을 시사한다. 니시베는 냉전 해체가 사회주의의 몰락뿐 아니라 민주주의의 대혼란을 부추길 것이라 전망하였다. 사회와 개인의 무질서가 유발되면서 자유민주주의가 방종민주주의로 추락할 것이라 예상

---

157 『歷史感覺』, 184-189쪽; 「戰後五十年を顧みる」, 209-210쪽; 『昔, 言葉は思想であった』, 108-109쪽.

하였다.

니시베는 사회민주주의를 부정하고 자유민주주의를 옹호하였다. 개인의 자유와 양립하는 질서로서 "역사 속에서 형성된 자생적 질서spontaneous order"[158], 곧 "역사적 질서"를 상정하였다. 자유민주주의의 핵심이 자유를 위한 질서에 있다고 보았고, 자유를 위한 질서를 역사적 질서에서 찾았다. 자유와 민주주의는 역사적 질서에서 양립한다고 생각하였다. 자유는 역사적 질서에 의해 틀지워지며, 민주주의도 역사적 양식으로서의 여론에 지탱되어야 한다고 믿었다. 니시베는 '여론'興論을 '세론'世論과 구별하였다. '세론'은 당대를 살아가는 '대중의 다수 의견'을 가리키며, '여론'은 역사적 공동체를 살아온 '서민의 공적 의견'을 말한다. 니시베는 민주주의의 기초를 당대의 세론이 아니라 역사 속의 여론에서 찾았다. 민주주의를 역사적 전통 속에 자리매김했던 것이다.[159] 자유민주주의는 역사적으로 구축된 보수적 사상이자 보수적 실천이었다. 보수주의와 결부된 이념이었다. 니시베는 자유민주주의와, 자유민주주의에 요구되는 역사적 질서를 보전하는 보수주의만이 '전후'를 종언시킬 수 있다고 믿었다.

니시베는 일본에 통용되는 민주주의 개념에 비판적이었다. 데모크라시democracy를 민중에 의한 지배를 뜻하는 "민중제"로 옮겼고, 데모크라티즘democratism을 "민주주의"라 불렀다. 민중제democracy는 민중이 사회적 의사결정에 직접적(국민투표) 혹은 간접적(대표선출)으로 참여하여 다수결로 사안을 결정하는 제도이다. 민중제의 요건은 다수 참가와 다수결이다. 민주

---

158 "자생적 질서"는 하이에크(Friedrich Hayek)가 사용한 개념이다. 니시베 스스무는 영국에 체재했을 때 하이에크의 '자생적 질서'를 받아들였다. 사회질서의 모습은 합리적으로 설계되는 것이 아니라 역사의 과정에서 시간을 들여 자생하는 것이라는 하이에크의 생각에 찬동하였다. 다만 시장에서의 자유경쟁이 저절로 안정, 조화, 균형을 향해 수렴한다는 하이에크의 사회관에는 동의하지 않았다(『ファシスタたらんとした者』, 114).

159 『歷史感覚』, 184-189쪽; 『戦後五十年を顧みる』, 210쪽.

주의democratism는 주권이 민중에게 있다는 국민주권주의, 즉 사상으로서의 민주주의를 가리킨다. 민주주의 이념은 휴머니즘 인간관과 진보주의 역사관에서 성립한다. 진보적 휴머니즘의 인간관은 인간의 완전화 가능성을 믿는다. 주권자의 실재를 상정하는 민주주의 이념은 민중이 시행착오를 거쳐 완전성에 이르거나 완전해질 가능성을 갖는다는 전제에 선다. 하지만 모든 인간에게 완전화 가능성을 기대할 수는 없다.[160]

니시베는 민주주의 이념이 역사파괴적이라 생각하였다. 민주주의 이념의 두 축인 휴머니즘 인간관과 진보주의 역사관은 인간과 사회의 완전함을 꿈꾸는 망상으로 보았다. 인간의 생명을 지상가치로 여기고 생존권을 일체의 규칙보다 앞세우는 발상은 잘못이라 생각하였다. 인간의 권리는 규칙(법률과 도덕)에 의해 허용되는 자유에서 성립하며, 규칙의 형성은 역사적 전망 속에서 파악해야 한다고 믿었다.[161] 완전성을 지향하는 민주주의(데모크라티즘)의 보편적 이념은 다수참여와 다수결을 요체로 하는 민중제(데모크라시)의 제도가 작동하는 특수한 사회현실에 한정된다고 보았다. 다수결 원리에 의존하는 현대일본의 민주주의가 완전화 가능성을 상정할 경우 중우정치로 흐를 것임을 믿어 의심치 않았다.

'자유민주주의'와 '역사적 질서'

자유민주주의(리버럴 데모크라시)는 자유주의(리버럴리즘) 정신을 갖춘 민주주의를 말한다. 니시베의 경우 리버럴리즘은 다수에게 요구되는 자유의 정신이었다. 데모크라시의 요체인 다수참가와 다수결을 행하는 주체가 가져야 할 정신적 자질이었다. 리버럴리즘은 역사주의와 표리일체를 이

---

160 『「成熟」とは何か』, 33-35쪽.
161 『「成熟」とは何か』, 40-41쪽.

루어야 했다. 자유민주주의는 역사의 지혜와 전통의 정신에 기반을 둬야 한다. 역사의 지혜와 전통의 정신은 자유와 질서의 평형을 지탱하거나 평형을 이룰 가능성을 내포한다.[162] 니시베는 리버럴리즘을 습률習律이나 자생적 질서에 정초하였다. 자유와 양립이 가능한 질서를 역사를 통해 배양된 자생적 질서에서 찾았다. 자생적 질서는 사회의 규범일 뿐 아니라 개성의 기반이며, 이러한 자생적 질서에서 개성의 발휘인 자유가 허용된다고 믿었다. 역사적인 것으로서의 자생적 질서를 보수하는 것이 보수주의의 정수라 생각하였다. 좋은 자유민주주의자는 보수주의자여야 한다고 믿었다.[163]

자유민주주의는 여론에 따라 움직인다. 니시베는 여론을 "역사적인 것으로서의 말의 세계"라 했다. 앞에서 언급했듯이, 니시베는 '여론'을 '세론'과 구별하였다. 세론은 "역사와 전통에서 분리된 사회에서 지금 세간에 한때 유행하는 의론", 즉 "다수파의 의견"을 말한다. 세론은 "선조(死者)의 의견을 참조하는 일도, 자손(未生者)의 의견을 상상하는 일도 없는", "산자들의 에고이즘"에 기초한다. 여론은 "사회의 바탕에 있는 일반 서민의 역사감각이나 전통의식에서 올라오는 의론"을 말한다. 세간(공동체와 사회체)의 토대가 되는 서민이 역사 속에서 운반하는 상식을 말한다. "역사적 시간에서 오랫동안, 사회적 공간에서 널리 공유되는 의견"이다. 세론은 사회적인 것으로서 대중mass이 담지하지만, 여론은 역사적인 것으로서 서민이라는 공중public이 영위한다. 니시베는 세론에 의존하는 민중demos은 중우ochlos이며, 세론에 의거하는 데모크라시는 중우정치ochlocracy가 될 수밖에 없다고 보았다. 현대일본의 사회민주주의는 세론에 의탁하는 데모

---

162 『「成熟」とは何か』, 51-52쪽
163 『歷史感覺』, 141-142쪽.

크라시=중우정치에서 비롯된다고 판단하였다. 니시베는 서민의 역사감각에서 나오는 여론에 토대를 둔 민주주의를 지향하였다.[164]

니시베는 중우정치를 방지하는 기제로서 "자유토론"을 생각하였다. 자유민주주의의 **역사주의적** 정신으로서 여론을 중시했다면, 자유민주주의의 **자유주의적** 정신으로서 토론을 중시하였다. 자유토론을 결여한 다수결은 세론에 의탁한 중우정치를 초래하거나, 다수가 절대권력을 원하거나 절대권력에 복종하는 독재정치를 허용하기 쉽다. 다수참가와 다수결의 데모크라시가 결실을 맺기 위해서는 리버럴리즘이 요구되는데, 이는 토론을 통해 발휘될 수 있다. 니시베는 자유민주주의의 요체를 "자유와 질서의 평형"에서 찾았다. 자유와 질서의 평형이 이루어진 토론은 좋은 정치를 위한 조건이었다. 평형의 토론이 가능한 민도에서 민중제는 성숙한다고 보았다.[165]

자유토론=공적 토론에서 자유와 질서의 평형을 요구했을 때, 자유는 역사적 질서로 회수된다. 토론의 준거인 역사의 지혜와 전통의 정신도 역사적 질서로 귀결된다. 역사적 질서는 합리적으로 설계된 "인위적 질서"에 대비되는, 역사적으로 형성된 "자생적 질서"였다. 니시베는 질서감각이 관습, 전통, 역사 속에서 확인되는 자생적 질서의 회복을 생각하였다. 탈냉전기 일본의 일상생활이나 공적 논의에서는 자생적 질서가 무엇인지를 확인하는 질서감각이 결여되어 있다. 질서감각 회복하기 위해서는 "역사감각"을 가져야 한다고 했다.[166]

역사의 지혜나 전통의 정신은 자유토론에서 자유와 질서의 평형을 보전해주는 준거였다. 니시베는 공공의 언어활동, 즉 공적 토론에서 역사

---

164 「戦後五十年を顧みる」, 209-210쪽.

165 『「成熟」とは何か』, 51-52쪽, 38-39쪽.

166 『歴史の復権 ―「文明」と「成熟」の構図』(東京: 東洋経済新報社, 1994), 39-40쪽.

감각과 역사적 질서를 보수하는 길을 찾았다. 역사가 선험적으로 리버럴리즘을 규율한다는 말이 아니다. 역사의 지혜와 전통의 정신이 무엇인지는 토론을 통해 확정된다고 했다. **토론은 역사를 발견하는 행위이다.** 자유민주주의는 "역사적인 것으로서의 말의 세계"에 속하면서 "좋은 말쓰기"를 탐구하는 것이었다. 좋은 말쓰기의 척도를 역사에 의탁한다는 의미에서 리버럴리즘은 역사주의였다. 자유민주주의는 역사를 탐색하는 토론의 과정을 함축한다.[167] 역사와 전통은 실체가 아니라 형식이었다. "국민이 느끼는 방식", "생각하는 방식", "살아가는 방식"은 역사적 질서를 구성하는 형식이었다. 공적 토론은 이러한 형식이 무엇인지를 찾고 역사적 질서를 구체화하는 방법론이었다. 공적 토론의 말쓰기를 통해 역사적 질서는 모습을 드러낸다는 것이다. 일상생활(공공생활)에서의 말을 통해 역사적 질서는 큰 틀을 드러낸다.[168]

자유토론은 공적인 언어활동으로서 현대일본의 병폐인 사회민주주의를 극복하는 방법으로 인식되었다. 니시베는 전후일본이 화폐, 상품, 기술의 문명을 창조했지만 생활인을 위한 대책이 주택 문제나 물가 문제 등 물질적 차원에 한정되었고, 일본인의 언어 활동이 빈혈 증상에 걸렸다고 보았다. 니시베는 코뮤니티, 학교, 가족, 의회 등의 영역에서 공적 언어활동의 장을 창출해야 한다고 주장하였다.[169] 공적 언어활동을 통해 "사회적 정의"를 외치는 "사회민주주의의 허망"에서 빠져나올 수 있다고 생각하였다. 진보지식인이 내세우는 평화와 민주주의, 진보와 휴머니즘, 인권과 평등은 공동체 이데올로기의 장구한 역사적 계보에서 나온 것이 아니라 역사적 계보가 단절된 장소에서 구상된 비전일 뿐이다. 공공 토론을

---

167 『「成熟」とは何か』, 51-52쪽, 38-39쪽.
168 『歴史の復権』, 169-171쪽.
169 『歴史の復権』, 169-171쪽.

통한 역사 탐색은 과거로의 회귀가 아니라 미래를 모색하는 적극적인 언어활동이다. 역사의 지혜로서 **"절대적 가치에의 지향"**이 무엇인지를 논의하는 토론과 회화가 성립할 때, 공동성의 차원을 생각할 가능성이 열린다. 공적 토론은 가치 상대주의가 아니라 "절대적 가치에의 지향"으로 이끈다.[170] 자유주의와 결합된 니시베 보수주의의 중요한 단면을 엿볼 수 있다. 역사적 질서에 토대를 둔 리버럴 데모크라시를 지탱하는 이념은 보수주의였다.

공동체 속의 개인

'숙명으로서의 자유'와 '활력 있는 삶'

개인은 어떠한 존재이며 공동체와 어떠한 연관을 가질까. 니시베는 인간의 이성을 부정하지는 않았지만, 합리적 이성을 가진 개인을 절대화하지는 않았다. 개인의 자유의지보다는 인간의 욕망에 주목하였다. 인간과 국가의 에고이즘을 중시했던 후쿠다 쓰네아리와 통한다. 하지만 후쿠다와 달리, 전통 속에서 형성된 집단적 욕망, 즉 "공동체의 욕망"을 전제로 개별적 욕망을 용인하였다. 공동체의 욕망은 "집단의 오래된 감정"과 "도리로서의 합리"가 만들어내는 종교, 도덕, 윤리와 같은 관습의 소산이다. 전통의 산물이다. 니시베는 도덕과 윤리와 법만이 아니라 인간의 욕망도 전통에 정초해야 한다고 생각하였다. 인간의 개별적 욕망을 전통에서 형성된 공동성(동일화)에서 찾았다. 개인의 욕망을 표현하는 자유 관념도 역사성에 두었고 개인의 인격도 공동의 관습에서 찾았다. 자유를 전통 속에

---

170 『歷史の復権』, 172-175쪽.

서 파악하였다.[171]

　개인의 자유의지를 적극적으로 내세우지 않는 한, 인간의 욕망을 역사와 관습이 만들어내는 공동체의 욕망에 귀결시키는 한, 개인의 욕망과 인격은 제한적일 수밖에 없다. 개인의 자유는 필경 질서에 구속받지 않을 수 없다. 여기서 개인의 욕망과 공동체의 욕망은 자유와 질서의 관계로 치환된다. 자유는 질서와 대립할 뿐 아니라 질서 속에 놓여야만 했다.

> 진정한 자유는 생득적 혹은 환경적인 불평등 속의 적지 않은 부분을 오히려 자기의 **벗어나기 어려운 숙명**으로서 받아들이고 그 숙명 속에서 아직도 **활력 있는 삶**을 엮어내려는 노력이다. 자유는 질서와의 상대로 성립하는 것이며, 질서 속에는 다양한 불평등이 포함되어 있다. **질서의 제약을 받으면서 질서와 항쟁하는 양면적 과정**이 자유의 본질이다.[172]

　니시베는 '숙명으로서의 자유'를 말한다. 진정한 자유는 진보적 자유이념에 의해 주어지는 것이 아니라 주어진 소여의 다양한 불평등을 "벗어나기 어려운 숙명"으로 받아들이고 그 숙명 속에서 "활력 있는 삶"을 살아가는 노력에 있다는 것이다. 자유는 질서의 규제를 받아들여 긴장감과 동태성을 부여하는 감성이라고도 했다.[173] 자유는 질서의 제약을 받으면서 질서와 항쟁하는 모순적 과정에서 모색된다. 질서를 중시하는 보수주의적 자유관이다.

　질서의 제약을 받지만 질서와 "항쟁"하는 것이기에 자유는 "활력 있는 삶"을 얻을 수 있다. 숙명적인 제약 속에서의 항쟁은 자유와 질서 사이의

---

171 『大衆の病理』, 66쪽, 126-127쪽.
172 『大衆の病理』, 63쪽.
173 『保守思想のための39章』, 36-39쪽.

긴장감을 내포한다. 이 항생이 약해지거나 사라지면 자유는 질서에 포섭되고 말 것이다. 니시베는 일본적 경영에서 그럴 가능성을 보았다. 일본적 경영에서 개인이 공동체에 기반을 두는, 자유가 질서에 기초하는 일본적 방식의 전형을 보았다. 일본적 경영은 개인과 공동체 사이의 긴장을 최소화하는 방법이었다. 니시베는 일본의 고유한 "사람과의 상호관계를 고려한 개인주의"(상호적 개인주의)와 "개인의 자발성을 어느 정도 허용하는 집단주의"(신축적 집단주의)가 서로 결부되면서 자유와 질서 사이의 긴장을 최소화한다고 보았다.[174] 일본적 경영의 성공으로 일본사회에 풍요와 평등이 실현되었고 그 결과 "의사擬似 사회주의"가 구현되었다고 보았다.[175] "의사 사회주의"로서의 집단적 경영의 결과 개인과 공동체 사이의 긴장이 최소화하면서 자유와 질서 사이의 긴장감이 소멸했다는 말이다. 이러한 집단적 경영은 '의사 사회주의'를 부정하고 자유민주주의를 옹호한 니시베로서는 바람직한 것이 아니었다.

국가와 국제사회를 보는 관점에도 자유와 질서에 관한 생각이 엿보인다. 니시베는 1991년 글에서 "자유, 평등, 박애"의 자유주의 이념으로 걸프전을 보는 견해를 비판했을 때도 '자유'는 인간과 국가라는 개체가 개성이나 능력에서 **불평등하다는 숙명**"을 받아들이고 이러한 숙명과 투쟁했을 때 부여받는다고 했다. 니시베는 "자유, 공정, 규칙"의 원칙을 제시하였다. '평등' 대신에 일정한 격차를 허용하는 '공정'으로 바꾸었고, 타자와의 신뢰를 구축할 매개물을 개인의 감정에서 유래하는 감정주의적인 '박애'가 아니라 역사의 지혜가 반영된 '규칙'에서 찾았다.[176] '공정'과 '규칙'은 질서와 관련된 것이니, 자유와 질서의 문제로 바꾼 셈이다. 프랑스혁

---

174 『成熟』とは何か』, 31-32쪽.
175 『成熟』とは何か』, 65-67쪽.
176 『戦争論』, 97-100쪽.

명의 진보적 이념을 보수적 이념으로 치환한 셈이다. '공정'과 '규칙'을 국가악(국가 에고이즘)과 불평등(격차)을 규율하는 질서 원리로 상정하면서도 개체(국가)의 자유에 불평등이라는 '숙명'을 걸었다.

그런데 숙명의 감각은 고도 대중사회화로 약해졌다. 고도 대중사회화는 자유와 질서의 평형이 붕괴되는 과정이었다. 개인과 집단의 평형을 보전해주는 신축적 집단주의와 상호적 개인주의는 전통적인 생활방식에서 성립하는데, 산업제(풍요)와 민주제(평등)의 과도한 성공으로 전통이 상실되었을 때, 집단과 개인 사이의 평형=안정성도 붕괴할 수밖에 없다. 개인의 자유의식이 부실하고 집단의 질서의식도 취약한 탓에 일본적 경영도 와해하고 '의사 사회주의'도 붕괴할 수밖에 없다.[177] 니시베는 자유민주주의를 역사적 질서의 토대 위에 구축하려면, '공동체의 욕망=숙명'을 전제로 하면서 '개인의 욕망=자유'를 용인해야 한다고 말한다. 다양한 불평등을 포함한 질서의 제약을 받는 숙명을 살아가면서 질서에 항쟁하는 자유의 정신을 모색해야 한다고 했다. 자유와 질서 사이의 평형을 말했다.

자유와 질서의 평형

니시베의 자유/질서관에서 '평형감각'은 중요한 정신작용이었다. 거듭 말하지만, 평형감각을 지탱해주는 것은 전통의 지혜였다. 전통은 현재적 삶의 활동에 치명적으로 중요한 평형의 규준을 제시할뿐더러 미래를 위한 지혜를 제공하는 토양이었다. 다양한 대립적 가치의 이항들 사이에서 평형을 보전하는 지혜를 간직하고 평형을 취하는 법을 가르쳐준다. 전통은 "개인과 집단 사이의 아슬아슬한 상대성 속에서 평형을 유지하도록 해주

---

177 『「成熟」とは何か』, 69-72쪽.

는 '정신의 정치학'"이었다.[178] 니시베는 고도 대중사회화로 전통이 무너지면서 평형이 상실되었고, "개인과 집단 사이의 아슬아슬한 상대성"이 작동하지 않게 되었다고 본 것이다.

니시베는 자유와 질서 사이의 평형을 회복해야 한다고 말한다. 이 평형은 달리 말하면 "자유를 발휘하는 것과 규제를 수용하는 것 사이의 평형"이다. 그런데 개체의 자유를 규제하는 객관적 질서를 상정한 것이 아니라 개체가 스스로 규제를 받아들이는 주관적 질서를 말한 것이 아닐까. 니시베는 자유(를 수행한다는) 감각과 규제(에 복종한다는) 감각 사이에 발생하는 "감성의 갈등"에 주목하고 이 감성의 갈등에서 "활력"을 찾고자 했다. 활력은 자유와 질서의 완전한 평형이 아니라 양자 사이에 긴장을 조성하는 감성의 갈등을 해소하려는 평형감각에서 나온다. 니시베는 자유와 질서 사이에서 평형의 지렛목을 탐구하는 지혜가, 즉 현재적 삶의 활동에 치명적으로 중요한 "평형의 규준"이 전통에 축적된 것으로 보았다.[179] 자유와 질서 사이의 평형은 공동체성과 개체성의 대등한 균형이 아니라 전통이 지렛목으로서 작용하는, 전통에 의해 규율되는 균형이었다. 니시베는 공동체와 개체의 갈등에서 정신적 평형감각의 역동성을 확보하는 한편, 전통의 지혜를 중시하는 전통과 근대의 문제로 이 갈등을 귀결시키거나 해소시킴으로써 평형감각의 보수성을 담보하였다.

그런데 1993년에 발표한 글에서 니시베는 사회의, 혹은 국제사회의 원리를 말하면서 평형의 원리를 분명히 했다. "질서, 공정, 소통"을 들고 나왔다. 앞에서 말한 "자유, 공정, 규칙"에서 '자유'를 빼고 '질서'를 집어넣었고, '규칙'을 '소통'으로 바꾸었다. "자유, 평등, 우애(박애)"라는 진보적

---

178 『大衆の病理』, 33-34쪽; 『保守思想のための39章』, 37쪽; 「精神の政治学」, 222-223쪽.
179 『保守思想のための39章』, 36-39쪽.

이념의 뒷면에 자리잡은 "책임, 격차, 경합"이라는 보수적 가치를 끄집어내어 양자를 병치시켰다. "책임 없는 자유", "격차 없는 평등", "경합 없는 우애"는 공허한 말에 불과하다면서 자유와 책임의 평형에서 '질서'를, 평등과 격차의 평형에서 '공정'을, 우애와 경합의 평형에서 '소통'을 끌어냈다. '질서', '공정', '소통'은 인간의 이성에 의해 파악되는 것이 아니라 질서 있는 회화, 공정한 토론, 의지의 소통이 인간의 이성을 배양한다고 보았다. 질서, 공정, 소통의 이념은 역사적 형성물이며, 점진적인 온건한 방법으로 실현된다고 했다. 역사의 지혜, 전통의 정신은 역사적으로 형성된 질서의 존재방식이며, 공정의 측정 방식이며, 소통의 보전 방식이었다.[180] 니시베는 회화, 토론, 소통의 점진적인 사회적 관계를 통해 인간의 이성을 형성하는 방식을 제시했지만, 회화, 토론, 소통은 역사와 전통에 토대를 둔 것이다. 진보적 이념과 보수적 가치의 평형을 강조하였고, 사회질서의 원리를 역사와 전통에 근거지우고 있다.

자유와 질서의 문제는 필경 리버럴리즘과 내셔널리즘의 문제를 수반한다. 니시베는 내셔널리즘을 자연적, 문화적, 역사적인 공동체로서의 나티오에 집착하는 태도라 정의하였다. 리버럴리즘은 도덕과 법률을 포함한 광의의 규칙에 따른다는 책임(혹은 의무)과 경쟁하는 자유(혹은 권리)를 중시하는 태도라 했다. 여기서도 자유와 질서의 관념이 작용한다. 니시베는 개별성을 지향하는 리버럴리즘이 전체성을 제시하는 내셔널리즘에 뒷받침되어야 한다고 믿었다. 다만 내셔널한 욕망을 규칙의 형성에 수렴시켜야 한다는 단서를 달았다. 내셔널한 욕망을 감정의 수준에 머물러 두면 애국심

---

180 『「成熟」とは何か』, 58–59쪽. 한편 니시베는 1994년 글에서는 평형에 이르는 노력으로서 '활력', '공정', '규칙'을 제시하기도 했다. 자유와 질서의 평형을 이루는 노력으로서 '활력'을, 평등과 격차의 평형을 얻는 노력으로서 '공정'을, 박애와 경합의 평형에 이르는 노력으로서 '규칙'을 설정하였다(『歴史の復権』, 89–95쪽).

을 불러일으키고, 개인적 욕망과 이기심을 키우고 규칙을 무시하면 방종주의libertarianism로 타락한다. 이를 막으려면 규칙의 체계는 내셔널한 관습에 정초해야 하고, 규칙 안에 역사의 지혜를 포함해야 한다. 규칙은 진보주의자의 경우처럼 당장의 편의를 위한 합리적 계획의 소산이 아니었다. 국가의 존재방식, 그리고 국민의 행동방식에 관한 내셔널 패턴에 맞게 형성되는 것이었다.[181] 질서를 규율하는 규칙도 전통과 관습에 기초한다. 자유의 개별성을 의미하는 리버럴리즘도 질서의 전체성을 가리키는 내셔널리즘 속에 포섭된다. 결국 질서 속에서의 자유를 말한 셈이다.

니시베는 내셔널리즘과 리버럴리즘을 "역사와 관습이라는 접착제"로 이어붙였다. 이 접착제가 없으면 내셔널리즘과 리버럴리즘은 떨어져 표류하고, 국가주의statism와 방종주의로 표착한다고 했다. 니시베는 방종주의도 혐오했지만, 국가주의도 경멸하였다. 국가의 억압 아래에서의 방탕한 자유는 광기에 지나지 않는다고 했다. 국가는 "국민적 국가"nation-state여야 하고, 자유는 "보수적 자유"여야 했다. 이 둘은 "국민성의 보수라는 경첩", 즉 "역사와 관습에 뿌리내린 규칙의 체계"에 의해 연결된다. 니시베가 말하는 국민성이나 역사, 관습은 실체가 아니다. 국민의 살아가는 방식, 생활방식, 사고방식, 행동방식과 같은 "형식"을 말한다. 이러한 형식을 전통이라 했다. 전통의 보수를 통해 건전한 국가와 현명한 자유를 보장하는 것이 곧 보수주의라고 했다.[182]

흔히 보수주의자들은 질서 없는 자유가 무질서를 가져오고 자유 없는 질서가 개인을 억압한다고 생각한다. 니시베도 마찬가지였다. 개인과 사회의 관계는 역사적 질서가 온존한다면 자연적으로, 자율적으로 보전되

---

181 『成熟』とは何か』, 93-96쪽.
182 『成熟』とは何か』, 103쪽.

지만, 역사적 질서가 붕괴되거나 그럴 조짐이 있으면 불안정해지고 균형이 깨지면서 국가가 개입할 여지가 생겨난다고 했다. 국가는 개인의 자유를 보장하거나 사회의 질서를 보전하는 기제로서 작용한다고 했다. 니시베는 개인의 자유와 사회의 질서 사이를 매개하는 '국가'의 작용에 주목하였다. 자유와 질서 사이의 평형이 회복되지 않을 때, 국가가 일정 부분 관여할 수밖에 없다고 생각하였다. 국가주의를 혐오했지만, 개인과 사회의 삶에 대한 국가의 일정한 관여를 용인하였다. 아니, 이러한 방식을 통해 오히려 **국가의 역할을 한정시켰다**고 말해야 할 것이다.

6. 국가

문화공동체와 '국가'

애국심과 국가의식

탈전후=역사공간의 보수적 주체들은 전후체제와 민주주의를 부정하는 한편, 역사와 전통을 이념화하고 애국심과 국가의식을 고양시키는 작업에 나섰다. '국가'에 숭고의 감정을 불어넣으려는 욕망을 드러내기도 했다. 가라타니 고진柄谷行人은 칸트에 의탁하여 숭고의 감정은 인간을 압도하는 자연에 직면하여 초감성적 능력을 환기했을 때 생겨난다고 말한 바 있다. 외부에 인간을 무력화하는 거대한 사물이나 위력을 두지 않으면 숭고는 생겨날 수 없다고 했다.[183] 숭고의 감정은 절대적인 것에 의탁하는 신앙(사랑과 헌신)에서 생겨난다. 절대자를 갖지 못한 경우에는 숭고의 감정을 불러일으킬만한 무언가를 찾아내야 한다. 보수적 주체들은 사람을 압도하는 거대한 사물이나 위력을 '국가'에 설정하기도 했다. 혹은 '전통'에 절대적인 것을 부여함으로써 숭고심을 조장하기도 했다.

국가나 전통과 같은 절대적인 것에 얽매어 있다는 자각으로서의 '숙명'은 숭고미의 조건이다. 애국심과 충성심을 매개로 국가생활과 개인생활을 일치시키는 숙명감을 가졌을 때, 이를 통해 국가에 대한 구속과 의무를 강하게 느꼈을 때, 국가를 향한 숭고의 감정은 깊어지기 마련이다. 사에키 게이시佐伯啓思도 개인과 국가를 얽어매는 '숙명'을 얘기하였다. 개인은 역사적인 경험, 유대, 퇴적 속에서 국가와 연결되는 숙명을 담지하며, 내셔널리즘은 이러한 숙명을 자각하는 행위라 했다. 개인의 사고틀이나 생활의 회로, 인간관계의 양식이 만들어내는 집단의 역사적인 공통경험의 자각이 국가의식이며 내셔널리즘이라 했다. 사에키는 개인의 개인성 individuality을 국가, 민족이라는 집단으로 해소되지 않는 "잔여"residue로 여겼다. 국가의식과 애국심을 지탱하는 도덕을 코뮤니티의 속성인 동시에 코뮤니티의 중층적 구성물인 국가의 속성으로 파악하였다. 개인은 코뮤니티의 동심원적, 중층적 확산을 통해 코뮤니티에 대한 사랑(애향심)에서 중층적인 공동체의 궁극적 귀결인 국가에 대한 사랑(애국심)으로 나아가야 한다고 했다.[184]

도덕과 이에 기반한 애국심을 매개로 국가로 회수되는 개인을 상정한 애국심론=국가론은 탈전후=역사공간의 보수적 주체들이 우파적 사고에

---

183 柄谷行人,『定本 柄谷行人集4 ネーションと美学』(東京: 岩波書店, 2004), 98쪽.

184 佐伯啓思,『国家についての考察』(東京: 飛鳥新社, 2001), 87-92쪽, 27-29쪽. 사에키 게이시의 내셔널리즘과 애국심에 관해서는 佐伯啓思,『倫理としてのナショナリズム―グローバリズムの虚無を超えて』(東京: NTT出版, 2008); 佐伯啓思,『日本の愛国心―序説的考察』(東京: NTT出版, 2008).

근접하였음을 보여준다. '국가'는 공적인 것으로서 사적인 '개인'보다 우선한다. 국가를 향한 숭고심과 애국심을 얘기할 때, 이들에게는 개인을 국가에, 사적인 것을 공적인 것으로 회수하고자 하는 심리가 작용한다. 애국심이 숭고심으로 순화되는 순간, 개인의 구체적 삶은 국가로 회수되어 추상화되고 만다. 사에키의 말처럼 개인이 '잔여'로서 존재한다면 개인의 자기 결정성은 용인되기 어렵다. 국가로 회수되는, 잔여로서의 개인을 극적으로 표현하는 것은 개인의 공적 죽음을 예찬하는 견해에서 확인할 수 있다.

전쟁은 숙명감과 애국심을 고양시키는 유력한 촉매이다. 전쟁에서의 공적 죽음, 즉 전사의 행위는 비애의 감정과 더불어 숭고의 감정을 유발하는 극적인 계기이다. 잊혀진 전쟁이 아니라 체험을 통해 기억되는 전쟁은 애국심과 숭고심을 촉발한다. 보수(우파)는 개인의 개별적 죽음을 자기 결정성의 행위가 아니라 추상화된 숙명으로, 공동체 국가를 위한 공적 행위로 승화시키는 경향이 있다. 이들은 사적인 욕망을 엄폐하고 공적인 죽음을 현창한다. 사적 체험을 공적 체험으로 추상화한다. 베네딕트 앤더슨 Benedict Anderson에 따르면, 조국을 위해 죽는 것은 일반 단체를 위해 죽는 것과는 다른 도덕적 숭고함을 지닌다. 국가는 쉽게 참여하고 탈퇴할 수 있는 조직이 아니기 때문이다.[185] 숭고함은 숙명에서 나온다는 말일 것이다. 국가를 위해 전사한 특공대의 숙명은 숭고심과 애국심을 표상하는 극적인 사례다.

사에키는 전쟁체험을 반추하면서 "혼의 부흥"을 얘기하였다. 가미카제 특공대의 "일본적 정신"에서 '비애', '무사'無私, '스러짐'과 같은 일본적 감성을 읽어냈고 나아가 탐미적, 결단주의적 애국의 미학을 찾아냈

---

185 베네딕트 앤더슨, 윤형숙 역, 『상상의 공동체』(서울: 나남, 2004), 187쪽.

다. 황국론적 애국심과 동일시되거나 조국애와 혼동되는 걸 피하고자 "제3의 애국심"이란 말을 썼지만, "일본적 정신"과 다를 바 없었다.[186] 나카지마 다케시中島岳志도 전쟁 미화가 아니라는 단서를 달긴 했지만 숙명을 받아들인 특공대의 결단을 평가하였다. "가까운 장래의 패전을 알면서도 죽음을 숙명지운 사람들의 생각은 후세의 인간이 확실하게 받아들여야 한다"고 강조하였다.[187] 전사의 행위를 기억하는 것은 전쟁미화일 수도, 아닐 수도 있다. 국가나 전통과 결부해서 애국심을 가져야만 하는 숙명은 전쟁예찬의 여부를 초월하는 심정을 만들어낸다. 보수적 주체에게 이러한 숙명의식은 현재적인 것이어야 했다. 사카모토 다카오坂本多加雄는 국가가 왜 무력행사를 하는지, 개인은 어떻게 할 것인지를 "항상 사색하는 습관"을 몸에 익혀야 한다고 했다. 국가가 우리 안에 내재한다는 '국가의식'을 길러야 한다고 했다. 일상생활에서 전사자를 생각하고 "유사시에 대비하는 각오"를 해야 한다고 했다.[188] 이러한 논리에서 '야스쿠니'를 전쟁체험의 표상으로서 동원하고, '대동아전쟁'을 식민지 해방전쟁으로서 정당화하였다.

니시베 스스무도 고도 대중사회화로 일본인이 숭고한 것에 대한 사념을 잃어버리고 숭고에 대해 말할 능력이 없어졌음을 개탄하였다. 개인주의와 상대주의를 극복하기 위한 공동체 신앙을 생각하였다. 신앙은 "숭고한 차원으로 승화되고 싶다는 희망", 혹은 "전통에 구현된 숭고한 것에 대한 사념"을 가리킨다.[189] 니시베의 경우 "전통에 구현된 숭고한 것"은 역사적 질서에서 성립한 공동체에서 모색되어야 했다. 문화공동체로서의

---

186 佐伯啓思, 『日本の愛国心』, 207-208쪽.
187 西部邁·中島岳志, 『保守問答』, 292-293쪽.
188 坂本多加雄, 『求められる国家』(東京: 小学館, 2001), 76-77쪽, 57-65쪽.
189 『大衆の病理』, 138쪽.

"나티오"를 상정하였다. 문화공동체로서의 나티오는 고도 대중사회와 대중민주주의에 대응하는 항체로서 기능하는 국민국가를 지향하는 것이었다. 문화공동체는 미소에 의한 초역사적인 "정의의 지배"가 소멸된 상황에서 고도 대중사회의 중우정치로 만연한 "감정의 지배"를 극복하기 위해, 또 합리적 개인, 다수결 원리, 개인주의가 만들어낸 대중민주주의의 무질서를 막는 항체로서 상정되었다. 과잉 아메리카화가 초래한 정체성 상실을 회복하려는 내셔널리즘의 근거였다.

나티오는 역사와 전통 속에서 형성된 것이지만, 미화해야 할 숭고의 대상은 아니었다. 니시베는 나티오를 국내적, 국제적 무질서와 위기에 대응하는 국가를 지탱하는 기능적인 것으로 이해하였다. 니시베는 국가를 숭고한 것으로 설정하지도 않았을뿐더러 그 자신 숭고한 것에 집착하지 않았다. 애국심은 공동체와 전통에서 발출하는 것이지만, 국가를 향한 숭고의 감정으로 승화되어야 할 것은 아니었다. 니시베는 국가에의 충성심과 내셔널리즘을 구별하였다. 문화공동체로서의 나티오를 지탱하는 정신은 '도의'였다. 니시베는 집단의 습관mores과 집단의 감정ethos에 착근해야만 도의가 사회에 유포되고 집단의 습속으로 귀착한다고 했다. 전쟁의 기억에서 도의의 소재를 찾았다. 전쟁은 이러한 사실을 가르쳐주는 "잔혹한 교련소"라 했다.[190] 니시베는 전쟁을 예찬한 건 아니지만, 전쟁이 나티오에 중요한 의미를 갖는다는 사실에 주목한 것이다.

공적 죽음에서 '국가의식'을 찾는 노력은 하지 않았다. 위기의 국가를 지킨다는 생각으로 죽음을 받아들인 특공대의 심정을 이해 못한 바 아니다. 나카지마 다케시의 발언을 듣고 "사적으로는 죽고 싶은 사람이야 없겠지만, 공적으로는 자사自死, 특공을 포함한 뭔가를 위한 자살, 국가의 의

---

190 『実存と保守』(東京: 角川春樹事務所, 2013), 116쪽.

義를 위한 자살은 있을 수 있다"고 맞장구쳤다.[191] 하지만 "있을 수 있다"는 개연성을 말했을 뿐이다. 특공대의 사적 체험을 공적 체험으로, 개별적 체험을 일반적 체험으로 승화시키지는 않았다. 국가에 연루된 숙명적인 죽음을 말하지 않았다. 개인은 역사와 전통에 기초한 문화공동체에 매인 숙명을 짊어질 뿐이지 국가를 위해 죽어야 할 숙명을 담지한 존재는 아니었다. 국가는 공동체적 삶을 살아가는 개인이 국민으로서 관여해야 하는 것이지만 절대충성의 대상은 아니었다. 전통과 역사에 기반을 둔 문화공동체를 '국가'와 어떻게 관계지을지가 중요했다.

'이야기로서의 국가'

국가의 상실이 자각될 때 사람들은 역사 서술을 말한다. 근대화(경제성장과 민주주의)의 결과 일본상실이 가장 크게 자각된 탈전후=역사공간에서 보수적 주체들은 역사의 (재)서술을 주장하였다. 이들에게 역사는 지나간 경험이나 사실의 기록이 아니다. 공동체나 국가를 기억해내는 방식이었다. 보수적 주체들은 전후체제의 허구적 세계를 해체하고 전후체제에서 박탈당한 국가표상과 국가의식을 재구축하고자 했다. 사회계약론적 국가관을 배제하는 한편, 새로운 국가신화를 구축하기 위한 내셔널 히스토리의 재구성을 시도하였다. '전후'를 초월하는 이야기narrative를 서술하고자 했다. '이야기로서의 역사'는 역사에서 자기를 규율하는 공동체나 국가를 발견하는 행위였다. '국가'를 위해 '역사'를 동원하는 이야기를 구성하는 것이었다. 역사 서술은 이전의 사상공간에서는 '근대'를 발견하는 행위였지만, 탈전후=역사공간에서는 '반근대'(반근대주의)의 성격을 띠었다. 공동체나 국가를 발견하는 이야기의 서술은 내셔널 아이덴티티를 구축하고

---

191 西部邁·中島岳志,『保守問答』, 293-294쪽.

문화공동체를 발견하는 행위였다. 내셔널 아이덴티티는 '국가의식'일 수도 있고, '국민의식'일 수도 있다.

사에키 게이시는 '국가의식'의 재생을 소망하였다. 사에키는 개인의 자유를 내세우는 민주주의와 과학이 신화, 전승, 역사를 담은 공유된 이야기를 대체한 결과 현대 일본사회가 붕괴되었다고 진단하였다. 민주주의와 과학은 납득할 만한 이야기를 구성하지도 못하고 리얼리티를 주지도 못한다면서 "신뢰할 수 있는 허구"로서의 현실을 재구성해야 한다고 했다. 생활의 실감(경험)과 건전성에 기초한, 절대적인 무언가를 찾는 "공통의 이야기"를 서술해야 한다고 했다. 절대자(신)를 갖지 못한 일본에서는 개인의 자유, 민주주의, 인권, 이성과 같은 공식적 가치가 아니라 일상생활의 질서를 세우는 비공식적인 인간관계에서 공통의 이야기를 찾아야 한다는 생각이었다.[192] 개인의 비공식적인 관계를 규율하고 신뢰할 수 있는 허구를 제공하는 것은 공동체의 관습과 가치이다. 공통의 이야기를 서술한다는 것은 공동체의 재구성을 뜻한다. 사에키는 정치적 표상과 문화적 표상을 공유한 공동체를 상정하였다. 바로 국가였다. 공동체국가였다. '국가'는 개인을 초월하여 일본인의 예의, 습관, 일상생활을 규정하는 비공식적 관계를 질서지우는 공동체여야 했다. 사에키의 경우 공통의 이야기를 서술하는 것은 역사적 사실의 탐구가 아니었다. '국가의식'이 투영된, 혹은 '국가의식'을 발견하는 역사의 재구성이었다.

니시베 스스무도 "이야기로서의 국가"를 말했다. 역사=이야기를 서술함으로써 '국가'를 찾고자 했다. 니시베는 인문학적 서사를 동원하여 "이야기로서의 국가"를 얘기하였다. 뮈토스와 로고스의 일체로서 국가를 상

---

192 佐伯啓思, 『現代日本のイデオロギー―グローバリズムと国家意識』(東京: 講談社, 1998), 26-32쪽. 사에키는 '공유의 이야기'가 전승, 영웅담, 신화, 고전, 동화도 좋고, 일본 역사나 사회에 관한 사회과학적 언설도 좋고, 미래를 향한 이상이라도 좋다고 말한다.

정하였다. 니시베는 '언어적 인간'Homo loquens으로서의 삶을 영위하는 인간의 이야기는 감성(뮈토스)과 이성(로고스)이 일체가 되었을 때 완성된다고 했다. 인간의 이야기(스토리)가 역사(히스토리)가 된다고 했다. 사실로서의 역사가 아니라 이야기로 구성되는 역사를 상정한 것이다. 이야기는 사람들을 포섭하고 약동시키는 "습속의 체계"Sitte였다.[193] 습속의 체계로서의 이야기가 역사적 질서 속에서 이어지는 문화공동체의 전승에 관한 것임은 말할 나위 없다.

그런데 니시베는 사에키와 달리 '공동체국가'를 지향하지는 않았다. 여러 형태의 공동체의 최종적인 집적물로서 국가를 상정한 사에키와 달리, 니시베는 '공동체'와 '국가'를 구별하였다. 문화공동체로서의 나티오는 국민공동체였다. 역사적 질서로서 전승된 문화공동체는 국민공동체(국체)의 역사적 기반이다. 나티오는 전승되는 것이라면 네이션(국민)에 관한 신화를 수반하지 않을 수 없다. 다만 니시베의 경우 신화는 일원론적 신앙체계가 아니었다. 니시베도 국가는 신화로부터 자유로울 수 없음을, 국가를 이야기한다는 것은 신화가 요구된다는 걸 알았다. 문화공동체로서의 나티오는 과거의 전승이기에 얼마간 신화적일 수밖에 없다. 하지만 나티오는 '국가신화'는 아니었다. '국가'와 '국민'을 구별했기에 니시베는 '국가신화'에 얽매이지 않았다.

니시베는 '이야기로서의 국가'를 살아가는 인간을 '국민'으로 상정하였다. 국민은 습속과 관습의 역사적 기반 위에 생활하는 자이다. "자국의 역사를 생활 속에서 경험하는 자"를 말한다. '이야기로서의 국가'에 관한 경험을 널리 공유하기 위해서는 가족, 학교, 코뮤니티, 환경과 같은 생활조건을 갖추어야 한다고 했다. 타국과 벌이는 전쟁은 역사 속에 살고 있다

---

193 『生まじめな戯れ』, 137쪽.

는 양해를 만들어내기 때문에 군대와 같은 위기관리 기구도 국민생활의 기본조건이다. 결국 역사적으로 구성된 '이야기로서의 국가'를 살아간다는 것은 국가신화의 창출을 위한 것이 아니라 현재의 국민생활을 살아가는 조건인 것이다.[194] 내셔널 아이덴티티는 사에키는 '국가의식'이었지만, 니시베의 경우는 '국민의식'이었다. '국민'으로서의 경험을 공유한다는 것은 국가를 매개로 국민의 동질성을 모색하는 건 아니었다. 니시베의 경우 국민이나 국민생활이 국가 구성원의 동질성을 전제로 하지는 않았다. 국가나 국체가 국민의 동질성을 표상하는 건 아니었다.

국제사회와 '국가'

'피부로서의 국가'

'문화공동체로서의 나티오'나 '이야기로서의 국가'를 상정했을 때 개인은 어떠한 의미를 갖는 존재일까. 개인과 국가는 어떠한 관계일까. 개인은 국가에 매몰되는 존재는 아니었다. 니시베는 개인과 국가의 관계에서 긴장감 있는 균형을 설정하였다. '국민'은 이러한 균형의 표현일 터다. 후쿠다 쓰네아리는 "개인이 족히 죽을 만한 것이 없으면 개인의 삶의 기쁨조차 없다"[195]고 말한 바 있다. 전쟁체험과 국가체험을 몸소 겪었던 '전후'의 후쿠다는 개별적 체험을 중시하면서 개인의 삶과 평화를 생각하였고 이러한 관점에서 개인의 죽음을 말하였다. 전후에 태어나 전후교육을 받은, 전쟁체험과 국가체험을 몸소 겪지 못했던 '냉전후'의 보수론자들은

---

194 「新国体論」, 26-27쪽.
195 福田恆存, 「個人と社會」(1955), 『福田恆存全集』 3(東京 : 文藝春秋, 1987), 78쪽.

개별적인 죽음보다 애국심과 국가를 위한 죽음을 말하였다. 니시베는 개인의 개체성과 자유에 대한 의식은 후쿠다와 달랐지만, 문화공동체와 국가를 분리해서 생각한 것은 후쿠다 쓰네아리와 닮았다.

개인과 국가의 긴장감 있는 균형을 상정한 것은, 문화공동체를 '국가'로 회수시킬 수 없었던 것은, 부정적인 국가 이미지가 있었기 때문이다. 니시베는 오랫동안 국가를 부정적으로 보았다. 소학교 4학년 때 삿포로에서 본 〈무방비 도시〉라는 영화의 잔혹한 한 장면 때문이었다. 고문 당하는 남성의 가슴이 가스 버너로 지직대며 불타는 장면이었다. 이 고문 장면은 "국가는 지배계급을 위한 폭력장치라는 마르크스-레닌적 명제"를 소년 니시베의 뇌리에 각인시켰다. 남성을 불태운 '가스 버너'는 폭력적 국가의 메타포로서 니시베의 기억 속에 오랫동안 살아 있었다. 나이가 들면서 이 명제에 회의를 느끼고 부정적 국가관을 털어내게 되지만, "국가는 나의 신체를 태워 없애는 잔인한 화염"이라는 이미지는 **"감각으로서는"** 완전히 소멸되지는 않았다.[196] 신좌파 행동가로서 국가에 대항했던 안보투쟁의 경험도 '폭력장치로서의 국가' 이미지를 온존하는 데 한몫 했을 것이다.

'폭력장치로서의 국가' 이미지는 보수적 비평활동에 나서면서 옅어졌다. 보수주의를 선언한 시점과 대략 겹친다. 니시베는 1984년 저작에서 에른스트 카시러Ernst Cassirer의 국가신화론에 대한 비판적 독해를 통해 자신의 국가관을 피력한 바 있다. 카시러는 『국가의 신화』에서 "신화는 깊숙한 인간의 정념에서 싹튼다"면서 인간의 정념이 국가신화로 결실했을 때 문명인의 심성이 얼마나 추하게 뒤틀리는지를 밝혔다. 정념은 우행愚行의 씨앗이며, 신화는 우행의 열매라 했다. 뮈토스는 로고스를 오염시킬

---

196 『生まじめな戯れ』, 134쪽.

뿐이라는 합리주의의 관점에서 국가를 찬미하는 비합리주의에서 벗어나고자 했다. 니시베는 카시러의 이러한 생각에 의문을 가졌다. 국가는 신화로부터 자유로울 수 없다고 생각했다. 인간이 정녕 정념이나 신화로부터 자유로울 수 있다면, '국가'를 국민과 국토라는 말로 비유하는 것조차 나쁜 신화일 것이다. 니시베는 로고스와 뮈토스의 어느 한 쪽으로만 비대해지면 국가는 "깁스Gips국가"가 되든가, 국가를 배제하는 자유방임의 "맨몸사회"가 된다고 보았다. 양자의 균형을 주장하였다.[197] 깁스국가도 아니고 맨몸사회도 아닌 국가를 구상하였다. 뮈토스와 로고스는 양자택일의 문제가 아니었다.

니시베는 "각인의 자유로운 행동의 연관"에서 생겨나는, 동시에 "외국과의 생생한 상호작용"을 통해 각인의 행동을 활력있게 해주는 국가를 상정하였다. 뮈토스와 로고스가 조합된 "피부로서의 국가"이다. 오르테가에게서 빌린 개념이다. 니시베에 따르면, 인간의 몸 전체를 덮은 피부는 신축성 없는 깁스도 아니고 몸을 구속하는 옷도 아니다. 피부는 신축성을 갖고 몸 전체를 보호하면서 몸의 활동을 원활하게 한다. 호흡이나 분비를 통해 몸의 외계와 내계의 연락을 담당하면서 몸의 세포와 기관에 활력을 제공한다. 국가는 이러한 피부와 같은 조직이다. '피부로서의 국가'는 국민을 보호하면서 동시에 개인의 자유로운 활동을 보장한다. 개인의 행동에 질서를 부여하고 개인의 행동을 안전하게 보장한다. 국가는 개인의 행동을 초월한 곳에서 주어진 것이 아니라 개인의 자유로운 행동의 연관에서 생겨난 조직이다. 또한 국가는 외교와 내정 사이의 상호작용을 매개한다. "외국과의 생생한 상호작용"을 통해 각인의 행동에 활력을 제공한다. 피부가 끊임없이 갱신되듯이 국가의 양태도 항상 개변한다. 피부

---

197 『生まじめな戯れ』, 136쪽.

의 진피에 해당하는 '국체'는 국민의 역사적 경험의 수준(신체의 성장 단계)에 맞게 형성되며, 표피에 해당하는 '정체'는 국제환경(신체의 외계)의 자극을 지각하면서 국내사정(신체의 내계)의 변화를 감지한다.[198]

'피부로서의 국가'는 '이야기로서의 국가'와 공존한다. 니시베는 '피부로서의 국가'를 구성하는 군대, 경찰, 의회, 법원, 세무서, 보건소와 같은 제도들이 "이야기적 관념"에서 성립한다고 말한다. 이야기 능력이 "평판화"平板化하거나 "빈혈화"할 때, 이들 제도는 리바이어던처럼 거대화하거나 어셔가의 몰락처럼 와해되어 피부로서의 기능을 상실한다. 그런데 인간의 "자유로서의 삶"은 말과 이야기에 포함된 덕과 악덕 사이를 질주할 위험을 내포한다. 니시베는 습속과 관습이 이러한 위험을 줄여준다고 생각하였다. 자유는 역사에 기초하며, 습속과 관습의 역사적 기반 위에 있을 때 안정을 유지한다고 했다. 자유주의를 "역사주의적인 것"으로 규정하면서 자유를 욕망하고 역사를 통찰하는 사람들의 공동관념이 "피부로서의 국가"를 결정화結晶化한다고 했다. 이러한 공동관념이 쇠퇴하면 국가는 피부를 태우는 가스 버너로 전락하고 만다는 것이다.[199] '피부로서의 국가' 개념의 내부에는 공동관념을 산출하는 문화공동체를 내장한 '이야기로서의 국가'가 작동하고 있음을 알 수 있다. '피부로서의 국가'는 국가제도들로 작동하는 기능적 장치이지만, 기능적 장치의 안전한 작동은 역사적 문화공동체에 의해 보장된다고 하겠다. 니시베는 인간의 자유를 억압할 위험성을 습속과 관습의 역사적인 것으로 완화하고자 했다.

역사적 국가와 합리적 국가, 신화적 국가와 이성적 국가, 문화공동체와 기능적 국가를 공존시키는, 평형을 이루고자 하는 니시베의 이원적 국가

---

198 『ナショナリズムの仁・義』(東京: PHP研究所, 2000), 61-62쪽; 『生まじめな戯れ』, 136쪽.
199 『生まじめな戯れ』, 137쪽.

관은 뮈토스와 로고스의 공존, 이야기와 기능적 제도의 병존을 의미한다. '피부로서의 국가'는 역사적인 것으로서의 국가와 기능적인 것으로서의 국가의 신축성 있는 평형을 상정한 개념으로 볼 수 있다. 니시베에게 국가는 공동체의 역사적 질서 속에서 형성된 국체와, 외국과의 상호작용을 통해 활력을 얻는 정체가 결합된, 기능성과 활력을 가진, 역사성과 기능성을 갖춘 조합물이었다. 연속적인 역사적 질서체로서의 국가는 신화를 필요로 하지만 그것이 국가신화로 흐를 수 없는 까닭은 국제주의와 자유주의에 부응하는 신축적인 기능적 국가를 상정했기 때문이다.

'규칙체계로서의 국가'와 '국민·정부'

피부가 제대로 기능할려면 유기체의 규칙이 작용해야 한다. 니시베는 '피부로서의 국가'도 규칙에 따라 작동한다고 보았다. 국가를 '규칙의 체계'로 보았다. 니시베는 1990년 걸프전으로 촉발된 탈냉전기 국제사회의 질서변동을 '규칙체계'와 '문명'이라는 관점에서 파악한 바 있다. '규칙에 의거하는 문명'과 '감정의 지배를 받는 비문명'의 틀로 걸프전을 파악하였고, '규칙'과 '강제력'이 규율하는 국제사회를 생각하였다. 국가도 국제사회를 규율하는 규칙과 강제력에 부응할 수 있어야만 했다. 국제사회가 규칙의 체계이듯이, 국가도 규칙의 체계여야 했다. 니시베는 국가를 "이질적인 개인들이 서로 타협/결렬을 하거나 지배/복종을 하거나 연대/적대를 하거나 대화/싸움을 하기 위한 규칙(계율, 규범, 규칙, 관행)의 체계"로 정의하였다.

기능적 관점에서만 '규칙의 체계'로 정의한 것만은 아니다. '피부로서의 국가'가 생물학적 의미에서 유추된 것이라면, '규칙체계로서의 국가'는 사회학적 의미가 강한 개념이다. 니시베는 '국체', '국격'도 규칙체계의 전반적인 특징을 가리키는 개념으로 이해하였다. 국가주의자나 황국론자의 국체론에서는 국가를 기계처럼 경직된 것으로 보고, 내셔널리스트의 국체론에서는 국가를 "낭만을 말하는 아메바"와 같은 신비적인 것으로 본다. 니시베는 이러한 국가 개념을 부정하였다. '국체'를 "역사적인 것으로서의 규칙의 체계"로 파악하였다.[200] '국체'도 '역사'(습속)와 '규칙'(기능)의 양면에서 파악하고 있음을 알 수 있다. '규칙의 체계로서의 국가' 개념도 이러한 양면성을 지닌다. 이 양면성이 니시베의 국가론에 정태적인 국가론(국체론)과 차별화되는 동태성을 부여한다.

국가의 동태성은 규칙을 통해 국가가 개인의 '위기적 삶'을 구원한다는데 있다. 규칙이 '위기로서의 삶'에 균형을 잡아준다는 것이다. 니시베는 규칙체계로서의 국가가 인간관계에서는 "평형의 지혜"를 구현하는 역할을 수행한다고 했다. 규칙을 "연대와 적대, 혹은 의존과 반발의 양면성을지닌 인간관계에서 균형을 취하는 방식의 집대성"으로 파악하였다.[201] 규칙을 인간의 행동과 사고를 규율하는 규범이 아니라 대립적 이항들의 집합인 인간관계에 균형을 제공하는 것으로 파악한 셈이다. 국가는 자유(개인)와 질서(사회) 사이의 평형을 이루게 하는 매개물이며, 이러한 평형을 통해 역사(공동체)에 얽매인 개인은 '숙명' 속에서 '자유'를 영위할 가능성을 얻는다고 했다.

국가는 규칙을 통해 개인이 자율적 주체와 타율적 복속체 사이에서, 자유와 질서 사이에서, 평형을 보전하면서 '위기로서의 삶'을 자각하는 행위에 관여한다. 개인의 위기의식은 국가에 의해 체화된다. 그런데 규칙은 국가가 작위한 것이 아니라 역사적 질서, 역사적 공동체(문화공동체)에 의해 구성되고 판별되는 것이었다. 니시베는 국가가 강제력을 행사하고 폭

---

200 「新国体論」, 『破壊主義者の群れ』, 26-27쪽.
201 『戦争論』, 63-64쪽.

력화할 수도 있다는 개연성을 잊지 않았다. 국가는 "우리에게 가장 위험한 타인이며, 우리를 가장 강하게 매혹하는 타인"이라 했다. 국가는 필요하지만 "잔인한 제도"라 했다. 여전히 '폭력장치로서의 국가'를 망각하지 않았던 것이다.[202] 국가악의 얼굴을 잊지 않은 것이다. 개인의 삶과 자유를 보장하는 국가선의 얼굴도 간직하였다.

니시베는 국가가 개인을 억압하는 동시에 매혹하는, 폭력적이면서도 동시에 보호 기능을 수행하는 이중적 존재임을 인지하였다. 국가는 권력(강제력)을 통해 개인과 사회를 규율(구속)하는 한편, 외국과의 상호작용을 통해 개인에게 활력을 부여한다고 했다. 또한 국가는 외국과의 상호작용을 통해 국내의 평형을 유지하고 위기를 관리하지만, 이러한 기능은 위험에 대처하는 "국민의 지혜의 역사적 축적"에서 성립한다고 했다.[203] 개인은 국가로부터 자유로운 "자율적 주체"와 국가에 연결된 "타율적 복속체"의 양면성 사이에서 균형을 취하면서 총체적 인격을 형성한다고 했다.[204] 이 과정에 국가는 '위기적 삶'을 자각하게 하는 매개적 활동을 통해 개인에게 '활력'을 제공한다. 국가가 이러한 매개 작용을 하기에 개인은 국가로 회수되지 않을 여지를 확보할 수 있었다.

니시베 스스무가 상정한 국가는 이야기로서 전승되는, 개인을 역사적 질서 속에서 규율하는 시간적 양태를 갖는 한편, 피부로서 또 규칙의 체계로서 개인의 삶을 활성화하는 공간적 양태의 양면성을 지닌다. 니시베는 신화적 국가관과 이성적 국가관의, 역사적 국가관과 합리적 국가관의

202 『戰爭論』, 72쪽.
203 『戰爭論』, 57-58쪽.
204 『大衆の病理』, 37-38쪽. 니시베는 일본인의 이러한 양상이 일상생활에서 개인과 집단간의 평형을 취하면서 위기감과 위기관리 능력을 배양하고, 이로써 국가적 위기에 민첩히 대응하는 서구인들과 대비된다고 생각하였다.

공존 혹은 평형을 모색하였다. '문화공동체로서의 나티오'는 '피부로서의 국가'나 '규칙체계로서의 국가'와 모순되지는 않는다. 규칙의 체계는 전통과 역사에 정초하며, 문화공동체도 전통과 역사의 소산이기 때문이다. 니시베는 개인에 대한 폭력적, 타율적 구속성을 망각하지 않으면서도 개인의 '위기적 삶'과 '자유'를 자각하게 만드는 역할을 국가에 부여하였다.[205] 이러한 동태적인 국가개념이 가능했던 것은 니시베가 국가로 회수되지 않는 개인을 설정했기 때문이다. 개인은 국가와의 동태적인 작용에서 '국민'으로서 활동한다. 니시베의 경우 '국민'은 문화공동체를 담지한 '개인'에서 도출된 것이었다. '국가'로부터 나온 것이 아니다.

   노년의 니시베 스스무는 '네이션 스테이트'nation state에 대해 각별한 해석을 붙이고 있다. 니시베는 '국민'을 '국가'에 회수하는 의미가 담긴 '국민국가'라는 번역어를 선호하지 않았다. **'국민과 그 정부'**로 해석하였다. '국가'state로 회수되는 '국민'nation이란 이미지를 배제하는 해석이다. 니시베는 '국가가 돌봐주어야 한다'라고 말했을 때의 '국가'는 정부를 가리키며, '일본국가의 역사는 어떤 것인가'라고 말했을 때의 '국가'는 정부뿐 아니라 국민의 생활사까지 포함한다고 했다. 그로티우스Hugo Grotius가 명명한 '네이션 스테이트'가 '국민과 그 정부', 즉 '국민·정부'를 말한다는 사실을 상기시키면서 국가는 "국민성national society에 기초한 정부제도 governmental institution"라고 규정하였다. 국민과 정부가 지켜야 할, 이상과 현실의 평형으로서의 "활력, 공정, 절도, 양식"의 규범이 내장된 "국민사회"를 상정하였다. 국제사회와 무관하지 않으면서도 내부에 여러 지역성의 차이를 내포한 국가, 즉 대외적으로 국제성internationality을, 대내적으로 역제성inter-regionalness(지역간 연관)을 갖춘 국가를 상정하였다. 국제사회의 변

<hr/>

[205] 『保守の辞典』, 56-59쪽.

동에 따라 국경선도 조금이나마 바뀌고 지역연관의 변화에 따라 내부 구성도 바뀌는 "역사적인 다이내미즘" 속에 있는 국가를 상상하였다.[206] '국민사회'는 '국제사회'에 대응하는 국가의 내적 측면을 중시한 말이다. '국민·정부'nation state는 '국민'을 '국가'에 회수시키려 하지 않는 니시베의 의지가 담긴 개념이라 할 수 있다. 문화공동체와 국가를 구별하는 니시베의 의지와도 통한다.

7. 전쟁과 평화

'새로운 전쟁'

걸프전쟁과 포스트전후

'전쟁과 평화'는 민주=안보공간에 못지 않게 탈전후=역사공간의 보수의식을 드러내는 논제였다. 탈전후=역사공간에서 일본 지식인의 현실의식은 이중의 측면이 있었다. 하나는 태평양전쟁의 패전경험에서 성립한, 아메리카니즘에 추동된 '전후'체제에서 탈각하려는 전후의식이다. 다른 하나는 세기말에 세계사적 의미를 갖고 부상한 '냉전 이후'의 포스트냉전의식이다. 탈전후=역사공간에서는 두 '전후'를 반성적으로 성찰하는 의식이 중첩되어 나타났다. 탈전후의식은 '쇼와의 종언'과 '냉전의 종언'을 겪으면서 달아올랐고, 1990년 걸프전 발발을 계기로 재연된 전쟁과 평화

---

206 『保守の遺言 ―JAP.COM衰滅の状況』(東京 : 平凡社, 2018), 259-262쪽.

에 관한 논쟁으로 확산되었다.

일본의 국제공헌(유엔평화유지군 참여)을 둘러싼 논쟁은 '평화'와 '민주주의' 쟁점을 재점화시켰다. 물론 민주=안보공간 때와 의미가 똑같지는 않았다. 그 때의 '평화'와 '민주주의'는 미일전쟁과 패전의 직접체험에서 촉발되었고 '민주주의'를 절대화하는 문맥에서 논의된 것이었다. 이와 달리 탈전후=역사공간에서 '평화'와 '민주주의' 쟁점은 경제대국화=고도 대중사회화의 자기경험과 걸프전의 간접체험에서 촉발된 것이었다. 냉전 종결과 걸프전 발발이 초래한 질서변동의 위기적 상황은 냉전체제에서 일상화되고 습성화되어 무디어진 전쟁과 평화의 감각을 일깨웠다. '전후 평화주의'와 '전후 민주주의'를 다시 생각하게끔 만들었다. 걸프전은 전후 일본의 평화주의와 전쟁에 관한 사상 논쟁을 불러일으켰다.

평화와 민주주의 쟁점은 전후체제의 양태와 결부된 것이었다. 안보투쟁 이후 보수지식인들이 '전후'를 극복하기 위해 민주=안보공간의 전후 평화주의와 전후민주주의를 상대화했듯이, 탈전후=역사공간의 보수지식인들도 '냉전 이후'에 '전후'를 극복하기 위해 전후체제를 지배한 이념이었던 평화주의와 민주주의를 전면적으로 비판하였다. 니시베 스스무는 "이 전쟁"(걸프전쟁)을 가지고 "저 전쟁"(대동아전쟁)을 생각하였다. 걸프전을 둘러싸고 재연된 전쟁과 평화의 문제와, '전후'를 극복하는 과제와, 정면으로 마주하였다. '냉전 이후'에 "정신병동으로서의 전후"를 극복하는 사상과제와 대면하였다.[207]

니시베는 걸프전을 "사상문제"로 보았다. 걸프전은 일본 전후체제의 모순을 일거에 드러낸 사건이었다. 이 모순을 읽어내는 방식이 사상문제였다. 니시베는 걸프전을 둘러싼 국내의 반응과 논의에서 고도 대중사회와

---

207 『戦争論』第1部 "戦争·国家·人間".

평화주의의 사상문제를 읽어냈다. 탈냉전 상황에서 불거진 새로운 형태의 전쟁과 평화를 고도 대중사회론의 관점으로 파악하였다. 니시베는 걸프전의 사상문제로서 경제대국, 근대화의 목표를 달성한 이후 일본사회를 엄습한 "목표상실, 목적상실, 가치상실의 자기불안"이 초래한 현상을 해명하는 과제와 대면하였다. 상실감과 자기불안이 "미국에 대한 과잉적응, 근대에의 순수적응"의 결과 생겨난 것으로 판단했을 때, 탈전후적 사상과제는 '아메리카'와 '근대'에 대한 비판일 수밖에 없었다.

　냉전과 걸프전은 일본이 직접 수행한 전쟁이 아니었다. 때문에 탈냉전기 진보론자의 평화주의는 전쟁의 직접체험과 강렬한 전쟁부정 의식에서 나온 민주=안보공간의 평화주의보다 리얼리티가 약했고 공허할 수밖에 없었다. 니시베는 경제=성장공간의 최절정기였던 1980년대에 일본 지식사회를 강타한 포스트모더니즘에 유보적이었다. 포스트모더니즘은 "목표상실, 목적상실, 가치상실의 자기불안"의 표현이라 보았다. 탈냉전기 일본인의 자기불안과 일본사회의 불안은 전쟁 자체에서 나온 것이 아니라 고도 대중사회화된 일본의 전후체제가 냉전과 걸프전에 제대로 대응하지 못한 때문이라 생각하였다. 니시베의 전쟁론은 "인간의 삶의 방식과 국가의 존재방식이 특히 **전쟁이라는 위기에 임했을 때** 어떠한 물음에 직면하고, 어떠한 해결을 요구하는지를 다루는" 것이었다. 전쟁론은 인간론이었다.[208]

'문명의 전쟁', '야만의 전쟁'

　니시베는 걸프전을 지켜보면서 전쟁과 평화에 관한 견해를 드러냈다. 규칙의 준수라는 관점에서 전쟁과 평화의 문제를 생각하였다. 진보지식

---

208 『戦争論』文庫本(2002), 「文庫本まえがき」, 7쪽.

인들은 미국이 원유공급망을 차지하고자 일으킨 전쟁이라면서 절대평화주의의 관점에서 걸프전을 반대하였다. 니시베는 생각이 달랐다. '규칙에 의거하는 문명'과 '감정의 지배를 받는 비문명'의 틀을 가지고 걸프전을 들여다봤다. 걸프전은 미국 주도의 연합군이 유엔 결의라는 국제적 규칙에 따라 이라크의 "문명파괴"(쿠웨이트 침공)에 강력력을 행사한, 규칙rule과 강제력force의 소재를 확실히 보여준 "문명의 전쟁"이라 생각하였다. 국제사회에 규칙과 강제력이 작동한다는 것을 보여준, 세계사의 수준을 한 단계 끌어올린 "문명의 성숙"이자 "진보의 징표"로 보았다.[209]

걸프전은 문명화된 국제사회를 생각하는 기회를 제공하였다. 진보주의자들이 '평화'를 가치로 삼아 전쟁을 생각한 것과 달리, 니시베는 '전쟁'을 가치로 삼아 평화를 생각하였다. 절대평화는 전쟁의 절대부정에서만 성립하며, 절대평화주의는 모든 전쟁을 부정하는 이념이다. 니시베는 전쟁이 불가피한 것이라 보았고, 불가피한 것이라면 전쟁을 통해 얻을 가치에 주목해야 한다고 생각하였다. 전쟁은 가치라는 삶의 목적을 추구하는 육체를 파괴하기 위해 사람의 가치관을 교란시키지만, 동시에 가치판단의 중요성을 깨닫게 해준다는 것이다. 니시베는 전쟁을 규칙과 강제력의 양면에서 포착함으로써 평화의 전망을 얻고자 했다. "감정적인" 절대평화주의로 상상된 세계가 아니라 규칙과 강제력으로 전쟁을 규율하는 국제사회의 평화를 생각하였다. 전쟁은 규칙과 강제력을 갖춘 문명을 지탱하는 장치, "진보를 위한 절호의 찬스"였다.[210]

니시베가 생각한 규칙은 "절대평화라는 공상이나 허망"에 현실성(리얼리티)을 부여하는 매개물이다. 다양한 종류의 모순, 갈등, 배반을 동반하

---

209 『戦争論』, 43-48쪽, 83-84쪽.
210 『戦争論』, 84쪽.

는 인간생활과 인간관계에 "평형의 지렛목"으로서 역사적 형성물이다.[211] 성악性惡에서 자유롭지 못한 인간이 승인하는 "금지의 체계"다.[212] 인간 악과 국가악을 규제하는 장치이다. 국제규칙은 국익의 확보와 국제사회의 안정을 보장하는 장치이다. 국제사회에서 진보는 패권과 분쟁이 국제규칙에 의해 제한되어 국제사회가 안정되는 것을 뜻한다.[213] 니시베는 전쟁을 수행하는 동안에도 신뢰 있는 국제조직의 규칙이 중요하다고 생각했다. 걸프전을 지탱하는 유엔결의라는 국제합의는 규칙의 발전을 통해 문명의 진보를 보여준 사례였다. 하지만 동시에, 걸프전 참전을 정당화한 유엔결의가 미국의 에고이즘에서 비롯된 권력정치의 산물임을 잊지 않았다.[214] 니시베는 이러한 관점에서 걸프전에서 규칙주의자로서 행동한 미국을 긍정적으로 평가하였다. 유엔의 결의를 받아냄으로써 아버지 부시는 적어도 규칙을 따르는 척은 했다는 것이다. 국제사회에는 선전포고, 비전투원 살상금지, 포로학대 금지 등 전쟁의 규칙, 즉 국제법이 승인되어 있었다고 판단하였다.

그런데 2001년에 발생한 9·11테러 때는 달랐다. 미국의 에고이즘과 문명으로서의 국제규칙은 차질을 보였다. 알카에다가 9·11테러를 일으키고 미국이 아프간에 군사적 행동을 단행했을 때, 규칙과 강제력에 입각한 '문명의 전쟁'이라는 관점은 통용될 수 없었다. 니시베는 9·11테러에서 "전쟁의 테러리즘화"와 "테러리즘의 전쟁화"라는 새로운 전쟁의 양상을 보았다. 알카에다와 아들 부시 모두 전쟁의 규칙을 무시하고 선전포고도 하지 않고 포로 학대도 서슴지 않으며 비전투원을 죽이는 "전쟁의 테러

---

211 『成熟』とは何か』, 59쪽.
212 『戰爭論』, 40-41쪽.
213 『戰爭論』, 83-84쪽.
214 『戰爭論』, 70-71쪽.

리즘화"와, 테러리스트들이 공공연히게 자신의 행위임을 밝히는 "테러리즘의 전쟁화"가 동시에 진행되는 새로운 양상을 목도하였다.[215]

니시베는 아들 부시가 수행한 "새로운 전쟁"을 "야만"으로 규정하였다. 걸프전 때 아버지 부시는 중동의 석유권을 지키기 위해 형식상이나마 유엔이 정한 규칙에 따라 "문명"의 틀에서 전쟁을 수행했지만, 아들 부시는 유엔(제51조 자위권)을 악용하여 자위 전쟁을 명분으로 내걸고 아프간을 침공하는 "야만"을 저질렀다고 보았다. 알카에다 테러는 "규칙의 지배"를 따르지 않은 "야만"이지만, 미국의 아프간 침공도 도덕에는 부합했어도 법률을 따르지 않은 "야만"의 행위라고 판단하였다.[216] 니시베는 세계무역센터 붕괴에서 화폐경제와 글로벌리즘과 자유주의 시장경제의 가치관이 집약된 바벨탑의 붕괴를 보았다. "문명의 타락"을 보았다. 9·11테러를 글로벌리즘이 초래한 "정신의 평판화와 단락화", 미국의 "오만과 불손"에 대한 공격으로 규정하였다.[217] 전쟁을 규칙과 강제력으로 제어하는 것이 문명이라는 관점은 견지되어 있었다. 이러한 관점에서 강제력을 행사하여 국제사회의 문명 규칙을 파괴하는 미국의 야만성을 추궁했던 것이다.

전쟁과 문화공동체

전쟁은 필요악이었다. 니시베는 전쟁을 예찬하지는 않았지만, 필요악인 전쟁에 대비하는 마음가짐을 가져야 한다고 생각했다. 인간은 사적 차원이건 공적 차원이건 싸워야 하는 국면이 있고, 싸우게 되면 종교에 기초한 성전holy war관념이나, 이데올로기나 가치관에 입각한 정전just war관

西部邁·小林よしのり, 『反米という作法』(東京: 小学館, 2002), 34-36쪽.
216 『戦争論』文庫本(2002), 「文庫本まえがき」, 6쪽.
217 西部邁·小林よしのり, 『反米という作法』, 90쪽.

넘이 자연히 생겨난다고 보았다. 인간은 올바른 전쟁을 수행한다는 믿음과 정당한 전쟁을 위해 목숨을 바친다는 마음가짐이 늘 있기 때문에 '전쟁은 악'이라든가 '강한 악과 약한 악이 있을 뿐'이라는 식으로 쉽게 말할수는 없다고 했다.[218] 국제사회의 정의와 질서를 파악하는 국제사회관과도 연관되는 견해다. 니시베는 정의를 유엔결의에 기초한 규칙(국제법)에서 찾았고, 규칙의 안정적 운용을 뜻하는 질서는 강대국 미국의 강제력에의해 보증된다고 생각하였다. 니시베는 권력투쟁의 국제 무질서를 상정하는 홉스적 국제사회관보다 관행과 규범(규칙)에 의거한 규범적 합리성을 중시하는 그로티우스적 국제사회관과 친화적이었다.[219]

'새로운 전쟁'에 일본은 어떻게 대응해야 할까. 국제사회는 전쟁을 규칙과 강제력으로 규율하는 문명사회여야 하며, 일본은 국제사회의 야만성(전쟁)에 대응할 수 있는 국가여야만 했다. 니시베는 네이션의 불가결성과 전쟁의 불가피성을 강조하면서 전쟁에 대비하는 공동체를 상정하였다. 공통의 문화에 기초한 "공동환상으로서의 네이션", "문화적 공동체로서의 네이션"을 말한다. 네이션은 "사람들이 공통의 문화에 지탱되고, 확실한 공통의 문화를 만드는 방향에서 협력할 수 있어야 한다는 공동의 이미지", 즉 "공동환상"이었다.[220] 니시베는 편협한 민족주의나 국가주의를 경계했지만, 네이션 방위를 위한 전쟁은 긍정하였다.

상이한 네이션 사이에는 상호이해뿐 아니라 상호오해가, 상호의존뿐 아니

---

218 西部邁·小林よしのり, 『反米という作法』, 49-50쪽.
219 국제사회에서 정의와 질서에 관해서는 *Hedley Bull, The Anarchical society: a study of order in world politics* (New York: Columbia University Press, 1977) 제4장을 볼 것. 동아시아 국제사회에서의 정의와 질서에 관해서는 장인성, 『동아시아 국제사회와 동아시아 상상』(서울: 서울대학교출판문화원, 2017) 제9장을 참조할 것.
220 『戦争論』, 60쪽.

라 상호반발이 있다. 따라서 네이션의 자위를 생각할 때 전쟁의 가능성을 언제나 염두에 두지 않을 수 없다. **네이션의 방위를 전쟁 이외의 형태로 이루는 것이 인간의 지혜이지만, 인간이 완전한 존재가 아닌 한 이러한 지혜에 전적인 신뢰를 보낼 수는 없다.** 가능성으로서, 그리고 특수한 상황에서의 현실성으로서, 전쟁은 인류에 불가피한 것이라 생각해야 한다. **네이션의 불가결성과 전쟁의 불가피성**을 고려해야 한다.[221]

니시베는 전쟁은 피해야 한다는 인간의 지혜를 인지하면서도, 국가방위에 관한 한 전쟁을 허용할 수밖에 없는 인간의 불완전성을 분명히 했다. 네이션의 불가결성과 전쟁의 불가피성을 긍정하였다. 니시베는 국제사회에서의 문명과 문화의 관계를 국내사회와 다르게 상정한다. 니시베는 고도 대중사회론에서는 근대문명의 수용에 긍정적으로 작용한 일본문화를 상정한 바 있다. 이제 전쟁론에서는 국제사회의 '문명'에 대응하는 일본국가의 '문화'를 말한다. 문명과 문화의 연관성에 관한 한, 국내사회(대중사회론)와 국제사회(전쟁론)를 다르게 본 셈이다. 문화공동체로서의 네이션이 서로 달라 생기는 상호오해나 상호반발이 전쟁을 초래할 수 있는 국제관계 현실을 직시한 것이다.

국가는 '공동환상으로서의 네이션'에 제도적 실체를 부여하는 규칙의 체계다. 의회, 세무서, 경찰, 재판소, 학교, 도로와 같은 제도를 통해 네이션은 국가로서 실체화한다. 규칙은 구성원들에게 공통된 삶의 방식을 표현하며, 공통된 삶의 방식은 문화로 치환될 수 있다. 그렇다면 규칙도 문화의 표현이며 규칙의 체계인 국가도 문화의 체계인 셈이다. 니시베는 "말과 문화에 따라 규칙도 다르다. 상이한 규칙에 기초한 상이한 국가의

---

[221] 『戦争論』, 62쪽.

병존은 필연적이다"라고 말한다.[222] 국가마다 '문화'가 달라 규칙(국내법)이 상이하다면 보편적 '문명'에 기초하는 국제사회에 규칙(국제법)이 어떻게 정당화될까. '공동환상으로서의 네이션'과 '규칙체계로서의 국제사회'는 차질이 생길 수밖에 없을 것이다.

평화란 무엇인가

'의태로서의 평화주의'

규칙과 강제력이 작동하는 문명사회로서 국제사회를 상정한 니시베의 발상은 진보지식인의 평화주의와 크게 동떨어진 것이었다. 니시베는 평화주의 이념을 가지고 일본의 안보를 논하는 방식에 동의하지 않았다. 젊은 날 '과격파'였을 때조차, 안보투쟁에 가담했을 때조차, 좌파 행동가들이 주창하는 '평화와 민주'라는 슬로건이 "인간의 정신을 졸리게 하고 인간의 행동을 비겁하고 나태하게 만든다"고 생각했었다. 전후평화주의를 받아들이지 못했다.[223] 영국체재 중에 '평화주의자'pacifist라는 말이 서양에서는 멸칭으로 사용된다는 사실도 알았다.[224] 니시베는 평화주의에 심리적 거리감을 느꼈다. 평화주의가 절대이념으로서 통용되는 것을 혐오하였다.

탈전후=역사공간에 들어 이러한 생각은 더 강해졌다. 걸프전이 전쟁과 평화의 문제를 유발하고, 유엔평화유지군 참여를 둘러싼 국제공헌 문제가 평화헌법 제9조 개정문제와 맞물려 일대 논쟁을 초래하는 가운데, '평

---

222 『戦争論』, 63~64쪽.
223 「戦後五十年を顧みる」, 205~206쪽.
224 「戦後五十年を顧みる」, 209쪽.

화'는 패전후 때와 마찬가지로 걸프전의 의미를 해석하고 걸프전을 둘러싼 일본외교의 방침을 지시하는 강력한 표상으로 작용하였다. 냉전체제에서 "인간의 정신을 졸리게 하고 인간의 행동을 비겁하고 나태하게 만든" 전후평화주의가 '냉전후' 상황에서 역동성을 회복하였다. 니시베는 진보지식인의 평화주의에서 "비문명"을 보았다. 최고조에 달한 "감정의 지배"를 받아 "절대평화의 염불"을 외우면서 걸프전에 대응하는 평화주의자들의 태도야말로 "비문명"이라 생각하였다.[225]

일본의 평화주의자들이 "비문명"인 까닭은 규칙와 강제력으로써 전쟁을 제어해야 한다는 생각이 약해서다. 니시베가 보기에 평화주의를 외치는 까닭은 규칙과 강제력의 의미를 과장하는 호전주의자나 국가주의자에 대항하기 위해서가 아니라 규칙과 강제력으로부터 도피하고 싶어서였다. 일본사회에 "질서의 관념"이 부활하는 걸 두려워해서였다. 평화주의는 질서관념을 두려워하는 반질서주의의 표현이었다. 반질서주의는 얼마간 반권력주의와 통한다. 평화주의자들은 걸프전을 핑계삼아 반권력주의와 관련된 "반미주의라는 의태擬態"를 연출하고 있다.[226] 니시베는 평화주의자들이 표방하는 "의태로서의 평화주의"가 "규칙 위반에 책임을 지지 않는 자유, 즉 방종으로서의 자유"에 지나지 않는다고 비판하였다.[227]

니시베는 '새로운 전쟁'에 사용된 하이인포메이션, 하이이미지, 하이테크놀로지에 매몰된 대중의 모습을 보았다. '하이'라는 말은 당장의 욕구, 의견, 행동에 봉사한다는 뜻을 함축한다. 탈냉전기 일본에서 '허망'을 드러낸 평화주의는 고도 대중사회가 초래한 현상이었다. 니시베가 보기에 '전후' 평화주의가 전후 일본인이 권리를 모색한 것이었다면, '냉전

225 『戰爭論』, 43-46쪽.
226 『戰爭論』, 47-48쪽.
227 『戰爭論』, 83-84쪽.

후' 평화주의는 일본의 고도 대중사회화로 비대해진 권리가 지속되기를 바라는 욕망에서 나온 것이었다. 평화주의는 "권리의 비대화"의 순조로운 지속만을 바라는 생각에 지나지 않았다. 권리의 비대화로 팽배해진 평화주의는 '새로운 전쟁'이 발생하는 국제사회의 리얼리티에서 더욱 멀어졌다.[228]

니시베는 걸프전으로 촉발된 탈전후=역사공간의 '냉전후 평화주의'가 태평양전쟁으로 찾아온 민주=안보공간의 '전후 평화주의'와 닮았다고 판단하였다. '전후' 평화주의는 전쟁에 대한 감정적 반발에서 나온 것이었고, 전쟁의 전흔과 상흔이 선명한 탓에 이상주의는 호소력이 있었다. 소련이 침략하지 않을 것이며 군비가 필요하지 않다는 국제정치적 판단을 전제로 한 것이었다.[229] '냉전후' 평화주의는 '전후' 평화주의에 연속된 것이었지만 고도 대중사회를 거치면서 비대화하고 탈냉전 국제질서에서 '새로운 전쟁'을 겪으면서 현실감을 상실하였다. 니시베는 전후 평화주의나 냉전후 평화주의나 패전 상황과 탈냉전 상황에 대응하는 "감정적인 반발"임을 폭로하였다.

니시베는 이라크의 쿠웨이트 침공에 대한 일본인의 반응에서 극한에 도달한 "평화주의의 허망"을 보았다. 전쟁이 발생하는 국제사회의 현실과 유리된, "극도로 순수화된" 절대평화 이념이 일본의 여론을 호도하는 상황이 마뜩찮았다. 다시 불거진 평화주의는 전후체제를 평화 속에서 살아오면서 "오랫동안 낯설어진" 전쟁에 관여해야 할 때 느끼는 "두려움의 소산"이며, 자기불안에서 스스로를 방어하기 위한 "의태"에 불과하다고 생각하였다. 전쟁에 대한 "감정적인 반발"이었다. 평화주의는 패전 공간의 이상주의적

228 『戰爭論』, 120-121쪽.
229 『戰爭論』, 30-33쪽.

평화주의로 돌아간 "퇴행regression의 병리"였다. 퇴행의 병리는 평화주의를 자기정당화의 구실로 삼는 "합리화의 병리"를 수반한다. 평화주의는 퇴행의 병리와 합리화의 병리가 중첩되어 표출된 "일본의 문화적 병리"였다. 일본인들은 평화주의에 의탁하고 여기에 대중적 명분을 부여함으로써 정신의 공허함을 채우고 심리적 안정을 얻으려 한다는 것이다.[230]

평화주의에 대한 니시베의 불신은 깊었다. 일본의 평화주의는 군사와 관련된 실무적 논의를 배제해 버린, "이치가 정해지지 않은 억지이론"(강변)과 "시야 좁은 감정론"에 치우친 이념이었다.[231] "인간정신이 기형畸型이라는, 혹은 그 정신의 발달 형편이 유형幼型이라는" 사실을 보여주는 확실한 증거였다. 전쟁이 발생하는 호전주의 시대에는 영향력이 강했지만, 태평성세에 평화를 절대가치로 삼는 평화주의는 "허망"일 뿐이다. 평화는 수단가치와 목적가치가 있는데, 평화는 "더 사는 것에 고생을 느끼지 않는 상태"를 말한다. 절대평화주의는 수단가치에 불과한 생명을 목적가치로 승격시키기에 공허할 뿐이다. 니시베는 미시마 유키오의 발언을 빌어 "생명의 존중 뿐이다. 혼은 죽어도 좋다는 건가"라고 물으면서 전후평화주의의 공허함을 비판하였다. 생명존중을 절대시하는 평화주의를 "기형의 정신"이라 비판하였다.[232]

'전쟁에 대비하는 평화'

평화는 '뭔가 좋은 상태가 있다'는 적극적인 의미가 아니라 '전쟁이 없다'는 소극적인 의미를 갖는다. 이러한 소극적 평화관에서 보았을 때, 좋은 전쟁이 있다면 평화는 나쁜 것이 된다. 전쟁 없는 상태를 유지하려면,

---

230 『戰爭論』, 30-35쪽.
231 『戰爭論』, 110쪽.
232 『戰爭論』, 104-106쪽.

국가는 최소한 일정한 규모와 내용을 가진 자위군, 동맹군, 국제군을 갖추어야 한다. 이라크의 쿠웨이트 침공에서 보듯이 군대가 약하면 '전쟁 없는 상태'(평화)에서도 침략을 당할 수 있다. 이 경우 평화는 "**부정의**不正義**의 상태**"를 의미한다. 결국 평화주의자는 "정의의 전쟁"보다는 "부정의의 평화"를 선호한다는 말이 된다. 무기를 보유하지 않고 상대의 무력발동에도 응전하지 않는다는 반전평화, 절대평화주의는 '침략을 감내한다'는 의미가 된다.[233] 니시베는 이러한 논법을 폈다. '평화'='전쟁 없는 상태'가 '부정의의 상태'='부정의의 평화'임을 논증함으로써 전쟁을 부정하는 절대평화의 부당성을 논박하고 '**전쟁에 대비하는 평화**'를 옹호하였다. '전쟁 없는 상태'라는 소극적 평화 개념을 '전쟁에 대비하는 평화'라는 적극적 평화 개념으로 전환시켰다.

니시베의 평화개념은 힘을 전제로 한다. 평화'**주의**'는 평화 자체가 좋은 것이며 평화를 외쳐야 무조건 옳다는 태도인데, 이러한 '평화'와 '평화주의'를 상투어로서 말하게 되면 진지하게 평화를 생각한다는 건 불가능하다. 니시베는 'peace'가 원래 강권과 관련된 개념임을 확인한다. 'peace'의 어원 'pax'는 'pact'(협정), 즉 "강국의 약소국 지배를 확인하는 협정"을 뜻한다. 강자의 승리를 강자와 약자 모두 인정하는 '강화'講和를 뜻한다. 강자가 약자의 저항과 반란을 진압하여 질서를 정하는 '평정'平定을 뜻한다. '로마의 평화'Pax Romana는 로마제국의 지배를 지배측과 피지배측이 서로 확인했음을 가리킨다. 그런데 'pax'는 "평정된 약소국들에게 불만이 서린 불안정한 통치상태"라는 함의도 있다. 이러한 평화 개념에서 본다면, 평화상태는 승리와 패배의 관계를 유지하는 것, 그 이상도 이하도 아니다. 서양의 일상생활에서 'pacifist'(평화주의자)는 '비겁자'를 뜻하

---

233 『戰爭論』, 108-109쪽; 『14歳からの戰爭論』(東京: ジョルダン, 2009), 25-26쪽.

며, 'pacifism'(평화주의)은 "무력을 사용하는 걸 두려워하는 비겁한 태도"를 의미한다. 니시베는 이러한 평화 개념에 비추어 일본의 '평화'를 비판한다. 강국(미국)에 평정되었는데도 불만을 갖기는커녕 오히려 환영하는 민족은 일본밖에 없다고 지적한다. 일본의 평화론은 "전쟁이 없는 상태를 창출하려면 어찌하면 좋을까", "자국도 강력한 군대를 가질 필요가 있지는 않을까", "대전쟁에 이르기 전에 소전쟁을 감행하는 편이 좋지 않을까"라는 물음에 답해야 한다고 주장한다.[234]

권력관계를 상정했을 때, 평화는 '전쟁 없는 상태'가 아니라 '전쟁에 대비하는 상태'를 의미하게 된다. 니시베는 역사상 싸움이 없으면 평화가 없었다는 사실을 강조하였다. 앵글로색슨의 평화가 그랬다. 오다 노부나가織田信長도 '천하포무'天下布武라 했다. 천하를 무력으로 다스려 평화를 이룩했다.[235] 니시베에 따르면, 미국의 '평정'에 의한 일본의 평화는 일본이 정치적, 군사적으로 미국의 "속국"이 되고 미국 민주주의에 "복속"하게 된 정신적 패배의 결과였다. 일본의 평화는 아메리카의 권력작용, 즉 "평정"="아메리카화"에 의한 실험이었다.[236] 니시베는 일본은 안보를 미국에 맡기고 경제번영만을 추구하는 "아메리카의 후위부대"이며, 자위대는 미국의 "속군"屬軍일 뿐이라 비판하였다. 심지어 "미국의 영토"(혹은 "속주")이자 "투표권 없는 자치령", 일본인은 "속국"의 "예종민족"이라 비난하기까지 했다. 일본의 평화는 대미종속 상태에서 국가의식과 독립심과 역사의식을 철저히 상실하고 생명지상주의와 물질우선주의만을 높이는 가운데 성립했다는 것이다.[237]

일방적인 대미종속 상태에서 대미 협조만이 진정한 평화일 수는 없다.

---

234 『14歳からの戦争論』, 24-25쪽; 『昔, 言葉は思想であった』, 176-178쪽.

235 西部邁·小林よりのり, 『反米という作法』, 72쪽.

236 『文明の敵·民主主義』, 223-224쪽,

니시베는 군사적 취약성이 "평화주의의 귀결"이라 예찬되고, "이치 없는 억지"와 "시야 좁은 감정론"에 기초한 평화주의가 군사적 논의를 배제시켜 버리는 언설 상황을 개탄하였다. '전쟁 없는 상태'는 평화를 보장하는 것이 아니라 "거의 누구도 견디지 못하는 열악한 상태"를 초래하며, 평화주의는 "정의의 전쟁"보다 "부정의의 평화"를 선호하는 이념에 지나지 않는다고 비판하였다. '전쟁 없는 상태'(평화)를 유지하려면 최소한 전쟁에 대비하는 국가여야 한다면서 국가방위에 필요한 자위군, 지역방위를 위한 동맹군, 세계분쟁을 규율할 국제군을 갖추어야 한다고 주장하였다.[238] "자주방위의 포기는 평화주의의 미망과 짝을 이룬다"면서 자주방위와 국제협조의 조화를 이루는 자주방위체제를 구상하였다. 단독방위의 바깥에 집단자위 제도를, 또 그 바깥에 국제경찰 기구를 두는 동심원적 자주방위체제 구상이었다. 문민통제에 의한 군사력 운용을 생각하였다. 군사국가를 지향하지는 않았다.[239]

니시베가 국제사회를 전쟁상태로 본 것은 아니다. 홉스적 이미지의 국제사회관에 유보적이었다. 니시베가 인지한 세계는 "약육강식의 정글로서의 자연상태"가 아니었다. 니시베는 홉스적 세계관이 군사력 보유를 부정하는 절대평화의 심리에서 생겨난 것이라 생각했다. 절대평화주의가 공포의 감정을 불러일으키고 국가들이 공포심으로 안전과 생존을 꾀할 때 홉스적 세계관이 성립한다는 것이다.[240] 대단히 흥미로운 의미있는 발상이다.

---

237 『無念の戦後史』, 61-73쪽; 『文明の敵·民主主義』, 224-225쪽. 사에키도 유사한 견해를 보였다. 사에키는 패전의 트라우마에서 미국은 권력의 상징이자 '정의'를 독점한 '아버지'로 여겨졌고, 미국을 통해 '불량자식' 일본은 교정되었다고 말한다. '미국적인 것'에 종속되었다고 말한다. 전면적으로 아메리카화되었다는 것이 아니라 사물을 판단하고 평가하고 의미지울 때 '미국적인 것'을 기준으로 삼는다는 말이다(佐伯啓思, 『自由と民主主義をもうやめる』, 東京: 幻冬舎, 2008, 147-149쪽).

238 『戦争論』, 108-110쪽.

239 『無念の戦後史』, 80-82쪽.

국제사회는 약하지만 **소사이어티(사교의 장소)**이고 소키에타스(동료)가 교섭하는 장이다. 즉, 경제에서의 거래, 문화에서의 교류, 정치에서의 외교의 모든 것에, 극단적인 경우에는 전쟁에서의 절충에서조차, 어느 정도의 **관행**(에 내장된 덕율 혹은 불문법)과 **사법**(으로서 추진되는 법률 혹은 성문법)이 작용한다. 이러한 은혜를 받고 있기에 우리의 국가가 존속한다. 그런데 군사를 논하는 단계가 되면 공포심에 사로잡혀 '절대권력에의 전권위양'을 말하는 건 왜일까. '평화, 평화라 외치면 평화가 찾아온다'고 생각하는 **울트라 이상주의**를 배반하는 것, 곧 '미국의 핵무기에 매달리면 평화가 유지된다'고 보는 **울트라 현실주의** 탓이 아닐까.[241]

니시베는 원래 유럽 국제관계의 전통에서 대립되는 칸트적인 "울트라 이상주의"와 홉스적인 "울트라 현실주의"를 모순되지 않고 상호 연관된 것으로 파악하였다. 이상주의적인 칸트적 국제사회관과 현실주의적인 홉스적 국제사회관이 '밀교'의 공모관계를 보이는 일본적 상황의 특수성을 포착한 것이다. 니시베는 규칙과 강제력으로 전쟁을 규율하는 것이 '문명'이라 했는데, 이 대목에서도 전시에도 관행과 사법이 작용하는 국제사회를 상정하였음을 알 수 있다. "소사이어티(사교의 장소)"로서의 국제사회는 그로티우스적 이미지로서 상상되고 있다. 니시베는 국제사회를 칸트적 이미지로도 보지 않았고, 홉스적 이미지로도 보지 않았다.

니시베의 전쟁/평화관은 사회질서관과 무관하지 않다. 니시베는 사회 영역에서 경쟁을 중시하면서도 "각인의 개인주의적 행동"을 **"사회적으로 조정하는"** 규칙이 필요하다고 보았다. 자유경쟁과 '보이지 않는 손'

---

240 『無念の戦後史』, 82-83쪽.
241 『無念の戦後史』, 83쪽.

에 의한 질서는 이념형에 불과하며, 지배기업들이 독과점하는 시장의 현실을 규율하려면 규칙이 필요하다고 생각하였다. 국제사회는 경쟁을 규율하는 규칙뿐 아니라 권력이 경합하는 전쟁의 가능성을 지닌 사회이다. 국제사회에서도 "규칙에 의한 관리"와 "힘에 의한 경합"이 공존하면서 갈등과 무력충돌이 발생한다. 패권경쟁은 지배와 복종을 둘러싼 경합인데, 항상 무력사용의 가능성을 내포한다. 니시베는 전쟁은 "있을 수도 있는"possible 것이 아니라 "일어날 것 같은"probable 것으로 생각해야 한다고 주장하였다.[242]

8. 니시베 보수주의와 '역사적 질서'

탈전후=역사공간의 사상과제

니시베 스스무는 1980년대 고도화된 경제=성장공간의 국면에서 대중사회론을 통해 보수적 사유를 드러냈다. 고도 경제성장이 경제대국을 결실하는 한편 근대화의 부작용을 보이기 시작한 때였다. 니시베의 보수주의론은 고도 대중사회를 비판하는 논리로서 제시되었다. 니시베 보수주의는 학문적으로는 사회과학(사회경제학) 연구에서 배태된 것이며, 현실적 차원에서는 산업제와 민주제의 과잉 발전으로 고도화된 일본의 대중사회에 대한 비판적 대응에서 성장하였다. 니시베는 1990년대 탈냉전/지구화로 촉발된 탈전후=역사공간에 들어 보수주의 대 진보주의의 대결적 관점을 분명히 하면서 일본 전후체제의 진보주의적 해석을 비판하고 보수

---

242 『14歳からの戦争論』, 42-43쪽.

적 관점에서 전후체제를 부정하는 언설투생에 나섰다. 전후체제를 구성한 제도(민주주의)와 가치(아메리카니즘, 근대주의)를 전면 부정하였고, 역사와 전통에 기초를 두면서 자유민주주의를 지향하는 공동체를 구상하였다. 과잉 근대주의의 소산인 고도 대중사회가 일본의 전후체제를 규정하는 양상을 해명하였고, 역사와 전통에 근거하여 공동체 질서를 재구축하고자 했다. 보수주의는 이러한 작업을 수행하는 이념적, 사상적 근거였다.

니시베는 후쿠다 쓰네아리나 에토 준에 비해 '싸우는 보수'로서 한층 강렬한 투쟁성을 보였다. 개인적 성향 탓이기도 하지만, 지적 공간이 바뀌었기 때문이다. 전후체제에서 진보주의가 주도하는 언설세계에서 수세적일 수밖에 없었던 보수지식인들은 탈냉전과 더불어 진보가 몰락하고 진보세계가 구축했던 전후체제의 허구가 드러나면서 '공세적 보수'로서 등장하였다. 고도로 정치한 보수주의 이론에 행동력까지 갖춘 니시베는 보수정치가와 보수우파 사이에서 탁월한 언설투쟁의 감각을 보였다. 투쟁력을 지탱한 것은 고도 대중사회에 대한 불신과 보수주의에 대한 신앙이었다.

비평은 니시베에게 삶이었고 투쟁 수단이었다. 니시베의 비평정신은 현재를 규정하는 근대성을 회의하는 정신임과 동시에, 전통/역사적 계승을 탐색하는 회고적 정신이었다. 니시베는 역사와 전통을 회복하기 위해 말을 탐구하였다. 언어의 철학적 의미를 추적한 것이 아니다. 말이 구체적 상황 속에서 어떤 의미를 가졌는지를 찾아내는 작업이었다. 니시베는 역사와 전통 속에서 말의 의미를 찾았다. "말의 공적 표현"을 전통과 역사에서 찾았다. 전통은 말로 구성된 이야기로서 전승되는 것이며, 말의 역사가 전통이라 믿었다. 언어를 해체한 뒤 확인된 전통은 실체로서의 역사가 아니다. 전통은 사람들의 감정, 이미지, 관념, 이론으로 표현되는 말의 공동적=공적 작용을 통해 실재한다고 생각하였다.

말과 현상의 분리는 근대화 현상에 대해 기존의 언어가 대응하지 못했을 때 발생한다. 니시베는 근대화로 인해 말이 기존의 의미를 상실한 것에 주목하였다. 고도 대중사회의 산업화와 민주화로 신제품, 신조직, 신어와 같은 새로운 것들이 만들어지고 유통되면서 말이 공허해졌다고 보았다. 말이 공허해진 것은 말의 전통이 상실된 것을 뜻한다. 비평은 말의 의미를 회복하는 작업이었다. 비평은 과거에서 미래로 계승되고 운반되는 역사의 연속적인 과정에 덧붙이는 인간의 삶을 표현하는 것이었다. 비평의 지적 근거는 고도 대중사회론과 보수주의 이론이었다.

비평은 회의하는 행위였다. 탈전후=역사공간에서 니시베의 투쟁적 비평은 '회의'하는 정신이자 '비판'하는 행위였다. 고도 대중사회에 대한 '회의'와 '비판'의 행위는 전통과 역사에 기초한 공동체 질서의 회복을 향했다. 이를 위해서는 아메리카니즘이 초래한 산업주의와 민주주의의 과잉을 극복해야만 했다. 전후체제의 제도와 이념을 통해 일본사회를 규정하는 아메리카니즘을 불식해야만 했다. 이러한 사상적 투쟁은 전후체제의 제도적, 이념적 규율을 넘어선 문명사적 의미를 지닌다. 니시베는 걸프전 발발로 자각된 냉전의 종결을 단지 전후체제의 종언이 아니라 문명사적 변화로서 읽었다.

보수적 회의주의와 반근대주의

니시베의 보수주의론은 영국 보수주의, 대중사회론(산업사회론+민주주의론), 일본문화론이 중첩된 것이었다. 니시베는 버크의 고전적 보수주의에 의탁하는 한편, 세기 전환기 일본의 신자유주의와 좌파 이념의 대항 이념으로서 보수주의론을 전개하였다. 니시베의 보수주의론은 근대주의 비판의 관점에서 전통에 기반을 둔 역사적 합리성을 모색한 것이었다. 일본문화론이 얼마간 개재했지만 일본문화론에 매몰되지는 않았다. 역사 속에서 합리적인 것을 찾았다. 역사적 합리성을 담지하는 것이 곧 전통이었다.

니시베 보수주의는 보수적 회의주의와 반근내주의의 성격이 강했다. 보수적 회의주의는 일본의 근대주의와 그것을 초래한 미국식 근대주의인 아메리카니즘에 대한 회의와 부정을 뜻한다. 니시베는 일본을 경제적 성공(근대화)의 결과 민주화와 산업화가 괄목할 성과를 거두면서 평등주의와 쾌락주의가 만연한 고도 대중사회로 규정하였다. 일본의 경제적 성공에서 대중적인 욕망과 행동을 드러내는 '대중'을 보았다. 민주주의 이념을 뜻하는 데모크라티즘(민주주의)과 중우정치를 뜻하는 제도로서의 데모크라시(민주제=중우정치)를 구분하면서 후자를 부정하였다. 인간의 완전가능성을 경신輕信하는 국민주권 개념을 비판하였다. "죽은 자들의 지혜"가 축적된 관습법을 토대로 사회질서를 구축하는 보수주의의 관점에서 데모크라시를 비판하였다.

니시베는 고도 대중사회를 지배하는 대중민주주의(데모크라시)가 인간의 완전가능성을 경신하는 진보주의의 산물이라 생각하였다. 고도 대중사회 일본은 역사의 불연속을 상정하고 인간의 완전가능성을 믿는 '진보의 환각'에 취해 전통을 파괴하고 미래의 사회계획을 낙관하는 욕망에 충만해 있다면서 역사와 전통을 파괴하는 진보주의에 대항하여 '보수의 환상'을 몽상하였다. 진보주의처럼 유토피아를 꿈꾸려면 보수도 '전통의 유토피아'를 구상하는 이야기를 만들어 역사를 되살려야 한다고 했다. 진보에 대항하여 '보수의 환상', '보수의 유토피아'를 꿈꾸었을 때, 낭만주의에 비판적이었던 니시베도 얼마간 낭만적이 되지 않을 수 없었다.

'보수의 유토피아'를 실현하려면 현재의 일본사회를 지배하는 이데올로기를 벗겨내야 한다. 니시베는 진보에 대한 철저한 회의를 요구하였다. 회의적 보수주의는 근대화, 근대주의에 대한 회의이다. 근대화에 대한 회의에서 비롯된, 고도 대중사회의 이념과 제도에 대한 회의이다. 여기에는 근대적 합리성이 초래한 상대주의와 니힐리즘에 대한 경계도 포함된다.

보수적 회의주의자 니시베는 산업주의와 민주주의의 과잉을 초래한 고도 대중사회에 대한 회의를 주장하는 한편, 고도 대중사회의 과잉을 극복하기 위해 공동체적 가치를 중시하는 전통에 대한 신앙을 요구하였다. 니시베 보수주의는 회의와 신앙 사이의 평형 위에 성립하였다. 그런데 회의와 신앙 사이의 평형을 합리적 이성에 의해 보전할 수 있을까. 보수주의자는 인간의 합리적 이성을 믿지 않는 것이 아닌가. 그 평형을 주관할 어떤 존재가 필요한 것이 아닐까. 니시베는 절대자를 상정하지는 않았지만 상대주의를 극복하려면 역사와 전통이 일종의 '유사 절대자'로서 기능해야 한다고 생각하였다.

니시베 보수주의는 근대주의의 대항이념이었다. 니시베는 근대적 이성 자체를 부정하지는 않았지만, 이성에 의거한 합리적 해석, 즉 합리적 이성의 한계를 응시하였다. 불합리한 것을 배제하고 합리적 이성을 절대시하면서 과학적 계몽을 신봉하는 이성일원론을 비판하였다. 니시베의 근대주의 비판은 근대주의가 과잉된 냉전체제와 미국식 근대주의(아메리카니즘)에 규율된 일본의 전후체제를 부정하는 논리를 뒷받침한다. 니시베는 미국과 소련의 근대주의 국가들이 구축한 냉전체제에 포섭된 일본의 전후체제를 '좌파체제'로 간주하였다. 근대주의 부정은 고도 대중사회뿐 아니라 전후체제를 극복하는 논리였다. 마땅히 아메리카니즘 부정을 수반하였다. 보수주의는 이러한 부정의 논리를 뒷받침하는 이념이었다.

공동체와 '역사적 질서'

회의와 신앙 사이의 평형감각은 비록 회의는 하지만 근대를 용인한다는 의미를 함축한다. 그렇다면 니시베가 '좌파체제'와 아메리카니즘을 부정하고 근대주의를 거부하게 된 것을 어떻게 봐야 할까. 보수주의의 회의적, 비판적 기능은 타자가 일본에 부과한 근대주의에 대한 비판/부정으로서 성립한다. 이러한 타자 비판, 타자 부정이 자기의 내적 구축을 저절로 보장하진 않는다. 니시베는 자기 구축과 관련하여 개인과 사회/공동체의 양태에 관해 생각했고, 역사와 전통에 기반을 둔 '역사적 질서'를 구성하는 방향에서 길을 찾았다.

니시베는 개인의 자유와 양립하는 질서를 역사에서 형성된 자생적 질서인 '역사적 질서'에서 찾았다. 자유와 민주주의는 역사적 질서에서 양립한다고 생각했다. 자유민주주의의 핵심은 자유를 위한 질서, 곧 역사적 질서였다. 니시베는 자유와 민주주의의 토대를 역사와 전통에서 찾았다. 자유민주주의는 역사적으로 구축된 보수적 이념과 실천을 표현한 말이었다. 보수주의와 결부된 이념이었다. 니시베는 자유민주주의와, 자유민주주의에 요구되는 역사적 질서를 보전하는 보수주의만이 '전후'를 종언시킬 수 있다고 믿었다.

니시베의 공동체 지향의 보수주의는 자신의 전공이던 사회경제학에 이미 단서가 있었다. 니시베는 시장이 공동체에서 자유롭지 않다고 보았다. 시장은 원자론적 개인이 자발적으로 참여하는 교환 활동의 장이 아니라 공동체의 공동성과 공정 규범의 구속을 받는 장이었다. 개인은 시장이 만들어내는 공동성과 공정 규범의 규율을 받는 사회적 존재였다. 공정 규범은 개인적 의지의 단순한 합계나 개인에 외재하는 초월적 규범이 아니다. 개인들의 상호 의존성 속에서 공동적인 것으로 형성되는 공동체의 집단 규범과 연관된 것이었다. 니시베는 개인의 사회적 활동을 통해 공정 규준이 드러난다고 보았다.

냉전 종식, 특히 걸프전 발발은 이러한 자기구성의 논리와 심리를 촉발하는 계기였다. 니시베는 유엔을 매개로 걸프전이 수행되는 방식에서 새로운 전쟁의 양상을 보았고, 국제 영역에서 문명과 규칙(국제법)이 작동할 가능성을 보았다. 근대문명과 국제법 규칙에 의거한 국제평화를 전망하였다. 그로티우스적 국제사회관을 보였다. 전쟁 포기의 절대평화를 비판하고 전쟁에 대비하는 평화를 주장했던 다른 보수주의자들과 관점을 공유했지만, 동시에 차별화되는 견해였다. 니시베는 국제 영역에서 문명과 규칙에 의거한 국제관계를 상정한 국제사회관과 조응하여, 국내 영역에서도 개인의 삶을 보장하는 합리적 국가(피부로서의 국가)를 상정하였다. 공정과 규칙을 통해 국가악과 사회적 불평등을 규율함으로써 사회질서의 보전에 관여하는 국가(규칙 체계로서의 국가)를 구상하였다. 합리적 국가를 역사와 전통에 기초한 역사적 질서에 자리매김했다.

국가는 개인과 공동체의 양태를 조건지우지만, 그것을 구속하는 절대적 조직은 아니었다. 개인은 역사와 전통에 기초한 공동체에 연루된 숙명을 가질 뿐, 국가를 위해 죽는 숙명을 가진 존재는 아니었다. 니시베는 공동체와 국가를 구별하였다. 개인은 공동체적 삶을 살아가는 존재이며, 국가는 개인이 국민으로서 연루되는 대상이지만 절대충성의 대상은 아니었다. 니시베는 탈냉전기의 경쟁적 국제사회에서 생존을 모색하는 국가를 상정하였다. 개인은 '위기로서의 삶'을 자각하는 총체적 인격으로서 국가를 매개로 했을 때, 국가와 연루되었을 때 활력을 갖는다고 했다. 자유는 개인의 불평등을 숙명으로 받아들여 질서와의 긴장을 유지하고 활력 있는 삶을 찾는 노력이며, 공동체적 질서의 제약을 받는 것이었다. 개인의 자유는 국가의 규칙과 개체간 불평등의 숙명이 내장된 사회 질서에 구애받게 된다. 자유도 전통에서 성립하며, 자유와 양립하는 질서도 전통으로서의 역사적 질서다. 자유와 질서를 역사와 전통 속으로 회수하려면 근대주의로 분칠된 전후체제와 아메리카니즘을 부정해야 했다.

제5장

비판적 보수주의와
보수적 주체화

비판적 보수주의의 심리와 논리

회의하는 보수
명분과 실제의 사이
낭만과 리얼리티의 사이
자폐하는 보수

회의하는 보수

보수적 주체화

현대일본의 보수주의자들은 질서가 변동하는 전후와 냉전후의 불안정한 상황에서 자기 정체성을 드러냈다. 질서가 변동하면 상황(객관)과 주체(주관) 사이에 간극이 생긴다. 새로운 질서로 대체되는 과정에서 기성 규범과 가치의 적실성이 떨어지고 새로운 규범과 가치가 아직 확립되지 않았을 때 간극이 생겨난다. 이 간극을 민감하게 파악하고 이를 해소하려는 의지를 갖고 행동에 나섰을 때 주체는 탄생한다. 주체는 일상적 삶에서는 드러나지 않는다. 모순적, 갈등적 상황을 풀어내고자 하는 문제해결적 상황에서 탄생한다. 비판적 보수주의자들은 인지된 모순이나 뒤틀림을 해소하려는 욕망과 보수적 비평=비판의 언설 행위를 통해 주체화하였다. 주체화는 주체를 규율하는 타자를 의식하면서 타자의 규율에 대항하여 스스로를 재구축하는 행위이다. 중심의 지배에 대한 종속상태, 특정 체제에서 주류 세력에 의해 관습화된 무의식, 개체의 무자각을 뜻하는 안일을 깨뜨리는 행위이다. 주체화는 주체를 규율하는 세계와 타자의 규율을 감지해내는 예민한 감각과 비판적 사유를, 때로 투쟁적 행동을 요구한다.

후쿠다 쓰네아리, 에토 준, 니시베 스스무는 각각 현대일본의 민주=안보공간, 경제=성장공간, 탈전후=역사공간에서 예민하게 위기적 상황을 읽어냈고 각 문맥을 구성하는 의제와 각 공간이 내장한 모순을 예리하게 비평한 보수주의자였다. 비판적 보수주의는 전후체제에서 배양된 사상공간의 각 문맥에 내장된 위기를 감지해내고 모순을 파악하는 힘이었다. 민주주의, 평화헌법, 미일동맹이 조합해낸 전후체제는 현대일본의 보수주의의 의제를 규정하는 제도였다. 혁신정치가와 보수정치가, 진보지식인과 보수지식인의 의식을 틀지우는 제도였다. 후쿠다는 민주=안보공간에서 민주주의를 공유하면서 진보지식인의 자유주의를 비판했지만 개인의 자유와 개인주의를 옹호하였다. 에토는 경제=성장공간에서 근대화가 초래한 전통과 역사의 상실을 강하게 느꼈지만 경제적 성공과 일본국가의 부상에 부응하는 현실감각을 보였다. 니시베는 탈전후=역사공간에서 전후체제의 아메리카니즘에 매몰된 (대중)민주주의를 비판하면서 자유민주주의를 옹호하였다. 세 보수주의자는 각 사상공간에서 반진보주의적 성향을 공유하면서도 각자의 고유한 보수성을 드러냈다. 전후체제를 보는 관점이 조금씩 달랐기 때문이다. 각자의 체험과 성향과 관심이 달랐고, 각자가 체험한 전후체제의 모습이 똑같지 않아서였다.

민주=안보공간, 경제=성장공간, 탈전후=역사공간은 순차적이면서 중첩적으로 이행하였다. 단계적인 이행이 아니라 누적되는 형태였다. 패전부터 안보투쟁 때까지 민주=안보공간이 전개되었고, 안보투쟁 이후에는 경제=성장공간이 덧붙여졌다. 탈냉전기에 들어서는 누적된 두 공간 위에 또 하나의 탈전후=역사공간이 부가되었다. 현대일본의 사상공간은 문제해결을 통해 다음 사상공간으로 이행한 것이 아니라 새로운 문제영역이 추가되는 형태로 전개되었다. 누적된 의제들은 사상공간을 거치면서 변형되었다. 민주=안보공간에서는 '민주'와 '평화'가 핵심의제였다. 경제=

성장공간에서는 '경제'와 '상실'의 의제가 압도했지만, '평화'와 '민주'의 의제가 소멸되었던 건 아니다. 탈전후=역사공간에서는 '탈전후'와 '반근대'의 의제가 부상했지만 '경제'와 '상실'의 의제도 변형된 형태로 살아남았다. '민주'와 '평화'의 의제도 되살아났다. 사상공간의 중첩적 전개는 전후체제(평화헌법, 민주주의, 미일동맹)가 존속한 데 기인한다. 전후체제가 지속되고 전쟁의 기억을 담은 '전후'가 해소되지 않는 한, '민주'와 '평화'의 의제는 살아남을 수밖에 없었을뿐더러 다른 두 의제의 작용에 간섭하였다. 전후체제는 민주주의, 평화헌법, 미일동맹에 연루된 아메리카니즘의 작용을 온존시켰다. 전통이 근대를 간섭하면서 '살아있는 폐허'(에토 준)로 작용했듯이, 이전의 사상공간은 이후의 사상공간을 규율하는 '살아있는 공간'으로 작동하였다.

각 사상공간의 의제와 마주한 비판적 보수주의자들의 비평은 일상적 경계의 위기적 상황을 초래하는 임계를 인식하는 것이었다. 일상감각을 뛰어넘어 일상의 테두리를 넘어선 세계를 인식하는 것임과 동시에, 저 너머의 세계를 알고 이 세계의 모순과 한계를 아는 것이었다. 진보주의는 저 너머의 세계를 보지만 이 세계의 경계를 깨뜨리는 것의 지난함을 보지 못한다. 이 지난함을 아는 것이 보수주의이며, 지난함을 초래하는 특정 구조의 모순적 상황을 깨뜨리고자 하는 부단한 의식이 보수적 비판의 행위였다. 비판적 보수주의자들은 보수주의의 보편적 준칙을 상정하면서도 현실의 모순 자체에서 문제 해결의 가능성을 찾는다. 여기서 개별성은 현실의 모순을 해소하는 방법론적 기반을 구성한다. 이들은 경험의 축적으로서의 역사적인 것 혹은 전통의 현재적 규율을 생각한다. 역사와 전통을 현재를 규율하는 소여물로 생각한다. 진보주의자들은 역사는 현재의 부정을 성찰하는 근거이고 전통은 현재를 구속하는 불의이므로 일거에 해소해야 한다고 믿는다. 보편성과 완전성은 현실의 불의를 해소하는 절대 준거로서 상정된다. 보수주의자에게 모순은 역사적 축적물이며, 진보주의자에게 불의는 논리적 구성물이다.

현대일본의 보수적 비평은 전후체제의 각 사상공간을 규율한 진보이념에 대항하는 주체적 비판의 행위였다. 비평은 주체적 행위였다. 체제에 압도당한 인간은 비주체적이다. 그 체제의 작용에 대해 회의하고 체제의 모순을 문제삼는 인간은 주체적이다. 보수주의자의 비판의식 혹은 비판행위는 상실한 것을 되찾거나 진보에 대항하여 익숙한 것을 보수하는 것이고, 나아가 국가/공동체의 생존과 번영에 관한 비전을 담은 보수적 가치를 창출하는 것이다. 보수적 주체들은 진보주의와의 대결을 통해 전후체제의 진보주의적 구성을 해소하거나 완화하고자 한다. 진보적 비평이 정치철학적 원리에 의탁하는 것과 달리, 보수적 비평은 역사철학적 관점이 강하다.

현대일본의 보수지식인들은 아메리카니즘과 이것에 규율되는 전후체제의 모순을 추궁하면서 주체화하였다. 비판적 보수주의자들은 냉전체제에 작용하는 권력이나 지식이 일본사회를 규율하는 양태를 눈여겨보고 그 규율을 만들어내는 '의사 절대자'로서 기능한 거대권력(아메리카, 아메리카니즘)의 작용을 꿰뚫어보았다. 아메리카니즘은 개인의 주체화(자유)를 촉발함과 동시에 개인의 정신을 마비시키는 양가적 요소였다. 비판적 보수주의자들은 아메리카니즘에 의해 내면화된 미국을 타자화하거나 미국과 대결함으로써 주체화하였다. 미국이 일본의 생존(안보)을 보장하는 한, 보수적 주체화는 미국을 받아들이면서 타자화하는 심리가 요구되었다. 미국이나 아메리카니즘에 대해 어떠한 자세를 취하느냐에 따라 주체화 양상은 조금씩 달랐다.

보수적 주체는 사상적 고투가 없으면 보수우파나 극우에 빠지기 쉽다. 사상적 고투는 보수의 수세적 입장을 자각하고 수세적 상태를 벗어나려는 의지의 표현이다. 후쿠다 쓰네아리는 근대주의를 수용하고 진정한 근대를 추구함으로써 수세적 보수의 자의식에 빠지지 않았다. 에토 준은 아메리카니즘의 구속을 폭로함으로써 정치적, 경제적 상실로부터의 탈각을 꾀했지만 수세적 상태를 벗어나지는 못했다. 상실을 벗어나는 길을 '국가'와 '천황'에서 찾았다. 니시베 스스무는 희석된 진보주의에 알코올 중독처럼 침윤된 보수의 수세적 상황을 자각하였다. 진보주의의 중독을 해독하기 위해 진정한 보수주의의 구축을 모색하였다. 전통파괴의 인습을 보수하는 '가짜 보수'를 부정하면서 좋은 전통을 보수하고 인습을 거스르는 '진정한 보수'를 표방하였다. 근대주의와 아메리카니즘으로 포장된 전후체제를 부정하는 공세적 보수로 나섰다.

세 사상공간을 거치면서 비판적 보수주의자들이 '근대'와 마주하는 방식은 바뀌었다. 민주=안보공간의 후쿠다는 진보주의자를 비판했지만 '근대'를 공유하는 지점이 있었다. 경제=성장공간의 에토 준은 전후일본의 '근대'(아메리카니즘)를 일본사회의 내면으로부터 무너뜨리고자 했다. 탈전후=역사공간의 니시베 스스무는 전후일본의 '근대'(근대주의)를 총체적으로 부정하기에 이르렀다. 보수주의 이념으로 '근대'를 초극하고자 했다.

개별화하는 보수

보수적 심정은 급격한 변화에 대한 우려와 사라지는 것들에 대한 애착의 표현이다. 변화에 대한 분개와 상실되는 것에 대한 회한이 교착하는 감정이다. 보수적 심정은 새로운 것에 유보적이며 그것을 받아들이는데 적극적이지 않지만, 새로운 걸 배제하지는 않는다. 역사와 전통에서 성립한 상식과 평형감각에 의거하여 새 것을 받아들이면서 점진적인 변화를 기대한다. 현대일본의 비판적 보수주의자들은 버크나 영국의 보수주의처럼 보수의 일상감각을 공유한다. 후쿠다 쓰네아리와 에토 준은 보수주

의가 '이즘'이 아니라 '감각'이라면서 영국 보수주의와의 친밀성을 드러
냈다. 하지만 보수의 일상감각에만 머무르지 않았다. 사회나 공동체 수준
에서 질서의 모순을 포착하고 이를 공론화하는 정신을 보였다.

현대일본의 비판적 보수주의자들에게 버크 보수주의는 국체론과 차별
화하고 극우이념과 구별해주는 척도였다. 진보주의에 대항하여 자기존
재를 증명하고 자기를 방어하는 의탁처였다. 경험과 상식, 역사와 전통은
보편적 보수주의를 상정하는 준거였다. 하지만 버크 보수주의의 보편성
이 일본에서 그대로 통용되었던 건 아니다. 근대일본에서 버크 보수주의
는 상식과 경험의 보수감각과 무관하였다. 버크 보수주의는 메이지 관료
들에게는 프랑스(루소)의 급진적 자유주의에 대항하는 이념으로 받아들
여졌다. 쇼와 초기 국체론자들에게는 황통의 연속성과 권위를 옹호하는
수단이었다. 근대일본의 보수주의는 메이지 시대의 '자유'와 '개진', 다이
쇼 시대의 '자유'와 '데모크라시', 쇼와 파시즘체제의 '혁신' 등 각 시대의
진보정신이나 혁신정신에 대응하였다. 버크 보수주의에서 일상의 보수
감각, 보수의 심정을 읽어내는 시각은 약했다.

보수주의를 일상의 보수감각으로 보는 관점은 전후에 성립하였다. 후
쿠다 쓰네아리, 에토 준, 니시베 스스무는 버크와 영국 보수주의에 구현
된 보수정신을 받아들였다. 특히 후쿠다와 니시베는 영국 보수주의와 친
화적이었다. '로렌스 전문가'이자 '셰익스피어 번역자'였던 후쿠다 쓰네
아리는 영국문학을 매개로 영국 경험주의를 체득하였고 유럽사상사를
통해 근대정신을 받아들였다. '보수주의 이론가' 니시베 스스무는 영국에
체류하는 동안 영국문화에 안정을 주는 "보수적인 정신의 조각들"을 보
았고, 영국 보수주의를 체험하면서 '보수주의적 전회'conservative turn를 결
단하였다. 보수주의의 이론적 근거를 영국 보수주의에서 찾았다. 고도 대
중사회의 절정에서 현란한 산업과 민주의 환각에서 벗어나 문명의 품위

틀 되찾으려면, 영국의 경험론과 보수적 정신을 배워 개인의 삶과 사회제도에 점진적으로 혈육화해야 한다고 생각하였다.

다만 보수사상의 원점으로 얘기하지만, 일본 보수주의자들이 버크 보수주의와 얼마나 친화적이었는지는 의문이다. 일본적 개별성을 예민하게 파악하는 시선과 비판적으로 추궁하는 정신을 보여주었을 때, 보편성과는 간극을 보일 수밖에 없었다. 니시베가 지적했듯이, 일본의 지식인들은 영국 보수주의와 정면으로 대결한 적이 없었다. 영국 경험주의의 변형인 미국 실용주의와 마주했을 뿐이다. 아메리카니즘에 규정된 전후체제에서 영국 보수주의는 참조준거였을 뿐이다. 일본의 보수주의는 버크와의 시간적 거리, 영국과의 공간적 거리로 인해 장소적 특질=개별성을 갖지 않을 수 없었다. 전후체제에서 배태된 체험과 전후체제가 배양한 모순적 상황은 일본 보수주의의 개별성을 규정하였다.

보수주의는 자국의 역사와 전통을 중시하는 한, 개별성과 장소성을 드러내지 않을 수 없다. 영국 보수주의는 프랑스의 이념적, 혁명적 위협에 대항하여 영국 헌정체제의 질서와 가치를 보수하고자 한 이념이었다. 일본의 보수주의는 서세동점의 대외위기에서, 혹은 패전에 따른 주권상실의 상황에서 주권보전과 생존을 위해 근대문명과 근대사상을 수용하는 과정에서 성립하였다. 근대문명을 받아들이되 기존 것을 보수해야 하고 새 것과 기존 것의 조화를 생각해야만 했다. 근대적 국가와 사회의 형성을 위해 자유주의와 대결하는 동시에 네이션의 보전, 즉 내셔널리즘을 위한 개체의 자율성과 독립성을 확보하기 위해 자유주의를 수용해야만 했다. 근대수용(개혁/자유주의)과 국가생존(보수/보수주의)을 병행해야만 했다. 일본 보수주의의 개별성은 이러한 숙명에서 비롯된다.

후쿠다, 에토, 니시베는 각 사상공간이 배태한 일본적 개별성과 마주하였다. 일본적 개별성에 매몰되지는 않았다. 보수주의의 보편 원리에 비추어 개별성을 포착하였다. 이러한 관점이 있었기에 비판정신이 가능했다. 후쿠다는 진보주의를 비판했지만 근대문명과 근대적 가치를 공유할 수 있었다. 에토는 천황을 심정적으로 내면화했지만 보수의 보편감각이 있었기에 우익의 천황주의로 빠지지는 않았다. 비판적 보수주의자들의 리얼리즘은 개별성의 절대화를 억제하는 기능을 수행하였다. 그렇지만 민주=안보공간, 경제=성장공간, 탈전후=역사공간을 거치는 동안 현대일본의 비판적 보수주의는 전쟁체험, 패전체험에서 점차 멀어지면서 체험보다 이론에 의탁하는 양상을 보였다. 보수주의의 개별화 경향이 두드러졌다. 니시베의 보수주의 이론화 작업은 일본적 개별성=자기모순에 대한 강렬한 자각을 보여준다. 니시베의 근대주의 부정, 아메리카니즘 부정은 전후체제에서 영위된 비판적 보수주의의 최종적 귀결이 아니었을까.

회의의 정신

보수적 비판정신의 핵심은 회의주의 혹은 회의정신skepticism이다. 회의주의는 전통을 시효, 편견, 상속의 개념으로 파악하고 상식, 체험에 기초한 보수의 감각을 중시하는 버크의 보수철학에서는 도출되기 어렵다. 시효, 편견, 상속 개념에 주목해서 버크 보수주의를 파악하는 보수우파에게서 회의정신을 찾아보기는 어렵다. 회의정신은 현대 보수주의의 특질이다. 퀸턴이 영국 보수주의의 특질을 전통주의, 유기체주의와 더불어 회의주의에서 찾았던 건 우연이 아니다(제1장). 현대 보수주의는 진보주의(급진적 자유주의, 사회주의)에 대한 비판을 사상과제로 삼았던 근대 보수주의의 '부정의 정신'에 덧붙여 '회의의 정신'을 갖추어야 했다. 현대국가가 자유주의와 사회주의적 요소를 받아들여 자유민주주의와 복지국가로 변모하면서 젖어든 '근대'나 '근대주의'에 대해 회의하는 것이야말로 현대 보수주의의 사상과제였다.

'회의'는 현재의 모순을 읽어내는 비판정신의 방법론이었다. 회의정신은 비판적 보수주의자들이 전통주의와 유기체주의와도 친화적이면서도 우익보수와 차별화하는 근거였다. 현대일본을 규율하는 전후체제의 모순을 추궁하는 행위와 '근대'/'근대주의'를 회의하는 정신은 상관된 것이었다. 후쿠다 쓰네아리가 세익스피어에 열중했던 까닭은 일본의 근대화와 그 결과인 일본 근대문학에 회의를 품어서였다. 근대문학에 대한 의문을 추궁했을 때 서구 근대문학과 대면하지 않을 수 없었다. 후쿠다는 일본 근대작가들이 서양 근대문학의 걸작이 근대에 대한 회의에서 탄생했다는 사실을 간과한 채 서구문학을 동경하고 모방해왔다고 비판하였다. 후쿠다의 경우 회의한다는 것은 주체적 체험을 요구하는 행위였다. "선인의 의심을 곧장 자신의 마음에 옮겨심을 수는 없다. 나는 내 나름대로 생각하고 자신의 길을 자신의 다리로 걸어보고, 늦게나마 바야흐로 같은 지점에 도달하였다"라고 했다.[1] 후쿠다 쓰네아리는 정치적 이념에 늘 회의적이었다. 인간의 이기심과 정면으로 부딪치는 것을 회피하면서 안이하게 자기를 초월한 이념을 외치는 자들을 좌우를 불문하고 비판하였다.[2]

니시베 스스무의 경우도 회의정신은 보수주의론의 핵심이었다. 회의정신은 인간이 불완전한 존재라는 인식과 전통을 찾으려는 정신에서 성립한 것이었다. 회의정신은 근대주의의 열광을, 관습에 대한 무조건적 신앙을 제어하는 정신작용이었다. 민주제와 산업제에 대한 과도한 신앙과 가벼운 믿음을 부정하는 정신이었다. 니시베는 '근대화'에 대한 유럽의 회의정신을 매개로 현대일본의 '근대화'를 철저하게 회의한 결과 아메리카

---

1 福田恆存, 「後書」, 『評論集』 7(東京 : 新潮社, 1966), 378쪽.
2 浜崎洋介, 『福田恆存 思想の〈かたち〉』(東京 : 新曜社, 2011), 316-317쪽.

니즘에 물든 현대일본의 통속적인 '근대주의'를 총체적으로 부정하는 데 이르렀다.

후쿠다와 니시베의 회의정신은 현대영국의 보수주의자 마이클 오크 숏Michael Oakeshott의 회의정신을 떠올리게 한다.[3] 오크숏은 신앙/독트린 으로서의 "보수주의"conservatism와 기질/태도로서의 "보수적인 것"to be conservative을 구별하였고, 후자를 옹호하였다. 오크숏은 보수주의를 철학 적 논의(자연법, 신의 섭리, 사회유기체론)나 보편적 이념(소유권, 인간본성)으로 파악 하는 방식을 혐오하였다. 현재적 상황과 특정한 행위의 조건에서 보수적 기질이 어떠한 지적 이해를 보이는지를 따졌다. 보수는 체제상의 선택지 가 아니라 정치의 관점을 규정하는 것을, 과거의 우상화가 아니라 현재의 인간관계가 제공하는 것을 즐기는 기질이라 했다. '보수적인 것'은 잃어 버린 아름다운 과거에의 동경에 이끌린 일체의 형이상학적 노스탤지어 로부터의 결별이었다.[4]

> 정치에서 보수적 기질을 지적으로 이해하게 해주는 것은 자연법이나 섭리
> 에 근거한 질서와는 무관하다. 도덕이나 종교와도 무관하다. 그것은…**현행**
> **의 생활양식을 보지하는 것이다. 즉 그 신념은 통치는 어떤 특수하고 한정된 활동,**

---

3 니시베는 서구의 보수주의자를 논하면서 오크숏 보수주의를 소개한 바 있다(西部邁, 「会話に 励む保守―マイケル・オークショット」, 『思想の英雄たち―保守の源流をたずねて』, 東京: 文藝春秋, 1996). 오크숏의 회의주의에 영향을 받았을 것이다.

4 Michael Oakeshott, "On being conservative"(1956), London Methuen *Rationalism in politics and other essays* (Indianapolis: Liberty Fund, 1962), pp.168-182; 中金聡, 『オーク ショットの政治哲学』(東京: 早稲田大学出版部, 1995), 141쪽. 오크숏의 보수철학에 관해서는 나카가네 사토시(中金聡)의 저작을 참고하였다. 오크숏의 정치철학에 관한 연구로는 김비환, 『오크숏의 철학과 정치사상』(파주: 한길사, 2014); 김비환, 「마이클 오크숏(M. Oakeshott)의 정치 사상―정치철학의 개념과 정치적 합리주의 비판을 중심으로」, 『정치사상연구』 12:1(한국정 치사상학회, 2006).

즉 행위의 일반적 규칙을 제공하고 보호하는 활동이며, 또 이 규칙은 실질적인 활동을 강제하는 계획으로서가 아니라 **사람들이 자신이 선택한 활동을 좌절을 최소한에 머무르게 하면서 수행 가능하게 하는 도구**로서, 그러므로 보수적인 것이 상응하는 무엇으로서 이해된다는 것이다.[5]

오크숏은 변화를 싫어하는 인간본성의 보수성에 집착하지 않았다. 인간 질서의 배경에 우주론적인 기초를 두지도 않았다. 현실정치의 차원에서 현재적 일상의 기질적 보수를 중시하였고 정치적 합리주의를 비판하였다. 정치적 주체들의 "신앙의 정치"the politics of faith(합리주의)와 "회의의 정치"the politics of scepticism(회의주의) 사이에서 "중용'을 모색하였다.[6] '보수적인 것'에 대한 관심은 전후의 탈집합주의적 상황에 부응한 것이었다. 오크숏은 근대정치의 영역에서 진보적, 합리적 인간에 회한을 느낀 회의주의자였다. 오크숏의 회의주의는 흄의 회의주의와 리버럴리즘에 친화적인 것이었고, 흄에 대한 관심은 홉스에 대한 공감과도 결부된 것이었다.[7]

후쿠다와 니시베의 비판적 보수주의는 근대주의(합리주의)에 대응해야 했고, 혁신파나 보수파 정치가들이 보였던 '신앙의 정치'를 거부했던 문제의식이 통했기에 오크숏 보수주의와 친화적이었을 것이다. 비판적 보수주의자들은 '신앙의 정치'(합리주의)를 거부하였다. 이들이 중시한 '평형감각'은 신앙과 회의 사이에서 '중용'을 모색한 오크숏의 리얼리즘과 통한다. 오크숏은 복지국가형 국가의 간섭을 허용한 영국 보수당의 노선을

---

5 Oakeshott, "On being conservative"(1956), pp.183-184; 中金聡, 『オークショットの政治哲学』, 112-113쪽.

6 Michael Oakeshott, *The Politics of Faith and the Politics of Scepticism* (New Have: Yale University Press, 1996). 마이클 오크숏, 박동천 옮김, 『신념과 의심의 정치학』(전주: 모티브북, 2015).

7 中金聡, 『オークショットの政治哲学』, 144쪽.

비판하고 제한정부를 주장했는데, 니시베도 자민당 보수정권의 신자유주의적 행정개혁(국가간섭)을 비판하고 제한정부를 옹호하였다. 서구의 지식인들이 근대화를 옹호하면서도 근대화를 회의하는 정신 잃지 않았음에 주목하였다. 이러한 회의정신을 결여한 아메리카니즘(민주제 신앙, 산업제 신앙)이라는 신앙체계를 부정하였다. 니시베의 회의정신은 합리주의적, 근대주의적 신앙을 거부하는 것이었다.

회의는 절대주의에 대한 맹신을 견제하고 허무주의로의 추락을 경계하는 정신이다. 주체에 부과되는 구조적 규율과 이에 대응하는 주체의 양태를 의심하는 정신작용이다. 회의는 논리적 합리성과 경험적 합리성 사이의 괴리를 인식하는 능력으로서 미래의 논리적 구성보다는 과거의 체험에 의거한 성찰/통찰에서 나온다. 비판적 보수주의자들은 역사적(경험적) 합리성에 의거하여 이성적(논리적) 합리성의 비현실성을 회의한다. 고정된 이념에 따라 행동하는 보수우익과 달리, 자신이 살아가는 사회와 국가의 양태를 회의한다. 임계선을 의식하면서 구조의 모순을 회의했을 때 비판정신이 작동한다. 상식과 평형감각이 설정하는 임계선을 넘어 절대주의를 신앙하고 허무주의로 질주할 때 '열광'이 작동한다.

'열광'enthusiasm은 보수주의자들이 삼가는 감정이다. 보수주의자들은 '열광'이 합리적 이성을 믿고 인간의 완전성을 추구하는 진보주의자의 악덕이라 믿는다. 오크숏은 정의를 실현하고자 행동하는 진보의 합리주의 정치에서 정의의 실현을 바라는 '열광'을 보았고 그것이 초래할 '환멸'을 읽었다.

> 하나의 이상을 과도하게 추구하면 종종 다른 이상을, 그것도 아마 다른 모든 이상을 배제하게 된다. **정의를 실현하고자 하는 열광** 속에 우리는 자비심을 잊는다. **올바름을 향한 열정**은 많은 사람들을 가혹하고 무자비하게 만들었

다. 실제로 어떤 이상도 그것을 추구하면 반드시 **환멸**로 이끌게 된다. 이 길을 가는 모든 사람을 최후에 기다리고 있는 건 **회한의 생각**이다.[8]

정의를 실현하려는 진보주의자들의 열광이나 열정이 환멸을 낳고, 궁극적으로 회한의 감정을 초래한다는 오크숏의 통찰에서 진보지식인의 목적지향적 '열광'이나 '진보주의적 기분'을 추궁한 후쿠다 쓰네아리를 떠올릴 수 있다. 후쿠다는 일상적 보수를 뛰어넘어 합리적(논리적) 목적에 매진했을 때 열광이 작용하는 걸 보았다. 일상의 감각을 중시하는 보수주의자는 열광을 삼가야 했다. 회의정신은 신념(신앙)에서 나오는 열광과 그것이 초래할 환멸과 회한을 극복하는 방법적 사고였다. 회의정신은 자유주의적 열정과 현실주의적 냉정을 겸비하는 의식일 터다.

그런데 비판적 보수주의자들이 '열광'에서 자유로울 수 있을까. 진보주의에 대항하는 '부정의 정신'이 임계점에 다다랐을 때, 보수의 상식과 평형감각이 온전히 작동할까. 투쟁하는 정신은 열광의 파토스를 동반하는 것이 아닐까. 니시베 스스무는 고도 대중사회를 지배하는 "희석된 진보주의"에 대항하여 "보수의 환상"(유토피아)을 꿈꾸었고 '싸우는 보수'의 열광을 드러냈다. 진보주의자와 같은 열광을 드러냈다. 수세적 보수에서 공세적 보수로 나섰을 때, 전후체제와 아메리카니즘을 총체적으로 거부하는 절대부정의 정신에 도달했을 때, '열광'에서 자유롭지 못했다.

---

8 Oakeshott, "The Tower of Babel"(1948), *Rationalism in politics and other essays*, p.69; 中金聡, 『オークショットの政治哲学』, 114쪽.

명분과 실제의 사이

상대주의를 넘어

비판적 보수주의자들은 절대와 상대의 관계를 설정함으로써 주체화를 모색하였다. 회의주의는 상대주의를 초래할 수도 있다. 절대적인 것을 상정하지 않고 개별자의 삶과 개별적 체험만을 중시할 경우 허무주의나 상실감에 빠질 수도 있다. 허무주의나 상실감을 극복하려면 전체적holistic, 보편적 관점이 필요하다. 상대적 세계를 제어하려면 의탁처가 필요하다. 절대적 세계를 상정할 수도 있고, 사회유기체주의, 공동체주의를 내세워 상대적 세계를 제어할 수도 있다. 절대적인 것, 공적인 것에 의탁한다는 것은 전체적 관점을 갖는다는 말과 통한다. 비판적 보수주의자들도 개별적 삶을 유기체적 공동체의 전체적 삶과 연관시켜 파악하였다. 일본적인 것(일본적 가치와 제도)을 절대화하지는 않았다. 리버럴 보수와 달리 비판적 보수주의자의 회의정신과 비판정신은 역동적이었다. 이원론적 세계를 응시하는 시선이 있었기 때문이다.

상대주의는 이원론적 세계관에서 비롯된다. 흔히 일본인은 이원론적 사고가 약하다고 한다. 정신분석학자 도이 다케오土居健郎에 따르면, 일본인에게는 기독교처럼 영혼과 육체를 분리해 보는 이원론적 관점이 없다. 주관과 객관, 주체와 객체라는 주객 분열의 의식이 약하다. 겉表(오모테)과 속裏(우라)의 표리의식이 만들어내는 모호함을 자명한 것으로 생각하는 경향이 있다. 일본인의 법의식도 마찬가지인데, 법률의 적용은 명분(겉)의 문제이고 실제(속) 세계에서는 자유롭게 행동하는 것이 일본인의 삶의 방식이다.[9] 비판적 보수주의자들은 일본인의 일원론적 사고법에 비판적이

---

9 日本文化会議編, 『日本人にとって法とは何か』(東京: 研究社, 1974), 195-196쪽.

었다. 후쿠다와 니시베, 젊은날의 에토는 일본인의 정신세계에서 이원론
적 모순을 자각하였다. 이원론적 관점의 부재는 근대와 전통의 모호한 공
존에서 비롯된다면서 모호한 공존을 인정하지 않았다.

'부정의 정신'은 모호함을 배제하는 이원론적 세계를 전제한다. '근대'
를 이원론적 관점에서 보는 관점에서 배태된다. 비판적 보수주의자들은
현재의 일본을 규정하는, 평화헌법과 민주주의가 가져다준 새로운 '근대'
와 마주하였다. '근대'와 대면하기 위해서는 상대주의의 이원론적 세계와
대결해야 했다. 이들은 근대(상대주의)를 제어할 유력한 근거로 역사와 전
통을 동원하였다. 상대주의적 세계를 극복하는 방법론은 조금씩 달랐다.

민주=안보공간의 후쿠다 쓰네아리는 진보적 평화와 민주주의 이념에
비판적이었지만, 평화와 민주주의의 상대론적 이해의 관점에서 '근대'를
긍정하였다. 기독교 절대자를 가진 유럽의 근대에 비정하면서 상대주의
적 세계를 극복하기 위한 장치로서 이상인간상을 상정했고 절대자를 설
정하였다. '근대'와 개인주의를 받아들이되 우주론적 관점에서 절대자를
상정함으로써 회의와 허무주의로 빠지는 걸 막고자 했다. 절대적인 것은
지상세계의 상대주의와 모순을 자각하는 방법론적 장치였다. 경제=성장
공간의 에토 준은 '근대'를 부정하지 않았지만 패전과 근대화에 따른 '상
실'을 벗어나기 위해 역사와 전통으로 회귀하였다. 전후일본의 사회와 의
식을 규율하는 '근대'(아메리카니즘)의 규율을 해제하고자 했고, 천황을 국가
의 중심에 놓고 상대적 세계를 극복하고자 했다. 탈전후=역사공간의 니시
베 스스무도 과잉 근대화(산업화와 민주화)에 대한 회의를 통해 상대주의적 세
계를 제어할 장치로서 역사와 전통을 담지한 문화공동체를 상정하였다.

상대주의적 관점에서 현상을 파악하는 이원론적 세계관에서 비판정신
의 다이내미즘이 생겨난다. 이원론적 대립과 모순 관계에서, 이 대립과
모순을 극복하려는 의지에서 활력이 배태된다. 후쿠다와 니시베는 이원

론적 상대적 세계의 현실을 무시한 채 논리적 합리성을 목표지향적인 일원론을 가지고 현실을 넘어서려는 진보주의자의 방식을 부정하였다. 상대주의의 관점을 취하면서 현상을 이원론적으로 파악하였다. 그렇지만 이원적 대립과 모순의 현실을 직시하는 데 그치지 않았다. 이원적 대립과 모순의 현실을 넘어서고자 했다.

허구를 넘어

전후체제하에서 일상화된 말(논리, 언어세계)과 체험(실제, 생활세계) 사이의, 명분과 실제 사이의 어긋남 혹은 비틀림은 보수주의자들의 비판정신과 주체화를 촉발하는 요인이었다. 비판적 보수주의자들은 냉전체제의 외적 규율과 일본사회의 내적 작용이 교착하는 전후제제를 표상하는 말과 개념이 실제(리얼리티)와 어긋난다고 보았다. 전후체제의 일본사회는 "언어의 환상적인 비대화"(니시베 스스무)가 현실을 규정하는 허구의 세계였다. 아메리카니즘과 평화헌법이 만들어낸 '민주주의'와 '평화'는 픽션이었다. 후쿠다는 전쟁공포증에 사로잡혀 흥분과 자기도취의 감정으로 일상생활과 분리된 채 평화주의를 내세우는 진보주의자의 평화론에서 말과 체험의 괴리를 보았다. 말과 체험이 분리된 비주체적 상황을 목도하였다.

말과 체험의 괴리에서 비롯되는 비주체적 상황을 극복하려면 말(개념세계)에 맞추어 현실(실제세계)을 재구성하거나 현실에 맞게 말을 변경해야 한다. 비판적 보수주의자들은 체험과 상식을 복구해야 한다고 믿었다. 후쿠다는 체험의 개별성과 구체성을 회복함으로써 민주주의와 평화주의 이념으로 비대화된, 말의 환상에 들뜬 "진보주의적 기분"을 깨고자 했다. 민주=안보공간은 그나마 체험(전쟁체험, 패전체험)의 기억이 뚜렷했기에 체험을 상기시키는 화법이 통했다. 젊은 날의 에토 준은 "인간의 주체적 행위와 객관적 현실 사이의 변증법적 교섭"을 통해 말과 실제의 간극을 메우려는 의지를 불태웠다. 에토의 발언(285쪽)을 다시 들어다보자.

> 말은 객관적인 실체가 아니다. 하지만 그것은 아프리오한 것이 아니고, 완
> 전히 육화(肉化)된 주관적인 것도 아니다…말은 주체적인 기호인지만 그 기
> 호는 모종의 객관성을 지닌다. 그것을 결정하는 건 하나의 민족, 하나의 사
> 회적 집단이 형성하는 '사회적 현실'이다. 우리의 말은 주체적인 행위이지
> 만 그 행위는 절로 사회적 현실의 제약을 받는다…행동은 개개의 구체적
> 인 '사회적 현실'의 제약 속에 있다. 일본인인 우리 한사람 한사람의 주체
> 적인 행동과 일본의 '사회적 현실'의 관계도 마찬가지다. 말하자면 말은 인
> 간의 주체적 행위와 객관적 현실 사이의 변증법적 교섭 속에서 생겨난다.
> 뒤집어 말하면 '사회적 현실'의 변혁에 의해 우리 일본인의 지각의 형(패턴)
> 이나 행동의 특성도 상호작용적으로 바꿀 수 있다.[10]

젊은 날의 열정이 느껴지는 언설이다. 에토는 민주=안보공간의 끝자락
에서 사회적 현실의 제약을 받는 말을 상정함으로써 "인간의 주체적 행
위와 객관적 현실 사이의 변증법적 교섭" 속에서 말의 주체성을 확보해
야 한다고 했다. 이러했던 에토는 경제=성장공간을 통과하는 동안 문학
자나 지식인의 현실의식에서 말과 체험의 괴리를 강하게 느꼈다. 실제와
의 괴리를 조장하는, 아메리카니즘과 평화헌법에 구속되는 언어의 실태
를 추궁하는 작업에 나섰다.

생활태도나 삶의 방식으로서의 보수적 사유를 넘어 진보이념이 만들어
낸 허구의 세계에 대항하여 현상(現狀)을 바꾸고자 할 때 보수주의자는 행
동한다. 진보적 민주주의와 평화주의를 허용한 평화헌법의 허구성을 추

---

10 江藤淳, 『作家は行動する』(東京: 角川書店, 1969)[초판 1959], 14-15쪽.

궁하는 것은 유력한 보수적 행동이었다. 비판적 보수주의자에게 평화헌법은 권력관계에서 생겨난 허구였다. 후쿠다는 헌법=픽션에 적응하고 이것을 유지하는 노력이 인격을 형성하고, 픽션의 붕괴를 막으려는 개별 인격의 노력이 픽션을 견고하게 하지만, 이 픽션(헌법)에 무리한 적응을 강요할 때 인격이 붕괴하고 정신이 퇴폐한다고 했다.[11] 에토에게 헌법은 제정 당시의 역학 관계가 화석화한 것이며 실무를 다루는 세속적인 법전에 지나지 않았다. "법률은 항상 만들어지는 것이며, 성립한 법률은 과거 정치의 화석이고 과거 정치의 흔적일 뿐이다"라고 했다.[12] 니시베에게 일본국 헌법은 애매성의 표현이었다. 경제적 번영과 정치적 안정이 지속되면서 유포된 사상의 "애매주의"obscurantism가 언어장애와 같은, 말과 정신의 쇠약을 초래한다면서 사상과 말의 애매성을 벗어나기 위해서는 말의 사용을 명확히 하는 헌법개정을 논의해야 한다고 했다. 니시베는 "속류 민주주의"와 "중우정치"에서 벗어나기 위한 '사회혁명'으로서 헌법개정 사안을 제시하였다.[13] 헌법개정은 허구의 세계를 깨고 주체를 확립하는 데 요구되는 것이었다.

허구를 깨는 보수적 투쟁의 길은 체험에서 이론으로 옮겨갔다. 후쿠다 쓰네아리는 말과 체험 사이의 괴리를 감내하였다. 개별적 체험을 내세우고 진보지식인들이 만들어낸 '진보주의적 기분'에 대응하였고, 상식으로써 말과 실제 사이의 거리를 좁히고자 했다. 진보주의가 만들어낸 허구의 세계에서 "도착의 감각"을 갖게 된 니시베 스스무는 '진보의 유토피아'에

---

11 福田恆存, 「防衛論の進め方についての疑問」, 『福田恆存全集』 7(東京: 文藝春秋, 1988), 536-537쪽.

12 江藤淳, 「'平和憲法'は新興宗教か」, 『日本よ, 何処へ行くのか』(東京: 文藝春秋, 1991), 133-136쪽.

13 『白昼への意志』(東京: 中央公論社, 1991), 184-187쪽; 西部邁, 『私の憲法論 — 日本国憲法改正試案』(東京: 徳間書店, 1991).

제5장 비판적 보수주의와 보수적 주체화

대항하여 "보수의 유토피아"를 꿈꾸었다. "보수혁명"을 꿈꾸었다.[14] "보수의 유토피아", "보수혁명"을 꿈꾸었을 때, 개별적 체험보다 전체적 기분에 추동되었고, 상식과 체험은 이론 속으로 회수될 수밖에 없었다. 전후체제='허구적 세계'의 총체적 부정에 나섰을 때 현대일본의 보수주의는 이념화하지 않을 수 없었다. 말이 체험과 분리되고 명분이 실제와 동떨어진 '허구의 세계', '거짓의 세계'를 해소하는 길을 전후체제의 총체적 부정에서 찾았다. 보수의 이념화를 지양했던 오크숏와 후쿠다의 보수적 감각에서 멀어졌다.

숙명을 넘어

'숙명'은 일본의 보수주의자들이 근대 이래 자기-타자의 이원론적 관계에서 짊어진 부채였다. 메이지 주체들이 근대를 받아들여 개진하면서 일본적인 것을 보수해야 하는 '근대의 숙명'을 경험했다면, 현대일본의 주체들은 현대일본을 규율하는 제도와 이념으로서 전후체제의 구속을 받으면서 주체적으로 자기를 재구축해야 하는 '전후체제의 숙명'을 짊어졌다. 숙명은 근대일본으로부터 물려받은 것(시간)인 동시에 전후체제의 모순에서 비롯된 것(공간)이었다. 숙명은 전통과 근대 사이의 괴리에, 자기와 타자 사이의 모순에 매어있는 것을 뜻한다. 숙명은 메이지 이래 근대를 수용하면서 생존을 위한 개혁을 모색하는 상황에서 주어진 것이고, 전후체제를 규정한 타자(아메리카)와 진보주의에 의해 부과된 것이었다. 메이지 주체들이 '근대적인 것의 숙명'을 겪었다면, 현대일본의 주체들은 '근대주의의 숙명'을 체험하였다. 비판적 보수주의자들은 이러한 숙명을 자각하였다. 숙명의 자각은 보수적 주체화의 표현이었다.

---

14 西部邁, 『白昼への意志』, 93-121쪽.

비판적 보수주의자는 이러한 숙명을 전통과 역사에 구속받을 수밖에 없는 시간적 피구속성과, 개인의 삶을 공동체나 국가에 귀속시키는 공간적 피구속성으로 전환시키고자 했다. 외래의 근대/근대주의와 격투하면서 전통/전통주의에 부응해야만 했다. '평형감각'은 전통과 근대 사이에, 아메리카와 일본 사이에 구조화된 숙명을 극복하는 심리작용이었다. 평형감각은 정적인 물리적 평형도, 중립의 평형도 아니다. 상대적 세계에서 대립적 가치들 사이에서 평형을 되찾으려는 운동성을 지니면서 어느 한쪽으로의 질주(일원화)를 제어하는 긴장감을 내장한 심리작용이다. 후쿠다는 단지 균형의 보전이 아니라 평형이 무너지는 위기적 임계점을 찾아내는 평형감각을 생각하였다. 평형감각은 개인의 심리적 균형을 보전하려는 물리적, 생리적인 운동기능이자 사회에 대해 개인의 정신적 균형을 지탱하는 의식이었다. 절대 속의 상대를 살아가는 개인의 실존의식이었다. 니시베는 평형감각을 확충하였다. 자율적 주체와 타율적 복속체 사이에서 균형을 모색하는 개인과 더불어, 대중사회에 대한 회의와 공동체에 대한 신앙 사이의 평형, 과학과 종교 사이의 평형, 이성과 감성 사이의 평형, 이론과 신화 사이의 평형을 생각하였다.

이원론적 모순에 놓인 숙명을 자각하면서 평형감각을 보전하려는 역동성에서도 활력은 생겨난다. 후쿠다와 니시베는 이상인간상이건 '보수의 환상'이건 이상적 상태를 상정하면서 그것과의 평형을 찾는 운동에서 활력을 찾았다. 기우뚱한 균형을 바로잡는 새로운 평형을 얻으려는 운동에서 활력은 생겨난다. 후쿠다는 개인주의와 상대주의가 초래할 상대적 세계를 제어하기 위해 절대관념과 '성숙된 개인주의'를 내세웠다. 니시베는 공동체에 회수되는 개인의 숙명을 생각하였고, 평형감각의 준거를 '전통의 지혜'에서 찾았다. 개체간 불평등의 숙명이 내장된 사회질서와 국가의 규칙에 의해 규율되는 개인의 자유를 상정하였다.

비판적 보수주의자들은 세 사상공간을 거치는 동안 숙명을 넘어서고자 했다. 탈전후=역사공간의 보수주의자들은 서구적 근대를 부정하면서 일본의 역사와 전통과 공동체/국가로의 회귀를 꾀한다. 전중기 교토학파의 '근대의 초극'론이 재현되는 모양새다. 전후에 후쿠다 쓰네아리가 '근대의 숙명'을 말했던 것과 대비된다. 후쿠다의 경우 '근대'는 일본인이 그 속에서 실존해야 하는 숙명 같은 것이었다. 초극할 '근대'도 '중세'도 없는, 절대자를 갖지 못한, 그리고 신과 분리되어 순수한 개인도 없고 특수성밖에 없는 '근대의 숙명'에 얽혀있는 일본적 상황에서 '근대의 확립'이 선행되어야 했다.[15] 니시베는 전통과 근대 사이, 자기와 타자 사이에 구조화된 일본의 숙명을 뒤집기 위한 투쟁에 나섰다. **감내하는 주체에서 투쟁하는 주체로** 변모하였다. **전후적 사고에서 탈전후적 사고로** 이행한 것과 조응한다. 개인은 '전통의 숙명', '공동체의 숙명'을 짊어지는 존재였다. 숙명은 전통의 도덕에 기초한 공동체에 대한 사랑과 헌신에 의해 개인적 생활이 공동체적 생활에 귀속되는 것을 뜻했다. 니시베는 내부로부터의 투쟁이 아니라 외부와의 격투를 통해 '근대'를 초월하고자 했다.

낭만과 리얼리티의 사이

전통과 현재의식

현대일본의 비판적 보수주의자들은 '근대'와 연루된 에고이즘(후쿠다 쓰네아리), 상실감(에토 준), 니힐리즘(니시베 스스무)을 극복하는 방법을 '전통'에서 찾았다. 전통은 근대주의자의 생각처럼 부정해야 할 것이 아니었고, 전통

---

15 福田恆存, 「近代の宿命」(1947), 『福田恆存全集』 2(東京: 文藝春秋, 1987), 466-467쪽.

주의자(우파)의 말처럼 근대를 규율하는 절대가치도 아니었다. 전통은 근대의 부작용을 극복하는 방법이었다. 비판적 보수주의자들은 끊임없이 역사, 전통, 문화라는 시간적 축적물이 갖는 의미를 환기시켰다. 전후체제라는 공간의 모순을 해결할 근거를 역사적 시간 속에서 찾았다. 일본의 이념적 간극을 극복할 공통의 양해체계 혹은 공통의 규범을 역사와 전통에서 찾았다. **개체와 전체 사이의 괴리를 해소하는 공간적 주체화(공간적 자각)가 자유주의 정신을 자극했다면, 과거를 매개로 현재와 과거 사이의 간극을 없애는 시간적 주체화(시간적 자각)는 보수주의 정신을 촉발하였다.**

전통은 근대와의 대비에서 인식되었다. 후쿠다 쓰네아리는 유럽의 근대를 받아들이면서 메이지 시대의 근대 수용에 주목하였다. 개인의 자율성을 보장하는 근대주의를 긍정하였다. 에토 준도 역사와 전통을 모색했지만 '근대'를 부정한 건 아니다. 메이지 국가에서 '근대국가'의 이상형을 찾았고, 메이지 정치지도자와 문학자에게서 근대적 애국심을 보았다. 전통이 근대에 살아남아 근대에 간섭하는 모습에 주목하였다. '근대'가 초래할 허무주의를 제어할 길을 전통에서 찾았고, 전통의 핵심에 천황을 두었다. 니시베 스스무도 메이지 근대에서 일본적 근대의 원형을 보았다. 회의정신을 갖춘 유럽의 근대에 호의적인 반면, 산업주의와 민주주의의 과잉을 초래한 미국식 근대주의(아메리카니즘)를 부정하였다. 니시베는 규칙에 의해 운용되는 국가와 국제사회를 상정하면서 근대적 합리성을 드러낸 반면, 아메리카니즘으로 치장된 근대주의를 철저히 부정하였다. 역사와 전통은 근대주의 부정의 근거였다.

비판적 보수주의자들에게 '근대'는 시간적인 것이 아니라 공간적인 것이었다. 후쿠다와 니시베는 고대일본의 자연미나 도쿠가와 문화를 전통의 자산으로 보지 않았다. '전후적 근대'=전후체제를 살면서 메이지국가, 메이지 정치인, 메이지 정신을 떠올렸다. 역사적 시간을 메이지 이후로 한정한 것이다. 메이지 근대를 전통으로 상정하였다. 근대일본에서 전통이 '메이지의 근대'를 매개로 생성되거나 재발견되었듯이, 현대일본에서 전통은 '전후의 근대'를 매개로 상정되었다. 전통은 근대와 대립되는 개념이 아니라 근대를 매개로 상상되었다. 전통은 현대일본의 근대를 규정하기 위해 동원된 것이다.

역사와 전통을 사고와 행동의 준거로 삼는 비판적 보수주의자의 주체화는 과거로 회귀하여 과거를 절대화하는 심리에서 나온 것이 아니다. 비판적 보수주의자들은 과거를 절대화하지 않았다. 역사적 시간을 끌어들이지만, 보수적 삶과 사유의 발판은 현재이다. 각자 마주한 사상공간 속에서 자각된 현재의 모순을 추궁하고 그 해결을 모색하면서 과거를 끌어들였다. 과거와의 연속성을 모색하고 문화공동체의 역사적 기억을 되살리는 것은 현재의 삶을 살기 위해서다. 초월적 혹은 절대적 의탁처를 설정하는 것은 현재와 마주하는 주체의식의 표현이다. 회의하는 정신과 비판하는 행위는 현재와의 투쟁이며 현재의식의 표출이다.

비판적 보수주의자들이 과거를 중시하는 까닭은 현재가 과거로부터 성립하기 때문이다. 진보주의자의 경우 보편적 정의의 실현을 위해 현재는 미래를 향해 해소된다. 현재는 정의로운 미래를 위해 극복되어야 한다. 과거는 현재에 담겨지고 현재는 미래에 담겨진다. 역사와 전통은 무시되거나 미래를 위해 서술될 뿐이다. 반면, 비판적 보수주의자들은 과거(역사)를 현재처럼 인식한다. 과거의 특정 국면을 현재적 공간처럼 인식한다. 메이지 시대가 의미 있는 건 메이지 역사가 현재를 규정해서가 아니다. 국제화, 세계화와 마주했던 메이지 주체의 공간적 대응방식이 현재적 의미를 갖기 때문이다. 미래는 과거에 연속하는 현재의 결과로서 도래할 따름이다. 후쿠다는 현재의 삶의 방식은 역사와 습관 속에 있고, 과거와 절연된 현재는 미래와도 절연된다고 믿었다. '문화의 지속을 중시했지만 문화를 일본의 역사적 시간으로 회귀시키지 않았다. 역사는 현재를 비춰보는 유리거울이라 했다. 니시베는 현재를 살아가는 인간은 과거의 사람에게도 책임을 져야 한다고 했다. 전통의 예지를 삶의 거처로 삼았다. 민주주의를 전통에 정초하면서 조상에게도 투표권을 부여하는, 전통의 예지를 가진 "죽은 자의 민주주의"를 상정하였다.[16] 현재의 인간은 과거의 인간의 연속선상에서 존재하기 때문이다. 고대일본의 문화로 회귀하는 회고적 보수주의의 면모를 보였던 에토 준의 시간의식과 대비된다.

낭만주의, 내셔널리즘, 리얼리즘

보수주의자들(리버럴 보수)이 상대주의나 허무주의를 극복하고자 할 때, 특정의 것에 의탁하여 낭만화하는 경향이 생긴다. 일본의 역사나 전통을 신비화하고 낭만화하는 퇴행의 경향이나 낭만적으로 신격화하는 사고방식이 나타날 수 있다.[17] 비판적 보수주의자는 낭만주의와 거리를 두었다. 리얼리즘의 감각이 강했던 비판적 보수주의자들은 체험을 추상화하고 이상화하는 낭만주의자들에 동조하지 않았다. 리얼리즘의 관점에서 보면 로맨티시즘은 허상일 수밖에 없었다.

보수우파는 흔히 '아름다운 일본'이란 말로 낭만주의적 기분과 보수적 심성을 드러낸다. 가와바타 야스나리川端康成, 미시마 유키오 같은 낭만적 문학자의 미적 심정에서 '아름다운 일본'은 보수우파의 낭만주의를 표상한다.[18] '아름다운 일본'은 일본미에 대한 자부와 예찬의 심리를 간직한 말이다. 천황의 세상(기미가요)이라는 표상을 함축하기도 한다. 역사적 시

---

16 '죽은 자의 민주주의'는 체스터턴(G.K. Chesterton)의 『정통이란 무엇인가』를 빌어 논한 것이다. 西部邁, 「保守の情熱 ―Ｇ・Ｋ・チェスタトン論」, 『ニヒリズムを超えて』(東京: 日本文芸社, 1989).

17 橋川文三, 「日本保守主義の体験と思想」(1968), 『橋川文三著作集』 6(東京: 筑摩書房, 1986), 41-42쪽.

간과 현재적 공간을 이어주는 보수미학의 언어이다. 이 말은 경제적 성공(근대화)의 자신감에서, 혹은 근대화로 전통미를 잃어버렸다는 상실감에서 표출되었다. 신자유주의적 국가개혁을 정당화하는 보수정치가의 정치적 수사로 사용되기도 했다. 나카소네 야스히로는 세계에 공헌하고 국민에 봉사하는 운명공동체, 문화공동체로서 일본국가를 표방하면서 이 말을 동원했고,[19] 아베 신조도 보수정책을 정당화하는 정치적 수사로서 '아름다운 나라'를 표방하였다.[20] 역설적이게도 보수정치가들이 정치적 수사로 사용하면서 '아름다운 일본'의 미학적 의미는 크게 약해졌다.

낭만적 감성은 애국의 숙명적 죽음을 미화했을 때 극적으로 표현된다. 죽음은 비애와 더불어 숭고의 감정을 일으키는 극적인 계기이다. 죽음은 사적 체험을 넘어 국가를 위한 추상화된 공적 행위로 추상화될 때 낭만화한다. 보수주의자들은 초감성적인 전쟁체험의 기억을 불러일으키고 전사의 기억을 되살린다. 사지에 몸을 던지는 특공대의 지사적 행동은 실제(죽음)와 명분(애국) 사이의 괴리를 뛰어넘는 심정에서 나오며, 이 감성적인 비약이야말로 낭만적 행동이다. 버크는 도덕을 지탱하는 감정인 편견 없이 미덕은 있을 수 없고, 미에 대한 존숭심은 인간의 혼을 정화하고 인간의 품위와 고아함을 낳는다고 했다. 나카가와 야쓰히로中川八洋는 이러한 미의식에서 성립한 보수주의는 "시적이고 아름다운 행동하는 철학"이며, "자신의 생명을 자유를 위해 버리는 고귀한 의무의 정신이 선도하는

---

18 '아름다운 일본'은 보수적 소설가 가와바타 야스나리(川端康成)가 1968년 노벨문학상 수상 연설에서 사용하면서 일본문화의 미를 표상하는 말로 널리 유통되었다(川端康成, 『美しい日本 の私』, 東京: 講談社, 1969). 진보지식인 오에 겐자부로는 1994년 노벨문학상 수상연설 〈애매한 일본의 나〉라는 말로 가와바타의 '아름다운 일본' 표상을 비판하였다(大江健三郎, 『あいまいな 日本の私』, 東京: 岩波書店, 1995).

19 中曽根康弘, 『新しい保守の論理』(東京: 講談社, 1978), 32-34쪽, 193-194쪽.

20 安倍晋三, 『美しい国へ』(東京: 文藝春秋, 2006); 安倍晋三, 『新しい国へ―美しい国へ完全版』 (東京: 文藝春秋, 2013).

진정한 자유의 이데올로기"라 주장하였다. 윈스턴 처칠이 러시아 및 독일과, 마거릿 대처가 이라크와 전쟁을 벌인 것을 두고 "보수주의 기사도 철학의 정수"라 치켜세웠다.[21] 사적 생활과 공적 생활을 일치시키면서 공동체에 대한 구속과 의무를 강하게 느낄 때 도덕적 숭고심은 깊어진다. 개별적 체험을 공적 체험으로 승화시키는 지점에 보수의 정치미학은 성립한다.

후쿠다, 에토, 니시베는 전통과 역사를 낭만화하지 않았다. 구체적, 직접적인 체험을 신비화하지 않았다. 미의 정치적 해석, 즉 미와 권력의 결합에 유보적이었다. '아름다운 일본' 표상에 유보적이었고 이 표상의 정치화를 혐오하였다. 낭만주의는 이들의 리얼리즘 감각과 맞지 않았다. 전쟁체험과 국가체험을 몸소 겪은 후쿠다 쓰네아리는 개별적 체험을 우선하였다. 개인의 삶과 평화를 생각하는 관점에서 개별자의 죽음을 말했다. "개인이 족히 죽을 만한 것이 없으면 개인의 삶의 기쁨조차 없다"[22]면서 공동체적인 죽음보다 개별적인 죽음에 주목하였다. 후쿠다는 낭만주의적 기분을 경계하고 개별적 체험에 합리적(과학적, 현실주의적) 설명을 시도한 현실주의적 보수주의자였다. 예술의 정치 참여를 옹호한 진보문학자에 비판적이었고, 정치와 미의 결합을 손쉽게 허용한 리버럴 보수에도 우려를 나타냈다. 예술이 정치에 종속될 때 자율성을 잃는다면서 정치와 미의 분리를 주장하였다. 젊은 날의 에토 준도 미시마 유키오의 낭만적 보수주의와 거리를 두었다. 니시베 스스무는 '아름다운 나라'라는 말이 보수정치의 비보수성을 나타내는 내용 없는 정치적 수사에 지나지 않는다고 비난하였다. 진부한 미의식이 정치와 값싸게 결합되면 위험하다는 생각이

---

21 中川八洋, 『正統の憲法 バークの哲学』(東京: 中央公論新社, 2002), 247쪽.
22 福田恆存, 「個人と社會」(1955), 『福田恆存全集』 3(東京: 文藝春秋, 1987), 78쪽.

제5장 비판적 보수주의와 보수적 주체화

었나. 특공대의 공적 자살을 인정했지만, 이 사안을 보수의 정치미학으로 끌고가지는 않았다.

내셔널리즘은 낭만주의적 사고와 행동을 수반하는 경우가 많다. 내셔널리즘은 자유주의와 친화적이다. 민족/국가(네이션)의 독립과 번영을 모색하는 자유주의 정신에서 내셔널리즘이 성립하기 때문이다. 19세기 유럽에서 리버럴리즘은 내셔널리즘과 대립한 것이 아니라 공명한 것이었다. 영국에서도 보수주의는 과격한 혁명을 추구하는 급진적 자유주의에는 대항적이었지만, 원래 자유주의와 친화적이었다. 버크 보수주의는 영국 리버럴리즘의 전통과 영국의 정치현실에 부합한 것이었다.[23] 일본도 내셔널리즘 형성과정에서 리버럴리즘을 받아들여야 했다. 다만 내셔널리즘과 리버럴리즘의 상관성은 유동적이었다. 메이지 보수주의는 네이션 형성 과정에서 리버럴리즘에 비판적이었지만, 문명개화와 개방은 리버럴리즘을 동반하지 않을 수 없었다. 다이쇼 데모크라시를 거치면서 보수주의와 자유주의가 결합한 리버럴 보수는 유력한 지적 전통을 이루었다. 국체론이나 파시즘이 우세했을 때 리버럴리즘은 부정되었지만, 전후일본의 내셔널리즘은 리버럴리즘과 밀접히 연관되었다. 일본의 내셔널리즘이 강력한 외세에 대한 저항과 투쟁을 수반하는 한, 저항과 투쟁의 동인으로서의 리버럴리즘은 낭만적 사고와 행동으로 표현될 수밖에 없었다.

비판적 보수주의가 낭만적 보수주의와 구별되는 지점은 현실(리얼리티)에 대한 감각, 즉 리얼리즘이다. 보수주의는 이상주의와 결합했을 때 낭만적 보수주의로 나타나며, 현실주의와 결부되었을 때 비판적 보수주의의

---

23 다만 기독교 보수주의가 강했던 미국의 경우 보수주의는 자유주의적 가치와 친화적이지 않았다.

모습을 띤다. 비판적 보수주의자들은 진보지식인이나 리버럴 보수의 리버럴리즘을 비판했지만, 리버럴리즘 자체를 부정한 건 아니다. 급진적 자유주의나 자유지상주의를 부정했을 따름이다. 자유주의가 급진적인가 점진적인가가 문제였다. '자유주의'와 '자유'를 분간하는 힘이 리얼리즘이었다. 리얼리즘은 자유주의가 현실과 동떨어진 이념으로 치우치는 것을 견제하는 힘이었다. 보수적 비판정신을 지탱하는 힘이었다. 개인의 자유와 권리를 부정하지 않는 한, 전후체제를 규율하는 아메리카와 아메리카니즘의 구속에서 벗어나려는 한, 자유주의 정신은 유효할 수밖에 없었다.

'천황'과의 거리

'국가'와 더불어 '천황'을 어떻게 받아들이는지는 보수사상의 성격을 가늠해주는 척도이다. 천황은 보수우익의 사상과 활동에서 핵심적 가치이다. 천황은 헌법상의 제도를 넘어 일본인의 심정윤리와 일본문화, 사회질서에서 최고의 가치를 지닌 최상의 존재로 인식된다. 개인을 국가 속에서 파악하고 개인의 자유를 사회질서와의 조화 속에서 모색한 리버럴 보수에게도 천황은 문화적 상징의 핵심이자 질서의 중심이었다. 정치제도로서의 '국가'와 공동체질서의 중심으로서의 '천황'은 양립한다. 기독교 자유주의자들의 심정에서도 '국가'와 '천황'은 양립하였다.[24]

후쿠다와 니시베는 제도로서의 천황, 즉 천황제를 받아들였지만, 천황을 절대화하지는 않았다. 전통을 천황에서 찾지 않았고, 천황을 권력의 중심이나 문화공동체의 중심에 두지도 않았다. 후쿠다와 니시베의 리얼리즘은 천황주의(우익보수)뿐 아니라 낭만적 천황관(리버럴 보수)과의 거리를

---

24 기독교인 우치무라 간조(內村鑑三)는 두 개의 'J'(Japan과 Jesus)를 병존시켰고, 요시노 사쿠조(吉野作造), 야나이하라 다다오(矢內原忠雄), 난바라 시게루(南原繁) 등 크리스천 자유주의자들은 '신'과 '국가'를 양립시켰다. 종교로서의 '신'과 문화로서의 '천황'도 공존하였다.

허용하였다. 천황과의 심리적 거리를 견지했기에 비판정신과 리얼리즘이 가능했을 터이다. 혹은 리얼리즘이 있었기에 천황과의 일정한 거리가 유지되었을지 모른다. 후쿠다는 천황에 국가를 종속시키면서 문화개념으로서의 천황 개념인 '국체'를 동원하여 니힐리즘을 극복하려 했던 미시마 유키오의 천황관에 동의하지 않았다.[25]

니시베도 천황제를 긍정하였다. 천황 없는 일본을 상상하지 못했다. 하지만 천황주의자는 아니었다. 천황은 통치와 국가의 계속성을 상징하는 전통이었을 뿐, 신앙의 대상은 아니었다. 천황제는 "인간의 모순, 역설이라는 것이 한계까지 진전했을 때 만들어진 픽션, 허구"였다.[26] 미점령군이 만든 제도가 아니라 종래부터 있어온 "성과 속의 성세신marginal line상에 설정되는", "'반신반인'半神半人, 즉 '반성반속'半聖半俗의 허구, 더 정확히 말하면 '성과 속의 양의성'을 가진 관념제도"였다. 역사적으로 지속된 허구였기에 하나의 안정된 문화제도로 정착된 것이었다.[27] 천황은 국민통합이 아니라 국민의 성속聖俗의식에 기초한 국가(국민과 정부)의 상징이었다. 니시베의 천황론은 제도론이며 구조적 해석론이었다. 이러한 관점에서 니시베는 국가의 연속성을 문화적으로 담보하는 도덕적 의무로서 야스쿠니 참배의 행위를 정당화하였다.[28]

---

25 浜崎洋介, 『福田恆存 思想の〈かたち〉』(東京: 新曜社, 2011), 26-27쪽.

26 西部邁, 「天皇制について語るなら」, 『幻像の保守へ』(東京: 文藝春秋, 1985), 299쪽.

27 西部邁, 『ファシスタたらんとした者』(東京: 中央公論新社, 2017), 353-354쪽. 니시베 스스무는 자신이 구상한 일본국헌법 개정시안에서 천황의 지위에 대해 "천황은 일본국민의 전통의 상징이며, 따라서 일본시민의 통합의 상징이다. 천황은 일본국의 문화적 대표이며, 따라서 이에 상응한 문화적 의식(儀式)을 집행한다", "천황의 지위는 일본국민의 역사적 총의에 기초한 것이며, 따라서 일본시민이 그 지위와 그 권능에 대해 결정을 내릴 때는 일본의 전통으로부터 제한을 받는다"라고 규정한 바 있다(『私の憲法論』, 226-227쪽). 천황을 역사(전통)에 기초한 문화적 상징으로 파악한 것이다.

28 高澤秀次, 『評伝 西部邁』(東京: 毎日新聞出版, 2020), 102-105쪽.

에토 준은 후쿠다, 니시베와 달리 심정적으로 천황에 깊이 연루되었고, 천황에 깊은 존숭심을 품었다. 에토는 메이지시대를 살았던 자신의 선조와 유력 정치가를 매개로 '죽은 자'의 역사를 추적함으로써 상실감을 극복하고 '국가'를 찾아나섰다. 이 탐색은 사적 영역의 체험(가족사)에 깊숙이 내면화된 '국가'의 의미를 확인하는 주체화 과정이었다. '천황'은 국가의 중심이었다. 에토는 해군제독으로서 메이지 천황에 깊이 연루된 조부를 매개로 천황을 심정윤리의 중심에 놓았다. 천황은 패전과 경제=성장공간이 초래한 상실감을 지탱하는 지지대였다. 쇼와의 종언은 천황을 향한 심정을 더 깊게 만들었다. 천황을 향한 존숭의 심정이 깊어질수록 에토의 비판정신과 리얼리즘은 옅어졌다. 젊은 날 보였던 예리한 비평감각은 무디어졌다. 에토가 '죽은 자'를 기억하는 공간으로서 야스쿠니 신사를 적극 옹호한 것도 이에 조응한다.

자폐하는 보수

형해화하는 리얼리즘

비판적 보수주의자들은 민주=안보, 경제=성장, 탈전후=역사의 각 공간에서 리얼리티와 진보적 해석 사이의 간극을 추궁하는 보수적 비평을 수행하였다. 이들로 하여금 역사와 전통에 대한 숙명이나 낭만주의와의 거리를 감지하게 만든 것은 리얼리즘의 감각이다. 민주=안보공간의 후쿠다가 진보적 민주주의와 평화주의를 비판했을 때, 에토 준이 경제=성장공간에서 아메리카니즘의 일본적 양태를 비판했을 때, 탈전후=역사공간의 니시베 스스무가 탈냉전/지구화와 마주한 공동체의 위기를 감지했을 때, 리얼리즘은 보수적 비평을 지탱하는 요체였다. 리얼리즘은 일본의 국가와 사회가 국제적 계기성과 국제적 조건에 규정되는 권력적 상황의 리얼리티를 인식하는 힘이었다. 전후체제의 명분세계와 실제세계의 괴리를 인지하고 추궁하는 보수적 비평은 리얼리즘에서 가능하였다.

리얼리즘은 **리얼리티를 읽어내는 감각 내지 사고다.** 리얼리즘은 자기의 주관적 시선이 아니라 타자와의 관계에서, 체제 속에서 현상을 읽어내는 힘이다. 지배 이데올로기(진보주의)에 의해 감추어진 전후체제의 모순을 읽어내고 이를 없애려는 의지를 지닌 힘이다. 리얼리즘은 권력과 이익을 추구하는 고전적(정치적) 현실주의와 구별되며, 사실을 비주관적으로 묘사하는 문학적 리얼리즘(사실주의)과도 구별된다. 보수주의자의 비판적 리얼리즘은 일본의 특수성에 주목하는 비평을 통해, 일상의 보수감각에 머물지 않고 정치적 보수감각을 드러내는 지점에까지 확장되었다. 리얼리즘이 위기의식과 결부되어 극적으로 작용했을 때, 비판정신은 임계적이었고 극적이었다. 민주=안보, 경제=성장, 탈전후=역사의 각 사상공간은 자체에 임계점을 갖는다. 사상공간이 이행하면 임계점이 바뀐다. 리얼리즘은 각 사상공간에서 극적 정신을 투사하여 임계점을 파악한다. 새로운 사상공간에 들어 사상적 격투의 극적 정신이 약해졌을 때, 보수적 주체의 리얼리즘은 조락한다.

에토 준은 경제=성장공간을 거치는 동안 일본의 자기모순을 추궁하기보다 타자(아메리카)의 규율을 지나치게 의식하면서 리얼리즘을 상실하기 시작했다. 에토는 미군정이 부과한 '현행헌법'의 금압과 검열의 은폐가 만들어낸 언론공간의 허구를 폭로했지만, 당시 일본의 저널리즘에는 GHQ 검열보다 훨씬 질 나쁜, 질서를 어지럽히는 동료를 따돌림하는 자기 검열이 작동하고 있었다. 이미 "어떤 그리움을 가진 인품"을 갖춘 '보수적 인간(인격)'이 줄어들던 때였다.[29] 에토는 경제=성장공간에서 실무적 보수로 변모하면서 '그리움'의 보수적 심성이 소멸되고 있음을 스스로 보여주었다. 쇼와의 종언과 탈냉전은 보수의 이념화를 부추겼고 보수적 감각의 둔화를 초래하였다. 에토는 '보수반동'이라는 세평을 듣게 된다. 바로 이 시점에 보수적 감각을 이론화하는 니시베의 보수주의론이 출현하였다.

니시베 스스무는 현대일본을 관통한 비판적 보수주의의 극적인 — 어쩌면 궁극적인 — 귀결을 보여주었다. 니시베는 진보주의에 매몰린 보수에게 강요된 "도착의 심리"를 극복하고 전후체제의 인습을 타파하기 위해 "보수의 환상"을 꿈꾸면서 전후체제의 민주주의와 아메리카니즘을 전면 부정하는 투쟁에 나섰다. 그의 "언론전"은 일종의 낭만적 투쟁이었다. 부정의 정신은 리얼리티를 무시하며, 따라서 낭만적일 수밖에 없다. 총체적인 부정은 더욱 낭만적이다. 탈전후=역사공간의 니시베는 '보수주의적 기분'이 충만하였다. 리얼리티와 괴리를 보이면서 낭만적 기분을 갖게 되었다. 개별적 체험의 세계를 추상화하는 보수주의의 이론화 작업은 낭만적 기분을 배태하기 마련이다.

'보수주의적 기분'에 사로잡혔을 때 비판적 보수주의자의 리얼리즘은 옅어질 수밖에 없다. 정치적 합리주의(진보)를 의심하는 '회의의 정치'가 합리적 보수주의를 신앙하는 '신념의 정치'로 바뀌고, 진보가 유토피아를 꿈꾸는 것이 아니라 보수가 유토피아를 몽상하는 역설적 상황이 도래했을 때, 리얼리즘은 형해화한다. 니시베는 쇼와의 종언을 계기로 '전후적인 것'이 완성기에 들어섰다고 말한 바 있다. 탈전후=역사공간에 들어 일본정부가 전쟁사죄 발언을 공식화한 데서 '전후적인 것의 완성'을 감지하였다.[30] 하지만 니시베의 전망과 달리, 쇼와의 기억은 희미해질지언정, 전

---

29 坪内祐三,「二人の保守派 — 江藤淳と福田恆存」,『諸君』1999年 10月号, 184쪽.
30 西部邁,『歷史感覚』(東京: PHP研究所, 1994), 148-149쪽.

후체제가 존속하는 한 '전후'는 쉽게 끝나지 않을 것이다. '전후'의 지속에도 불구하고 '전후적인 것의 완성'을 믿는다면 이 또한 '보수의 유토피아'를 꿈꾸는 것이 아닌가.

현대일본의 보수주의는 **근대 긍정(후쿠다)에서 근대 부정(니시베)으로** 바뀌면서 리얼리즘을 상실해갔다. 민주=안보공간의 후쿠다는 근대지향의 심리를 드러냈고, 경제=성장공간의 에토는 근대(근대화)에 따른 상실감과 싸웠으며, 탈전후=역사공간의 니시베는 근대 부정의 심리를 나타냈다. 역사와 전통에 기반을 둔 보수이념으로 현실을 재구성하는 경향이 짙어졌다. 민주=안보공간에서는 현실과 역사적 사실에 기초한 비평정신이 리얼리즘을 지탱하는 동력이었지만, 경제=성장공간에 들어 점차 역사적 기억과 체험에서 멀어지면서 비평정신은 역사적 사실보다는 보수적 이념에 의존하는 경향이 생겨났다. 이 경향은 탈전후=역사공간에 들어 더 심해졌다. 국가의식과 애국심을 강조하는 투쟁적 보수의식이 팽배해졌다.

리얼리티의 감각(리얼리즘)이 옅어지면 민주주의와 근대주의를 비판하고 국가주의와 애국심을 강조하는 자민족 중심주의의 경향이 두드러지기 마련이다. 탈전후 지향의 보수주의자는 현실을 규율하는 근대와 직면하는 '격투'보다는 전후체제에서 탈출하려는 '초극'을 상정한다. 하지만 '근대의 초극'에 나설수록 주체는 자폐하는 것이 아닐까. 현실을 규율하는 전후체제를 부정하고 '근대'를 거부할수록 실제(리얼리티)와의 괴리를 초래하기 마련이다. 보수주의자/보수논객들은 탈전후=역사공간이 깊어지는 동안에 리얼리티 감각을 상실하면서 자폐화하는 경향을 보인다. 전후체제의 총체적 부정 ― 아메리카니즘과 민주주의의 전면 부정 ― 은 자폐화의 표현이 아닐까. 전면부정, 절대부정은 자기의 절대화=자폐화를 초래할 것이다.

옅어지는 보수적 비평

리얼리즘의 형해화는 보수주의에서 리버럴리즘이 약화된 것과도 무관하지 않다. 리버럴 보수 혹은 보수적 자유주의는 서양문명이나 국제적 조건과 환경에 부응하는 열린 생각을 보였지만, 도덕감정이나 윤리적 판단을 우선한 탓에 현실의 모순을 꿰뚫어보는 극적 정신을 보여주지는 못했다. 그런데 이러한 보수적 자유주의가 쇠퇴했을 때 역설적으로 리얼리즘은 형해화한다. 후쿠다 보수주의는 자유주의 정신을 내포한 것이었기에 리얼리즘의 성격이 강했지만, 에토 준 이래 니시베 스스무가 자유주의 정신을 부정했을 때 리얼리즘도 유연함을 상실하였다. 탈냉전기 일본의 비평논단에서 리버럴 보수의 입지가 좁아진 것과 무관하지 않다.

비판적 보수주의자는 낭만주의적 기분을 초래할 미와 정치의 결합을 저어하였다. 후쿠다와 젊은날의 에토는 정치와 문학 사이의 평형을 모색하였다. 니시베도 미와 정치의 결합을 우려하였다. 정치와 예술 사이의 평형을 모색한다는 것은 현실에 대해 긴장감을 갖는다는 말이다. 리얼리즘은 이러한 평형과 긴장감에서 나온다. 정치와 예술 사이의 평형=긴장감이 깨졌을 때 리얼리즘은 약해질 수밖에 없다. 현재와의 격투가 임계점을 넘어섰을 때 미의식은 약해지고 긴장감도 사라진다. 리얼리즘은 얼마간 낭만주의를 필요로 한다. 낭만주의가 조락했다는 것은 리얼리즘에서 리버럴리즘의 가능성이 약해졌다는 말이 된다. 리얼리즘은 낭만주의를 꺼리지만, 낭만주의가 소멸했을 때 리얼리즘은 형해화한다.

냉전 이후 정치의 보수화와 더불어 미적 긴장감은 상실되었다. 탈냉전/지구화라는 외적 계기에 더해 고도 경제성장과 대중 민주주의가 '미의 상실'을 초래하였다. 니시베는 대중사회 일본에서 숭고한 것에 대한 사념이 소멸하고 숭고의 차원을 말할 능력이 없어졌다고 개탄한 바 있다. 개인주의와 상대주의를 극복하려면 공동체 신앙을 가져야 한다고 했다. 공동체 신앙(국가의식, 애국심)은 숭고의 감정을 배태한다. 하지만 숭고한 것, 공동체 신앙에서 리버럴리즘이 배태되지는 않는다. 냉전후 문맥에서 정치와 미의 연관을 둘러싼 논쟁을 찾아보기는 어렵다. 보수에서 문예적 미의식을 찾기는 어렵다. 1990년대 중반을 통과하면서 보수적 언설의 생산자들이 문예적 비평가에서 사회과학적 비평가로 바뀐 것은 문예적 미의식이 약해졌음을 시사한다. 보편적 윤리관념과 문예적 교양이 현저히 퇴색하면서 리버럴 보수가 입지를 상실한 가운데, '아름다운 일본' 표상을 정치적 수사로서 유통시키는 보수정치가들의 경박함이 두드러졌다. 어쩌면 공동체를 향한 헌신과 애국의 숭고심도 '미의 상실'에서 초래된 굴절된 미의식의 표현일 수 있다. 투쟁적 보수의 출현은 문화적 보수주의를 표방하는 리버럴 보수의 쇠락을 의미한다. 보수적 인간, 보수적 감각의 조락을 뜻할 수 있다.

리버럴 보수의 문화적 보수주의는 경제=성장공간을 거치면서 위축되었고, 탈전후=역사공간에 들어 힘을 잃었다. 문예적 리버럴 보수의 거처였던 잡지 《고코로》의 폐간(1984)은 경제=성장공간의 절정기에 올드 리버럴리스트를 계승했던 보수적 문화인들이 설자리를 잃었음을 뜻한다. 전공투 학생운동의 급진적 진보주의에 대항하여 후쿠다 쓰네아리가 주동하여 결성한, 에토 준도 함께 했던, 보수지식인 단체 〈일본문화회의〉의 해체(1994)는 비교문화론적 관점에서 경제대국 일본에 부응하는 문화적 교양을 표방했던 문화적 보수주의의 조락을 시사한다. 이사장으로서 〈일본문화회의〉를 이끌었던 철학자 다나카 미치타로田中美知太郎는 유럽적 교양과 일본적 문화의식을 공유한, 현대일본의 문화적 보수주의를 상징하는 리버럴 보수였다. '싸우는 보수'의 출현은 문화적 보수주의의 조락을 보여준다. 쇼와의 종언(상실)은 천황을 향한 심정윤리를 자아냈지만, '잃어버린 20년'을 거치는 동안 전후체제를 총체적으로 부정하는 투쟁적 보수가 전면에 나서는 가운데 문화적 보수주의는 현저한 퇴조를 보였다. 리얼리즘의 회복은 문화적 교양을 지닌 리버럴 보수의, 보수적 인간의 재현에 달려있는 것이 아닐까.

새로운 전통

보수주의자들은 전후체제를 허구적 세계로 보았지만, 패전 이후 장기간 존속한 전후체제는 이미 실체를 구성하고 있다. 전후세계를 허구의 표상세계 내지 가상세계로 보는 것 자체가 허구일 수 있다. 전후체제의 부정이나 전후체제로부터의 탈출을 지향하는 것이 아니라 현대일본을 규정해온 전후체제의 제도와 이념을 실제로서 받아들여야만 진정한 보수가 아닐까. 에토나 니시베가 생각한 전통은 근대화나 고도 대중사회 이전에 존재했다고 상정되는 것들이었다. 하지만 메이지 시대만이 역사인 것은 아니다. 44년간 존속한 메이지 시대와 메이지 문화도 '만들어진 전통'이고 과거에 '새롭게 확립된 전통'이었을 뿐이다. 메이지 이후에 메이지의 것이 '전통'으로 확립되었듯이, 경험적 세계로서의 전후체제는 이미 현대일본의 '전통'이 되어 있는 것이 아닐까. 아직 전후체제를 벗어나지 못했기 때문에 '새로운 전통'이 되어 있음을 깨닫지 못할 뿐이다. 80년 가까이 존속한 전후체제와 전후문화―전후체제를 구성하는 규범(제도), 원리(사상), 관습―는 더 이상 배제해야 할 이질적인 것이 아니다. 현재의 일본을 규율하는 전통과 역사가 되어 있다. 전후체제는 '전후의 근대'가 '새로운 전통'이 되는 체험의 과정이었다고 봐야 한다. 장기 존속한 전후사와 전후공간의 총체적 부정이야말로 오히려 혁신적 발상이 아닌가. 보수가 유토피아를 꿈꾸는 '보수의 환상'이 아닌가. 우노 시게키가 지적했듯이, 추상적이고 자의적인 과거의 이미지를 바탕으로 현실의 역사적 연속성을 무시하고, 자유를 위한 제도를 파괴하고, 민주주의를 전부 부정한다

면 보수주의라 말할 수 없다.[31]

이 시점에서, 비판적 보수주의의 체험적 리얼리즘이 옅어지거나 상실되는 시점에서, 후쿠다 쓰네아리는 여전히 '일본 보수주의의 원점'으로서 음미할 가치가 있다.

> 보수파는 전망을 가져서는 안 된다. 인류의 목적과 역사의 방향에 전망을 가질 수 없는 것이 어떤 종류의 사람들을 보수파로 만든 것은 아니었을까. 세계와 역사에 대해서만은 아니다. 보수적인 삶의 방식, 사고방식은 주체인 자기에 관해서도, 모든 것이 발견되어 있다는 관념을 물리치고, 자신이 모르는 자신을 존중하는 것이다. 그러한 본질에 의해 나는 일본의 보수당의 무방책을 변호하려는 것은 아니다. 오히려 반대다. **보수적인 태도는 있어도 보수주의 따위란 있을 수 없음을 말하고 싶다. 보수파는 그 태도로 남을 납득시켜야 하지 이데올로기로 승복시켜야 하는 것은 아니며, 또한 그런 건 할 수도 없다.** 아마 혁신파의 공세에 대한 발버둥일 것이겠지만, 최근 이론적으로 그것에 대항하고, 보수주의를 지식계급 속에 위치지우려는 움직임이 보인다. 그러나 **보수파가 보수주의를 내세우고 그것을 대의명분화했을 때, 그것은 반동이 된다.** 대의명분은 개혁주의의 것이다. 만일 없다면 보수파가 혹은 보수당이 위태롭게 된다는 것이라면, 이는 저들이 대의명분으로 숨기지 않으면 안 되는 뭔가를 갖기 시작했다는 것이 아닐까. 보수파는 무지이건 완미하건 우선 솔직하고 정직해야 한다. 지식계급의 인기를 얻으려는 지적 허영심 따윈 버려야 한다. 상식을 따르고 빈손으로 행하여 이 때문에 넘어졌다면 그 때는 만사를 혁신파에 양보하면 되는 것이 아닐까.[32]

31 宇野重規, 『保守主義とは何か』(東京 : 中央公論新社, 2016), 11-13쪽.
32 福田恆存, 「私の保守主義觀」(1960), 『福田恆存全集』 5(東京 : 文藝春秋, 1987), 437쪽.

니시베는 후쿠다가 "언론은 허망하다"는 말을 마지막 글에서 유언처럼 남겼다고 술회한 바 있다. 세상이 바뀌어 후쿠다가 옛날에 했던 말을 사람들이 이제 말할 뿐, 내 것을 진지하게 읽고 이해해준 건 아니라 했다. 니시베도 언론의 허망함을 느꼈다.[33] 후쿠다는 자신의 사상과 세상의 언론 사이의 갭에서 허망함을 느꼈다. 보수적 주체의 사회와의 거리에서 감지한 허망함만은 아니다. 언론이 만들어내는 허상의 세상에서 보수적 주체는 고독할 수밖에 없었다. 세상과의 간극은 보수적 주체의 고독과 고립으로 전환된다. 치열한 비판=비평에도 불구하고 상존하는 모순된 세계에서 고립은 구원받지 못했다.

1980년대 경제=성장공간의 최절정에서 보수적 비평의 임무를 마쳤던 후쿠다 쓰네아리는 1994년에 병사하였다. 에토 준은 탈전후=역사공간에서 '잃어버린 20년'이 한창 진행되던 1999년에, 니시베 스스무는 '잃어버린 20년'의 그림자가 아직 드리워진 2018년에 세상을 떴다. 에토와 니시베는 스스로 목숨을 끊었다. 자결은 위기감에서 행하는 주체적 결단의 행위이지만, 시대적 상황에 매몰린 비주체적 선택이기도 하다. 시대적 과제를 죽음으로 체현하는 결단의 행위는 막말일본의 지사들이 그러했듯이 시대적 과제에 부응하는 공적 죽음일 수 있다. 우파적, 보수적 사고에서는 전시 일본제국의 전사자, 특히 특공대의 죽음이 공적인 것으로 기억되곤 한다. 미의식과 결부된 미시마 유키오의 자결도 보수적 관점에서 공적인 죽음으로 현창될 수도 있다. 오구마 에이지가 말했듯이, 미시마 유키오의 결단=낭만적 죽음이 젊은 세대에 통했던 것은 체험을 결여한 죽음이었기 때문이다.[34] 비판적 보수주의자들의 죽음도 보수적 비평의 역사

33 西部邁·小林よしのり, 『反米という作法』(東京: 小学館, 2002), 63쪽.
34 小熊英二, 『〈民主〉と〈愛国〉─戦後日本のナショナリズムと公共性』(東京: 新曜社, 2002), 794쪽.

에서 언젠가 공적인 것으로 치장될지도 모른다.

그럼에도, 공적 죽음은 궁극적으로는 개별적인 사적 죽음일 따름이다. 에토 준은 미시마의 죽음이 '전후적'이라 생각하였다. "죽을 때 어떻게 하면 가장 효과적일까를 생각하고 '우국'憂國을 연기한 게 아닐까. 미시마는 국가보다도 자신이 중요했다. 자신의 예술가로서의 수미일관을 무엇보다 생각했던 자다. 나라도 천황도 우국의 지정至情도 거짓말이라 말하진 않지만, '미시마 유키오'라는 자가 가장 소중했다. 나는 그걸 믿어 의심치 않는다"[35]라고 말했다. '전후적'이란 말은 '사적'이라는 뜻일 것이다. 이렇게 말한 에토 준이었지만, 그의 자결도 애처의 죽음에 상실감을 견디지 못해 결행된 사적 죽음이었다. 니시베 스스무는 처를 잃은 깊은 상실감에서 자결한 에토의 사적 죽음에 크게 의미를 두지 않았다. 이렇게 말한 니시베였지만, 그 자신도 애처를 먼저 떠나보낸 상실감과 다년간 겪은 병치레로 구차한 모습을 세상에 보이고 싶지 않다는 자존심에서 오래전부터 기획한 자살을 결행하였다. 니시베의 결단도 사적 영역으로 귀결된 것이었다. 진정한 보수의 견해에 따른다면 모든 죽음은 개별적이고 구체적인 사적 행위여야 한다. 사적 죽음을 공적 죽음이라 치장한다면, 시대가 그렇게 만든 것일 따름이다.

---

35 江藤淳, 「三島由紀夫『自決の日』」, 『江藤淳』(東京: 河出書房新社, 2019), 53쪽.

참고문헌

1차문헌

후쿠다 쓰네아리福田恆存

『福田恆存評論集』全7巻(東京: 新潮社, 1966).

『福田恆存全集』全8巻(東京: 文藝春秋, 1987-1988).

『平衡感覺』(東京: 眞善美社, 1947).

『否定の精神』(東京: 銀座出版社, 1949).

『問ひ質したき事ども』(東京: 新潮社, 1981).

에토 준江藤淳

『江藤淳著作集』全6巻(東京: 講談社, 1967).

『江藤淳著作集 續』全5巻(東京: 講談社, 1973).

『新編 江藤淳文学集成』全5巻(東京: 河出書房新社, 1984-1985).

『夏目漱石』(東京: 東京ライフ社, 1956).

『作家は行動する』(東京: 角川書店, 1969)[초간 1959].

『西洋の影』(東京: 新潮社, 1962).

『成熟と喪失 ― '母'の崩壊』(東京: 河出書房新社, 1967).

『表現としての政治』(東京: 文藝春秋, 1969).

『もう一つの戦後史』(東京: 講談社, 1978).

『忘れたことと忘れさせられたこと』(東京: 文藝春秋, 1979).

『一九四六年憲法 — その拘束』(東京：文藝春秋, 1980).

『落葉の掃き寄せ — 敗戦・占領・検閲と文学』(東京：文藝春秋, 1981).

『利と義と』(東京：TBSブリタニカ, 1983).

『自由と禁忌』(東京：河出書房新社, 1984).

『日米戦争は終わっていない』(東京：文春ネスコ, 1986).

『天皇とその時代』(東京：PHP研究所, 1989).

『閉ざされた言語空間 — 占領軍の検閲と戦後日本』(東京：文藝春秋, 1989).

『日本よ, 何処に行くのか』(東京：文藝春秋, 1991).

『言葉と沈黙』(東京：文藝春秋, 1992).

『日本よ, 亡びるのか』(東京：文藝春秋, 1994).

『保守とは何か』(東京：文藝春秋, 1996).

『国家とはなにか』(東京：文藝春秋, 1997).

江藤淳・小堀桂一郎編, 『新版 靖国論集』(東京：近代出版社, 2004).

『江藤淳 1960』(東京：中央公論新社, 2011).

『新編 天皇とその時代』(東京：文藝春秋, 2019).

江藤淳編, 『シンポジウム 発言』(東京：河出書房新社, 1960).

『江藤淳 — 終わる平成から昭和の保守を問う』(東京：河出書房新社, 2019).

『小林秀雄 江藤淳 全対話』(東京：中央公論新社, 2019).

니시베 스스무西部邁

『実存と保守』(東京：角川春樹事務所, 2013).

『ナショナリズムの仁・義』(東京：PHP研究所, 2000).

『保守の遺言 — JAP.COM衰滅の状況』(東京：平凡社, 2018).

『私の憲法論 — 日本国憲法改正試案』(東京：徳間書店, 1991).

『ソシオ・エコノミックス — 集団の経済行動』(東京：中央公論社, 1975).

『蜃気楼の中へ — 遅ればせのアメリカ体験』(東京：日本評論社, 1979).

『ケインズ』(東京：岩波書店, 1983).

『大衆への反逆』(東京：文藝春秋, 1983).

『生まじめな戯れ — 価値相対主義との闘い』(東京：筑摩書房, 1984).

『幻像の保守へ』(東京：文藝春秋, 1985).

『六〇年安保 — センチメンタル・ジャーニー』(東京：文藝春秋, 1986).

『大衆の病理―袋小路にたちすくむ戦後日本』(東京：日本放送出版協会, 1987).

『批評する精神』(東京：PHP研究所, 1987).

『剥がされた仮面―東大駒場騒動記』(東京：文藝春秋, 1988).

『ニヒリズムを 超えて』(東京：日本文芸社, 1989).

『経済倫理学序説』(東京：中央公論社, 1991).

『白昼への意志―現代民主政治論』(東京：中央公論社, 1991).

『戦争論―絶対平和主義批判』(東京：日本文芸社, 1991).

『思想史の相貌―近代日本の思想家たち』(東京：世界文化社, 1991).

『人間論』(東京：日本文芸社, 1992).

『「成熟」とは何か―新政経学 のすすめ』(東京：講談社, 1993).

『歴史感覚―何が保守政治の神髄か』(東京：PHP研究所, 1994).

『歴史の復権―「文明」と「成熟」の構図』(東京：東洋経済新報社, 1994).

『思想の英雄たち―保守の源流をたずねて』(東京：文藝春秋, 1996).

『破壊主義者の群れ―その蛮行から日本をいかに守るか』(東京：PHP研究所, 1996).

『「国柄」の思想』(東京：徳間書店, 1997).

『日本の道徳』(東京：産経新聞ニュースサービス, 2000).

『戦争論―暴力と道徳のあいだ』(東京：角川春樹事務所, 2002).

『無念の戦後史』(東京：講談社, 2005).

『昔, 言葉は思想であった―語源からみた現代』(東京：時事通信出版局, 2009).

『サンチョ・キホーテの旅』(東京：新潮社, 2009).

『14歳からの戦争論』(東京：ジョルダン, 2009)

『文明の敵・民主主義―危機の政治哲学』(東京：時事通信社, 2011).

『保守思想のための39章』(東京：中央公論新社, 2012).

『保守の辞典』(東京：幻戯書房, 2013).

『ファシスタたらんとした者』(東京：中央公論新社, 2017).

中曾根康弘・佐藤誠三郎・村上泰亮・西部邁, 『共同研究「冷戦以後」』(東京：文藝春秋, 1992).

西部邁・小林よしのり, 『反米という作法』(東京：小学館, 2002).

西部邁・中島岳志, 『保守問答』(東京：講談社, 2008).

田原総一朗・西部邁・姜尚中, 『愛国心』(東京：講談社, 2005).

관련 문헌 및 연구 문헌

T. S. 엘리엇, 『문예비평론』(서울: 박영사, 1974).

가라타니 고진 외, 송태욱 역, 『현대일본의 비평』(서울: 소명출판, 2002).

가토 노리히로, 서은혜 옮김, 『사죄와 망언의 사이에서 ― 전후일본의 해부』(서울: 창작과비평사, 1998).

권용립, 『보수』(서울: 소화, 2015).

김윤식, 『내가 읽고 만난 일본』(서울: 그린비, 2012).

김채수, 『일본 우익의 활동과 사상 연구』(서울: 고려대학교 출판부, 2008).

김호섭 외, 『일본우익 연구』(서울: 중심, 2000).

나카노 도시오, 서민교·정애영 역, 『오쓰카 히사오와 마루야마 마사오 ― 일본의 총력전체제와 전후 민주주의 사상』(서울: 삼인, 2005).

나카무라 마사나오, 유재연·이종욱 옮김, 『일본전후사 1945~2005』(서울: 논형, 2006)

남기정, 「일본 '전후지식인'의 조선경험과 아시아인식 ― 평화문제담화회를 중심으로」, 『국제정치논총』제50권 4호(한국국제정치학회, 2010).

남기정, 「일본 '전후평화주의'의 원류 ― 전후적 의의와 태생적 한계」, 『일본연구』제24집(중앙대학교 일본연구소, 2008).

남기정, 「일본의 전후 평화주의 ― 원류와 전개, 그리고 현재」, 『역사비평』 106(역사문제연구소, 2014).

노마 필드, 박이엽 옮김, 『죽어가는 천황의 나라에서』(파주: 창비, 2014).

다카하시 데쓰야, 이규수 옮김, 『일본의 전후책임을 묻는다』(서울: 역사비평사, 2000).

러셀 커크, 이재학 역, 『보수의 정신』(서울: 지식노마드, 2018).

로버트 니스벳, 강정인 역, 『보수주의』(서울: 이후, 2007).

루돌프 피어하우스, 이진일 역, 『보수, 보수주의』(서울: 푸른역사, 2019).

마루야마 마사오, 김석근 역, 『현대정치의 사상과 행동』(파주: 한길사, 1997).

마쓰모토 겐이치, 요시카와 나기 역, 『일본 우익사상의 기원과 종언』(서울: 문학과지성사, 2009).

박진우, 「일본 '전후역사학'의 전개와 변용」, 『일본사상』 21호(한국일본사상사학회, 2011).

박훈 외, 『일본 우익의 어제와 오늘』(서울: 동북아역사재단, 2008).

베네딕트 앤더슨, 윤형숙 역, 『상상의 공동체』(서울: 나남, 2004).

서동주, 「전후일본의 친미내셔널리즘과 문화보수주의 ─ 에토 준의 전후민주주의 비판론을 중심으로」, 『한일민족문제연구』 34(한일민족문제학회, 2018).

아오키 다모쓰, 최경국 역, 『'일본문화론'의 변용』(서울: 소화, 2000).

양승태 엮음, 『보수주의와 보수의 정치철학』(서울: 이학사, 2013).

에드먼드 버크, 이태숙 역, 『프랑스혁명에 관한 성찰』(파주: 한길사, 2008).

요시미 슌야, 오석철 역, 『왜 다시 친미냐 반미냐 ─ 전후일본의 정치적 무의식』(서울: 산처럼, 2008).

이태숙, 「에드먼드 버크의 『프랑스혁명에 관한 성찰』과 보수주의」, 에드먼드 버크, 『프랑스혁명에 관한 성찰』(파주: 한길사, 2008).

장인성, 『동아시아 국제사화와 동아시아 상상』(서울: 서울대학교출판문화원, 2017).

장인성, 『장소의 국제정치사상』(서울: 서울대학교출판부, 2002).

장인성, 「세계사와 포월적 주체 ─ 고야마 이와오의 역사철학과 근대비판」, 『일본비평』 10:2(서울대학교 일본연구소, 2018).

장인성, 「일본 보수지식인의 전후/탈전후의식과 아메리카 ─ 에토 준, 니시베 스스무의 아메리카니즘 비판과 보수적 주체화」, 『국제정치논총』 59:2 (한국국제정치학회, 2019).

장인성, 「전후일본의 보수주의와 《고코로》」, 『일본비평』 제6호(서울대학교 일본연구소, 2012).

장인성, 「현대일본의 보수주의와 국가 표상」, 『일본비평』 창간호(서울대학교 일본연구소, 2009).

장인성, 「현대일본의 애국주의 ─ 전후공간과 탈냉전공간의 애국심론」, 『일어일문학연구』 제84집(한국일어일문학회, 2013).

조관자, 「'전후'의 시간의식과 '탈전후'의 지향성」, 조관자 엮음, 『탈전후 일본의 사상과 감성』(서울: 박문사, 2017).

조관자, 『일본 내셔널리즘의 사상사』(서울: 서울대학교출판문화원, 2018).

최정운, 『오월의 사회과학』(파주: 오월의봄, 2012).

한상일, 『아시아 연대와 일본제국주의 ─ 대륙낭인과 대륙팽창』(서울: 오름, 2002).

한상일, 『지식인의 오만과 편견 ─ 《세카이》와 한반도』(서울: 기파랑, 2008).

《世界》編集部 編, 『《世界》主要論文選』(東京: 岩波書店, 1995).

《世界》編集部 編, 『戦後60年を問い直す』(東京: 岩波書店, 2005).

21世紀日本フォーラム編,『戦後を超える』(京都: 峨野書院, 1995).

D. H. ロレンス, 福田恆存訳,『黙示録論』(東京: 筑摩書房, 2004).

カール・マンハイム, 森博訳,『保守主義』(東京: 誠信書房, 1958).

ブルース・カミングス,「世界システムにおける日本の位置」, アンドルルーゴードン編,『歴史としての戦後日本』(上)(東京: みすず書房, 2002).

ローレンス・オルソン, 黒川創ほか訳,『アンビヴァレント・モダーンズ―江藤淳・竹内好・吉本隆明・鶴見俊輔』(東京: 新宿書房, 1997).

加藤典洋,『アメリカの影』(東京: 河出書房新社, 1985).

加藤典洋,『敗戦後論』(東京: 講談社, 1997). 가토 노리히로, 서은혜 옮김,『사죄와 망언의 사이에서―전후일본의 해부』(서울: 창작과비평사, 1998).

加藤周一,『雑種文化』(東京: 講談社, 1974).

岡本英敏,『福田恆存』(東京: 慶應義塾大学出版会, 2014).

高橋哲哉,『戦後責任論』(東京: 講談社, 1999). 다카하시 데쓰야, 이규수 옮김,『일본의 전후책임을 묻는다』(서울: 역사비평사, 2000).

高瀬暢彦編,『金子堅太郎《政治論略》研究』(東京: 日本大学精神文化研究所, 2000).

高山岩男,『文化国家の理念』(東京: 秋田屋, 1946).

古田光,「日本人の精神構造」, 北川隆吉他,『伝統の位置』(〈現代の発見〉第5巻)(東京: 春秋社, 1960).

古田光,「戦後思想の歴史的展開」, 古田光・作田啓一・生松敬三 編,『近代日本社会思想史』2 (東京: 有斐閣, 1971).

高澤秀次,『江藤淳』(東京: 筑摩書房, 2001).

高澤秀次,『評伝 西部邁』(東京: 毎日新聞出版, 2020).

高坂正堯,『海洋国家日本の構想』(東京: 中央公論社, 1965).

菅野完,『日本会議の研究』(東京: 扶桑社, 2016).

橋川文三,「歴史意識の問題」,『橋川文三著作集』4(東京: 筑摩書房, 2001).

橋川文三,「保守主義と転向」,『橋川文三著作集』6 (東京: 筑摩書房, 1986).

橋川文三,「日本保守主義の体験と思想」,『橋川文三著作集』6 (東京: 筑摩書房, 1986).

橋川文三,『ナショナリズム』(東京: 紀伊国屋書店, 1994).

橋川文三,『日本浪曼派批判序説』(東京: 未来社, 1960).

久野収・鶴見俊輔・藤田省三,『戦後日本の思想』(東京: 中央公論社, 1959).

臼井吉見 編,『安保・1960』(東京: 筑摩書房, 1969).

亀井俊介, 『メリケンからアメリカへ — 日米文化交渉史覚書』(東京: 東京大学出版会, 1979).

亀井俊介, 『自由の聖地 — 日本人のアメリカ』(東京: 研究社出版, 1978).

菊田均, 『江藤淳論』(東京: 冬樹社, 1979).

吉田松陰, 「幽因録」, 奈良本辰也 編, 『吉田松陰集』(東京: 筑摩書房, 1969).

大江健三郎, 『あいまいな日本の私』(東京: 岩波書店, 1995).

大熊信行, 『国家悪 — 戦争責任は誰のものか』(東京: 中央公論社, 1957).

大熊信行, 『日本の虚妄 — 戦後民主主義批判』(東京: 潮出版社, 1970).

大塚久雄, 「魔術からの解放 — 近代的人間類型の創造」(『世界』1946年12月号), 『《世界》主要論文選』(東京: 岩波書店, 1995).

都築勉, 『戦後日本の知識人 — 丸山眞男とその時代』(東京: 世織書房, 1995).

鈴木成高, 「保守ということ」, 橋川文三 編, 『保守の思想』(東京: 筑摩書房, 1968).

鈴木貞美, 『「近代の超克」— その戦前・戦中・戦後』(東京: 作品社, 2015).

林健太郎, 「現代における保守と自由と進歩」, 林健太郎編, 『新保守主義』(東京: 筑摩書房, 1963).

林房雄, 『大東亜戦争肯定論』(東京: 番町書房, 1964).

米谷匡史, 「'世界史の哲学'の帰結 — 戦中から戦後へ」, 『現代思想』23:1 (1995).

米原謙, 『国体論はなぜ生まれたか — 明治国家の知の地形図』(京都: ミネルヴァ書房, 2015).

柄谷行人, 「平衡感覚」, 『福田恆存 — 人間・この劇的なるもの』(東京: 河出書房新社, 2015).

柄谷行人, 『定本 柄谷行人集4 ネーションと美学』(東京: 岩波書店, 2004).

服部訓和, 「'若い日本の会'と青年の(不)自由 — 江藤淳と大江健三郎」, 『稿本近代文学』32 (2007.12).

福田和也, 『江藤淳という人』(東京: 新潮社, 2000).

富岡幸一郎, 「江藤淳と戦後文学 — 武田泰淳そして平野謙」, 『三田文学』88:99 (2009).

浜崎洋介, 『福田恆存 思想の〈かたち〉— イロニー・演戯・言葉 』(東京: 新曜社, 2011).

山崎雅弘, 『日本会議 — 戦前回帰への情念』(東京: 集英社, 2016).

山田宗睦, 「リベラルな保守派《心》グループ」, 『日本』1965年2月號.

山田宗睦, 『危険な思想家 — 戦後民主主義を否定する人びと』(東京: 光文社, 1965).

三ツ野陽介, 「江藤淳と'戦後'という名の近代」, 『比較文學研究』91 (東大比較文學會,

2008).

森政稔, 『戦後「社会科学」の思想―丸山眞男から新保守主義まで』(東京: NHK出版, 2020).

上山春平, 「大東亜戦争の思想史的意義」(1961), 『大東亜戦争の遺産』(東京: 中央公論社, 1972).

上田又次, 『エドモンド・バーク研究』(東京: 至文堂, 1937).

西村茂樹, 「尊皇愛国論」(1891), 『西村茂樹全集』第2巻(東京: 日本弘道会, 1976).

石田雄, 『日本の社会科学』(東京: 東京大学出版会, 1984).

小林敏男, 『国体はどのように語られてきたか―歴史学としての'国体'論』(東京: 勉誠出版, 2019).

小林秀雄, 「伝統」, 『小林秀雄全集』7(東京: 新潮社, 2001).

小林秀雄, 「伝統について」, 『小林秀雄全集』7(東京: 新潮社, 2001).

小野寺凡, 「江藤淳論解説」, 『吉本隆明・江藤淳』(東京: 有精堂, 1980).

小熊英二, 『〈民主〉と〈愛国〉―戦後日本のナショナリズムと公共性』(東京: 新曜社, 2002).

松井宏文, 「江藤淳論―不在の超克」, 日本文学研究資料刊行会編, 『吉本隆明・江藤淳』(東京: 有精堂出版, 1980).

水田洋, 「イギリス保守主義の意義」, 水田洋編, 『バーク・マルサス』(東京: 中央公論社, 1969).

安倍能成, 「《世界》と《心》と私」, 『世界』第100号(1954年4月號).

安倍能成, 「政治と道徳」, 『安倍能成集』(東京: 日本書房, 1959).

安倍晋三, 『美しい日本へ』(東京: 文藝春秋, 2006).

安倍晋三, 『新しい国へ―美しい国へ 完全版』(東京: 文藝春秋, 2013).

岸田國士, 「平衡感覚について」, 『岸田國士全集』10(東京: 新潮社, 1955).

御厨貴, 『'保守'の終わり』(東京: 毎日新聞社, 2004).

呉智英・坪内祐三, 「福田恆存から断筆・筒井康隆まで 戦後論壇 この50人・50冊」, 『諸君!』1997年11月号.

宇野重規, 『保守主義とは何か』(東京: 中央公論新社, 2016).

月村敏行, 『江藤淳論』(東京: 而立書房, 1977).

日本文化会議編, 『日本人にとって法とは何か』(東京: 研究社, 1974).

斎藤禎, 『江藤淳の言い分』(東京: 書籍工房早山, 2015).

前田嘉則,『文學の救ひ―福田恆存の言説と行為と』(東京：郁朋社, 1999).

田中耕太郎,「発刊の辞」,『世界』1946年1月号.

田中和生,『江藤淳』(東京：慶応義塾大学出版会, 2001).

井尻千男,『劇的なる精神 福田恆存』(東京：日本教文社, 1994).

町村信孝,『保守の論理―'凛として美しい日本'をつくる』(東京：PHP研究所, 2005).

佐伯啓思,「日本の'戦後保守主義'を問う」,『中央公論』(2007년2월호).

佐伯啓思,『「アメリカニズム」の終焉―シヴィック・リベラリズム精神の再発見へ』(東京：阪急コミュニケーションズ, 1993).

佐伯啓思,『国家についての考察』(東京：飛鳥新社, 2001).

佐伯啓思,『倫理としてのナショナリズム―グローバリズムの虚無を超えて』(東京：NTT出版, 2005).

佐伯啓思,『日本の愛国心―序説的考察』(東京：NTT出版, 2008).

酒井哲哉,「戦後思想と国際政治論の交錯」,『国際政治』117 (日本国際政治学会, 1998).

竹内洋,『丸山眞男の時代』(東京：中央公論新社, 2005).

竹本洋,「〈青年文化会議〉の設立と内田義彦」,『経済学論究』63巻3号(関西学院大学, 2009).

中金聡,『オークショットの政治哲学』(東京：早稲田大学出版部, 1995).

中野好之,『バークの思想と現代日本人の歴史観―保守改革の政治哲学と皇統継承の理念』(東京：御茶の水書房, 2002).

中曽根康弘,『新しい保守の論理』(東京：講談社, 1978).

中川八洋,『正統の憲法 バークの哲学』(東京：中央公論新社, 2002).

中村保男,『絶対の探求―福田恆存の軌跡』(柏：麗沢大学出版会, 2003).

川久保剛,『福田恆存』(京都：ミネルヴァ書房, 2012).

川端康成,『美しい日本の私』(東京：講談社, 1969).

添谷育志,『現代保守思想の振幅』(東京：新評論, 1995).

青木理,『日本会議の正体』(東京：平凡社, 2016).

清水幾太郎,『日本よ国家たれ―核の選択』(東京：文藝春秋, 1980).

村上兵衛,「大東亜戦争私観」,『中央公論』(1963年3月号).

村上泰亮・公文俊平・佐藤誠三郎,『文明としてのイエ社会』(東京：中央公論社, 1979).

村上泰亮,『反古典の政治経済学』(東京：中央公論社, 1992).

村上泰亮,『新中間大衆の時代』(東京：中央公論社, 1984).

坂本多加雄, 『求められる國家』(東京: 小學館, 2001).

坪内祐三, 「二人の保守派―江藤淳と福田恆存」, 『諸君』 31: 10(1999.10).

平山周吉, 『江藤淳は甦える』(東京: 新潮社, 2019).

平泉澄, 「革命とバーク」, 『武士道の復活』(東京: 至文堂, 1933).

平泉澄, 『伝統』(東京: 至文堂, 1943).

鶴見俊輔, 「この本について」, 『戦後史大事典 1945-2005』(東京: 三省堂. 2005).

鶴見俊輔, 「増補新版について」, 『戦後史大事典 1945-2005』(東京: 三省堂. 2005).

丸山眞男, 「近代的思惟」, 『丸山眞男集』3(東京: 岩波書店, 2003).

丸山眞男, 「復初の説」, 『丸山眞男集』8(東京: 岩波書店, 1996).

丸山眞男, 「日本の思想」, 『岩波講座 現代思想』第1巻 (東京: 岩波書店, 1957).

荒瀬豊, 「戦後状況への思想的対応」, 古田光他編, 『近代日本社会思想史』II (東京: 有斐閣, 1971).

会沢安, 「新論」, 今井宇三郎 他編, 『水戸学』(東京: 岩波書店, 1973).

Bull, Hedley. *The Anarchical society: a study of order in world politics* (New York: Columbia University Press, 1977).

Cecil, Hugh. *Conservatism* (London: Williams & Norgate, 1919).

Eliot, T. S. *Notes towards the definition of culture* (London: Faber and Faber, 1948).

Huntington, Samuel P. "Conservatism as an Ideology," *American Political Science Review* 51 (1957).

Koschmann, J. Victor. *Revolution and Subjectivity in Postwar Japan* (Chicago: University of Chicago Press, 1996).

Koselleck, Reinhart. *Futures Past: On the Semantics of Historical Time* (Cambridge: The MIT Press, 1985). 라인하르트 코젤렉, 한철 역, 『지나간 미래』(서울: 문학동네, 1998).

Koselleck, Reinhart. *Critique and crisis: enlightenment and the pathogenesis of modern society* (Oxford: Berg, 1988).

Mannheim, Karl. *Conservatism: a contribution to the sociology of knowledge* (London: Routledge & Kegan Paul, 1986).

Oakeshott, Michael. *Rationalism in politics and other essays* (London: Methuen, 1962).

Oakeshott, Michael. *The Politics of Faith and the Politics of Scepticism* (New Haven: Yale University Press, 1996). 마이클 오크숏, 박동천 옮김, 『신념과 의심의 정치학』(전주: 모티브북, 2015).

Parker, Rowland. *The Common Stream: Portrait of an English Village Through 2000 Years* (London: Granada, 1975).

Pocock, J. G. A. *Politics, Language and Time: Essays on Political Thought and History* (New York: Atheneum, 1971).

Pyle, Kenneth B. "Meiji Conservatism," John W. Hall ed., *The Cambridge History of Japan* (Cambridge: Cambridge University Press, 1989).

Pyle, Kenneth B. *Japan Rising: The Resurgence of Japanese Power and Purpose* (New York: PublicAffairs, 2007).

Pyle, Kenneth B. *The New Generation in Meiji Japan: Problems of Cultural Identity, 1885-1895* (Stanford: Stanford University Press, 1969).

Tully, James ed. *Meaning and Context : Quentin Skinner and His Critics* (Cambridge: Polity, 1988). 제임스 탈리, 유종선 역, 『의미와 콘텍스트 — 퀜틴 스키너의 정치사상사 방법론과 비판』(서울: 아르케, 1999).

Quinton, Anthony. *The politics of imperfection: the religious and secular traditions of conservative thought in England from Hooker to Oakeshott* (London: Faber and Faber, 1978).

Ward, Robert E. "The Origins of the Present Japanese Constitution," *American Political Science Review* 50:4 (December 1956).

Wilson, Edmund. *patriotic Gore: Studies in the Literature of the American Civil War* (New York: Oxford University Press, 1962) .

찾아보기